桂崇基 著

中國現代史料拾遺

中華書局印行

中國現代史料拾遺　總目

第一輯　辛亥革命——湯山事件……………一～三二四

第二輯　日軍侵佔瀋陽——日本投降…三二五～六一四

第三輯　抗戰勝利——退守臺灣………六一五～九七〇

第一輯　辛亥革命——湯山事件

中國現代史料拾遺

第一輯　辛亥革命—湯山事件　目錄

一　秘密會社與辛亥革命……一
二　九江、南昌相繼光復……三
三　廣東光復經過……四
四　張謇與清廷退位關係……五
五　中山先生讓位於袁之原因……六
六　汪精衛與袁世凱……六
七　陶成章被殺……十
八　何成濬屏障義軍……十一
九　胡漢民主張公文平實簡易……十一
十　癸丑討袁之役……十二
十一　袁世凱利用朱芾煌……十三

十二　民元唐內閣會而不議……十四
十三　因小事而誤大事……十四
十四　陳英士與褚輔成……十六
十五　中國首都究應設在什麼地方……十六
十六　李烈鈞殺洪幫……十七
十七　湖口倒袁之役……十八
十八　護國軍名稱之由來……十八
十九　兩粵通電討袁之經過……十九
二十　袁世凱稱帝係受英使慫恿之說……二〇
二一　吳稚暉統一全國讀音……二〇
二二　共產黨與陳炯明……二一
二三　胡漢民與李烈鈞……二三
二四　「我要見者係參謀總長」……二三
二五　胡漢民論孫中山、陳炯明……二三
二六　陳炯明為北伐事覆李烈鈞電……二六

第一輯　目　錄

二七　主張參戰之內幕　二六
二八　中山先生最佩服德國　二七
二九　中山先生有容人之量　二八
三十　進步黨主張與現勢力結合　二八
三一　研究系反對恢復國會　三〇
三二　西原借款　三一
三三　段祺瑞出買路錢　三五
三四　段、張助馮倒戈經費　三五
三五　段祺瑞賣國鐵證　三六
三六　徐樹錚入外蒙　三九
三七　段祺瑞究為何如人　四〇
三八　陸榮廷、張作霖英雄本色　四一
三九　馮部進故宮，連盜帶偷　四二
四十　段祺瑞討伐張勳共用一百五十萬　四三
四一　孫段張三角同盟　四三

四二　馮玉祥倒戈之原因……四五
四三　段執政逃走……四六
四四　馮玉祥首都革命……四六
四五　「首都革命」全功盡棄……四八
四六　張作霖建築打通路……四九
四七　張作霖意外獲得一批軍火……五〇
四八　顧維鈞與王正廷之芥蒂……五一
四九　對俄談判終無成……五四
五十　德國通貨膨脹對地主與工業家有利……五五
五一　馮玉祥部隊在北洋時代之擴充……五六
五二　張作霖臧否當時人物……五六
五三　蘇俄軍援馮玉祥究多少……五八
五四　郭松齡倒戈內幕……六〇
五五　再論郭松齡倒戈……六一
五六　郭松齡表面擁護張學良……六三

五七　張氏父子兩度想收回中東路……六四
五八　張作霖是一個真正愛國的人……六五
五九　張作霖氣量恢宏……六六
六十　張作霖犒賞日軍……六七
六一　日本關東軍走內線……六八
六二　徐樹錚去奉天究為何事？……六八
六三　盛世才發跡新疆……六九
六四　李烈鈞之韜略……七〇
六五　愛人而革命、抑恨人而革命……七一
六六　中山先生改組國民黨之意甚堅……七一
六七　中山先生必會限制中共活動……七一
六八　台灣同胞對中山先生之崇敬……七二
六九　國、共兩黨大打出手……七三
七十　譚平山做國民黨部長，辦共黨的事……七四
七一　蒲哈林對國民黨之看法……七四

七二　鮑羅廷對於國民黨幾位人物之批評……七四
七三　黃埔軍校初期之情形……七五
七四　汪精衛早蓄異謀……七六
七五　汪精衛選自己一票……七六
七六　中山先生容共之另一原因……七七
七七　共黨分化西山會議派……七七
七八　中共內部有人主張國共分家……七八
七九　張作霖以部屬待顧維鈞……七八
八十　「少年中國學會」解體之經過……七九
八一　張作霖重用俘將……八〇
八二　搜查蘇俄使館……八一
八三　張作霖，張學良均知愛國……八三
八四　中國傳統社會教育……八三
八五　蘇俄言行不一……八四
八六　中共經費由蘇俄供應……八五

八七　中山先生欲聯英　八五
八八　孫、越聯合宣言　八六
八九　蔣氏赴俄考察　八七
九十　蔣氏早知蘇俄野心　八八
九一　知識份子傾向社會主義　八九
九二　越飛以蘇俄政府代表身份簽署孫、越宣言　八九
九三　馬林究有幾個化名　八九
九四　威金斯基與馬林　九〇
九五　馬林究來中國幾次　九一
九六　馬林攜回國際共產訓令　九三
九七　鮑羅廷未來華前之活動　九三
九八　威金斯基在華播種工作　九四
九九　中山先生為何容共　九四
一〇〇　中山先生對馬林一席話　九四
一〇一　蘇俄對廣東第一批軍援　九五

一〇二　蘇聯與北京政府亦締有協議……九六
一〇三　列寧之野心……九七
一〇四　國民黨第一次全國代表大會宣言之起草……九七
一〇五　陳獨秀主張在國民黨內組織黨團……九八
一〇六　省港罷工委員會儼然是一個政府……九八
一〇七　俄國顧問不了解中國人……九九
一〇八　譚延闓重視俄援……一〇〇
一〇九　鮑羅廷以俄人利益為重……一〇〇
一一〇　中共不重視國、共聯席會議……一〇〇
一一一　鮑羅廷私宅組織龐大……一〇一
一一二　蘇俄以武器接濟廣東共黨份子……一〇二
一一三　對黨情感……一〇二
一一四　政治非常現實……一〇三
一一五　擴大會議失敗之原因……一〇四
一一六　國民黨與青年黨……一〇五

一一七　青年黨發現共黨陰謀……一〇五
一一八　戴季陶，吳稚暉中途退出西山會議……一〇六
一一九　汪精衛奔走鮑羅廷之門……一〇六
一二〇　截留商團軍械……一〇七
一二一　鮑羅廷想收買謝瀛洲……一〇八
一二二　汪精衛靜坐以待……一〇九
一二三　「他們是反共的」……一一〇
一二四　廣東航空局……一一〇
一二五　樊鍾秀讓槍枝與黨軍……一一〇
一二六　公開稱中山先生為國父的以樊鍾秀為最早……一一一
一二七　取消反共大遊行……一一二
一二八　戴傳賢為何離粵……一一二
一二九　熊克武之公案……一一二
一三〇　廖案牽涉林直勉、朱卓文……一一四
一三一　借廖案以排胡漢民……一一四

一三二　廖仲凱被刺前訪胡何為……一一五
一三三　「退一步，不如進一步」……一一六
一三四　處理中山艦事變之經過……一一六
一三五　蔣氏決定共產黨員在軍校活動應公開……一一九
一三六　蔣氏應付環境……一二〇
一三七　莫斯科設法沖淡中山艦事變嚴重性……一二一
一三八　黃杰一力擔當……一二一
一三九　孫文主義學會與青年軍人聯合會……一二二
一四〇　關於西山會議之案不提出大會……一二二
一四一　軍隊黨代表制……一二三
一四二　胡漢民主張扣留鮑羅廷……一二四
一四三　鮑羅廷知道胡漢民主張扣留他……一二四
一四四　國、共協議三點……一二四
一四五　于右任為黃興派……一二五
一四六　四門小鋼砲……一二六

一四七　第三軍吸鴉片者在百分之七十以上……一二六
一四八　鮑、汪阻撓北伐計劃……一二六
一四九　鄧演達、顧孟餘反對北伐……一二七
一五〇　胡、汪不同性格……一二八
一五一　黃埔軍校四期究有多少共黨份子……一二八
一五二　馮奉段三角關係演變……一二九
一五三　徐樹錚藏於竹簍中……一二九
一五四　徐樹錚為段左右所害……一三〇
一五五　南口之戰的功績……一三〇
一五六　蔣氏試探何應欽……一三一
一五七　鴉片煙與中國政治……一三二
一五八　鐵軍名稱之由來……一三三
一五九　吳佩孚在汀泗橋為什麼會大敗……一三四
一六〇　吳佩孚拒絕與日本勾結……一三四
一六一　北伐成功之原因……一三五

一六二　「我總會要你的命」……一三六
一六三　樊鍾秀不做軍長……一三七
一六四　武漢政府內部情況……一三七
一六五　北伐軍初抵江西……一三八
一六六　武漢運動倒蔣……一三八
一六七　戴傳賢盤馬彎弓……一三九
一六八　張、黃逼走陳銘樞……一四〇
一六九　蔣氏以軍事勝利為憑藉……一四一
一七〇　國民政府奠都南京……一四一
一七一　武漢討伐令……一四二
一七二　鮑羅廷目中無國民黨……一四三
一七三　武漢與南京各爭取馮玉祥……一四三
一七四　徐州會議……一四四
一七五　張、黃會師鄭汴……一四五
一七六　武漢政府為何以河南讓馮……一四五

一七七　南下抑北進……一四五
一七八　馬日事變……一四七
一七九　朱培德一念之差……一四七
一八〇　第三國際致Roy之密電……一四八
一八一　武漢圖使中共軍與孫傳芳鬥……一四九
一八二　鮑羅廷太上皇……一四九
一八三　武漢政權解體……一四九
一八四　陳獨秀代罪羔羊……一五〇
一八五　唐生智願聽鮑羅廷指揮……一五一
一八六　中共拒絕唐生智入黨……一五一
一八七　唐生智在武漢潰敗……一五二
一八八　共軍流竄……一五二
一八九　鮑羅廷想當馮玉祥顧問……一五三
一九〇　毛澤東從湖南、江西到陝北……一五四
一九一　武漢政府最後一幕……一五五

一九二　武漢政府催命符……一五六
一九三　張繼等痛論聯俄容共……一五六
一九四　民社黨人談聯俄容共……一五八
一九五　譚延闓、李烈鈞性格不同……一五八
一九六　唐生智與廣西籍軍人之離合……一五九
一九七　政治反共，軍隊不反共……一六〇
一九八　唐生智勾結孫傳芳……一六〇
一九九　東西夾擊孫傳芳……一六一
二〇〇　汪精衛之佈置……一六二
二〇一　共黨託庇張發奎部下……一六三
二〇二　南昌暴動……一六三
二〇三　朱德投范石生……一六四
二〇四　朱德想進攻贛州……一六四
二〇五　俄顧問反對南昌暴動……一六五
二〇六　蔣作賓派小火輪迎周雍能……一六六

二〇七　南昌暴動是周恩來策動的……一六六
二〇八　南昌暴動之下場……一六七
二〇九　賀龍、葉挺原為張發奎之軍長、師長……一六七
二一〇　第三國際欲在中國得海口……一六八
二一一　共軍為何急入汕頭……一六八
二一二　海陸豐屠殺……一六九
二一三　朱德改變姓名……一六九
二一四　朱德本為國軍團長……一六九
二一五　朱德實為主謀……一六九
二一六　警告范石生……一七〇
二一七　張、黃、賀、葉兩路入粵……一七〇
二一八　廣州暴動……一七一
二一九　薛、徐、黃討平粵變……一七一
二二〇　廣州暴動之俄國人物……一七一
二二一　廣州暴動始末……一七二

二二二　張發奎信任葉劍英……一七三
二二三　張、黃派人與共黨份子接洽……一七四
二二四　亂世人命不如螻蟻……一七四
二二五　張發奎下台……一七五
二二六　蔣氏一九二七年關於共黨之聲明……一七五
二二七　中共「八七會議」……一七六
二二八　毛澤東與李立三……一七七
二二九　毛澤東被俘……一七八
二三〇　第三國際領導錯誤……一七八
二三一　共產主義如何在中國播種……一七九
二三二　陳璧君之貪……一八〇
二三三　汪、蔣關於清黨問題之對話……一八〇
二三四　宋子文嘆氣……一八二
二三五　第三期北伐成果悉付東流……一八二
二三六　何成濬北上拆散白崇禧軍隊……一八三

二三七　共黨總交通顧順章……一八三
二三八　中共潛伏國民黨情報機關……一八四
二三九　汪精衛跑武漢、跑廣州……一八七
二四〇　共黨宜興暴動……一八八
二四一　桂系與蔣氏初次意見不合……一八九
二四二　蔣氏第一次下野因桂系逼宮……一八九
二四三　蔣氏對何應欽不滿……一九〇
二四四　「指揮權有加以考慮的必要」……一九一
二四五　蔣氏下野與白崇禧……一九一
二四六　「蔣先生暫且歇一歇也好」……一九二
二四七　蔣氏第一次下野……一九二
二四八　「女家好貨」……一九三
二四九　第一、七兩軍合作……一九四
二五〇　挑撥一、七兩軍……一九四
二五一　日貨罰款交蔣氏……一九五

二五二　一、七兩軍分道揚鑣……一九五
二五三　賴世瓚之死因……一九六
二五四　熊式輝投機行徑……一九八
二五五　聯絡留日學生……一九八
二五六　復成橋慘案之真相……一九九
二五七　汪精衛初贊成成立特別委員會……二〇〇
二五八　汪精衛為何反對特別委員會……二〇二
二五九　汪精衛之為汪精衛……二〇二
二六〇　李烈鈞有一日籍顧問……二〇三
二六一　濟南慘案中之熊式輝、羅家倫……二〇四
二六二　丁文江與張學良認識之經過……二〇六
二六三　蔡公時未進入濟南城便被日軍殺害……二〇七
二六四　張作霖拒簽五路協定……二〇九
二六五　張作霖炸死之善後……二〇九
二六六　孫文主義學會如何產生……二一一

二六七　孫文主義學會設分會……………………二一三
二六八　王正廷任外交部長並非馮玉祥所薦……………………二一三
二六九　周恩來是一個做事而不多講話的人……………………二一三
二七〇　汪、蔣、胡都是忠於國民革命的……………………二一四
二七一　周恩來四平八穩……………………二一五
二七二　砲兵團不知那裡去了……………………二一五
二七三　頭顱難保……………………二一五
二七四　唐生智下台，上台又下台……………………二一六
二七五　桂系企圖打通湖北與廣西的連繫……………………二一八
二七六　桂系與楊宇霆亦有勾結……………………二一九
二七七　桂系會師中原計劃終於泡影……………………二一九
二七八　「殺了他，以後没有好戲可唱了」……………………二二〇
二七九　李宗仁、白崇禧如何脫身……………………二二〇
二八〇　桂系之安排……………………二二一
二八一　莫謂張作霖部下無人……………………二二一

二八二　護國之役又一記載……………………………………二二三
二八三　陸榮廷推薦張勳帶兵入京…………………………二二六
二八四　中山先生轉而向俄…………………………………二二七
二八五　彈劾共黨案…………………………………………二二七
二八六　一部份舊同盟會員想另創局面……………………二二八
二八七　奉軍退卻……………………………………………二二九
二八八　武漢政府內部情況…………………………………二二九
二八九　武漢分共……………………………………………二三〇
二九〇　俄國怕日本…………………………………………二三一
二九一　張作霖是真愛國者…………………………………二三一
二九二　孫傳芳飛機未作戰…………………………………二三三
二九三　蔣氏組織反共聯合陣線……………………………二三三
二九四　害怕編遣心理則一…………………………………二三三
二九五　譚延闓與胡漢民性格不同…………………………二三四
二九六　唐生智部隊為大雪所困……………………………二三四

二九七 馮玉祥在第二次北伐所扮演的角色……二三五
二九八 蔣氏表示欲任國府主席……二三七
二九九 閻錫山老謀深算……二三七
三〇〇 「見白即以亂槍打死」……二三八
三〇一 陳誠資助鄧演達經費之說……二三八
三〇二 張作霖在東北之建設……二三九
三〇三 張人傑辭浙江省主席……二三九
三〇四 「你真無大臣之風」……二三九
三〇五 「豈不羞天下士」……二四〇
三〇六 蔣氏對白信任漸失……二四〇
三〇七 石友三浦口叛變……二四一
三〇八 北方之強最忌下雨……二四三
三〇九 搶鴉片煙土……二四四
三一〇 驕兵必敗……二四五
三一一 決計西征……二四六

三一二　鴉片所扮演的角色……二四七
三一三　張宗昌並非純粹老粗……二四八
三一四　張學良殺楊宇霆……二四八
三一五　張學良殺宇霆之另一原因……二五〇
三一六　史達林接濟中共……二五一
三一七　馮玉祥布衣布鞋……二五一
三一八　馮至祥撲了一個空……二五二
三一九　戴傳賢愛護孫科……二五二
三二〇　宋子文送陳公博五萬元出國……二五三
三二一　宋慶齡營救鄧演達……二五三
三二二　馮對編遣會議不滿……二五四
三二三　汪之為人不可捉摸，胡乃定了型之人物……二五五
三二四　軍隊編遣之後應如何安置……二五六
三二五　韓復榘諫馮撤軍……二五七
三二六　馮軍西撤之原因……二五八

三二七　韓復榘，石友三歸順中央……二五九
三二八　馮敗投閻……二五九
三二九　閻錫山慫恿馮再起兵反中央……二五九
三三〇　「他們的財政只能維持三個月」……二六一
三三一　中原大戰……二六一
三三二　對方親臨前線而又捨得花錢……二六二
三三三　蔣氏手面為袁世凱所不及……二六二
三三四　晉軍一敗塗地……二六二
三三五　奉馮總司令命前來投順……二六三
三三六　直屬部隊不知那裡去了……二六四
三三七　北方將領與何成濬交……二六四
三三八　楊永泰誣告鄧文儀……二六五
三三九　奉軍入關……二六五
三四〇　擴大會議四腐……二六六
三四一　擴大會議失敗之原因……二六六

三四二　楊永泰挑撥蔣、胡……二六七
三四三　馮軍善於摸營……二六八
三四四　唐生智失敗半由天意……二六八
三四五　唐生智迷信顧和尚……二六八
三四六　嚴家淦與陳儀認識之經過……二六九
三四七　蔣氏信奉基督教之經過……二七〇
三四八　蔣之舊衛士圖謀行刺……二七〇
三四九　蔣氏歸德遇險……二七一
三五〇　「我要組織何用?」……二七三
三五一　國民黨招待張學良……二七三
三五二　外傳CC種種……二七三
三五三　CC之組織……二七四
三五四　國民黨各部門主持人由蔣決定……二七四
三五五　胡漢民反對約法……二七五
三五六　李濟琛被扣留……二七五

三五七　居正被熊式輝扣留……二七六
三五八　軍校學生罵張治中……二七八
三五九　楊永泰詆毀總理……二七八
三六〇　「倘我用楊永泰，不必再談革命了」……二七九
三六一　楊永泰上萬言書……二七九
三六二　蔣氏推薦楊永泰為立法委員……二八〇
三六三　一言喪邦……二八〇
三六四　張學良以五千萬美元託宋子文做生意……二八〇
三六五　二十九軍怎麼來的……二八一
三六六　張學良亦不可等閒視之……二八二
三六七　陳立夫書生之見……二八三
三六八　胡漢民左右欲染指組織部事……二八三
三六九　軍人不懂政治……二八四
三七〇　美國白銀貸款問題……二八五
三七一　胡漢民擬在中央黨內成立情報機構……二八八

三七二　二十六路軍叛變……二八九
三七三　馬克斯腔……二八九
三七四　軍中飲酒作樂……二九〇
三七五　共黨以張輝瓚頭示衆……二九〇
三七六　共黨性解放……二九一
三七七　胡漢民幽居湯山……二九二
三七八　胡案與宋子文有關……三〇二
三七九　胡漢民擔心東北會發生問題……三〇二
三八〇　東北旅長謀叛受審……三〇三
三八一　吳稚暉恐為胡案幕後主謀人……三〇四
三八二　陳立夫勸蔣對扣胡事慎重處理……三〇四
三八三　傳說蔣扣留胡漢民之前曾邀集元老商量……三〇五
三八四　胡案小風波……三〇六
三八五　中央日報與胡案……三〇六
三八六　中央通訊社與胡案……三〇七

三八七　戴傳賢逃於佛……三〇八
三八八　食後即離去……三〇九
三八九　電文譏諷孫科……三〇九
三九〇　「當國數年，慫尤叢集」……三一〇
三九一　寧、粵代表無一語涉及收復東北……三一〇
三九二　寧、粵和議在上海舉行……三一一
三九三　寧、粵和議決定三項協定……三一二
三九四　汪精衛願與粵方合作……三一四
三九五　陳友仁訪日何為……三一四
三九六　胡漢民太天真了……三一五
三九七　胡不死恐將再度去南京……三一六
三九八　毛澤東貶為地方委員……三一七
三九九　「胡先生有時確使人難堪」……三一八
四〇〇　閻、馮未參加廣州非常會議……三一八
四〇一　楊永泰聞胡死而狂喜……三一九

四〇二　陳璧君口中小軍閥、大軍閥……三一九
四〇三　蔣擬派酆悌赴山西臥底……三一九
四〇四　東北高峰會議對派兵入關事發生爭論……三二〇
四〇五　俄共內鬨引起中共內鬨……三二二
四〇六　中共初成立時期……三二二
四〇七　國民黨內部紛爭促成中共發展……三二三
四〇八　毛澤東拉攏少年中國會員……三二三

一　秘密會社與辛亥革命

辛亥革命，其中下級發動人多為洪門。即以九江起義而言，時九江標統為馬毓寶，其部隊僅有二隊（連）駐守九江。其一隊長劉世鈞、洪門也。馬之衛士朱漢濤亦為洪門首領也。當武昌起義消息傳至九江，劉隊長即率其即所部包圍馬公館，迫其起義。馬母出而見劉，曰「劉隊長，標統平素待你不錯，何以今日有此舉動？」劉曰「我們要擁戴標統，非有異志。」馬母曰「你們不聽命令奈何？」時朱漢濤在側即插言曰「我可擔保他們會聽命令。」馬母見其親信衛士肯定擔保，始允其請求。於是馬毓寶自稱為九江都督，乃大招兵買馬，其原有官員不次賞遷，他們除推翻滿清外，實不懂革命為何事，乃終日招搖過市，即一下級軍官亦騎馬前呼後擁。時劉士毅正畢業保定軍校，分發原籍，抵九江適逢其會。九江既光復，士毅乃晉省，南昌亦已風聲鶴唳，炮兵與騎兵暗中相約以發炮為號。某夜炮兵向天空發炮數聲，騎兵即起而響應。三司聞炮聲竘即藏匿不敢出，於是起義部隊乃黃夜進駐軍械局、官錢局等機關，並擁戴吳介璋為都督。先是李烈鈞、歐陽武奉命由北京赴永平參觀秋操。清廷聞武昌起義，乃藉秋操為名，命參加秋操之部隊登車而直駛南下，車上人互相猜問不知何故，迄抵距離武漢四十里之祁家灣停車。李、歐陽二人下車，見車站已貼有都督黎元洪之佈告，始知武昌已起義，乃潛返九江見馬毓寶。馬乃任烈鈞為參謀長，士毅已自南昌歸還報命，烈鈞任為參謀。清廷命軍艦溯江而上，原欲水陸兩路夾擊武漢。乃軍艦駛近九江，為九江義軍所偵知，以士毅習砲兵，乃推其扼守九江江面。時九江砲台久經廢置未用，砲彈亦不齊全，發砲兩次均未命中，幸軍艦見狀自動停駛，於是義軍乃蜂擁登艦，監守指揮室。艦上官兵公推黃鍾瑛艦長登岸接洽投降。然武漢情勢仍甚危急，武昌且已不守，於是黎元洪派代表來九江請求援兵。代表抵達，首先求見馬毓寶，乃毓寶日上三竿尚未起床，代表殊不耐，乃改謁參謀長李烈鈞。烈鈞乃召集各部隊長官開會商討派兵事，眾皆面面相覷，無請纓者。獨士毅即席表示「我固願往，奈無兵何？」於是各長官分別抽調部份兵力約計千餘人，由士毅統率前往。以交通工具不足，乃分批啓程，每抵一地，眾官兵乃相率登岸，強佔商店，出售貨物並取其現款以去。如有店主潛逃，即將其捉回，謂其意圖通報敵人，就地處決。士毅號令不行，無以為計。先是士毅啓程前，劉隊長告之曰「你從未帶兵，恐對軍中情形不甚熟悉，我可介紹一衛士給你，俾便沿途照應。」至是此衛士乃問士毅曰「你來時未曾晤朱拐子（即朱漢濤，時已任九江警備司令）耶？此輩兄弟唯朱拐子之命是從。」士毅乃命此衛士赴九江請朱拐子來。朱告士毅曰「此眾兄弟皆洪門中人，你如加入洪門則彼輩始願服從指揮。」士毅乃於當晚斬香盟誓加入洪門，此後眾始服從。士毅抵漢口，見黎元洪，元洪仍著原標統軍服，唯已去其金邊。一見士毅乃與之握手，曰「好了，黃帝的孝子賢孫來了。」士毅聞言心情為之一快，乃即率所部，加入前線。是時武漢情勢危殆，而下游安慶尚未光復，於是李烈鈞乃向馬毓寶建議由其統率軍艦三艘攻打安慶，俾九江不致左右受敵。安慶既已光復，推皖人為都督，烈鈞乃赴南京向黃興訴說馬毓寶顢頇情狀，時馬毓寶已晉南昌為江西都督，黃興乃改命李烈鈞代之。烈鈞就任，有一部份軍人陰謀反對，李乃殺朱拐子及洪門多人以立威。（劉士毅口述）

二　九江、南昌相繼光復

辛亥年九江光復，馬毓寶被舉為九江都督，任命李烈鈞為參謀長。九月十日南昌亦告光復。當駐守南昌的清軍只有第二十七混成協的馬、工、砲、輜各營隊。經蔡公時運動，皆非常興奮。後來由馬營管帶方先亮、排帶蔡森、工程隊官蔡杰、排長韋兆熊，朱洛賓、司務長沈鶴年、輜重隊官宋炳炎開會商議，決於初十日晚上實行攻城。那天晚上，蔡森首先率隊前進，縋登而入，攻佔各衙門，南昌遂告光復。惟聞光復南昌最有功的蔡森，後來竟餓飯了。

南昌既光復，各界開會議，公推協統吳介璋任都督。吳協統號復初，江蘇無錫人，曾任江西武備學堂的教官，兵備處訓練處長，部下都是他的學生。光復以後，軍隊方面當然都希望他任都督，但他自己則再三謙辭，而願讓馮汝騤出任，馮汝騤原清廷巡撫，當時仍留住於撫署內。馮交出印信後，離開南昌，吳介璋乃允就都督職。

按：祕密會社以反清為職志，辛亥革命，踴躍參加，固是事實，江西九江光復經過，即為一個顯例。但以教育程度與習尚關係，究未能始終融洽，江西洪門首領朱拐子及其部下，不守軍紀，不聽號令，擾害地方，都督李烈鈞殺之。

對辛亥革命出力最大者，厥為新軍。文人之曾受高等教育，祕密參加革命者，亦為數頗多。在高等警官學校加入同盟會，如我的父親畢業江西高等學堂，祕密策劃革命運動。一日我父親深夜一人外出，旋聞砲聲，即知駐守南昌的軍隊起義了。從此，終其一生未曾脫離中山先生所主持的一切政治運動。

各省由仕紳所組織諮議局，其中贊助革命者，亦不乏人。

總之，清政腐敗，人心思變，武昌起義，號角一響，無分老少貴賤，群起響應，不數月，便推翻了數千年君主政體，而在亞洲建立唯一的民主共和國。

三　廣東光復經過

武昌首義，華南各省震動，廣東提督李準按兵虎門，通電促兩廣總督張鳴歧下野，一面命汪道源與謝質二人赴港，迎接胡漢民到廣州，就任廣東都督，廣東便在兵不血刃下，宣告光復了。

李準之所以傾向革命，原來是受林覺民之供詞啓示，同時也是汪道源策反的效果。「三，二九」之役，林覺民被擒，係由李準親自提審，供詞壯烈，最後大聲曰：「堂上諸公都是漢人，二百年前諸公遠祖受滿人屠殺，做了二百年奴隷，難道還不覺悟？」李準聽了，深受感動。辛亥六月，李準遇刺不中，更覺得革命黨是殺不盡的，由畏死而生動搖。同時汪道源在李準處充文案，已暗中加入同盟會，與胡漢民、朱執信也是舊交。胡、朱命汪策動李氏反正，初尚猶豫，至是乃派其胞弟李次武到港，向胡、朱表示傾誠，必要時即作表示，胡、朱乃與訂合作之約。

四 張謇與清廷退位之關係

辛亥年清廷退位詔，係由胡漢民請清廷狀元張謇執筆，脱稿後即交清廷議和代表唐紹儀，轉電袁世凱。袁至發表時，另加授彼全權一筆，此或為國人所知者。惟武昌起義，各省響應，江蘇巡撫程德全奏請清帝退位疏稿，亦係由張謇口授雷奮、楊廷棟二人執筆，則知者甚少。後來楊將此疏稿裝裱起來，作為紀念。張為賦詩，又書：「吳縣楊生以辛亥為雪陽（德全）中丞擬草稿裝卷見示，惝怳愴惻不啻隔世矣。賦詩四章，題其後歸之，亦以告後之論世者。」

五　中山先生讓位於袁之原因

民國元年　中山先生讓總統位於袁世凱，世人不明其原因者甚多，即蔡鍔在雲南起義之時，亦以此問丁石僧。丁石僧雲南人，同盟會會員，畢生追隨　中山先生，獻身革命。石僧答：「汪精衛主張最力，但當時寧漢革命軍內部亦不統一，我黨政治力量亦弱，一時難建堅強基本武力控制北方，只好退讓。」（春秋，第二十一卷，第四期，第二頁）中山先生未返國前，同盟會會員即曾與袁所派人員在上海談判革命軍擁袁為總統。而袁則逼清廷退位，擁護共和。此則丁石僧之所未言也。

六　汪精衛與袁世凱

清宣統二年（一九一〇年）三月，汪精衛、黃復生以謀刺攝政王不成羈身縲絏。後清廷為緩和革命風潮起見，特旨開釋汪精衛、黃復生等人出獄。時袁世凱亦遭清廷罷斥，以足疾開缺放逐回籍，養痾洹上。見革命風潮興起，乃函其親信梁士詒，略云：「南方軍事尚易應付，北方政治，頭緒棼如，正賴足下居中策劃，請與唐少川預為佈置。」云云（見三水梁燕蓀先生年譜）。梁士詒接受袁之委託，乃以年誼（梁與精衛之長兄汪兆鏞鄉榜同年）鄉誼之關係，結識精衛。蓋袁欲利用革命黨之聲勢，以壓迫清廷遜位，使其本人得以掌握政權。而南方革命黨亦望利用袁之兵力，以推倒滿清。於是汪精衛成為袁與革命黨之間的聯繫人。梁士詒遂介紹精衛與袁之長子克定相識，嗣乃聯袂秘密赴洹上見袁。於是汪精衛又成為革命黨與袁訂交之第一人。迨袁重返北京，掌握政權，首命馮國璋率兵攻打漢口、漢陽，以阻遏義師，繼又命段祺瑞停戰議和，其目的無非使其本人可以有向雙方討價還價之餘地。

南北雙方舉行和平統一會議於滬上，袁一面派全權代表唐紹儀南下，一面又命楊度與汪精衛組織國事共濟會，暗示其傾心共和，作政治上之側面折衝，並予汪精衛以和議代表參贊之名，使汪至滬，以革命黨人立場，斡旋和議，據胡漢民自傳云：

「袁世凱起任事，其子克定跅弛，以太原公子自命，精衛亦陰結之。事聞於袁，則私見精衛，謂非常之舉，非兒輩所知，而自輸誠於民黨。既而南京亦光復，精衛乃至滬，時清廷與袁世凱所派代表議和者為唐紹儀，各省革命軍之代表，則為伍廷芳同志，更推精衛與王正廷、王寵惠、溫宗堯、胡瑛參贊其事，唐亦時與精衛密商，不拘形跡也。」（見羅家倫編革命文獻第三篇，中國國民黨黨史編纂委員會印行）

然據胡鄂公著「辛亥革命實錄」，直謂精衛曾與袁克定結金蘭之契，與胡氏自傳互相參證，尤堪玩味。據實錄云：

「十一月初七日下午五時，清內閣總理大臣袁世凱見汪兆銘（精衛）於內閣總理官署，使兆銘之滬，以革命黨人立場，斡旋於伍、唐兩代表間，以免和議之局因孫先生歸國而中變，於是授兆銘議和代表參贊之名，俾得協助紹儀，但對外秘不發表。同日下午七時，世凱復見兆銘，其子克定亦相偕至，世凱命其子克定與兆銘約為兄弟。先是世凱之見兆銘，每見必以一人，而且必於深夜。蓋此時世凱所資以利用兆銘者，則為京津保革命黨人之控制，與聽取南方革命黨人之情勢，藉以縱橫捭闔耳。及聞孫先生歸國，則知非紹儀之外交所能勝任，遂使兆銘南下以週旋於內。當兆銘、克定北面立，世凱顧兆銘、克定曰：汝二人今後異姓兄弟也。克定長，當以弟視兆銘；兆銘幼，則以兄視克定，吾老矣！吾望汝二人以異姓兄弟之親，逾於骨肉，兆銘、克定則合辭以進曰：謹如老人命，於是又北向四叩首。叩首畢，兆銘、克定伴世凱食，食罷而退。十一月初八日，汪兆銘遂由北京經天津乘津浦車至上海。是晚余方解衣臥，吳若龍、羅明典來自北京，告以兆銘諂附世凱、克定之情形。余問何日事，若龍、明典答以昨日。予曰何知之速？明典曰：此程克聞諸趙秉鈞者。」

在和議進行中，精衛為主張　中山先生讓位於世凱最力之一人。（十月初十日在漢口擬舉行革命軍各省區代表大會，先一日袁世凱派朱啓鈴帶一封汪精衛給革命同志親筆信，主張清帝退位，推袁世凱為臨時大總統。當然會影響與會人員的看法與決定。同時又致電在南京的黃興，提出以大總統為交換條件，促袁參加革命的主張，黃興允之。）

中山先生見黨內意見不一致，遂允讓位於世凱。於是世凱乃嗾使各省將領五十人聯名主張共和政體，以迫清廷退位。清廷見大勢已去；只得聽由袁世凱擺佈。退位之議既定，乃由南通狀元張謇起草退位詔書，以唐紹儀名義電清廷發之。後經世凱增加授彼全權一語而發表：

「今全國人民心理，多傾向共和，南中各省既倡議於前，北方諸將亦主張於後，人心所嚮，天命可知。予亦何忍以一姓之尊榮，拂萬民之好惡，是用外觀大勢，內審輿情，特率皇帝將統治權公諸全國，定為共和立憲國體。近慰海內厭亂望治之心，遠協古聖天下為公之義。袁世凱前經資政院選舉為總理大臣，當茲新舊代謝之際，宜有南北統一之方。即由袁世凱以全權組織臨時政府，與民軍協商統一辦法。總期人民安堵，海內乂安，仍合滿漢蒙回藏五族完全領土，為一大中華民國。」

袁世凱取得大總統寶座，感汪斡旋之力，乃發佈明令，特授汪以勳二位。

民國二年袁世凱刺殺宋教仁，免國民黨四都督職，並用兵於南方，因而引起二次革命（

癸丑之役）。汪精衛亦曾電袁請停止用兵，宋案依法律解決，袁不納。二次革命失敗，汪偕其妻陳璧君赴法國。袁下令通緝　中山先生、黃興、李烈鈞、胡漢民、陳炯明、柏文蔚以及各省民黨重要份子，獨無汪精衛之名。袁並資送精衛十五萬元，俾其夫婦遠遊法國（見李景武著，「我的家庭教師汪精衛」）。豈袁顧念汪曾與其子克定締結金蘭之好，抑汪尚在暗中與袁通聲氣耶？迄袁稱帝，汪雖不贊成帝制，但亦未參加討袁活動。汪在　中山先生左右，不過奉使四方，始終以「不做官」相標榜。迄　中山先生逝世，乃勾結共黨與左派人物而登上國民政府主席寶座。蓋其領袖慾特強，有中山先生在，不能與之爭，寧以清客身份，追隨左右。迨　中山先生逝世，則領袖捨我其誰了。以後東變西變，落得漢奸下場，亦此一念誤之耳。

七　陶成章被殺

陶成章被殺，曾轟動全國，究因何被殺，及為何人所殺，史籍記載不詳，今讀何應欽所寫「懷念陳英士先生」一文記述如下：「民國元年，同盟會改組為國民黨時，蔣公為滬軍第五團團長，因恨光復軍司令陶成章，謀刺英士先生，破壞革命，蔣公怒殺之。國父曾以臨時大總統身份電飭英士先生查報，並優恤陶之家屬，始寢其事。蔣公遂辭滬軍第五團團長而不惜。」載「中外雜誌」，第二十一卷，第四期。

同盟會之成立，實合興中會、華興會、光復會三者而一之。但同盟會成立之後，光復會依然存在。辛亥，革命風潮既起，陶成章由日返滬，聚所部數千人，自任光復軍司令，對上海、杭州、南京之規復頗多助力，惟聲言擁護章炳麟以為號召。且與陳其美（英士）爭滬都督未成，而在吳淞另設軍政府，以示立異，此為其被殺之重大原因。

八　何成濬屏障義軍

何成濬在辛亥前，滲入清室陸軍部任職，奉命攜帶清兵兩個標，從北京到湖北駐紮祁家灣，離漢口數十里，按兵不動，屏幛義軍。（可與劉士毅所親歷者參考）

九　胡漢民主張公文平實簡易

民國元年，臨時政府成立於南京，胡漢民任總統府秘書長。據「胡漢民自傳」記載：余在秘書處提倡平實簡易之文。布告北方將士，初使秘書雷鐵錚（任鴻雋記為雷鐵崖）屬稿，詞頗艱深，余謂此當使人共喻，如布帛菽粟，無取矜奇，因屬任袐書鴻雋改作，雷不悅，即襆被出府，並為詩自嘲曰：「十年革命黨，三日秘書官。」

十　癸丑討袁之役

江西癸丑討袁之役，未能成大功，實由於當時全國人民未能普遍認識袁世凱之為人及其野心，而國民黨內部意見之未能一致，亦為原因之一。迨袁世凱借款成功，軍事佈置成熟，乃下令免江西都督李烈鈞職。　中山先生立派居正赴南昌勸李烈鈞不受亂命，宣佈獨立。烈鈞躊躇不能決，告訴居正：「免職後，起兵討袁，人將以為戀棧挾嫌，豈能言順？」乃親自赴滬謁　中山先生報告一切。既悉各處軍隊運動情形，乃慨然任首義之責。七月八日烈鈞由上海返抵湖口，約集舊部九、十兩師團，及輜重、工程兩營，於十二日佔領湖口砲台。翌日江西省議會公舉李烈鈞為江西討袁軍總司令，歐陽武為江西都督，於是檄告全國曰：

「民國肇建以來，凡吾國民莫不欲達真正目的。袁世凱乘機竊柄，帝制自為，絕滅人道，暗殺元勳，弁髦約法而握鉅款。金錢有靈，即輿論公道可收買，祿位無限，任腹心爪牙之把持。近復潛暑興師，以兵威劫天下，視吾民若仇讎。實屬有負國民之重託，我國民宜亟起自衛，與天下共擊之。」

烈鈞獨立後，袁以段芝貴為江西宣撫使，李純為九江鎮守使。同時袁軍分向沙河鎮林虎部隊發動攻擊，營長李穆力戰而死。袁又命湯薌銘率海軍協同夾攻，激戰至七月二十日下午四時，由於湖口砲台司令陳廷訓之叛變，湖口各砲台及湖口縣城，乃先後被袁軍所攻佔。其士兵有為袁軍所縱歸者，又於營中揚言於眾，北軍人人身軀如何高大，他們一條腿就如南軍一個人那樣粗。適編者去軍中訪友，雖尚年幼，已覺此人實為北軍故作宣傳，難免影響軍心。當時雖無第五縱隊之名，而袁軍實早有僱用第五縱隊之實。討袁軍節節失利，至八月十八日袁軍進逼南昌，烈鈞苦戰數小時，力盡退向贛江上游，南昌遂陷，從此江西遂為北洋宰割十五年之久。

十一　袁世凱利用朱芾煌

民國元年，南京臨時政府成立，任鴻雋任總統府總務組秘書，據其在「前塵瑣記」所言，朱芾煌是日本留學生，辛亥武漢事起，他即立刻束裝歸國，先到河南彰德去見袁世凱（此時袁雖受了清廷兩湖總督的任命，但尚未出山。）。大約此時革命黨人去見袁世凱的並不多，袁也正要有人與革命黨人通聲氣，所以他甚得袁的信任，不用說，袁正想利用他。後來在滿人負固期間，他幫袁設法剷除了良弼。在南北議和期間，他替袁通聲氣要求南方選舉他做臨時總統。這些內幕，都在朱芾煌的日記中詳細記載。南北統一之後，任鴻雋到了北京，朱芾煌還住在錫拉胡同袁世凱的公館裡。

十二　民元唐內閣會而不議

南北統一之後，任鴻雋任國務院秘書，他的特別任務是擔任國務會議的紀錄。據其在一篇文章中所記，內閣中除教育蔡元培、工商陳其美、農林宋教仁、司法王寵惠是同盟會員外，總理唐紹儀也加入了同盟會，財政熊希齡是共和黨，其餘都是袁手下的舊官僚，這些在正史上都有記載，不必細論。最使任鴻雋奇怪的，是開會時這些負國務重任的袞袞諸公，除了閒談一陣無關重要的話外，竟難得看見有關國計民生的議案。例如陸徵祥是當時全國屬望的第一等外交人才，在唐內閣成立遲遲又久之後，他才姍姍然從俄國回到本國來（他原是駐俄公使）。但他第一次到國務會議，只大講一陣外國女子的長裙是如何優美，上海外國女子所穿的都是爬山的服裝之外，沒有聽見他報告一點國際外交的情勢。熊希齡大約是以黨派的關係，對於唐紹儀總有一點抬槓的神氣，但他是比較有辦法肯說話的人。

十三　因小事而誤大事

天下許多事往往起因於「細故」，而其影響則甚大。倘治史者僅注意其表面現象，而忽略其所以有此現象的原因，則恐不得其解。而造成此現象之原因則多為細故；或為偶然的疏忽；或為一時的衝動；或為無心的錯誤；或為小不忍；或為一己之私怨，以致釀成絕大波瀾，其例甚多。張繼（溥泉）在其「五十年歷史的回顧」講詞中，曾舉一例如下：

「辛亥革命時，有位孫武先生，他是武漢方面很重要的同志，當時被推舉為兩大英雄之一，一位是總理，一位是孫武先生。武漢起義，的確很出力，發動的頭一天，孫武不幸被炸彈爆發所傷，不能出來，所以義舉以後，不得已請黎元洪出來當都督。……黎是一個老軍人，對革命本來沒有認識，做了大都督自然也莫名其妙。……我們可以作為殷鑒的，是臨時找認識不足的人出來負責，總是一件危險的事。孫武既沒有在武漢當領袖，南京臨時政府成立後，就發生了意見。這種意見的起因，只是一點很小的小事。孫武要求做一名陸軍部次長，陸軍部的部長是克強先生。其實那時候並不了解什麼人事制度，就是給他一個名義，也沒有什麼關係，可是當時並不曾答應他。因為這點小事，武漢與南京臨時政府發生歧見，竟至黎元洪被袁世凱拉攏，武漢大部份同志，另組民社，使革命蒙受重大影響。」

張繼又說：

「再有一件人事問題，南京成立革命政府的時候，沒有顧到章太炎（炳麟）先生，章先生並不是要做大總統，說來好笑，他只想做一個國師。國師是什麼?就是明太祖成功以後的劉伯溫，他以劉伯溫自居，本來也應該的，大家沒有留意，以致章先生不快，反過來將黎元洪抬得很高，這種因小事而誤大事的例子，實在不少。」

孫武與章炳麟二人，一組民社，由民社而變為共和黨，太炎為政客利用，成立統一黨。

十四　陳英士與褚輔成

據阮毅成在台北言：褚輔成曾親告渠：辛亥年武昌起義前後，陳英士來杭州運動軍隊，約晤褚輔成於杭州大井巷王潤興飯館，至則必坐於固定之一小間。一次，輔成告英士：「我們正有人跟蹤了，因室外站有一人手提皮包逡巡而不去。」英士曰：「不必怕，那是我帶來的人。」輔成曰：「既為你所帶來之人，何不請入就坐。」陳曰：「不必。」此在門外逡巡之人蓋今總統　蔣公中正也，室內懸有一聯：「肚饑飯碗小，魚美酒觴寬。」此聯至今是否仍懸室中，已不知了。

十五　中國首都究應設在什麼地方

武昌起義之役，　中山先生立即主張以南京為首都。當時有人問：「革命成功之後，首都設於何處？」　中山先生答：「蘭州」。按蘭州在地圖上為我國疆域中心，不過國人誤以蘭州係屬邊區。我國雄居世界島的心臟，而面臨太平洋與印度洋，中華兒女應當「起舞崑崙山下」、「婆娑太平洋海濱」。美國副總統華萊士來訪，係經新疆而來，彼向記者宣佈，係自中國正門而入。若我國建設成功，今日之為邊疆地區，豈非一一變為國家之中心所在。

遼、金從北邊入據中原，所以定都北京，滿人因來自東北，首克北京，因定都焉。袁世凱繼清餘緒，勢力在北方者居多，故堅持以北京為首都。辛亥革命、武昌起義，響應者為沿長江及南方各省，故主張以南京為首都，國民革命軍北伐與辛亥革命之先克長江流域者極相似，故仍以南京為首都。皆係因應情勢，並無為國家立長久計劃的打算。

十六　李烈鈞殺洪幫

辛亥年南昌由革命黨人，開炮一轟，便已光復。公推混成協（混成旅）協統吳介璋為都督。南北議和後，因洪幫到處滋事，南昌前後都督吳介璋、彭成萬皆無法統馭，遂以九江分都督馬毓寶為全省都督。自馬接掌江西政務，各地洪幫更無忌憚，到處搜掠，滋擾不堪，適李烈鈞以九江分都督府參謀長地位，新收編清廷軍艦三艘，乃親率游弋安慶、漢口等處，聲勢頗盛。南京臨時政府以馬「煙癮甚重，紀律太壞」為由，將之撤換，另以李烈鈞代之，但李與江西部隊素無淵源，僅與劉世鈞交好，劉亦江西人，初在馬毓寶部下任隊官（連長），確為革命黨人，九江光復後，劉便升為協統，轄兵兩團，駐九江，李入南昌，便由劉派兵護送，始能上任。李在都督任內誅殺洪幫不少，使江西稍得安定，但為時不久，便發生討袁之役。

十七　湖口倒袁之役

民國二年湖口倒袁之役，贛督李烈鈞所部師長歐陽武，被袁收買，僅劉世鈞師仍為擁李實力，但部隊分散，不久劉世鈞駐九江之李定魁團，亦被袁收買，而北軍李純師又登陸九江，遂致失敗。

十八　護國軍名稱之由來

蔡鍔在北京見袁世凱已決心稱帝，乃設計出京，幾經波折，間道入滇，終於民國五年十二月十九日抵達昆明。二十一日在護國寺舉行第四次秘密會議，與會者除雲南軍政首要外，方聲濤、但懋辛、戴勘等人都參加，蔡鍔與李烈鈞同時到達，會場空氣嚴肅，各人情緒亦皆慷慨激昂，蔡鍔即席致詞：「我們一隅抗全局，明知不能取勝，但所爭者，是為四萬萬同胞的人格。與其屈膝而生，毋寧斷頭而死。」說話之時，聲淚俱下，全場為之感動，一致擁護他的主張，服從他的領導，會中討論到討袁軍的名稱問題，最初定名為共和軍，經李烈鈞反對，李以為「共和」二字，與前共和黨相混，恐遭國人誤會。他主張「今天在護國寺開會，此次興師討袁以護國為目的，不如即稱為『護國軍』」，經大家同意，此為護國軍名稱之由來。

十九　兩粵通電討袁之經過

梁啓超在其所記護國之役經過，言陸榮廷、龍濟光乃為其親往說動而始相繼反袁，敘述有聲有色。但據李品仙所記，則頗有出入，李品仙是時適由保定軍官學校第一期畢業，派回廣西陸軍第一師任見習，且係廣西人，故對內中情形知之較確實。他說：

「陸榮廷的兩通秘電，果然取得了袁世凱與龍濟光的深信不疑；袁得電後即撥發現洋五十萬元給陸作軍餉。廣東方面則由龍濟光以雲南查辦使名義率軍西上，由梧州直達百色一帶。陸於此期間，外示恭順，不動聲色，迨粵軍（龍濟光軍）抵達桂西後，即遣兵斷其後路，予以包圍繳械。於是，不僅廣西一省，不待代表蔡鍔與前來敦促出師的梁啓超到達，即已通電討袁，廣東龍濟光精銳盡失之餘亦不得不隨後響應。龍濟光在桂軍入境無法抗拒，不得不宣佈獨立之後，才開始向湖南境內前進。」（見李品仙，「戎馬生涯」二，「中外雜誌」，第十四卷，第四期，總第八十號）

二〇　袁世凱稱帝係受英使慫恿之說

袁世凱稱帝，世人均以為係受袁克定及一班攀龍附鳳之徒所慫恿，實則英使朱爾典之進言，更具有決定性作用，一日，曹汝霖赴公府見袁，適其正會晤英使，承宣官請其稍待，依例各使晉見，均經由外交部，而此次朱使晉見，外部不知，乃由蔡廷幹所引見，已足啓人疑惑。曹汝霖進見，袁乃囑蔡廷幹備述與朱使談話之經過。袁問：予受人選舉為總統，且宣誓效忠民國，何可背誓？朱說人民要閣下做總統即做總統，人民要閣下做皇帝即做皇帝，這是人民的意思，不能算背誓。袁又云五國勸告尚沒有下文，說至此，朱使即搶口接說，這是貴國的內政，且出於人民公意，外國不應干涉，臨行還戲言，以後體制攸關，余不能隨便與閣下談話了。袁述完，頗現得意之色，還說他此來一定接了密令的。於是稱帝之意始決。（曹汝霖「一生之回憶」一一七－一一八頁）

聞朱爾典致英外交部電報，則對袁稱帝一事表示非常反對，是否屬實，可查英外交部檔案。

二一　吳稚暉統一全國讀音

吳稚暉平日說話，一口無錫土話，帶一些常州的尾音，但他在民國元年提倡統一中國語言，民國二年二月擔任全國讀音統一委員會主席，注音字母也是他和黎錦熙等人創行的。以一個滿口土話的人，如何在國語運動方面能有如此成就，無非他對推行國語運動之一股熱誠罷了。他也能講英語，此為外人所絕對不知道的。據他自己說，其英語最初發音並不準確，後來認識了康德黎（中山先生的老師，大體係在倫敦蒙難後予以介紹的。）專門教他英文發音，才能稍有成績。

二二　共產黨與陳炯明

據張國燾在回憶錄所言：陳獨秀之赴廣州晤陳炯明，係應陳炯明之邀，並言獨秀之用意似乎是企圖從旁勸說孫、陳之間避免火併。但這種活動為時已晚了，所以很快就返回上海（二三一頁）。但據陳公博所記，則似乎並不如此簡單。

廣州中共黨員譚平山、譚植棠、陳公博這些人都是由於陳獨秀在廣州任教育會委員長時，受了他的影響，才與陳炯明合作的，但是到了後來，中共中央則改變了態度，訓令廣州中共負責人立即脫離與陳炯明的一切關係，轉而支持　孫中山先生。他們並未照著這種訓令做。陳公博、譚植棠仍在廣州「群報」工作，並發表一些支持陳炯明的文章。中共二次代表大會也予他們二人嚴重警告，負廣州書記責任的譚平山優容放縱。譚植棠本被除名，陳公博則受嚴重警告，譚平山遭受譴責（見同書，二三九－二四〇頁）。中共中央改變對陳炯明的態度，不於陳炯明砲轟總統府的時候，甚至在陳炯明退處惠州，陳獨秀且曾前往密談，則其中必有蹊蹺，可參看陳公博「我與共產黨」一文。

二三　胡漢民與李烈鈞

民國十二年陳炯明被　中山先生派兵擊潰，殘部竄集潮、汕一帶，負隅抵抗。　中山先生由滬電令李烈鈞負責收編陳部，並令其代行大元帥職權，同時派胡漢民赴粵協助一切。胡抵粵，乃偕譚人鳳往見李烈鈞，詎李適因事忙，無暇詳談，囑改日再晤，胡、譚認為莫大侮辱，自此即積成嫌隙。民國十七年秋，國民政府實行改組，譚延闓曾於中央政治會議席上提議謂：「此次政府改組，本黨老同志均有安排，唯協和同志尚無相當位置。孫傳芳進攻龍潭之役，協和坐鎮國府，督導一切，厥功其偉，似不宜投閒置散。」漢民忿然答道：「他是復成橋慘案負責人，政府不懲辦他，算是寬大了，此人尚可用乎？」眾默然，李烈鈞乃憔悴去滬，其實，胡漢民應當比誰都清楚，復成橋慘案與李烈鈞毫無關係，不過藉機以洩多年宿忿罷了。

李亡命在日時，曾出十餘萬元辦理兩所培養革命幹部之學校：一曰浩然廬，培養軍事幹部；一曰政法學校，培養政法幹部，皆與黃興共同商辦者也。

二四　「我要見者係參謀總長」

蔣與李烈鈞亦不甚相得，緣總理師次桂林，佈置北伐，李任參謀總長，蔣往見李，李派張于潯（此人後任大法官，江西人）接見。蔣云：「我要見者係參謀總長。」乃拂袖而去，此事係張于潯親告胡競先者。第二次北伐，蔣親往邀請李烈鈞任其參謀長，李又婉拒之。從此蔣、李二人即很少往來。

二五　胡漢民論　孫中山、陳炯明

護法時期，國民黨幾以全力培植陳炯明，使其掌握兵權，其時，胡漢民亦認為方今革命大業寄託在孫、陳，而這兩個人都各有特別長處，他給　中山先生三個字的考語：狠、大、快。狠的意思是肯冒險；大是顧遠大而不顧近小；快則斬釘截鐵，不作猶豫。他給陳炯明亦有三個字的考語：勤、緊、韌。這不用解釋，字面已夠明白。狠、大、快配合勤、緊、韌，則天下事不足為了。這時候，亦可見胡漢民對陳炯明期望之殷了。

武昌起義，　中山先生自歐返國，胡漢民時任廣東都督，遂往香港迎之。　中山先生力勸胡隨之北上，胡卒從之，立為書分致陳炯明、胡毅生、朱執信諸人，使陳炯明代理都督事，並命令各軍服從陳炯明。當時胡毅生、朱執信實握過半數之民軍，於是陳炯明始免於孤立，而掌握全局，可見胡漢民為陳炯明設想之週到。

國民黨培植陳炯明掌握兵權，尤不遺餘力。時朱慶瀾為粵省長，　中山先生乃命胡漢民、汪兆銘與朱慶瀾商談。朱以省長所轄僅有全省之警衛軍，乃謂如炯明願屈居省長公署親兵司令，則可撥予二十營兵力交其統率，炯明因　中山先生勸其只求有軍隊，不必計較名義，事遂定，惟粵督陳炳焜橫加阻撓，忽以兵圍炯明司令部，收繳其關防，未幾，朱慶瀾、陳炳焜先後被調離粵，桂系另一莫榮新代理粵督。莫於就職前胡、汪曾數與商洽，以使炯明復親兵司令為交換條件，於是炯明遂得如朱前議，完全接管警衛軍二十營。炯明又奉　中山先生命為援閩粵軍總司令，以此二十營為基礎向福建發展，一以釋桂系猜忌並為進取浙江之初步。

炯明抵閩，經二、三年之經營，遂奄有二十六縣號稱閩南護法區，北洋段系將領福建督軍李厚基亦佔有閩北二十八縣，夾在兩大之間有地方性的土軍佔有四縣，司令官為許卓然，亦接近國民黨者也。炯明之在福建，　中山先生鼓動華僑匯款接濟，並派人為之協助，如許崇智、蔣中正其著者。段系盧永祥佔據浙江，李厚基又在福建，倘兩者傾力以攻陳炯明，則炯明亦難以立足。於是　中山先生乃有聯段之議，聯段乃所以保護陳炯明。為要消滅直系，又有段、張聯盟。繼而演變為孫、段、張三角聯盟。三角同盟終局，孫固一無所得，但其初意在保護陳炯明，則已達到目的。

炯明在閩「貪新好大不知籌款之難」，胡漢民對之稍懷不滿，事誠有之，但觀其對孫、陳之評語，則望之深，不免責之切。為促成陳炯明帶兵事，胡漢民不惜一再奔走於桂系軍閥之門，其心情之痛苦，可想而知。至於孫、陳關係乖離，主要原因，則孫圖北伐，以求中國之自由平等，而陳則欲固守廣東，因而阻撓北伐，甚至不惜勾結吳佩孚，以達其目的，觀陳炯明之覆李烈鈞電（見下條）便可知之。

且陳炯明之蓄異志，已非一朝一夕，蔣曾記一事：「昔奉總理命，參加陳炯明戎幕，陳初甚信任余；嗣陳氏知我信仰總理之心無法動搖，乃忽變態，時時加予以難堪，余皆願為革命忍受之。一日共餐，葉舉在座，大言詆毀總理，謂『孫大炮』如何、如何；陳氏態度自若，似無所聞，余憤不可遏，置箸離座，邀請至別室，問亦聞葉舉所言否？何以任令其侮辱總理而不糾正。陳漫辭慰解，終無誠意表示，余遂知其必叛總理。」（蔣中正，「西安半月記」）

蔣於上　中山先生書更痛切言之：「至論廣州現狀，先生之於競存，只可望其宗旨相同，不越範圍，若望其見危授命，尊黨攘敵，則非其人，請先生善誘之而已。」（毛思誠，民國十五年以前之蔣介石先生）更可謂有先見之明。

二六　陳炯明為北伐事覆李烈鈞電

當　中山先生師次桂林，任李烈鈞為參謀總長兼主持北伐事宜，李乃電請陳炯明撥助軍餉。陳覆電如下：「某電敬悉，應如何籌措，當另電呈，癸丑蹶後，鄉國同墟，奮義討賊，公較炯明為倍勞，宰割由人，粵較贛為尤慘。弟閱盡世變，擬放屠刀，橫流安枕，舉望公矣。弟陳炯明叩」此電由胡競先處抄來，渠時在粵軍司令部任職，此電由其傳送，故默誌之，至今未忘，陳、李二人諒均無存檔，此電恐已無處可尋了。

二七　主張參戰之內幕

第一次世界大戰期間，德國宣佈以潛艇封鎖海上，美德絕交。北京政府接到美國通牒，勸中國採同樣行動。當時，黎元洪、馮國璋及大部份武人都反對加入協約國，唐紹儀及各省商民團體也都反對加入，　中山先生也電北方持反對態度，並著「中國存亡問題」以闡明其見解。但梁啓超、段祺瑞由章宗祥、陸宗輿從中拉線，已與日本軍閥秘密商洽，表面上希望得到日本贊助，改善國際地位，骨子裡則想取得日本經濟與軍火，以鞏固北洋實力，藉以制服國內反對力量，協約國在中國出版畫報及其他種種刊物極盡宣傳之能事，而 中山先生困居上海，雖欲將其所著「中國存亡問題」一書出版問世，亦苦無此經費，德人之在上海者廉得其情，自願出一部份經費，供 中山先生出書及宣傳之用，陳炯明叛變，特在電文中揭發此事，張繼痛罵陳炯明，謂其洩漏黨中秘密，太不應該。

另據德國檔案，德使辛策下旗返國，路經上海，以 中山先生竭力反對對德宣戰，曾往謁見，表示願以二百萬元助其倒段。此事確否未可知，待查。二百萬非小數目，以一個公使館恐難有如許積餘。

二八 中山先生最佩服德國

據鄧家彥言， 中山先生在歐美諸國最折服者為德國。故當十三、四年我（鄧自稱）在德國時，總理曾寫長信給我，囑聯絡德國軍部與實業界，信中並言德國今日所遭受之壓迫為凡爾賽和約，倘中國能革命成功，則必助德解除此種壓迫，至於朱和中所言曾在德接洽之事，鄧言不甚清楚，惟彼知有 Von Seck 者為德之名將，曾經蔣先生聘為軍事顧問。

二九　中山先生有容人之量

民國十年非常國會成立於廣州，選舉　中山先生為總統。胡漢民為總參議兼文官長。一日　中山先生步入文官長室，見其所批辦公文尚有多件未曾發出，大為震怒，責問胡漢民。胡漢民一一指出某件公文未曾辦，某件公文不能辦之理由，倘遵　先生所批辦，必發生不利影響。時李宗黃為參議，參議室與文官長室為鄰。聞　中山先生與胡漢民爭論聲，走入一睹究竟。見　中山先生正怒容滿面，聲色俱厲，真為胡漢民捏一把汗。迄見　中山先生聞胡漢民解釋，立為改容，連聲：「我錯了，請你們去太平館吃烤鴿子。」李宗黃亦湊趣而說：「我請客，我請客。」胡漢民也說：「我請客，不過先生不便到太平館，還是叫他們送來吃吧。」此為李宗黃所述，足見　中山先生氣度恢宏，有容人之量（參閱「胡漢民先生年譜」第二八七－二九〇頁）。胡漢民本來天性耿直，而又在中山先生左右最久，亦養成其敢言面爭習慣。使他得罪了不少人。知之者謂其直言，不知者謂其故意使人難堪。世無第二個　中山先生，所以胡漢民後半生亦就不能伸其志了。

三〇　進步黨主張與現勢力結合

民國二年召集國會之前，國內各政黨林立。張君勱函梁啓超云：「袁、黎二派，均非能建設今後之國家者，雖合無益。然長處超然之地，又勢所不能。惟有擇其比較適於建設者，則不如聯袁。數年之後吾輩可造成一大黨，為事業之中堅，袁亦將聽命於我。現憲友會同志，將在滬發起共和建設討論會，望先生歸來大結合之，期以半年，左右天下不難矣。」

民國二年一月，國會選舉，國民黨得三百七十餘席。梁啓超為主張共和、民主、統一黨合併為進步黨，以與國民黨抗衡。進步黨自創黨以來，所取策略，即係與現勢力相結合，「乘機而指導之，改造之，使成為我國之中堅力量，以求安定一時之社會秩序，並徐圖發展。」這也就是張君勱的主張，而居中指揮的則為梁啓超。首先，進步黨與袁世凱結合，內閣組成，當然分得幾位閣席。但是，等到二千五百萬鎊借款告成，全用之為軍政費，則即解散國會，內閣隨之而垮台。進步黨第一次與現勢力相結合遂歸於失敗。

袁死黎繼起之後，國會恢復，憲法會議繼續重開。進步黨的幾個重要人物，有所謂憲政研究會的組織，世因錫其名為「研究系」。該黨第二期是與段祺瑞相結合。從對德參戰問題開始，到馬廠誓師，愈益水乳交融。張勳復辟失敗，段復任國務總理，以梁啓超長財政，湯化龍長內政，兩人皆進步黨之黨魁。段假參戰之名，向日借來鉅債。梁、湯對於段之濫用日債，卻無法阻止。本想利用現勢力，而反被現勢力所利用。

歐戰告終，北京政府派梁啓超為歐洲特使。梁帶了蔣百里、張君勱、徐新六、丁文江、劉崇傑諸人出國。湯化龍也想到歐美觀察，取道日本，與彼邦朝野，頗有接洽。此時段祺瑞正主張武力統一，湯有無再來一次「乘機而指導之」的企圖，或想接洽外債，作為和現勢力結合的條件，則因被刺戕身，無法證實了。但梁啓超返國，在上海對張東蓀們談了一個通宵，說：「以後決捨棄政治，著實將從前迷夢的政治活動懺悔一番。」從此南、北講學，寫了幾本頗有價值的著作。梁啓超早期在日本辦「新民叢報」，自創淺近文言體，而且筆鋒常帶情感，對國內思想界影響頗大，是成功的。末後，講學、著作也是相當成功的。惟有中期從事與現勢力相結合的政治活動，則徹頭徹尾失敗了。總之，他的一生，無論成功，或失敗，其在中國近代史上，都發生了很大的影響，是無人可予否認的。

三一　研究系反對恢復國會

據莫德惠言，段祺瑞馬廠起義，再造共和，國事本有轉機，倘能恢復國會，則南北不致分裂。而當時反對恢復國會最力者，在國會中有林長民（議長）、湯化龍（秘書長），在國會外則為財政總長梁啓超。梁言見到一班國會議員就討厭，簡直受不了。林、湯與梁關係最深，亦抱同樣態度，故於七月間隨　中山先生率海軍南下護法。

三二　西原借款

初曹汝霖任交通銀行總理，以該行資金薄弱，遂商請西原借日金五百萬元。西原允電東京。不久即得大藏大臣親電，允予如數借貸，並無抵押品。嗣袁世凱以西南起兵討伐帝制，氣憤而死。黎元洪繼位，段祺瑞任內閣總理，將用兵於西南，必須籌備軍費，段知曹汝霖曾經手借過一筆日債，乃任其以交通總長兼任財政總長，駕輕就熟，再借日債，以充軍費。曹汝霖仍請西原來談商借二千萬日金。結果由興業、台灣、朝鮮三銀行墊借，以交通銀行持有之中國國庫券二千五百萬元為擔保，不在市上招募，可省手續費，且十足交款，不折不扣，載明在合同。通過西原路線而做成的所謂「西原借款」共有八件，金額達日金一億四千五百萬元。其中有的借款係以中華民國政府所有全國有線電報設備及其全部財產為擔保。有的係以東北以及滿蒙鐵路全部財產收入為擔保。有的係以吉、黑兩省金礦及森林、濟順、高徐兩鐵路為擔保。以吉會鐵路借款而論，不僅讓日本在東三省南部支配力量強化，且開闢了日本向東三省北部發展的途徑，而為滿清所不曾答應的。國人對於這些借款助長內戰，且確是「賣國借款」，多不主張承認。國民政府在南京成立，有整理外債一案內列「西原借款」，送立法院審議。立法委員群起反對。時值十九年閻馮稱兵，蔣在前方督師，於是蔣之左右紛紛傳說立法院（時胡漢民任院長）委員乘前方軍事吃緊之時，要推倒政府。我以西原借款事問戴傳賢，據答蔣先生下野第一次赴日本時，曾承認此筆借款云云。聞胡漢民辭職後，立法院終通過西原借款。

西原龜三雖以民間立場出面，實則啣有寺內正義首相的秘密使命。

西原借款第一號是一九一七年一月交通銀行所借五百萬日金。

因日本已參加五國銀行團，所以不便利用代表日本參加五國銀行團的橫濱銀行出面，而改由朝鮮銀行、台灣銀行、日本興業銀行三家組織「特殊銀行團」供給借款。

第二次交通銀行借款—日金二千萬—借款條件是以(1)交通銀行聘請日人為顧問，(2)交通銀行以後向外國借款，以日本特殊銀行團為優先。

其後陸續決定的借款還有：

有線電報借款—日金二千萬元—以中國政府所有全國有線電報設備及其收入為擔保。交換條件為(1)優先聘用日本技師，(2)向日本優先購入電信事業所需用之器材。

吉會鐵路預備借款—日金一千萬元—以該鐵路所有財產收入為擔保。

吉會鐵路為計劃建築之線路—這筆借款不僅讓日本在東三省南部支配力量強化，且開闢了向東三省北部伸展的途徑，滿清政府未曾答應，段竟同意。

金礦森林借款—日金三千萬元—以吉林，黑龍江二省金礦、森林擔保。

滿蒙四鐵路預備借款—日金二千萬—以四路財產及其收入擔保，所謂四鐵路：

(1)開源—海龍—吉林線，(2)長春—洮南線，(3)洮南—熱河線，(4)洮南至熱河線上某一地點—某港口（俟將來調查後決定）。

由於這條借款不啻將通往內蒙古的動脈送給日本，使日本在軍事上和經濟上的進展更為方便。

參戰借款—日金二千萬元。

濟順—高徐二鐵路預備借款—日金二千萬元—以濟順（濟南—順德）和高徐（高密—徐州）二鐵路之財產與收入擔保。

在這筆借款幕後，還有一份「山東密約」，在這密約中段祺瑞同意了鐵路由中日合辦，日軍留駐濟南……等於將山東省出賣給日本的約定。

「密約」正式名稱為「山東問題換文」。

日本在這「密約」中有七條規定：

㈠膠濟鐵路沿線之日本國軍隊，除濟南留一部份部隊外，全部均調集於青島。

㈡膠濟鐵路之警備，由中國政府組織巡警隊任之。

㈢右列巡警隊之經費，由膠濟鐵路提供相當金額充之。

㈣右列巡警隊本部及各要驛（車站），並巡警養成所內，應聘用日本人。

㈤膠濟鐵路從業員中，應採用中國人。

㈥膠濟鐵路由中日兩國合辦經營。

㈦現行施行之民政，撤廢之。

對於這個提案，章宗祥在覆文中有「中國政府對於日本政府右列之提議欣然同意」之語。

於是日本乃因這個密約而獲得的利益遠超過他原先所繼承的德國遺產。日本的「日金外交」並非僅限於「西原借款」一條路線。

此外還有「第二次善後墊款」日金三千萬元，「吉長鐵路借款」日金六百五十萬元，「第一次軍械借款」—日金一千七百萬元，「第二次軍械借款」—日金二千二百四十二萬元。以上各項之中「吉長鐵路借款」，是將管理、經營權讓給日本，蓋自二十一條以來，日本便不斷要索，連袁世凱都曾經予以拒絕，而段祺瑞只為了六百五十萬元借款，便予以同意，助長了日本對東北地區的侵略。

寺內內閣所投下的對華貸款，只不過兩年（一九一六年十月至一九一八年九月）任內，就達到了日金三萬萬元，而在寺內內閣以前，日本歷任內閣供給中國的借款約為一萬萬二千萬元，由此可見其金額是如何的鉅大。

三三　段祺瑞出買路錢

馮玉祥倒戈返師，實與徐樹錚赴奉天請張作霖拿出一筆鉅款送馮有關，已在另處記之。今讀曹汝霖「一生之回憶」，更證明此事之確實。曹說：「奉張又請合肥以犒軍為名，送馮鉅款，馮遂又倒戈歸到段張方面，由懷來回師，先駐於高麗營（合肥送款犒軍，即在此時），翌日即入北京。」（見一九〇頁）

馮玉祥接受段之鉅款，此並非第一次。民國六年張勳復辟，段祺瑞馬廠誓師，進攻北京，必須經過廓坊，而廓坊為馮玉祥部駐地。馮雖被褫十六旅長職，但仍居廓坊，頗得軍心，馮若出些岔子，卻是可慮。段認為馮名利心重，未必無法疏通。乃派人送去買路錢，遂得順利通過。又有陳光遠所領模範團，以及孫岳所部之內應，近畿各軍，方在觀望，且師出有名，故段得以克奏膚功。

三四　段、張助馮倒戈經費

據徐道鄰編述「徐樹錚先生文集年譜合刊」第二九四頁載：

「原來直奉戰爭，正在熱烈的進行中，馮玉祥就和在天津的段祺瑞接頭，準備倒戈驅曹，索價十萬。段素窘迫，無力籌付，乃電張作霖。張立匯奉票百萬—折合國幣十五萬元至津，交段轉給。」

三五　段祺瑞賣國鐵證

第一次世界大戰告終，中國以戰勝國之一的資格參加巴黎和會，幾與戰敗國遭受同樣命運，中國所受不平等待遇毫未改善。國勢積弱固為一重要原因，然苟內無軍閥如段祺瑞者，為鞏固一己之權位，實現武力統一之迷夢，甘心出賣本國權益於日本，或日本未曾制我機先，秘密與英、法、義諸國訂約瓜分太平洋島嶼並承認日本繼承德國在我山東之權利，則中國亦不致在巴黎和會失敗如是之慘。

在日本寺內內閣時期，段祺瑞曾與之訂立三件借款、一件密約。這些都是喪權賣國的條約，特錄之於后：

滿蒙四鐵路預備借款—日金二千萬元。一九一八年九月二十八日簽約，以四路財產及其收入提供擔保。

所謂四鐵路是：㈠開源―海龍―吉林線。㈡長春―洮南線。㈢洮南―熱河線。㈣洮南至熱河線上某一地點―某海港（俟將來調查後決定）。

由於這筆借款，不啻是將通往蒙古的動脈拱手送給日本，使日本在軍事上和經濟上的進展更為方便。

參戰借款―日金二千萬元。同日簽約。

這是依據一九一八年五月所締結的「中日軍事協定」，段祺瑞以這筆借款作為編練「參戰軍」的名義，成立了三個師、四個混成旅的新式裝備部隊，但實則並非為參加大戰，而是練成段氏之私人武力，用之於國內軍閥自相殘殺的內戰。

濟順、高徐二鐵路預備借款―日金二千萬元，同日簽約。以「濟順」（濟南―順德）和「高徐」（高密―徐州）二鐵路之財產及其收入提供擔保。

預備建築的這兩條鐵路，就是根據二十一條要求的結果―原來為德國所有在山東省的築路權，歸於日本繼承。

在這筆借款的幕後，還有一份「山東密約」，是在借款前幾天的九月二十四日交換照會。在照會中，段祺瑞同意了鐵路由中日合辦，日軍留駐濟南……等於是將山東省出賣給日本的約定。

「密約」正式名稱為「山東問題換文」，係由日本外相後藤新平以書信提案，而經中國駐日公使章宗祥予以答復。後藤的提案，有下列七項：

一、膠濟鐵路沿線之日本國軍隊，除濟南留一部份部隊外，全部均調集於青島。

二、膠濟鐵路之警備，由中國政府組織巡警隊任之。

三、右列巡警隊之經費，由膠濟鐵路提供相當金額充之。

四、右列巡警隊本部及各要驛（車站），並巡警養成所內，應聘用日本人。

五、膠濟鐵路從業員中，應採用中國人。

六、膠濟鐵路由中日兩國合辦經營。

七、現行施行之民政，撤廢之。

對於這個提案，章宗祥在覆文中有「中國政府對於日本政府右列之提議欣然同意」之語。「欣然」兩字，是出於日方的要求而見諸明文。

於是日本乃因這個密約而獲得的權利而論：遠超過了他原先所繼承的德國遺產。以清廷原先給予德國在山東的權利而論：其軍事權及警察權並未曾及於膠州灣租借地範圍之外；而且相反地中國方面則在膠州設有警察署，租界內的鐵路警察任務也由中國擔任；鐵路和礦山也都是由中國的山東巡撫負責保護。

再就中日「密約」的內容比較看來，對於日軍留駐濟南一節，竟未明訂撤退期限，便予以承認，並且還決定了膠濟鐵路巡警隊本部及各主要驛（車站）應聘用日本人。此外，關於膠濟鐵路歸屬一節，在中德之間的條約中規定中國在將來有「收買」該鐵路之權，而現在之「密約」，卻成為「歸中日兩國合辦」。

這個「密約」，後來在一九一九年的巴黎和會時被公諸於世。當時，中國在和會中主張收回德國在山東的權利，可是由於此一「密約」之公開，以致失掉了立場，造成自己把山東權益拱手交割給日本。

上列三個賣國條約與前條未免重複，但一論西原借款，一論段祺瑞賣國鐵證，主題不同，故不惜一再言之。

三六　徐樹錚入外蒙

初陳錄為外蒙護軍使，其副使三人陳毅即其中之一（非中共之陳毅）。後陳毅升為外蒙都護使兼駐庫倫辦事大員，曾呈請北庭取消外蒙自治，徐樹錚乃乘機請求赴外蒙。民國八年北京政府乃發表徐樹錚為西北籌邊使兼西北邊防督辦（烏梁海在內），是年冬（十月二十九日）徐曾以是項名義赴外蒙巡視一次，不久（十一月二十一日）返北京。十二月二十九日又赴外蒙，其間曾派二旅赴蒙，實際到達者始終僅一旅中之高在田團。徐第二次到蒙乃將陳毅軟禁而名為保護，時陳僅帶衛隊一營，當然不敢抗拒。陳毅乃被送京並取消都護使署，北庭乃任命陳為豫將軍。民國九年元旦徐在蒙曾代表政府冊封呼圖克圖。以直皖戰爭，徐乃匆匆返京。皖敗直勝乃又發表陳毅為外蒙都護使。民國十年俄舊黨謝米諾夫竄蒙，紅軍追至，驅謝及中國軍。其時中國軍僅高在田一團在蒙，不受陳指揮，亦不堅守，故民十春外蒙即全為紅軍佔領。當謝米諾夫竄蒙，陳毅乃收容之。倘徐樹錚在，或不如此。其後紅軍追至，陳毅又不為之備，尚正在請人圓光。（師大國文教授程發軔，曾有外蒙詳細地圖。）

三七　段祺瑞究為何如人

段祺瑞曾受當時新式軍事教育，但其在政治方面，較之草莽出身之陸榮廷、張作霖則不免有所遜色了。段於武昌起義之後，奉命率軍攻打武漢，曾率其所屬軍官通電主張共和政體，於是世人有不少視為擁護共和有大功之人，殊不知此電實為袁世凱所授意，藉以逼迫清廷讓位於其本人者。試看該電所聯名之人，自段祺瑞以下，究有何人明瞭共和政體為何物者。張勳復辟之前，曾在徐州召開會議，世稱徐州會議者指此，實際乃商討復辟進行事宜，各省多派代表參加，段亦派有代表出席，即係其最親信之徐樹錚，衆謀僉同，張勳乃率軍進京，擁溥儀復辟。忽然晴天霹靂，段祺瑞馬廠誓師，討伐張勳了。或謂張勳係中圈套，或謂張勳狂妄自大，以首功自居，目中無段祺瑞，於是段乃親赴馬廠誓師了，世人乃又謂其有再造共和之功。張勳既敗，退居外國使館，政府明令通緝，自屬應有之義。張勳則揚言如逼迫太甚，必將徐州會議一切經過公佈於世，於是段政府也就一聲不響了。在其當政期間，曾向日本借款，而不惜犧牲國家重大權益，為滿清與袁世凱所不肯答應而他竟都答應了。

三八　陸榮廷、張作霖英雄本色

袁世凱僭稱帝制，蔡鍔潛回雲南，倡議討袁，一聲霹靂，袁氏震驚，護國之役自以蔡鍔之功為最大。但在廣西宣佈獨立反袁之前夕，入川之滇軍則與袁軍苦戰於敘、瀘一帶，黔軍則受阻於麻陽一隅。其他如山東、上海等地亦曾舉事，但均少進展。至五月初黔桂兩軍分別自湘西、湘南進入湖南，袁軍不支向北節節撤退之後，各地組成之民軍遂乘勢而起，截擊向北撤退之袁軍，迫使湯薌銘亦不得不宣佈獨立。桂軍進入廣東與湖南，促使兩省相繼獨立，陸榮廷之功，實不可沒。隨後陝西獨立、四川獨立，則大勢已定，袁氏不得不宣佈取消帝制了。南之陸榮廷，北之張作霖雖皆草莽出身，但智勇雙全，正義凜然。陸為盜則不掠國人，迨掌兵符，能響應武昌之排滿革命於前，復能義不帝袁舉兵贊附共和於後。張則對日本之威脅利誘，始終不亢不卑，保全偌大東北版圖於中國旗幟之下，尤為難能可貴。當國民革命軍節節向北進迫之際，其時，張在北京自任陸海軍大元帥，日人表示願以武力為其後盾，張嚴詞拒絕，謂此乃中國人自己的事，不勞干涉。終為日本軍人炸死於皇姑屯。

三九　馮部進故宮，連盜帶偷

馮玉祥倒戈回師，行動迅速。因有孫岳內應，師臨城下，即由安定門開城攻入。翌日衛戍司令鹿鍾麟、警備總監張璧入宮，想活捉遜帝溥儀。遜帝方進膳，聞訊即倉卒出宮，逃匿東交民巷德國醫院。經鄭孝胥與日本公使芳澤謙吉接洽，遷入日本使館，安置於二樓，皇后亦接來同住。

是日後門一帶，臨時戒嚴，軍警林立。鹿張二人進宮，見遜帝已出宮，即開元、明、清三朝收藏的寶庫，劫掠寶物，以軍用大卡車，運載而去，萬目睽睽，人所共見，無可掩飾。當時進宮之鹿鍾麟、張璧還乘間偷竊。張見桌上有一對均窯花盆，種的菊花，他知均窯是珍品，即告隨警，這菊花是好種，給我帶回去。鹿鍾麟則見桌上陳設有一翡翠瓜，故意把玩，即將軍帽覆扣瓜上，隨弁知其意，即捧瓜和帽，趨出至鹿跟前道：你忘了戴軍帽了。鹿說很熱，我不要戴，你拿著吧！真是連盜帶偷，兼而有之。余雖未睹，但人言鑿鑿，決非虛構（

曹汝霖一生之回憶，一九一－一九二頁）。惟鹿鍾麟語人：當時入宮傳達馮玉祥命令時，有李后曾、黃郛陪同，豈有盜寶之事？

四十　段祺瑞討伐張勳共用一百五十萬

段祺瑞此次馬廠誓師，討伐張勳。共花費一百五十萬元。其中直隸省財政廳拿出開灤股票一百萬，由曹汝霖商請三菱公司抵借，其經理秋山昱即允照額面付款。另由鹽務署長李贊侯由北京帶來五十萬元。事平後，段祺瑞向陸軍部報銷一百五十萬，並追還甚急。是否為償還直隸省財政廳與北京鹽務署之用，不得而知。

四一　孫段張三角同盟

在北方吳佩孚擊敗奉張與皖段。於是有人從中奔走，撮合孫、段、張三方結為同盟，共同對付直、吳，世所稱之三角同盟，即指此。段祺瑞曾派周善培、許世英赴粵晉見　中山先生，奉張亦派李夢庚偕同國民黨人寧武（孟岩）等隨行赴桂晉謁　中山先生。嗣又先後派韓麟春、楊宇霆赴廣州。徐樹錚、葉恭綽曾去粵，樹錚係代表段。根據葉譽虎年譜，恭綽係由中山先生函邀而去。許世英與葉恭綽均曾在粵擔任要職，以示三角之通力合作。時廣東財政窘迫，　中山先生亦偶去函奉張，請予經濟與軍械支援。據沈鴻烈說：一次他奉張作霖命乘鎮海艦帶銀元槍械到廣東去，確有其事；但數月已記不清了。但編者見到另一資料，曾載確實數字：「鎮海艦係帶六十萬元、十二門山砲，及一些迫擊砲、機槍、步槍等。」（「張老帥與張少帥」，「傳記文學」，第三十一卷，第四期，每月人物：張作霖）。　中山先生曾派汪精衛赴津，訪問段祺瑞，派汪精衛、伍朝樞、孫科、葉恭綽等人赴奉訪問張作霖，此為三角聯盟最表面化時期。此種聯合，三方面均知為權宜之計，不過以共同打倒直吳為目標。若以得失而言，段祺瑞所得獨多，　中山先生所失則不可以數量言了。以一個革命元勳，而與國人所痛恨之軍閥結為同盟，使向之同情　中山先生者，惶惑無以自解（時編者在美，為僑報撰寫社論，真不知如何措辭。向之反對　中山先生者，更有攻擊之藉口。），以事實而論，直吳失敗，固由於奉張在山海關、九門口，先後予吳以嚴重打擊，吳光新與張宗昌又由冷口側面斷直吳之歸路，而馮玉祥之回師，孫岳之內應，外間均認為與國民黨員之活動，不無關係。吳佩孚前後受敵，不敢回北京，乃將軍械、糧米，置於天津總車站，封標交段祺瑞點收。既而段祺瑞出任執政，　中山先生以為其主張必可得以實現，乃離粵赴滬，發表宣言，提出其主張之要點，但段祺瑞無一採行，　中山先生之肝癌未嘗非由此而發。迨　中山先生病逝北京，各界在中央公園舉行公祭，段祺瑞竟不親臨弔祭，群情憤慨，使人不無段祺瑞與吳佩孚何擇之感，而北方局勢依然混沌如故，未有絲毫改善。長江方面，奉張揮兵南下，本想囊括而有之，結果，造成孫傳芳五省聯軍總司令的局面。孫傳芳直系也。　中山先生在此三角同盟中所得究竟是什麼！

四二　馮玉祥倒戈之原因

民國十三年直奉戰爭，馮玉祥在南口倒戈，使吳佩孚一敗塗地。馮玉祥倒戈，表面原因，報紙騰載，不必再說，內幕原因，似尚未為外人所盡知，不能不一提。十三年九月十六日吳佩孚抵北京，十七日曹錕下討奉令，吳佩孚在四照堂親筆點將，兵分三路，而以馮玉祥為第三路軍總司令，出古北口經承德入東北，意思是打勝奉軍後可讓吉林地盤給馮玉祥。實際上從此路去東北只行軍也要兩個月，到了東北，萬一打了敗仗，簡直沒有退路。點將後馬復祥就對馮玉祥說：「這那裡是打仗，簡直是流戍、充軍。」這是馮玉祥倒戈原因之一。至於馮玉祥殺李彥青，亦有一內幕。曹錕對李彥青特別好，除任命他為官錢局監督外，並讓他在財務處做事。有一次李彥青負責購買一批義大利軍械，馮玉祥要求分一部份，曹錕雖然答應了，但吳佩孚予以反對，李彥青乃加以留難。後來經人疏解，仍由馮備價購買，終難免氣憤在心，這是馮玉祥倒戈原因之二，也是李彥青被殺的主要原因。第三原因很少為外人所知，就是徐樹錚親往奉天請張作霖挪出一筆錢作為策動倒戈之用（見另條何孝元的談話）。民國十四年十月吳佩孚東山再起，在漢口通電就十四省討賊聯軍總司令職，採取聯奉討馮政策。當時馮有意向吳求和，國民軍歸吳指揮，為吳所拒。又種下吳再度失敗的一個原因。

四三　段執政逃走

馮玉祥的國民軍雖被迫向張家口包頭退卻，北京的段祺瑞執政卻於一九二六年四月九日被國民軍所推倒了。段在國民軍將失勢時，曾暗中勾結京畿駐軍唐之道部，作奉軍的內應，以圖取得奉張的支持；不料為國民軍窺破，乃有四月九日馮部鹿鍾麟收繳執政政府衛隊槍械之變。段逃匿東交民巷，通電報告政變；而執政政府也就消滅了。（張國燾，回憶錄，下冊，第五三七頁）

四四　馮玉祥「首都革命」

民國十三年冬馮、張（作霖）聯合倒吳佩孚，其遠因為吳（佩孚）嗾使北京政府免馮的河南省督軍，改任陸軍檢閱使，所部五個旅全部調北京南苑，檢閱使署設北京，俾便監視其軍隊行動，不致有後顧之憂。嗣吳又調董政國第九師來北京，王維城二十三師開赴廊房，監視馮部，加上原駐北京的王懷慶十三師，其對馮部的威脅，不可謂不嚴重。同時，新任財長王克敏將指定的協餉取消，改為臨時去領，處處對馮部為難。馮在痛苦萬分之際，黃郛乘機與馮密談天下大事，鼓勵馮完成辛亥未竟之功。

當直奉戰爭初起時，吳在北京四照堂點將，以馮玉祥為第三路總司令。九月二十一日馮奉命出發。在出發之際，馮向吳要求發餉及多撥車輛，吳只先撥四十輛。於是馮採步步為營的策略，從北京到密雲拉成一線。十月上旬，榆關戰事緊急，吳就與駐㮣豐台的第三師同赴前方。當時馮已在灤平，胡景翼軍次於通縣，孫岳有一團兵力分守北京各城門。胡、孫皆同盟會舊人，今與馮聯成一條陣線，擺下天門陣，觀望不前，迫吳親自出馬。倘吳打出榆關，馮等就包圍曹錕任命吳為東三省巡閱使，他們把守關口，不准吳入關；如前方失利，則即倒曹。

十月二十二日夜八時，馮部轉向北京進發，十二時抵安定門，由北京警備副司令孫岳與徐永昌團開門迎入。全城未放一槍，未流滴血，就轉入馮軍的掌握。鹿鍾麟部當即接收城防，並在總統府四週警戒。孫岳派兵將總統府衛隊及曹世傑部隊，全部繳械遣散。曹錕被幽禁在延慶樓，這就是「首都革命」。

四五　「首都革命」全功盡棄

民國十三年冬，馮玉祥班師，回北京，逐曹錕，囚李彥青，人心稱快。先，段祺瑞從袁良處得到消息，曾有親筆函致黃郛（沈亦雲著，「亦雲回憶」，下册，一八八－一八九頁）力贊其事，並主「當吳到京之時，起而捕之，」以報一箭之仇。迄攝閣修正清室優待條件，段祺瑞聞之，氣得將身邊痰盂一腳踢翻，大罵攝閣不解事，可見張勳進行復辟，段祺瑞實暗中參預，確有其事。

其時，段祺瑞並無兵權，閑居在津，對於此次之役，亦未盡一絲一毫之力，何以政權會落在他的手上呢？

據馮玉祥在其「我的生活」書中所記「首都革命」有一節如下：

這時雖已收復首都，完成了革命第一步工作，但知洛吳尚有十餘萬可供驅使的部隊，他必然不甘屈服而作最後掙扎。正當會議未散的時候，果然得到報告說：吳佩孚已從前線撤回一部勁旅，正在回攻楊村。因又念及山東督軍鄭士琦此時所處地位至關重要，他若被吳拉攏，則至為可慮。若我們能與之聯絡，則吳佩孚前後受敵，立可使之潰亡。鄭士琦為段祺瑞皖系的人，為了應付當前軍事上嚴重的困難，孫二哥（岳）

便臨時提議請段祺瑞出山，以示與皖系聯絡，俾使魯督鄭士琦出而截阻直系援軍北上。大家亦以為一則目前困難非此不能打破，二則　中山先生是否北上尚不可知，一時只看見了軍事的成敗，而忽視政治的後果。孫二哥這個提議竟得全體一致的贊成，真是「失之毫厘，繆以千里」；那知由於這個臨時動議，竟斷送了此回革命的全功。

以上是馮玉祥本人所記，當可信。其時國民軍既要抵擋撤回的直軍，週旋進關的奉軍和伺隙的皖系。楊村一戰，以為一舉可以得手，所部資格最老的張之江、李鳴鐘連戰都未成功，輪到新進的韓復榘始打通天津，戰鬥力需要再估計。國民軍三軍各有弱點，而二三兩軍為其累多而助少；二軍的紀律與慾望尤可議。對方乘其弱點，弄得國民軍本身秩序漸亂。後來，直吳與奉張又聯合以對付皖段與國民軍，段祺瑞固悄然返津，馮玉祥亦隻身赴俄，此是後話。

四六　張作霖建築打通路

張作霖為了日本南滿鐵路獨佔東北交通命脈，他積極修建打通路，並開葫蘆島為港口而分散大連的獨佔。日本人橫加干涉，但是張作霖該做的也不會停止。在一個北風厲吼，大雪狂飄的夜裡，日本干涉人員遠離工地，躲在房中避寒，東北人卻在一夜之間，在大雪上洒水結冰作路基，鋪上枕木，釘上鐵軌，天一亮，打通路通車了，日本人再也無力干涉了（劉毅夫，「不堪回首話當年」，「傳記文學」第二十八巻第二期）。張作霖建築打通路，開葫蘆島確是事實。但是否如劉所言「在大雪中洒水結冰作路基」，仍待再查。

四七　張作霖意外獲得一批軍火

民國七年北京政府以馮國璋代理總統，段祺瑞為國務總理，馮以和平為號召，段則以武力求統一。段且對外主張參加歐戰，並且自任參戰督辦。其欲參加歐戰是幌子，而藉參戰之名，以訓練一支勁旅以對內作戰，則為其真正目的。於是乃與日本訂立軍械借款，即以此借款向日本購買軍械。其第一批購自日本軍械為步槍二萬七千餘支，將在秦皇島登陸。事為奉天張作霖所聞，乃予以截留。先，段左右之小「諸葛」徐樹錚見武力統一政策見扼於直系，乃主張聯奉以制直。事已有成，奉軍南下之師已抵灤州，迨段以參戰督辦名義電請奉張交還所截留的軍械，奉張乃理直氣壯的電覆段祺瑞，謂此次奉天請領軍械，係奉政府討伐命令，整飭軍隊，為政府之後盾，所練軍隊無論對內對外，均屬擁護中央，一旦編練成軍，悉聽政府驅策，運京運奉，宗旨無殊，蓋全軍均屬國家，尚何軍械之足計。

然奉張亦不為已甚，迨奉軍源源入關，張作霖與徐樹錚聯名通電於三月十二日在距天津五十里之軍糧城設立關內奉軍總司令部，張自兼總司令，徐以副司令名義代總司令職權，所以報徐奔走之功也。以楊宇霆為參謀長，所以不令此軍脫離掌握也。民國十三年徐為促成馮玉祥倒戈，再去奉天，張部下仍稱徐為司令，就是這個原因。

初，中山先生為保存陳炯明的力量與生存，乃與福建督軍李厚基相約劃地而守，李厚基段系也，此為孫段合作之始。嗣又由段、張聯盟演變而為孫、段、張三角同盟，而穿針引線者，則為徐樹錚，其目標則為倒直。

四八　顧維鈞與王正廷之芥蒂

民國七年十一月第一次世界大戰告終，巴黎和會定於民國八年（一九一九年）開幕，中國以對德參戰國資格，得派代表五人，赴法與會。根據北京政府公報，當時中國代表之次序，為陸徵祥、顧維鈞、王正廷、施肇基、魏宸組；根據巴黎中國代表團送達和會秘書廳之通知，中國五代表之次序，則為陸徵祥、王正廷、顧維鈞、施肇基、魏宸組；此中出入，雖只顧王兩代表名次之互換，但因當時中國國際地位較弱，和會代表雖有五人，出席代表只限兩席，第三席代表即無出席大會之機會，於是顧、王次席代表之互換，及政府明令與和會名單次序之出入，遂引起北京總統府外交委員會與巴黎中國代表團之波瀾。

但當時中國已有南北兩政府，南方軍政府曾通電國際否認北京政府之地位。軍政府政務委員會又議決派　孫中山、伍廷芳、汪精衛、王正廷、伍朝樞為出席歐洲和會代表。　中山先生時方在滬，廷芳老不能行，故實際赴法者，只王正廷、汪精衛與伍朝樞。正廷知軍政府未得國際承認，其所任之和會代表，亦僅有虛名，則透過世界青年總會會長Charles R.Mott之推薦，由駐京美公使與徐世昌接洽　，冀分得北京政府和會代表之一席。

陸徵祥抵法後，為謀求對外一致起見，乃約晤王正廷，使參和會，正廷以必得出席之代表為條件。時中國政府正與和會秘書廳，爭三席之代表，陸氏遂告正廷，如能爭得三席，自可使居其一，如只得兩席，亦當以次席相畀，正廷始允諾，然此僅為陸、王間之默契，未以告政府也。

部電到法，正廷見名次不符，疑陸賣己，憤欲回粵。陸徵祥一面向正廷表歉意，一面向政府申原議，並召顧維鈞告以情形，慰其委屈，一面更自請病假，即由王、顧二人同為出席大會之代表，以無背政府明令與陸、王默契之原意。正廷雖無異辭，而心終不懌。

五月某日，中國各代表方在代表團午餐，顧維鈞忽得美國代表團顧問 E.T.Williams 電話：謂今早「十人會」上，已經決定，請中國代表團午後三時，出席大會，說明山東問題，請早作準備。時距開會時間，不及兩小時，王正廷、施肇基均以時間過促，事前又乏準備，群推顧維鈞代表發言。顧謂伊雖可勉從眾意，但因名次在王正廷之後，須由正廷在會中，先作「此案中國代表團已推顧某代表發言」之宣示，方合外交軌制。因時間已屆，匆匆趕赴會場，甫經入座，大會主席法國總理克里孟梭，已請中國代表發言。正廷初猶遲疑，經顧氏敦促，始如約起立宣示，顧維鈞乃於毫無準備下，起立說明。（按根據顧維鈞回憶錄中文譯本所載：顧在「十人會」上發言係在第二日，而非當日下午。）

顧氏指出山東乃孔孟誕生之聖地，有如耶路撒冷之於猶太民族，如大會諸君以為耶路撒冷交與異教，將不能謀中東之和平，則山東權益交與日本，亦必不能謀遠東之安戢。演辭明警，全場動容，英相路易喬治連連鼓掌，美總統威爾遜趨前道賀，法總理克里孟梭下位擁抱，表示贊許。於是顧氏之聲華，高翔於國際，而日本之壓力，乃轉向於北京之外交部。

此事演變，遂成為五四運動之導火線。蓋日本代表提出日本在山東築路合同已得中國政府之「欣然同意」。威爾遜以此詢顧使。顧急電外部，轉詢國務院。曹汝霖時任交通部長，又嘗為訂立此合同之原經手人，只得出面承認，於是巴黎國際論壇之論戰，乃與國內之外委會與內閣之政潮，軒然並起矣。

王正廷空擁次席代表之名銜，而卻自失代表發言之機會，目見顧維鈞蜚聲國際，相形見絀，遂生妒嫉。未幾，顧在巴黎，忽得其岳丈唐紹儀上海來電，謂滬上西報載「反日之顧維鈞將娶親日曹汝霖之二小姐為繼室」之新聞。顧得電愕然，旋由西報館中，查得此消息，係得自中國代表團。顧疑係王正廷所為，當面詰正廷，正廷亦不否認。以上經過係顧維鈞親語梁敬錞者，可作為參考。（見梁敬錞，巴黎和會中國代表名單審定之經過，「傳記文學」，第二十五卷，第六期）

王、顧既有此芥蒂在心，又演成日後中俄交涉，時顧任外交總長，王任中俄談判代表團團長，互不協調之一幕。王正廷非不知議約須與外交部協商，而獨行其是；顧維鈞非不知外交總長地位應對中俄交涉隨時過問，乃各懷私見，互不協調。以個人恩怨，而竟影響國家大事。所以有意收集史料者，勿因事小而不記，蓋事小亦可尋出大事之線索也。（一九七六年顧維鈞接受聖約翰大學專訪，表示王正廷只是議約全權，而非簽約全權。當時顧任外交部長，故不予承認，主張另行談判。另一理由，顧指出所議之約未曾列入外蒙屬中國、俄兵應撤出外蒙一條。後來顧親自議約，固列入此條，但俄兵仍佔據外蒙如故。）

四九　對俄談判終無成

蘇俄政權成立未久，遠東方面仍由白俄佔據，乃宣佈放棄帝俄時代所侵略中國之一切領土主權，而以平等精神另訂新約。但與蘇俄談判，終無成。初則由於北京政府不敢積極與蘇俄交涉，以免有承認之嫌，蓋列強是時不但未承認蘇俄，且有干涉之舉。迨至民國十三年蘇俄代表加拉罕雖與北京政府簽訂「中蘇解決懸案協定大綱」亦無解決重大問題之誠意，尤其有關涉及外蒙問題，以及蘇俄在外蒙撤兵問題。而另一最大原因則由於顧（維鈞）王（正廷）二人因細故宿怨，彼此勾心鬥角，暗中摩擦，而國內尤在分裂狀態，徒予蘇俄拖延之藉口。

五十　德國通貨膨脹對地主與工業家有利

德國在第一次世界大戰失敗，成立威瑪共和政體，但保守份子仍舊掌握經濟權。工業、大地主、全國資本的大部分，全屬他們所有。他們可以拿他們的財富來資助各政黨和新聞事業，用以破壞這個共和國。軍方在這個墨跡未乾以前便已開始逃脫和約的軍事限制。軍官團千方百計不僅把軍隊維持於舊日的普魯士傳統之中，而且還為新德國政治權力的真正中心。他成為國家內的一個國家，對於全國的外交和內政政策的影響力與日俱增（這就是　中山先生為什麼要鄧家彥向德國軍部與工業家求助的原因）。德國通貨的毀滅雖使一般人民傾家蕩產，但對大地主和大工業家卻有好處。政府受了他們的驅策，故意讓馬克暴跌，以期國家清除他的公共債務，以期逃脫償付賠款，以期破壞在魯爾的法國人。

五一 馮玉祥部隊在北洋時代之擴充

馮玉祥隸吳佩孚部，但吳甚厭惡之，抑制其發展。馮再次失去已得之地盤，而隊伍則反擴充，由陝西而河南，到北京郊外的南苑北苑，就陸軍檢閱使一個空名閑職，所部餉項無著。張紹增是其二十鎮時老上司，吳抑制馮，張則幫他。在張組閣及陸軍總長任內，准馮之隊伍正式編為一個師，三個混成旅，並指定崇文門稅關及京綏路局兩處，為馮軍餉項所出。於是馮反而得到近畿練兵機會。

五二 張作霖臧否當時人物

段祺瑞任執政時期，張作霖本已進京，但因與馮玉祥常鬧彆扭，而且越鬧越僵，作霖一怒回奉。屢次去約來京，托辭不來。於是段祺瑞命曹汝霖赴奉邀張作霖來京。張即首肯，二人同車赴京。在車中張作霖臧否當時人物，均有獨到之處。張最推崇袁世凱，謂只有他的能力智力能統一中國。惜誤於群小，忽起帝制運動，中道而殂。張初次見袁時任師長，是在客廳候見，廳中陳飾一對乾隆大花瓶，張正觀賞之際，袁出來了。且邀張到簽押房去談。臨別見張穿夾呢軍外套，袁說關外寒冷，呢大衣不夠禦寒，即命隨侍拿自己的貂皮大衣給他換上。迨到家不久，那對乾隆雕漆大花瓶隨即送來了，可見袁籠絡手段之高明。袁見武官凡師長以下的，向不讓坐，有事皆站立報告，而張作霖雖是師長，卻獲如此優待，宜其五體投地，始終服從不渝。對段祺瑞則認為雖有剛愎之性，但用人不疑，對人誠實，不用權術，故門生故舊人才眾多，無一不樂之用。惜過信徐樹錚，鋒芒太露，反有時為段之累。對徐世昌則謂有容人之量，而短於治現代之才。對黎元洪則謂碌碌庸才，靠了一時運氣，做了總統，還要亂出主意，以致府院不和。對馮玉祥則謂這種反覆小人，唯利是圖，還要偽裝君子。這人險而詐，同他共事，真要小心。以一個綠林出身的人，而能講出這篇道理，真屬不易。（曹汝霖「一生之回憶」，一九八一一九九頁）

據袁叔禎在「我的父親袁世凱」一文所記如下：「張作霖是當時二十七師師長，可是我父親為了表示對他優遇，卻破例的在辦公室內接見了他。當時辦公室內的北面，安置了一個多寶格，格內擺設了一些古玩器物。其中一個絲絨盒子，裡面放著四隻打簧金表，每一個表的邊上環繞著一圈珠子，表的背面是琺瑯燒的人物，樣子是極其精緻的。當時我父親和張作霖分坐在沙發上談話，張在談話的時候。不時地注視離他的座位很近的金表。我父親看到這種情況，曉得他是愛上了這幾隻表了，當時就送給了他。」（聯合報副刊，民國七十三年六月九日）

袁叔禎在這篇文章裡，細述他父親家庭生活，則袁世凱想做皇帝，毫不為奇了。至於英使勸進，或袁克定慫恿，亦不過迎合袁世凱之心意罷了。

五三　蘇俄軍援馮玉祥究多少

(一)

據陳森甫所著「西北軍建軍史」（載春秋，第二十三卷，第四期），蘇俄駐華大使加拉罕自十四年四月至八月止，從庫倫所運的軍械，共為步槍一萬五千枝、子彈一千五百萬發，新式輕機槍二十七手挺，子彈七十五萬發，手榴彈三萬枚。合馮玉祥原有的槍械，步槍當不下八萬枝、子彈不下五千五百萬發，山野砲因交通不便，未聞另有接濟。

馮玉祥「首都革命」，未幾，又為張作霖、吳佩孚聯軍打敗，而出亡蘇俄。在莫斯科和史達林接觸，提出可以為蘇俄而將日本趕出東三省，請求援助，史達林大爲欣悅，據說發給予大砲二百門，機槍二千挺，步槍二十萬枝、彈葯二億發，以及戰車、裝甲車等武器裝備。（古屋奎二，「蔣總統祕錄」，中央日報，民國六十四年，十一月十七日）

根據蘇俄武官於民國十五年六月四日致電嘉侖稱自民國十四年四月十五日至十五年七月八日蘇俄交與馮玉祥之軍械兩批，總值一千零八十九萬七千六百四十盧布，遠超過其運往廣東者。惟其軍械價值係由蘇聯單方面計算，實際上決不及上列數字。

(二)

民國十三年第二次直奉戰爭，直系馮玉祥倒戈，吳佩孚大敗，馮玉祥因而佔據北京一帶，另得察哈爾、綏遠等地盤，儼然形成一新興勢力。惟東北軍止於天津，該軍李景林任直隸督軍，張宗昌任山東督軍，暗中對馮玉祥形成包圍之勢，馮出海之路已斷。此時蘇俄乃藉口同情中國革命，驅除帝國主義的勢力，軍援馮氏—蘇俄軍械由外蒙運往張家口，比較方便，既利用馮氏割據局面，使與其他軍閥混戰，讓中國永遠不能獲得統一，而從中漁利，又可借此機會扶植中國一部分勢力，以便一朝有事時作為對付日本之盾牌，正是一舉數得。當時馮所得到的蘇俄軍械，都是些日造的三八式步槍及法式槍機，至於西北軍採購物資，蘇俄亦婉拒採購俄貨而勸請至海參威採購日貨，其何以如此甘心利權外溢？理由非常簡單，在使用障眼法耳。所以當時日本特務發現西北軍有大量三八式步槍與六五口徑子彈時，尚疑為日本浪人盜賣，蘇俄陰險機詐居心叵測，即使日本特務亦被騙過。

民國十五年馮玉祥又親往蘇俄乞求軍援，在莫斯科住了三個月以上，俄又撥大批軍械運至庫倫轉交，內有法式輕重機槍二千餘挺，步槍二十餘萬支，大多數為三八式，僅少數係俄製，仍延用前述障眼法。（參閱陳森甫所著，「西北軍建軍史」與蘇俄駐華武官致嘉倫電，以及古屋奎二，「蔣總統祕錄」。）

五四　郭松齡倒戈內幕

郭松齡倒戈，外間傳說為東北軍內部新舊之爭，蓋郭陸軍大學畢業，任教於遼寧省陸軍講武堂，所接觸的多為新式軍人，而張作霖的重要幹部則全為老兵老將，舊式武夫，思想行動彼此格格不入，自是意料中事。然促成郭松齡實行倒戈的，則另有隱情。緣民國十三年直奉之戰，馮玉祥倒戈，遂使吳佩孚一敗塗地。張作霖於戰事結束後，論功行賞，以楊宇霆督蘇，姜登選督皖，李景林督直，即平常在老帥眼中認做「破落戶」的張宗昌，亦居然督魯，獨郭松齡落空，欲求區區一熱河都統，而不可得。老張又令他統率所有入關奉軍，回奉負責督練，心中自然觖望，更看到馮玉祥倒戈的收穫，平地成為國民軍總司令，歆羨非凡。適奉馮聯合倒吳之後，雙方又磨擦起來，並且日甚一日。馮玉祥乃決定聯孫傳芳以對付張作霖。馮知郭松齡有觖望之心，乃派其妻李德全，設法與郭妻接近，伺機遊說，先代郭氏抱了一番不平，繼又明白嗾郭回師反張，也像他制吳的辦法一樣。郭對其妻感情素篤，言聽計從，瀋陽虛實，更是瞭如指掌，想自己做了遼東王，也好出一口怨氣，遂即通電請張作霖下野，至於郭松齡表面上倒張作霖，而又主張奉省交張學良主持，亦有一段因緣。當郭松齡任教陸軍講武堂時，張學良年甫十八、九，也在講武堂肄業，郭是他的老師。學良學成後，做了衛隊旅長，郭即任參謀長。其後衛隊旅改為第三旅，另成立第八旅以安置郭，郭與學良關係更深了一層。郭知學良為花花公子，實權自然將落在自己手中。且擁戴張氏家人，亦易於號召。至郭之所以失敗，實由日本作梗，公開宣佈：「在鐵道附近地帶，及日軍警備區內，兩軍絕對不得侵入。」而黑龍江吳俊陞率騎兵及時趕到，可以經過日本防線，橫截郭軍，日軍又以警戒為名，堵住郭軍的後路。遂使郭軍一敗塗地，郭松齡夫婦倉皇化裝逃遁，終給吳俊陞逮住，奉命就地槍決。郭失敗之另一原因為昧於遠交近攻之戰略，亦不識各個擊破之戰術，竟拒熱河都統闞朝璽合作條件，否則闞率大軍衝向黑龍江之腹部，以解決吳俊陞，並取其督軍而代之，則吳決不能橫截郭軍了。至於日本之所以作梗，則由郭之思想與作風較張作霖為新，恐不易掌握耳。

五五　再論郭松齡倒戈

民國十三年馮、張（作霖）聯合打倒吳佩孚，共挽段祺瑞出山，任執政，以馮、張互不相下，而段時已無兵權，乃奉為共主。未幾，馮、奉開始交惡，因張作霖欲佔據北京，且於十四年一月奉軍李景林已佔據天津，繼之及於保定、大名。奉軍繼續南下，延伸到魯、皖、蘇三省。其時，奉軍聲勢之盛，可想而知。但十月奉軍駐江南的部隊，受到孫傳芳的襲擊。懼馮與孫傳芳勾結，夾擊奉軍，蘇、皖兩省駐軍，楊宇霆、姜登選狼狽而逃，留張宗昌駐守山東，對付孫傳芳。奉軍精銳集中於冀東灤縣，唐山以東，配合在天津的李景林，遙遙相控，並撤退保定、大名守軍，讓防於國民二軍軍長岳維峻。

郭松齡於第二次直奉戰爭中，由山海關入關，作戰極為英勇，有功而不封，乃陰阻於楊宇霆之讒。郭松齡與李景林都是日本陸軍大學同學，而李景林督直，姜登選督皖，郭乃成為介之推。後來闞朝璽督熱，張宗昌督魯，楊宇霆督蘇，都開府兼圻，而郭獨不及，心懷怨恨，可以想見。適遇東南之變，楊、姜不戰而走，郭認為時機已至，力主東南之事應由楊、姜負責，反對北方與國民軍作戰，暗中與馮有信使往返，聞其訂有密約：

一、倒張作霖。

二、擁張學良為總司令，郭松齡為副總司令。

三、李景林位置不動，兼領熱河都統，魯省歸國民二軍。

四、宣告楊宇霆、王永江死刑。

五、改良生計組織。

郭松齡於十一月二十四日發難「清君側」，二十五日電馮，述班師宗旨，請馮電張作霖共促其下野。

天津李景林在郭松齡反張「灤州宣言」並未簽名，因李的妻母尚質留於奉天，因之首鼠兩端。表面上看來，張作霖情勢極為危殆。

但日本出兵支持張作霖，免其後顧之憂。最後於十二月二十三日在巨流河，日軍截尾阻擊郭軍，致使覆滅，郭化裝逃亡終於被害。馮的國民軍乃乘機攻克天津，李景林逃出山東依張宗昌。

馮在郭松齡滅亡之後，又感受張作霖、吳佩孚、張宗昌三面之衝，為維持均勢，未曾聯合豫軍，以攻佔山東，驅逐張宗昌，而功虧一簣，蓋攻佔天津的兵力損失甚眾，固為一因，而國民一軍為爭直隸省長而起內訌，亦為一因。李鳴鐘以戰功而覬覦此位，而馮則保孫岳擔任，以緩和奉張與直吳的壓力。然馮終為情勢所迫，不得不於民國十五年元旦通電下野，而將西北邊防督辦印信交張之江，由張督率西北軍。

五六　郭松齡表面擁張學良

王鐵漢言郭松齡叛變表面係擁學良而反作霖，實際並非如此，蓋東北軍政兩方面人物，均對作霖不惡，學良本人更無反父之心，郭不過藉此名義以作叛耳。

五七　張氏父子兩度想收回中東路

在張作霖與學良時代，曾兩度想收回中東路。第一次是在郭松齡事變時期，張作霖欲經由中東路自吉黑兩省調回軍隊，而中東路俄當局須張交付運費。其時正值軍用浩繁，一時難以調度，且中東路為中俄所共有，豈有不能掛賬之理。張作霖一怒，乃驅逐俄籍局長，而由華籍副局長代理。時加拉罕駐北平電本國主張以武力干涉，但俄當局恐怕日本，未敢亂動。第二次是在民國十八年哈爾濱俄領館從事顛覆活動，中東路俄籍職員亦參預其事。經張學良派警察搜查俄駐哈爾濱領館，當場搜得駐東三省北部共黨中央委員及共黨黨員四十餘人。此外尚有來自東北各地中國籍共黨黨員，並搜出兩卡車宣傳文件與書刊，以及第三國際暗殺的證據與侵華訓令，把持電信機關的訓令等等文件。張學良乃封閉俄領館，並撤換俄籍正副局長，下令接管該路。俄政府乃於民國十八年七月一日以對華絕交書送我駐俄代辦，聲明絕交，惟仍聲明保留一九二四年中俄、奉俄兩協定之一切權利。國民政府亦於十九日發表國際宣言，公佈蘇俄違反中東路協定及圖謀顛覆中國政府之證據。蘇俄一方面扣留到黑龍江之華船，並在海參威捕我華僑千餘人，伯力亦扣華僑數百人。另一方面，俄軍以大隊猛攻滿州里，我東北軍猛烈抵抗。迄十一月十七日蘇俄以飛機三十餘架，坦克五十餘輛，大砲六十餘門，步騎二萬餘人向滿州里等地發動猛攻。十九日抗俄軍旅長韓光第、團長林選青及重要軍官多人在札爾諾爾陣地殉難，梁忠甲被俘。二十日俄軍陷滿州里。其間美國願出面調停，為俄所拒。日本亦曾提調停方案，即中東路分為兩段，一段歸中國所有，一段歸日本所有，當為蘇俄所拒。滿州里既陷，美、英兩國復根據非戰公約第二條，分別向中俄勸告停戰，以和平方式解決衝突。中國代表蔡運升遂與俄代表簽訂「遼俄和平草約」（即雙城子草約）。蔡運升曾任東北道台，精通俄文，故有是命。十二月二十二日蔡運升與西門諾夫斯基簽訂「伯力預備會議紀錄」。於是，蔡運升偕哈爾濱總領事西門諾夫斯基，及俄派中東路正副局長抵瀋，哈爾濱看守所收容之俄犯千二百名全釋，在前線之中俄兩軍均開始撤退。中央派莫德惠為正式代表，提出贖路問題，因雙方意見相距太遠，迄至「九一八」尚未商得結果。鐵路恢復原狀，自然對俄有利。

五八　張作霖是一個真正愛國的人

東北自清末即為日俄兩強所環伺，威迫利誘無所不至。但張作霖不亢不卑，始終未簽訂任何賣國條約。且自築鐵路以取代日本的南滿鐵路，自築葫蘆島港，以取代日本的大連港。又曾試圖收回俄國所控制的中東鐵路。處心積慮，無非要使東北擺脫日俄兩國的控制，已屬難能可貴。民國十六年六月張作霖在北平自封陸海軍大元帥，以討赤相號召。其時國民革命軍二次北伐，進展迅速。日人乃乘機向張作霖提出東北五路協定，並謂倘使簽訂了這些協定，則日本可以出兵阻撓國民革命軍的進展，以保全你今日的地位。張作霖毫不遲疑，嚴詞拒絕，謂此乃中國人自己的事，不勞干涉，並通電息兵，退回關外。編者曾屢為文記之，可以復按。

日本見此計不逞，乃出兵濟南，以圖阻撓國民革命軍前進，復暗中勾結山東督軍張宗昌，願以兩師團日軍，偽裝魯軍前來助戰。張作霖聞而大怒，立召張宗昌痛數之：「勝敗乃兵家常事，爾有能力即前進，沒有能力則後退，何乃引狼入室！你是人？還是獸？」張宗昌慚歸，終拒日謀。

張作霖起自草莽，而深明大義若此，遠非一些曾受高等教育者之所及。

五九　張作霖氣量恢宏

張學良處置楊宇霆之部下，不事株連，力予保全，實際是效法乃父作霖處置叛將郭松齡部下之做法，亦可見其父子氣量之一斑了。據聞郭松齡叛變，雖在名義上由郭打出討張旗幟，實際上，作霖部下亦有不少與之暗通者，且有往來函電為憑。郭松齡敗死，凡有二心的部將皆惴惴不安。一日，作霖約集這些人來，饗以盛饌，公開宣佈他們有私通郭松齡的情事，並命副官將所搜得的函電放在面前，他們惶恐之情是可想而知的。但作霖並不深究，他只說：「這些函電我也不看了，只希望你們以後照常對我效忠就是了。」於是乃命副官把這些函電一把火當面燒掉。

六十　張作霖犒賞日軍

郭松齡為張作霖所重用，掌握一部份東北軍權，忽起兵反張，聲稱清君側，初頗順利，瀋陽告急。嗣因日本關東軍暗助奉張，阻止郭軍前進，且張貼佈告，如郭軍子彈落到鐵路附屬地，則不惜還擊。張軍處於附屬地內線，郭軍則在外線，明明暗助張方，使張軍處於有利地位，郭軍處於被打地位，郭遂失敗。事平後，張作霖從日本正金銀行提出其私人存款五百萬元，偕同町野顧問，親臨司令部，對本莊司令深致謝意，謂承大力，幸勝叛軍，奉上區區私人存款，以備犒賞。日人乘此機會提請解決多年懸案，而為張所拒絕。

日人之助張，固為郭敗之一大原因，然張之調吉、黑兩省騎兵，赴援迅速，對郭軍打擊亦很快。同時，奉軍將鐵路橋樑軌道及汲水設備全予破壞，使郭軍行動遲滞，亦為失敗之一因。

六一　日本關東軍走內線

日本自戰勝俄國以後，以為東三省為日本以鐵血收回者，自應有優先權。自前清以來，中國總是委曲求全，然日本亦不願使用武力。後日本軍閥抬頭，對東三省覬覦之心更急。但張作霖不亢不卑，應付得宜，始終不肯出賣國家領土主權。於是日本關東軍乃想走內線，初由本莊司令夫人招待張氏最寵的五夫人，遊覽大連。本莊夫人親自招待，關東軍武官於經過處，列隊歡迎，非常威風。大連市中且到處張燈結綵，由日本招待藝妓演員，排日遊宴觀劇。又贈五夫人以珍貴禮品，盡歡而歸。以為有此內線，商量自易。豈知張作霖對軍政大事，向不謀及婦人，故白費心機，本莊且招本國新聞的譏諷。

六二　徐樹錚去奉天究為何事？

據何孝元言：當其在奉天任職鐵路局時，一日奉張作霖命搬進大帥府居住，代其翻譯奉俄協定。越數日徐樹錚亦來住，何初不知為何許人，只聞當差稱之為司令。前，徐曾赴奉，張作霖接受其建議，將北京政府由日本購買兩師軍械，在秦皇島截留，運奉擴編七個旅，張即成立奉軍總司令部自為總司令，徐為副司令，當差稱之為司令蓋由於此。徐之為人頗和靄可親，呼何為老弟，並愛哼幾句京戲或崑曲，其他則不多言，故何亦不知其為何事而來。徐、何兩人相處甚得，徐出外應酬，有時亦電話告東道主：「我帶來一位小老弟，可以麼？」小老弟即指何孝元也。忽一日不知徐的去向，後來始知徐乃挾重金赴內蒙古某地，收買馮玉祥倒戈也。據何言此為十三年間事（編者曾問過何兩次，均言為十三年間事。）。但據徐道鄰編述「徐樹錚先生文集年譜」合刊（二八三頁）則為「十一年上半年之事」是年直奉曾發生戰爭。總之徐樹錚之去奉天是為直奉戰事大約不會錯的。或者十三年他又去過奉天，則為道鄰所未記。

六三　盛世才發跡新疆

盛世才東北人，初為韶關講武堂學生，因李烈鈞、李根源交戰，未畢業即遣散。盛初任鐵路查票員，得友人資助方得返回東北，任職郭松齡部，日後升警衛營營長。郭松齡敗，盛乃赴日留學。蔣第一次下野赴日，東北斷盛接濟，勢將輟學，蔣乃賙濟之。返國任職總司令部作戰科科長，不得志。某日盛忽告齊世英謂留京終無出路，參謀業務為人把持無法插手，帶兵又萬無可能，決離京他去。齊問將何往，盛言君將在報端見到盛世才三字則知吾之所在，否則沒沒無聞亦不必知之。時金樹人任新疆省督辦，電令其駐京辦事處覓人赴新，盛乃以此關係赴新，初亦不過任金之參議。適楊增新部叛變，金乃派盛督率兩團前往敉平。是時迪化忽發生革命，企圖推翻金樹人，全城被圍。叛軍方面恐盛返師，必遭荼毒，乃派人赴前方表示願推盛為督辦，盛以所督率之兩團為金之部隊，不能有任何表示，並請對此事嚴予保密。旋盛班師，屯兵郊外，適李、杜等部隊因東北事變，撤退來新，盛乃收留之，勢力愈益擴大，其原有兩團亦不敢不聽指揮。時叛軍仍嘯聚圍城，金樹人令盛出兵解救，盛表示城門均係叛軍把守，如以兵力進攻，恐將危及督辦之生命。另一方面又對叛軍表示金樹人可以下台，但須保全其生命財產安全。雙方無異議，金去乃由盛接任督辦，從此一步登天。

六四　李烈鈞之韜略

民國十一年　中山先生師次桂林，準備北伐，而陳炯明為粵軍總司令兼廣東省長，有貳心。李烈鈞為大本營參謀總長，頗富韜略。時陳炯明之主力葉舉、熊略駐南寧一帶，廣州空虛，烈鈞乃主急行軍回師廣州，鞏固革命策源地，再行北伐，一面命兵一團扼守邕江兩岸，以防葉舉、熊略部隊回頭。北伐大軍遂順利回師廣州。前頭部隊亦已進入江西。倘非陳炯明嗾令部隊叛變，炮轟總統府，則北伐情勢必可改觀。

六五　愛人而革命、抑恨人而革命

初馬林之謁　國父也，溥泉實為之先容。及出，溥泉問之，曰不解中山為愛人而革命之旨，與蘇為恨人而革命適相反耳。（張繼墓表）

六六　中山先生改組國民黨之意甚堅

孫總理鑒於東江之役，乃以號令不行，由於信仰不堅，信仰不堅，由於組織不密，乃決意從改組黨入手。先成立臨時中央執行委員會，命廖仲愷來上海，就商於上海幹部，並告以總理意甚決，即使一般同志均反對，也按照預定計劃進行。各省代表多人以是年一月在廣州師範學校開第一次全國代表大會，宣佈政綱及策略。開會以後，同志對共黨有訾議，總理為堅決信念與鎮壓反動計，在大本營召開重申紀律會，幾有吳宮教戰、斬二姬以殉之慨。幸而總理仁慈，反動亦無切實指證，祇以譴責了事。但在場同志，對於馮自由、劉成禺二人，莫不為之驚嚇。（「居覺生全集」，梅川詩偈）

六七　中山先生必會限制中共活動

鮑羅廷曾向張國燾分析三月二十日事變的原因。鮑表示蔣介石將軍不過是一個中派，孫中山先生本人也祗是一個中派，都同樣具有強烈的反共意識，即使孫先生健在，也要採取某種步驟來限制中共的活動。國燾認為鮑的這種說法是有疑問的（張國燾，回憶錄下冊、第五一四頁），但我（編者）認為鮑的說法是正確的。

六八　台灣同胞對　中山先生之崇敬

孫中山先生生前曾四度蒞台，均與台灣有志之士有所接觸。光緒廿年在檀香山組織興中會，便提出了「恢復台灣，鞏固中華」的口號。　中山先生對於台灣同胞反日革命的影響，非常之大。舉一例來說，台胞羅福星於民國二年抗日失敗，翌年為日本帝國主義處絞刑之前，曾賦詩明志，詩曰：「中土如斯更富強，華封共祝著邊疆，民情四海皆兄弟，國本包桑氣運昌。孫真國手著光唐，逸樂豐神久既章，仙客早貶靈妙葯，救人於病身相當！」這首詩連起來便是：「中華民國孫逸仙救。」民國十四年三月十二日　中山先生病逝北京，發喪時，北京大學台灣學生會曾輓一聯：「三百萬台灣剛醒同胞，微先生何人領導？四十年祖國未竟事業，舍我輩其誰分擔？」直道出台灣同胞血濃於水的情感。是年三月廿四日，台北市舉行中山先生逝世追悼會，哀詞中有一段說：「唉！大星一墜，東亞的天地忽然暗淡無光了！消息傳來，我島五內俱崩，如失了魂魄一樣，西望中原，禁不住淚泉滔滔了！」書後并有「台

灣民族是中華民族！」等口號。（見聯合報，民國六十三年四月十五日第十二版，被忽略的歷史）

六九　國共兩方大打出手

據名女作家周蜀雲「憶早期女作家黃廬隱」一文插有一段追述北伐之前，上海大夏大學國共兩方學生鬥爭之情形，為供後世參考起見，特錄之如後：

「某次校長請來張繼（溥泉）與桂崇基兩位國民黨元老到校講演，講辭中涉及有人將國民黨分成左右派至表痛心。對左派的行為認係共黨從中作祟，並歷述共黨在國民黨中所作種種陰謀，言至憤慨處，張溥泉先生且在講台上跺足不已。在場聽講者對於張先生的沉痛呼聲，以及目睹張先生跺足那一幕的情景，我想不會輕易忘記的，我則印象鮮明猶如昨日，忽在大禮堂發生一幕大打出手的怪劇，一時由爭吵而動手，抓起椅子亂摔，將張毅同學的手指打傷流血。」（中外雜誌、第十五卷、第一期、總第八十三號）

編者當然不是國民黨元老，但當時各校邀請講演則是常事，兩派學生爭吵，打架更是司空見慣，不足為奇。猶憶　總理陵墓奠基之日，我偕張星舟（厲生）、蕭同茲等十餘人前去南京參加。我的講題是「孫中山先生功邁華盛頓、林肯、列寧」，講演甫畢，台下就大聲爭吵，甚至互投石塊，受傷者間亦有人。

七〇　譚平山做國民黨部長，辦共黨的事

譚平山告訴我（國燾自稱），他任國民黨組織部長，也不過辦理一些例行公事而已；重要的政策問題，由國民黨少數要人與鮑羅廷商議取決。至於一般的人事和工作問題，包括國民黨左派人物工作的分配，多由中共廣東區委會預先商定。因此，他自己只須根據這些商定來執行而已。（張國燾，回憶錄，下册、第四四九頁）

七一　蒲哈林對國民黨之看法

蒲哈林曾言：「自今以往，國民黨之優秀份子將進行於蘇維埃之路，因國民黨之建築業已動搖，行將傾覆。一俟革命潮勃起，即為吾人在中國立即組織蘇維埃之時機。」見莫斯科真理報。

七二　鮑羅廷對於國民黨幾位人物之批評

鮑羅廷也曾向我（國燾自稱）吐露出一些關於國民政府建立的意向。我們談到胡漢民的

時候，他曾聳聳肩向我笑著說：「胡漢民嗎？他有一點毛病，如果什麼事情讓他知道了，他的親信也便知道了，隨著英國人也知道了。這樣，一切事情都弄糟了。」他這幾句評語，表示他對胡並不信任，遇有機會，顯然他是要貶抑胡的。

我們說到汪精衛的時候，他表示遇事可以和汪商談。他說汪還是和在北京時一樣謙遜，不會挺身出來硬幹，如果抬他出來負責，似卻不會退縮。我們談到廖仲愷，他嘆息著說：「這樣得力而實幹的人，可惜太少了。」他還指出廖願多做些實際工作，卻不願居領導地位。鮑羅廷這些有關人事的話，暗示出他心目中的國民政府的輪廓；後來事實上也大致是如此。（張國燾，回憶錄，下冊、第四五五頁）

七三　黃埔軍校初期之情形

蔣氏主持黃埔軍校的初期，色彩是相當紅的。第一期學生四百六十餘人中，中共黨員及共產主義青年團佔八十餘人；蔣那時對他們一視同仁。蘇俄教官為蔣氏所倚重，在校內更具權威；政治工作和政治教官多由中共黨員擔任；由具有中共黨籍的學生們所領導的青年軍人聯合會也獲得蔣氏的支持。（張國燾，回憶錄，下冊、第四五〇頁）

七四　汪精衛早蓄異謀

自中山之病在協和醫院宣告不治之後，汪精衛便有了詭秘的行動。他在北京飯店特別訂有一間房間，每夜必去與共產黨人會商，其中必有陰謀。（李璜根據李石曾所告，見其回國任教與對當時學術界的觀察一文，傳記文學、第二十一卷、第五期。）

七五　汪精衛選自己一票

總理逝世，同志以黨失重心，尤不能不組織國民政府，進行革命。鮑羅廷就把成立國民政府這件大事，拿到政治會議來，以便操縱。所以國民政府組織法及國民政府人選，均由政治會議先決定，再呈常務執行委員會加以追認。政治會議就根據組織法，選舉國民政府主席。那時政治會議的秘書是伍朝樞，因為事情重大，他特別鄭重，對於發出的選舉票，每次都高聲報告。在選舉票朗讀完畢後，他起立說：「發出選舉票十一張，收回選舉票十一張，選舉汪兆銘的十一票。」他遲疑了一會，顯然覺得有些奇怪，便故意又高聲報告了一次「發出選舉票十一張，收回選舉票十一張，選舉汪兆銘的十一票。」（鄒魯回憶錄上冊一六三頁）今日競選人投自己一票，并不稀罕，但在民國十四年則投自己一票，殊有違謙讓之風。

七六　中山先生容共之另一原因

中山先生認為「只有使中國共產黨份子，能在國民黨領導之下，受國民黨統一指揮，纔可防制其製造階級鬥爭，來妨礙國民革命的進行。」

七七　共黨分化西山會議派

中共決定分化西山會議派。由於陳獨秀先生的主動，并獲得威金斯基的協助，我們約好孫科、葉楚傖、邵元沖在外白渡橋蘇俄領事館內，商談國共關係問題。這三位先生或多或少與西山會議有關係，我們視為當時國民黨中的代表人物。中共中央方面則由陳獨秀、蔡和森和我三人為代表。

雙方在懇談解釋之下，達成了七點協議。內容大致是：號召團結，在孫先生的三民主義和國民黨改組以來的既定政策下，大家都應支持廣州國民黨中央及其所領導的國民政府。中共以國民革命為中心任務，繼續與國民黨共同努力，但不包辦國民黨事務，不排斥國民黨忠實黨員等。這七條協議經雙方一致同意簽字；至於若干具體問題，雙方都認為應由中國國民黨第二次代表大會解決，不願詳加計議，以免節外生枝（張國燾，回憶錄，下冊、第四六三

—四六四頁）。這就是孫科、葉楚傖、邵元沖三人為什麼中途去廣州的內幕經過。但邵元沖到廣州擔任青年部部長，仍為中共與左派份子所排斥，不安於位，而返回上海。

七八　中共內部有人主張國共分家

國共關係問題一直困擾著中共中央；在中共中央會議上，總是反覆議論，常感進退兩難。根本問題是中共黨員仍留在國民黨內，抑或趁早退出，改採黨外合作的政策。在這根本問題上，中共中央內部意見又不完全一致。我們中的多數確認中共黨員仍留在國民黨內已弊多於利，但也不能提出一致的改弦更張的具體辦法（張國燾，回憶錄，下冊、第四六五頁）。中共中央與西山會議立場雖不同，但多數主張國共分家則一，但第三國際則堅持中共留在國民黨內，於是中共也祇好攻擊西山會議，不遺餘力了。

七九　張作霖以部屬待顧維鈞

張作霖在北京開府，稱大元帥，由顧維鈞任國務總理，每來白事，交談數語，不讓坐。當年袁世凱亦沒有這種態度。有人說跟張作霖做朋友，很能受其尊重，一旦作其僚屬，即大不相同。觀其對顧維鈞而益信。

八十　「少年中國學會」解體之經過

「少年中國學會」是由中外各學校熱心國事的青年，經年餘籌備，始於民國八年七月一日在北京正式宣告成立。其所以定名為「少年中國」，乃欲師法「少年義大利」及「少年土耳其」運動，期將老年暮氣的中國改造為「少年中國」。以「本科學精神，為社會的活動，以創造少年中國」為學會宗旨，並標舉「奮鬥、實踐、堅忍、儉樸」四項為同人遵循的信條。觀其宗旨與信條，亦可想見其志氣之一斑。初期會員為四十二人，本為志趣相同之結合。迨會員發展為一百二十餘人，始逐漸有政治主張紛歧的現象。其中如鄧中夏、高君宇、劉仁靜、黃日葵、李大釗、張崧年、惲代英、周佛海、毛澤東等人均先後加入共產黨，如余家菊、李璜、曾琦、張夢九、左舜生、羅益增、陳啓天、趙曾儔、涂開輿等人則屬於國家主義派。其他為中立份子。

十七年七月一日起，「少中」在南京召開第一屆大會，從白天到夜晚，一連開了三天半。就「少中」各項問題，會員的提案，做一番澈底的檢討。會中討論到「學會宗旨及主義問題」時，共黨份子主張採用「社會主義」最為激烈，而國家主義則反對最力，中立份子亦多認為學會宗旨規定得很好，不必畫蛇添足。三日三夜的爭論，幾乎引起學會的分裂。

事實上，此次大會對於「主義問題」與「政治活動問題」因意見紛歧，並未實際解決，僅決定在月刊上（當時「少中」曾出版「少年中國」月刊及「少年世界」月刊）推出「學會問題」專號，請國內外各會員繼續討論。

民國十四年初春，正值學校放寒假，方東美與李璜赴滬一行，左舜生乃約在滬「少中」同人聚餐，協商如何重整旗鼓，地點在其寓所民厚北里一七一九號，亦即醒獅社社址。會中共產份子有惲代英、鄧中夏、楊賢江、沈澤民；國家主義有曾琦、李璜、左舜生、陳啓天、楊效春，中立者為方東美、王崇植二人。兩派自晨爭辯至深夜，方東美「目睹此情此景，心已破碎，因起坐哀求雙方平心靜氣，暫時恢復友悌情分，握手言和。」共產份子憤然走出，聲言：「我們在戰場上相見吧！」

民國十四年七月，「少中」第五屆年會在南京舉行，出席會員十八人。開會時，為了「少中」任務和前途，兩黨會員脣槍舌劍，爭論極為激烈。結果決定推舉幾位會員於會後向各地會員徵詢對於學會的任務與前途的意見，然後再作決定。事後徵詢，並無結果。自後「少中」亦未再正式集會，因此「少中」這一組織，便從此解體。

八一　張作霖重用俘將

在第二次直奉戰爭打敗吳佩孚的時候，張作霖有一個人事上的極大收穫，就是于學忠被俘後，本以為能保住生命已屬僥倖，想不到張作霖仍然給他官復原職回原部隊，而且一個人也不動、也不問，祇問他：「你的械彈糧服都需要補充啦，你開個清單，我立刻撥給你！」于學忠幾乎不敢相信自己的耳朵了。想不到張又繼續問：「你想想看，今後你的防區駐在那裡最合適？」于學忠坦誠的說：「我希望戴罪圖功，仍駐綏中給東北看住山海關的大門。」這也是于學忠想試探一下張作霖對他信任的程度，依理說關內仍是吳佩孚的地盤，他是初降的敵人主力，當然不能讓他扼住東北進關的咽喉。想不到張作霖大笑說：「他媽拉巴子的，你真有意思，你就仍然駐在綏中吧，我張作霖喉嚨眼兒就交給你啦！」于學忠感激涕零，立刻跪下說：「咱于學忠今後不知道如何報答大帥的知遇之恩啦！」從此于學忠終身不二。（劉毅夫，不堪回首說當年，傳記文學、第二十八卷、第一期）

八二　搜查蘇俄使館

民國十六年張作霖在北京自封陸海軍大元帥，以討赤相號召。京師警察廳曾捉到一百多個共黨嫌疑份子，其司法科長沈維翰對這一百多人，簡直無從著手。不但不知道那些是真共黨份子，那些是受牽連；也不知道那些人重要，那一個是首領，甚至真實姓名也弄不清楚。

在那種無可奈何情況下，普通審訊的方法毫無用處，於是只有進行分別說服的工作。終於在抓到的那些人當中找到一個李渤海，又叫李經天，後來改名黎天才，經過三天說服，黎天才願意反省。他從一百多人裡面，指出十九個重要份子、和這十九個人的真實姓名。他又告訴沈維翰，共產黨的領導人物是李大釗（守常），躲藏在東交民巷蘇俄使館裡面。

抓不到李大釗這案子就成了無頭公案。要想捉到李大釗，就必須到東交民巷捉人；到東交民巷捉人，則又牽連到外交問題，只好先找當年東交民巷值年的比國公使商量（據顧維鈞回憶錄，則為荷蘭公使）。想不到東交民巷的各國使節都討厭俄國佬毛子。比國公使乃答應京師警察廳到東交民巷捉人，唯一條件就是不能攜帶武器。因為攜帶武器進東交民巷，勢必引起外交問題，比國公使負不了這種責任。警察廳同意不攜帶武器，不過為防止意外，希望消防車同時開進去。比國公使同意這個辦法，問題就這樣決定了。

民國十六年四月六日，北京京師警察廳的人員進入東交民巷，搜查蘇俄使館，捉到李大釗。李大釗從從容容的說：「我就是李守常，也叫李大釗。」這個時候，蘇俄使館突起火，正在燒燬文件。幸好備了消防車立即撲滅，許多重要的秘密文件才沒有被他們消滅了。

京師警察廳把搜到的文件整理過後，即成一本書，叫做「蘇聯陰謀文證彙編」。（參閱中外雜誌、總第一二七號、第五十一五十一頁）

「蘇聯陰謀文證彙編」所載文件，涉及蘇俄想利用馮玉祥及國民軍二、三軍的陰謀。蘇俄計劃一俟馮玉祥和其他國民軍佔領北京，然後造成另外一個華北割據局面。後來，北伐軍出長江，而武漢政府為共產黨所把持，蘇俄更想南北一氣呵成，變成一個由蘇俄共黨所支配的中國了。

八三　張作霖、張學良均知愛國

據王鐵漢言：張作霖雖為老粗，但亦有其長處，即用人不疑，一切大權全付給他，毫不干涉。凡參謀長、秘書長之簽呈意見，無不採納。其次，他儘管與日本、俄國有時不得不敷衍，但賣國則絕對不幹。濟南五三慘案，時張在北京自封陸海軍大元帥，但一得到慘案消息，即通電國內罷兵言和。日本當然知道張決不能為其驅使，乃暗下毒手。其子學良，亦為一純良愛國之人，倘使東北不易幟，則九一八事變或不致於發生云。

八四　中國傳統社會教育

王鐵漢言：張作霖介於日本、俄國之間，雙方施以壓力，但張作霖從未簽訂任何喪失重大權利之條約。最後，作霖在關內失敗，退入關外，日本人乃予以種種引誘。作霖答以我們進進出出，乃是家內之事，今日我出關，明日又可進關，不能因此便倒向外國人懷抱。作霖並未受任何高深教育，足見中國傳統社會教育之功甚大。

八五　蘇俄言行不一

民國十二年一月二十六日孫、越（飛）共同宣言、第一句就是：「孫逸仙博士以為共產組織甚至蘇維埃制度，事實上均不能引用於中國。……此項見解越飛君完全同意。」實際上蘇俄（表面為共產國際）處心積慮，扶助中國共產黨推行共產組織與蘇維埃制度，數十年來，從未間斷。

該項宣言又聲明：「俄國現政府現無亦從無意思與目的在外蒙古實施帝國主義之政策，或使其與中國分立」，但在同年九月二日蔣先生中正率考察團到達莫斯科，當談及雙方利害問題時，俄當局都避重就輕，不肯表明真實態度。譬如，以蒙古問題詢問蘇俄外交委員會委員長齊采林，齊氏則支吾其詞，只說蒙古人怕中國，想脫離中國獨立，並沒談到具體解決的辦法。後來代表團以此談話內容再寫一封正式信與齊氏，表明中國國民黨對蒙古問題的正確態度，齊氏更置而不覆。墨漬未乾，而蘇俄竟已食言了。蔣於返國後，即致書廖仲愷反對聯俄容共，即由於此。到二次世界大戰結束，蘇俄更強迫中國承認外蒙獨立，實際成為其附庸，較之帝俄野心只有過之。

又如孫、越宣言明明記載：「俄國政府準備且願意根據俄國拋棄帝俄時代中俄條約（包括中東鐵路在內）之基礎，另行開始中俄交涉。」雖經幾度交涉，終無結果，張作霖乃幾次想實行收回中東鐵路，蘇俄竟不惜以兵戎相見。二次世界大戰結束，中東鐵路改名為中長鐵路，名為中俄共管，而實權則仍操於俄人之手。

後來，蘇俄答應將中東鐵路交與中共，是有條件的，這條件就是參與韓戰。

八六　中共經費由蘇俄供應

中共經費為共產國際（實為蘇俄）所供應，乃為週知之事實，但確實數目則知者極少。據中共中央總書記向忠發自述，則一九三〇年時期共產國際每月津貼中共經費美金一萬五千元，所以中共之政策路線以及人事安排不能不聽命於共產國際，亦即聽命於蘇俄。

八七　中山先生欲聯英

中山先生在未聯俄之前，曾多方設法進行聯英、聯美工作。其聯美情形另論，至於聯英工作，則初從香港總督著手。其時傅秉常任廣東外交特派員即擔任此種工作。據傳言香港總督頗贊成此舉，而當時英國駐華大使（朱爾典）力主聯吳、馮，故英國政府分兩派主張。英外交部則主張聯吳、馮，而殖民部則主聯孫，其結果聯英政策又告失敗。惟港督對孫本人仍表好感，當孫路經香港，港督曾邀孫住於港督府，並予以歡迎，孫對於住居港督府則遜謝。

編者前日晤傅秉常本人，特再詢此事。據謂香港政府曾不准　中山先生登岸，迄一九二二年底或一九二三年初，胡漢民時任廣東省長特命傅秉常赴港接洽聯英，並於中山先生由滬赴廣州途中，可在香港登岸。時傅為廣東外交特派員兼大本營外交秘書，赴港接洽圓滿。所以　中山先生此次特在香港登岸與港督 Sir Reginald Stubbs 洽談甚歡，港督並邀其住於港督府，孫辭謝。香港大學亦邀孫演講，兩方空氣非常融洽。惟當時駐北京公使為朱爾典 Sir John Jordon 則反對之，因朱之反對，於是英駐廣州總領事 Sir James Jameson 亦反對之。英制，外務部關於外交方面權力超過殖民部，故聯英終於無成。顧當時傅之赴港遊說，亦不過就港粵密邇關係，以避免任何隔閡耳。

八八　孫越聯合宣言

民國十二年（一九二三）一月二十六日孫逸仙博士與越飛的聯合宣言：

「孫逸仙博士以為共產組織，甚至蘇維埃制度，事實上均不能引用於中國，因中國並無使此項共產制度可以成功之情況也！此項見解越飛君完全同感。且以為中國最急之問題乃在民國統一之成功與完全國家之獨立之獲得。關於此項大事業，越飛君並確告孫博士，中國當得俄國國民最摯熱之同情，且可以俄國援助為依賴也。

為明瞭此等地位起見，孫逸仙博士要求越飛君再度切實聲明一九二〇年九月二十七日俄國對中國通牒之原則。越飛君因此向孫博士重行宣言：即俄國政府準備且願意根據俄國拋棄帝政時代中俄條約（連中東鐵路等合同在內）之基礎，另行開始中俄交涉……越飛君正式向孫博士宣稱（此點孫自以為滿意）俄國現政府決亦從無意思與目的，在外蒙古實施帝國主義之政策，或使其與中國分離。」

八九　蔣氏赴俄考察

民國十年十月，蘇聯派專使馬林到桂林謁見國父。於是國父有意派一個代表團到蘇俄去報聘，並考察蘇俄的政治、軍事及黨務。十二年六月，國父任蔣中正為大元帥行營參謀長，並決定派他去蘇俄考察。八月他秉承國父意旨回到上海，與馬林晤面。當時與他同去蘇俄的有王登雲、沈定一、張太雷等三人。他在蘇俄三個多月的考察，使他瞭解了蘇俄的實況，而尤其給他印象最深的，是他獲知蘇俄對我們的真正企圖。因為當他在蘇俄期間，蘇俄當局曾誘惑他加入共黨組織，並建議由蘇俄在庫倫成立三個步兵旅，歸他指揮，以便直搗北京。但是他不僅嚴詞拒絕，並且反對蘇俄侵佔蒙古，力爭蒙古應歸還中國的主權，為中國領土的一部分。使蘇俄當時領袖們尷尬萬分，這是蔣堅決反共的開始。

蔣赴俄考察，為反共意志的萌芽。以中山艦事件，為他反共行動的開端。（何應欽：民國四十五年　總統七秩華誕專刊）（編者按：赴俄考察團之沈定一，張太雷均為共黨份子，王登雲充任翻譯而已。蔣在團中說話都要當心，所以函約其時在歐洲旅行的邵元沖赴俄見面。兩人如有要事商談，則同赴公園中交換意見。）

九十　蔣氏早知蘇俄野心

民國十三年國民黨方行聯俄容共政策，蔣於致廖仲愷書中曾謂：「俄黨對中國之唯一方針，乃在造成中國共產黨為其正統，決不信吾黨可以與之始終合作，以互策成功者也。至其對中國之政策，在滿、蒙、回、藏諸部皆為其蘇維埃之一，而對於中國本部未始無染指之意。彼之所謂國際主義與世界革命者，皆不外凱撒帝國主義，不過改易名稱，使人迷惑於其間而已。」

國民黨聯俄誠如蔣之所言，徒為共產黨造機會，但猶有甚於此者為其後遺症，如置黨於國家之上，即為蘇俄之信念與制度，因而黨內糾紛往往引起國家內部糾紛，此種觀念不改，終非國家之福。

九一　知識份子傾向社會主義

民國十年左右，知識份子「傾向社會主義」幾乎是無保留地普遍的。「文星」九卷五期九五頁。（當時鼓吹社會主義最有力的雜誌在北方有「新青年」）

九二　越飛以蘇俄政府代表身份簽署孫、越宣言

越飛與孫中山發表聯合聲明是越飛以蘇俄政府人民外交委員會副委員長及駐北京特別代表雙重身份。後來蘇俄說越飛是以黨的代表而不是以政府代表身份所簽署，所以蘇俄政府可以不受約束，根本是無稽之談。且蘇俄制度是黨政一體，政受黨的指揮。所以越飛無論以何種身份簽署孫越聯合宣言，都不能說蘇俄政府可以不受拘束。

九三　馬林究有幾個化名

民國十年十二月第三國際派人晉謁　中山先生於桂林，各書均記其人為馬林Maring，而

參預會議之鄧家彥則寫馬丁謁總理紀實一文，謂其人實名Martin，余深感困惑。近閱荷蘭外交部與安全機關有關此人之文件，始獲知此人幾有十個以上之化名。Maring，Martin不過其中之二而已。其他如 Marling Smeeuliet，Sun-to Gni，Kong-Ching，Dr. Simon，Mr. Philip，Brower，Andresen，Joe Van Son，等皆為其所用過之化名。究竟其真實姓名為何，恐無人知之。惟其經長沙入桂林，抑經廣州入桂林則有兩說：一為當時湖南省長趙恆惕十二月十九日致譚延闓信：「荷蘭人馬林已到、日內赴桂」云云，以時程計之，則十二月二十二、二十三日抵桂林，頗近事實。但張繼、陳公博則紀馬林實由廣州赴桂林，公博且言其與馬林辯論之經過。趙恆惕固言之有據，而張繼、陳公博亦非信口雌黃之人，究以何者為是、尚有待進一步之考證。亦可見治史之難了。豈馬林由長沙先赴廣州耶。

九四　威金斯基與馬林

「一九二〇年，約五月間，共產國際伊爾庫斯克遠東局派了一代表威金斯基來華——他們的使命是要聯絡中國共產運動的領袖人物。」（見張國燾，回憶錄、㈠、八五頁）。一九二一年一月間威金斯基曾與李大釗、張國燾會於北京，商討組織中國共產黨與工會等等問題。此次係路經北京，預備回俄國去，向共產國際報告他初步活動的結果（同書、一一七、一二〇頁）。中國共產黨正式成立的籌備工作，還是在威金斯基離華之後才實際展開的（同書、一二一頁），威金斯基離華確實日期，書中並未提到。但在該書一八二頁：一九二一年十一月初，張國燾曾在俄國達伊爾庫斯克見到威金斯基，則其返回俄國當在是年一月或四、五月之間。因為中共第一次大會籌備工作是在是年四、五月開始的。馬林到華時期則約在是年四、五月間。（同書、一三三頁）

九五　馬林究來中國幾次

陳炯明係於民國十二年一月十六日敗走惠州（見高蔭祖，「中華民國大事記」）。鄭學稼在「關於馬林在中國的活動」一文（見「匪情月報」，十五卷四期）有云「馬林於國民黨第一次大會前返莫斯科。」又云「馬林由西湖中共中央全會起，到國民黨改組止，以全力推動自己的主張。」又云馬林返莫斯科後「就此與共產國際分手。」馬林曾三次來華，十二年一月與十二年三月之間，馬林與譚平山結伴赴惠州晤陳炯明，並非不可能。有人對此懷疑，謂「馬林於陳叛變後，已不在中國。」故特記之。

張國燾於一九二三年三月間由莫斯科回到上海，馬林是在他「到達上海之前約兩個星期，離開中國回莫斯科。」（張國燾，回憶錄、二一三頁）此說當然更可靠。

中共第二次代表大會是一九二二年七月間在上海召開的，在大會閉幕後幾天，馬林回到上海（見同書第二四〇頁）則與其原先所言馬林於三月間或二月尾，返莫斯科之說表面上又有矛盾了。實則不然，馬林於七月間又經莫斯科回上海了（Documemt son Communism, Nationalism & Soviet Adisiers in China 1918-1927 by C. Martin Wilbur & Julie Lien-Fing How,9.83）。則所謂陳炯明叛變之時，馬林早已回俄之說雖不錯，但不知其又由莫斯科回上海了。

「馬林探明了　孫中山先生願意接受中共黨員以個人資格加入國民黨後，就趕回莫斯科去請示。後我從威金斯基等人口中，知道馬林回去後提出這個建議，並為共產國際所接納。」（張國燾，回憶錄，二四九頁）所以又趕回中國了。

馬林第二次返回莫斯科是一九二三年三月間（張書二八三頁）。一九二三年五月間，馬林從莫斯科第三次來中國了（同書二八六頁）。此次他攜回共產國際對中共中央一個特別訓令，他要求中共立即擴大與國民黨合作（同書，同頁）。馬林隨即前往廣州，準備指導中共第三次代表大會。

馬林於中共第三次代表大會後，未久即離開中國而返莫斯科了。從此，他沒有再來過中國。

一九二三年十一月初，威金斯基重來中國，接替馬林擔任共產國際駐中國的代表。（同書、三〇七頁）

關於馬林究來中國幾次的問題，都是根據張國燾的回憶錄所推算出來的，究否屬實，待查。

九六　馬林携回共產國際訓令

上述馬林所攜回共產國際對中共中央一個特別訓令，包括四點：㈠國民革命是中國革命當前的中心任務；㈡中國國民黨是領導國民革命的重心，中共黨員應加入國民黨，並在國民黨內積極工作，以期推翻帝國主義及其工具―軍閥在中國的統治；㈢中共在這一國民革命中，仍應保留原有組織的獨立和政治批評的自由；㈣職工運動仍是一個獨立的運動，中共應積極促進其發展。

中共在第三次代表大會之時，約有黨員四百餘人。

九七　鮑羅廷未來華前之活動

加拉罕得意之作還是說服了孫先生聘請鮑羅廷為顧問，鮑羅廷出生於蘇聯，但曾去過美國並當過記者。早年時期便成為一個共黨黨員。到了一九一八年因受到列寧和托洛斯基的賞識，而在美國共產黨中躋入重要地位。為了便利革命活動，列寧等要把他格魯森堡的原名改為鮑羅廷，並先後派到墨西哥、蘇格蘭和土耳其去工作。

九八　威金斯基在華播種工作

在越飛來華之前，列寧曾派一個名叫威金斯基者到上海辦了一個研究馬克思主義的學校。這個小的草創機構，在當時混亂的政治情勢下未曾被人注意，他就是一九二一年中共開一次全國代表會一個最高指導者。

九九　中山先生為何容共

「憶自民國十三年弟（蕭佛成自稱）回國列席第一次代表大會，關於容共問題，群疑滿腹，弟與總理討論數次。最後總理對弟云，目下滇桂軍在粵驕橫無狀，惟有組織強有力之黨部以阻止之。容共不過擴充黨之力量，並無其他作用。」（蕭佛成致蔣介石書）

一〇〇　中山先生對馬林一席話

鄧家彥言俄共派往桂林見孫先生為Martin而非Maring，是馬丁而非馬林（馬林化名甚多，見另條）。馬丁在桂林共停留三日，孫先生曾召集會議，參與者除馬丁外有鄧家彥、胡漢民、林雲陔、許崇智、李祿超、戴恩賽、周仲良、陳少白、曹亞伯諸人。馬丁表示國民黨與共產黨既然兩個都是革命黨，則應當密切合作。孫先生則謂我這次北伐，首出長江，而長江為英國勢力範圍。今日在湖南、湖北勢力都是吳佩孚的，而吳佩孚則為英國所支持。倘我們國民黨與共產黨密切合作，適為英國人攻擊之口實。況且俄國今日所行共產主義，在中國則決不能實行。馬丁繼謂今日俄國所實行者，也非完全共產主義。孫先生又謂我們對於俄國所實行政策，所知道資料太少，俟我們派人調查後再談。可見當時孫之意見，對於與俄國共產黨合作，並不贊同。嗣後陳炯明叛變，而越飛來華答應供給軍械、顧問，情勢乃一變。

一〇一　蘇俄對廣東第一批軍援

㈠

孫中山先生致蔣函（十三年十月十一日由韶關發）內有云「此八千一式之槍，一枝不可分散」，可見當時蘇俄所給予廣東者不過八千枝槍而已。

㈡

黃埔軍校初在粵成立，開學後兩三星期之某一日，蘇俄第一次運送軍械至廣東，計長槍八千枝、小手槍十枝，當時就短少了小手槍一枝。（王柏齡：黃埔軍校開創之回憶）

根據蔣中正「蘇俄在中國」，則蘇俄第二批軍援為「野砲六門、步槍三千枝以及其他機關槍、手榴彈等。」

自第二批起則必須價購，或以其他方法始能獲得。至於種類與數目，則各方記載不同。北伐以後，隨即清黨，則俄械恐不會再來了。

一〇二　蘇聯與北京政府亦締有協議

在孫、越宣言發表不久之後，莫斯科又派曾任外長的加拉罕去北京政府充任大使。他也和那裡的軍閥簽訂一個條約，保證他的國家不以任何援助和精神支持給予　孫中山的叛黨。可是這紙條約的墨漬未乾，加拉罕的秘密使者又匆匆跑去見孫先生，保證蘇聯的友好態度和支持。加拉罕說：「只有蘇聯，只有蘇聯的人民，才願看到中國的強大……並有能力維護他的人民的利益和主權。我們已經在我們國家之內推翻帝國主義，然而只有在世界沒有任何國家再受壓迫的，我們才能得滿足，中蘇民族的友誼萬歲！」因此，蘇聯便和中國內戰雙方都締有明白的協議了。

當時孫中山先生聯俄容共，亦因凡爾賽和約把富饒的山東獻給了日本，而列強又仍然享有各種特權。美國除了在外交上堅持門戶開放政策之外，仍舊保持旁觀的立場。

一〇三　列寧之野心

杜郎第（紐約時報記者）在大英百科全書「俄羅斯」條內曾稱「因此列寧便把三個顯然相剋的力量調和攏來，這三個力量是：殖民地和半殖民地國家之民族主義者的抱負，馬克思共產主義的精神，以及新興的蘇聯擴張的要求。」

一〇四　國民黨第一次代表大會宣言之起草

國民黨第一次代表大會宣言是汪精衛、瞿秋白、鮑羅廷共同草擬的（張國燾，回憶錄，二一六頁）。編者知道除以上三人外，尚有胡漢民、廖仲愷，而執筆起草的，則為汪精衛，或者其他幾位曾參加一點意見。提出大會，交審查委員會審查，最後由　孫中山先生審定。至於政綱部份，亦即一全大會的對內對外政策，先在上海執行部研討，繼在廣州五人宣言起草委員會中曾作冗長討論，胡漢民與鮑羅廷爭論尤為激烈。　中山先生在最後審定中，非常堅持廢除不平等條約的主張。

一〇五　陳獨秀主張中共在國民黨內組織黨團

陳獨秀在中共第三次代表大會也曾提案：中共黨員加入國民黨內工作者應組織黨團，以保持中共黨員在國民黨內一致的主張和發揮他們在國民黨內的影響，當獲通過（張國燾，回憶錄、二九七頁）。乃造成國共糾紛的最主要原因。

一九二三年譚平山擔任國民黨臨時中央委員，但同時仍負中共廣州區區委員會委員的責任（同上，三一〇頁）。

一〇六　省港罷工委員會儼然是一個政府

省港罷工委員會是一個聲勢赫赫的龐大機構，數以萬計的罷工工人正集居在廣州市那些被封閉的煙館賭館舊址和一些公共建築物內。委員會除幹事局等正常的機構外，還設有會審處，審判破壞罷工，偷運糧食接濟香港和私賣敵貨的犯人；同時附設有監獄；對於敵貨的處理，設有拍賣處。罷工委員會的糾察隊水陸偵緝隊的組織，擁有隊員二千餘人，步槍四百餘枝，小艇十二艘；他們分駐各港口，執行封鎖香港的任務。此外還有法制局、築路委員會等機構。這些機構的做法自然多方侵略了政府的職權。（張國燾，回憶錄，下冊、第四七二頁）

省港罷工，固使香港遭受經濟上的重大損失，也使廣東叛軍得不到外力支援；而且由於罷工工人參加了肅清內奸，鎮壓反革命，支援作戰和杜塞走私以裕稅收等工作，更使廣州革命政權日形鞏固。（張國燾，回憶錄，下冊、第四七二頁）

一〇七　俄國顧問不了解中國人

蘇俄在廣州的軍事顧問季山嘉等在軍事工作上所採取的方針與態度是使蔣氏發生反感的重要因素。他們主管軍事委員會，參謀通訊、後勤航空、海軍等業務，無論在見解、態度，和生活習慣上，都易引起一個自負不凡的中國軍人的不快。尤其是蘇俄的政策是很重視馮玉祥的實力的。一九二六年二月間，馮玉祥與張作霖、吳佩孚作戰的時候，季山嘉等冒昧的向蔣氏建議將他所統率的軍隊，由海道運往天津，支援馮玉祥，甚至要求蔣氏到北方去為馮玉祥訓練幹部。這些主張顯係不瞭解中國軍人的觀念，蔣氏這樣一個要獨創局面的人物，那會願意屈居馮玉祥之下；他之會有蘇俄不重視廣東的國民革命軍和有意貶抑他個人地位的反感，是不言而喻的（張國燾，回憶錄，下冊、第五〇三頁）。這也可說是蔣為什麼要季山嘉離開廣東的真實原因。

一〇八　譚延闓重視俄援

我（張國燾自稱）和譚氏（延闓）多次的接觸，討論的問題牽涉很廣。我們曾談到聯俄這一基本政策。譚氏曾指出廣東如得不到蘇俄的軍火援助，國民革命將成空談。（張國燾，回憶錄，下册、第五〇八頁）

一〇九　鮑羅廷以俄人利益為重

鮑羅廷描述在廣州的俄國人地位之時，也頗有洋洋自得之態。他直率的說：「中國是一個無人地帶。」并說歷來外國人到中國活動，雖受折磨，但憑他們的冒險精神和應付能力，收穫頗為可觀，為什麼俄國人不會有同樣的機會呢？……言外之意似乎是他為了保全俄國的利益，顧不得中國國民革命的前途了。（張國燾，回憶錄，下册、第五一八頁）

一一〇　中共不重視國、共聯席會議

(一)

張國燾言我們對於國民黨要求組織兩黨聯席會議的事，接受鮑羅廷的建議，不予重視。

如果國民黨提出正式的邀請，我們決派代表前往廣州出席，但主張會議必須有建設性，不必斤斤計較兩黨的利害得失，而應以兩黨今後如何密切合作為主體。中共中央並推選瞿秋白、譚平山和我三人為將來出席聯席會議的代表。

(二)

除張靜江曾口頭提過以外，此後並未再接到國民黨中央的邀請。鮑羅廷也說：沒有人向他提過聯席會議。我訪問譚延闓，他表示：「現在人們所注意的是北伐，聯席會議的事沒有人再提了；這個會議如果舉行，那裡會從兩黨積極合作方面著手，必然又是為一些糾紛問題爭吵一陣。」他建議我不必為此事去找張靜江。兩黨聯席會議就這樣胎死腹中了。（張國燾，回憶錄，下冊、第五二八頁）

一一 鮑羅廷私宅組織龐大

鮑羅廷在廣州的私宅，其內部組織完全倣效國民黨中央黨部。當時國民黨中央黨部設有農民部、商人部、青年部等機構，鮑公館也有農民組、商人組、青年組等等的組織，而且他對中央黨部各單位往往發號施令，儼然是一個太上皇。

一一二　蘇俄以武器接濟廣東共黨份子

民國十五年冬梅恕曾（時任中央黨部宣傳部秘書兼中央社主任）送其同學張榮福搭乘俄國列寧號輪船赴俄進中山大學。登輪之後，稍事安頓，已至下午七時左右，電燈已明，照耀該輪卸貨。不意其起重機吊桿上之繩索忽斷，所吊起的一個大木箱一下就掉落在距離高數丈處的駁船上，木箱完全破裂。發現內部裝的完全是機槍、步槍等武器。……才知道這些武器都是用來接濟當地的共黨份子，來推翻國民政府及國民黨。其時尚在國共合作時期。

梅恕曾又追述一事。他於某日清晨八時左右因事去俄國領事館訪問枯克羅夫婦。該館房屋係一海外華僑所建之白色三層樓洋房二幢，且有很大的地下室。一進大門就聽見有機器磨鋼鐵的聲音，頗覺奇怪。便從地下室窗口一看，原來正在修理武器。……無非又是要以暴動來達到搶奪政權的目的。（參閱梅恕曾，五十年前一段往事，載傳記文學第二十九卷第二期）

一一三　對黨情感

據黃季陸言當初國民黨人士主張國共分家者乃基於對黨之情感。蓋已發現共黨所頒發其所屬黨員之訓令文件及其他雜誌、小册子等多有如何分化國民黨、滲透國民黨、及篡奪國民黨黨權之指示。尤以共黨在巴黎所發訓令由青年黨曾琦託曹任遠帶歸者，乃促成西山會議之召開。惟季陸言其本人之所以反對共黨份子參加國民黨，乃由其在加拿大時其農民黨本為一批對農民改良之份子所組成，稍後少數共黨份子滲入，乃遭篡奪而逐漸變質而為共產黨之傳聲筒。

至於編者反對容共政策除中共竊奪國民黨黨權外，更重要的理由是中國共產黨完全為俄共所供養，完全受俄共指揮，而北極熊自清朝以至民國，對中國都懷蠶食與鯨吞兩者併進政策，固不問為帝俄抑蘇俄也。

一一四　政治非常現實

據黃季陸言：民國十四年他將離粵赴滬前，曾往晤胡漢民叩其意見。胡云：中央委員中，我們仍佔多數，倘都能來粵開會，則仍有抵制辦法，故曾由胡親筆致函北方諸委員，勸其來粵開四中全會。季陸言今日廣東局面，幾全為共黨把持，何不另創局面？胡言政治是非常現實的，今日我們尚有廣東以為號召。倘捨此而去，則北方未必能創一新局面，故你（指季陸）仍以去北方聯絡北方同志促其南來開會，則大局尚有可為云云。季陸到滬後，我（編者）與邵元沖、季陸、謝瀛洲諸人同車赴北京，並偕季陸赴張家口晤馮。在北京逗留月餘，同車返滬。當其在開封下車，則廖仲愷被刺消息已見諸報端，遂決不再返粵。編者則直接返滬，到了開學的時候，始偕周佛海同乘招商局船赴羊城國立廣東大學上課。

一一五　擴大會議失敗之原因

民國十八年馮玉祥第一次稱兵之失敗，主要原因固由於軍事失敗，然繼軍事失敗之後、韓復榘、石友三又突然倒戈。其中經濟原因居於一半，經不起長久的物資困乏、生活清苦。而中央則以鉅款收買韓復榘、石友三。另一半原因，則是馮統御部屬過於嚴酷。身居將官軍職，在電話中一聽到馮的聲音便不由自主地立正。平日訓練的時候，長官時常向士兵發問「當什麼人的兵？」士兵則齊聲應答「當總司令的兵。」又問「吃什麼人飯？」大家又齊聲應答「吃總司令的飯。」馮治軍之嚴，即在舊式軍隊中亦少見。

至於十九年擴大會議之失敗，即奉軍之進關為其主因。中央派張群、吳鐵城二人為代表，此二人者才氣縱橫，手面闊綽，瀋陽中國銀行奉命可由張、吳二人予取予求。不但伴張學良賭博，一擲數萬金而無吝色，即學良左右乃至聽差，無不應酬週到。李石曾在瀋陽為蔣遊說亦為一重要原因。而閻、馮之代表一為賈景德，一為薛篤弼，其中以薛篤弼最拘謹，求張學良一見而不得。且政治、軍事均以實力為第一，在軍事方面，閻、馮既一再失利，於是學良乃由模稜而明朗，即帶兵入關，直取平津，擴大會議，乃不得不三十六計走為上計了。

陳公博所謂是蔣以五百萬現金、一千萬公債打動了張學良的心，是不完全確實的，最大原因是華北地盤以及陸海空軍副總司令的頭銜對張學良的引誘太大了，所以才揮兵入關。同時擴大會議係烏合之眾，又豈能成事？

一一六　國民黨與青年黨

國民黨清共之後，派李石曾赴天津與青年黨商黨事，青年黨決定依平等原則，與國民黨組成反共聯合陣線；國民黨則要求中青登報取消組織，全體加入國民黨。以兩黨意見不同，無結果。（民主潮，第二十三卷，第十二期，第二十三頁）

一一七　青年黨發現共黨陰謀

民國十三年夏，青年黨在巴黎之黨人在中共黨員某某枕頭上面，發現一件極大秘密，中共接受第三國際命令，加入國民黨去篡奪其黨權，以掩護自身發展的陰謀（即中國社會主義青年團第二次大會決議案，以及其團刊第七號）。曾琦以語託時在巴黎之王寵惠、蔡元培、鄭毓秀諸人，轉告　中山先生。適謝持之婿曹任遠氏（心理學家，他人誤作化學家曹四勿），返國過法，曾琦即託其以原秘件呈謝，謝見而大憤。

一一八　戴季陶、吳稚暉中途退出西山會議

㈠

戴季陶（傳賢）曾參加西山會議，因被暴徒無端毆打，忿而離去，鮮有人知之。不過後來戴季陶在理論方面闡述共產主義與三民主義之不同，為清黨鋪了一條大路。

㈡

吳稚暉（敬恆）原為參加西山會議之一人，且曾擔任過主席，後來為什麼不待閉會而竟中途離京返滬，其中原因即西山會議派人亦莫能知其底蘊。原來在清黨問題上吳不能同意，祇欲調和，遂致兩歧。但後來吳稚暉為清黨最力之一人，清黨的文件就是由他起草的。

一一九　汪精衛奔走鮑羅廷之門

汪精衛在　中山先生逝世後，即在北京飯店租一房間，專與共黨及左傾份子接談。據張國燾所記（我的回憶錄，第二冊，第四四六頁）則汪精衛「對於解決楊劉和改組國民政府的

事，表現得很積極。……我在鮑羅廷寓所遇見他好幾次。」更可見其奔走鮑羅廷之門，以為坐上國府主席寶座而鋪路了。

一二〇 截留商團軍械

據張靜愚言，某日夜間何應欽忽叩張靜愚之寢室，謂蔣校長有命令著即偕大元帥府副官長乘一砲艦截留廣州商團私運之軍械。當時 中山先生在韶關督師，得此情報乃電令蔣以長洲要塞司令名義予以扣留。張偕副官長於深夜乘砲艦往黃埔入口處偵查。至翌晨天色大亮，仍不見蹤影。蓋由外海駛入黃埔本有兩途，而載運軍械之挪威輪係走另一途。於是張與副官長乃命砲艦改向另一途駛去，至則挪威輪正緩緩駛來。砲艦急與之靠攏，由靜愚登船命船長駛往要塞門口，船長初不允，靜愚則以砲艦將開砲轟擊相要挾。船長無奈何，只得聽命，既停泊。靜愚又言將檢查船艙，船長又不允，靜愚返校報告蔣，蔣令率學生數名登船脅迫之。靜愚又登船，令兩名學生持槍立於船長室門外，自己逕入室內告訴船長，倘不接受檢查，則不得離開此室。船長懼，乃開艙，則纍纍者皆捷克製步槍、機關槍。旋悉數搬運上岸，初未料及有如許槍械。未久英領事親訪蔣，提出抗議，謂挪威人利益係由英使館代理，要求發還。蔣告以此係私運軍火，干犯國法，當予沒收，至於挪威船則可放行。英領事不得要領悻悻然而去，後來東征北伐兩役，得此批槍械幫助甚大。

一三一　鮑羅廷想收買謝瀛洲

據謝瀛洲自述，謝曾任廣州市黨部青年部長，嗣孫文主義學會成立，又任學會青年部長，而他又同時任國立廣東大學教授兼課吏館館長，以是與青年甚接近。在總理未逝世前，國共間雖有暗潮，但中央諸公尚能表面上合作無間。迄總理逝世後，國共鬥爭便漸趨表面化，因而在民衆方面也發生兩大壁壘，一方面為反對容共之壁壘，另一方面則為贊成容共之壁壘。當時市黨部青年部經費僅卅元，而辦一月刊，即花費廿餘元。孫文主義學會青年部經費稍多，亦不過每月百餘元。而省黨部與中央黨部青年部則完全為共產黨或其同路人所把持（中央青年部由甘乃光擔任），經費充足。但廣州市之學生與工人反對共產黨者反而居多。每次開群衆大會，省黨部與市黨部必分別擇地舉行，大打擂台。其由市黨部所主持者，每次人山人海，動輒數萬人，而由省黨部所主持者反寥寥無幾。最初不過用文字或語言互相攻擊，繼則互相打鬥。有一部分反對共黨之青年每出必持一手杖，其中實以鉛條。每次打鬥，其持手杖者輒得勝。聲勢浩大，中央與省黨部亦無法制止。於是鮑羅廷乃約謝瀛洲往見，由伍朝樞陪往，任翻譯。鮑羅廷開頭便稱贊謝瀛洲工作努力，殊為難得之青年領袖，繼謂國民黨對於工作分配殊不公平，以謝君之才學而又如此努力，宜在中央黨部任要職，謝君究竟願意在中央擔任何部職務，不妨直告，吾必有以副君之望。謝瀛洲乃言其所以反對共產黨者，可從兩方面言。從理論方面言，吾在廣東大學月刊曾發表馬克斯主義之批評一文，可以略窺其梗概。從事實方面言，共產黨慣常使用兩大法寶，一為欺騙，一為壓榨。姑舉一例，以實吾說。今日廣東各縣農會幾盡為土匪流氓所把持，其職員之為真正農民者百不得一。凡農民必須加入農會。農會入會費為一元，證章費為四角，年費為六角。在中國農村中，二元幾可為全家一月糊口之資。凡不按章繳費者或不服從農會命令者，則將其禾苗倒栽。鮑君如若不信，可派人至附近各縣調查之。鮑羅廷聽罷亦為之唏噓。鮑羅廷見此計不得售，乃又派其祕書約請謝瀛洲擔任其法文教師，蓋謝瀛洲為法國留學生也。謝以此等於收買，拒不往。未幾，謝亦辭市黨部青年部長（因孫科改變態度）。

一三　汪精衛靜坐以待

周雍能言彼任軍事委員會代理秘書長（朱和中為祕書長）開會時，汪精衛主席，蔣不常出席。凡遇討論略為重要事項，輒由俄顧問電話鮑羅廷請示，汪則靜坐以待，蔣偶出席，亦只好跟著靜坐以待。

一二三　「他們是反共的」

民國十四年間賀衷寒等向蔣請示西山會議問題，蔣表示「他們是反對共產黨的」，未言其他。繼問戴季陶先生態度問題，蔣答，戴先生未去北京，旋又謂戴先生去了北京，但未出席云。

一二四　廣東航空局

張靜愚言，彼初在航空局係任營業處處長，為管理民航之營業。該局分為四處，除營業處外，有總務處、經理處、軍事處，皆俄人任之，局長亦俄人。俄人屢次勸靜愚加入共黨，靜愚未允，故相處亦不甚融洽。後靜愚任局長，其下則仍俄人天下。中山艦事變，原任俄職員皆遣送回國，另換一批。當時民航事業方在萌芽，乃在海內外各地成立航空委員會，實則為籌募經費購買飛機也。

一二五　樊鍾秀讓槍枝與黨軍

當樊鍾秀所統率的豫軍解救了廣州之圍（被陳炯明所包圍），大元帥手令撥二千枝長槍、五百支短槍予之（俄援軍械）。豫軍初入廣東時約七、八千人，後損失二、三千人，其所領槍枝尚捆起未用。一日李肖庭（豫軍參謀長）往黃埔見蔣校長，蔣引導參觀全校，面有戚色。肖庭返，將情形報告樊鍾秀，略云大約係二千枝槍的事，我們既然尚有槍多，何不將其讓與黨軍，樊首肯。翌日肖庭再見蔣校長告以此意，蔣大喜過望。後來此二千餘枝槍對於東征發生了很大作用，因而北伐成功，樊鍾秀之功可謂不小。因其始終對於蔣處置許崇智之不滿，故在北伐期間，未接受蔣之名義。民國十九年，參加閻、馮之戰，致為中央飛機在許昌城內炸死。

一二六　公開稱　孫中山先生為國父的，以樊鍾秀為最早

當　中山先生討伐陳炯明，被圍於石龍，情勢危急，適樊鍾秀率部萬里趕到，圍始解。迨　中山先生逝世於北京，在中央公園舉行公祭，在所收到的花圈輓聯中，又以樊鍾秀所送者為最引人注目；那是一個特製的巨型素花橫額，闊丈餘，高四、五尺，當中大書「國父」二字。他的唁電輓章也稱國父，公開稱　中山先生為國父的，當推樊鍾秀為第一人。　中山先生死，樊返西北。後因參加反蔣集團，而為中央飛機所炸死。

一二七　取消反共大遊行

據謝瀛洲言，當民國十五年，謝兼市黨部青年部長與孫文主義學會青年部長，正策動五萬人反共大遊行，鮑羅廷則以撤退全部顧問相要挾，蔣乃以汽艇迎謝至軍官學校，首加慰勉，繼言俄援八千支步槍二百挺機槍已經啓運來華，正在中國海途中。此項軍械足供裝備兩師之用。如俄顧問撤退，則此項軍械勢必停止來華，影響北伐云云。

一二八　戴傳賢為何離粵

據黃季陸言，當年（北伐前）戴季陶被迫離粵，乃由於共黨散發傳單謂國民黨有五種鬼，戴即是懷疑鬼。

一二九　熊克武之公案

㈠

民國十四年夏間，劉震寰（時為駐粵桂軍總司令）與滇軍總司令楊希閔，指摘廣東政府實行共產，對粵開始軍事行動。滇軍集中廣州，桂軍則由東江調赴北江。事先劉震寰與熊克武、唐繼堯均有接洽。熊克武先行抵廣州，其川軍擬陸續調來，唐部則分兩路推進，一路為胡若愚、龍雲所部，由百色、南寧直下梧州；另一部為唐繼堯所部，自貴州（時在貴州督辦軍務）越柳州、平樂出小北江；均以入桂為圖粵張本。觀此則蔣之扣留熊克武非無故也。但據蕭毅肅言，則熊勾結滇桂軍之說並不可靠，蕭當時在熊部任職。

(二)

據蕭毅肅言：當年彼在熊克武部隊中任營長、團長。熊部在川失敗後，退出四川，帶四、五萬人輾轉於黔、川、湖南之間者數次。其後由廣西到達廣東，其間苦狀真不堪言。部隊一餐如能有一銅元醬油下飯，已屬不易，到處擄掠民間食物果腹。經過苗、猺（在貴州、廣西）區域，損失尤為慘重，屍骸遍野，臭氣薰天，真如人間地獄。途中熊召集團長以上軍官談話，謂「我們這次去革命策源地之廣東，實為回娘家一樣。」迄到廣東，又向其部屬宣稱，廣東為革命策源地，你們以後行動當謹慎小心，不可取民間財物，乃偕數人赴廣州，親往接洽，到後即被扣留。罪狀為熊之代表但懋辛在北京曾有函致陳炯明，有主張孫下野之語。此時孫逝世已久，本當不成問題。實則熊部到達廣東尚有一萬餘人，勢力非小，以當時廣東環境而言，頗不適合，故遭扣留，並由魯滌平、朱培德兩部進攻，熊部雖將其擊退，然不能不撤出廣東，終於流散。當年賀龍、劉伯承均曾在熊部隊中。賀龍為一土匪出身，但判斷戰況往往準確，且能打仗。劉伯承在共軍中亦為傑出之才云云。

一三〇　廖案牽涉林直勉、朱卓文

據周雍能言，國民黨容共後，仲愷已為重心，於是林直勉、朱卓文、鄧澤如等在文華堂時常開會商議對策，劉蘆隱亦常出入其間。仲愷被刺，牽涉林直勉、朱卓文者即此之故。

一三一　借廖案以排胡漢民

民國十四年廖仲愷被刺，胡毅生、朱卓文等涉嫌。鮑羅廷、汪精衛便欲將胡漢民牽入在內，以為一網打盡之計。胡木蘭適隨侍其父漢民。據木蘭言，一日清晨有荷槍士兵闖入吾家，父猶小寐，士兵洶洶，聲言要逮捕胡毅生，手持命令亦係指名逮捕胡毅生，父乃大聲叱斥：「你們難道不知胡毅生住址嗎?」士兵身懷手榴彈，當時省府尚派衛兵在我家守衛，如遇抵抗，對方即投擲手榴彈，可見來者之居心了。木蘭知道秀才遇到兵，有理講不清。時數名士兵已在隔壁房間翻箱倒篋搜查，木蘭便一面指使衛兵到隔壁房間會同搜查，一面拉其父從後門逸出，初藏於附近民家。父親當時以為我家既已發生問題，則精衛伯之家亦必同樣發生問題。經使人往視，則一切如常。陳璧君在家，便邀我父至其家暫避，並言精衛昨晚未歸。

我父至，陳璧君乃殷勤招待，並代為設法聯繫。我父之去黃埔軍校，便出於陳璧君之意。我父出家門時，僅身穿短衫，眼鏡亦失落。乃借穿曾仲鳴長衫，並另借老花眼鏡戴上，馳赴碼頭，駛往黃埔。後來移居頤養園。我（編者）到廣東，曾往見之，胡係住於二樓，衛兵站房門口。按胡反對共黨把持則有之。廣州文華堂為反共大本營，出入其間者，多為胡之舊識，亦為不可否認之事實。但謂廖案與胡有關，則不確。

一三二　廖仲愷被刺前訪胡何為

在胡漢民座談會上，胡木蘭說了下列一段話：

據胡木蘭說：「或其已洞悉鮑羅廷及其他共產黨人陰謀，欲舉告先父，有所研商。」編者以為也可能是廖仲愷已聽到不利於自己的傳言，欲請胡代為解釋。

民國十四年秋，廖仲愷先生被刺之前一個星期，到我家來，與先父談得很晚，廖對先父說：「展堂！你相信我不是共產黨嗎？外間許多人都以為我是共黨份子，汝意云何？」先父答說：「你從事聯俄之工作，乃總理之所命，乃黨之決策而派你執行之，並非汝私意為之。外間雖有所誤會，我則絕對相信你不是共產黨，也不會被共黨所收買。」廖說：「得你一句話，我心已安，只要得到你的支持，我就繼續幹！」在廖先生被刺之前一天，亦曾到我家來，時先父不在家中，廖坐候許久，到晚上九點鐘，先父尚未歸，廖對先母說：「鮑羅廷等俄國人有一宴會，展堂必在彼處，如今時候太晚，我不再等，明日再來，請你轉告展堂，務必相候，我有要事相告。」次日一早，廖案即發生，仲愷先生被刺身死，其所要告知先父之要事究為何事，遂永不為世人所知，或其已洞悉鮑羅廷或其他共產黨人陰謀，欲舉以告知先父，有所研商，不幸斯人遽遭身殞！（以上為胡木蘭所言）

一三三　「退一步，不如進一步」

當蔣在廣東受共產黨壓迫最為痛苦之時，乃欲掛冠以去。其時第六團團長惠東昇乃進言：「退一步、不如進一步。」蔣詢有何法，惠答：「第五團團長為蔣鼎文，料無問題，第四團團長陳繼承則不可靠，校長可集合第四團訓話，屆時聽訓部隊，均須架起槍枝而我則派兵包圍繳械，豈不成功。」蔣聽其言，之後並即遷居第六團團部住宿，以防意外而示決心。（此由萬雨霖口述，當時萬即在惠部任職）

一三四　處理中山艦事變之經過

㈠

黃埔軍校第四期學生多受共黨份子或傾向共黨者之宣傳，亦以其蔣校長為右派，為反動分子，而共產黨更欲去蔣以便完全掌握廣東，乃與汪精衛謀，迫蔣赴俄，蔣亦允許，遂擬與陳立夫、陳肇英等人乘船赴港。車將抵碼頭，立夫乃勸蔣與其消極而去不如積極一幹，蔣乃命車回頭仍返寓所，召集歐陽格（前中山艦長）、陳肇英（前虎門要塞司令）等會商。時陳肇英卸任虎門事未久，尚留用連長一人與士兵六人，乃令其由歐陽格率領赴各酒店搜尋中山艦高級軍官，適其副艦長在焉。副艦長某原係歐陽舊部，歐陽誆其登車，車經劉經扶寓所，副艦長窺知有變，欲棄車逃走，為劉親出阻止。於是歐陽率連長一人、士兵六人即乘坐舢板直趨中山艦，其時皆潛伏艙內，由副艦長出面應口令。既登艦，歐陽及武裝七人乃一擁而上，艦上人員猝不及防，遂被解除武裝。艦長李之龍共產黨也，亦於事變敉平後在其省城寓所被逮。事既發，何香凝等以事不宜擴大，均勸蔣以此責任諉諸陳肇英而蔣則提北伐為條件。故陳肇英由蔣資送赴港，而北伐計劃亦得以遂行。（陳肇英所述）

中山艦事變既作，省城與黃埔間交通即時恢復，蔣乃派兵兩連馳赴黃埔軍校鎮壓騷動與不安。時黨軍駐省城者僅一營，其中兩連均附和共黨者，此次派赴黃埔者即係該營之未附共黨者也。（肇英述）

中山艦事變既作，蔣以大軍遠駐潮汕，在省城僅駐一營，其中兩連即附和共黨者也，而黃埔軍校第四期生又複雜非凡，恐不能為其所用，乃欲舍廣州而以潮汕為據點，再回師奪回廣州。陳肇英等以為如此做法，必事倍而功半，乃建議先奪取中山艦，蔣初未接納，迄至車抵碼頭（欲乘日本民船迪丸（？）號），蔣與立夫同車，陳肇英與徐桴同車，俄頃忽見蔣車調頭折回，究係立夫說動抑係想起肇英之言則不可知。既返，即囑肇英依計行事，故有順利奪回中山艦之事。（肇英所言）

㈡

又據張靜愚言：當中山艦事變發生，蔣得海軍辦事處報告稱中山艦裝煤數量，遠超過其需要量，於是蔣心知有異。

㈢

一日蔣乘汽艇由廣州赴黃埔，遙見中山艦已停泊於軍校碼頭。蔣自忖中山艦未得我之命令，何以開來此地，乃命汽艇開赴軍校稍遠處。蔣本人則徒步至虎門砲臺發號施令，派兵登中山艦。率領士兵登艦者為歐陽格，其士兵則劉峙之部下。一面派兵監守俄顧問住所。事後蔣亦不願深究，蓋有一批俄械尚在途中。為緩和計，乃將歐陽格軟禁家中。

㈣

據陳立夫言：參預中山艦事變計謀者除共黨外，汪精衛夫婦、吳鐵城、鄧演達均在其中。蔣在虎門發號施令之時，並通知東山寓所不見任何賓客，表示仍在家中。時鄧演達登門求見，回答不見客，鄧乃踟躕庭中，非常緊張，即足證明其來訪乃欲探明蔣之行蹤。

㈤

中山艦事發前，即三月二十日前，某日深夜，胡正冕中共中央委員也。來蔣寓求見，二人密談甚久，或即係報告共黨之計謀。

㈥

據陳立夫言：三月二十日中山艦事變前，共黨與汪精衛等即曾主張派蔣赴俄，蔣亦應允。一切護照、船票及厚呢西裝等均已準備就緒，由立夫陪往。蔣陳二人同乘一車直赴輪船碼頭，擬乘輪赴香港轉海參崴。立夫在汽車中對蔣說：「我們為什麼要離開？」蔣乃命令司機轉頭返回。繼而又命司機開赴碼頭，立夫又對蔣說：「我們如此而去，革命豈非功虧一簣。」蔣乃又命司機轉返東山寓所。抵寓直上二樓即將坐椅重重擊地，表示決心要幹。

一三五　蔣氏決定共產黨員在軍校活動應公開

民國十四年十二月八日蔣召集政治部人員與黨代表討論本黨團結辦法，即席提出兩項：㈠校內共產黨員活動均應公開；㈡總理准共產黨員跨國民黨而未准國民黨員跨共產黨，然亦未明言其不准。本校黨員如有願加入共產黨者須向校方特別黨部聲明並請准之。

一三六　蔣氏應付環境

軍校第三期同學錄，蔣為之序，內云「……直接以實行我　總理之三民主義，即間接以實行國際之共產主義也。三民主義之成功與共產主義之發展實相為用而不相悖也。……未有中國之國民革命而不可實行三民主義者也，亦未有今日之國際革命，而能遺忘共產主義者也。」

同年十二月十一日晚，蔣在汕頭總指揮部宴中俄人員即席演講：「……現在有人說我們中國革命黨受俄國人指揮，……我以為作這樣想的人，就好的一方面說，充其量不過是一個十九世紀以前知道國家主義的民族英雄而已。他不明白現在是一個什麼時代，我們要曉得這種偏狹的思想，在數十年以前關閉時代，還可以算是一個愛國英雄，但是現在二十世紀就不同。因為現在中國問題，幾乎就是世界問題，若不具世界眼光，閉了門來革命，不聯合世界革命黨，不與世界上以平等待我之民族，共同奮鬥，那麼革命成功的途徑，恰同南轅北轍，決無成功的希望。」

觀其自俄返國寫給廖仲愷的信，則知上述言論純係應付環境之辭。

一三七　莫斯科設法沖淡中山艦事變嚴重性

莫斯科在理論上與實際上都支持中國國民革命，並已與國民黨建立了友好關係；如果因三月二十日的事變而有所損害，莫斯科對內對外，都將無法交代。因此，莫斯科一直在設法沖淡這一事變的嚴重性，期望我們能設法挽救。

鮑羅廷這些話道破了當時他自己和莫斯科處境的尷尬。……我以同情的態度問他有什麼高明的辦法，他想了一想回答說：「現在說空話是無補時艱的；惟一可以指望的東西，是我口袋裡還有一些草。」我笑著問他：「請問鮑顧問口袋內這次帶了多少草來？你這樣措辭，不怕引起人家的反感嗎？」他對我笑笑，並不置答。（張國燾，回憶錄，下冊、第五一五頁）

一三八　黃杰一力擔當

胡競先言，中山艦事變既作，時黃杰任連長，蔣派其帶兵包圍鮑羅廷及其他俄顧問公館。汪精衛聞之，當面責問蔣。蔣極力否認，並把黃杰叫來，連聲吼問：「誰叫你帶兵包圍俄顧問公館？誰叫你帶兵包圍俄顧問公館的？」怒形於色，幾有將其鎗斃之勢。黃杰答：「報告，我是帶兵保護俄顧問公館的。」蔣又吼問：「誰叫你帶兵去保護的？撤你的差，並把你從上尉降為中尉。」黃杰終無一言聲辯。六個月以後，黃杰忽升為營長了。從此扶搖直上，信任不衰。政府遷台後，黃杰任省主席多年。

一三九　孫文主義學會與青年軍人聯合會

十五年一月二日蔣宴少校以上官員於廣州衛戍司令部並訓話，其要旨為青年軍人聯合會與孫文主義學會均暫不能承認云。當日下午為孫文主義學會事痛誡惠東昇等。

十五年二月二日軍校開青年軍人聯合會、孫文主義學會聯席會議，與會者校長、校黨代表（汪兆銘）等十一人議決事項㈠兩會幹部准互相加入；㈡兩會在本校及黨軍須承認本校校長及黨代表之指導；㈢團長以上高級長官除黨代表外不得入兩會；㈣兩會會員彼此有誤解時請校長及校黨代表解決之。

中山艦事變之前，蔣汪曾約期開青年軍人聯合會與孫文主義學會兩會聯歡會，以謀精神之團結，不意軍人聯合會會員屆時爽期不至。故事變以後乃決定黨代表及C. P.官長均退出第一軍。

一四〇　關於西山會議議案不提出大會

民國十五年一月十一日孫科由滬返粵，商談團結本黨辦法，蔣主張西山會議案不提出於第二次全國代表大會或竟保留至第三次大會再決。

一四一　軍隊黨代表制

軍隊黨代表制度，本是蔣赴俄考察歸來後，所採擇施行的。黨代表是代表黨在軍中行使職權的，權力相當大，各級部隊命令，必須經過黨代表副署，方能生效，各級主管單獨簽署是無效的。共產黨乃千方百計吸收黨代表加入共產黨，或以共產黨員滲透到黨代表中間去，於是各級黨代表多為共產黨所操縱把持。中山艦事變，發現共產黨陰謀，當時就毅然決然取消黨代表制度，把各級黨代表全部召回。當時蔣校長訓話：「黨代表制度是我在俄國考察後，認為可行，才回來試辦的，現在既然發現流弊，自然可以取消，以杜後患。」（節錄吳協唐，憶三月二十日事變，留痕，三十五－三十六頁）據冷欣言，中山艦事變後，孫文主義學會與青年軍人聯合會同時解散，跨黨之共產份子一律辭去黨代表與政治部主任，對於孫文主義學會活動份子如賀衷寒則派往俄國，冷欣則派往上海邀請戴傳賢、邵元沖赴粵，此時校長態度則想保持不偏不倚云。

一四二　胡漢民主張扣留鮑羅廷

胡漢民自俄回國後，曾主張扣留鮑羅廷，蔣不納，五月八日胡欲見蔣，蔣不見，故於翌日乘輪赴港。

一四三　鮑羅廷知道胡漢民主張扣留他

他（鮑羅廷）告訴我，剛才蔣介石將軍曾向他轉述胡漢民的話，要蔣不再信任鮑羅廷，並將鮑扣留起來。……他却覺得他的好朋友蔣介石將軍居然藉胡的話，向他來一次下馬威，這使他不無今非昔比的感覺。（張國燾，回憶錄，下册、第五一二頁）

一四四　國共協定三點

廣州中山艦事變後，國共協定三點：(1)共黨接受在國民黨內一切活動之限制（即整理黨務條）；(2)反對右派，打擊右派(即限制右派之意)；(3)共黨協助北伐。(Wilbur, Doeunment on Communism, & Soviet Advisers in China, P.228)

為履行第二點，吳鐵城於五月三十日被囚，伍朝樞被逐，外交部長也換了陳友仁。

一四五　于右任為黃興派

蔣氏任軍官學校校長後，派其秘書王登雲赴滬促于右任赴粵，于言：「我是黃興派。」登雲與于同為陝西人，故于坦白言之。于在國民黨中，始終獨來獨往，即以此故。

前日（民國七十三年六月十六日）遇于右任之子望德，詢問有關其父之史料曾妥為保存否。望德答：「我父亦寫日記，每成一冊，即焚燬之。自言：『只有蔣先生所寫日記才有保存必要？我何人斯，存此日記何用？』我父親日記尚不要保存，遑論其他史料。」

于望德又言：「一次我拿著國民黨黨證，我父親見而撕碎之。」程滄波在側，插言：「這是于先生反擊。」滄波曾任監察院祕書長，從于右任久，其言必有所本。

民國七十三年十月七日遇見在大陸時期曾任監察委員多年的老友，問他四十多年以前報章指摘監察院只拍蒼蠅，不打老虎，究何原因？他回答說：「姑舉一例，以說明之。一次監察院提出彈劾財政部長俞鴻鈞案，實際俞鴻鈞並非老虎，縱是老虎，也是小老虎。但蔣先生聞之，即在官邸大發脾氣：『我這位子讓于右任好了。』並派陳布雷前往傳達此意。布雷到了監察院，在祕書長室抽了兩枝香煙，即自行離去。可見不是監察院不打老虎，而是有人橫阻其間，不能打。」這恐怕也是于右任之所以焚燬日記，撕碎其兒子黨證的一個原因吧！

一四六　四門小鋼砲

俄援軍械，數千支步槍（日製），幾十挺機槍，而最珍貴者則為四門小鋼砲。當時廣東各軍只有步槍，機槍亦屬鳳毛麟角，小鋼砲則更見所未見。東征之役，以小鋼砲轟擊守城幾於無堅不摧。

一四七　第三軍吸鴉片者在百分之七十以上

我（龍次雲自稱）做第三軍第七師政治訓練處處長，師長係王均軍長兼任。這個軍以雲南子弟佔大多數，而染有鴉片嗜好者在百分之七十以上，所謂第三軍有三枝槍。這個軍參加革命，參加北伐皆屬如此。後來由軍部統籌三個月薪津，凡四十以上滇籍官兵概予資遣返滇，同時對於販毒之官兵一律槍斃，始得改善。

一四八　鮑、汪阻撓北伐計劃

陳立夫言：中山艦事變之前，汪精衛任國府主席，一切唯鮑羅廷之命是從。鮑羅廷反對北伐，所以蔣三次呈請實行北伐，汪並不批示。嗣蔣又呈請辭職，汪亦留中不發。根據黃旭初所記，李宗仁由廣西來廣州，初次見蔣，即言應實行北伐，而蔣則言內部複雜，諒即指汪、鮑阻撓北伐之事。

一四九　鄧演達、顧孟餘反對北伐

廣州誓師北伐時共黨表面反對，暗中阻撓齊頭並進。因為國民革命軍力量的發展，與共黨至不利。回想去年我（李宗仁）在武漢時，我奉了總司令的命令，將我的部隊集中黃梅一帶時，共黨利用了種種名稱，以誣蔑我蔣總司令。種種反對不遺餘力。當時鄧演達、顧孟餘、徐謙輩天天到我地方來，運動我不要出兵。他們說：假使軍事再有勝利，蔣總司令的勢力更將擴大，現在非把他打倒不可，……慫恿我不出兵。我想假使我們內部的首領動搖，軍事上就會發生非常危險，所以堅持不可。鄧演達言不要緊，汪精衛現已回國了，我們可擁汪氏為首領，將黨權提高。那時我在漢口，因彈餉兩項，俱被共黨扣留，不能出發。三月間，我們的東路兵，已下浙東，江右軍亦向安徽前進，下蕪湖等處。那時我軍的彈餉仍被扣留。我於是到江西見蔣總司令請示。蔣以二十萬元補充我部之餉。我乃得由安徽向南京前進，迭獲勝利。至安慶後，共黨思欲以次高位迷我，發表我為安徽省政府主席。以利用我，我始終置之不理。以後我到安慶，江右兵已攻下南京。江左兵出蚌埠，斷敵兵後路。共黨乃以兵襲我

後路。我軍受其牽制不得不退回蕪湖，使共軍不敢東下。（李宗仁談話）

一五〇　胡、汪不同性格

據冷欣言，在南京時，彼曾面詢胡漢民，何以胡先生與汪先生後來彼此不睦？胡未直接答覆，僅言當先生（指孫總理）在世時，或由先生親筆寫信而由吾人寫信封，或由先生寫信封而由吾人寫信，以示確為親筆。我（胡自稱）見先生所寫信有不十分妥當之處，必親為指出並請改正。但精衛則不同，有時拿先生所寫的信走到樓下，連聲說先生又錯了。我說：你在樓上時為什麼不明白指出呢！？此一段話確已劃出兩人不同的性格。

一五一　黃埔軍校四期究有多少共黨份子

中山艦事變後，蔣令黃埔生每人自己選擇做一個國民黨員，或做一個共產黨員。據柳元麟所記「……發給我們每人一張像選舉票的紙條，要我們填寫黨籍和姓名……直到日後全連開本黨小組會議的時候……才知道我們第八連有十個同學選擇共產黨而退出國民黨……據說各連都在十個左右……也就是說……全校有百分之十是共產黨員。」其隱瞞身份者，尚未計入。（見〔留痕〕五，第三十五頁）

一五二　馮奉段三角關係演變

馮玉祥南口倒戈，回師北京，囚曹錕、殺李彥青，控制北京整個局勢，但他並沒有力量控制整個政局。為對付長江流域的直系勢力，乃聯合奉張共推段祺瑞出山，以段本身沒有軍隊，各方樂於利用他。據馮玉祥在他所著「我的生活」一書所記，捧段出山，乃由孫岳所提議，以山東督軍鄭士琦所處地位非常重要，若能與之聯絡，則吳佩孚前後受敵。立可潰亡，而鄭士琦乃段系之人，故一致主張捧段出山。但張作霖於見　中山先生時，直言：「我是捧人的，我令天能捧姓段的，就可以捧姓孫的。」似段之出山，係由張作霖所捧。表面上，兩方記載不同，實際上並不矛盾，因共同利害關係，主張適趨於一致耳。段在此種情況下，一方面要敷衍馮，一方面要敷衍張，另一方面也想擴張自己的力量。然而不久連屬於自己的山東地盤（鄭士琦）也拱手讓給奉方，最後馮、張也公開決裂，這就是馮、奉、段三角關係演變的經過。

一五三　徐樹錚藏於竹簍中

當年直皖戰爭，皖敗，徐樹錚尚在京中，乃由日人將其藏於一竹簍中運送出京，得免於難。

一五四　徐樹錚為段左右所害

徐樹錚為馮玉祥部下槍殺於廊房，馮揚言為其舅陸建章報仇，實則另有內幕，非一單純之報仇事件。緣徐樹錚為段祺瑞所依為左右手，言聽計從，樹錚主張清君側，為段之左右所深恨，乃派人勾結馮玉祥，欲借馮之刀以殺之。時魏道明因事去北方，馮之大將張之江招待住於其司令部內，親眼看見段部兩旅長往見張之江，並與之密談。張之江初尚猶豫，迄接鹿鍾麟在電話中轉達馮之命令，乃決定下手。先徐樹錚以陸建章勾結土匪，乃招讌於其寓邸，命衛士槍殺之。陸建章乃馮玉祥之舅父，故段部乃以此事說動馮玉祥殺之。

徐樹錚自海外考察歸國，先赴北京謁段祺瑞，二十九日出京赴滬，當天下午段書桌上忽有一便條，上寫「又錚不可行，行必死。」非段幕中人，何由知之，可為上說之一佐證。

一五五　南口之戰的功績

民國十五年這一年，是國民革命軍和北洋軍閥勢力消長勝敗的轉捩關頭。在廣州沒有誓師北伐以前，國民軍孤軍奮鬥於北方，當數倍之強敵，四面受攻，力戰不懈，對於以後北伐統一的大業，確有不可磨滅的貢獻，而在國民軍奮戰過程中，三次著名的防禦戰，便各有不朽和不同的價值。蔣世傑守信陽，遲滯吳軍北進的時間，延長了吳佩孚早定中原，揮師北上，與張作霖夾攻國民軍的里程。楊虎城守西安，保持西北重鎮以及革命勢力於不墜，使馮玉祥在五原誓師之後，順利的底定甘、陝，會師中原。劉汝明守南口，牽制了奉、吳大軍四、五十萬，不能轉用於南方。由粵出動的北伐大軍，乃能順利的向北進展，先後各個擊破了吳佩孚、孫傳芳、張作霖等北方軍閥的主力，不兩年，而完成北伐統一的大業。所以南口之戰的價值，較信陽、西安兩役，更為特出而重大。

民國十七年，國民革命軍底定北京，七月六日，四總司令蔣、馮、閻、李在西山碧雲寺總理靈前舉行祭告禮，七月九日，復在南口開會，追悼國民軍陣亡將士，由馮玉祥主祭，蔣總司令即席致詞，歷述南口苦戰四個月，犧牲最大，因之牽制奉、直軍數十萬不能南下守鄂，我北伐軍乃能以破竹之勢，消滅反革命勢力，進入武漢，北伐成功，多賴南口死難烈士，其功實不可沒云云（參閱中外雜誌，總一二八號，第一三四頁）。按劉汝明守南口之時，馮玉祥正在莫斯科，其舊部共擁張之江為總司令，統籌全局。

一五六　蔣氏試探何應欽

據張志韓言，大約在中山艦事件發生後，蔣先生特電當時駐紮在汕頭之何應欽，何親譯電文，大意為決擺脫一切返回上海，路過汕頭當得暢談。何當即覆電表示如有任何困難，應欽當追隨奮鬥到底，請勿消極。蔣接電知東江可靠，乃又電告一切經過並指示如何佈署。一方面可見蔣做事之慎重，一方面也可看出當時情形之複雜。

一五七　鴉片與中國政治

自鴉片戰爭之後，鴉片即與中國政治結了不解緣。今讀萬耀煌回憶錄（中外雜誌，第十六卷，第六期，第八〇－八一頁），更可證明吾言之不謬。萬耀煌曾歷任湖南、湖北軍政要職，而鴉片煙盛產於西南，其出路則多經兩湖，或兩廣而運往全國。其言曰：

「北京政府機關官吏成為災官，各省另闢財源，就是鴉片煙稅，美其名曰寓禁於征，稱為禁煙局或禁煙檢查處，為西南各省大宗收入，鼓勵人民種植，或設機關收買，大量運出行銷。四川煙土出宜昌運漢口、上海，駐宜沙部隊為之保護，到漢口後又另有方法保護至上海出售，有黃金榮、杜月笙等負責。至雲南、貴州之煙土，主要道路則出湖南洪江……大利所在，人所必爭，亦為爾後湘省內戰之重大因素。繼言：

「中國玩政治最大的本錢在武力，為私人取政權靠武力，為救國救民，必須取得政權也要武力。掌握武力要錢，有鴉片煙就有錢。可是煙要出路，走漢口自不能不與吳佩孚相週旋，況且漢陽兵工廠的武器是軍隊所必需。金錢與武器的誘惑，勢必投吳，並非偶然也。另一方面，是走廣州，粵桂軍人在廣州當政的，即與粵桂軍結合，都為利益……湖南元老譚延闓先生在孫先生左右，軍隊僅有陳嘉佑帶來的第七混成旅，力量雖微，但結合甚強。於是湖南本身之政治經濟路線偏向廣東，而不走北路，因而常德益陽財源斷絕，經濟與政治發生衝突，此亦戰爭之導火線。」

國民政府奠都南京，此種情況並未改變。今日中共尤以鴉片煙、海洛英為國際政治活動的經費。

一五八　鐵軍名稱之由來

民國十五年國民革命軍自廣東出師北伐。張發奎所領的第十二師，勇敢善戰，所過之處，秋毫無犯。湖南地方人民特贈鐵盾一個，以表崇敬，遂得鐵軍之名。後來第十二師與二十五師擴編為第四軍，繼承了鐵軍的傳統。（武漢粵僑聯歡社後來亦曾以鐵盾一個呈獻張發奎，其鐵軍之名遂更傳揚於國內。）

聯歡社所贈鐵盾，上款書「國民革命軍第四軍全體同志偉鑒」，下款書「民國十六年一月十五日武漢粵僑聯歡社同仁敬贈」，內文「烈士之血，主義之花，四軍偉績，威鎮邇遐。能守紀律，能毋怠誇，能愛百姓，能救國家，摧鋒陷陣，如鐵之堅，革命擔負，如鐵之肩，功用若鐵，人民倚焉，願壽如鐵，垂億萬年。」

一五九　吳佩孚在汀泗橋為什麼會大敗

國民革命軍第四軍及第八軍之一部，與吳佩孚軍相持於汀泗橋一帶。吳佩孚憑河固守，以河深，北伐軍亦不得進。地方百姓密報北伐軍，上游某處水淺，可以徒步而過，北伐軍遂往此處過河，攻擊吳軍。吳軍幾疑北伐軍自天而降，終於潰敗。第四軍乘戰勝餘威，又克復了另一戰略要地賀勝關。此兩次戰役決定了吳佩孚的命運，也決定了北伐軍的勝利。以上兩則為第四軍軍長張發奎所言。

一六〇　吳佩孚拒絕與日本勾結

吳佩孚最盛時期，虎踞洛陽，統兵百萬；北自山海關，南至長江流域，都是他的勢力範圍；他的一舉一動，關係北京政局的安危。他在洛陽過五十歲生日，真是「八方風雨會中州」，盛況空前。國民革命軍北伐，汀泗橋一役，擊潰吳之主力第三師，其大將劉玉春、陳嘉謨相繼被俘，其他所部陸續投降，可謂全軍盡墨。吳佩孚落荒而走，間關入川，投奔楊森。沿途艱險，非筆墨所能形容。楊森招待初住於白帝城，繼移居萬縣。中央責令楊森收繳其衛隊槍械，而四川軍人也不願以本省資源供養客軍，尤怕其再作政治活動，對吳之留駐四川，並不歡迎。吳乃發表通電，表示專事徜徉，不問理亂。窮途潦倒，非常人所能堪。適於此時，日本第一遣外艦隊司令城二郎少將，和海軍駐滬特務機關長佐滕秀大佐，帶了十五、六名將校，從宜昌乘小型兵艦專程訪吳，表示：㈠願供給私人借款一百萬，㈡願贈步槍十萬枝，山砲五百門，機關槍二千挺連同彈藥，由小型艦艇運送入川。這對於一個久掌兵符而今落魄的人自然是一個絕大誘惑。但吳佩孚卻義正辭嚴的對日本人說：「過去我有槍不止十萬，有錢不止百萬，尚且一敗塗地，可見成敗是不在於槍砲與金錢。我如果願借外債，引外援，何必等待今天。中國事應由中國人自了。貴國的盛意，我是不會接受的。」（楊森著，吳玉帥與我，中外雜誌，第七卷，第四期，第二二頁）

抗戰期間，吳佩孚蟄居北平。日本人請其出山，組織政府。他提出唯一條件：請日本軍全部退出中國，並聲稱必要時當以一死拒之。

一六一　北伐成功之原因

周雍能在北伐時期，任總司令部科長兼秘書。余詢以北伐軍隊複雜，人數又少，為何能打敗敵人?周說一半是運氣，一半是聲勢奪人，宣傳成功。北洋軍隊如吳佩孚與孫傳芳步驟不齊，致為北伐軍各個擊破，這也可以說是運氣。其他四川、貴州軍人均紛紛輸誠，不戰而歸附。福建周蔭人所部旅長曹萬順、杜起雲亦通電響應；浙江省長夏超通電就國民革命軍第十八軍軍長職，周鳳岐師一部參加內部倒孫傳芳；馮玉祥、閻錫山亦參加國府陣營；甚至海軍陳紹寬、楊樹莊率領艦隊開往福建，接洽歸附，亦可見聲威之一斑。北伐軍以第四（粵軍）、第七（桂軍）兩軍作戰最猛云云。今日閱讀「萬耀煌回憶錄（五）」，亦言：「尤以四、七兩軍以革命軍的英雄姿態，首先援湘北伐，如生龍活虎，豪氣凌人，軍紀之嚴，對人民的和睦親切，在中國軍事史上創立新頁。第八軍（唐生智）原在湖南，已有卓越表現，今與第四軍相比，自愧弗如，因此對第八軍的影響不小。」（傳記文學，第十七卷，第一期，第四十三頁）萬耀煌駐紮湖南甚久，對於第八軍知之甚深，而又統率鄂軍參加北伐，以客觀立場，所言當屬可信。

一六二　「**我總會要你的命**」

賴景瑚在湖南讀中學，聞其時毛澤東、蔡和森與劉某為同黨至好。劉好與毛辯，一次毛氣急敗壞，乃言「我總會要你的命。」未久，劉果然以失蹤聞。在其佔據大陸後，以極殘無人道手段，折磨劉少奇、彭德懷，可見凡與其意見不合者，必不讓其好好活著。

一六三　樊鍾秀不做軍長

據李肖庭言，當北伐軍進展至湖北後，蔣總司令曾派鄧演達、唐生智先後勸樊鍾秀歸附國民革命軍並表示以軍長名義相畀，樊以不滿意蔣對許崇智之處置，予以拒絕。嗣後蔣又電肖庭赴南昌，親告現在最高位置為軍長，譚、李、唐均是如此，倘樊願就此職，則河南軍政黨各方面均可委其主持，即整個北方黨務亦可由其主持，樊終不應。當時樊之兵力（包括任應岐部隊在內）約二、三萬人，而馮不過一萬餘人，河南陝西部隊皆歸附于樊，則馮決無法出頭，北方局勢，又必另有一番氣象。

一六四　武漢政府內部情況

武漢政府時期，表面奉汪精衛為領袖，而實權則操之於共黨之手，鮑羅廷尤以太上皇自居，故汪亦有時感情衝動，大發脾氣。一日總政治部宣傳大綱末尾有一、二十句口號為擁護聯俄聯共政策，擁護總理三大政策等等，獨無擁護中國國民黨、擁護三民主義之口號。汪見之，大發雷霆。越日開紀念會，汪一入會場，放眼掃視，則盡是擁護國民黨，擁護三民主義之標語了。汪登台開口便說：「看今日之域中，究是誰家的天下？」繼之孫科致詞，他亦如武漢當時人物一樣。把容共說成聯俄聯共，隨後又改口為容共，並對容字特別加重語氣。惟至各高級將領致詞時則絕口不提國共間事。唐生智僅說本人負責維持武漢治安，如有破壞地方秩序者則因職責所在當嚴懲不貸。其他如張發奎等致詞上僅就軍事方面報告數語而已。散會後軍校武漢分校學生因受共黨薰陶已久，則多痛哭大罵，以為革命已入逆流了。

一六五　北伐軍初抵江西

北伐軍初抵江西，一切財源已為軍閥搜刮以去，時周雍能任財政廳長，初為總司令部籌一七、八萬元現金。然軍隊仍不得開拔。蔣總司令乃邀周飯敘，請再籌一百廿萬元。周乃以私人關係向鹽商籌借一百廿萬現金，以稅作抵補，始得成行。

一六六　武漢運動倒蔣

汪精衛初從國外來滬，正值清黨運動行將開始。當時我們將共黨之陰謀和共黨天天預備衝入租界，長槍闊斧，有憑有據，將清黨計劃，徵求汪氏意見，而汪不贊成，並力言無此事。以後我們見形勢愈急，再請示於他，請求解除糾察隊武裝。他和陳獨秀商議，陳不表示同意，我們見形勢迫不及待，決用武力解除。汪乃言不可害他們性命。嗣汪乘輪赴漢。抵漢後，通電謂蔣假借名義，並不承認清黨辦法。

今年七、八月間津浦路方面，軍事不利，蔣總司令自徐回，有決心下野之意。那時我（李宗仁）在蕪湖，蔣電召我回京。我抵京後，蔣對我言，現在局面不好，漢方既不相諒，決心下野休息，以免南京危險，因對方以我為總目標。能免寧漢不破裂，共同合作，以免黨的分裂，自然敝屣一切尊榮，犧牲個人，使黨國團結，遂悠然下野。方我軍勝利時，武漢方面派副軍長葉琪為代表，與我接洽，欲我一致倒蔣。我當場答覆他，你們現已清黨了，何以又要倒蔣呢？葉答清黨是一問題，倒蔣又一問題，如你（指李宗仁）不聽我言，則我們不能不移軍東下。並言武漢之所以有東征之舉，亦因軍隊不能生活，不能不向下游來謀生活。如你不能表示同意，請你讓開一條路。否則，惟有將你的部隊消滅……。李正色答道，我是主張正義的，任何壓迫之來，毫不懼怕。唐軍如至，我即調七軍及十九軍之力亦足以消滅之。葉見運動無結果，遂回漢。（以上為李宗仁談話）

一六七　戴傳賢盤馬彎弓

民國十五年國民革命軍由廣東出發，抵達長江、武漢，南昌相繼奪下。其時安徽、江蘇、浙江尚在北軍手中，黃河以北更不必說了。而由廣東出發之國民黨則顯有分裂之勢，武漢方面為鮑羅廷操縱，南昌方面則欲擺脫共黨控制，雙方勾心鬥角、互相防範。兩方人物聚集牯嶺，表面上握手言歡，實則各懷鬼胎，甚至各人下山將到何處都不相問，縱相問，亦無真話相告。戴傳賢任務是往日本。但在車上是和鄧演達在一起，別人問他，他說和擇生同往漢口，並說他的鋪蓋都由擇生的當差代為料理。擇生者鄧演達的號，傾向共黨之有名人物。同行下山有知戴傳賢之任務者，不免發生懷疑，難道他要西至漢口再向東行?直至過了大半的路，戴忽然肚痛，將到九江，他說不能再走，請鄧演達叫當差把他的鋪蓋行李放下。這才明白他的盤馬彎弓之計，亦可見雙方互相防範之用心了。

一六八　張、黃逼走陳銘樞

張發奎、黃琪翔與唐生智朋比對付第十一軍（軍長陳銘樞）而有迫走陳銘樞之事發生，遂有併吞第十一軍之事實現，蓋此時或已受共黨之餌矣。寧漢分裂後，果以張為十一軍軍長，黃為四軍軍長，及後張更為兩軍總指揮。

因此，陳銘樞遂為蔣所信任，任為總司令部政治部副主任，主任為吳敬恆，不負實際責任。迄蔣第一次下野，陳銘樞力勸不可，亦可見二人關係之一斑。嗣後發生扣留胡漢民事件，陳銘樞在寧粵和談中扮演一個重要角色，頗有偏袒粵方之嫌。蔣遂與之疏遠了。加以十九路軍在滬自動抗日，以至在福建獨立，二人遂反目成仇了。

一六九　蔣氏以軍事勝利為憑藉

武漢南昌間的破裂，與當時的軍事發展是密切關聯著的。在南昌克復以後，蔣氏在浙江各省的軍事行動獲得了可觀的成績，這也是他堅決反共的一個有力憑藉。蔣氏一直不理會鮑羅廷、嘉命等人的反對意見，全力向東南各省進軍，後來果得如願以償（張國燾，回憶錄，下冊、第五九二—五九三頁）。（按：北伐軍克復南昌後，即以全力向江浙進軍，與李烈鈞之建議不無關係。）

一七〇　國民政府奠都南京

民國十六年四月九日蔣總司令進駐南京，十二日中國國民黨實行清黨，十八日國民政府奠都南京。十六年七月三十一日共軍在南昌暴動。

一七一　武漢討伐令

中華民國十六年二、三月裡，漢口忽然有個非法聯席會議，比現在的特別委員會，還要無理由，因為這還是協商的，它乃是鮑羅廷硬做而御用的。因此南昌的同志，並且因為黨部政府的印信文卷尚在南昌，就由黨紀出來反對。後來因為希望他們悔悟，就把印信文卷送上漢口去了。他們竟由聯席會產生一個第三次中央全會。中央全會是這樣產生的，是何等非法。第三全會就決定了無數利於共黨的議案，於是南昌執監委員不服，而且看到共黨的猖獗，已不可收拾，忍不住了。而汪黨紀先生卻回國了。彼以為寧可讓上海如現在廣州一般，燒殺兩天，不算什麼大事。且趕開第四全會，日期是四月十五日，地點是南京……我們接到他（汪）四月十三日的電報，中央（漢口）決定政府遷移南京……我們因討共的便利，趕把他們的決定，而且總理預定的政府，在十八開張出來。不料汪黨紀先生不等到十八，而十六已發出他們的歷史上有名的銑電。此電係致「各省各級黨部各地方政府各民眾團體各軍將士均鑒：若自召集西山會議式之會議，是直使本黨陷於分裂，至於圍繳工人糾察隊槍械，既違背中央之命令，且與總理扶助農工政策，大相刺謬，悍然為之，無異甘為民眾之公敵。……」

四月十八日我們正在南京籌備政府，履行他們的決議，乃他們也在十八日又發命令，電文如下：「蔣中正屠殺民眾，摧殘黨部，甘心反動，罪惡昭彰。已經中央執行委員會議決開除黨籍，免去本兼各職。著全體將士，及革命民眾團體，拿解中央，按反革命罪條例懲治。此令」（以上節抄吳稚暉一二個電報）。

一七二　鮑羅廷目中無國民黨

讀張繼等致中央委員會彈劾共黨信，所列事實，共黨令其黨員、團員在國民黨中起黨團作用，以篡奪國民黨，已足令人痛心。再讀鮑羅廷與張繼、謝持二人談話紀錄，則鮑羅廷簡直目中無國民黨，更不免令人憤慨耳。

一七三　武漢與南京各爭取馮玉祥

㈠

鄭州會議後，鄧演達在紀念週報告謂聯馮成功，可以專心東征，計算現有兵力，勝利有絕對把握。乃不旋踵，馮與蔣又有徐州之會，馮軍可以隨時下武勝關，故武漢政府不得不解體了（武漢軍隊已集中向安徽進發）。

㈡

據陳公博在寒風集所言當時估計武漢方面兵力，向東進攻尚有把握，故肯以河南讓馮。其實想藉此籠絡馮耳。

一七四　徐州會議

國民革命軍到了南京，組織政府，下令清共時，汪精衛、陳獨秀聯合宣言，主張國共合作，但時機已太遲了。蔣總司令命我攜其親筆函和密電本，回西北晤馮。此外還有蔡元培、吳稚暉、李石曾諸人之親筆函，力主反共。我由上海經張作霖之北京天津防地，而至閻錫山處。時閻已與國府有接洽，故以汽車送我至運城轉潼關，馮玉祥適自西北移軍至此。我向其報告約三小時，清共之議遂決。至鄭州後，馮與唐生智、張發奎等，開鄭州會議，以河南地盤讓馮，而唐等回師東進，聲言討蔣。鄭州會議方閉幕，馮即派我赴徐州，晤見李宗仁、白崇禧諸人，決定蔣馮在徐州會議。翌日蔣氏已到，同來者有吳稚暉、李石曾、黃郛、何成濬、方本仁、陳立夫、李鳴鐘諸人。李氏與我陪蔣總司令代表何成濬、方本仁二氏到歸德迎馮。翌日馮即東來，蔣總司令以專車親自迎之于馬牧集附近。徐州會議之結果，由蔣馮聯名通電取消武漢政府，並實行清黨，送鮑羅廷回國。（以上毛以亨：俄蒙回憶錄二四四頁）

一七五　張、馮會師鄭汴

第二次北伐，張發奎所部在河南和張作霖最精銳的軍隊作殊死戰。全軍將士死傷至三分之一以上，方能和馮玉祥軍達到會師鄭汴之目的。（以上摘汪精衛對於粵變之談話）

一七六　武漢政府為何以河南讓馮

民國十六年六月武漢軍隊在鄭州與馮玉祥會師，何以甘心以河南地盤全部讓馮，武勝關以北軍隊亦由馮收編？據「蔣總統秘錄」編著者古屋奎二言：「沒有料到馮、唐之間為了收編軍隊，意見對立，達不成協議；汪兆銘乃趕往鄭州，自六月十日至十二日與馮玉祥舉行會議，結果以河南地盤讓給馮玉祥，唐生智則率軍退回武漢。」其實據余（編者）所知，最大的原因，是武漢政府想集中兵力「東征」，來打南京。所以，安徽省主席也由唐生智部將何健擔任了。在唐生智看來，以安徽換河南，更為合算，且倘使「東征」成功，則天下豈不是姓唐的麼？

一七七　南下抑北進

(一)

北進抑南下，是當時武漢政府內部爭論的一個問題。在武漢方面，鮑羅廷的意圖則是這樣的：

「首先由武漢出兵，北向推進，在河南與馮玉祥會合，並且還可望打開經外蒙達蘇聯的聯絡路線；又可與在山東的軍閥張宗昌勾結，對在國民政府所在地的南京包圍作戰。」他這個打算，得到陳獨秀等人的贊成；可是剛派到漢口的第三國際代表魯易（印度人）則提出不同的見解。

「魯易的主張，是向反對方面發展，奪取兵力單薄的革命根據地廣東；同時並在勢力範圍內的兩湖推進『農民革命』，準備建立獨立的蘇維埃政權；譚平山、張國燾都同意這個主張。」

「經過討論之後，姑且決定採用鮑羅廷的『北進案』。」（古屋奎二，蔣總統秘錄，中央日報，民國六十四年十月十五日）

蔣總統在六月十五日的日記中記下：

「是其（武漢方面）以豫交馮，而以全力鞏固兩湖；其後南下攻粵或東下攻寧，皆意中事也。」（仝上）

㈡

據龔浩言，當武漢政府時代，唐生智、張發奎兩部隊與奉軍戰於河南，唐曾電調何健部隊馳赴前線作戰，並已準備車輛，詎何健置諸不理，蓋在心理上已受馬日事變之影響。事後唐亦不再重提此事，並推介何健擔任安徽省主席。論功言則應保舉劉興。

一七八　馬日事變

馬日（廿一日）事變係由何健部下許克祥所發動，其中有一段經過，或為外間所不知者。在馬日之前數日，武漢政府開會討論土地政策，何健極力反對，爭得面紅耳赤。唐生智見情勢不佳，乃由桌下遞一紙條予何，大意謂怕有危險，勸何謹慎。何即時退席回家，途中遇其總參議王芃生，密告謂住宅四周，遍佈密探，不可回家。何乃登輪溯江而上，直赴宜昌軍中。當時許克祥率一團駐長沙，一日其尊翁亦自鄉間逃至長沙，相見之下，突然跪地請救命，詳述其在原籍受共黨童子軍團強迫戴高帽子遊街之辱。許本為右傾將領，經此一來，更決心發動反共之馬日事變。

一七九　朱培德一念之差

「江西歡送共產黨」，據陳其瑗向武漢國民黨中央的報告，言之頗詳。其中有朱培德因其「第九師師長曾萬鍾有受蔣介石的運動的嫌疑，乃將曾萬鍾換了，另補楊池生接替為第九師師長……」後來，楊池生卒投共，使共軍聲勢大振。

一八〇　第三國際致 Roy 之密電

一九二七年四月二十七日第三國際致電當時駐於武漢的第三國際代表 Roy 內容如下：

1不必徵得政府同意，發動農民通過共產黨的領導將湖南、湖北兩省的土地予以沒收。

2在國民黨內扶植一個新領袖，並使其容納全部共產黨份子，對國民黨左翼則予以捨棄。

3改組國民黨使推行更激進的政策，以便使國民黨漸次淘汰，而由共產黨取代其地位。

4成立一個法庭，包括卓著聲譽的人物，以審判反革命的軍人，並以反對共產黨的革命行動之罪名加以懲罰。

5最後，組織並裝備一枝軍隊，包括兩萬武裝共產黨員和湖南、湖北兩省的五萬工農在內。

一八一　武漢圖使中央軍與孫傳芳鬥

據龔浩言，當年唐生智、張發奎軍佔有河南後，以武漢後方有共黨之滋擾而有移兵安徽之必要，乃退出河南。於是馮玉祥部隊佔開封、鄭州、洛陽、歸德，其武勝關以北部隊亦歸馮收編。馮既得河南地盤乃致電武漢政府要求發給軍餉一仟萬，步槍十萬枝，大砲五百門，子彈若干發。開會時由龔浩唸讀馮電。汪精衛起立發言，謂武漢政府現有步槍不及其所要求者四分之一，至于款項，印刷機一部而已。當時馮之代表劉驥亦在座，馮之提出如此要求，明知武漢政府無法辦到，乃轉而出席徐州會議。當時軍事形勢，奉魯軍自動退出徐州，而以濟南袞城為界，於是黃河南岸全為武漢軍隊所有。在安徽方面，武漢軍佔蕪湖、六合一帶。當時中央軍與孫傳芳軍戰於徐州首遭敗績，蔣於是時下野。當時武漢軍欲使孫傳芳部與中央軍鬥，而本身不捲入漩渦，故無動靜。

一八二　鮑羅廷太上皇

又據龔浩言，當時汪精衛於開會之後，常大發脾氣，謂鮑羅廷簡直是太上皇。

一八三　武漢政權解體

又據龔浩言當蔣第一次下野，孫傳芳進佔浦口，武漢方面乃有人主張乘此機會進攻南京。惟嘉命考慮結果，以武漢部隊東下，則首先須與孫傳芳部隊作戰；一、七兩軍勢將作壁上觀，徒然自損實力，乃主張將武漢部隊駐於蕪湖六合一線。據龔看法，武漢政府之解體，並非在軍事上不能守，馮固可威脅，但不足為大患。

一八四　陳獨秀代罪羔羊

瞿秋白表示他這幾天在廬山與鮑羅廷冷靜的研討，認為中國革命是失敗了，責任問題要有交代。中共一切，雖然事實上是遵照共產國際的指示進行，但不能讓共產國際擔負這個失敗的責任，因為莫斯科威信的喪失，將會影響世界革命，也會助長托洛斯基派攻擊史達林的氣燄，更會使中共黨員不信任共產國際的領導。為了使共產國際今後能領導世界革命，中共中央只有挺身出來負擔起這個責任，才是避重就輕的辦法。

瞿秋白更具體表示，如果這一失敗更由中共中央政治局全體來負擔，中共的領導便會破產，損失也太大了。陳獨秀在這次失敗中，原有重大過失；現在又採取了不正確的消極態度，那我們不如把全部失敗的責任，推在他一人身上。而我們自己應站在擁護共產國際的立場上，反對陳獨秀的右傾機會主義。這樣才能穩定中共中央的領導（張國燾，回憶錄，下冊、第六七八頁）。這就說明了中共為什麼要推倒陳獨秀，而擁護瞿秋白真實原因了。

一八五　唐生智願聽鮑羅廷指揮

鮑羅廷來到漢口，下船後即偕同歡迎他們的唐生智，同車馳至唐的總指揮部。……鮑羅廷劈頭便向唐生智說：「誰能忠實履行　孫中山先生的主張，誰就能成為中國最偉大的人物。」唐生智聽了這句話，似乎喜出望外，將身體扭動了幾下，欣然回答道：「我願意這樣做的。」鮑羅廷接著說了一些如何忠實履行　孫中山先生主張的話，不著痕跡的將他已不信任蔣，轉而將信任唐的意向表示出來。唐生智因而向鮑羅廷懇切表示：「一切願聽指揮。」

（張國燾，回憶錄，下冊、第五六八頁）

一八六　中共拒絕唐生智入黨

唐生智在武漢政府時期，曾極力拉攏共　與工會領袖，甚至鄭重其事的要求加入中共為黨員，並請陳獨秀到武漢來指導他的工作。但中共中央以其軍隊仍是守舊軍人為其主要支柱，乃拒絕了他入黨的要求，指出這對於他並不適宜。（張國燾，回憶錄，下冊、第五四九頁）

一八七　唐生智在武漢潰敗

唐生智在武漢潰敗之經過—武漢局勢，一天比一天來的緊張，下游的經濟封鎖，也越來越有威力，鹽荒嚴重之後，又繼以米荒，再繼以「鈔票荒」，幾乎軍用票完全不能通用，銀元又十分缺乏。經濟上的崩潰，再加以西征前線統帥又為湘籍之程潛。唐生智之部將張國威已與程默契，前方不戰而退。唐見大勢已去，決定撤兵。臨時召集軍事會議，地點即在其四明街住宅，當場宣佈張國威祕密，張面如土色，立命衛士將張綁出處死，唐亦兵敗。

一八八　共軍流竄

民國十六年（一九二七）八月一日賀龍、葉挺共軍在南昌暴動後流竄至廣東汕頭等地為李濟琛、錢大鈞、黃紹竑軍所擊潰，而毛澤東則於湘贛邊境之井崗山組織所謂「工農紅軍」從事游擊戰。此後又流竄至江西南部及福建西部，以江西瑞金為巢穴，於民國二十年十二月成立所謂「中華蘇維埃共和國」。日益猖獗，隨處裹脅，四出劫掠。擾福建則由長汀上杭，窺湖南則走修水銅鼓，掠粵邊則出大庾瑞金，鄰近諸省受禍日深。政府軍於二十二年十月發動大規模圍剿，成立保甲，使民自衛，建築碉堡，俾資守望，步步為營，節節推進，成效大著，迭克名城。經過一年多的戰鬥，至二十三年十一月克復共軍巢穴瑞金。共軍突圍而出，向西流竄，歷時一年共軍到陝西寶安時只剩下四五千人與劉子丹、高岡合股。

井崗山處於贛湘交界，地勢高聳，山間多狹長溪谷，內含局部平原，亦有良田沃地，雨量充沛，草木茂盛，山深林密，易守難攻。共軍利用山嶺與岡阜的崎嶇地形，每遇潰敗，則退據巢穴，甲省來剿，則退往乙省。山中多廟宇，共軍則用之為營舍醫院。

一八九　鮑羅廷想當馮玉祥顧問

民國十六年武漢分共時，鮑羅廷被逐，離華前曾往見馮，願任馮之顧問助其成功。並說馮曰：「……將軍出身貧寒，深恤民困，將來必可獲得多數無產階級之擁護。有了工、農做基礎，部隊又能刻苦耐勞勇敢善戰，苟持以中國大多數人利益致力革命，實為貴國之福。但你對國際局勢的變遷和國內情勢的適應與鬥爭方法尚不能洞燭機先，講求變化，對政治的認識亦應加強。如我為你策劃，可補助你的缺點而達成革命的目的，否則，你們中國尚有第二次的流血革命。」馮說：「你知道中國對顧問二字的意義嗎？『顧』者，回頭看也，『問』者諮詢宣問也。現在我既不願看你，也不願意問你，你擔任我的顧問，不是白費嗎？」鮑大慚而退。

一九〇　毛澤東從湖南、江西到陝北

武漢政府瓦解後，毛澤東則潛行返湘，遵照第三國際之命令，組織農民、工人，並曾發動「秋收暴動」，失敗，乃率領餘眾不及一千人及破爛槍枝不及百餘，逃往湘贛邊區之井崗山。此地為叢山峻嶺，入冬為重霧所籠罩。甲省圍剿則逃入乙省邊區——賀龍在湖北，張國燾、徐向前在川北各有活動。一九二八年五月朱德率殘部來井崗山與毛會合。在井崗山期中，朱毛曾遭遇五十七次小仗、十三次大仗。中共第六次全國代表大會開會於莫斯科，而中共中央執行委員會則仍在上海。一九二九年一月朱毛離開井崗山而去江西。是時共軍士兵衣履不全，頭髮垂肩，僅有極少數荷有槍枝，其他僅刀棍而已。食物不易覓到，吃的為樹根草葉。夜間行軍，身體不支者多死去。他們到了江西，是時江西政治腐敗，軍隊腐敗。雖行堡碉政策、保甲政策，共軍終於到達銅鼓、興國。此兩縣處於群山之中。在此期間李立三及其他共軍將領均主放棄農村而爭奪城市，在共黨中形成兩派主張。共軍在此期間，曾為中央五次圍剿。自瑞金被圍，共軍脫圍逃走，走過九省——當時中央口號是安內攘外，先肅清共軍再對付日本，而中共口號是向國軍宣傳，要國軍先行抗日。毛澤東悔當時聽了其德國顧問李德的話而沒有與福建人民政府聯合共同由福建出上海。在五次圍剿開始時，共軍總數約有十萬人左右。長征了六千英里—離開瑞金時中共有數百女人參加，到達寶安，女人倖存者僅七人而已。到達川西與徐向前、張國燾部合，僅剩一萬餘人（連沿途收編者在內），而徐部則大約有四萬人，槍枝較為齊全。到達陝西寶安時共軍不到數千人（包括戰鬥員、非戰鬥員及老弱婦孺在內）。蔣委員長於十二月七日到西安，準備於十二日下達追剿令，但十一日深夜即發生西安事變，蔣被扣後，張學良曾派飛機至延安轉寶安（寶安尚無飛機起落的地方）。邀請中共指令三人來西安組織審蔣大會。中共於十二月十五日開中共中央執行委員會，毛充主席。當時毛接到史達林電報，命令立即釋蔣，認為蔣果被殺，則中國將紛亂無已，失去抗日重心，不如釋蔣，以促使其聯共而抗日。於是毛乃派周恩來、葉劍英、秦邦憲三人飛西安，遵照此計劃而佈置。周恩來曾三次與蔣密談。張學良曾提出八項主張，但對共黨而言，僅有一個主張重要—即停止內戰。如此一要求得以達到，則蔣即應釋放。當時張學良要將蔣送往寶安審判。但毛不但不接受此一主張，並致張以措辭強硬之電報，要求立即釋蔣，否則當發動西安之共黨份子（經監獄中釋放出來）強行劫蔣，送回南京，會中僅有張國燾持異議。但張國燾則謂毛初亦主張殺蔣，迄接史達林電報乃改變主張云。

一九一　武漢政府最後一幕

武漢政府最後一幕，遣送俄顧問返國。鮑羅廷到達車站，臨行之際，不覺悲從中來，痛哭失聲，痛感其所經營之武漢政府行將瓦解，亦自悲其返國後無以向史達林交代。當其縱橫排闔於張靜江、譚延闓之間，被張、譚發覺，當面數之，鮑自稱不懂中國情形。中國人自古以來，即有自尊之心，斷非異族人所可頤指氣使。倘鮑在廣東與武漢之時，能不以太上皇自居，則其結局當不致如此之慘。

一九二　武漢政府催命符

汪精衛一生吃虧領袖慾太強，初時，其對共產批評之尖刻恰當，遠非其他反共者所可及。嗣後在武漢時為總政治部宣傳大綱竟無一句是「擁護國民黨、擁護三民主義」，而大發脾氣。這都是內部權力之爭，非武漢政府解體之主因。馮玉祥每隔兩小時去一電報要械要餉，並限期驅逐共黨首要與鮑羅廷，始為真正的催命符也。

一九三　張繼等痛論聯俄容共

張繼、林森、謝持等致汪兆銘等書：精衛、組庵、介石、澤如、頌雲、梯雲、湘芹、益之、登同、任潮同志諸兄均鑒：中略……以黨事言，彼固利用共產黨投入吾黨，以便脫胎換骨也。年餘內部之劇烈紛爭，端即在此。精衛「孫行者入牛魔王腹中打跟頭」之言，最為切喻。至彼所謂助吾黨者，計不過萬餘支槍耳。然盤據吾黨最高之黨權、政權、軍權，所得代價，實太過鉅。兄等於此，詎未嘗動於衷耶？蓋鮑羅廷、嘉侖二氏，名為顧問，實則軍政最高之命令者。觀於鮑氏因梯雲對英記者談話：「俄人之供職係雇傭」一語，遂對之不滿，而去其外交部長地位。廣三鐵路之罷工，以握有最高政權黨權之精衛，反囑局長陳耀祖向鮑氏疏通。黨中政策所定之教育經費獨立，無論何人不可動搖者，因鮑氏謂「教育經費獨立，甚於軍閥盤據財政」，遂不惜借統一財政之名以取消之。中央執行委員會決定九月十五日開全體執行委員會，以鮑氏「未曾事先預聞為憾」之言，即不惜另議延期以打消之。此種事實，皆兄等親臨親行，固無容縷舉。此外如外交部顧問、參謀團主任、航空局局長、交通總監、艦隊總監、兵工廠顧問、各軍訓練，莫非俄人。袁世凱借二萬五千萬鎊大款，予人以鹽務稽核，吾黨猶謚之為賣國；今俄之助我至少，所攫至大，設有人以賣國責吾黨，吾黨其何辭以對？況乎助我者其名，自為者其實耶！觀於最近鮑氏演說及共產黨印行之p一號「宣傳必讀」，已以「得與法國相當之廣東為其革命試驗」，滿心稱意而出之，寧復有吾黨在心目中哉？以國家言，彼固謂以平等待我矣，然中東路之不平等，甚於俄皇時。租界領事裁判權等雖已捨去，然以日本對朝鮮方法而攫我蒙古，大小輕重之間，不可同日而語。徒以貌為平等之

故，遂使素以愛國自號之吾黨，亦噤若寒蟬。吾祇見蘇俄外交手段之妙而已，固未見以平等待我也。（張溥泉先生全集一〇六頁）

一九四　民社黨人談聯俄容共

中山先生一生為建立民國的理想，提倡革命，在重重政權壓力之下，不能不圖建設力量，以為對抗之計，因有十三年聯俄容共之舉。此一外力之引發，於掃蕩軍閥割據的過程中，正面建立了國民黨的主政二十年，負面則孕育成共產黨武力叛變竊奪中國大陸。（蔣勻田：革命與法治，自由中國624）

一九五　譚延闓、李烈鈞性格不同

民國十五年北伐軍已克武漢與南昌，於是國民黨內部分裂已日益顯著。凡比較純粹國民黨的人多傾向南昌中央黨部，而左傾與共產份子則在武漢成立「聯席會議」，雙方互相指為非法。最後由南昌方面讓步，承認在漢口舉行第三次全體會議。譚延闓、李烈鈞、陳果夫、丁維汾、何香凝諸人亦由南昌赴漢口出席。其先，漢口方面派人來南昌遊說譚延闓，譚為之動。南昌方面知譚意已動搖，無法挽回，遂允讓步。李烈鈞抵漢口，僅停留二日，即藉口江西省政府主席）匆匆離去。但漢口方面仍欲爭取李烈鈞，由譚延闓出名密函敦勸，略謂：「吾兄昔年不參加西山會議，黨中同志迄今猶稱道勿置，今後幸勿以蓋世功名，竟為一人之殉。」意在勸李勿與蔣總司令沆瀣一氣。李登時復書交來員帶漢，謂「凡事之不近人情者，皆非烈鈞所願聞也。」時雷嘯岑任李之秘書，來往函件均經其手，故得詳悉其情。後譚任國府主席，李乃將譚密函著人送還，以滅痕跡，故譚甚德之。

一九六　唐生智與廣西籍軍人之離合

南京與武漢雙方均聲言北伐，武漢政府方面係以唐生智沿平漢路進發而以張發奎為側翼，擊潰奉軍於河南。是時馮玉祥已駐軍潼關，乃進擊鄭州克之。於是乃有唐生智、張發奎、馮玉祥三巨頭鄭州之會，決定以河南地盤讓馮。當唐生智在前線之時，何健以後方有共黨搗亂，擬不出發，經龔浩多人及何之老父相勸，何始允登車。迄唐歸，龔向之報告一切且謂宜示以寬大，故唐即發表何健為安徽省主席。唐部中有高級將領數人係廣西籍。故當李宗仁部進兵武漢，此數位廣西將領乃向之歸順，唐部乃不戰而潰。其後白崇禧統率部隊進駐北平，其中為唐之舊部不少，迨中央討伐桂系，首先在河北通電響應者即為廣西籍將領，蓋又重歸於唐。於是白不得不棄北平而走。中央是時復又聯唐，於是唐乃東山再起。（龔浩所言）

一九七　政治分共，軍隊不分共

據龔浩言武漢政府以河南地盤讓馮玉祥是因為共黨在湖南擾亂，後防發生問題。又言武漢清共是政治分共，軍隊並不分共。當時何健反共，不肯出發赴河南前線，經龔浩力勸，始行。

一九八　唐生智勾結孫傳芳

當蔣向政治會議提出辭呈時，以武漢軍向下游非常猛進。津浦方面孫軍亦向我進迫。我們因軍情緊急，無暇堅挽，蔣氏既下野，我（李宗仁）代表政府至九江商議寧漢合作之步驟。其時孫傳芳之部隊已佔領浦口，有數天之久了。而武漢軍隊沿江而下，先後至安慶、大通等處。我向武漢方面責問，要求制止東下。漢方答言贊成，而軍隊的前進，仍未見停止。我就責問唐生智。蔣的下野已不成問題，何以你的軍隊仍東下不止。唐答東征係從前的計劃，現在蔣雖下野，我們不將從前計劃變更。此後我們查出唐生智勾結孫傳芳。他自己也說，我欲消滅蔣介石，故不得不聯孫。孫傳芳渡江失敗之後；他對陳調元言，孫軍不待我來遽行渡江，實自取滅亡耳。他不但和孫傳芳勾結，且和張作霖訂有辦法。（李宗仁－暢談黨國糾紛

殲結）

一九九　東西夾擊孫傳芳

劉士毅言，民國十六年龍潭戰役之前，我們曾渡江北伐，我走東路，歸何應欽指揮，經東台、如皋、鹽城、阜寧、灌雲等地而至海州，經此再至山東邊境之臨沂，一路頗為順利。同時津浦線一路則進至徐州之後，忽戰局變化，徐州支持不住，故退。因徐州之退，東路軍亦跟著後撤，直退至江南。那時我代理二十四軍軍長，軍部駐無錫，軍長賴世璜正養病於上海。我們回無錫後，不久龍潭之戰即告爆發。有一天白崇禧、宋子文、胡宗鐸等幾位先生乘火車由上海赴南京，車經蘇州望亭，卻不能通過。白乃打電話給我，要我由無錫派一輛火車頭掛一節車廂到望亭接他們。他們抵無錫後暫寓鐵路飯店休息。正在此時接到車站消息說龍潭已失。龍潭原駐有我兵工營，為孫傳芳幾師人馬所攻破，滬寧鐵路乃被截斷，由鎮江至南京無法通行。白接到消息後，便說：「我們要趕緊打龍潭，否則，待孫傳芳的後續部隊大部渡江，就難予應付……」說完他又問我「你有多少隊伍在無錫？」我答「這兒有一旅，可以一營留守，抽出四營隨白先生出發，另常州尚有一旅，也可就近歸白先生指揮。」這時白任上海衛戍司令兼軍事委員會委員。他乃打電話給駐杭州的第二師師長劉峙要他帶所部星夜由杭州趕來鎮江，劉峙雖不歸白指揮，但也接受調遣，立刻由杭州率其第四團，其副師長徐庭瑤亦率餘部自常州一併馳赴龍潭。於是白所指揮的部隊由東往西打，南京方面接到消息後，何應欽、李宗仁也率其第一、第七兩軍由西向東打。東西夾擊，不數日便把孫部擊潰，退回江北。

二〇〇　汪精衛之佈置

武漢政府既自行解散，汪精衛乃在軍事、政治方面作各種佈置以為復起之憑藉，於是張發奎回粵之聲以起。是時蔣亦不欲李濟琛坐大，且欲兩鬥，而使之俱疲，乃明令特准張部回粵，而粵中將領亦不願同室操戈，故張部得以順利抵粵。是時政治分會主席為李濟琛，省主席為陳銘樞，李部粵軍駐於東江一帶，廣西部隊以李濟琛在廣東，李宗仁、白崇禧在中原，黃紹竑賦閑在香港，頗呈群龍無首狀態。張發奎部既抵粵，乃駐廣州附近及肇慶一帶，以防桂軍。城中空虛，僅有警衛團葉劍英駐於北校場，此為張之親信部隊，決不虞其有他。張發奎以其軍隊佈置妥當，且有中央為聲援，乃逼走李濟琛、陳銘樞而以陳公博為省主席，從此汪精衛之佈署乃始告初步完成。不意葉劍英於某日夜間率部進佔廣州城，並攻打警局及其他政府機關。張發奎、陳公博夢中驚醒，乃相率逃赴河南（廣東）李福林部，是謂廣州暴動。

死傷一千餘人，西關及廣州繁華之區幾全成灰燼。於是張發奎乃召回其西江部隊與李福林部合力始將暴動敉平，陳公博亦只得潛赴香港。東江部隊乃起而討伐張發奎，以其為罪魁禍首。廣西部隊亦乘虛進兵廣東，張發奎首尾不能相救，終於離粵。於是李濟琛、陳銘樞又回粵主政。（謝瀛洲所言）

二〇一　共黨託庇張發奎部下

自武漢政府分共後，張發奎、黃琪翔部即調至九江、南昌，而武漢方面驅逐之共黨首要如譚平山、高語罕、惲代英、吳玉章、李立三、郭沫若、楊匏安等均趕到九江、南昌，而託庇於張部之下。張即任命高語罕為祕書長，惲代英為總參議。賀、葉叛離張發奎後，共黨主要首領多隨賀、葉而去，而張、黃部內之共黨小首領如江董琴尚為政治部主任。張、黃部到廣東後即滿街掛赤色標語，明白反對廣東之清黨，將清黨委員會佔據，並將國民黨忠實努力清黨同志暗地派兵搜查，而清黨在逃之共黨均復回去。

二〇二　南昌暴動

民國十六年八月一日清晨，南昌居民忽聞槍聲四起，從窗戶中窺視則見屋頂上有士兵三三兩兩，荷槍實彈作射擊狀，繼而槍聲漸稀，不數小時即恢復平靜。事後始知朱德、賀龍、葉挺率部叛變，不支而逃。時朱培德亦未派兵窮追，故賀龍、葉挺、朱德得以率其所部及若干共黨黨徒從容逸去。郭沫若即係在此次途中正式加入共產黨。賀龍、朱德、葉挺部由汕頭入粤，本欲聯合海陸豐農民奪取廣東以為軍事根據地，不意為李濟琛、黃紹竑、錢大鈞部所包圍，慘遭敗績，潰不成軍，僅有極少數逃至海陸豐，為以後海陸豐事變之亂源。共黨遂定八月一日為紅軍建軍節云。（節錄朱其華：一九二七年之回憶）

二〇三　朱德投范石生

朱德失敗，率殘部衝出東江，輾轉至北江（廣東），變更姓名投入范石生部，范收編為團，並任朱為團長。當時有人警告范石生，石生說：「我們是同鄉（雲、貴、川三省人在外邊統稱同鄉），且朱德此次窮而來歸，當不會再有問題了。」未幾，朱德將其所部擴為兩團，並串通一團叛離范石生。

二〇四　朱德想進攻贛州

劉士毅言賴世璜留在贛南的部隊尚有六、七營，賴遭槍決後，軍心惶惶。蔣派我去贛南帶領免為共匪所收編。我到贛南以二營編為一團，共編成三團，於一個月內編組完畢。但部隊未集中，僅有二營駐於贛州。朱德在南昌暴動，竄至廣東東江，被擊潰乃化名王楷投第十六軍范石生麾下任團長，隨軍進駐湖南郴縣。不久朱勾通范部一團叛變，竄至江西大庾、上猶一帶。知道獨立第七師（時劉士毅任師長）係新編，想一鼓而攻下贛州。朱德率軍至離城六十里之塘江圩時，我下令關閉贛州城門，嚴加戒備。正在這緊張之時，投入朱德之范部某團團長錢子壯派人來找我。他說：「我們原是范石生部下，如果你能收編，我們可以帶到贛州來……」我深怕這是朱德施以裡應外合之計，所以雖答應收編他們，但請他們開到尋鄔、安遠兩縣比較偏僻之處。然後派員送伙食費給他們。後來朱德因此團之離去，存有戒心，認為范部並不可靠，乃放棄進攻贛州之計，而退回大庾、新城等處。

二〇五　俄顧問反對南昌暴動

有人以為共產國際新派來的代表羅明那滋是主張南昌暴動的人物，但據張國燾回憶錄所載，則羅明那滋不但未曾主張南昌暴動，而是運用共產國際的權力來阻止南昌暴動。張國燾說：「羅明那滋發言，首先說到目前沒有經費可供南昌暴動使用，莫斯科已有電令禁止俄顧問們在任何情形之下參加南昌暴動。」除了這兩件不如意事外，他更進而報告共產國際的回電，其內容言：「倘若這暴動無成功的希望，最好不要暴動，張發奎部的共產黨人可全部退出，並派他們到農民中工作。」接著羅明那滋派張國燾赴南昌傳達這個命令。張國燾到了南昌，見到共產黨人劍拔弩張，一切都準備好了，只得提出「重新討論」的話，也被大家否決了。結果張國燾不但未完成任務，並且與他們一夥的走了（張國燾，回憶錄，下冊、第六八七頁、第七〇〇頁、七〇一頁、七〇二頁）。事實上，南昌暴動是周恩來堅決主張的。張國燾親歷其事，所言當屬可信。

二〇六　蔣作賓派小火輪迎周雍能

周雍能言安徽省政府初成立，蔣作賓任主席，草創之初，各廳均未成立，而蔣總司令特發表周雍能為安徽省財政廳廳長。作賓大為不快，以為其他廳尚未成立，何得獨先成立財政廳，幾欲阻其到任。蔣總司令乃去電痛罵之，蓋其意以武漢已以劉興、何健等軍實行東下，擬予迎擊，乃以周兼辦軍站。作賓得電乃派小火輪來寧迎周並於周到時率領各官迎於江干。

或以為一個省政府主席那有赴江干迎接一個廳長之理，殊不知此正為官僚之作風耳。

二〇七　南昌暴動是周恩來策動的

他（周恩來）覺得與其受人宰割，不如先發制人。他說剛才接到由李立三等由九江的來信，主張在南昌、九江地區發起暴動。周恩來因而贊成在南昌由葉挺等首先發難……主張移師廣東東江。以廣東東江為根據地是周恩來提議的要點，這一點也是他始終堅持的……海陸豐一帶農運又很得力，而且有汕頭這個海口，可以與蘇俄聯絡。（張國燾，回憶錄，下冊、第六七五頁）

二〇八　南昌暴動之下場

民國十六年八月一日，共黨份子賀龍、葉挺率部（朱德亦在軍中）在南昌發動武裝暴動後，賀、葉部二萬餘人經撫州、瑞金、會昌而至潮汕。是時蔣總司令命黃紹竑之桂軍、陳濟棠之粵軍馳援東江，錢大鈞之二十師則由梅縣出三河壩向賀軍朱德部進擊；黃、陳則經豐順至揭陽，與由汕頭西向之葉挺遭遇，激戰一晝夜，共軍覆沒，東江肅清。（以上係採自錢大鈞七十自傳）

二〇九　賀龍、葉挺原為張發奎之軍長、師長

據錢大鈞親告我（編者），賀龍、葉挺均為張發奎部之軍長與師長，二萬餘人係最少估

計。

二〇　第三國際想在中國得海口

他們（第三國際）想要張發奎等先奪下廣東做共黨根據地。因從四月清黨後，共黨在中國沒有相當的海口。不但消息不靈，連運軍火槍械也感覺十分不便。現在還有大批軍火，停滞在海參威，不能運來接濟共黨。所以必須拼命搶奪一個海口，而廣州則是再好沒有的了。

二一　共軍為何急入汕頭

當賀、葉兩軍由贛入閩西，初擬圖得漳州稍事休養，再謀潮汕。潮汕共黨領袖楊石魂、彭湃、古大存等特赴汀州。遊說郭沫若、李立三。侈言海陸豐等處有農軍十萬人，可以響應。楊石魂又自告奮勇，稱賀葉軍能進達粵邊，彼有工、農軍十萬人當乘機舉事，潮汕垂手可得，且能於最短期間，在汕頭籌出二百萬元軍餉。賀葉信之，遂從上杭直入大埔，沿韓江東下潮汕。賀葉兩軍既下潮汕，以葉挺部扼韓江之三河壩。賀龍主力由潮汕趨揭陽。留精兵兩團駐紮潮州汕頭，思偷進豐順，包上、興寧、梅縣直出東江，則潮梅各屬可一戰而定。（可參閱錢大鈞傳）

二一二　海陸豐屠殺

賀葉殘部的聲勢，已震動了海豐、陸豐、惠來、紫金、五華等五縣，每縣都設有蘇維埃，用土地革命、階級鬥爭等說，煽動一般無知無識的農民，在市鎮鄉村間，恣行屠殺。

二一三　朱德改變姓名

朱德改名王楷（紅軍內幕一書所述）為團長，也有人說他改名為王明來。紅軍內幕作者曾任紅軍參謀長諒更可靠。

二一四　朱德本為國軍團長

北伐開始時，軍隊的編成自第一軍至第七軍，當時朱德也擔任第三軍的團長。後來他帶部隊加入南昌暴動，為中央軍與廣東軍隊擊潰，乃投范石生軍中任團長，在逃亡期間朱德也帶著家眷。

二一五　朱德實為主謀

據羅時實「江西『四二』反共之前因後果」一文所記，「四二」事變時朱德為第三軍教導團團長，實為其所策動。嗣朱培德調朱德為江西省會公安局局長，七月卅一日夜之變，朱德又率教導團及一部份警察參預其事。

二一六　警告范石生

當南昌暴動，賀龍、葉挺等（朱德亦在其軍中）率軍由贛南轉入潮汕，為粵軍、桂軍與錢大鈞所擊敗。朱德率殘餘投入范石生部為二十八團，以朱德（已易名姓）為團長。當時曾有人警告范石生，此人共黨不可靠，范不聽。不久朱德果率團叛變，並另拉一團同走，投入井岡山。初毛不過是黨代表而已，總司令則為朱德。

二一七　張、黃、賀、葉兩路入粵

賀、葉部隊既直達閩粵邊境，張、黃（張發奎、黃琪翔）亦電稱跟蹤追擊，但始終未及接觸，且自撫州而後，兩軍所取路線分歧。當時有人報告謂張、黃、賀、葉分兩路入粵，為共黨之預定計劃。惟恐力量不足，乃由張、黃佯作追擊藉掩耳目，俾張、黃得乘虛而入。

二一八　廣州暴動

民國十六年武漢政府已歸併於南京，汪精衛不得志於特別委員會，乃命陳公博、張發奎回粵分主政治與軍事。十二月十一日深夜，忽然槍聲四起，駐於郊外之葉劍英教導團叛變，當時廣州城防空虛，僅有少數駐軍及警察合力抵抗，終以眾寡不敵，翌日廣州即為葉部所佔領。城中且遭焚劫，尤以西關為甚。陳公博、張發奎則先後逃往河南（廣州）李福林軍部，蓋陳張雖以左傾著名，但究非共黨內幕中人，故此次事變實未嘗預聞云。

二一九　薛、徐、黃討平粵變

廣州暴動，薛岳率其新編第三師駐西江三水，徐景棠部駐江門（由水道至廣州約十二小時）。薛岳部向廣州進發，黃紹竑兩師跟著開往廣州討共。於是廣州暴動始得平定。

二二〇　廣州暴動之俄國人物

一九二七年十二月十日蔣氏答允復職，而次日共產黨乘駐兵出戰，後方空虛，在羅明納茲、鮑加尼及牛孟恩三人協助下，發動廣州大暴動。

二二一　廣州暴動始末

廣州暴動在十二月十一日晨四時爆發。張發奎軍隊，因阻截黃紹竑、陳濟棠部回師，紛紛開赴東西兩江，駐省垣兵力極為單薄，祇公安局少數保安隊而已。共黨遂利用此良好機會密佈省港罷工工人約二千人之衆，潛伏廣州四郊，伺機同時發難。並由四軍教導團作為內應。

此次廣州事變，驟觀之係驟然起事，其實乃共黨蓄謀已久，蓋第二方面軍原為第四軍在武漢擴充而成。原先在粵出發之第四軍，已於北伐諸戰役中傷亡十之七八，而現在中下級軍官，其中大半為鄧演達在武昌所辦之軍官教導團學生。此輩學生多為C.Y.份子，醉心共產。東征事起，第二方面軍全師移贛。比抵贛而武漢決議分共。第二方面軍中之C.P.份子，即大為鼓噪，欲回師武漢，改組政府。然當時唐生智軍在武漢尚盛，知難與敵。其中較溫和者主靜待時機。其急激者即在南昌舉事，此即賀葉兩軍離張而獨立之原因。

共軍既在廣州發難，首向公安局進攻，保安隊小有抵抗，即被繳械。共黨既佔有公安局，立即分佔電話、電報、自來水等機關。一面又派隊接收財廳、市廳及各行政機關。全市遍插紅旗，遍散紅字傳單及組織農、工兵蘇維埃。繼之實行恐怖政策，分路放火，火頭有十餘處。同時大肆劫掠屠殺，據陳公博自述「此次共黨暴動，犧牲千百萬財產，犧牲千百人性命。」

福軍（李福林所部）反攻時之情形－江大軍艦，十一日下午發砲反攻河北共軍，同時李福林軍，渡江助戰，死力衝鋒。東堤南堤之共軍，紛紛逃避二馬路，以避火線。福軍乘勢登岸，追逐共軍。劇戰移時，共軍不支而退，福軍遂佔領東南堤一帶。同時朱暉日亦率隊衝入維新路，進攻公安局，立即出示安民。但不久即有大隊共軍反攻，將福軍及朱暉日等擊退，乃不得不退回河南。

此次共黨所以敢在廣州實行暴動，乃有蘇俄要人在後指揮。查共黨係以東山蘇俄領事館為大本營，人民委員會日夕在此開會，至於公安局則作為前敵總指揮部，一切作戰計劃皆由俄人指揮之。事後公安局門前置有被槍決之蘇俄領事館員屍骸十餘具，副領事亦被槍決。

自從共黨將廣州佔據後，張發奎、李福林、黃琪翔、陳公博、朱暉日等均退駐河南福軍軍部。直至十三日薛岳的軍隊到了，方才會同福軍將廣州奪回。其間最右翼之機器工會工人約一千名，組織敢死隊應援李福林軍，尤著勞績。

二三　張發奎信任葉劍英

廣州暴動前葉劍英係擔任張發奎參謀長及教導團團長。

二二三　張、黃派人與共黨份子接洽

賀、葉部被消滅後，張、黃部隊遂稍為就範，共黨亦稍為匿跡。張、黃等亦有令各政治部及軍隊內，凡屬共黨份子離開，不然亦應登報聲明脫離共黨，及聲明不是共黨之舉，以為掩飾。然其實賀、葉失敗後，共黨首領如葉挺、高語罕、楊匏安、譚平山輩逃港。張、黃或派代表前往接洽，或親往勾結，屢有所聞。詢之，則答謂不過想知該黨之內容，不得不虛與委蛇云云。（李濟琛－說明第一次粵變之真相）

二二四　亂世人命不如螻蟻

據謝耿民言：共黨在廣州暴動之夜，耿民適在大新公司看戲，忽聞外面槍聲，乃走入附近巷內一同鄉家中暫避。但是時他尚年幼好奇，亦走出巷外觀看，見共軍從一樓上拉下某教授夫婦二人，先將婦人斬成數段，令其夫在旁觀看，最後又將其夫槍斃之。迨桂軍反攻，在天字碼頭，亦見擊斃二人，而其鞋忽然落下，則見係小腳，蓋死者二人皆女兵。於是又將其衣服剝光，令其暴尸示眾。亂世人命直不如螻蟻。

二二五　張發奎下台

廣州暴動平定後，中央調第四軍（即張發奎所部）開赴江西，後轉山東參加北伐，張發奎遂下台。

二二六　蔣氏一九二七年關於共黨之聲明

當武漢政府解體，孫夫人亦赴莫斯科之後，蔣曾發表聲明如下：

「當我從蘇聯考察回國之後，我曾對於列寧和孫先生兩人的政策之重要不同之點已經有一個非常清楚的觀念。我自然無法使博學的孫先生來順從我的意見，然而我是知道他的辦法的。他曾經說：『共產主義和國民黨在中國是不能同時存在的，我們必須容忍共產黨並感化他們，而三民主義便是融合兩者媒介。』在這裡可以看出來孫先生把共產黨容納在國民黨以內的動機來，他之容納共產黨決不是拿傷害本黨作代價的。共產黨既陽奉陰違地接受國民黨主義，同時又實行欺騙的伎倆，他們除了要求停止北伐之外，並盡力分化我們的軍隊，破壞我們的黨務⋯⋯我是一個國民黨黨員，我對這種情形是礙難坐視的，我一定要堅強地與共產黨進行搏鬥。」

二二七　中共「八七會議」

歷史文件—中共「八七會議」—一九二七年八月七日（南昌暴動後第七天），共產國際新派來華的代表羅明那滋（Besso Lominadse）「根據共產國際的要求背著陳獨秀及其他機會主義領導份子意志」在九江召集共黨中央緊急會議。參加會議者，有中央委員十二人，候補中央委員三人，共青團中央委員五人和地方代表二人。會議主要任務為：清算陳獨秀的「右傾機會主義路線」，並撤換陳獨秀的總書記；確定土地革命和武裝暴動的總方針，並決定在湖南、湖北、江西、廣東等省發動秋收暴動。（見匪情月報第八卷第六期五十四年七月卅一日印行）

關於「八七會議」地點有南昌、漢口、九江三種說法。「八七會議」通過「最近農民鬥爭的決議案」，決定農民暴動的口號為：

1 鄉村政權屬於農民協會。

2 肅清土豪鄉紳與一切反革命份子，没收他們的財產。

3 没收重利盤剝者財產，用以改良農村中貧民的生活。

4 没收大地主及中地主的土地，分這些土地給佃農及無地的農民。

5沒收一切所謂公產的祠族廟宇的土地，分給無地的農民。
6對於小地主則減租，租金率由農民協會定之。
7由農民協會取消重利盤剝者的債務，苛刻的租約與苛約。
8解除民團團防等類的武裝與其他地主的軍隊，而武裝農民。
9改變雇農生活及其勞動條件（工資待遇等等）。
10對於鄉村一切失業農民，革命政權當儘可能的籌措資金救濟之，並予以工作（如協作社等類的辦法）。
11對一切新舊軍閥政府的稅捐實行抗納並實行抗租。

此外，指出農民暴動中應以貧農為主力（使其成為農民協會的中心），聯合一般失業的貧民會黨等勢力，並爭取城鄉間廣大的小私有財產者中立（如上述口號第六條不提出沒收小田主土地的口號，為的是爭取他們中立）。

以上為中共「八七會議」決議案有關農民與土地部份。

二二八　毛澤東與李立三

毛澤東與李立三兩人意見之不同，在國民黨第一次代表大會上，便表露了。他們兩人都是共產黨員，但彼此意見常有出入。李立三充任漢口市代表，毛澤東充任湖南的代表。李立三發表了不少批評國民黨的議論，而毛澤東則常依據孫先生的說法來發揮他自己的意見。

二二九　毛澤東被俘

當毛澤東在湖南瀏陽發動秋收暴動時，號稱有四團之眾，但為湖南省挨戶團所擊潰，毛本人亦被俘並由數團丁押解赴團本部。時已薄暮，毛雜眾俘間乃乘機脫逃，待團丁發現已杳如黃鶴。其時毛實蟄伏近處某稻田中（一說荷池中），團丁未細加搜索而已。黑夜毛伺機繼續奔逃，途中收拾其殘部直竄井岡山。

二三〇　第三國際領導錯誤

陳獨秀認為國共合作失敗，固然因素很多，主要還是第三國際領導政策的錯誤，以及鮑羅廷的專橫。

列寧當年曾指出：「我們共產主義者，一旦決定吊死那些大資本家，他們還會向我們兜售麻繩呢！」。

中共舉行第二次全國代表大會時，黨員總數是一百二十三人（張國燾，回憶錄，二三七頁）。

二三一　共產主義如何在中國播種

俄國人在中國組織中共，除了直接用金錢外，主要是靠中共之在青年徵取後備軍。他們進行此一工作，主要是靠幾條運河：㈠馬克斯主義之宣傳；㈡俄國文學之翻譯；㈢是利用並挑撥民族運動；㈣是利用國民黨「合作」來掩護的。所謂共產主義，形式上內容上都是「俄國主義」。他之所以能在中國播種，首先還是靠民國十二三年蘇俄的親善姿態（所謂放棄一切特權），並高唱「反帝國主義」而來的。不過五四以後五年間，雖有馬克斯主義之宣傳和共黨書報之傳佈，在一般青年中不過有此一說而已。國民黨改組以後，一時國共不分，隨孫中山逝世以及北伐之進展，共黨才得到大發展……由於日本的侵略，蘇俄馬克斯才頗為人所注意。共黨對「一二八」原是破壞的，後來轉變政策，也說「抗日」，影響漸漸增大……中共之再組織是利用九一八事變，而青年之大破壞是所謂「華北事變」和「一二八」而來的事。這是中共利用「抗日」「愛國」掩護共黨宣傳組織之成功，赤色之火，固以共產主義為火種，但如非利用民族主義之風，還是不能燎原的。（胡秋原：鬥爭十八年序文）

二三二　陳璧君之貪

梅恕曾曾為汪精衛重要幹部，據云民國十八年汪精衛為改組派曾向四處募集經費，其中以四川劉文輝捐獻最多。陳璧君得款後，向南洋大量購買橡膠。民國二十年因「湯山事件」而在廣州舉行非常會議，汪亦參加。當時廣州局面甚小，不能如汪之所欲。陳璧君乃說：「受小軍閥的氣，不如受大軍閥的氣。」所以寧粵在上海舉行和議，寧方派邵力子暗中與汪勾結，乃一拍即合。抗戰時期，汪離開重慶而去南京當漢奸，也是受其妻之影響。最後梅恕曾亦認為汪精衛之事敗於其妻陳璧君者不少。據陳公博所言，汪精衛沒有陳璧君也成不了事，汪精衛沒有陳璧君也敗不了事。原文記得不十分清楚，大意是不會錯的。

二三三　汪蔣關於清黨問題之對話

民國十六年國民革命軍底定東南，即決定實行清黨。適汪精衛自海外歸國，國民黨諸要人如蔡元培、吳敬恆（稚暉）、李煜瀛（石曾）百般勸汪勿去武漢，不聽。汪對吳稚暉說：「共產黨素來不輕易變更所定政策，共產黨實以國民黨為利用品，本人亦不贊成共產黨之階級革命及勞農專政。且據本人觀察，國民黨與共產黨亦不易繼續相安，但本人希望暫能維持合作，自己願負調和之責。」

蔣汪亦數度晤談，在一次談話中，他們二人有一段很重要而懇切的對話。後來國府奠都南京，蔣曾公開發表要點。

汪對蔣說：「介石，如果這一回東南與武漢開戰的時候，如果你失敗了，我們國民黨就要從此消滅，共產黨必就此起來。如果你得勝了，武漢被東南打倒的時候，國民黨就要恢復到民國十三年以前的狀況。要是恢復到這種狀況的時候，無論右派的軍隊、左派的黨員，一定不會同你蔣介石合作，你蔣介石在黨裡的生命，怕要從此消滅。」

蔣對汪說：「現在不是這個問題，現在是國民黨生存的問題。如果國民黨可以生存的時候，那麼無論什麼責任，我都可以負擔起來，決不自己不負責任，從中取巧，來做一個好人。現在我們不管成敗利鈍，同共產黨分離，就是國民黨失敗了，我個人可以負這個責任的，說國民黨之消滅完全是我蔣介石一個人攬出來的也可以。如果共產黨被我們國民黨消滅了，那只要他是純國民黨黨員，能為本黨奮鬥爭氣，無論什麼人，我都可以同他合作。他是左派也好，右派也好，都可以不管，總要他把共產黨消滅了再說。」

「你切不要到武漢去，你去了一定不能出來，那時你想不做共產黨的工具亦不能了。你如果真正為本黨，那就要到南京去，然後再請武漢一班中央執行委員過來。如果到武漢去，國民黨還是不能團結，你還是要做國民黨的罪人。」

後來情勢演變，完全不出蔣之所論。武漢政權瓦解，其中重要份子如譚延闓、孫科、宋子文、孔祥熙等人均參加南京政府。汪精衛出國，其手下大將如陳公博、顧孟餘則仍留在上海租界辦雜誌攻擊政府。宋子文乃送陳公博五萬元，使其出國，而後武漢政權的餘波始告結束。

二三四　宋子文嘆氣

民國十六年國民黨清黨，胡適適從美國回華路經東京，遇著剛從上海來的哈佛大學法學院名教授 Manly O. Hudson。他對胡說：「最近中國的政變是一個大反動！」胡說：「何以見得？」他說：「我親自聽見宋子文先生嘆氣說國民革命軍的主旨是以黨治軍，就是以文人制裁武人。現在都完了！文人制裁武人的局面全被推翻了！」（追念吳稚暉先生，胡適著，民國四十二年十一月二十四日）（按：這是宋子文未參加南京政府之前的態度。）

二三五　第三期北伐成果悉付東流

當北伐軍正在山東進展之際，武漢方面忽然大舉東征。李宗仁攻克臨城時，張發奎、賀龍各部已下達九江，唐生智、程潛所部也東抵黃梅，再由江西進軍指向浙江。長江中部和江浙形勢頓形嚴重。蔣總司令急令北伐前線各軍班師以鞏固首都。……孫傳芳得此千載難逢機會，急整所部，兩路南犯，長江北岸，復入敵手。第三期北伐成果，於是悉付東流。（黃旭初在春秋雜誌撰文所述）

二三六　何成濬北上拆散白崇禧軍隊

民國十八年二月二十一日，桂系控制下的武漢政治分會，藉口統一財政，以武力改組湖南省政府。白崇禧亦有駐灤東部隊南下津浦企圖。中央乃派何成濬為北平行營主任，北上部署一切。迨抵天津，則平漢鐵路已為異動軍隊所駐守。何抵北平後，一面設法開導魏益三與劉春榮兩師長，使之擁護中央如初，一面以蔣總司令名義委唐生智為第五路軍總指揮，接收湘軍。張學良復暗中助何，令于學忠部移動以威脅灤東。如此內外夾攻，白崇禧初計遂完全瓦解，惟有微服南走了。

二三七　共黨總交通顧順章

清黨以後，顧順章在武昌被蔡孟堅捕獲，蔡親予訊問，顧不作答，僅言「你是何人，我告訴你也無益于事。」蔡乃解往何成濬處，顧亦答如前。何知其頗有來歷，乃電京請示。顧被解到京，曾由蔣總司令親予延見，顧始吐實謂係擔任共黨之總交通。蔣當囑其「以後有事，可向立夫直言，與向我講一樣。」於是立夫乃與顧商破獲共黨之計。顧當即聲言「我可於五分鐘內交出一重要共黨份子。」先是惲代英在上海為共黨從事群眾運動，一日在街上行走，適逢英租界警察抄靶子（搜身），惲身上藏有共黨傳單，乃為租界警察逮捕，移送上海警備司令部，後乃解至南京。然惲始終隱匿真姓名，固無人知其為惲代英。至是顧乃率人親往看守所中指名為惲代英。事為共黨所悉，於是周恩來乃將顧在上海之家眷親屬全部殺戮以洩忿。顧亦知不能與共黨兩立，乃盡心盡意為政府工作，並曾為政府草擬成立特務計劃書。未久蔣以顧之頭腦已舊，時有怨言，又想另組政黨，更重要的是，國、共正直接商談，他已失掉作用了。乃電令陳果夫就鎮江槍斃之。（羅時實時任江蘇省府秘書長，知之頗詳，以上為其所語）（按：戴笠雖曾用顧所寫的特務工作的理論與實際一書以為特警班的教科書，但政府未曾好好的用顧順章與張國燾，實在可惜了。）

二三八　中共潛伏國民黨情報機關

蔡孟堅曾寫一文，大標題是：「如何掀起武漢剷共高潮的史實」，小標題是：「遵立夫先生囑追憶寫下四十五、六年前本人從事反共鬥爭的故事。」此文於民國六十七年春尚未發表，編者知之，特索來一閱。其中敘述中共潛伏國民黨最高級情報機關的事實，實屬駭人聽聞，不可不轉記之。

民國十九年中原大戰結束，陳立夫派蔡孟堅為兩湖調查員，擔負剷共的任務。未幾，武漢行營成立偵緝處，專事肅清湘、鄂、贛三省各市共黨組織，由蔡孟堅主之。蔡原為共產份子轉變而來，故對共黨線索略有所知，對共黨做法，亦嘗窺其門徑。顧順章者中共中央委員、政治局委員、特務委員會委員，並兼任紅色政治保衛局局長，凡共黨在滬租界內的中央組織下一切秘密佈置暨安全措施，均由顧負全責，其重要可知，地位、才能幾與周恩來相等。民國二十年顧因事來漢口，某日（大約二十年四月二十日左右）在漢口特三區街上與人接談，為反省份子所見，乃大呼「暴動總指揮」，顧自知無法否認，即從容就逮，其事編者曾予記載，惟一由羅時實所述，今則為蔡孟堅所記，二者大體相同，惟詳略有異耳。顧到南京，由蔡乘車迎之於下關，逕駛南京中央路三〇五號即中央調查科（後擴為中央調查統計局），為科長徐恩曾秘密辦公處，顧看到路名及門牌號數，即向蔡說：「此處即為共黨在南京負責人通信處」，並低聲向蔡說：「速將徐先生的機要秘書錢壯飛扣留，如錢逃亡，則全功盡棄。」錢果於譯出蔡自漢口拍來電報告顧被逮並願自首電報後，即不知去向。錢壯飛究為何人，即大陸失陷後，任中共政權社會部長李克農也。顧又言：「共黨在租界秘密機關，及首要之住所與交通，均由我（顧）安排，國民黨中央組織部駐滬辦事處即在共黨某機關樓上，其辦事處長楊登英，即共黨忠實幹部，故國民黨要員每進入該辦事處，在樓下進門處即有共黨秘密攝影機留影，每次該辦事處開會紀錄，共黨中央得以先睹。另一方面，國民黨中央及各省反共情報與密電又由錢壯飛一一照抄，不斷夾在報紙刊物中先寄上海中共中央，後呈國民黨負責人核閱。如錢壯飛向周恩來以次首要報告我（顧）已經自首，則共黨各機關負責人，非逃即遷，整個肅清計劃，自然全部落空。」

蔣召見顧順章，由張道藩、蔡孟堅相陪。蔣站著向顧說：「你歸向中央很好，中央必對你寬大，希望以後多尊重蔡同志的話，事事與他合作，藉獲戴罪圖功機會。」並未令顧發言陳述，僅囑蔡送顧返住所後，再來晉見，又令張道藩在官邸稍候。當時蔡孟堅細語告訴道藩：「顧已供出中央調查科機要秘書錢壯飛及中央組織部駐滬辦事處處長楊登英均是重要匪諜，且錢已在逃。」道藩即說：「這是黨內大事，祇能告知立夫先生，切不可逕向蔣公報告。」且說：「你不可多事。」蔡答：「連立夫先生處，也由你報告。」

各國政黨都難免有共黨滲透，但滲透到如此程度，卻是少見。蔡文係送給陳立夫看的，不可能說假話。尤堪注意的是張道藩對蔡所講的幾句話。

顧在車中告訴蔡孟堅：「共黨首要惲代英化名王作霖，在上海被捕時，供係赤色群眾，由蘇州法院解南京總司令部軍法司，共方已設法找到某種關係，可能在五月內即可釋放，你應當將此情形向上反映。」關於惲代英在上海被捕經過，編者已另記之，可參閱。

後來，顧順章全家十一口全被周恩來殺戮以洩忿。最後，顧順章又為政府槍斃，由江蘇省政府秘書長羅時實監刑。

周恩來某夜在提籃橋某處集會，按址趕捕，惜周於五分鐘前，聞風潛逃，可見仍有人通風報信。

陳果夫、立夫在北伐前後始接觸黨務，而又秉承蔣之意志，必欲自造系統，乃不得不臨時拉伕，遂使共黨得乘虛而入。

以張國燾、顧順章在共黨如此重要人物，歸順中央後均未好好的用他們，使共黨之有意來歸者為之氣沮。

二三九　汪精衛跑武漢，跑廣州

武漢政府崩潰，汪精衛本來是發起與西山會議諸同志聯合組織特別委員會的。他並且提出漢方六個委員及三個候補委員名字。他因為沒有大權獨攬，所以跑到武漢去。表面上是解釋對特別委員會的誤會。實際上在慫恿唐生智反對特別委員會。為此，他個人還成立了一個武漢政治分會。後來見唐生智勢力不可靠，各軍都要打他，所以汪精衛就跑到廣東去。他到了廣東卻主張設立中央黨部及政府……其時在粵中央委員不過六七人，便可組織中央黨部，則中央執監委員除候補者外，共六十人，豈不可組織十個中央黨部嗎。（以上引李濟琛談話）

二四〇　共黨宜興暴動

共黨在宜興暴動後，浙東亦將有暴動之說。十一月七日晚曾在紹興破獲共黨總機關，搜獲浙江全省共黨總名冊，黨員共一千三百餘人，大部分為青年學生，並在其秘密機關搜獲重要文件九項。其第三項中有張發奎不久即可奪下廣東為我們的根據地。其第九項即浙東暴動計劃。其目的在造成流寇式的屠殺的紅色恐怖，地點在上虞、餘姚、奉化、寧波、紹興一帶。其利器除用土匪與暗編農軍（內中有我們的土匪可抵敵人的民團語）外，預備繳各地保衛團軍械。其行動目標為：甲、殺盡地主紳豪。乙、殺盡國民黨。丙、殺盡反動學生與教員。丁、沒收一切土地。戊、政權歸諸農民革命委員會。其最激烈口號：子、打倒代表豪紳地主資產階級的國民黨。丑、打倒代表豪紳地主資產階級的三民主義。寅、一切政權歸諸農民革命委員會。卯、擁護中國共產黨。辰、推翻國民黨政府建設蘇維埃政府。

二四一　桂系與蔣氏初次意見不合

據龔浩言，當北伐軍進駐南京，蔣曾令雜牌部隊過江追擊孫傳芳部，孫部與張宗昌部聯合還擊，雜牌部潰敗。當時第七軍駐於南京一帶，而第一軍則駐於蘇常線，蔣乃調第七軍過江堵截。李、白以蔣不調第一軍而調第七軍殊不公，不受命。白並電武漢謂蔣於三日內必下野，武漢軍隊可即東下（龔曾見此電報），蔣乃下野。（此說不可靠，據聞白電係蔣決下野後所發云。）

二四二　蔣氏第一次下野因桂系逼宮

蔣第一次下野因桂系關係，曾屢為文記之。今日閱讀沈亦雲著，「亦雲回憶」（下冊，三三九頁）亦言黃郛於蔣下野前一日到京，「到蔣處，正是桂系在外間，蔣先生在裡間，何敬之、張岳軍二人代表雙方中間傳話，蔣先生決定下野，此即世所傳桂系逼宮。此日在外面者何人，中間人傳話幾次，所傳何話？膺白（郛）均未提過。」是否果如此處所記，不得而知，但綜合各方所說或所記，蔣之第一次下野確與桂系有關，讀吳稚暉罵桂系的話而益信。

二四三　蔣氏對何應欽不滿

據冷欣言當第一次北伐，中央軍第二十一師敗績，蔣在徐州召集軍事會議，表示為鞏固黨的團結，願意下野。白崇禧即起立發言，略謂總司令休息休息也好（證以吳稚暉文章，此話大體不錯）。何應欽則默未一語，此為蔣對何不滿之第一次。據何事後解釋則謂上台下台都是他決定。蔣於當日下午發出下野通電，陳銘樞趨謁，力勸不可下野，但蔣告以通電已經發出。此為蔣日後一段時期對陳銘樞相當好的原因。迄蔣由日返國，進行復職，下午見記者尚言復職與否須視革命需要而定，晚間則囑王俊（黃埔軍官現任立委）乘夜車赴京告訴何應欽說朱紹良、衛立煌等都已通電請求復職了，要何也趕快發出通電，如何不肯，則要劉峙、蔣鼎文等發電，再不然，則由學生發電亦可。何自任第一軍軍長後任用了好幾個貴州人為中級軍官，四川、雲南人亦是外間認為同鄉的，這是蔣起疑的又一原因。至於何沿滬寧站召集黃埔生之團長以上者談話，更為蔣對何不滿之原因。蔣復職後親赴徐州第一軍軍部下令第一軍軍長由其自兼，何應欽乃憤而走滬。日後何任行政院長，事前蔣有信致何，勸其任行政院副院長兼國防部長，其後見其任院長事，已醞釀成熟，又第二次致何信，勸其不拘名位為國家負重任（此信編者曾見之）。冷言在杭州時曾力勸何不要擔任行政院長，何不納，認為各方需要他任此職。

二四四　「指揮權有加以考慮的必要」

據陳劍如言：寧漢合作，蔣第一次下野，起於廬山會議，李宗仁代表下游軍人參加。會議時，一致同意寧漢合作，繼續北伐。談至最後，漢方代表提出，為調派軍隊得以公平起見，最高指揮權應加以考慮。李返南京，出席報告，除關於「寧漢合作繼續北伐」意見後，李說他們還有一點意見。蔣非常機警，即言還有什麼意見?李說，他們認為指揮權有加以考慮之必要。蔣以目注視何應欽者再，何一言未發。白崇禧起立謂：「總司令休息、休息也好。」蔣乃言：我們今天討論很多，可以暫告休息，於是散會。蔣乃趕赴徐州，有所佈置，即發下野通電。監察委員蔡元培、吳敬恆暨胡漢民，乃襆被離京。吳與胡等通電有「各為故里之遊，一了百了」即吳所加。（參看吳稚暉，弱者之結語）

二四五　蔣氏下野與白崇禧

據劉士毅言，蔣第一次下野實與白毫無關係，外傳種種全不確實。蓋第一次北伐，第十軍攻打徐州孫傳芳部，第七軍進駐海州，第一軍攻揚州一線、第十軍攻徐失敗，於是一、七兩軍均退回江南。當時國民革命軍之第四、六兩軍及唐生智部均屬武漢，第三軍又猶豫，蔣認為欲求北伐勝利，非與武漢各軍連成一氣不可，而武漢方面又始終不見諒，故惟有自己下野，方可解決此一癥結。

二四六　「蔣先生暫且歇一歇也好」

八月十一日開了中央黨部會議，蔣介石先生要辭職，大家自然堅留。他先走，臨了他說「我服從監察委員會。」我們還是不懂，到八月十二日聽說他走了，於是又開政治會議。武裝同志都說蔣先生要歇歇。照唐生智那種其勢洶洶，我們兩面受敵不了。蔣先生暫且歇一歇也好。到上海，蔣跑回奉化去了。⋯⋯我在車上毒罵廣西人實在是不見世面的，他們忘了自己已是歷史上的人物。他到底有部落思想。把督撫看成巍巍。又不認清大人物，還震駭大人物。（吳稚暉—弱者之結語）（按：讀吳稚暉這篇文章，可知白崇禧至少說過總司令休息，休息，也好。）

二四七　蔣氏第一次下野

當第一次北伐第十軍在徐州敗北，第一、七兩軍同時撤回，蔣即召集會議當場宣佈下野之意（理由詳劉士毅所言）。聞何應欽在座，未發一言，白崇禧乃起立謂總司令暫時休息，由吾人來應付亦未始非善策云云。大約龔浩所言白曾發電至武漢謂蔣三日內必下野云云，係在此事決定後所發，則此事發展前後始能連貫。所謂白曾通電請蔣下野一說，劉士毅曾詢白本人，謂絕無此事云。

二四八 「女家好貨」

據洪陸東言：蔣宣佈結婚之時，張人傑聞之極憂憤。時陸東在座，力勸不必如此難過。人傑云：「你不知道，女家好貨。」座中一人忽若有所悟而言：「其中恐有政治因素。現在要拆散武漢政權，其三位部長孫科、孔祥熙、宋子文皆與宋家有密切關係。」張人傑仍終日不悒，亦不思進飲食。其祕書周君勸之，乃憤然曰：「人家結婚，關我〇事。」陸東又述說一事：據張繼言：當二次革命失敗，展堂、仲凱、覺生、溥泉諸人均在東京，凡所計謀，翌日必為北京政府所知，並在報端刊出如數家珍，皆以為異。一次總理召集會議，散會後，大家故意不走，或下棋，或看書或閒聊，無一人離開，但下午晚報又已登出開會情形了。眾請總理查究，只有宋靄齡以祕書身份列席會議，於會後曾離開此室。總理即云，以後開會不要她參加就是了。據聞蔣與宋美齡女士在廣州時早已相識，且有往還，惟尚未正式論嫁娶而已。

二四九　第一、七兩軍合作

據劉士毅言第一、七兩軍合作最好為龍潭之戰，當時第七軍駐南京一帶，而常州、無錫、鎮江一帶則駐第十四軍賴世璜部。一日宋子文、白崇禧聯袂回京，車抵蘇州，則路軌為便衣隊所挖斷。當時白即以電話通知第十四軍軍部（時賴在滬養病，劉士毅代理軍長），派車頭至挖斷處來接。白至第十四軍軍部即電令正自常州開往杭州的第一軍第二師師長劉峙星夜回師趕來救援。劉峙果如期而至，故能對孫傳芳部採取夾擊之勢。後何應欽（時駐南京）常稱道此事為一、七兩軍合作、退敵之最佳成績，故不免為王柏齡之流所中傷云。

二五〇　挑撥一、七兩軍

據劉漢珍告張志韓謂蔣第一次下野去日正準備返國，王柏齡、衛立煌二人召集黃埔生之為第一軍幹部者（當時黃埔生最高為團長）會于上海，衛當場偽稱頃得校長指示，以現在南京已決定以第一軍渡江攻擊孫傳芳部，則江浙兩省之地，勢將為第七軍所得，純為第七軍之一種詭計，故決定電調第一軍所部完全撤至滬杭線，第二日即可發動攻打龍華（當時白駐龍華）。當時劉漢珍隸屬衛立煌部為團長，會後衛即遄返鎮江（衛部防地），下達此種命令。劉漢珍即問何總指揮知道此事否，衛唯唯。劉恐事發則何在南京必遭第七軍扣留，故即星夜趕赴南京向何報告此事。車抵南京而城門已閉，只得翌晨謁何報告一切。何聞言大驚，謂此真天大冤枉，按指揮部之作戰計劃，以第一軍佯稱渡江攻打孫傳芳，而實際為第七軍進攻蕪湖何健所部，直搗武漢之煙幕耳。第七軍不惟不搶江浙地盤，並願將江浙地盤讓與第一軍。吾人之所以佯稱第一軍渡江攻打蚌埠者，乃聲東擊西之計。當即發電至滬寧線上第一軍各級幹部在車站會晤，並趕赴沿線逐一曉諭，於是第一軍始按兵未動，得以消兵弭禍，否則必致誤會而內鬨。事後王柏齡等尚乘隙中傷之，謂第一軍已完全聽命於何云云。

二五一　日貨罰款交蔣氏

冷欣言，當蔣第一次下野通電發出後，即乘專車由徐州經南京轉上海，事前並未作下野準備，在上海僅停留一日即赴奉化。冷欣時在市黨部兼抗日會監事，陳群為抗日會理事，他們商量將抗日會檢查日貨罰款約五十萬或七十萬元提出親送至船上交蔣。

二五二　一、七兩軍分道揚鑣

民國十六年蔣總司令下野去日本，本來是七、八兩軍聯合壓迫第一軍的局面。經過龍潭戰役，一、七兩軍共同保衛南京，打倒孫傳芳之後，有了迅速的轉變。反而成了第七軍西征去打唐生智。第一軍北伐進攻張宗昌。一、七兩軍敵意雖消，但仍只能變成分道揚鑣的形勢。（第八軍係唐生智，傳記文學第五卷第二期。）

二五三　賴世璜之死因

賴世璜在民國十一年，　中山先生北伐時已任贛軍彭成萬部混成旅旅長。此役失敗，贛軍各將領均離開部隊他去，獨賴能團結所部，並收容友軍流亡軍官合計五、六千人，流離於廣東福建邊境兩年半。後江西省師長常德勝表示歡迎，督辦方本仁遂收編為江西陸軍第四師。國民革命軍北伐，賴首先響應，嚮導國民革命軍順利進入贛州。旋奉編為十四軍軍長，在江西、福建、浙江、江蘇各省苦戰經年。除一小部份仍留駐贛南外，其大部份均進駐滬寧路上。以熊式輝為黨代表兼該軍師長。熊式輝以軍黨代表地位，自與中央黨部有函電往還，賴世璜起疑心，恐其與外界勾結，乃諷令辭職。熊式輝乃持辭兼黨代表書面呈賴世璜。賴言我要改動一個字，遂將兼字一筆勾去。熊含恨在心，必欲報復。其時，孫傳芳新敗，退至江北，而賴亦赴滬養病。一次何應欽將軍乘視察部隊之便，在無錫將一文件交與該軍代軍長劉士毅閱看，乃孫傳芳委賴為長江下游總司令委任狀。士毅問：「這東西從那裡得來的？」何說：「檢查郵政所得。」士毅說：「這是極機密的事，怎會用郵政寄呢？」何聽了也認為此話有道理。又有一次劉士毅到上海龍華衛戍司令部，白崇禧也問他：「聽說賴世璜與孫傳芳勾結，有沒有這回事？」士毅說：「絕無此事，部隊始終沒有二心。」何白二人當時權位極重，都已受偽造證件與謠言影響，可見賴已陷入被害深淵。偏偏事有湊巧，以促成其死因。賴係在蔣總司令下野期間被捕，蔣於民國十六年年底已回南京，準備於十七年元旦復職。賴妻謁見蔣，稟告賴之冤屈被捕事，蔣面允於復職後將賴釋放，並恢復其兵權。賴妻欣喜之極，竟在麻將桌上告訴牌友，其中一人即係陷害賴世璜的眷屬（即熊式輝之眷屬）。此婦亦工心計，未及終局即佯稱肚痛離去，將詳情盡告其夫，俾速作進一步的安排。適逢賀龍、葉挺、朱德等共黨竄擾廣東，軍委會正抽調剛由賴軍縮編而成之獨立第一師到粵剿共。上海衛戍司令部已準備船舶正待海運。就在這時，謠言忽起，說這部隊官兵不願到廣東剿共，因蔣總司令快復職，復職即令釋賴世璜，所以他們不走，要等蔣總司令復職。軍委會得此情報，認為賴世璜太豈有此理，人在監獄，還要勾通部隊，同時，熊式輝告白崇禧：「擒虎容易，放虎難。」因此下令南京監獄，將賴槍斃。賴死於蔣總司令復職之前一日。嗣後國軍部隊整編，獨立第七師（以賴世璜留置部隊為骨幹）縮編為第五師，而以熊式輝為師長。熊式輝以第五師師長兼上海衛戍司令，從此飛黃騰達，最後接收東北，榮任東北行營主任。（參閱劉任夫（士毅）先生傳記，江西文獻季刊第七十九期，及劉士毅親告筆者之資料。）

二五四　熊式輝投機行徑

談到熊式輝，羅時實提起一個與熊極有關係的人—王枕心。王是與熊式輝同時留學東京的，交稱莫逆。北伐時，熊任第十四軍黨代表，王任該軍政治部主任。其時情勢混亂，國民黨與共產黨正在生死鬥爭，究竟鹿死誰手，他們兩人無法斷定。於是熊乃與王相約，要他和共黨接近，如國民黨勝，則熊當設法為王解脫。如共黨勝，則王為熊保鏢。此為王親口告訴羅時實者。證以熊式輝以後之行徑，則此說當屬可信。

據謂熊式輝之能取得蔣之寵信，因熊每因事晉見蔣時，必懷有正反兩種意見書分置左右衣袋中。熊先將事之概略予以陳述，以覘蔣之意向。如蔣意是正面的，則熊抽出正面意見書呈上。反之，即將反面意見書親手奉上。於是蔣認為熊頗有見解，而熊亦以「兩袖乾坤」聞名於世。

二五五　聯絡留日學生

蔣氏第一次下野赴日，張群隨行，時胡競先正留學日本習軍事。張群乃召集我國在日本留學之習軍事者，時常開會，以重禮聘請日本各界名流蒞臨講演，以資聯繫云。

二五六　復成橋慘案之真相

武漢政府將要瓦解的時候，推譚延闓、孫科二人來南京商寧漢兩政府合併事。漢口方面首領汪精衛本贊成成立特別委員會，嗣以南京方面對汪空氣不佳，自忖當特別委員會之領袖無望，乃轉而反對特別委員會，指其於法無據。是時，蔣因武漢方面之反對，為求達到寧漢合作之目的，乃自動辭職。汪固極力反對特別委員會，即蔣方人物亦認為欲使蔣復職，亦非推翻特別委員會不可，故特別委員會乃成為汪蔣兩方集矢之的。惟蔣方人物非如汪之大張旗鼓罷了。

適南京討唐之役，勝利結束，南京各界乃舉行「慶祝討唐勝利大會」，群眾於大會完畢後，結隊遊行，迨行至「復成橋」一邊，忽有人開槍，黨務學校學生一人被擊斃，秩序大亂，群眾紛散。旋據密報，謂製造慘案者，為國民政府職員陳海澄，國府常務委員李烈鈞聞訊震怒，即將陳海澄扣留，移送法辦。據另一處記載，則謂段錫朋於遊行前晚曾偕二三人在中央大學教室開會商議遊行時所用策略，故此案真兇終未查出云云。

據當時國民政府祕書雷嘯岑撰文記述當時情形如下：「復成橋慘案之所以發生，是有人害怕特別委員會限期召開全國代表大會的工作完成後，中央黨務必然操在寧、滬兩派這些同盟會黨人之手無疑，因而不惜使用苦肉計，以破壞特別委員會的信譽，乃乘南京市民舉行討唐勝利大會遊行之際，派人暗殺一個參加遊行的中央黨務學校學生，誣賴是特別委員會指使的。討唐祝捷大會，原係特別委員會引為榮譽的事－因唐生智是以特別委員會為非法組織而造反的，該會豈有在祝捷大會中自造慘案之理！稍有常識的人，亦認為實係別有用心的栽誣之詞也。迨蔣總司令復職後，國府改組，李協和被排斥下野，特別委員會亦無形解散了，而原由國府移送法院訊究的復成橋慘案主使嫌疑犯陳海澄，亦悠然回到國府祕書處復職，法院就未曾訊問過，更沒有不起訴處分的法定宣判，蛛絲馬跡，真相殆可想見矣。」（按陳海澄後來當選為行憲的立法委員，病逝台灣。）

二五七　汪精衛初贊成成立特別委員會

當許汝為（崇智）同志以寧漢兩方均已一致清黨，故曾致函汪精衛，主張本黨同志應一致團結，以完成國民革命。其書中曾提出三種解決方式。一為召集第一次代表大會所產生之執監會議；二為召集粵滬兩方面第二次代表大會所產生之新舊執監會議；三為組織中央特別委員會。汪先生對此項意見，以為援引廖仲愷案，廣東曾有特別委員會之組織，故對第三條確予贊同。其時適蔣介石同志辭職，而李宗仁、何應欽、白崇禧三同志來電，亦請武漢同志來寧合作。八月二十二日李同志（宗仁）因受寧方同志之委託赴潯。當日武漢多數執委亦已抵潯相候。討論結果，先由譚延闓及余來寧，與寧方同志就商種種。嗣後汪先生亦搭輪東下，及抵寧後，乃共同轉車赴滬，與寧滬雙方各領袖磋商一切。第一次會議係在張靜江處。是日以爭執是否開第四次執委會問題為最激烈。結果乃一致贊成由寧漢滬三方面同志組織中央特別委員會，解決黨國大事。第二、三次會議係在伍梯雲（朝樞）處，大致係決定產生方法。其最要者為三方各選同志六人，共同組織。而武漢所選之六人及候補三人，係由汪先生親筆簽定。洎第四次會議之日，遂接汪先生退休之書。此時武漢同志，以汪先生嘗有「黨有辦法本人即當退休」之表示，故未為深怪。而後汪先生去潯，適武漢有政治分會之組織，此間同志群相詫異。汪來電謂此行係為中央特別委員會向唐解釋誤會。……惟汪對特委會，主張於開第四次全體會議時追認之。而余等則以汪赴潯後，滬上各領袖多未來寧，故全體會議未能開成。而中央特委會，又以軍事政治急待解決，無暇及此，乃即在寧開中央特別委員會臨時會。此種情形，自應向汪先生言之，並申述此間同志，無不贊成全體會議，盼其早日來寧之意。於是在十月初間，伍梯雲等與余有武漢之行，意在挽汪來寧。故抵漢後，當將寧方同志贊成開第四次會全體會議之說告之。而汪亦即允來寧。乃余等於十月十三日返寧，至十五日而汪未到，至十七日而汪又未到。當時軍事當局已決定討唐，當我師西出長征之日，正汪東下赴滬之時。迨聞汪到滬之訊，譚延闓同志曾由寧赴滬往晤，而汪又已啓程赴粵矣。汪到粵曾數來電，均力主開第四次執監會而取消特委會。隨又主張在第四次開會時，先停止特委會議。此間同志以特委會之組織，係各方多數同志所組織。余等在寧少數同志有何權限可以取消，惟對第四次執監會議均頗贊同。故寧滬同志多數之主張，乃在贊成維持特委會，同時亦贊成開第四次全體會議，此其經過大略也。（孫科－追述特別委員會組織之經過。據吳稚暉言「汪因特委會未能安插其左右，故改變態度而反對之。」）

二五八　汪精衛為何反對特別委員會

據龔浩言，寧漢合作，汪自漢赴寧，本以為國府主席是他，但經過南京時，滿街張貼反汪標語，乃逕赴滬，後來主席又不是他，所以反對特別委員會。（按：龔浩原為唐生智參謀長，屬武漢政府。）

二五九　汪精衛之為汪精衛

據梁寒操言，汪精衛是 inferiority complex and superiority complex 兼而有之。自卑感則由於其身世之關係，蓋其父之髮妻早故，繼娶一婢為繼妻，生精衛。其長兄則為前母所出，父亡，長兄主持家務。繼分食，精衛年幼與其侄輩同塾讀書。其嫂往送食物與子，而置精衛不顧，精衛只飲泣而已。稍長，赴試取案首。後投考高等學校，當時鈕永建、吳稚暉主試，未得售。所以汪以後晤吳稚暉輒言「我是你不要的學生」。嗣汪得廣東官費赴日進法政速成學校，一年畢業。當其投考留日考試，取第二名，汪見報，即投入字紙簍中，蓋其已不作第二人想了。其炸攝政王，亦欲一舉而揚名天下耳（汪之往炸攝政王，留書胡漢民，有「弟為薪，兄為釜」之語，可一併參考。）。其後汪在中山先生左右從不做官，僅奉使四方，一度任廣東教育會會長。蓋其深知難與中山先生爭衡，寧可不居名義。

汪對共黨態度可分三個時期，一為最早時期謂共黨為孫悟空在牛魔王腹中栽跟頭。二為中山先生逝世後大約六個月之時，他主張不左不右而執中，而中者以三民主義為標準。其後則主張向左轉，蓋其已與鮑羅廷搭上了。其後之反覆則可不言了。

二六〇　李烈鈞有一日籍顧問

據胡競先言：李烈鈞有一日籍顧問名井上謙吉，係日本陸大開除生，但對於軍事頗有奇才，李氏之軍事計劃，多出於其手。井上居中國久，一切起居嗜好，均從中國習俗。

二六一　濟南慘案中之熊式輝、羅家倫

據羅時實言：濟南慘案發生之後，蔣即在前線召集總部人員會議，羅時實亦參加，當場謂日本人如此舉動，其真實意向不明。交涉員蔡公時被日人殺死，我們要有一人前去日軍司令部探問之。熊式輝乃起立，謂願意一行，蔣連聲說好，好。再言，我們仍要一人懂得點國際知識者伴同前去，有誰願往，無一應者。蔣乃指羅家倫曰，你可去。羅即席起立兩手交搓，聲音顫抖，謂本人乃一文人，請另選人。蔣不允，羅再三辭，仍不允，羅只好硬著頭皮隨熊前去。熊羅二人行至日本哨兵處，令其脫衣受檢，熊脫至僅剩內褲一條，表示不必脫了，哨兵乃左右打一耳光。羅見狀，乃即脫去內褲，熊被打後也只得全部脫去了。檢查完畢，熊終得見日本軍司令福田。並攜回福田覆蔣總司令函，請另派全權代表往。後由中日軍各派代表在一個中間地點—津浦鐵路辦公處進行交涉。熊歸報告謂歷受日人猙獰威脅，諒指被日軍打耳光、脫光衣服受檢查而言。

茲抄錄「蔣總統祕錄」有關濟南慘案經過如左：

到了（三日）晚上十二點鐘（五月四日上午零時），日軍司令官福田彥助有回信來

，說他不能派人到我們司令部來，要我們派員到日軍司令部去。（蔣總統）就答覆他：「如果要我派員到日本軍司令部去，表示你沒有誠意；亦就可認定今日不為了小事衝突，而是日軍把我們當作了敵人。這樣，我就決不能派代表到你司令部裡。」

結果，決定由雙方派代表在一個中間地點—津浦鐵路辦公處進行交涉。

國民革命軍方面的代表是熊式輝，日軍代表則為參謀長黑田周一。

熊式輝是日本陸軍大學的學生，他同福田司令部的參謀長（黑田）和許多參謀都是同學，他又懂日本話。……可是，會議的時候，不僅是同學的話講不到，當時那種橫蠻侮辱的情形，實非言語所能形容！

日軍所提出的停戰條件是：1凡濟南商埠（在城外）街道，不許中國官兵通過；2膠濟路（青島—濟南）、津浦路（天津—濟南—浦口）不許中國運兵；3中國軍隊一律退離濟南二十里之外。

熊式輝表示：「這是重大問題，須向總司令請示，我不能簽字。」避開立即答覆；黑田周一等人則強橫地說：

「你不是代表蔣介石來的嗎？應該可以馬上簽字的。」

就在這交涉的時間內，日軍的挑釁行為越發加強，甚至用大砲射擊過來，每兩分鐘發射一砲，把革命軍的無線電台、交通機關統統破壞。

這種砲轟，就是他想威嚇我們會議代表和一般官兵，壓迫我們軍隊向南撤退，以達到他們阻礙我們革命軍不能越過黃河北進的目的，使革命軍不能攻佔北京，完成北伐，而使北洋軍閥仍能割據河北，在日軍保護下坐大——這樣就可使華北永遠置於日人操縱之下。

熊式輝拒絕簽字堅持到底。等到他把日軍方面的三個要求帶回總司令部時，已經是凌晨五時。

熊式輝的報告是這樣的：

照現在的情形看，日本一定要與我們開戰。我們只有兩條路——一條是決心和他決裂，對抗應戰；一條是忍辱一時，避免衝突，避免犧牲，將來再作計較。

熊式輝與日軍會議後回報歷受日人猙獰威逼，不勝憤概。余（蔣總統）慰而嘆之曰：「日本軍人之作風如此，日本國家與人民將不勝其憂患矣！豈天將禍我東亞乎？」（五月四日日記）

丁文江任職北票煤礦時，一日站在長形玻璃窗前，看到窗外東北派駐北票的新舊任連長正在交接，新連長王鐵漢接過舊任交來官兵名冊後，點名一過，即能直呼各人姓名。丁文江認為此連長記憶力驚人，深為佩服。傍晚走訪王鐵漢，並自我介紹為丁文江。自此以後，兩人幾成忘年之交。丁文江辭卸淞滬商埠督辦職後，返回北大任教。然仍與孫傳芳時有函電往還，以其對國內局勢觀察所得，向其報告。其時，東北軍進駐北京，張作霖自號安國軍大元帥。丁文江所拍給孫傳芳的電報，全為安國軍偵緝處所截獲，決將丁文江逮捕偵辦。張學良亦率軍來北京，王鐵漢任其參謀。丁文江既知安國軍偵緝處欲將予以逮捕，乃走訪王鐵漢，請其向少帥解釋經過，並謂「事急，只有少帥可以解我此厄。」王鐵漢乃將丁文江情形，稟報張學良，張學良聽後，慨然應允代予援手，並謂「我去看他。」王鐵漢喜不自勝，走告丁文江說：「少帥要來看你。」丁文江回答說：「那有少帥來看我的道理，我當去拜訪他。」王鐵漢又以此話回報張學良。張學良一笑，心想你這小子，我不過一句客套話，你便當真，便說：「好吧！請他今晚八時來我處吃飯。」從此丁文江便引張學良為知己。所以在東北軍進兵關內前夕，丁文江能直接致電張學良，陳述自己主張，他認為兩人間有這份交情的。

二六三　蔡公時未進入濟南城便被日軍殺害

民國十七年蔣總司令率兵二次北伐，進入山東，日本海軍在青島登陸，陸軍開抵濟南。五月三日在濟南的中日軍隊發生衝突。先是日軍挑釁，在商埠四馬路一路口，魏家莊附近，禁止徒手北伐軍通過，並開槍殺傷中國軍民甚多，中國政府所派濟南外交特派員蔡公時亦於此日被害，是為五三慘案。

率領日軍進佔濟南的，是其關東軍團長福田彥助。而中國政府早知日軍必將乘機製造事端，乃簡派蔡公時為山東濟南外交特派員去擔負交涉之責。蔡為日本留學生，能說日語。當蔡公時率領一批人員在五月三日午後到達濟南車站時，福田團長早派士兵在站等候，立將蔡等捆綁起來，帶往車站附近僻處。蔡公時當然破口大罵，日軍乃割舌割耳，最後槍斃畢命，焚屍滅跡。蔡公時帶一廚師同去，逃回所述如此，當不虛。（見蔣彝所寫蔡公時被日人殺害的經過，傳記文學，第三十一卷，第三期第八十五頁）

據此，蔡公時根本未曾進入濟南城，就被殺害了。但中外書籍，甚至寫蔡公時小傳的人，都說蔡公時是被殺於濟南城內交涉公署，這是不確實的，不可不予以改正。

為什麼福田彥助要把蔡公時在未進入濟南城之前就殺掉？因為日人不願意「就地解決」，縮小範圍。中國方面說已派員交涉，日本說未見派員來到，這是最好的藉口。最後蔣不得不另派羅家倫、熊式輝前去交涉，受盡日軍侮辱，亦無結果，已另為文記之，不贅。

二六四　張作霖拒簽五路協定

據王鐵漢言，民國十六年張作霖在北京自封陸海軍大元帥，日人於出兵山東，侵佔濟南之後，更向張作霖提出東北五路協定—敦圖、長大、延海、洮索、吉五—並謂倘使張不簽訂此五路協定，則將來出關即不准經過南滿鐵路。張作霖將日人要求批交交通部處理，時交通部部長為潘復，不願負此責任，乃請辭，由次長常蔭槐代行部務，常亦避往天津。於是張乃令路政司長劉景山承辦，而劉景山亦臨時辭職。張乃以航政司長趙鎮兼次長並代理部務，這種安排本已非常滑稽，但更滑稽事猶在後面。趙鎮兼次長並代理部務的命令是於五月十五日生效，而趙於十三日，適值星期日—在敦圖、長大兩合同上蓋上部印。日人知為無效，又迫令將合同日期改為五月十五日。這個合同內容雙方均守秘密，其後張作霖出關被炸，全部文件均在專車中同歸於盡，毫無對證。據日方宣稱所簽合同包括敦圖、長大、延海、洮索四路，只餘吉五一路留待張作霖返奉再議。倘果屬如此，則張作霖對於日人仍有利用價值，不必將他炸死了。張學良繼位之後，亦並無對於五路中任何一路，讓日人興工建築的跡象。可見所謂張作霖簽訂了四路合同，或口頭答應四路由日本興建，恐為日人片面之詞，難以徵信。

二六五　張作霖炸死之善後

民國十六年張作霖在北京自稱陸海軍大元帥，以討赤相號召。國民革命軍二次北伐，其勢甚銳，進行迅速。日本乃乘機向張作霖提出東北五路協定，並謂倘使簽訂了這些協定，則日本可以阻擾國民革命軍進展，以保全你今日地位。張毫不遲疑，嚴詞拒絕，謂此乃中國人自己的事，不勞干涉，我張作霖決不做吳三桂，也不怕死。日人知張作霖必不為其所用，乃炸死於皇姑屯。本來張之行動，向守秘密，此次竟一反常例，行程時刻，一律公開，行時且令不必戒嚴。日本顧問町野武馬，切囑須在日間到達奉天，已露暗示。張亦不以為意，專車到達皇姑屯，（是處為京奉與滿鐵交叉點，由關東軍駐守）尚未天明。關東軍河本大佐在該處預埋炸彈，等到張之一列專車行經該處，炸彈爆發，車輛粉碎，張被炸死。然尚有一息，說了一聲，這是日本人幹的。

督辦公署參謀長兼兵工廠總辦臧式毅以事出非常，大軍尚未回瀋，地方治安有關，秘不發喪，祇發表大元帥受傷療養。日本方面大起疑心，本莊繁夫人及林總領事夫人以慰問為名，突然到府見張五夫人。見帥府一切如常，自內到外，毫無變動，五夫人尚盛裝出來招待，看不出一點痕跡，只好請慰問大元帥而歸，想見當時佈置之週密。等到張學良、楊宇霆二人將關內奉軍完全撤回奉天，始行發喪，日人大為驚異。

二六六　孫文主義學會如何產生

當年黃埔軍校成立之後，曾有軍學研究會及青年軍人聯合會之組織，皆係經蔣校長批准設立者。青年軍人聯合會會員十之八九為共黨黨員，唯賀衷寒等少數一、二人則為純粹國民黨黨員。其時聯合會設有通訊處於南堤，賀與蔣先雲（一期同學，共產黨員），居之，二人情感極篤。一日，青年軍人聯合會召集開會，賀先辭出至通訊處，則見蔣桌上有共黨南方局通告並附軍中共產黨員姓名及照片。通告開頭即載「中國國民黨總理孫文留京托病不視事，充分表現國民黨小資產階級之氣習。」賀乃將共產黨員名冊抄下一份。越數日賀與校中國民黨同志談及主義事，乃主張發起中山主義研究會，由賀起草章程，繆斌起草緣起，限三日交卷（時繆任通信教官）。一日賀等攜帶章程緣起往見蔣校長，適廖仲愷、古應芬在座，蔣表示可以考慮進行，即以文件轉示仲愷。仲愷讀之則曰此有關百年之歷史，唯中山二字係總理當年在生之假名，今日吾人對三民主義只有學習、信仰，不應再有研究，即提筆改名為孫文主義學會，並批撥二百元為籌備費。於是賀等乃徵求發起人。而報名參加者又十之八九為共產黨員。又適奉命出發東征，賀乃暫時置之，然而孫文主義學會之思想則蔓延於部隊中，請求加入者亦日益增多。其間曾在東江途中召開籌備會，又為共產黨黨員李之龍破壞（李即因此事為周恩來調派兵工廠及中山艦黨代表），未克成立。其時另一共產黨員李俠公曾寫信報告共黨南方局，內有「師長、參謀長皆非同志，工作進行殊多困難。」此信為孫文主義學會方面人所發現，乃將李俠公綁赴蔣校長處請求懲治。當時部隊中軍官多為國民黨黨員或不著黨籍者，而政治部及黨代表則十之八九為共產黨黨員。據賀言是時九個黨代表即有八個係共產黨員，僅賀一人為國民黨員，蓋軍校政治部副主任及指揮部政治部主任皆為周恩來。賀等返回廣州仍積極籌備成立孫文主義學會。一日汪精衛召賀往見，以傳單一張示之，內載孫文主義學會反對港九罷工並與西山會議派相呼應，鮑羅廷因此事決辭職返國云云。賀矢口否認，於是汪於翌日乃率同陳誠、賀衷寒、潘佑強、王柏齡等人及孫文主義學會有關之人往見鮑羅廷由張太雷為翻譯。除對傳單中兩點予以闢謠外，賀並言假使馬克斯今日出生在中國，亦會與孫文主義學會合作。鮑始無言，允於該會成立大會前往出席致辭（開會時鮑派人出席），汪亦隨聲謂我亦將出席。但汪已將鮑辭職事電告蔣，時蔣仍在東江，乃一日三電賀衷寒嚴詞切責，最後一電則謂總理聯俄容共政策決不容破壞。蔣遄返廣州之翌日，召見賀衷寒示以港報所載國民革命軍中不和破裂等記載，並言此事至此皆應由爾負責，聲色俱厲，「反對共產黨就是反革命」即係此次所言。（賀親告）

二六七　孫文主義學會設分會

十四年二月十四日，孫文主義學會在廣州成立。嗣後北京、上海、漢口、浙江、南京、蕪湖、九江、武漢、常德、重慶、成都、西安、潮汕、東京以次設立分會。其總會在未舉行成立典禮以前，已有工作活動。各地分會並未與廣州總會有直屬關係，僅宗旨一致而已。

二六八　王正廷任外交部長並非馮玉祥所薦

濟案發生之後，黃郛被迫辭外長職，而以王正廷繼任。報紙登載謂王之任外長係由馮玉祥所薦。鄧熙哲朝夕追隨馮玉祥，特去函報館更正如下：

「查去歲五三慘案發生後，蔣先生與馮先生會於豫東之李埧集。蔣先生當謂：『膺白外交失敗了，一般老先生均不滿意，中央擬以儒堂繼任外長，』徵詢馮先生對此意見；馮先生答稱：『弱國無外交可言，若無實力為後盾，均難有成績。膺白、儒堂都是多年老友，個人對此，無絲毫成見，應請中央主持。』」（沈亦雲著，亦雲回憶，下册，四二五頁）

二六九　周恩來是一個做事而不多講話的人

王正廷為寧波人，為蔣之小同鄉，且與孔祥熙同事甚久，可能是由孔援引而任此職。

周恩來是一個不多發表議論而孜孜不倦的努力工作者。他很鎮靜的夜以繼日的處理紛繁的事務，任勞任怨，不惹是非。所有同志疏解工作，多半由他經手。他之獲得一般同志的敬重，地位日形重要，也是從此開始的。(張國燾，回憶錄，下冊，第六七四頁)

二七〇　汪蔣胡都是忠於國民革命的

國民黨的領導人物汪蔣胡諸人，大致說來，幹國民革命都頗起勁，而且是有深厚傳統的。他們和蘇聯做朋友，甚至「以俄為師」都可以，但不會讓莫斯科牽著鼻子走。在國民革命道路上，他們抱著提攜後進的心理，大概會容許中共黨員為革命賣力，但不會容許中共在國民黨內興風作浪。這些道理，說穿了，是極其明顯的，可是莫斯科的好漢們硬要不安份，抹殺一切，一廂情願的企圖使「國民黨革命化」，「聯左反右」，進到「擁汪倒胡」，「黃埔中心」，「革命專政」，事情弄糟了，還要「迎汪反蔣」。這一切不是自討苦吃的畫蛇添足之舉，便是損人不利己的胡鬧行為(張國燾，回憶錄，下冊，第六八〇頁)。張國燾以一個發起中共的人物，而能作此公允之論，實不易得。這是他晚年寫回憶錄時候的心情，還是他實際領導中共時候的心情，則不得而知了。

二七一　周恩來四平八穩

周恩來說話素來是四平八穩的，衹說明事態要點，不輕易表示自己的意見（同上，第八七六頁）。只有周恩來能夠影響李立三，甚至可以左右他的動向。他也了解一些李立三的錯誤，有時也會在不動聲色之中加以修正，但從不與李立三正面衝突。他比較了解中共各級組織的情況，也知道若干同志對李立三的不滿，他不是故作痴聾，就是不著邊際的解釋幾句。（張國燾，回憶錄，下冊，第八七七頁）

二七二　砲兵團不知那裡去了

端木愷言，當年軍官團時，端木愷、程天放、賴景瑚、曾養甫諸人均為政治教官，馮軼培則為主任。馮任教導師師長，一日忽對端木諸人言，我的砲兵團不知那裡去了，蓋已被蔣調走了。

二七三　頭顱難保

據洪陸東言，當抗戰期間在重慶時，蔣一日邀宴左右，陸東亦在座。蔣忽謂「倘使共黨不入四川，則吾人亦難進四川。」。

又據洪陸東言，軍需署長周某奉有條諭「照發」，但即刻又有電話至，囑其不必發給。所以周某向洪痛哭流涕，謂此一頭顱不知何日被人斫去。洪陸東一日將此轉告何（應欽）。何亦謂可見我熬過十年，是如何苦了。

二七四　唐生智下台，上台又下台

寧漢合併之前，曾開廬山會議，據龔浩記憶似由李宗仁代表寧方出席。寧漢既合併，程潛部隊加入南京與第七軍合為西征軍之主力，首先擊潰何健部隊於安徽之六合線，何部節節敗退至鄂東，而唐生智部之李品仙、葉琪、廖磊原為廣西籍，在湖南從下級軍官升任軍長。李、白以彼等為同鄉關係，拉其脫離唐生智而歸附自己，唐部便潰不成軍。生智亦下野赴日而派龔浩駐香港為總代表，蓋當時猶欲連絡廣東之陳公博、張發奎，乃陳張又告失敗。會白崇禧於二次北伐曾統率唐部叛將進駐北平一帶，外間傳其有連絡馮玉祥、楊宇霆事，中央謀解決之，乃召龔浩赴京，命其赴北方擔任策反工作。當時龔浩表示並無十分把握，旋秘密赴唐山並召集湘籍中級幹部（非桂籍）會議，一致同意仍歸附唐，葉琪等三軍長尚不知情也。於是中央乃進兵武漢而胡陶所部（原為唐部之二師四旅）又不戰而降，白崇禧乃不得不乘船潛行赴日。中央以唐有大功，乃擬任為軍政部長，未就，乃又命為第五路軍總指揮，嗣又發表為參謀總長兼第五路軍總指揮，迨唐赴京又改為軍事參議院院長。是時閻錫山留馮玉祥於晉祠，中央命北方軍隊如馮、唐等統歸閻節制，閻乃從中施其伎倆，一方面勸馮部放棄西北（蓋秦晉一水之隔，可免受馮部之威脅）而進駐河南、山東。另一方面則陰告唐部謂馮部為餓軍，不必與之作戰（當時中央以各部薪餉均交由閻發放，閻則剋扣不發）。時唐部駐於洛陽鄭州一帶，初則尚予馮軍借道，而撤至鞏縣，嗣再撤至黑石關乃起而襲擊馮軍，戰於孝義黑石關一帶，馮軍被繳械者約五萬人。唐部軍勢因之大振，唐於是時離京復返部隊。至是，則又在鄭州宣告獨立。唐本與徐源泉相約（徐曾擔任保定助教，與唐有師生之誼）同時宣告獨立。徐稱佈置需時，於是唐部亦只得延後，中央乃得從容佈置。事既發，唐部在河南平原，有樊鍾秀、楊虎城、任應歧等橫梗其間，無法作戰。唐部軍長龔浩乃與中央軍第十一師師長陳誠部戰于河南之駐馬店確山一線，其騎兵曾抄襲陳之司令部，陳得其機關槍連之掩護乃得免。據龔言真是天意亡唐，忽天下大雪，頃刻之間深及人身，電信失靈，無法連絡。其右翼門炳岳部以龔已敗退，故亦退卻，乃受中央軍包抄，終告敗北。當唐生智初欲叛變也，龔浩曾力勸之，謂西北有寬闊之天地可資發展，蔣先生亦曾許唐為左文襄，大可利用此機會經營西北。當時西北實可不戰而定，果唐採納其言，則以後不致有擴大會議與閻、馮之戰，東北軍亦不致入關，而中央則可致全力于清剿共軍，九一八事變似亦不致發生，真天意耶？（唐意欲返兩湖）。

二七五　桂系企圖打通湖北與廣西的連繫

當年桂系驅走湖南省省主席魯滌平，以打通湖北、湖南與兩廣的連繫，在北方又有白崇禧坐鎮，則不難逐步由津浦線南下，直取京滬，易於反掌。此一大計劃，當為中央所深悉，所以他們也從事佈置，以打破此一計劃。從北平到湖南一線中間隔有河南，尚為馮玉祥所駐守。於是桂系與馮玉祥均欲另一方面先行與中央發生衝突，而從中漁利。畢竟是桂系沈不住氣，先是程潛在政治分會會議席上被「優待」了，居於會議室的後樓。我們（編者與戴季陶、李濟琛於赴北京之後）轉道武漢的時候，正是程潛被「優待」的時候。次一著即派部隊開赴湖南，驅走魯滌平，時魯為湖南省主席。魯見大軍驟至，迅雷不及，乃倉皇由嶽麓山經寧鄉而退入江西。於是中央發兵西征，不費吹灰之力，而削平桂系在湖北的力量。緣桂系之李明瑞早已輸誠中央，當然其中有極優厚的條件。李的部隊是在最前線的，所以中央軍一到，兵不血刃，節節前進，一蹴而至武漢。中央軍既逼近武漢，武漢軍事當局，最初本擬撤到鄂北轉赴河南，可與馮玉祥軍隊取得聯繫，他們的代表麥煥章其時尚在河南與馮接洽，未歸，當然容易辦到。但若干重要將領胡宗鐸、陶鈞看重宜昌的鴉片煙土，大家都要退宜昌，而且撤退得非常迅速。這麼多的軍隊擠到宜昌，又沒退路，四川方面又有大軍出川相逼之勢。所以他們於辦完第一件大事（瓜分煙土）後，軍隊也接受改編，桂系在武漢的大好局面就此瓦解。李明瑞調為廣西省主席。後來又轉變，卻已失去作用了。

二七六　桂系與楊宇霆亦有勾結

據龔浩言：當桂系勢力由粵漢而平漢，其至與關外楊宇霆亦有勾結，使蔣有變孫傳芳局面之勢。適因湖南撤換魯滌平一事而爆發西征一幕。其後運動白之部隊脫離桂系，在北方主其事者為北平行營主任何成濬。（參閱第一輯第二三六、二七八、三〇〇條）

二七七　桂系會師中原計劃歸於泡影

當時，北方之軍事計劃，以李宗仁為「第一方面軍總司令」，由桂北攻湘鄂。馮玉祥為「第二方面軍總司令」由陝攻豫。閻錫山自兼「第三方面軍總司令」指揮冀、魯戰事。石友三為「第四方面軍總司令」由豫攻魯。李宗仁、黃紹竑等聯合留桂之粵軍張發奎部，傾全省之兵北上，以與閻、馮相呼應，計劃與馮軍會師中原。倘其計得逞，則中央危矣。詎料李（

宗仁）軍前鋒已過岳州，在入鄂途中，粵方忽以陳銘樞軍蔣光鼐、蔡廷楷兩師北上，佔領湖南衡陽，切斷李軍後方聯絡補給線，李不得不撤退南歸應付危局。於是會師中原之計劃歸於泡影，影響中原大戰全局之勝負不少。

二七八　「殺了他，以後没有好戲可唱了」

對付白崇禧，中央則擬起用唐生智以安撫湘軍。緣白部之軍隊多原為唐生智之部下，唐第一次反蔣時其廣西籍部將乃為白所勾去，但其中下級軍官仍多為湘人。中央乃派龔浩攜款二百七十萬至天津轉灤東秘密召集團長以上官佐會議，宣佈唐即重回軍中，率領全軍回湖南家鄉。同時宣佈官兵加發薪餉三個月。三月二十三日由李品仙等領銜通電擁護中央。白崇禧措手不及，無法挽回，乃頹然而離灤東。本來龔浩主張乘機槍殺白崇禧，但唐謂「殺了他，以後没有好戲可唱了」故網開一面。以上為龔浩所言。

二七九　李宗仁、白崇禧如何脫身

據黃旭初在「春秋」所寫：白崇禧在唐山的部隊既被唐生智奪去，乃想法脫身南下，由李宗仁派王季文訪許崇智問計。許氏和日本關中軍司令宇都有交誼，由許氏電請宇都營救。

宇都遂囑天津日清汽船公司派一貨輪送白氏離天津，並以軍用汽艇送其登輪，經日本門司轉赴香港。至於李宗仁之脫身離滬，則係張定璠為之安排。當晚李宗仁於預定時間偕王季文、張任民、季光恩出了融園寓邸乘汽車直趨中國飯店。後面追蹤他們的神秘汽車，疑心李氏或是到此拜客。但李氏進入飯店上了樓梯後，立即由後面工人樓梯下來，悄悄走出後巷，坐上張定璠所準備的另一輛汽車，飛馳到黃埔灘的另一專用碼頭，乘輪直駛香港了。

二八〇　桂系之安排

當武漢戰事（指武漢政治分會改組湖南省政府事）將要爆發時，兼十五軍軍長黃紹竑令黃旭初率第二師由韶關入湖南，北上援助。未到湖南郴州而武漢的局面已告瓦解，乃又經湘南返桂。可見一切並非突然。

當年桂系在廣西貧乏之省份，居然能獨創一格，以有滇黔通路，使特貨（鴉片）可以進入，又通欽廉，可以銷路暢通，鹽稅也有著落。

二八一　莫謂張作霖部下無人

王鐵漢言，張作霖在返奉途中，為日人在皇姑屯炸中，受重傷，抬至府中，始斷氣。當時府中一片凌亂，家屬嚎啕大哭，更不在話下。督辦公署參謀長兼兵工廠總辦臧式毅入府，告以此非一人一家之事，乃關係東北全局，府中不可有任何異樣，否則日本必將製造事端。首先禁止府中人員進出，以免消息外洩。日本派人往府慰問，張之五夫人猶盛裝出迎，並導至張之臥室外遙望，則見張之頭部以繃帶包紮，僅露眼、鼻與口躺在床上，照樣擺了鴉片煙具與水果，使日人亦墜入五里霧中。臧並由兵工廠調派幾位工人來府，製造棺木，此數位工人亦禁止外出，故外人皆莫明真相。直至張學良雜於兵車中返奉，始發喪。

二八二　護國之役又一記載

關於護國之役，各人記載不盡相同，有以個人為中心者，有敘述某一地方之動態者。張維翰雲南人，且曾親身參與此役，所著「雲南起義護國之回憶」一文頗能概括全局，特節錄於后：

「⋯⋯等到第二次革命失敗後，北洋系的勢力，逐漸向南推進，除了西南方面的廣東、廣西、雲南、貴州四省以外，差不多各省的軍隊，都是袁世凱的心腹爪牙。⋯⋯

「當時雲南的革命同志，自己估量，也深知實力薄弱，發動為難。假使雲南不能發動，那麼貴州就更無法動了，祇有坐視袁世凱償其大慾，做他的洪憲皇帝了。可是事實上不然，在袁世凱將要登極的前幾天，霹靂一聲，雲南居然起義了，雲南居然獨立了，雲南居然出兵了，竟使已成定局的洪憲帝制，根本推翻，垂危的共和國體，絕而復延。雲南這種舉動，不但袁世凱所不及料，就是一般革命同志，也多沒有預料到的。這一次所以成功的關鍵，完全是公私順逆四個字的分界。袁世凱帝制自為，是以天下為私，違反國人公意，其勢雖強，終歸失敗。護國軍擁護共和，是以天下為公，順應人心之趨向，其勢雖弱，終歸得到勝利。當時雲南革命同志，在起義之先，也知道力量不夠，所以敢於不顧一切，和袁氏相抗，完全是以順討逆，只問是非，不計成敗，所以才得成功。不過成功之後，有人對於此役，差不多要攘為一己之功，當時議論龐雜，尤其是進步黨爭功最烈，進步黨的梁啓超先生，對於此役，在事前固然也曾參加運動，但是事後他說：完全是他和蔡松坡先生兩個人的力量，把其他策動努力的人都完全抹煞了，這是很不公平的。

本人還記得，梁啓超先生派代表黃群入滇，其致雲南起義諸將士有兩封信，第一封信有一段說：「大盜移國，天柱將傾，諸公一起，以安天下之舉動，而關係全國，功未有若是之偉也。」第二封信說：「諸公義旗所指，奇建殊勳，恆使萬方動色，雖曰以順討逆，應乎心理之大同，然非義勇養之有素，曷克臻此。」梁先生這兩封信，對於雲南革命同志，可謂推崇備至，而雲南同志，固遜謝不遑。不過雲南民眾，因地理及風氣關係，賦性忠實，義之所在，艱苦不辭！又因服膺主義，久為　先總理大無畏之革命精神所感召，擁護共和之志，早已深植人心，所以自籌安會發生以後，雲南軍事當局，及一般武裝同志，早就抱有決心，誓不帝秦，迭次祕密會議，暗中準備，先遣鄧泰中、楊蓁兩隊，向四川宜賓進發。迨李烈鈞、蔡松坡兩先生先後到滇，與唐繼堯先生會商之後，遂於四年十二月二十三日給袁世凱一個哀的美敦書，要他取消帝制，將籌安會等人明正典刑，限於二十五日午前答覆，到二十五日，未得覆電，雲南遂於是日宣佈獨立。由唐繼堯先生以軍都督坐鎮後方，統籌一切。同時組織護國軍，以蔡松坡先生為第一軍總司令，向川南出動，李烈鈞為第二軍總司令，向廣西出動，以戴勘先生率一部份軍隊，由貴州向川東出動。當蔡松坡尚在途中，而鄧泰中、楊蓁兩部已先佔領宜賓，與馮玉祥等部隊接觸。戴勘先生於五年一月二十四日到了貴陽，貴州即於二十七日正式宣佈獨立。李烈鈞先生率第二軍到了廣西，廣西於二月十五日宣佈獨立。當時袁世凱對於滇川的軍事計劃，是取一種包圍形式，他派第三師師長曹錕、第七師師長張敬堯、第八師師長李長泰，率師入川攻滇，又派第六師師長馬繼增、第二十師師長范國璋，獨立旅旅長唐天喜等，防堵湘西。並派龍濟光之兄龍觀光為雲南查辦使，率領軍隊，由廣西南寧、百色，進攻雲南。還有龍體乾擔任擾亂雲南南部後方。所以當前方戰事在劇烈進行的時候，龍體乾突由後方擾亂起來了，同時龍觀光所部的黃成柏，也向開化方面衝了進來，把雲南的臨、開、廣（屬迤南）一帶，鬧得一塌糊塗，雲南後方幾乎根本動搖。雖經李烈鈞與陸榮廷雙方合力，方將龍觀光的大部隊伍，予以解決。而龍體乾在邊區糾合的匪徒，槍兵亦在兩萬以上，擾亂後方，也是很利害的。當時本人適在箇舊縣長任內，首當其衝，也曾率少數軍警，和龍體乾打了兩天一夜，彈盡援絶，負傷突圍而出。等到省城留守的兩團部隊趕到，才把他們消滅。從此雲南無後顧之憂，對於前方軍事，才能儘量增援。

此時蔡松坡先生在永寧，戴勘先生在綦江，貴州亦另出一支軍隊，由王文華帶到湘西，佔領了晃州，都與袁家軍拼命血戰。李烈鈞則由西江順流而下，予龍濟光嚴重壓迫，各方大都勝利。隨後浙江的呂公望、陝西的陳樹藩，也先後宣佈獨立。護國的勢力，由珠江流域，而擴張到黃河流域。至此，袁世凱見大勢已去，遂於五年三月二十二日下令取消帝制。計自袁世凱宣佈帝制起，至取消帝制止，共約八十三日，所以有八十三日皇帝之稱。但是他雖取消帝制，把洪憲元年仍舊改為民國五年，還想繼續做大總統。西南方面，誓不承認。為統一對抗計，於是肇慶的軍務院就組織起來了，通電宣言袁世凱已失去總統資格，應由副總統黎元洪依法繼任，而黎元洪的行動又不能自由，就由軍務院代行總統職權。此時袁世凱還想繼續下去，就請馮國璋出面斡旋，在南京召集會議，結果也無人理會。後來四川的陳宧，湖南的湯薌銘，也繼續宣佈獨立，袁世凱見到自己的心腹也都解體，羞愧成疾，遂於民國五年六月六日死於北平新華宮。終此不但洪憲皇帝消滅了，就是一世之雄的北洋系軍閥首領袁世凱也根本消滅了。（文薈，第二十二期，民國六十三年一月十日）

二八三　陸榮廷推薦張勳帶兵入京

黎元洪與段祺瑞交惡，初為府（總統府）院（國務院）之爭，終為參戰案，而公開破裂。黎元洪明令免段祺瑞國務院總理職，於是北洋系督軍便紛紛宣佈獨立。黎元洪計無所施。適陸榮廷來京，黎向其問計，榮廷乃為張勳極力吹噓，謂其心地忠誠，可為股肱之寄。黎元洪信其言，即召張入京，遂演成一幕復辟醜戲。張勳江西奉新人，初名張順蓮，十歲時，因家貧，在其同邑高崗鄉許姓大戶，傭工換食，後轉入許振禕家為伙伕，繼任雜役，以黠巧故，甚得主人歡心，出入上房。順蓮好賭，每輸，則偷上房錢，被逐，乃由許家另一人介紹赴廣西蘇元春帳下，當一名馬弁，與陸榮廷、譚浩明、陳炳焜諸人均為好友。陸榮廷此次晉京，路過徐州，盤桓多日，情感益密。黎向榮廷問計之時，乃慫恿黎召張入京。或謂陸、張在徐州已定下復辟之計，康有為致徐世昌信中，明白指出陸榮廷已同意復辟，則黎菩薩實已中計了。（一說是王世珍勸黎召張勳入京）

二八四　中山先生轉而向俄

當　中山先生派員接收廣州海關，英國即派艦隊（聞亦有美艦兩艘參加）泊於白鵝潭以示威。英美態度既屬如此而日本更助紂為虐，故不得不轉而向俄。當時，遠東尚為白俄的天下，中國仍為赤軍力量所不及，乃落得大方，高唱廢除中、俄不平等條約，交還中東鐵路，退出外蒙，以博取中國人的好感。　中山先生乃信以為真，又經過孫、越聯合宣言，遂決定聯俄之策。

二八五　彈劾共黨案

鄧澤如、張繼、謝持諸人提出彈劾共黨案於中央，乃由汪精衛、邵元沖起草決議案，大意三點：一、現在全國各種勢力均有聯合一致以打倒北洋軍閥之趨勢，國民黨即代表此一趨勢；二、凡加入本黨而不服從紀律當以黨紀繩之；三、共黨代表工農之一種新起力量，倘國

民黨不予容納則將另成一種力量云云。（參看國父年譜上册六七四—六七五頁）

二八六　一部份舊同盟會員想另創局面

民國十三年，中國國民黨改組成立後，監察委員以共黨陳獨秀、李大釗、譚平山等，立心不軌，於國民黨根基及國家前途，將有不利，列舉共產黨包藏禍心，企圖篡竊的種種陰謀，請求總理設法取締。其檢舉文曾列入「革命文獻」及其他書刊，為世人所共知。另有一文件為一部份舊同盟會員所擬定，則或為外間所不知，因有歷史價值，特將其經過及所擬原文錄之於后。緣十三年十一月十一日　中山先生北上時，劉成禺等對革命策源地的廣東，更惄焉以憂，田桐、居正、周震麟、馬君武、管鵬、但燾、焦子靜、謝良牧、茅祖權、劉成禺、馮自由諸人，在上海南陽橋裕福里二號章大炎寓所，開會討論，推大炎領銜起草通函，以護黨救國，號召同盟舊人，匡濟危局。函中有：

「曩無尺寸之藉，而能取中夏於滿洲之手，今有數省之力，而倒授軍閥以主器之權，則知誠信日衰，轉相攜貳為之也。某等以國是不定，由民黨渙散之故，所以猶有餘燼者，則同盟會精神未盡湮滅，陰與維持，而受者身不自覺。向使同盟尚在，凡民黨在朝在野者，必不為爾寂寂，雖有桀黠徒，亦不得遞司神器矣。為是感念舊交，力遒未軫，冀以同盟舊人，重行集合團體，稍就次，乃旁求時彥鎔於一冶，以竟往日未伸之志，而為將來匡濟之謀。將伯頻呼，反思不遠⋯⋯，唯望贊成此志，加以匡扶，則死友得酬，存者知感，膏沐天下，為澤無窮矣。」

上面文章頗似太炎的「武關何故入盟秦」的口吻，他們對於容共策略、北上目的，都十分置疑，所以竟想「重行集合團體」起來，自為當時政治局勢所不許。

二八七　奉軍退卻

民國十六年四月河南奉軍積極南下，唐生智張發奎率部自漢口北上應戰，奉軍失利，於是紛向黃河北岸退卻。張作霖因豫皖戰事失利，山西閻錫山改變態度有威脅奉軍後方形勢，故決心放棄鄭州、徐州、開封而退守山東、直隸。

奉軍張學良於北伐時期與張發奎軍戰於河南。奉軍居優勢，而張軍傷亡甚重，本擬撤退，但奉軍忽後撤，張發奎不明其故。民國二十二年兩人相遇於倫敦，發奎問其故，學良答道：「當時因接獲情報，馮玉祥率部東出潼關，直趨鄭州，後路受阻，乃不得不後撤。」

二八八　蘇俄並未放棄帝俄政策

列寧早在一九一九年便宣佈蘇聯願放棄中東鐵路的全部權益，並坦白承認這條鐵路是當沙皇政府用武力從中國手裡掠奪而來。可是當蔣氏現在要收回路權時，莫斯科卻背叛了列寧的諾言。蔣重申收回中東鐵路全部權益要求的同時，還提出了外蒙古問題，蘇聯的答覆，措辭傲慢，乾脆拒絕商談。蘇俄政權成立之初，遠東方面尚為白俄所佔據，故列寧宣佈放棄帝俄在中國所攫取之權益與所簽訂之一切不平等條約，藉以博取中國人民之同情與中國政府之承認。迨白俄勢力消滅之後即食言而肥，不但不承認所作之承諾與所發表之宣言，甚至變本加厲，對中國作更進一步之侵略，豈止未放棄帝俄政策而已。

二八九　武漢分共

一九二七年七月間武漢政府宣告與共黨分家，並遣送鮑羅廷等俄國顧問。陳獨秀亦因此而被免去中共總書記職。八月七日中共中央開會開除陳獨秀黨籍。陳獨秀主張國共合作、借屍還魂，故為中共激烈份子所不滿。且中共加入國民黨是第三國際所決定的。第三國際當然不願負此責任，乃以此責任歸諸陳獨秀。鮑羅廷於離開中國時，曾對中共說：「此後中共應轉入地下活動。」"The revolution must now go underground." 第三國際亦以同一語氣訓令中共：「武漢政府所扮演的革命角色已告失敗，現在是反革命的形勢，必須阻其蔓延，共產黨必須從事農民革命，並把工人與農民武裝起來。」

二九〇　俄國怕日本

在第二次世界大戰之前，俄國最怕日本。所謂合於俄國援助之條件者，要看我們有否相當力量，供其擴充為基本隊伍。俄人所需要我們者為能助其牽制日本。俄國在遠東最怕日本，日俄戰爭的教訓猶在。俄人所反對的是北京政府，因為任何北京政府把日本人敷衍好了，就可高枕無憂，所以非親日不可。蘇俄所贊助者為廣東政府，因為它總是與北京政府對立的，因之與日本人也攪不好。此外東北張作霖是生存於日本善意之下的，當為俄人所反對，卻怕其求援於日本、故表面上不敢開罪。（毛以亨對馮玉祥之談話見「俄蒙回憶錄」七四頁）

所以任何反對日本而又具有實力的人物，都是蘇俄所欲利用者。觀其聯吳佩孚、聯陳炯明、聯孫中山都是基於這個理由。當然除此之外，共黨尚欲聯一實力派以為其發展之根據地。為了同一理由，蘇俄乃在北方援助馮玉祥之軍械。觀史達林對馮玉祥之代表所說的話，可知史達林之目的全在馮能以那些軍械打日本人。

二九一　張作霖是真愛國者

濟南事變後僅一週，發出先聲奪人的息戰論，呼籲勿由內憂而招致外患，這就是世所稱「五九通電」。……當北京政局危急之際，日本政府尚未忘介入陰謀，命其駐華公使芳澤密謁張作霖勢迫利誘，重提有關東北五路等要求，以日本出兵擊退北伐軍為交換條件，張卻毫無所動，正色嚴拒。（見傳記文學第二十一卷第四期第八頁李田林從行伍成軍萬福麟說起）嗚呼！以紅鬍子出身之張作霖尚知如此愛國，其不知要愧死多少人了。

二九二　孫傳芳之飛機未作戰

當十三四年國共合作之際，俄國所供給國民政府飛機僅三、四架而已。而孫傳芳之飛機則有兩隊約三四十架，後由張靜愚派人前往運動，皆投誠北伐軍。其中有一謎至今令人不解，即孫傳芳雖有如許飛機，但與北伐軍對壘之時從未使用之，即在雙方戰鬥至最緊急之時如江西之戰亦復如是。（張靜愚從廣東一直至南京皆主持航空事，此為其所言）。

二九三　蔣氏組成反共聯合陣線

外艦砲轟南京事件發生，使程潛陷於不利的地位。蔣與李宗仁、李濟琛等實力派的反共聯合陣線也在醞釀之中。蔣利用這些優勢如一部份中央執監委員的支持，江浙財閥經濟上的援助，和外人方面的助力，以及一、七軍兩軍的實力，壓迫程潛部退出南京。從此，南京便在蔣氏的控制之下，武漢的反蔣計劃也就受第一次的大打擊。（張國燾，回憶錄，下册，第五九五頁）

據程潛告訴張國燾：南京發生侵犯外人住宅和領事館的行為，是尚未退卻的敵軍殘部在搶劫混亂中所幹的（同上）。實情為何？恐非當時目擊者不能證明了。

二九四　害怕編遣心理則一

連年兵連禍結，最大癥結肇因於編遣會議。當時國民革命軍分為四個單位，即中央及第一集團軍、馮玉祥第二集團軍、閻錫山第三集團軍、李宗仁第四集團軍以及其他部隊。軍隊既如是之多，且如是之複雜，在理論上自然非編遣不可。但是由於事實上各方面發展情況不同、利害亦不一致，而害怕改編之心理則一。其次各方面不免有縱橫捭闔的計策，外面謠傳此次編遣僅為編遣非中央的軍隊。縱或並無其事，既有此傳說，自不免引起猜疑心理。我（編者）當時是代表中央赴唐（生智）部說明編遣之重要性。我當時主張汰弱留強。中國各方面軍隊，係採用募兵制，凡失業而無以為生者，多應募而從軍，所以中國軍隊實為安插失業最好方法。倘大量裁汰，必流為盜匪，為禍社會更不堪言。所以為安定應淘汰之官兵之生活，均應保留原官階，享受原待遇，開赴邊疆一帶，擔任屯墾工作。則多方面都可顧到。編者曾以此種意見面陳中央，未被採納。

二九五　譚延闓與胡漢民性格不同

陳立夫言：譚延闓與蔣之間，相處融洽，蓋延闓凡有所見，必立即以書面向蔣直陳，有時一日一信，甚或一日兩信。不問採用與否，均不對外宣揚。非如胡之直接發表意見。余言胡、譚二人之歷史與個性皆有所不同。

二九六　唐生智部隊為大雪所困

石友三浦口叛變，消息傳至駐軍河南之唐生智。他認為石友三叛變，當局必定調大軍保衛南京，有機可乘，乃亦起而反抗中央。無如天不作美，下大雪，一夜之間，使郾城至確山一線變為雪海，不能通行。當時，唐之計劃，以大軍由臨穎進攻確山，而郾城至確山只有一條路可走，今既變為雪海，則此路不通了。中央軍係以陳誠任指揮，在確山採取守勢。雪下三四日不停，使中央軍得以調集軍隊，保住確山。楊虎城則奉中央命，率部腰擊唐部於駐馬店。唐之左右兩側，又皆土匪蝟集之地。於是唐生智乃先行化裝工人潛逃，而劉興以軍長代總指揮，則與另一軍長龔浩共商進止，僉認軍械既屬於國家，則應全部繳歸中央，事實上，等於全部繳械。其時，孫美瑤欲與合作，共同結成一種勢力，乃劉、龔均予謝絕，否則此種勢力一經形成，仍不可輕侮。（以上龔浩所言）

二九七　馮玉祥在第二次北伐所扮演的角色

民國十六年四月，國民政府任命馮玉祥為第二集團軍總司令，閻錫山為第三集團軍總司令。馮遂於五月一日在西安宣誓就職。五月六日，馮駐蹕潼關，督師東下。第二集團軍右路軍孫連仲，五月初出紫荊關，就向南陽進展，牽制奉軍于學忠部。方振武、鄭大章躡奉軍之後，直迫鄭州，三十日進至鄭州附近，六月一日克復鄭州，與唐生智部北伐軍會師。同日，第三旅張華堂跟蹤敵人，追擊不已。時北伐大軍早已克復徐州，聲勢壯大，第二集團軍遂入開封會師。六月十日，馮玉祥、唐生智發起鄭州會議，武漢黨政軍要人譚延闓、汪兆銘、徐謙、孫科、顧孟餘、唐生智及北伐軍將領全部列席，決定：㈠成立河南、陝西、甘肅三省政府，以馮玉祥為河南省主席，于右任為陝西省主席，劉郁芬為甘肅省主席；㈡組織開封政治分會，以馮玉祥為主席，指導陝、甘、豫三省政務；㈢馮玉祥的第二集團軍擴編為九個方面軍（其中第五、第八兩方面軍為客軍），十二日開會議決，武漢軍全部回師，鎮壓長江上游。河南省北伐東進的軍事，完全由第二集團軍負責擔任。議畢，唐生智、張發奎就實踐此決議案，揮師南下返武漢鎮壓。

六月十九日，馮赴徐州開會，蔣總司令、李石曾、戴傳賢、胡漢民、李烈鈞、張人傑、李宗仁、白崇禧、吳敬恆等人，迎於徐州九里山西麓車站，待以殊禮，即召開軍事會議於徐州花園飯店，會後聯銜通電，原文如下：

「我總理致力國民革命四十年，以求中國之自由平等。當辛亥之歲，遂覆滿清，創造中華民國，實為四百兆民族解放之基本。乃滿清之遺毒未除，帝制變形之軍閥遂起。自袁以來，外與帝國主義為緣，內則肆其荼毒，使吾民罹火熱水深，十餘年來於茲，民眾感其痛苦，亦即覺悟而奮興。我國民革命軍，爰繼續總理之遺志，應民眾之要求，誓師北伐。中正、玉祥偕吾同胞，轉戰數萬里，前此猖獗一時之軍閥，已次第崩摧。惟帝國主義之工具一日未盡除，即吾同胞同志之責任一日不能去。茲當會師豫與魯，更益進行之際，謹掬誠悃，爲海內外告：中正、玉祥與數十萬將士，為三民主義而奮鬥。凡百誘惑在所不顧，凡百艱險在所不避，凡百犧牲在所不憚，必期盡掃帝國主義之工具，以完成國民革命之使命而後已。武力為民眾之武力，成功即民眾之成功，惟我同胞同志，實共鑒之。蔣中正、馮玉祥同啓」

馮另外單獨致電武漢政府敦促迅即解散，並驅逐鮑羅廷，這當然都是徐州會議所商定的。查徐州會議與鄭州會議相距僅數日，馮何以轉變如此之速，蓋南京政府除承認其現有地位外，並允每月補助其軍費二百萬元，又畀以軍政部長高職。將來山東攻克之後，又以山東讓之。（參閱桂崇基，「中國國民黨與中國共產黨」，六十一六十二頁）

二九八　蔣氏表示欲任國府主席

民國十七年國民政府主席本由譚延闓擔任。是年某日，胡漢民、吳敬恒、張人傑、李石曾、戴傳賢數人集於湯山賓館，余與劉蘆隱適逢其會。飯後，張人傑發言：「老介（指蔣）欲為國民政府主席，而以譚延闓為行政院院長。照例，國民政府主席為陸、海、空軍大元帥，但老介之意以大元帥為總理所曾擔任者，不如仍稱總司令為宜。」眾無異議，乃成定案。

二九九　閻錫山老謀深算

閻老謀深算，故三十餘年坐鎮山西而不敗。即以其對唐對馮而言，初以唐軍駐平漢線難免有威脅之感，更不願蔣、唐一致，增加中央聲威，故初慫恿唐奉中央命討馮，使其兩疲。再又挑撥唐反蔣，使唐與中央俱疲。在此反覆之間，閻為北方領袖地位業已形成，而且漁人之利的時機已至。故唐亂甫平，不過月餘，閻即公開反蔣而有中原之戰。

三〇〇　「見白即以亂槍打死」

據周雍能言：當白在北平失敗後，傳言將乘輪逃滬，熊式輝乃派兵前往碼頭，囑見白即以亂槍打死。

據徐文明（斗虛）言：白在北平失敗時，其廣西軍隊駐北平者只有一師，故湘軍反叛，其失敗即成定局。失敗後仍居於廣西軍師部，時唐生智在平就任總司令，白仍居北平。斗虛乃告白：「你仍僦居於此，使唐生智左右為難，捉你如甕中之鱉，不捉你則萬一南京知道，其本人亦難以交代，所以你還是設法離平為宜。」計議之下，白乃與斗虛及另一人乘其原有座車赴天津，居義租界，然後再乘日輪赴日。龔浩所言，白崇禧與唐生智二人此去彼來，相差僅二小時，並不確實。

三〇一　陳誠資助鄧演達金錢之說

鄧演達在上海辦雜誌，攻擊政府，甚至及於蔣本人。因鄧曾任黃埔軍校教育長、頗為學生所信服，故在軍界發生影響不小。當時陳誠僅任旅長或師長，常資送鄧演達金錢，究竟是否得蔣之同意，則不得而知。此為鄧演達手下大將之任援道所言，諒不虛。

三〇二　張作霖在東北之建設

前言張作霖在東三省對於日本，不亢不卑，始終未喪權辱國。努力建設，其所設兵工廠，比日本兵工廠中任何一廠約大一倍以上，機器都購自德國，比日本兵工廠機器還新，能自製槍彈重炮。其飛機之多與訓練之嚴格，在當時國內尚無出其右者。至於築鐵路，建海港，更不必說了。東三省新軍都委之楊宇霆，財政委之王永江。王永江籌劃週詳，獎勵農產大豆出口，以換進外匯。故能幣制穩定，自給自足，兵精糧足，地方安定，足見張之知人善任。

三〇三　張人傑辭浙江省主席

陳布雷於出席第三屆（十九年）四次中央全體會議，奉命偕葉琢堂勸張人傑辭浙江省主席職務，專任建設委員會事，吳稚暉力贊成之，靜江遂辭。戴傳賢頗為不平，一日語余（編者）曰：「蔣先生不要以為天下是他一個人打下的，我們都出過力的。」

三〇四　「你真無大臣之風」

「在我辭職的前夜，吳稚暉先生突然來教育部，問我中央、勞動兩校所犯何罪？並為兩校訴冤。據吳老先生看法，部長是當朝大臣，應當多管國家大事，少管學校小事。最後用手指向我一點說道：『你真無大臣之風。』」（蔣夢麟著「西潮」一一四頁。）

三〇五　「豈不羞天下士」

教育部長由於李、蔡兩系齟齬，一時不易物色適當人選。吳稚暉與李、蔡均友善，而尤同情於李，乃提議以高魯代夢麟為教育部長。將通過矣，而胡漢民反對甚力，即席聲言「高魯何如人，乃可託以教育行政之重任，豈不羞天下士耶？」

三〇六　蔣氏對白信任漸失

據徐文明言：白曾親口告訴他，蔣對之信任漸失，其原因有三：當北伐軍與孫傳芳部戰於南昌附近，第三軍朱培德軍與孫部激戰，損傷甚重。時白任參謀長，曾以電話詢朱戰況，及是否須派軍增援，朱答傷亡雖多，但增援須由總部全盤調配，無一言及私。第三軍在牛行擊潰孫部，戰功甚偉，俘獲孫部槍枝約一萬餘枝。當朱來總部，白自動提議，現在繳來孫部槍枝甚多，你部損失甚大，須予補充。朱僅希望撥數千枝補充即可。但白謂槍枝堆積甚多，你就請撥一萬枝也可以。時蔣因事已赴漢口，不在南昌，故白又催朱將公文從速辦來，並備妥領據。詎朱持白所批公文至軍械處具領，軍械處長謂奉總司令條諭，子彈得由參謀長批撥，至於槍枝則非總司令親批不可。白謂：一切由我負責，並謂不必發最好的，也不要發最壞的，僅發二等槍枝可也。蔣返，白即面報事實經過，蔣謂：已發了嗎？白答：已經發了。蔣謂：革命成功後，像這樣的部隊都要淘汰的，此其一。總部駐南昌時，張群、何成濬、朱紹良來南昌任參議，他們來拜訪白，白亦回拜。朱、何香煙癮甚濃，室內煙霧彌漫，白不能耐，所以後來不常去，此其二。總部駐南京時，總司令室居前間，參謀長室居後間，各方將領多在白房間高談闊論。白亦倡言僅知服從三民主義，此其三。白亦承認此等舉動皆極幼稚，或因少年得志所致。

三〇七　石友三浦口叛變

民國十八年石友三浦口叛變亦有一段內幕，事隔數十年，仍有一記之價值。時石友三約有三師之眾，叛馮而歸順中央，奉命南調廣東，集中浦口待命。北方人多怕到南方去，以為到南方去，不啻充軍邊疆。石本為馮之舊部，對於南調命令甚懷疑懼。探知中央各師皆在皖豫鄂贛邊區，首都空虛，僅有憲兵一團，警察若干人，乃欲進襲南京，以傾覆政府。首先晉謁最高當局，請示南調機宜，並要求當局對其部隊親臨訓話，以示鼓勵。當局亦允於次晨九時前往浦口對團長以上幹部致訓。石於請訓後，往訪舊友陳調元，談及奉調廣東及請當局親臨對部屬訓話諸事。調元乃留石盛讌，夜間打麻將直到天明。調元是機伶多智之人，看到石每次打出紅「中」時，總是有意無意罵一聲：「〇你奶奶！」因為罵的次數太多了，使調元忽然得到啓示，但他沒有稍露風色，亦未問何以如此罵法，還是照樣賭到天明散場。分手以後，調元即洗臉整裝，一大早直趨軍校要求晉見當局。當局不加遲疑，立即接見。調元先是說了些清早打擾非常抱歉的話。當局問他有何緊要的事？調元說：「沒有什麼要緊的事，祇是我想問明總座是不是要去浦口向石部訓話？我怕來遲了，而總座已出發在途，所以趕早打擾！」當局承認要去浦口向石部訓話；調元祇輕描淡寫說：「不要自己去，派一代表較妥！」當局亦是機警逾恒的人，連聲「好，好。」乃派軍委會辦公廳主任賀耀祖為代表。賀到下關江邊，遙望對岸部隊零亂，東一簇，西一群的，不像迎候最高軍事長官訓話的模樣，心中不免生疑，但以奉命在身，又不能不去，甫登渡輪，一經發動開駛，對岸大呼叫喊：「來了！來了！」賀心知有異，立命中止渡江，並駛回下關江邊。對面部隊隨發亂槍射擊，長江江面寬闊，步槍射程不及。賀返報告石部叛變，應亟謀應變之策。友三如果揮軍渡江，則南京可以唾手而得。但他這一雜牌部隊，多係散兵土匪收編，而友三又係毫無頭腦之人，因亂槍一發，使南京反而有備。友三部隊進襲不成，乃在浦口大肆搶劫，一直搶劫到蚌埠。因徐州有重兵駐守，乃改竄皖豫山區，南京僅遭受一場虛驚罷了。

三〇八　北方之強最忌下雨

由於唐之再起，李、白聯馮倒蔣計劃乃成畫餅。在唐說來也算報復李、白西征之仇。未久唐生智又反了。

民國十九年夏季，汪精衛、馮玉祥、閻錫山又聯合反蔣，並在北平召開擴大會議。其中當然以馮、閻為主力。但馮閻亦互相暗鬥，閻出錢而馮出力，以馮的軍隊為第一線。馮的軍隊戰鬥力很強，而且很能吃苦，外國記者在前線歸來，說馮的士兵，都能過世界上人類最苦的生活，動輒三天不吃飯，而且紀律嚴明，絕不騷擾百姓。不過北方之強最忌下雨，下雨則戰壕中全是水，沒有方法堅守，更沒有方法前進。而中央部隊則有斗笠，有雨衣，有膠鞋，且有大砲掩護，冒雨作戰，並不很難。恰好隴海線一帶一連十多天下雨，中央軍連克名城，馮的部隊，乃不能予以擋住。當蔣總司令親臨前線指揮作戰，坐在火車上辦公，周佛海、邵力子均為侍從人員。據周佛海告編者，一日馮部鄭大章之騎兵追至火車停靠地點附近，乃轉向而去，倘直衝火車站而來，則吾等全部被俘矣，此亦天意也。

三〇九　搶鴉片煙土

徐文明言：當年上海警備司令部與市政府搶鴉片煙土事經過：張之江任禁煙委員會委員長，赴上海邀宴海軍司令、警備司令、市長等人。席間之江即分別遞交三件公文，謂革命成功，而鴉片不能禁絕，則革命有何意義。據報有一批鴉片煙土即將運到上海，請三方面截留拏辦云云。海軍表示決遵命辦理，繼熊式輝亦言決遵命辦理，不過要看市政府如何。張定璠時任市長則言市政府所指揮者僅有警察，只能協助，其關鍵在軍隊云云。定璠返寓約敘戴石桴（公安局長）、徐文明、周雍能（市府祕書長），陳劭先（劭先時為定璠座上清客尚無名義）等人，談之江邀宴經過，並言天翼（熊式輝）如此發言，令人氣憤。文明言此事關鍵在海軍。以往在軍閥時代，軍隊運鴉片，警察只有裝作不看見甚至撤崗。對天翼所言，不知用意何在。陳劭先則言，此次警察不能裝作不看見，又言戴局長更要督促警察嚴拏，不可裝作不看見。事後石桴認為劭先之言有意侵犯他、懷疑他，內心亦很氣憤。於是一致決定見土即抓，不必請示。一日石桴打電話給文明，謂前天所談之事，果已發生，且已截獲。文明問：你可曾查看係何種煙土？石桴答：未曾查看，並謂已發電報向南京報告經過。文明說：這個電報不應由你發而應由市長發。石桴答：我發，表示一切由我負責。後來查明，招商局江安輪夾帶煙土十二萬兩，係來自漢口者。煙土為警備司令部士兵所劫去，警察亦有數人被擄去。於是掀起一場軒然大波。時魏道明任司法行政部長，奉命偕張之江赴滬徹查此案，乃知此煙土係杜月笙同夥金廷蓀所有。結果，煙土銷燬，公安局長、警備司令部偵緝隊長予以撤職處分。究有多少煙土實際銷燬，則非外人所知了。

三一〇　驕兵必敗

據習文德言：當討桂之役，彼適任湖北省黨部委員，知其經過頗詳。當年桂軍駐湖北省者有夏威一軍，其他為胡宗鐸、陶鈞各一軍。陶、胡二人及其幹部均係湖北人，夏威及其幹部則為廣西人，彼此地方觀念甚深。緣夏威及其幹部驕甚，目中無人，即對第一、二、三集團軍，在稠人廣眾中，均謂不堪一擊，其心目中之胡、陶二軍，更不問可知，胡、陶忿甚。戰事將發之際，中央派桂人俞作柏赴武漢游說李明瑞。俞、李是表兄弟，一拍即合。嗣由李再聯絡楊騰輝（夏威部將）。迨中央軍一入黃州，李明瑞、楊騰輝乃不戰而退出黃陂前線，李且表示投誠，接受中央新命第十五師師長職。李、楊兩軍撤至平漢線上的花園安陸一帶，留下一大缺口，教胡、陶去填防。胡、陶當然抵擋不住，只好向上游宜昌退走（宜昌是鴉片煙土必經之地，目的在瓜分煙土。），以是中央軍未發一彈即將桂系平定。胡、陶雖有七、八師之多，而忽然退走，軍心已經渙散，不願再戰，所以胡、陶二人只好乘外國船赴滬。中央軍當接收胡、陶軍之時，其原任師長者仍任師長，即中下級幹部亦未調動，但未及一月師長級則紛紛更人了。西征之起因乃由於漢口政治分會免湖南省主席魯滌平職而以何健代之。中央以其割據自雄，始予制裁。此事醞釀甚久，李宗仁在滬曾語習文德謂中央軍已如箭在弦，然桂系基本隊伍已內中發生變化，未能早為防範，亦可見驕兵之必敗。

三一一　決計西征

徐文明又言：武漢政治分會免魯滌平職，本欲湖北、湖南、廣西打成一片，以既成事實，迫使中央承認。無可諱言，此種做法，以葉琪主張最多，白本不贊成。倘桂系果已深思熟慮，通盤打算，則李、白兩人必有一人先赴漢口指揮一切。李在上海，赴漢已不易。白則可以藉故由平漢路直赴漢口。正值局勢緊張之際，張定璠赴京斡旋。第一次見蔣力陳李濟琛願自告奮勇赴平勸白。蔣謂：「任潮果肯去嗎？我可考慮此事。」定璠告退，適於客廳中晤見張群、楊虎二人亦晉見，定璠知事決不妙，蓋楊虎與白幾成仇家。定璠返寓進食，不旋踵總司令召見，則告以決計西征了。

三一二　鴉片所扮演的角色

周雍能言，民國十五年國民革命軍克南昌，他任江西財政廳長。江西經北洋軍閥十餘年搜括，民窮財盡，稅源枯竭，而當時軍用浩繁，除他以個人關係向鹽業等方面預支稅款外，實無以為計。一日周向蔣面陳此中困難，並謂現在有人建議，軍隊中不少帶有鴉片者，如化祕密為公開課以重稅，未嘗不可稍資挹注。蔣問有何辦法？周說，只要總司令撥幾百枝槍，便可辦到。蔣說，就照此辦吧！

周又言，國民政府成立之後，設禁煙委員會，以張之江為委員長。一次召開禁煙會議，上海市派曾參事鷺予代表參加。蔣親臨致訓，聲色俱厲，表示對於鴉片煙非嚴禁、嚴辦不可，否則，國民政府牌子就可拉下來。曹亦向張之江報告，上海市政府已接到情報，有一批煙土即將由上游而下，究應如何處理，尚乞明示。當時，禁煙委員會即密令幾個重要都市如上海、漢口對於一切煙土嚴行拿辦。上海市政府接到此項密令，時周雍能任上海特別市政府祕書長，即召公安局戴石桴前來，示以密令，再三叮囑，務必嚴密偵查、究辦。當公安局得到密報，某晚江安輪載大批煙土（聞二十七噸，一說十二萬兩）到滬，乃派十餘警員，便服藏於隱蔽處所。見到乘客完全下船之後，深夜之間，忽有多人鬼鬼崇崇從船上卸下什物。警員乃一擁而上，全部拿獲。適於此時，又有數十警備司令部官兵出現，將煙土、警員全部帶走。於是翌晨上海各報競載上海市府與警備司令部互搶煙土。內中情形，可參閱前面所記徐文明關於此事之敘述。事後，政府派司法行政部部長魏道明與張之江二人赴滬徹查，魏道明自告奮勇，向張之江說：「由我起草報告。」結果，上海市公安局長與警備司令部偵緝隊長同時撤職，煙土焚化。但究有多少煙土真正焚化，則非外人所知了。結案後，張之江公開發表談話：「不能一手遮盡天下人耳目。」

三一三　張宗昌並非純粹老粗

張宗昌既為國民革命軍擊潰，潛往日本。日人視為奇貨，百般招待，並允予以金錢、槍械，俾能重整旗鼓。同時提出種種條件以為交換，張均佯為應允。於是日本當局乃派四日人伴隨張返回中國。張既返國，乃將四日人全部予以活埋。張之去日，正值胡競先在日習軍事，故知之。

三一四　張學良殺楊宇霆

張學良既為東三省保安司令，以楊宇霆為參謀長。張楊向極親睦，回奉以後，楊因忙於佈置軍事，以張在喪中，先事後報，張以楊獨斷獨行，目中無我，很為不滿。且以楊得軍心，大權獨攬，恐不利於己，常懷疑心。加以東北軍分為新舊兩派，新派捧楊宇霆為首領；日本人亦分為兩派，一為擁楊宇霆派，一為擁張學良派，更使張學良疑心楊有勾結日本人情事，而張左右又進讒挑撥，於是起了殺楊之心，以為非去楊恐不能安於其位，而楊不知也。

會宇霆尊翁七十壽辰，學良餽贈特豐，並執子侄輩禮，早往祝壽，盤桓終日，招待賓客，故示親密之意。迨壽辰已過，猶親往楊家，與宇霆討論善後，以示倚畀之殷。學良嗜西瓜，雖冬季必購自台灣，楊亦有同嗜。一日以請吃西瓜為名，請楊到帥府。楊即欣然前往，見門禁森嚴，而學良久不出，心知有異，但想不到大禍即將及己也。

張學良既決心殺楊，乃令譚海帶衛兵數人入客廳，由衛兵各執楊手。宇霆即大呼，叫笛子（學良小名）出來，問他我姓楊的甚麼地方對不起你姓張的，竟要下此毒手，語尚未畢，衛兵向楊頭頂連放兩槍，宇霆頓時斃命。（按楊在張作霖時代任帥府總參議兼東北兵工廠總辦。兵工廠規模極宏大。時值歐戰告終，德之克虜伯兵工廠被封閉，楊乃以驚人高薪，悉力網羅軍火專家於旗下。數載經營，不但輕武器產量驚人，即重砲亦可製成。）

據另一篇文章所記，楊宇霆確頗跋扈，張學良尚向之禮敬三分，故下決心殺之。

據當時擔任警戒之王鐵漢言：「高陽與張汝舟口述的兩篇載於傳記文學第四十二卷第一

期有關張學良殺楊宇霆的文章都接近事實，但也都有出入。」總之，張學良去掉楊宇霆後，其在東北的地位，更加鞏固，則為不爭的事實。

日本首相田中義一聞悉張學良殺楊宇霆事後，曾發表談話：「楊宇霆與余係屬故交，予前聞楊與張學良暗鬥，曾勸告楊，勿出是舉。」則楊宇霆確懷野心，又得一證明，亦無怪張學良殺之也。

民國十七年日本政壇一個重要人物床次竹二郎曾來奉天，其與張學良與楊宇霆來往經過，頗值注意。據日人森島守人所著「一個日本外交官回憶」曾有這樣一段記載：「我們一行人從張學良公館告辭後，又來到了楊（宇霆）公館。在這裡床次和楊單獨進行相當長時間的會談。如果和東三省的當權人物張學良之間所進行簡短的、沒有超出禮節上聯歡範圍的會談相比較，就連我也對這次與楊長時間密談感到驚訝。不難想像，這會使張學良對楊的警惕，恐怕張學良會作出日本是傾向於支持楊的判斷吧？」（「春秋」，復刊第七卷第二期第三十一頁）

三一五　張學良殺楊宇霆之另一原因

前言張學良以楊宇霆「權高震主」，殺之。另一說，則因張學良花花公子，揮霍無度，而是時楊宇霆兼兵工廠督辦，不肯挪兵工廠經費以供學良揮霍。且楊大唱開放主義，謂欲保全東三省，惟有對內開放，對外開放；對內廣攬各省人才，對外聯絡英美以牽制日本；前者招舊派之反對，後者招日本之反感。楊自身亦少檢點，生活較奢。凡此皆為楊致死之原因。（沈亦雲著，亦雲回憶，下冊，四二七頁）

三一六　史達林接濟中共

當十九路軍在福建稱兵，中共中央總書記秦邦憲等認為（抗日作戰協定）對該黨甚為有利，特請「人民政府」整肅十九路軍內部不穩份子，以鞏固內部組織。同時，又急電請史達林速運大量軍火至福建，準備裝備紅軍。史達林當即應允先運步槍三萬枝，輕重機槍四千挺，大砲二百門，飛機十架及各種彈葯器材前往接濟，並表示已陸續集中海參崴，只要該黨打通了福州的海路，即可啓運。此外並由上海先行撥交中國大洋幣券一百萬元，充作紅軍經費。（以上兩則載「毛澤東與紅禍」，中央第六組印）

三一七　馮玉祥布衣、布鞋

在南京軍校舉行畢業典禮，馮玉祥布衣、布鞋蒞席，與其身份職位殊不相稱。聞蒙當局

贈與呢料數襲，竟婉辭不受。（見「春秋」，第十七卷，六一年九月一日版第十一頁，傅瑞瑗，我所認識的馮玉祥與韓復榘）

惟據魏道明言：馮玉祥來南京，一次舉行酒會，邀請京中各要人。蔣亦至，則見馮仍穿一襲棉短襖、長至膝。蔣返則命人送馮上等貢呢三疋。越數日，馮謁蔣，即穿此貢呢所製軍裝，舉手行軍禮了。

三一八　馮玉祥撲了一個空

馮玉祥第一次來南京，任軍政部長，乃徐州會議所商定者也。一日開國民政府會議，蔣、馮相偕步入會議室。馮告訴蔣說：「我今日有一提案。」蔣說：「好、好。」馮乃臨時提議，以西北軍某人任軍政部航空署長，當無異議。散會後，蔣立即手諭原任航空署署長張靜愚為陸軍軍官學校航空大隊長，於是所有飛機乃轉屬於軍校了，馮玉祥撲了一個空。

三一九　戴傳賢愛護孫科

某次，政治會議開會，戴傳賢起立發言，稍長。主席孫科頗不耐，打斷戴的話，說：「你說話總喜歡從盤古開天地說起，請簡單說吧！」戴亦氣忿，說：「我不說了。」，即坐下。戴對孫科愛護、提攜無以復加。猶憶孫科等自歐返國，成立五院，戴任考試院院長，即提以孫科為副院長。大約戴考慮到孫科手下一批人不能在考試院為之安插，或孫科對戴有此表示，戴乃向蔣建議成立鐵道部，以孫科為部長。戴與我（編者）談及此事，我尚說：「中國僅有幾條鐵路，既有交通部，何必又添立一個鐵道部？」戴說：「日本亦有鐵道省。」可見戴為孫科設想之週到，無非因其為總理的兒子，愛屋及烏罷了。孫科素愛發「太子」脾氣，不問對方受得了、受不了，亦不問對方為誰。我又記起另一件事，民國二十年，某次，國民政府委員會開會，在討論議案時，文官長古應芬稍有發言，表示意見，孫科直斥文官長沒有發言權。古亦氣忿而離京。諸如此類，不一而足。在國父百年誕辰，孫科返國則脾氣已有改變了。

三二〇　宋子文送陳公博五萬元出國

陳公博在上海辦大學與雜誌，來抨擊政府。嗣後政府使其所辦雜誌無人銷送。而由宋子文送陳公博五萬元出國，陳公博承認為二萬元。

三二一　宋慶齡營救鄧演達

鄧演達之被捕，乃由其手下重要份子任援道為政府所收買告密。鄧被解送南京，尚在羈押中，一日孫夫人宋慶齡女士忽電蔣將於某日抵京。蔣知其此來，係為援救鄧演達，乃命令當晚提出槍斃，距孫夫人抵京僅數小時。孫夫人晤蔣，即道出來意，蔣謂已處決了。孫夫人乃廢然返回上海。

三二二　馮對編遣會議不滿

十八年編遣會議議決以師為單位，方面軍、集團軍一律取消編制。第一集團軍除任應岐等部外，並收降的魯軍、孫傳芳軍縮編為三十三個師，約五十萬人。第二集團軍原有（客軍在內）約六十萬人、縮編為十二個師，而與第三集團軍兵力相等。除劉鎮華、楊虎城、李虎臣、龐炳勳、馬鴻逵等客軍外，其兵力只有第一集團軍兵力三分之一強。第三集團軍縮編為二十二萬五千人。中央則認為中央軍與第一集團軍為兩個單位，故在中央要按五個單位辦理，別人則要算他們為一個單位，此即衝突之最大原因。其次馮要求多編四個師，並特別提出兩大原則：一裁弱留強，二裁無功留有功，更明白指出一集團軍應先裁去陸續收編之南北殘敗之軍。由是發生歧見，馮乃稱病不出，軍政部交鹿鍾麟代理。未幾，閻錫山先脫身回晉。馮除對編遣會議不滿外，軍政部並無實權，乃忽然祕密離京渡江，遄程返豫。馮認為第一、二集團軍的待遇不平等。北伐三年第二集團軍未領過政府分文軍餉，且駐地貧瘠，稅收欠缺，財政困難，遠不如京、滬、杭的海關一種收入。第二集團軍下級軍官已四年未發餉，兵士每人每月只領二元銀元。中央不撥付軍費，僅口惠而實不至，故稱兵叛變云云。但據蔣於民國十八年五月二十四日發表告馮部官兵書，則言：「不知自北伐以來，魯、豫、陝、甘各省之稅款、平漢、隴海等路之收入，中央悉令馮氏取收；且每月由中央協撥五十萬元。討逆軍興以後，尤特加補助，計四月份所撥達一百五十萬元。而（五）月銑日（十六）中央尚在滬撥付五十萬元。以中央財政之支絀，實已竭盡能力……」可見馮之所言：「中央不撥付軍費」，並不確實。

三三　汪之為人不可捉摸，胡乃定了型之人物

據洪陸東言：當年寧漢分裂，蔣總司令下野，洪陸東代表十七省市黨部赴漢口晤汪，勸其以藺相如自居。汪答以介石與我二人本身並無芥蒂，完全係下面的人所挑撥，言畢而泣。最後允即日去電蔣，請其復職。此所以有汪及其一派委員群集上海召集會議，促蔣復職之舉。但蔣以汪之為人，不可捉摸，而胡漢民乃一定了型之人物，故寧願聯胡，此所以全會預備會議閉幕之後，汪派委員乃作鳥獸散。蔣之左右以洪陸東曾有去漢口一幕，頗主聯汪，故禁

其外出者兩星期，以免發生是非。

三二四　軍隊編遣之後應如何安置

北伐軍事結束，中央執行委員會通過整編軍隊，並成立「編遣委員會」，以師為單位，方面軍、軍團、軍均須取消編制。第一集團軍（直屬中央）縮編為五十萬人、卅三個師。第二集團軍（馮玉祥部）原有約六十萬人，縮編為十二個師。除劉鎮華、楊虎城、龐炳勳、馬鴻逵為客軍外，兵力只有第一集團軍三分之一強。其他三四集團軍及東北軍均在縮編之列。自北伐軍事結束，國內軍隊太多，確是事實。編遣會議閉幕，中央推派中央委員分赴各部隊宣傳編遣意義。編者被推派至唐生智部隊，認識龔浩，自此始。其時我國完全實行募兵制，凡願投效軍隊者、十之八九均為無業游民，無以為生，乃藉當兵以為生。苟編遣後，不能妥為安置，則必流為盜賊，打家劫舍，或嘯聚成匪，獨霸一方，均將為禍於社會。國家所遭之損失，尤有甚於軍費之負擔。故編者當時主張效法我國古代屯田制，凡被編遣之官兵，仍維持原階、派赴邊區，並鼓勵其攜帶眷屬、計口授田，供給工具、種籽，貸以所需資金。或實行化兵為工之政策，以之建築道路或工廠。編者返南京後，曾以此種意見，建議中央，終以時局擾攘，未見實行。中央亦曾制定裁兵的方案，亦因未曾編遣而擱置了。但黃埔同學會亦已見及此一問題之重要性，凡黃埔出身之失業者，概由同學會予以收容與安置。其來南京者，住於郊外香林寺，每人每月發給伙食十五元云。

三二五　韓復榘諫馮撤軍

民國十八年四月下旬，馮忽命令韓復榘、孫良誠從山東河南，全軍撤退至洛陽以西及豫西一帶。韓乃孑然至華陰謁馮。他不明白馮之軍事計劃。一獲悉要西撤入陝，即表示困難，因陝甘乃貧瘠之地，給養不足，奚能容全軍數十萬人生存。如為政治新環境所迫，則人人皆願拚命再幹，向前打出生路，有進無退，死裡求生。韓乃獻計，拍起胸脯，包打下武漢，請纓自將十餘萬人，沿京漢路南下，並願立軍令狀，如不成功，甘受死刑。他另一主張則以孫良誠將十萬人沿津浦路直攻南京；復以石友三統十萬精銳之師分駐徐州隴海一帶，為孫、韓兩路的總預備隊。最後則留宋哲元、劉郁芬等大軍在豫陝，以監視晉方及其他武力，如此必獲全勝。韓此計未被馮採納，乃不得不歸順中央，中央初任為河南，繼為山東省主席職，此一經過乃韓親告簡又文者。一說韓為力諫調兵入陝之事，被馮摑一耳光，乃憤而叛離。韓自當兵起，時常挨打。十三年夏，因一小事，在南苑操場罰跪，時韓已升任旅長了。西北軍官長被摑耳光、罰跪，乃家常便飯。韓與石友三同時叛離而歸順中央。蓋中央派人說韓復榘，願以二百萬為犒賞，且任為河南或山東省主席。其奔走接洽者為李鳴鐘，原西北軍五虎大將之一。馮玉祥以其在上海、北京購置房產，殊不滿，乃發表其為鄭州市長，鳴鐘未就，乃脫離西北軍，而為蔣效奔走聯繫（對西北軍）之勞。

三二六　馮軍西撤之原因

馮之自行縮小防區，自亦有故。孫良誠主魯而日軍則佔領青島沿膠濟鐵路以至濟南省城。膠東一帶且有舊魯軍劉珍年部（是時已歸順中央）。魯省府所轄地區，僅三十餘縣，不過全省三分之一而已。初（十八年）孫與日軍本商定四月十六日上午某時，日軍開始退出濟南，由孫軍接收之。但到了十五日中央忽去電著於十六日不要到濟南，接收之事須與日方商洽改期辦理。到了廿六日，孫軍忽奉馮命全軍撤走了。蓋當時孫所奉中央命令接收的僅濟南一城而已。魯東、青島一帶則另派他軍接收，並令方振武率部由河北赴魯。當時孫軍只有四萬人，而可能為敵者不下六軍之衆，中央且可陸續派兵北上。駐魯兵力已感不足，防線太長，首尾難顧。所以馮於四月下旬忽電孫良誠放棄魯省，全軍西撤，並令豫主席韓復榘全軍及其他魯豫所屬各軍照樣撤退。

三二七　韓復榘、石友三歸順中央

據姚琮言：韓復榘叛馮而歸順中央係以三百萬元收買過來云（一說二百萬元），並任韓復榘初為河南、繼為山東省主席。馮部在此役中之投順中央者，除韓外尚有石友三、馬鴻逵等。

十八年馮玉祥稱兵反抗中央，戰事在劇烈的時候，中央派人收買西北軍高級將領叛馮，韓復榘、石友三即其顯例。劉振三西北軍宿將也，在張自忠座談會亦言：「二十五師師長張自忠到了鄭州，中央派人送委張自忠為二十八路總指揮委任狀和十萬塊錢，張自忠沒有接受。」

三二八　馮敗投閻

馮敗，赴山西投閻錫山，閻安馮於晉祠，行動尚屬自由，但並不外出。馮自有無線電臺與外界聯絡通消息，見客亦不阻，手下仍有不少隨從人員，惟在太原已無辦事處了。

三二九　閻錫山慫恿馮再起兵反中央

馮既於十八年四月令全軍撤退至豫西一帶，何以又於十月十日用「國民軍」將領二十七人聯名通電，推戴馮、閻二人領導全軍反抗中央？緣前次之役，馮因失敗而退居山西，雖與閻屢商大計，而閻皆虛與委蛇，依違兩可。蓋閻當時處境亦有困難。其本身對中央措施本多不滿，久遭疑忌。一向有馮軍在魯、豫居間緩衝，故尚不致直接受到中央之威脅。但恐馮軍一旦消滅，則閻將無力抵抗，成為孤軍，其亡可立而待。所以其懼馮之心理，遠不如其懼中央之甚。乃乘馮失敗而退山西，亟挾馮軍以自重。嗣遷馮於河邊村，優待更甚。即欲藉之以威脅中央。一俟時機成熟，即將放虎出籠，使其正式出面打擊中央，而自居幕後，操縱一切。適九月十七日，汪兆銘所領導的改組派，由張發奎舉兵於南方，進圖廣州。中央急於調兵應付，閻乃認為正是北方響應同時夾攻之最好機會，乃親自訪馮，相與詳談，大罵中央之不是，聲言此乃反抗中央之時機。極力慫恿興兵再舉，自願衷誠合作，負責一切供應。前次之役，馮之未曾進攻，多因顧慮閻在後方牽制，今驟聞此堅決表示，正中下懷，當即首肯，大計乃定。繼又討論舉兵之名號問題，閻主張無須巧立名目，昔時「國民軍」之傳統名號，聲威猶在，復用之可也。馮向來重實輕名，又即同意，不知遂即中了閻之計謀。馮以智珠在握，劍及履及，立電豫陝方面宋哲元、劉郁芬等剋期舉事。殊不知閻一面暗中接受中央任命之「陸海空軍副總司令」，一面又假馮手以打擊中央。同時又以「國民軍」之軍事機密時向中央報告，以是馮軍在豫作戰為難，終歸失敗，此乃馮敗後憤憤不平，向外國記者之所報告者。

三三〇　「他們的財政只能維持三個月」

中原大戰之始起，蔣親赴前線指揮，高級將領均親至車站送行。正待火車開駛，其中有將領一人忽問：「總司令看此次叛將何時可以掃平？」蔣不假思索而答：「約三個月。」侍立之將領或面現驚訝之色，蔣乃加以補充：「他們的財政只能維持三個月。」

三三一　中原大戰

馮既在豫失敗，「改組派」在粵又一事無成，中央乃得傾全力以收拾北方癱瘓之局。於是閻乃首當其衝，不得不居主動，積極作軍政活動以圖自保。他極力拉攏「國民黨」各派各系，以圖團結而抗中央，於是有十九年擴大會議之組織，而以閻為中心人物。於是閻錫山、馮玉祥、李宗仁等四十五人於十九年二月二十三日通電提出關於黨統問題，汪兆銘通電響應。四月五日中央乃下討伐令，調軍應付，但在前線仍採守勢，此即所謂「中原大戰」，實民國以來最大之戰事。

三三二　對方親臨前線而又捨得花錢

姚琮言：當閻馮對中央之戰，閻錫山往訪段祺瑞請教對於此戰看法。段云對方親臨前線，而又捨得花錢，均為你們所不及云云。

三三三　蔣氏手面為袁世凱所不及

葉公綽為交通系首領，在袁世凱時代即很活躍。孫、段、張三角同盟時期，亦在粵府任要職。孫科第一次組閣，任交通部長。故對南北人物均非常熟習。據其告胡漢民，蔣氏用錢，手面之大，為袁世凱所不及云。

三三四　晉軍一敗塗地

民國十九年七、八月間，魯豫兩戰場皆有劇戰。三方面各集中精銳作殊死戰，傷亡甚多。至八月初晉軍一敗塗地，山東盡失。不堪再戰。中央軍得傾全力以對付馮軍。其後攻鄭州者為陳銘樞之第四軍，最為得力。一日馮在總部忽接方在前線作戰之軍長吉鴻昌電話說：「總司令，對不住，我去了。」緣中央知馮舊部李鳴鐘與吉鴻昌感情素洽，乃著其赴豫運動吉來歸，予以鉅款，果然馬到成功。吉本馮部後起之驍將，戰功卓著，惟性情暴戾難馴，至是叛馮而去。迄奉軍入關，大局已定。馮知難以挽回敗局，即由鄭州渡河，帶少數衛隊由新鄉經焦作西行復入山西。其餘軍隊則盡退陝西、山西，戰事遂告結束。「擴大會議」及其所組織之「國民政府」乃自然瓦解。

此次中原大戰，蔣總司令之總部設於開封以東之蘭封車站，在火車上辦公，蔣及其主要隨員亦住火車上，衛隊約百人。一日蔣所乘火車由橋河駛回歸德、離站不遠即為飛機場。一夜，飛機場突受「國民軍」騎兵千餘人襲擊。飛機場既毀，騎兵乃沿車站邊馳去。苟直趨車站，則車上人員恐無一倖免者，誠天意也。據劉振三在張自忠座談會所言，則「鄭大章騎兵迂迴至津浦路，把津浦路切斷，對方統帥適乘專車至臨准關與符離集之間，不得已棄車而走：那時要走不了，則歷史就要另寫了。」

三三五　奉馮總司令命前來投順

馮敗而入山西，有駐豫北之孫連仲、張維璽等部欲追隨。馮卻之，轉令其投歸中央，以後服從蔣總司令之命令，為國效勞。孫唯諾，遵命而退。其後，果向中央報告云：「奉馮總司令命前來投順。」

三三六　直屬部隊不知那裡去了

何應欽任軍政部長有年，對於比較重要軍官任命，只能保舉而由蔣圈選。有時蔣批另保或某人如何。圈定之後即由蔣親自召見，表示權由己操，恩由己出，此亦為其直接控制軍隊之一法。有時部隊長官不知其直屬某一部隊那裡去了，蓋蔣氏已直接下令他調矣。重要戰役，亦必親自指揮，或親臨前線，或在數千里之外以電報、電話直接命令，徐蚌會戰即其一例。

三三七　北方將領樂與何成濬交

何成濬任北平行營主任時，曾以二百餘萬元策動白崇禧部下湘籍軍官歸順中央，龔浩為直接經手之人，前已言之。蔣曾通令中央所屬四行，凡何成濬憑支票提款，不問數目多寡，均須照付。北方將領多為舊式軍人，何本人亦老派軍人，臭味相投，無論賭博、抽鴉片，何均陪伴。他們輸了，由何代付，他們贏了，則聽其納入荷包，且十之八九均是何輸，故北方將領均樂與之交，感情非常融洽。也相信何不會欺騙他們，不會在他們槍枝上打主意。其安撫北方將領之功實不可沒。何到台灣後，窮困潦倒以死，亦可悲也。

三三八　楊永泰誣告鄧文儀

鄧文儀言：徐培根之飛機案，因鄧文儀任總部調查科長，對於楊永泰所主持之鴉片煙特稅處人員不顧情面予以逮捕，楊甚銜恨。故向蔣密報，謂鄧之調查徐案，處處袒護，實受徐培根二十萬元之賄賂。蔣為之震怒，斥責鄧文儀。鄧要求派戴笠、徐恩曾再查，如果所控屬實，願受嚴厲處分。嗣後經戴笠調查證明所控不實。但鄧仍辭去調查科長及許多兼職，此為鄧下台之原因。

鄧又言：楊永泰見鄧文儀對特稅人員毫不徇情，乃對鄧說：「你很能幹，特稅處處長一職，請你擔任，且有特別費十餘萬元，不必報銷。」蓋想予以收買。楊見此計不售，乃對鄧作不實之控告云。

三三九　奉軍入關

奉軍之入關，誠如外間所傳，中央代表張群、吳鐵城手面闊綽，瀋陽中國銀行已得中央電令張、吳支款，不加限制，奉方上下莫不稱意，以視閻，馮代表賈景德、薛篤弼等人欲見張學良一面而不可得者，不可同日而語。然而另有決定性因素鮮為外人所知者，即張對中央雖仍有不愜意之處，然對馮則更有惡感，況中央以副總司令名義相畀，又可佔華北之地盤，當先舍彼而就此了。

三四〇　擴大會議四腐

擴大會議時期，陳公博、趙丕廉、覃振、傅汝霖狂嫖濫賭，捧女戲子等等惡習無不沾染，時人稱之為四腐。

三四一　擴大會議失敗之原因

民國十八年馮玉祥第一次稱兵之失敗，主要原因固由於軍事失敗，然繼軍事失敗之後，韓復榘、石友三又突然倒戈。其中經濟原因居於一半，經不起長久的物資困乏，生活清苦。而中央則以鉅款收買韓復榘等人。另一半原因，則是馮統御部屬過於嚴酷。身居將官軍職，在電話中一聽到馮的聲音便不由自主地立正。平日訓練的時候，長官時常向士兵發問「當什麼人的兵？」兵則齊聲應答：「當總司令的兵」又問：「吃什麼人飯？」大家又齊聲應答：「吃總司令的飯」。馮治軍之嚴，即在舊式軍隊中亦少見。

至於十九年擴大會議之失敗，即奉軍之進關為其主因。中央派張群、吳鐵城二人為代表，此二人者才氣縱橫，手面闊綽，瀋陽中國銀行奉命可由張、吳二人予取取求。不但伴張學良賭博，一擲數萬金而無吝色，即學良左右乃至聽差，無不應酬週到。李石曾在瀋陽代蔣遊說亦為一重要原因。而閻、馮之代表一為賈景德，一為薛篤弼，其中以薛篤弼最拘謹，求張學良一見而不得。且政治、軍事均以實力為第一，在軍事方面，閻、馮既一再失利，於是學良乃由模稜而明朗，即帶兵入關，直取平津，擴大會議，乃不得不三十六計走為上計了。

陳公博所記，是蔣以五百萬現金、一千萬公債打動了張學良的心，是不確實的。最大原因是華北地盤以及陸海空軍副總司令的頭銜對張學良的引誘太大了，所以才揮兵入關的。

三四二　楊永泰挑撥蔣胡

陳立夫處於機要之地位，許多公文皆得過目。其中關於楊永泰挑撥蔣胡二人間之關係者亦不少。舉一例以言之。張廷休任河南省府秘書長，時省主席為劉峙。楊乃言係胡派張廷林拉攏劉峙以為己用之安排。實則張廷休與胡漢民並無關係。劉峙既任河南省政府主席，對於秘書長無適當人選。劉峙與劉蘆隱不但同姓，而且是小同鄉，蘆隱又在中央任重要之職，乃託其代為物色。蘆隱與張廷休亦無交情，經各方探問，始知張廷休其人，東南大學畢業。乃介紹給劉峙。

三四三　馮軍善於摸營

馮軍之失敗，尚有一原因。前在西北軍任參謀長之曹浩森，是時已在中央任要職，盡將馮軍之強點與弱點，一一報告，並提供具體辦法。如馮軍之戰術善於夜間「摸營」（偷襲），士兵右手執大刀，左手握短槍，當者披靡。但是役由曹獻計，中央軍紮營處，夜間遍樹火把，徹夜通明，大刀隊一摸進即被射殺，無法施其伎了。馮部隊無砲兵不能向明亮處轟擊。抗戰時期，中央軍亦僅有三團砲兵，其他可知了。

三四四　唐生智失敗半由天意

唐生智第二次反蔣，其失敗亦半由天意。緣是年冬季風雪之大且久，為多年來所僅見（詳第一輯第二九六條）。二十七日蔣總攻開始，唐儘量鼓勵士兵努力南進趁早回家過年。但中央軍固守確山之線迄不為動，至十九年元旦，中央軍左翼轉守為攻，進駐馬店，至三日其主力龔浩師被包圍乃紛紛投誠。

三四五　唐生智迷信顧和尚

唐生智又為什麼在日本軍進攻南京時，會擔任南京衛戍總司令呢？原來其中也有一個鮮為外人所知的原因。唐耽迷一佛教居士名字叫顧子同，個人的出處乃至行軍作戰，都唯顧言是聽，大有與劉湘之迷信神仙，如出一轍。顧子同言唐係「金陵王」前身。故當南京危急時，唐在會議席上直言，在此危急存亡的時候，非有一個大將犧牲，實在說不過去，乃自告奮勇願擔負戍守任務。十二月七日蔣委員長離南京飛漢口，唐乃成為南京城最高指揮官。他的命令是閉城固守。但固守五日南京即已淪陷，「金陵王」不過黃粱一夢而已。（據龔浩言顧子同確有其人，亦確有其事。）

三四六　嚴家淦與陳儀認識之經過

茲略述嚴家淦與陳儀認識之經過。陳儀為浙江人，軍人出身，而嚴家淦江蘇省人，上海聖約翰大學習自然科學。嚴大學畢業後受雇於一個洋行。適陳儀任軍政部兵工署長，嚴代表該洋行向中國政府接洽買賣軍器事，乃與陳儀相識。陳儀亦認嚴家淦頭腦精細，言詞有條不紊，再有徐學禹為之推挽，故陳主福建省政，乃攜之以去，並命主持省銀行。陳儀改任台灣省，又攜之來台灣任交通處長。魏道明繼任，又升嚴為財政廳長。從此扶搖直上，而經濟部長而財政部長，而台灣省主席，而行政院長，而副總統，而總統。

三四七　蔣氏信奉基督教之經過

民國十六年蔣託譚延闓代向宋美齡女士求婚，先，宋美齡亦曾向譚延闓表示願與蔣結婚。宋老太太提出兩個條件：㈠與髮妻離婚；㈡信奉基督教。蔣對第一條件完全答應，當即致函其髮妻毛夫人，歷舉不能再與相處之理由，表示從此恩斷義絕，決與仳離，載上海民國日報。當時尚無離婚習俗，故此信不啻一紙公開休書。關於第二條件，蔣亦允當悉心研究，俟有心得，再作決定。蔣逝世之後，周聯華牧師主持追思禮拜，謂蔣係於民國十九年領洗。為什麼蔣於結婚三年後始信奉基督教呢？或由於蔣於十九年間在軍事上曾遭到兩次危難，而終於安然渡過。一次是馮閻稱兵，蔣駐節歸德，住在火車上親自指揮，衛隊無多。一日，馮之騎兵部隊由鄭大章率領，直衝歸德，但到火車站附近，忽然轉向他去，否則，蔣及其重要隨員皆將一網成擒了。另一次是唐生智叛變，中央軍固守確山，兵力單薄，幾有被消滅的危險。但天忽降大雪，為歷年所僅見，使郾城一線變成雪海。唐軍寸步難移，俟中央援軍開到，則唐軍祇有投降了。這兩次兵事，我皆曾為文記之，可查。在這兩次危難之中，或會使蔣感到冥冥之中確有神助，乃信奉基督教，而宋美齡日夜以信教相勸，亦有很大關係。

三四八　蔣之舊衛士圖謀行刺

蔣第一次復職之後，亦有時來上海小住。其一名舊衛士以老關係得以直達二樓蔣所住房間，圖謀行刺。此人先僱出租汽車停於門口，準備得手後，即乘之逃走。出租汽車之車伕，見此人似綁票模樣，乃往法捕房報告，即派大批人員馳赴蔣宅，始將該衛士擒住。至於該衛士既已登樓入室，為何又未實行原定計畫，則不得而知。（一說蔣宅女傭頗機警，不肯開房門。一說此人登樓後，忽然害怕起來，故未動手。此為侍衛長告冷欣，而冷欣特告編者）

三四九　蔣氏歸德遇險

民國十九年，馮閻聯合組織擴大會議，而與中央軍會戰於平漢路、隴海路、津浦路一帶，世稱中原大戰者指此。蔣親率第一集團軍，在隴海路火車上指揮作戰，經常往來於徐州與蘭封之間。八月中旬一天晚上，蔣所坐的火車剛由柳河回駛歸德，前線激戰，相當緊急。馮之騎兵由鄭大章率領，已衝至火車站附近，忽轉向他去，否則，全部被擒了。周佛海曾隨蔣出發，親眼看見此驚險之一幕，編者根據周之所言亦已記之。其時槍聲爆發，兵荒馬亂，歸德城內之老百姓蜂擁奔向車站逃難，秩序大亂。總司令之衛隊營環繞車站佈防，亦有衛士任意開槍，制止逃難人民擁至總部車軌上。蔣在車上思考約半小時，忽走出車門，爬上藍鋼車頂，觀察戰況，十分鐘後，下車，立即指示六事：

一、飛機場方面已起大火，槍聲強烈，斷定敵人的目的是來襲擊與破壞吾人的飛機場。

二、要侍從參謀去通知鄰車之德國顧問，請其安心，擾亂即將過去了。要侍從副官速往第三軌道，通知兵站總監俞飛鵬，火車不必調動，尤應立即停止鳴放汽笛。如果敵人前來襲擊歸德，車站前後兩端必早已破壞鐵路，火車開出去，必不能通行，不如靜觀事變發展，沉著應變。

三、要侍衛長命令衛士停止射擊，未見敵人，不得隨意開槍。

四、速派兵一隊，前進向飛機場警戒，搜索偵探敵人動向，並具報。

五、通知附近駐軍，迅速派出可能派出之部隊，速向飛機場方面敵人攻擊前進，並盡力撲滅飛機場餘火，協力保護未被燒毀之飛機。

六、通知侍衛人員及憲兵警察維持秩序，阻止歸德城內民眾，不必驚慌奔逃，或向火車站方面擁擠，並開導曉諭民眾，事變即可平復，可以安心回家。（參閱鄧文儀，師承小記，中外雜誌第十五卷第四期第四十九頁）（編者按：據參加此一戰役之黃杰所述，則總司令行營所在地為柳河一帶，其遇險地點為柳河車站。）

我們讀了上段記載，亦可見蔣指揮若定，處變不驚之一斑了。

三五〇　「我要組織何用？」

國府遷都南京，黃埔同學會由賀衷寒主持，蔣交三人之名單囑設法選出為出席三全大會代表。此三人者皆黃埔教官，其中王柏齡一名竟未選出而由賀衷寒代之。揭曉後蔣公不悅，面斥賀曰：組織倘不完全受我指揮，我要組織何用？賀即因此而去日本。陳立夫主持組織部，曾奉命調查黨內各小組織之名稱與主持人，獨有一組織未列主持人姓名，蔣問曰此為何人，陳曰：我以為你知道，故未寫出。蔣曰，我不知道呀？陳曰：賀某也。此乃賀告胡競先者。

三五一　國民黨招待張學良

張學良入關，稍事佈署，即入京。中央黨部以茶點招待之。胡漢民、吳敬恆、李石曾及余等數人先到，均站立交談，而不入座。座位為馬蹄形，迄蔣伴學良入室，即請胡先生坐，請吳先生坐，始一一入座。

三五二　外傳CC種種

黎東方曾面詢陳立夫外傳CC種種，究竟有無其事？據答：當初組織部部內數十人確乎定期開會，但並無固定組織，亦無固定會所，更無固定名稱。果如立夫所言，則青白團（據楊興勤一再言係清白團而非青白團，洪陸東、蕭錚則謂為青白團，未知孰是。）與胡健中所曾加入之革命同志同盟乃以後的事了。立夫在美留學時，曾組織健社，其社員返國後多在政治與黨務方面工作，皆出於立夫之援引。

三五三　CC之組織

據與CC有深切關係的人告訴我：凡在陳果夫、立夫旗幟下面的人，外間統稱為CC，實則其內部小組織很多，有外圍組織，有核心組織。即所謂CC圈內人，亦難彼此分別清楚。譬如，有人指谷正綱為CC，谷說：「我好像CC大門上所貼的門神，開門便在裡面，關門則在門外了。」立法委員費俠說：「我不否認我是CC，但我是小CC，還有大CC，則時常命令小CC，指揮小CC。」

三五四　國民黨各部門主持人由蔣決定

民國十八年，中國國民黨第三次全國代表大會在南京開幕，蔣後到，即執筆書寫主席團名單，余適坐於蔣之後坐，故得見之。胡漢民得此主席團名單，主席上台，宣佈昨日中常會通過主席團名單如下云云。大會閉幕，繼開中央全體會議，推舉常務委員。其時，常務委員多數在京，惟蔣已赴廬山主持軍事。中央黨部各部門主持人，均由蔣在廬山決定，交由中常會通過。

三五五　胡漢民反對約法

約法問題為胡、蔣齟齬之主要原因，至少在表面上是如此。實際上，胡並非根本反對約法，而是反對在訓政尚未結束前即頒佈約法。民國十九年，中國國民黨第三屆中央執行委員會第四次全體會議，張群等數人聯名提案請制定約法案，首由張群說明提案要旨，胡漢民繼起發言，歷數提案所舉理由完全抄襲王恆文章。此案遂擱置。散會後，余（編者）與戴傳賢同步出會場，戴言：「只有胡先生老資格，才能壓下去」。張群告戴：「胡先生往往使人難堪。」諒指此。胡漢民被囚後，國民大會通過約法而公佈之。胡被囚之當晚，胡、蔣談話經過，由胡親自撰文登於三民主義月刊，可查。

三五六　李濟琛被扣留

民國十八年武漢政治分會免湖南省主席魯滌平職，引起中央不滿，幾有以兵戎相見之勢。余（編者）特由京赴滬往見李濟琛，其時李已不見客，特延余入。余開頭便說，現在國家粗定，群情望治，應埋首建設，以立百年之基。倘雙方以兵戎相見，徒為親者痛，仇者快。今日你的地位殊超然，可以擔起調停之責，以避免內戰。他說：我們願意做蔣先生的兒子，但他不要我們這個兒子，奈何！未數日，李由張人傑、吳敬恆兩人擔保安全，果赴京，試圖挽救。即被扣留，幽居湯山。報館記者往訪，特題詩一首以答，內有「有子萬事足，無官一身輕」之句，傳誦一時。迨武漢軍事解決，李乃移居城內鼓樓住宅。余以李之此次來京，是否與余勸說有關，固不可知。然總覺心中慊然，故與謝瀛洲相偕往視之，猶有一人監視於旁。我們本不過問候之意，寒暄數語，即辭出。

三五七　居正被熊式輝扣留

自國民政府在南京成立後，居正以國民黨元老及反共先覺，而竟被排斥於國民黨之外，心有未甘。乃在上海辦「江南日報」，攻訐國民政府與蔣氏不遺餘力。蔣電令上海市長張群、上海警備司令熊式輝封閉江南日報館，但以該報係以日本人為發行人，且館址設在虹口，為日人勢力範圍，無法取締。張群認為市政府與警備司令部均不便出面干涉，只可交由市黨部辦理。當時市黨部常務委員為范爭波，乃別出心裁，另辦一江南日報，其版面、字體均與原江南日報一模一樣，下午二時即已出報。等到原江南日報下午四時出版，已失時效。同時又運用幫會組織，使送報人不叫賣原江南日報。所以不到一星期，原江南日報便不得不自動停刊了。居正又運動熊式輝兩營部隊叛變（按熊式輝所部第五師為賴世琪舊部，是否為居所運動，待考）。熊式輝心生一計，乃向居正表示亦願參加反蔣行列。其時國內情勢頗不穩定，反蔣軍事又此起彼伏，熊式輝亦想腳踏兩邊船，居正以熊之為人，本善於投機取巧，乃深信不疑。熊見反蔣情勢逆轉，乃柬請居正來其寓所餐敘。當時居之友人，以熊設宴於華界，必不懷好意，勸阻之。居答：「不入虎穴，焉得虎子。」餐畢，熊表示願與居正另擇一處長談，即令車伕開至陸軍俱樂部，將居正扣留（據爭波言所傳手銬腳鏈說不確）。在居正被扣期中，范爭波時往省視。居乃親筆致蔣一函，大意承認自己錯了。如允其來京面見，願承受處罰云云。此信並未封口，託范爭波面呈蔣總司令。時正值閻馮叛亂，蔣在前線督戰。上海各界組織前線慰勞團，范爭波亦參加。慰勞團見蔣後退出，爭波請求單獨見蔣數分鐘，即面呈居函。蔣閱後，即謂居先生為老同志，只是政治上立場不同，為什麼寫這樣一封信？乃當即撕毀，擲入字紙簍中，使其不留痕跡。以上採范爭波所言，蔣在此等地方，可謂識大體而有大度者。蔣又令熊式輝釋放居正，由其遷居南京。居到南京，住於中央大學對面巷中一小住宅中，編者曾往省問。此住宅係居正自賃，抑政府代為安頓，則不得而知。

三五八　軍校學生罵張治中

喬家才言，軍校移南京，教育長為張治中。一日，蔣偕宋美齡來巡視，學生對宋美齡頗不滿，跟在他們後面指指點點，獨張治中在聚餐時，高呼「蔣夫人萬歲。」學生認其卑鄙無恥。有學生七人寫匿名信給張治中，指其自帶兵以來，未曾打過一次勝仗，今所表現，又為無恥之尤。張治中召集全校學生訓話，先把七人的信一封一封的唸出，然後訓斥一個多小時。有人說：張治中幸有高呼「蔣夫人萬歲」一幕，所以以後無論做錯什麼事，甚至造成長沙大火，都仍能扶搖直上。（按喬家才為軍校六期生，當時適在校中，故知其經過。）

三五九　楊永泰詆毀總理

胡案發生後，中國國民黨中央監察委員鄧澤如、林森、蕭佛成、古應芬等，忽於四月十三日發出彈劾蔣主席通電，其中有關楊永泰者，特摘錄於後：

「政學會員，昔雖曾隸黨籍，自袁氏竊國，即已叛離。章士釗、楊永泰、湯漪之流，或依附軍閥，或假借文字，對吾黨及詆毀總理者，無所不用其極。民國七年總理南下護法，楊永泰勾結桂系，竊取政權，排斥總理以去；十二年粵軍援桂，楊永泰受北洋政府偽命，親赴雷州，就安撫使偽職，抗拒義師，為桂逆張目。」無怪胡漢民說：「倘使我用楊永泰，還談什麼革命？」

三六〇　「倘我用楊永泰，不必再談革命了」

謝瀛洲言：楊永泰初由北京轉南京，見胡表示願追隨胡先生之後，在立法院任委員之職。胡婉言謝絕，謂來得太晚，廣東人用得太多，未便再用廣東人。楊再託人表示願任編審處編修，胡乃直率明言：「倘我用楊永泰，不必再談革命了。」於是楊乃向蔣上萬言書。

三六一　楊永泰上萬言書

當楊永泰來南京後，初為胡漢民所拒用，借居王伯群家，終日很少外出。曾起草意見書呈獻蔣主席，內中兩要點：一為化零為整，即指除田賦外將地方一切財政大權收歸中央，而另酌予地方以補助。二為化整為零，即將閻，馮及各地方軍隊，化而為零，零星收用以拆散之。蔣深韙其言，派為導淮委員會委員兼處長。未久，又改任剿匪行營秘書長、湖北省政府主席。楊大用之後，與舊日政學系深相結納，播弄於蔣胡之間，遂有胡案之發生。

三六二　蔣氏推荐楊永泰為立法委員

當立法院初成立時，蔣先生所交下立委名單中有楊永泰名字，胡除楊永泰一人外，餘均接受，並請傅秉常向永泰解釋謂現在黨內如謝持、鄒魯等人立法院尚無法安插，楊答定可與胡先生合作云。

三六三　一言喪邦

立法院初成立時，立法委員共四十八人，而蔣所提名單十餘人，其中一名為楊永泰。永泰既為胡拒於千里之外，乃轉向蔣活動。胡對蔣所提名單全部接納，獨將楊永泰之名删除，乃劉蘆隱之意也。蘆隱並言，倘蔣先生問起，胡先生就說是蘆隱之主張（此為蘆隱親告我者）。後來楊永泰任剿匪總司令部之秘書長，為蔣所信任，乃極力挑撥蔣胡間之情感，故有扣胡一幕。一言喪邦，實蘆隱種下之禍根也。

三六四　張學良以五千萬美元託宋子文做生意

據洪陸東言在西安事變前（大約民國二十三年），彭昭賢曾擔任陝西民政廳長。當時昭賢曾請陳立夫去函介紹邵力子，但立夫則謂「你最好找陸東寫信。」又據徐恩曾言，當年立夫曾派曾養甫去香港與周恩來談判，後來甚至在廬山亦談過，此皆西安事變以前而言。

徐恩曾又言張學良曾以五千萬美金，托宋子文做美國股票生意，故西安事變發生後，張學良指定宋子文來西安商談。宋子文在滬曾在靜安寺路華安？人壽保險公司樓上長期開闢密室招滬上美女盤桓。張學良南來，亦以常為此密室之上賓，宋、張交誼由此甚篤，乃以五千萬美金交宋代做美國股票生意。

三六五　二十九軍怎麼來的

二十九軍是民國十九年冬天成立的，這是中原戰事結束，閻、馮失敗，馮舊部逃過黃河，退入山西的人數，合計五萬餘人。中央令張學良收編。初編為東北軍第三軍，轄兩師，即三十七師馮治安，三十八師張自忠。但西北軍原有部隊五萬餘人，二個師容納不了，乃又擴編為暫編第二師，調副軍長劉汝明為師長。又因到了晉南的部隊兵少官多，乃設立兩個軍官教導團。初張學良欲以張自忠為軍長，張自忠商諸石敬亭，石謂：「這個爛攤子你收拾不了。孫良誠，劉汝明的資歷都比你老，你帶不了他們。為今之計，你最好把宋明軒（哲元）找回來。」其時宋避居天津，灰心已極。經不起西北軍舊部勸說，宋同意了，任第三軍軍長，歸張學良節制。不久改為二十九軍，仍以宋哲元為軍長，此二十九軍之由來。

二十九軍接防平津，再加上冀察、天津的保安隊，總兵力不下廿萬人。其所屬騎兵第三師，師長鄭大章（即為中原大戰，馮部帶騎兵的）。

三六六　張學良不可等閒視之

張作霖、張學良父子頗得東北民心。張作霖姑不講，即張學良以一個驕生慣養的大少爺而在處置幾件大事方面表現了很高智慧，非可等閒視之。楊宇霆事件，能顧大體，不為己甚，對楊之部下均力加保全，不予株連，使東北幹部仍相當完整，不受大影響。其後東北易幟，日人多方恐嚇，均不顧。此為世人所知者，不必詳述。另有二事則鮮為外人所知者：一為學良進關，主持華北軍政。中央曾命其與劉珍年合力解決山東之韓復榘。時劉珍年駐膠東，而劉峙部隊則駐河南，三方面合力擊之，韓復榘必敗潰無疑。常人視之，又可另收一省縣歸其掌握，何樂而不為。但張學良力陳不可，遂擱置。華北另一巨頭為宋哲元。當馮玉祥敗退山西，閻錫山、馮玉祥部眾均由張學良負責改編，學良均以寬大態度，力予保全。故韓、宋二人終身德之。二為其在華北，凡領到中央所發之薪餉，必儘先發放非其直屬部隊，最後方及東北軍，華北各軍皆衷心悅服。當學良自歐歸國，暫居上海，韓復榘與華北軍人乃派人赴滬，表示以學良之尊，當不便向中央要求任何官職，可由華北軍政大員聯名電請中央仍任學良返華北主持，學良深以為不可，故有三省剿匪副總司令之任命（可參閱我與張厲生之談話）。

三六七　陳立夫書生之見

陳立夫言，當胡漢民在南京時，一次我（陳）往見胡，談及周公輔成王故事，我意希望胡以周公自任，而以成王待蔣。另一次又談到國家已經統一，而主義猶未深入人心，希望胡能巡遊全國各地，宣傳主義，以胡之聲望與對主義之了解，必收效甚大，胡言走不開。立夫之意未始不善，但究屬書生之見。蔣豈肯以成王自待。至於胡巡遊全國，宣傳主義，更容易惹人挑撥。

三六八　胡漢民左右欲染指組織部事

據尹述賢言：當胡第二次再去南京任立法院長，並任中央常委。時蔣任中央組織部長而由陳果夫以秘書名義兼代之。胡之左右亦欲染指組織部事，乃約集同志數人商量幾個鐵路黨部委員名單，由胡向常會提出。事出突然，當無異議通過。組織部方面極不滿云云。

據樓桐蓀言：蔣、胡決裂，尋思數日，不得其故，最後只有歸諸蔣、胡兩人之命運，以及國家之命運。緣在胡被扣前，有美國之林百克者（即當年孫先生之顧問）往立法院晉見胡。林以美國現已不用銀幣，儲存白銀甚多，無一用途。而中國所最缺者為白銀，何不設法向美國政府商借，諒美國政府必樂意為之。時在座者有樓桐蓀、衛挺生兩人，正在洽商院事，胡乃轉詢樓、衛兩人意見。樓未表示，衛則力贊其說。胡乃謂此確是一種很好意見。林百克返美，乃向美政府進行洽商。一日外報登載中國政府向美進行商借白銀云云，越日宋子文、蔣主席均否認此事。胡乃撰好一篇談話，交中央宣傳部劉蘆隱予以發表，措辭激昂。一日早晨毛慶祥（蔣之侍從）也以電話約見樓桐蓀。樓往，毛告以蔣今晨閱報，憤而將報擲地，不知何故，實則即為胡談話中「軍人不懂政治」之語。樓轉詢蘆隱，蘆隱答以「胡之談話稿已經我本人削改很多，獨未將此句刪去。」又據樓言南京市黨部為某事召開群眾大會，請蔣蒞臨指導。當時南京市黨部家具簡單，欲在會場台上安放兩張沙發（準備蔣偕夫人同來），四處張羅不得。好不容易找到一張高的，一張低的沙發。吳稚暉先到，眾肅之上坐，吳遜謝，退而坐於長板凳上。蔣繼到，當然坐於一張高的沙發上。俄而邵元沖到，乃坐於一張矮的沙

三六九　「軍人不懂政治」

發上。蔣正襟危坐，邵則身體傾斜，以手搭在高沙發扶手上，與蔣談約三、四十分鐘，所談何事不得而聞。越兩日即發生胡案。最後樓謂林百克之訪胡，不過辭行性質，偶爾談到白銀事。胡亦本無定見，而乃演變至此。且胡之談話稿，經劉蘆隱刪削，獨保存了「軍人不懂政治」一句，豈非天意乎（參看第一輯第三七〇條衛挺生關於白銀貸款之記述）。據陳果夫告蕭錚謂蔣、胡決裂，邵元沖從中挑撥亦為一大原因云。西安事變，邵元沖獨遭橫禍，豈冥冥中真有果報耶！

三七〇　美國白銀貸款問題

據樓桐蓀言：蔣之扣胡漢民恐與白銀借貸問題有關，曾為文記之。當時衛挺生是參與林百克與胡漢民談話的一個人，且為立法院財政委員會委員，對此問題必有相當瞭解。其從政談話(一)：

談到此事，特錄之如下：「在民國十九年秋間，中國來了一個經濟建設的空前好機會。當時美國生產過剩，其生產物資與消費物資同樣的找不著出路，因此美國發生很嚴重的經濟不景氣，人民失業者大增。而同時美國的白銀生產，全無銷路。因為世界上三、四個用銀國家中，印度、摩洛哥、墨西哥三國先後相繼廢去銀本位貨幣制，全世界中祇有中國一國還在用白銀做本位貨幣。因此美國國會上院外交委員會委員長畢德門，他是西南十四個產銀州的國會上下院議員的總領袖，就想出了一個辦法，由政府收買白銀，以極低的利息大量借給中國。大致的條件是年息二厘，不要抵押品，一借五十年後任由中國選用黃金或用白銀償還。所借數量，第一次為二十億兩。如中國繼續需要，可以陸續借到五十億兩。中國政府收到白銀時，衹須給美國政府以同量數額之債券。美國政府收到此種債券時，可以向各工廠及各礦場作抵押，使各工礦場盡量賒賣其所出產之機器，原料半製品及交通器材，舉凡為中國政府經濟建設之所需要者，由中國政府信用採購，分期就中國生產所得，償還美國廠家及場家。這真是中國空前絕後的一個建設發展的好機會，我們聽著都喜出望外。畢德門先生請我們　國父的老友林百克顧問，代表他來南京，　蔣主席非常喜慰。在二十年一月　蔣主席賜宴席上，我親聆　蔣主席很高興的告訴我『這一次的借款一定要它成功』。而很不幸的是財政部宋子文部長，誤信人言，以為中國應即實行金本位貨幣制，而此種借款將無期延緩金本位制的實現，而更重要的原因是因為林百克先生不先謁財政部長而先謁國民政府主席，使他懷恨因而堅決反對。我以為中國的經濟建設重於一切，而金本位制之實現與否，與實現之遲早，並非關係國家興亡盛衰最重要之問題，所以我儘量宣傳白銀借款對中國建設的利益。我當時並寫了「銀借款問題」由胡院長送到民智書局去出版，我也親自去見過宋部長，勸他不要反對。

他也口頭答應不反對。很不幸的有人趁此機會以「兩廣軍閥關係」倒胡，胡院長突然去職，銀借款無人再提。民國二十年春，畢德門曾親來中國一次，宋部長未予接見。而中國空前一次的建設好機會，就此斷送。美國為要自救其工商業之不景氣，在同年的初夏，由美國銀行團對日本成立一次八億美元的美金借款，幫助日本開發中國的東北，因為有這種利害的關係，所以二十年秋「九一八」事變發生時，美國輿論不幫中國而幫助日本。」

「在民國二十一年，中國拘束自己，祇許抬高銀價，不許壓低銀價。協定到立法院時，我主張不予批准。因為白銀是中國的本位貨幣，中國對於白銀應保留操縱的自由，而宋部長運用各種的力量，終究使該協定通過批准。剛剛一年多的工夫，國際銀價大漲，白銀外流，中國的貨幣發生恐慌。中國政府求助於美國政府，請其放低銀價，救濟中國，而美國政府不應。」（中外雜誌，民國六十四年八月號十二—十三頁）

衛挺生在同雜誌九月號又說：「其條件之優厚，打破中國自有外債以來的記錄。貸款二十億至五十億，債期五十年，使中國經濟得長期從容的發展，年息二厘是世界從來未有的低利率，到期以金或以銀或以他物償還，由中國自己決定。尤其妙者乃美政府以中國發給的公債券作抵，向美國的工廠或礦場賒購中國所需的發展中國交通工礦所需用資料與機械，而以其事業的生產所得的收益，陸續攤還。換言之，每借美銀一兩，而有二兩之效用。即以其一兩在美國保證賒購之物資，所以同一兩之白銀，同時在中國作建設金融製造信用之實力。」

讀此文，則蔣初本贊成此議，後來改變主意，當受宋子文之影響。胡漢民公開發表談話謂「軍人不懂政治」，亦有傷蔣之自尊。中間再有楊永泰等人之挑撥離間，終於決裂。約法問題雙方不過借題發揮而已。人謂蔣之扣胡實與宋子文亦有關係，至此不得不信。惟白銀借款未能成功，使中國錯失了一個空前建設的好機會，實在可惜。（宋子文誤國之罪，實無可逭。）

三七一　胡漢民主張在中央黨部內成立情報機構

民國七十一年十月十日賴景瑚約編者赴其家晚餐。忽然間，談到王人麟，乃勾起景瑚一段回憶。據謂：「北伐軍底定南京，余（賴自稱）任總司令部所辦京報總編輯，忽調任中央日報總編輯，循胡先生之意，而由胡、蔣聯名提請中央常會通過。余與胡先生及中央宣傳部部長劉蘆隱二人素無淵源，胡先生此種安排，諒亦有其苦心。蔣左右乃揚言：『賴璉（景瑚原名）已投靠胡先生了。』為避嫌疑，中央日報雖隸屬中央宣傳部，余亦不常見劉蘆隱，至於胡先生更只見過一二次。一日，劉蘆隱柬邀在安樂酒店吃飯。按時前往，則客人祇王人麟與余二人而已。劉蘆隱首先聲稱今日係奉胡先生之命邀宴兩位。胡先生以蘇俄有K.P.U.組織，意欲在中央黨部成立類似機構，以與對抗。你們在國外已受高深教育，又係忠實同志，胡先生意欲兩兄主持此一機構。但事隔多日，亦無下文，大約胡先生與蔣先生談過，蔣先生另有安排吧。」先，蔣在總司令部成立調查科，先後以胡靖安、鄧文儀、戴笠為科長，嗣擴編為軍統局，則仍由戴笠主其事。同時在中央黨部組織部之下，成立調查科，初由陳立夫以總司令部機要科長兼任，迨立夫任秘書長，乃改派徐恩曾任科長。嗣亦擴編為中央調查統計局，仍由徐恩曾任局長。徐恩曾去職，葉秀峰繼任。徐、葉均為立夫所任用。

三七二　二十六路軍叛變

民國二十一年一月一日駐江西剿共之二十六路軍官兵二萬餘人，由趙博生、董振堂、季振同率領在宜黃叛變，投入共軍，十三日江西共軍攻入會昌。

三七三　馬克斯腔

自民國十七年後，馬克斯主義者日益成為文化界之主流，因此共黨便以其「馬克斯腔」吸引聽眾，此後中共之勢力雖由朱毛之流從事武裝暴動而擴充，但倘無民國十七年後他們在租界中之宣傳，不斷影響青年訓練幹部，這暴動是不會成功的⋯⋯武漢政府崩潰後，各方面人物特別是國民黨左派、共黨或其同情者，有意或無意受馬列主義影響的人，在政治上失勢之後，其能寫文章者便集中上海以筆鳴于世……總司令部津貼之「新生命」出版物多屬唯物史觀及馬克斯主義一類文字，左派在文化界亦採人海戰術、圍攻戰術。「新生命」為周佛海主編，由總司令部每月津貼數萬元。

三七四　軍中飲酒作樂

劉士毅言當魯滌平調主江西，以張輝瓚任剿共之責，江西民眾聞之派人歡迎。張輝瓚不明瞭共軍情勢，以為易事。而共軍雖表面上退往山中，實則潛伏民間。故當除夕之夜，間有民眾獻酒獻菜以為慰勞，軍中放鬆戒備，飲酒作樂，酩酊大醉，共軍即於此夜將張部包圍殲滅，張亦被俘。共軍得此鉅量軍械，聲勢大振，剿共之戰此為一大關鍵云云。

三七五　共黨以張輝瓚頭示眾

黃光亮幼年曾為共黨擄去，而其家鄉亦常有共黨進出。時張輝瓚率一師之力，進行剿共。共黨乃故意留一缺口。迨張部進入，乃將進口處之樹木砍下，阻塞出路。并以槍聲、爆竹聲、喊殺聲以圍困之。如是者七晝夜，張部饑餓不能支持，即舉槍高喊投降。共黨以張輝瓚所送禮物（人、槍）甚多，姑不以大刀殺之，而以一槍畢其命。槍斃後，再砍下其頭，釘於木板，派人持之遊行示眾。時黃光亮被擄去，看守之紅軍親口告之如此。光亮後經其家屬以四百銀元贖出。我（編者）之外甥黃良瑛幼時在貴谿橋西黃村被共黨擄去，亦係用銀元贖回，此乃我所親知者。

三七六　共黨性解放

黃光亮又言內地女子本來非常怕羞，偶見生人，尚面紅耳赤，但自共黨來後，她們居然打腰鼓，唱共黨黨歌，在稠人廣眾之間，若無所事。據光亮解釋，恐為性解放之故。在共軍設營之處，縱僅七、八人，亦必有二女子為慰勞隊。在其監房中，獄卒如得女囚犯之同意，經看守人批准，即可帶出外宿，然後送歸。又中國青年多屬純良，但共黨舉行清算屠殺之時，凡手砍一個人頭，可得銀元四枚，於是青年爭相砍頭，若無其事。甚至清算父母、咒罵父母、鞭打父母，更屬常事。尤有可異者，其本村有一木訥之人，非常老實，但一經共黨推舉，登台演說，居然頭頭是道，口若懸河，真是不得其解。我謂此無足奇，蓋經過共黨訓練，且為之壯膽，當可放言高論了。至於性解放，在南昌暴動失敗後，共黨向閩、粵逃走。途中居然當眾表現性交，其他更不必論了。

三七七　胡漢民幽居湯山

民國二十年二月二十八日晚胡漢民被蔣所扣留。全國震動，人心迷惘，胡被禁之經過，外間知道者極少，今錄胡漢民本人之記述如下：

「……在這裡，我可記述我二十年二月二十八日晚被禁的經過：

大概是二十年二月二十六日，我接到介石請柬，邀我在二十八晚到總司令部晚餐。二十八日是星期六，星期六是立法院例會。那天討論銀行法案，從上午八時起，會議到十二時；從下午三時起，又繼續會議到晚上八時還沒有完結。我看介石邀請晚餐的時間到了，而且全日會議九小時，人也困倦了，便宣告休會。休會後，又回到院長辦公室勾當些重要公務，然後驅車到總司令部。這時候，大約是八時三刻。

介石住所，在總司令部後面。晚餐在總司令部，款客卻在介石住宅之內。我的車直駛介石住所，剛到門，便有十餘名總司令部警衛軍，荷槍實彈的圍上前來，把我的四名便衣衛士、四名武裝衛士，邀進別室去了。我自己拿著呢帽手杖，大踏步進門，進門是一條甬道，甬道盡頭，一排兩間屋，右邊一間房中，我望見季陶、益之、稚暉、敬之、楚傖、蘆隱、果夫、立夫……等等，都已經到了。楚傖見了我，忘形似的大大聲說：『好了，胡先生到了。』接著，高凌百迎了出來，接了我的呢帽、手杖讓我到左邊一間屋中，一面讓，一面說：『來了，請胡先生過那邊坐。』我以為有甚麼事商量，便隨了他去。一入室，誰都沒有在，祇有首都警察廳長吳思豫，靜靜的坐在那裡。我便起了一陣疑慮。這一間屋布置楚楚，中間一張大菜檯，兩旁兩排椅子，我向大菜檯席位的正中一坐，高凌百和吳思豫便在兩旁站著，情形很嚴肅。高、吳向我招呼一會，便拿上一封信來。這信很厚，大概有十幾張紙，不是介石親筆，但介石在旁邊加了許多註，下面又簽了他的名字，我看過信，便被高凌百收了去。信的內容是這樣的：

先說介石為何尊重崇拜我，說除　總理以後，第一個為他所尊重崇拜的便是我。次說我近來反對政府，反對介石，無論在黨務政治方面，處處與他為難。接著便羅列了很多條款，算是我的罪狀。重要的有：

一、勾結汝為（許崇智）。
二、運動軍隊。
三、包庇陳、溫（陳群、溫建剛）。
四、反對約法。
五、破壞行政。

…………
…………

在每一條款之旁，介石自己註了幾句，最後註的幾句，大約是：

「先生每以史達林自命，但我不敢自承為托羅斯基。中正欲努力革命，必須竭我能力，不顧一切做去，斷不敢放棄自身責任也。」

我看完這信，又氣又笑。高凌百收這信時，我吩咐他說：

「找介石來，我有話說。」

高吳兩人很忸怩，吶吶不能出口的說：

「總司令開會，怕沒有時候吧，胡先生先吃飯，有甚麼話，吃完飯再商量。」一面說，一面便傳飯。

「我不想吃飯。」我正色說。

這兩個人無法，一個偽裝打電話，一個室內走幾圈，挨了約莫半個鐘頭，邵元沖來了。元沖誠惶誠恐的問我：

「胡先生有甚麼意思？」

「甚麼意思？」我問。「你去找介石來，我要問他是甚麼意思？」

元沖似乎不敢盡其辭；悄悄走了。一會，元沖又來，吞吞吐吐說：

「蔣先生沒有甚麼意思，」他好似沒有敢把我和介石的話，完全傳述出來。

「沒有甚麼意思。幹甚麼這般做作？」我憤然說。

「蔣先生想胡先生辭立法院院長。」元沖明知挨延不了，便找我入另一屋子講了這麼一句。

「何必辭立法院院長。我甚麼都可以不幹。組庵未死時，我已經說過辭職了，但必須找介石來，這樣便可以了事了嗎？」

這時候，大概有十點鐘了。

到十二點鐘，介石來了。隨著十幾名衛士，他一入來，衛士統統站在門外。王世和戎裝持槍，跟了進來。介石坐在我對面，王世和也不客氣，居然按著槍坐在我和介石邊旁的一個椅子上。高凌百、吳思豫兩人，有時坐一會，有時出去走一走，我也不理。

「你近來有病嗎？」我問介石。

「沒有病。」

「那很好。我以為你發了神經病了。」我笑笑說。「你給我的信，我已經看了。但你何所據而云然？你應該明白告訴我。」

介石不作聲。

「你說我勾結汝為，這是甚麼根據？」我問。

「這是聽人說如此。」介石說。

「汝為在黨是一個同志，在私人是數十年共患難的朋友，就黨的歷史來說你配說我勾結他嗎？」我憤然了，我說：「退一步說，從十七年到今天，我沒出過南京，汝為也沒到過南京，我何從同他見面？你拿證據來，證明我有和汝為通信通電，甚至勾結了攪些甚麼事出來，這才算事實。做一個人，想說話，不能這樣不負責任。」

「撤銷汝為通緝令，不是胡先生也贊同的嗎？」大概沒話講了，介石才這麼說。

我笑起來了，我說：

「原來你這麼幼稚！下一個通緝令，於汝為何損？撤銷一個通緝令，於汝為何恩？我覺得你們之所謂通緝與否，狐掘狐埋，根本不值得重視。且就事實來說，撤銷汝為通緝令，是誰提議的？溥泉（張繼）提出，靜江、雪竹（何成濬）附和，你是會議主席，同意通過了的，與我何干？我看這類案簡直小孩子玩的把戲，既不值得我贊同，也不值得我反對。即使我贊同或反對，也不過是相當的罷了。你何以不能去問問溥泉、靜江和雪竹，是不是為了勾結汝為，才主張撤銷他的通緝呢？」

介石依然不作聲。

「再說到運動軍隊，那在你心目中，一定有你的軍隊和我的軍隊了。你的軍隊是些什麼人？你發電或找他們來問一下，問我對他們說的是些甚麼話？」

「我從不同人密議，我的事無有不可公開。如果敬之（何應欽）、益之、經扶（劉峙）、雪竹……等等算是你的軍隊中人，那我告訴他們的話，不但可以公之於天下，而且可以刻之為『軍人格言』，如果你以為真如（陳銘樞）伯南（陳濟棠）是我的軍隊中人（其實我根本沒有軍隊，也從不想有我的軍隊），那我對他們又說了些甚麼話？你可以派人到立法院搜檢我的文電，訊問我的辦理文件者。否則，你也該拿出你的證據來。」

我說了一大篇，介石儘不作聲。

「陳、溫是甚麼人？我為什麼要包庇他們？」我問。「我不認識溫建剛，民國十六年，你找他做南京公安局長，你又扣留他，以後我又沒有看見他，何從包庇？」一天，立夫對我說：『建剛很可憐，人實無他，不如幫幫他的忙。』說到包庇溫建剛，還不如去問問立夫，而且陳、溫是甚麼人，無權無勇，縱使包庇他，又成了罪案嗎？」

「胡先生不知道，溫建剛是要打死我的呢！我在上海幾乎被刺，便是建剛攬的。」

介石想了一會，支吾著回答說。

「立夫知道嗎？」我詫異了，我問。

「立夫怎麼會知道。」

「那你糊塗了，你為甚麼不告訴立夫，還任立夫去幫他忙。」

介石又不作聲。

「這兩年，陳群在何處，我簡直不知道。擴大會議時，果夫、立夫在中央黨部告訴我：『前方軍情緊急，人鶴（陳群）還在做反政府運動，毒罵蔣先生。聽說他甚麼人的話都不肯聽，祇聽胡先生的話，就請胡先生勸導勸導他吧。』」

「我不知道人鶴住處，問蘧隱，蘧隱找到鄧祖禹，說祖禹可以帶信去，我當著果夫、立夫的面，在中央黨部寫信給人鶴，大意說：『我人皆數十年之同志，必須謹守黨的立場，不自喪失其所守，庶幾無愧衾影。近年之事，實為整個黨的問題，不能以一己之恩怨，集矢於個人，故凡一切無益之毒罵，均甚不必也。』後來接人鶴來信，我在中央黨部當著果夫、立夫的面，開封給他們看。人鶴回信，大意說：『年來潛蹤滬瀆，閉戶靜修，不問世事，外傳云云，皆模糊影響之談，殊不可信。今承　教督，當更自勉耳。

』果夫、立夫很歡喜，問我該弄些甚麼事給人鶴做，我沒有甚麼事可以給人鶴做的，結果，在黨史編纂委員會給他當一名編纂。我說：『人鶴做黨史編纂也相當，讀讀書、做做文章，也是一件大事。』這些經過，果夫、立夫都清楚。黨史編纂委員會是屬於中央黨部的，我一個人便可以包庇了嗎？其實，濫以名器授人，買人來不罵，根本不是辦法，何況人鶴又未必受人買。」

我儘說，介石儘不作聲。遲了一會，才說：

「胡先生，你反對我的約法呢？」

我不聽則已，一聽却動了氣了。我嚴厲的問：

「你的約法嗎？你有你的約法給我反對嗎？」

「開國民會議是一回事，訂約法又是一回事。我在立法院紀念週上公開演講：『遵依　總理遺教召開國民會議，』這有錯誤嗎？不依　總理遺教來召開國民會議，可以冒牌算　總理主張的國民會議嗎？我在中央日報發表的談話，有誰敢說我不合　總理的遺教嗎？」

「關於約法並不是我個人反對。稚暉、季陶、亮儔和你……又何嘗贊同了？國民會議不討論約法，是中央黨部的決議，即使我首倡，但你也附和了，既經成為黨的決議，便不是我個人主張。再退一步說，你前四天不還是贊同不要約法嗎？何以你今日又變卦了？到底是今是而昨非呢？還是昨是而今非呢？」

介石遲疑了一會，便說：

「胡先生講話，向來那麼嚴正，我既不會說話，自然祇有贊同。」

我說：「

民國十五年，季陶要到廣東，他來問我可去不可去？我告訴他：

『到廣東，祇有幫兩個人，一個鮑羅廷，一個是蔣中正。幫鮑羅廷是幫共產黨來消滅國民黨，幫蔣中正是希望能幫助國民黨來打倒共產黨。這是形勢如此，當然很痛心。我先問你：你去是幫那一個？』」

「以胡先生這麼說，那祇有幫介石。」

「對了，但幫介石應該有一個限度。」

「甚麼限度？」季陶問。

「最高的限度，在幫助介石做到土耳其的凱末爾。要是做了中國的袁世凱，我們必須反對，這是最清楚的界線。」

季陶聽了我們的話，才到了廣東。

「我這段話，曾經老實告訴過你。你現在不是想做袁世凱，何至於怕我反對！而且你如果想做袁世凱，那反對的人多得很，不僅是我。」

第二天早上，我寫了一封辭職書。內容很簡單。祇說：

「因身體衰弱，所有黨部政府職務，概行辭去。」

後來報紙刊布，聽說「況國民會議開會在即，尤不勝繁劇」等語。這是吳稚暉等冒我的名，私自添加上去的，我不能承認。

又寫了一封信給介石，大意說：

「我平生昭然揭日月而行，你必有明白的時候。……去年我亦早已提出辭職之議，且自去年與組庵、湘勤等唱和以還，究自審我非政治中人，而發現自己有做詩的天才，實可為一詩家。當十五年自蘇俄返國，避居上海，從事譯述著作生活者年餘，以維生計，以遣長日，竟頗有成就。今後必將以數年之時間，度我詩人之生活也。」

信末，我還附了幾句，謂：「留居此間，室小人雜，諸多不便，能往湯山亦好。」

就在這天上午九點鐘，由吳思豫、邵元沖等以十餘名兵警送我們到湯山。」

以上為胡漢民自述其被蔣囚於湯山之經過，編者相信在蔣胡二人內心深處必都認識有與對方合作之必要。但以二人個性之不同，一個喜歡放言高論，一個不喜歡人批評他的施政、批評他的用人，加以楊永泰之流從中播弄，遂致決裂，豈僅胡蔣二人之不幸而已！

三七八　胡案與宋子文有關

魏道明言：胡之被扣，實與宋子文有大關係，蓋宋常住上海，鮮來南京。胡則公開指責政府大員終日奔走滬寧，不忘十里洋場，宋甚銜之。外間僅知楊永泰挑撥，此一段內情，則為前所未聞。而宋子文反對白銀貸款，尤為胡案直接爆發原因。參閱本集第三七〇條衛挺生關於白銀貸款記述。

三七九　胡漢民擔心東北會發生問題

某日偶遇李大超，據謂約在民國十八、九年，確實年月已記不清楚，蔣派吳鐵城赴東北，勸張學良擁護中央，則可畀以高位。吳鐵城將啓程之前，胡漢民約李大超於清晨往見（胡有早起習慣），告以現在我們的立場是反共，我們最大的敵人是蘇俄，若中央拉攏張學良，畀以高官厚爵，徒予日本刺激，恐東北將發生問題。縱那小子（胡稱張學良為小子）歸順中央，中央力量亦無法進入東北。今日為國家計，應以全力經營西北。否則，蘇俄力量進入新疆，則西北必非我有。胡之意係要大超以此點轉告鐵城。大超遂往訪吳鐵城傳達胡之意見。鐵城說：「蔣先生之意，希望統一全國，俾在國際上佔一地位。」於是我們才知道胡反對張學良任國府委員與副總司令之真正用意。鐵城去東北多次，民國十七年為一次。鐵城到東北，遂書「不到東北不知東北之博大，不到東北不知東北之危機」二語於長春車站。

三八〇　東北旅長謀叛受審

據馮志翔說：「在東北期間，張岳軍與吳鐵城還去一次山海關參與公審。山海關是于學忠部隊駐地。于部有一位旅長，名陳星樞……于學忠得到情報，說是陳星樞暗中與張（群）有往來，準備在山海關發動叛變，因將陳逮捕，並請張、吳參與公審。」以上是張群面告馮志翔的話（見馮志翔著，「蕭同茲傳」，第一三五頁）。但據王鐵漢言則此旅長為馬廷福，而非陳星樞，公審地點為北戴河，而非山海關。鐵漢係隨張學良、于學忠乘專車赴北戴河之人，親眼看見張、于二人密談馬案之情形。迄抵北戴河，張即召集于學忠、馬廷福等人來其官舍，外面戒備甚嚴。于學忠當場數說馬廷福曾接受中央方面－何成濬－運動費數十萬元，遂將馬逮捕，並派陳貫群接長馬旅。審馬時，王鐵漢係在座，所言當不虛。鐵漢並言，倘無馬案發生，則張學良易幟通電可能提早十日（臧式毅曾任作霖之參謀長，力勸學良不可易幟）。張群與王鐵漢均自稱曾參與此案之公審，而所言不同如此。甚矣，治史之難也。倘吾人不能將所聞、所見筆之於書，則數十百年後，究有多少歷史書可以相信耶？

三八一　吳稚暉恐為胡案幕後主謀人

冷欣言關於胡案，吳稚暉恐為幕後主謀人，周佛海曾將此幕經過告訴他。據周言當蔣宣佈扣胡後，劉蘆隱曾挽立夫立即見蔣，表示讓胡出國，當夜即送胡去滬諉稱急病，須出國就醫。蔣謂你們去問吳稚暉先生意見好了。他們見吳，吳謂打破的碗很難完好如初了。

立夫初次由美返台，編者曾以上述說法，面詢是否如此，當答確屬如此。過了幾年又以此事問他，則答並無此事（參閱第一輯第三八二條）。

三八二　陳立夫勸蔣對扣胡事慎重處理

今晚（民國七十年三月間）編者應緻參加宴會，陳立夫透露在胡被扣當晚，他曾邀同王寵惠、葉楚傖二人謁蔣，建議將扣胡消息封鎖，不使外間得知，以免人心不安。蔣答：「不必，做了就做了。」究以前條所說為是，抑以今日所說為是，或兩說都是，則不得而知了。

無論如何，陳立夫對蔣扣留胡漢民之舉，極不贊成，確是事實。他也想盡方法，欲使由於此事對國家所發生惡影響能減少到最低限度。奈其計謀均未被採納，乃欲從此擺脫政治，不問國事，即秘密離京，不知去向。終由其兄果夫以其別名登報勸歸，始返。

三八三　傳說蔣扣留胡漢民之前曾邀集元老商量

據裴鳴宇言：蔣於扣留胡漢民之前，曾邀集吳敬恆、丁維汾、戴傳賢、于右任等元老，報告古應芬藉詞離京赴廣東，勸阻陳濟棠不必再打廣西，因為廣西消滅之後，則廣東孤掌難鳴，遲早必為蔣所消滅。古應芬之出此，必係胡先生所授意云云。丁維汾即言：「這是，這是，應當予胡展堂一個警告。」吳敬恆仍以詼諧口吻而言：「胡先生是唱戲的人，不是看戲的人。」經此次談話，蔣乃決定將胡扣留。事後裴鳴宇往見于右任責其不發言阻止。于答：「此係已定之局。」裴鳴宇敘述此事經過，歷歷如繪。尤其對於丁維汾講話形態，往往於未講話之前，先「這是」，「這是」始慢吞吞的往下講，更形容入木三分。裴之所言，有其可信之處：第一、于右任倘未參加此種會議，決不能說「此係已定之局」的話。第二、當胡被扣之後，編者往見戴傳賢表示中原大戰已告結束，國內至少可有數年甚至十數年之太平，政府應趁此機會，從事各種基本建設，以為國家立百年之基。今竟發生扣胡之事，人心惶惶，恐又難免發生戰亂。蔣先生扣留胡先生究何原因？戴答：「疑心。」似與蔣對幾位元老所言，頗相符合。第三、陳濟棠為古應芬一手提拔之人，見面時勸其不必與廣西樹敵，以免陷於孤立。為其前途打算，諒亦為人情之常，也可能確有其事。但亦有其不可信處。蔣扣留胡之當晚，曾書就一長函與胡，歷數胡之不是處，甚至毫不重要之事亦曾提及，獨未提古應芬勸陳濟棠事，甚至蔣胡面質時，亦未提及此事，則非常理所能解。

三八四　胡案小風波

楊興勤言：當胡被扣時，江蘇省黨部常務委員楊興勤、黃宇人諸人曾聯名致電中央指其不當，並詰問三事：「一、個人是否能代表黨？二、中央是否應受武力支配？三、軍人黨員以非法手段扣留黨內最有歷史，且負黨政重責之先進同志，應否受國法與黨紀制裁？」果夫即電召楊、黃諸人赴京，責其幼稚，江蘇省黨部近在京畿，尚如此，則何以對蔣。乃率楊、黃諸人赴中央黨部謁蔣，由果夫帶領引見。果夫即言他們已知錯誤了，蔣起立不待楊、黃發言，隨言沒有什麼，以後小心就是了。到了民國七十一年左右，黃宇人在加拿大著書，述及此事，猶以蔣扣胡之極不應該，江蘇省黨部致電中央詰問三點，即引自黃書。

三八五　中央日報與胡案

據賴景瑚（璉）言，民國二十年渠適主持中央日報，其館中有一記者名黃世傑，黨校畢業生，非常能幹，文筆亦暢達。凡他人所不能採訪到的新聞，他能採訪到，凡他人所不能見到的人物，他能見得到。一日景瑚笑謂黃世傑：「你確乎有辦法，如你能見到胡漢民先生，並能請他發表一篇談話，則我才相信你真有辦法，真是能幹。」黃世傑亦笑謂：「容我一試。」未久，黃世傑果交出一篇訪問胡漢民記。景瑚大喜過望，未改一字，全部登出。其中胡漢民特別強調現在訓政尚未完成，而即言開國民會議，制定約法，進入憲政，實屬違背　總理遺教。這與蔣的計劃完全相反。越數日，胡即以被扣留聞。所以賴景瑚心中至今猶覺負疚，認為倘不登載胡漢民的談話，則此一悲劇（賴以胡之被扣，對國家，實屬一大悲劇。），可不致發生。實則此悲劇之造成，原因甚多，所謂：「冰凍三尺，非一日之寒。」發表胡之談話，不過一種導火線而已。

三八六　中央通訊社與胡案

胡被扣留後，移居湯山。中央通訊社發出消息，胡在湯山患病甚重，血壓甚高，全國報紙紛紛登載。蔣下令免中央通訊社代社長余惟一之職，並派賴璉兼任。賴堅辭，乃由中央宣傳部以其祕書蕭同茲代理。未幾，實授。從此蕭同茲對中央通訊社悉心經營，逐步擴充，成為世界數大通訊社之一，皆蕭同茲之功也。

三八七　戴傳賢逃於佛

戴傳賢號季陶，博聞強記，居正（覺生）稱國民黨中曼殊與季陶兩人均有宿慧，確為知言。戴傳賢年少留學日本，其日文造詣，確非常人所能及，所說日語尤屬高級一流。學識之廣泛，見解之精闢，余（編者）自嘆弗如。中年耽於佛，家中設佛堂，每日唸經誦佛，頂禮膜拜，非常虔誠。以故，西藏、蒙古領袖之來南京者，必首先拜會戴院長，而戴亦樂與之交。其對邊疆民族領袖之傾向中央，確實發生極大影響力。凡中央對於邊疆有所措施，亦必先諮商之。戴之耽於佛，固由於信仰關係，否則，不能如此虔誠。但或多或少亦帶有逃於佛的意思，姑舉一事以為證。民國二十年春南京突發生「胡案」，其時，余（編者）適派赴外省。歸來後，亟思明其究竟，詢問數人，僅孫科對我說：「胡先生事實上是一個囚犯（ Virtually a prisoner ），餘均支吾其詞，不得要領。余乃想起戴季陶先生對于雙方均知之最深，或可略吐真情。戴時居寶華山，余乃登山造訪。待至夜深人靜，直入其寢室。開頭便說：「中原大戰業已結束，閻馮二人宣佈下野。國內初步統一已經實現。國人莫不引領望治，認為至少在十年之內，我國或可太平無事。倘政府於此期間埋頭建設，以為國家立一基礎，循序漸進，富強可期。今突然發生「胡案」，人心惶惶，舉國不安，數年經營，恐將隳於一旦。蔣胡兩先生究因何種誤會，而決裂至此？」戴答：「由於疑心。」余說：「莫須有，不圖見於今日。」戴乃指案上佛經而說：「我們共同來念佛經吧！」可見戴於問題難於解決時，便以佛經為逃避所了。是夜，余乃輾轉反側，不能入寐，心想如此重大問題，中央大員竟無一人敢於講話，國家前途，可以預卜。乃於翌晨下山，攜一小提包，直趨上海。雖蔣先後派陳立夫、張厲生來滬拉余（編者）返京，終不應，此亦書生之見也。

久之，胡案仍無妥善處置，余乃赴粵參加非常會議。迄「九一八」事變發生，余乃公開主張趕快結束西南局面，團結禦侮，自又為粵方人士所不樂聞。

我生平獨來獨往，不願依附任何派系，亦不願造成任何派系，乃決定自此以後，專以教書、寫作為事。不參加實際政治。戴傳賢逃於佛，余則以教育終其身。

三八八　**餐後即離去**

據孫科言：胡案發生之當晚，餐後即離去，並未如外間所傳曾坐候至深夜三時許。

三八九　**電文譏諷孫科**

冷欣言胡案後，西南稱兵，冷與陳布雷、邵力子等在打牌，楊永泰走入，說他們把我的名字也牽涉在通電內，太過抬舉我了。繼謂如你們太忙由我代為起草復電好了。布雷、力子言，此是幕僚的事，不敢勞動大駕了。電文內有譏哲生語，「面團團若富家翁，民國九年兄尚留學異國，」等語。此電文因有類似尖酸語，改由何應欽等聯名發出。

三九〇　「當國數年、愆尤叢集」

「九一八」事起，先由蔣致汪兆銘、孫科、鄧澤如、蕭佛成、鄒魯、李文範諸人函，開頭就說：「當國數年、愆尤叢集」。余（編者）時在廣州，曾看到此信。其另一致汪兆銘等人信則言：「弟當國三年，過去是非曲直，願一人承之。惟願諸同志以黨國危亡在即，各自反省，相見以誠，勿使外間以為中山黨徒只顧內爭，不恤國難。……」此兩信孰前孰後，或竟為一信，則不得而知。但余所親見之信，開頭語確未記錯，下文則已不復記得。

三九一　寧、粵代表無一語涉及收復東北

據鍾天心言：當胡漢民被釋之後，寧、粵各派代表在上海會商。粵方代表堅決要求蔣主席下野，而寧方代表則矢口「不談此事」，久久無結果。粵方代表於出席會議之前，必先進見胡漢民，聆聽指示。時汪精衛亦在滬，當會有冷落之感，亦無怪其日後不再返粵，而另闢蹊徑。雙方代表所討論者無一語涉及如何收復東北。鍾天心時任粵方代表團祕書，故其言頗可靠。

三九二　寧粵和議在上海舉行

民國二十年因胡被幽禁，西南乃另立政府。二十年九月十八日日本侵佔瀋陽，舉國憤慨，呼籲團結禦侮。於是胡被釋放，寧粵雙方乃各推代表舉行和會於上海。寧方代表為李煜瀛、蔡元培、陳銘樞、張繼、張人傑等五人，代表團秘書為程中行（滄波）。據滄波言：寧粵兩方代表本為數十年同志老友，見面不打招呼，亦不講話，真是怪現象。寧方代表多為元老，超然地位自處，即在會議時，亦不多講話。粵方代表李文範則破口大罵，指蔣為「獨裁」、「獨夫」。汪兆銘雖為粵方代表，但寧方已派邵力子暗中與之聯繫，許以政治與經濟優厚條件，以拆散粵方，故汪在會議席上亦不多講話。粵方主張修改國民政府組織法，明白規定㈠國民政府主席不得由軍人出任的資格限制；㈡主席不負實際政治權責；㈢廢除海陸空總司令職位；㈣軍人不得為五院院長（時蔣兼行政院長），其目的當然是要剝奪蔣之實權。由伍朝樞以專家身份負起草之責。伍對王寵惠所起草之原國民政府組織法，批評特多，如國民政府主席未規定任期，伍指稱只有王博士才會有此種手筆，措辭非常尖刻云。嗣蔣下野，國民政府改組，任命伍朝樞為司法院長，辭未就，乃改任駐美公使，循朝樞之意也。

三九三　寧粵和議決定三項協定

胡案發生，廣州即成非常會議，另樹一幟，標榜兩事：㈠釋放胡漢民；㈡蔣主席下野。「九一八」事起，全國人心悲憤，呼籲團結禦侮，共赴國難。復經蔡元培、張繼、陳銘樞奔走調停，往還磋商，寧方始同意粵方要求，於十月十四日上午八時，胡漢民離開南京，乘車前往上海。十五日胡即致電廣州，以外患急迫，甚盼推舉代表來滬，進行和談，共商大計。

廣州接到胡氏來電後，對於和議自不能不贊成，即推舉汪兆銘、孫科、鄒魯、李文範、陳友仁五人為代表，前往上海媾和。但決定一項前提，即須蔣主席先行下野。和議自十一月一日開始，經過十日的折衝，得到三項協定：㈠寧粵雙方的國民黨第四次全國代表大會照開，一、二、三屆中央委員為當然中央委員，新選的中央執監委員，比例分配名額，併為一起：（預定粵方佔執委五名，監委三名）㈡國府主席不以軍人充任，推選黨內年高有德的文人承其乏；㈢革命軍總司令一職撤消，改為委員制。關於蔣主席下野一節，寧方代表既絕口不談，粵方亦無可奈何，但既有㈡㈢兩項，則蔣之國府主席與總司令皆自然消失，不下野而自下，不必再堅持明白講出了。

但是廣州國民黨四全大會於十一月二十三日正式開幕，海內外出席的各級代表計有五百餘人。大會代表僉認為未實現蔣主席宣佈下野之先決條件，且對南京國民會議所頒佈的約法亦未撤消，對前述三項協定一致予以否認。孫科、汪兆銘系統下的代表乃紛紛退席，引起內鬨。汪兆銘且在滬發表談話，認為蔣不先行下野，是顧全事實，而約法是可以要的。這固然是由於他去年「擴大會議」原有的主張，但更重要的，也是他對寧方送秋波的一種表示。

十二月五日，粵方由胡漢民領銜發出通電，必須蔣主席宣告下野，解除兵柄，始能合作。十二月十五日，蔣乃通電去職，遄返奉化原籍，是為蔣之第二次下野。

當汪兆銘在滬代表粵方與南京議和時，已有蔣汪合作之傳說。當時胡汪本約好同時去港，且為防萬一起見，已商請法國駐滬領事件送二人登輪，但屆時胡漢民赴粵，而汪則並未同去香港。（大約在輪船啓航前半小時，汪派人送信與胡，表示決定不與其同行。）

粵方的四全代會選舉結束，汪派人物沒有一個入選的，而南京的四全代會開會時，正在和議之中，汪及其所謂改組派份子，當然亦没法參預。雙方黨務活動，汪派皆被摒棄了。然汪又是一個要爭奪黨權的，於是他就在上海「大世界」娛樂場的群芳會唱之地、妓女出入之區—共和廳，集合一般改組派份子，以全會的姿態，自行選舉中央執監委員，後來亦照比例名額參加了統一的中央黨部，成為正式中委。國民黨自十六年反共後，隨便讓一些政客官僚軍閥加入，且一躍而為中委，已經損失了革命黨的素質，而連年內部紛爭，又弄出這種不講紀律，東拼西湊的分贓式組織體系來，在社會民眾與內部黨員的觀感上，無形中已減少很大的信譽。從歷史觀點言，這是國民黨失敗的基因。

三九四　汪精衛願與粵方合作

胡漢民被囚於湯山，孫科憤而離京，轉赴香港，暫寓旅社。忽然汪精衛求見，表示今後決同站一條戰線共進退，居然肯與一向視為死敵的中委們合作。當時粵方圖謀大舉，來者不拒，愈多愈好。於是孫、汪乃相偕乘專車赴廣州。寧粵合作，汪亦到滬，立即與宋子文取聯絡。俟與蔣方接洽成功，乃稱病住入醫院。孫科前往視疾亦拒不見，獨接見邵力子，聞邵乃代蔣前去致送數十萬元云。

三九五　陳友仁訪日何為

民國二十年蔣監禁胡漢民於湯山，於是廣州成立中央執監委員非常會議與國民政府相對抗。未久，其外交部長陳友仁偕劉紀文等赴日，所接洽何事，至今不明。據日人池田誠所著中國現代政治史（一九六二年第一版，一九六九年第四版）曾略記其事，特託人翻譯如后：

「廣東之政府為了與親英、美之南京政府對抗起見，擬接近日本，乃於政府成立後，其外交部長陳友仁銜汪精衛之名來日，遊說外相幣原喜三郎等人，謀解決滿洲問題。其遊說之根據係孫文之「大亞洲主義」，惟已走上滿蒙殖民化路程日本方面，對這種說法已不感興趣。」

編者曾託友人赴日本外務省抄得陳友仁訪日檔案，茲節譯如左：

陳氏一行曾與當時外相幣原喜三郎數度會晤，並曾晤及陸軍參謀本部人員以及政友會總裁犬養毅、頭山滿等人。曾與日方坦率交換有關中日關係之意見。至於日方對於廣東政府之承認及軍事顧問之雇用等問題並未觸及，對於武器之供應亦僅略一提到。

以上為日本外務省檔案，當可信。

三九六　胡漢民太天真了

自張學良遷居台北後，政府派王新衡與之聯繫，張學良亦時往王家盤桓，幾於無話不談。據王新衡語人，張學良自歐返國，途經香港，胡漢民派人邀其往晤，並以酒席款待之。席間胡漢民指出當總理在世，以我綜理內部事務，因予性情質直，如與總理意見偶有不合，則必相與辯論，不稍屈，總理輒優容之。如需派人赴各方接洽，則總理多派精衛任之，以精衛性情虛偽，善言詞。迄蔣在南京組織政府，無論從國家與黨的立場言，予不能不前往協助，仍本以往精神，知無不言，言無不盡，以事總理者事之，乃不為所容，可見其難與相處。而你此次返國，所與相處者，就是蔣、汪二人，恐難有好結局，不如在香港住下，暫不北上云云。此為張學良親語王新衡者，當不虛。古語云：「交淺不可以言深。」胡漢民與張學良僅數面之緣（包括在公共場所見面在內），幾可謂素昧平生，而今竟要求他以其前程為孤注，棄數萬東北軍於不顧，未免太過交淺而言深，也未免太天真了吧！

三九七　胡不死，恐將再度去南京

據謝瀛洲言：胡蔣再度合作之議，本欲排汪。當時王寵惠奔走最力，最後一次，王親自出馬赴廣州。合作方案已成定稿，即胡任中常委主席、王任行政院長。王在廣州時並親告瀛洲，內定其為司法部長。瀛洲時任廣東高等法院院長，兩人並計議何人接替謝職最為適當。至於劉蘆隱、何世禎、李曉生均已準備走馬上任。王在廣州時並表示廣州方面則取消政務委員會，陳濟棠仍可維持其總司令一職，甚至兼任省主席亦可。談判到如此具體階段，胡不死，必去南京無疑。（王寵惠辭海牙國際法庭法官，民國二十五年三月十二日抵廣州，四月二日抵南京，報告與胡接洽經過，而五月十二日胡以腦溢血逝世於廣州。）

三九八　毛澤東貶為地方委員

據蕭自誠言，當年共軍盤據江西，經五次圍剿，以五、六千人殿後而以十餘萬人突圍，經由贛西南，而湖南、廣西、貴州、雲南、四川、西康、陝西於民國二十四年秋冬之間逃抵陝北，共軍經一年多的逃亡死傷，所餘不過四五千人，加上陝北劉子丹、高岡土匪，也不過一萬餘人。乃發動民族統一戰線（National United Front），如上海之救國會是也。同時又發動和平攻勢，由周恩來與曾養甫在香港會晤。當共軍輾轉逃至遵義，與張國燾部會合，即在遵義舉行會議。張國燾主張共軍西行入新疆而與蘇聯會合。毛則主張進軍而往陝西，認為共軍之能在數處生存發展者，完全由於帝國主義間之衝突與夫國內軍閥間之衝突有以使然。而陝西又為軍閥衝突最尖銳之地，且有劉子丹、高岡為內應，共軍得此，必可喘息，徐圖發展。毛自從在江西失敗後，降貶為地方委員，經遵義會議後，以主張得勝，乃又恢復原職。到達保安之後躊躇滿志，第三國際意欲將其調赴上海去其實權，毛不受命。當時胡宗南以二、三十萬之眾，倘能在共軍往陝北途中，或在其既得保安之後，積極進剿，當無不能肅清之理。袁守謙曾致函胡宗南以此相勸，胡覆信則謂倘我軍進剿，必可於數日之間肅清無疑。但委員長不許我如此做云云。據袁守謙告蕭，此信仍保存。

一九三六年五月五日毛澤東以中共名義向國民政府要求兩黨言和，並派周恩來、潘漢年和國民黨的張沖在上海會商，其後周恩來又到南京與陳立夫談判，終於接受了國民黨提出的四原則：(1)遵奉三民主義。(2)服從蔣委員長指揮；(3)取消「紅軍」，改編為國軍；(4)取消蘇維埃，改為地方政府。

三九九　「胡先生有時確使人難堪」

黃季陸言：當其住於上海福煦路模範新村時，一日往訪戴傳賢，適張群在座。據張群言，胡先生有時確使人難堪。言外之意，此即為其被扣留之原因。

四〇〇　馮閻未參加廣州非常會議

非常會議在粵成立，所有反對蔣扣留胡漢民的人，及其他如汪兆銘、唐生智（派龔浩代表）、陳友仁、李宗仁等皆陸續來粵，連唐紹儀也來參加了。獨閻錫山、馮玉祥方面沒人到場，這當然是因為去年「擴大會議」之役，胡漢民是站在反對的地位，廣東方面且出兵入湘，牽制廣西李宗仁與張發奎對武漢的軍事行動，所以他們對「非常會議」也不願參加。

四〇一　陳璧君口中小軍閥、大軍閥

梅恕曾與汪精衛夫婦甚接近，據謂民國二十年汪氏夫婦二人參加廣州之非常會議，嗣以「九一八」故，舉行寧、粵和談，汪氏夫婦來上海。此時汪精衛已決心與蔣合作，其理由為：「與其受小軍閥（陳濟棠）的氣，寧可受大軍閥的氣。」，此為梅恕曾親聞諸陳璧君者。

四〇二　楊永泰聞胡死而狂喜

民國二十五年五月九日晚，賴景瑚夫婦在國際聯歡社跳舞，楊永泰亦參加，並與賴夫婦同坐一桌。依照當時規定晚十二時就實行關門。正將十一時之際，忽有人走向楊永泰報告，謂頃得廣東來電，胡漢民已逝世。楊永泰聞之，即令今晚跳舞通宵。其狂喜之情，見於辭色。此為賴景瑚親耳所聞者。

四〇三　蔣擬派酆悌赴山西臥底

胡競先與酆悌二人交情深厚。一日胡競先接酆悌自南京來電，邀其前去一談。胡至京，酆約其在中山公園會面。胡問究竟有何事待商？酆答：「校長擬派我赴山西閻錫山部隊臥底。先將我監禁數月，放出之後，乃奔太原投效閻錫山。閻知我為洩憤而來，或會予以重用，則可依計行事，不知你如何看法？」胡說：「行不得，你到山西為取得閻錫山信任，不得不罵校長。閻錫山是何等人物，若是發現你是別有用心，你將性命難保。到那時，校長必不會承認這筆帳，則你會死得不明不白。」酆聽了，乃緊握胡之雙手而言：兄言極是，乃打消此意。

李濟琛、陳銘樞等人在福州組織人民政府，其第十九路軍參謀處長范漢傑，廣東人，黃埔第一期，蔣乃派其在第十九路軍臥底。所以福建人民政府一舉一動，十九路軍的防守佈置，范漢傑均隨時報告中央，一目瞭然，不到二月，而將之擊潰。

對敵行間，古今中外皆有之。其奏效如何，則視其所派之人以為斷。范漢傑為范其務之弟，而范其務與陳銘樞、蔡廷楷關係極深，故第十九路軍用之而不疑，可謂善用間者。酆為忠厚型人物，而與閻又素無淵源，果赴山西臥底，僅憑苦肉計，恐發生不了什麼作用。

四〇四　東北高峰會議對派兵入關事發生爭端

中原大戰時，中央及閻、馮與汪精衛各派代表來瀋陽，遊說張學良。中央代表為張群與吳鐵城促使張學良派兵入關，俾中原戰事得以早日解決。閻、馮與汪精衛則希望張學良勿作左右袒。以張群、吳鐵城手面闊綽，肆應週到，張學良為之所動。然仍召集一次高峰會議，討論對中原戰事應採取之態度。在會中張作相首先發言，以大帥臨終遺命是不再過問關內事，專心致力於東北建設。而張學良則以中原戰爭，雙方勢均力敵，難分勝負，殺傷甚多，徒苦百姓，吾人不應坐視。第三種主張則由羅文幹、臧式毅、湯爾和等人所提出，由東北派少數軍隊入關，投入中央一邊，仍可勝負立分，終止戰爭，而以大部軍隊留置關外，以固邊防。對關內不爭地盤、不爭權力、戰事結束，即將東北軍調返關外。丁文江亦來電，作同樣主張。張作相頻頻發言，堅持遺命不可違。張學良心中早有決定，或煙癮已發，對張作相的主張聽得不耐煩，乃表示如不貫徹我的主張，則我不能負東北責任，言畢拂袖離席，會議乃陷入僵局。終由顧維鈞向在座諸人協調，請張學良回來主席。仍由張作相發言，以我與張景惠等人為大帥部下，只有恭遵大帥遺命，而長官（指張學良）為大帥公子，且今主持東北全局，自然可以不顧大師遺命，我們只有服從。張學良聽後，面部也表現不好意思。後來張學良命令大部東北軍入關，以致釀成「九一八」事變。古語「老成謀國」、信不我欺，而張學良乳臭未乾、天真、幼稚、易於衝動、不聽父執輩張作相等人之言，而落得今日下場。害了自己，也害了國家。在那次高峰會議，出席共十五人。顧維鈞、羅文幹、湯爾和三人究以何種資格出席，並且發言，王鐵漢至今不明白。

四〇五　俄共內鬨引起中共內鬨

季諾維諾夫及拉狄克之第三國際所派之代表魯易為首，另一則以布哈林所派之聯共代表米夫為首。因魯易與米夫有托派與布派之爭，彼此意見水火不相容，因而亦造成了中共內部陳獨秀、彭述之（中共第一代之國際派）與陳紹禹間的鬥爭。魯易以與米夫有隙，遂將史達林對中共之六項秘密指示向汪精衛告密。

四〇六　中共初成立時期

中共初成立時期，戴季陶（傳賢）、邵力子均曾參加。嗣戴去函退出，略謂孫先生在世之日，不便參加其他政黨，倘經營交易所稍有積蓄，則可資助中共經費云云。至於邵力子如何退出，或根本未曾退出，則不得而知。

關於中共第一次代表大會出席代表之姓名與人數，各方記載不同，或謂十二人、或謂十三人，因其無正式紀錄可查，即毛澤東對美國記者談話，亦謂不能完全記憶。其出席代表之著名人物李達後來脫離政治，張國燾被開除，周佛海、陳公博、施存統、包惠僧變為國民黨。在一九四三年其出席第一次代表大會代表中，任中共主席團者僅毛澤東一人而已。南陳（

獨秀）北李（大釗）均未出席第一次大會。後李大釗被殺，陳獨秀被開除。

四〇七　國民黨內部紛爭促成中共發展

一九二九年—三〇年間，散處各地的中共游擊隊，克服了重大的困難，繼續不斷的在發展。國民黨內各派軍人內戰不已，是促成這些發展的主要原因。（張國燾，回憶錄，第八八八頁）

四〇八　毛澤東拉攏少年中國

據左舜生所記（民主潮第十三卷第八期）：就我所知，看出中山將不能久於人世，而國民黨的地位確可由中共取而代之的，要以毛為最早。這一事實是毛親口告訴鄧中夏與惲代英，又由惲代英告訴我，即作為當年引誘若干少年中國學會會員與他們採一致行動的有力說法之一。

第二輯　日軍侵佔瀋陽——日本投降

第二輯　日軍侵佔瀋陽—日本投降　目錄

一　日軍如何佔領瀋陽……三二五

二　東北飛機不起飛……三二六

三　日本掀起侵華序幕……三二六

四　張學良入關，何以日本未即侵佔東三省……三二七

五　「九一八」前土肥原已提警告……三二七

六　不抵抗之由來……三二八

七　東北懸案三百餘件……三三〇

八　孫科在滬組織「中央委員會駐滬辦事處」……三三一

九　胡漢民主張直接交涉……三三一

十　犬養毅主張中國南北分治……三三一

一一　汪精衛見報載瀋陽事變，毫不驚異……三三三

一二　十九路軍砲兵裝備薄弱……三三三

一三　十九路軍與第五軍共同抗敵……三三三

一四　共黨要打倒十九路軍……三三三
一五　共黨在江西時期……三三四
一六　保薦函電雪片飛來……三三四
一七　馬占山嫩江橋戰役……三三四
一八　新生活運動之一面……三三六
一九　楊永泰一榻橫陳……三三七
二〇　共軍流竄……三三八
二一　瞿秋白被生擒始末……三三九
二二　按照常規進軍……三四八
二三　汪精衛對不起張發奎……三四九
二四　一兵不發……三四九
二五　看不出政府有何外交政策……三五〇
二六　駭人聽聞……三五〇
二七　豈真可信耶……三五一
二八　胡宗南與共軍之戰……三五二

二九　胡部班長都帶家眷……三五三
三〇　陳立夫與俄使接觸……三五三
三一　陳立夫欲聯俄抗日……三五四
三二　陳立夫化名去歐……三五四
三三　方志敏如何被俘……三五四
三四　孫內閣面臨兩大難題……三五五
三五　汪任行政院長只有保人之權……三五六
三六　十九路軍與共黨……三五七
三七　福州起事後與共黨互派代表……三五七
三八　胡漢民反對閩變……三五八
三九　閩變兒戲一場……三五九
四〇　吳佩孚與賽金花各有千秋……三六三
四一　吳佩孚欲聯絡廣東……三六四
四二　滕傑青雲直上……三六五
四三　武有復興社，文有革命同志同盟……三六五

四四　力行社與復興社之實際行動……三六六
四五　統一有如鋼鐵般堅固……三六九
四六　刺汪案之真相……三六九
四七　宋慶齡反政府……三七一
四八　毛澤東與張國燾……三七二
四九　周恩來致陳果夫、陳立夫信……三七二
五〇　高宗武與汪精衛之關係……三七四
五一　納粹德國援華建軍……三七六
五二　楊永泰究為何人所殺……三七九
五三　戴笠一頁辛酸史……三八一
五四　上了義大利的大當……三八一
五五　陳濟棠在廣東之建設……三八三
五六　劉湘、陳濟棠注重建設……三八五
五七　陳濟棠軟禁余漢謀……三八五
五八　張學良、唐生智、朱培德等人均以鉅款託宋子文做生意……三八六

五九　陳立夫想拉胡漢民晉京……三八六
六〇　蔣氏堅邀胡漢民再進南京……三八七
六一　胡允再入南京之經過……三八七
六二　胡、汪負空名……三八八
六三　胡漢民對晉京事允考慮……三八九
六四　汪精衛真會演戲……三八九
六五　李文範與胡漢民……三八九
六六　東北軍圖謀殺害何應欽……三九〇
六七　陳濟棠稱兵之內幕……三九一
六八　不戰而屈人之兵……三九五
六九　廣西就範……三九五
七〇　李宗仁先去，白崇禧後來……三九六
七一　青白團……三九七
七二　鄒魯拆西南的台……三九七
七三　「我都離開南京」……三九九

七四 一個共産黨員的話……四〇〇
七五 汪精衛與張學良交惡……四〇二
七六 張學良好賭……四〇四
七七 劉湘評論蔣左右人物……四〇五
七八 閻錫山欲與蔣在軍事上爭領導權之真意……四〇五
七九 吳忠信西北之役……四〇七
八〇 分散東北軍兵力……四〇九
八一 孔祥熙報告政情……四〇九
八二 塘沽協定祕密條款……四一〇
八三 據何應欽言所謂「何梅協定」……四一二
八四 抗戰準備已過半程……四一三
八五 張國燾主張往新疆……四一四
八六 部長就職一月，還未參謁國府主席……四一四
八七 那有委員長辭職的道理……四一四
八八 國、共第一次商談……四一五

八九　各懷鬼胎未能發揮戰力……四一六
九〇　國、共開始談判……四一六
九一　各懷心機……四一七
九二　東北軍剿共失敗之經過與原因……四一七
九三　閻錫山不歡迎別的部隊入晉……四二二
九四　萬耀煌嘆為氣數……四二二
九五　國軍何以未將流竄之共軍消滅……四二三
九六　「軍隊打仗或不勝任，殺幾個學生游刃有餘」……四二三
九七　史達林反對西安事變之由來……四二四
九八　西安事變有利中共……四二四
九九　延安何時為共軍所佔……四二五
一〇〇　中共得到喘息機會……四二六
一〇一　西安事變後，中共提擴軍要求……四二六
一〇二　青年黨先得西安陰謀之消息……四二七
一〇三　何應欽派人四出……四二七

一〇四　節錄張學良懺悔（自省）錄……四二八
一〇五　穿煤炭襪……四三三
一〇六　邵力子暗示張學良與中共聯繫……四三三
一〇七　楊虎城感受威脅……四三四
一〇八　張學良之豪語……四三五
一〇九　中國人不打中國人……四三六
一一〇　楊虎城之妻……四三六
一一一　張學良復仇心理……四三六
一一二　共黨早潛伏楊虎城部隊……四三七
一一三　陳立夫並未去俄……四三七
一一四　東北軍損失……四三八
一一五　請求補充未理……四三八
一一六　西安剿共之實情……四三八
一一七　共軍在陝北坐大之原因……四三九
一一八　西安事變之原因……四三九

一一九 西安事變前之佈置……四四二
一二〇 馮欽哉擁護中央……四四三
一二一 張學良為西安事變之主動……四四三
一二二 西安事變一插曲……四四四
一二三 西安事變後種種……四四四
一二四 張學良為蔣策萬全……四四六
一二五 東北軍少壯派想活捉何柱國……四四六
一二六 周恩來個人希望……四四七
一二七 桂永清警告張學良電……四四七
一二八 梁漱溟擁蔣……四四八
一二九 各方對西安事變之反應……四四八
一三〇 西安事變期間，韓、宋欲消滅閻錫山……四五一
一三一 「那裡像革命」……四五一
一三二 共軍何時進佔延安……四五二
一三三 共軍何時進佔延安又一說……四五二

一三四　閻電「何以善其後」之真意……四五三
一三五　蔣氏日記改變了張學良態度……四五三
一三六　張學良扣留中央飛機……四五四
一三七　稱周恩來為同志……四五四
一三八　最奇怪的一個電報……四五四
一三九　太遲了……四五五
一四〇　張學良為什麼會伴送蔣氏返京……四五六
一四一　顧祝同深入西安虎穴……四五六
一四二　張學良應審時之態度……四五八
一四三　陝北視察團……四五九
一四四　蔣氏首向宋靄齡報告西安事變經過……四六三
一四五　蔣經國自俄返國經過……四六三
一四六　蔣經國在蘇俄備受磨折……四六四
一四七　顧祝同答覆三個不可解的問題……四六六
一四八　蔣氏文告要點多由自己決定……四七四

一四九　廬山談話會共黨代表未參加……四七五
一五〇　日本所提議和條件……四七六
一五一　納粹二十九年調停中日戰爭經過……四七七
一五二　張君勱與胡適分別函勸毛澤東放下武器……四七八
一五三　放出黃埔第一期，以後尚有可玩的……四八二
一五四　汪精衛任副總裁與黨章不合……四八二
一五五　不要史迪威留在中國……四八三
一五六　史迪威事件未能當機立斷……四八三
一五七　開羅會議與琉球問題……四八四
一五八　沒有砲兵設置……四八五
一五九　二百至三百架飛機……四八六
一六〇　李明揚與陳毅暗中往來……四八六
一六一　四十六師德、捷槍械……四八六
一六二　中國各地兵工廠……四八七
一六三　四行孤軍……四八七

一六四　抗戰初期上海與廣州四郊軍事工程……五〇八
一六五　長沙大火真相……五一一
一六六　鄷悌含冤而死……五一三
一六七　韓復榘被逮……五一四
一六八　再記韓復榘被逮經過……五一五
一六九　委座賞賜，不敢貪污……五一六
一七〇　「七七」抗戰之初，中日兩國戰力比較……五一六
一七一　八年抗戰，軍民傷亡究多少……五一七
一七二　對日抗戰，中國兵員究多少……五一八
一七三　陳光甫在美接洽貸款……五一九
一七四　邱吉爾一電阻止了美日談判……五二〇
一七五　在美採購戰時物資……五二一
一七六　英國在戰時對華之貸款……五二一
一七七　英國膽小如鼠……五二三
一七八　英國對我抗日，時予阻撓……五二三

一七九　美國出賣盟邦……五二三
一八〇　未能預防雅爾達協定……五二四
一八一　杜魯門為何對中國無好感……五二五
一八二　駐歐使節意見……五二六
一八三　美國務院不容反共官員……五二七
一八四　三個月垮台……五二七
一八五　珍珠港事變，美國海空軍何以會損失慘重……五二八
一八六　史達林注視中國抗日戰爭……五二八
一八七　史諾與毛澤東之談話……五二九
一八八　蘇俄畏日而聯日……五三〇
一八九　希特勒低估蘇俄實力……五三二
一九〇　希特勒攻蘇失敗之原因……五三二
一九一　蘇俄援助我國抗日之原因……五三四
一九二　抗戰初期，蘇俄對華之貸款……五三五
一九三　抗戰初期蘇俄售我軍火究多少……五三五

一九四　史達林對東北之野心……五三六
一九五　史達林三次表示願與蔣氏會晤……五三六
一九六　中蘇友好條約簽訂與日本投降同日……五三六
一九七　中蘇友好條約最後經立法院正式通過……五三七
一九八　王世杰到了最後一分鐘猶主張採取中立主義……五三七
一九九　邵力子任駐蘇大使，非其選……五三八
二〇〇　共黨要求……五三八
二〇一　十八集團軍之由來……五三九
二〇二　中共軍隊之發展……五三九
二〇三　共軍佔地半年之間擴張四倍……五四〇
二〇四　日本人和中共行動密切配合……五四〇
二〇五　中共與日軍互相呼應……五四一
二〇六　日軍坐視虎鬥……五四一
二〇七　對日抗戰後，中共所採取的綱領與路線……五四二
二〇八　周恩來分析陳立夫與康澤……五四八

二〇九　新華報不知如何措辭……五四八
二一〇　張國燾請蔣鼎文救命……五四八
二一一　毛澤東銜恨王明……五四八
二一二　內行、外行與五不和……五四九
二一三　周恩來與谷正綱之對話……五四九
二一四　雷嘯岑與中共之筆墨官司……五五〇
二一五　無黨派人士去延安探行情……五五二
二一六　各黨派出席舊金山聯合國大會的代表……五五四
二一七　林可璣談青年黨……五五五
二一八　蔣氏希望化多黨為一黨……五五九
二一九　民主同盟跟著共黨一齊跑……五五九
二二〇　汪精衛對抗戰之基本看法……五六〇
二二一　謹防扒手……五六〇
二二二　「我們都是總裁左右的人」……五六一
二二三　汪精衛與陳群、任援道……五六一

二二四　無法安插一人……五六二
二二五　汪精衛領袖慾作祟……五六二
二二六　領袖慾誤了汪精衛……五六四
二二七　陶希聖與高宗武……五六四
二二八　陶希聖反對抗日……五六五
二二九　汪精衛慫恿龍雲叛國……五六七
二三〇　汪精衛在河內被刺經過……五六八
二三一　周佛海、陳公博暗中與中央聯繫……五六九
二三二　雙方摩擦……五七〇
二三三　我們不打他們，他們也要打我們……五七〇
二三四　陳毅組織力強……五七〇
二三五　蔣氏直接指揮到團……五七一
二三六　人到中年已難改變……五七一
二三七　中國人每喜走外國路線……五七一
二三八　蔣氏料敵奇中……五七二

二三九　參事室變質……五七四
二四〇　王世杰又一手法……五七五
二四一　善於做官者之作風……五七六
二四二　另有原因……五七六
二四三　簡直如上海人敲竹槓……五七七
二四四　我能說什麼……五七七
二四五　蔣派人勸林彪歸順中央……五七九
二四六　戴笠得罪權貴……五七九
二四七　林森之國府主席……五八〇
二四八　孔祥熙勸公務員做生意……五八〇
二四九　難道我的親戚不能做生意……五八一
二五〇　蔣氏緊緊抓牢軍權與財權……五八一
二五一　紀朝鼎由何人介紹於孔祥熙……五八二
二五二　蔣氏對其子經國之叮嚀……五八二
二五三　蔣氏家譜……五八三

二五四 「講話是要負責任的」……五八三
二五五 嚴家淦頭腦精細、言詞清晰……五八四
二五六 物價並沒有高什麼嗎！……五八五
二五七 戴傳賢講君臣之道……五八六
二五八 吳鐵城指中蘇條約喪權辱國……五八七
二五九 蔣氏信任白崇禧……五八七
二六〇 白崇禧用人近於苛……五八七
二六一 胡宗南非奉校長命令，不敢突擊陝北……五八八
二六二 胡宗南籌公積金……五八九
二六三 胡宗南如何統軍……五八九
二六四 胡適與Fairbank……五九一
二六五 胡適痛論大國領袖之無知……五九一
二六六 蔣廷黻做復興社的官……五九三
二六七 盛世才反覆……五九四
二六八 馮玉祥敗興而返重慶……五九五

二六九　楊虎城與張學良囚居生活……五九六
二七〇　莫說北洋軍人都不愛國……五九七
二七一　魏道明肆應於蔣孔之間……五九七
二七二　李烈鈞特立獨行……五九八
二七三　魏德邁談使華二事……五九九
二七四　唐紹儀死得冤枉……六〇一
二七五　不解的謎……六〇一
二七六　張君勱勸毛澤東交出軍隊……六〇四
二七七　日軍攻獨山……六〇五
二七八　日本公使土田豐求見……六〇五
二七九　日本降書由中國擬就……六〇七
二八〇　日兵進入俘虜營……六〇七
二八一　日本俘虜究多少……六〇七
二八二　滬寧鐵路線日軍繳械……六〇八
二八三　日本投降，如何安定東南……六〇八

二八四　日本土地改革……六一〇
二八五　抗戰末期中共基本部隊……六一一
二八六　新四軍之誕生與行動……六一一
二八七　葉挺這個人……六一三
二八八　雅爾達協定是否先得中國同意……六一三
二八九　四與五之比……六一四
二九〇　繼續作戰……六一四
二九一　宋子文貪天之功……六一四

一　日軍如何佔領瀋陽

王鐵漢言：九一八事變之發生，張學良駐北平，其參謀長臬榮臻駐瀋陽，即電話報告。以近數月來，日人藉故挑釁，習以為常，未予重視，僅囑其慎為應付。迨事情嚴重，榮乃發電報，而電線已斷。而榮又措置失當，瀋陽遂為日人佔領。另根據日本檔案所示：七月十日及十四日，張學良曾兩次電呈中央。一則曰：「滿洲問題最後不用武力，實難保全。日本對外膨脹政策既定，我方亦應深具警覺。」再則曰：「日本擬擴展其大陸政策，有向滿蒙入侵之意，已事實昭然……事關滿蒙存亡，吾人便應早有打算。」七月十二日蔣復張電：「日本誠狡黠陰險，然今非我方對日抗戰之時。……亟宜力避衝突，以公理為週旋。」

日本之侵佔我領土，我損失自非可以數字計算，至於顯見之物質損失，僅兵工廠一處即近兩萬萬（當時幣值）。去年兵工廠之報告，一切機械設備與兵器儲存，在一萬萬八千萬以上。據云現時所存有之兵器及原料，計有步槍十五萬枝，手槍六萬枝，重砲野砲等共約二百五十尊，各種子彈計三百萬發，砲彈十萬發，彈藥五萬磅，至迫擊砲廠，存有迫擊砲約六百尊。飛機場庫停存飛機三百餘架，其中可飛行者一百餘架，作戰機七十餘架，總計空軍損失約在六千萬以上……（見「張老帥與張少帥」，第二七二頁，傳記文學社出版）。張氏父子亦動工築葫蘆島港，由荷蘭築港公司承包，以抵制日人的大連港。又築鐵路，以包圍日人之南滿鐵路。

張學良為培植政治、技術、科學人才，曾撥近一千萬元在瀋陽興辦東北大學。當時日人投資五百萬元建立滿洲紡織公司，奉天省也投資四百五十萬元設立奉天紡紗廠。

二　東北飛機不起飛

王又言：九一八事變時，東北共有飛機三百餘架，並無一架起飛作戰，全部為日本所得。

三　日本掀起侵華序幕

張作霖既死，日人以張學良年輕少閱歷，較易就範，故派重臣為弔唁使，慎重將事，以期說服學良，在東北另樹一幟。豈知學良國難家仇，更難說話。於是乃想唯有出之武力，方能達到目的。其時關東軍以國內少壯派尚未得勢，有所顧忌。適胡案發生，廣東另行開府。聞汪精衛在非常會議時期，曾秘密與日本總領事會晤，所談何事，亦非查日本檔案，不能知其底蘊。迨九一八事起，我（編者）適在廣東，力主趕快結束非常會議，共同對日，遂為粵方人士所不諒。關東軍以中國既連年內戰，今廣東又另樹一幟，江西更有共黨為患，認為正是侵略好時機，乃自拆鐵路，誣為中國拆毀，中村少尉失蹤，誣指為中國暗殺，遂於九月十八日深夜砲轟北大營，掀起侵略序幕。時為民國二十年九月十八日，遂稱為九一八事變。

四　張學良入關，何以日本未即侵佔東三省

閻、馮稱兵，中央請奉軍入關，何以東三省無事？蓋此時日本，正田中義一首相因炸死張作霖事受日本天皇責問，辭職而又身死故也。然日本軍人侵略野心，亦僅延遲兩年，而其野心則更大。

五　「九一八」前土肥原已提警告

二十年四月，土肥原賢二大佐曾告黃郛，大略如下：自張作霖死，楊、常被殺，張學良逍遙平津，對日本懸案採取不理態度，對日本人採取不見面政策，日本已到無可忍階段。又日本曾經戰事的軍人，此時都已到將官階級，佐官以下少壯軍人，均不知戰事之險，而功名心切，急望立功。二者湊合，東三省情勢十分嚴重。黃郛將土肥原意見，寄了信傳了言。（

沈亦雲，「亦雲回憶」，下册，四三一—四三二頁）

六　不抵抗之由來

㈠王鐵漢言：當九一八事變時，東北軍約計二十四旅（師），有一半駐關內，其餘一半散駐東北各地。其駐瀋陽者僅一旅，王即任該旅團長。日本軍隊不時在東北挑釁，終以忍讓，得平安渡過。九一八前，日本外交人員亦曾予警告，謂日本軍隊恐已無法按住。但張學良仍認不致佔瀋陽，故命令東北軍之駐關外者，如日本軍挑釁，切不可抵抗，以免擴大事端。迄九一八晚，日軍正式開火，東北軍軍事所所長聶榮臻猶迭次下令不得抵抗，故違者當負軍事重責，此不抵抗之由來。

當事變之起也，余（榮臻自稱）即電話詢問各方，得知日軍襲擊北大營，當即向北平張副司令以電話報告，並示請應付辦法，當經奉示尊重和平宗旨，避免衝突，故轉告第七旅王以哲旅長，令不抵抗，即使勒令繳械，佔入營房，均可聽其自便。彼時又接報告，知工業區迫擊砲廠、火藥廠均已被佔領。

㈡九一八日軍襲擊瀋陽前，日本軍方尤其關東軍在我東北積極圖謀事端，作為進佔我東北之藉口。東北當局及中央已於七月中旬決採取對日不抵抗方針，誥誡力避衝突。（見梁敬錞，「九一八事變史述」，敬錞曾查閱蔣氏所藏於大溪之資料，當確實。故梁敬錞認為不抵抗之罪責，非應由張學良一人所獨負。）

㈢九一八事變之夜，駐守北大營之陸軍第七旅六二〇團團長王鐵漢曾兩次接東北邊防司令長官公署軍事廳長、兼代司令長官榮臻電話命令：「不抵抗，等候交涉。」「不抵抗，否則你要負一切責任。」這就是事後備受輿論攻擊的「不抵抗主義」了。當時獨立第七旅旅長王以哲與榮臻何以下令「不抵抗」？蓋「不抵抗」出自不與反抗的「魚」電，那是二十年九月六日，張學良司令長官從北平發給瀋陽榮廳長的，原電如下：

查現在日本外交漸趨積極，應付一切，宜力求穩健，對於日人無論其如何尋事，我方務須萬分容忍，不與反抗，免滋事端，即希迅速密令各屬切實遵照注意為要。張學良魚子祕印。

這就是「不抵抗」之由來，也是「不抵抗」之依據。

二十年七月萬寶山事件發生時，蔣委員長於七月十二日致張學良電文中有「此非對日作戰之時」的辭句（此電自日本外務省情報擋案中所得）。張學良魚電是否依據此電，則不得而知。

上述資料大部份根據王鐵漢抄錄而來，較前兩次所論「不抵抗」之由來，更為具體，故不憚煩再言之，以供治史者之參考。

七　東北懸案三百餘件

㈠據日本人言，九一八事起，先佔瀋陽。其時日本政府尚不願事變擴大，令關東軍不得越出奉天省。關東軍開到吉林邊界，不敢前進。關東軍只有兩旅，兵力單薄，乃請朝鮮總督出兵相助，日本政府又令朝鮮兵止於鴨綠江。其時，倘中國一面極力抵抗，一面直接交涉東三省懸案三百餘件，則日本政府可以抵制軍人之藉口，使事態不致擴大。東北懸案積至三百餘件，亦是奇聞。其中固有不難商之案。如將可商之案，儘速商結，只賸難商之案，恐亦不致有三百餘件之多。

㈡九一八事變未起之先，外間即傳關東軍將在東北尋釁，時汪榮寶駐使日本，曾見日本幣原外相，探詢意旨。據幣原表示，若能將懸案三百餘件從速商議，我亦可對少壯派有所交代，使他們無法藉口。汪榮寶得此言，即請假回國，見外交部長王正廷，自告奮勇、願當其衝。正廷聽了汪榮寶之言，反有輕視之意，說日本只是恫嚇，未必對於東三省出於冒險行動。果有此行動，我國尚有國聯為後盾。汪榮寶又說國聯不可靠，日本軍人亦未必聽從國聯。現在談判，或可避免戰禍，失此機會，恐後悔莫及，兩人言語衝突，汪榮寶便說，如此做法

，我敬謝不敏，當即面辭，王正廷亦未挽留。汪回到天津，便將一切經過告訴曹汝霖。（曹汝霖一生之回憶，二一七頁）

八　孫科在滬組織「中央委員會駐滬辦事處」

日軍侵佔上海，引起十九路軍之抵抗。政府遷洛陽，孫科本擬在滬組織臨時政府，改為「中央委員駐滬辦事處」。余（編者）適在上海，曾數次參加此種會議，由市長吳鐵城報告滬上情形，孫科當面罵為「混蛋」。鐵城本為孫科之部屬，又知道他的「太子」脾氣，只好忍受。

九　胡漢民主張直接交涉

九一八事變既起，胡漢民被軟禁於其家中，蔣親往訪晤，問其意見。胡坦誠相告，謂國聯不可靠，趕快直接交涉，以免擴大。其時國內輿論激昂，多主不與日本直接交涉，而胡已被軟禁，在常人心理，必幸災樂禍，看你如何收拾。而胡並不如此，確非常人所能及。

十　犬養毅主張中國南北分治

日本犬養毅與中國國民黨素有淵源，乃亦主張南北分治。

十一　汪精衛見報載瀋陽事變，毫不驚異

據周雍能言：在廣州非常會議時期，一日汪精衛、古應芬等人赴石牌參觀中山大學，周雍能偕往。侍從送報給汪看，祇見大字登載瀋陽事變，汪見報並無驚異狀。（參閱第二輯第三條）

十二　十九路軍砲兵裝備薄弱

十九路軍因在滬抗日而名震世界，但其砲兵裝備至為薄弱。六十師砲兵營一共五個連。第一、第二兩連使用滬造山砲，前清末年上海兵工廠製造的。在有現代武器的陸軍，這種直接瞄準的砲早已報廢了。第三連使用口徑十五公分的重迫擊炮。第四、五兩連使用口徑七·五公分的輕迫擊砲。在有公路的地方，一、二、三連的砲可以用馬拉，離開了公路就要拆卸用人力扛抬。彈葯則完全靠人力搬運，射擊力、運動力均成問題，因而步槍訓練仍然免不了。（朱文柏曾任十九路軍第六十師直屬砲兵營營附兼第一連連長，所言如是。「民主潮」第二十三卷第六期）

十三　十九路軍與第五軍共同抗敵

「一二八」上海之役，十九路軍與第五軍（八十七、八十八兩師）共同作戰。當時固由於蔣光鼐、蔡廷楷、翁照垣首先抵抗日軍，均以為只有十九路軍在抵抗，慰勞之儀物，亦祇送十九路軍各部。然第五軍艱苦作戰，絕不自暴。蔣曾電張治中軍長曰：「在前線必須讓功與十九路軍，祇期殲敵，切勿有所爭競，即有不能堪者，亦必為國家忍辱負重，當在此生死關頭，與十九路軍應視同一體，外間毀謗一切置之。如外間不知我八十七、八十八兩師同在苦戰，正吾人所求之不得者。今日之事，汝等與十九路軍同一命運，生死且與共之，況於榮辱何與。」此電僅由陳布雷記其大意，或與原文稍有出入。

十四　共黨要打倒十九路軍

當十九路軍在上海抗日，一天楊邨人偕周起應（即周揚）來看胡秋原。楊長相酷似日本人，說曾在街上被人打得幾乎要死。胡對楊說：「打人不好、打老兄更不好，但民眾反日可知，而你們的黨（共產黨）居然反對抗戰，要打倒十九路軍，算什麼一回事？」（胡秋原、「在唐三藏與浮士德之間」、自由談第六卷第九期）。

十五　共黨在江西時期

共黨在江西時期佔領全縣者有瑞金、雩都、廣昌、石城，佔領局部者有修水、銅鼓、上饒、貴谿、上高、餘江。其所佔局部大都為鄉村。

十六　保薦函電雪片飛來

據胡競先言：在抗戰以前（抗戰以後情形未言），中央軍如有出缺，任何人均可保薦，不限於其直屬長官，所以每一缺出，保薦之函電如雪片飛來。時鄧文儀任侍從秘書，必以其有關係人（特別是湖南人）保薦電先行呈閱，俟批准發表後，再將其他人員保薦電呈上，則只有批「閱」字而已。率真（桂永清）當年曾想保我（胡自稱）任侍從秘書，蓋其名額無限制，我因賦性屬於陽分，不宜擔任此職，遂婉謝之云。

十七　馬占山嫩江橋戰役

民國二十年九一八瀋陽事變爆發，日本關東軍趁東北軍大部在關內之際，四出攻擊，不旋踵，就席捲我遼寧、吉林兩省，幾乎是兵不血刃。當時中央與東北當局，只求事態不擴大，使日本侵略者無所藉口，並希望有如日本出兵山東阻礙國民革命軍北伐一樣，最後仍能自動退兵。其後，日本顯已無意退出，中央與東北當局又過份依賴國際聯盟的制裁，故仍實行其不抵抗主義，夢想國際聯盟最後必能秉持正義，壓迫日本還我東北國土。

但事實適得其反，日本席捲了遼寧、吉林兩省之後，侵略箭頭又指向黑龍江。此時東北邊防副司令長官兼黑龍江省主席萬福麟適隨張學良在北平無法回任，乃命令旅長馬占山暫行代理。日本仍師席捲遼寧與吉林兩省故伎，由漢奸部隊張海鵬前導，企圖兵不血刃再佔黑省，但馬占山並無任何「妥協以免生炙塗炭」的表示。

當日本關東軍司令本莊繁知道馬占山部隊已沿嫩江設防部署後，乃致牒馬占山，表示「皇軍」旨在「膺懲」支那排日暴行，希望馬占山與「皇軍攜手共建新秩序，使人民共享安樂王道生活。」這個通牒立為馬占山拒絕，本莊繁乃正式要求他退出或投降，否則日軍將採斷然措施，予以膺懲消滅。

二十年十月底、十一月初，日本關東軍幾千人，夾雜著張海鵬漢奸部隊共約萬餘人，大張旗鼓、浩浩蕩蕩沿中東鐵路前進，準備向黑龍江省會齊齊哈爾進攻。日本自以為：只要「皇軍」一到，馬占山部隊必不堪一擊而潰退，根本沒有想到失敗那回事。這時東北當局拍來電報指示，國際聯盟對東北問題正在討論中，彼曲我直，相信必有公正解決，務望勿發生正面衝突；繼而萬福麟也從北平去電，勸加忍耐，勿正式與日軍衝突；馬占山回電申述理由是：日軍對我侵略如屬地方事件，佔領一、二地方就可達其要挾目的，今續向我黑省進攻，顯非地方事件，所以決心守土抗戰。

十一月四日，日軍下最後通牒，限馬占山即刻投降，否則將予消滅，其規定二十四小時答覆；這時北平仍下令不准抗戰，馬占山乃關閉與北平的電台聯繫，不再收看上級的命令，同時下令邀擊來犯日軍。

十一月五日拂曉，日本大部隊未待通牒限期到達即行進攻。日軍正在嫩江大鐵橋半渡時，馬占山部隊乃向來犯日軍正式開火，日軍措手不及，前鋒部隊多被擊斃，後繼者也多落水。綜計此役日軍死者近千人，傷者更多，張海鵬匪部死亡則逾二千人，落水者則不計其數。十一月初，面廣水深的嫩江江面已結一層薄冰，但仍不能承受從橋上落下日軍的重量，多穿冰層落入水中淹斃。這是甲午戰役以來，中國軍隊首次擊潰日軍，擊斃數字也是明朝剿倭之後，空前未有的最多的一次。馬占山一夜之間立享大名，成為舉世週知，國內婦孺皆曉的抗日英雄。（節錄陳嘉驥、馬占山喜談嫩江橋戰役，春秋，第二十卷，第四期）

十八　新生活運動之一面

在江西勦共時期，行營設在南昌。當時，聘有設計委員約三百人之多。許紹棣亦為其中之一。設計委員可以直接向蔣敷陳時事，間或蔣亦約設計委員數人垂詢意見。許紹棣以「豊沛子弟」故，蔣每星期兩次單獨約其共同便餐，以聽取意見。時新生活運動，進行如火如荼，各方報告均謂其成績頗能符合理想。一日許紹棣向蔣報告，謂離南昌不遠之南城縣城，便髒亂不堪。蔣初不之信，但仍用紅筆記下。越數日，蔣乘車前往南城視察，果如許紹棣所言。歸後，大怒。行營秘書長楊永泰知為許紹棣所報告，乃設法排之出行營，使不能與蔣接近。未久，紹棣便奉命赴歐，考察教育。歸後，歷任浙江省黨部宣傳部長，省政府教育廳長，蓋由於此。

十九　楊永泰一榻橫陳

㈠

許紹棣言，楊永泰平日一榻橫陳，吞雲吐霧。無論出外或在家，多穿中國長衫。早晨非到十一時，不去辦公。但如得報告，謂蔣今日將來行營，則必身穿中山裝，八時以前，便在行營恭候。

㈡

民國二十三年，羅時實任浙江行政督察專員，出席行營召開的行政會議。在南京遇周佛海，同行，到了南昌亦與周佛海同住一旅社。放下行李，略一休息，佛海乃約時實出外訪友。步出大門，便有專用汽車在等著，行未二、三分鐘，約在舊貢院近處停下，不待通報，排闥直入。至正房，則見床上鴉片煙燈一盞，一位五十幾歲的人，正在吞雲吐霧，經過主客寒暄，才知道那就是委員長行營秘書長楊永泰的公館。楊把煙槍放下，又請佛海上床。吸過之後，才彼此談論正事。房中另坐有六、七人，大多是行營的幕僚。羅後來又聽說還有幾個地方，是用這種方式處理事務。其時，江西正推行新生活運動，外表雖雷厲風行，內幕如斯，又豈能有良好效果？

㈢

李根源語陳立夫，用楊永泰如吸鴉片，必上癮。

二〇　共軍流竄

民國十六年（一九二七）八月一日賀龍、葉挺共軍在南昌暴動後流竄至廣東汕頭等地，為李濟琛、錢大鈞、黃紹竑軍所擊潰，而毛澤東則於湘贛邊境寧岡縣之井岡山組織所謂「工農紅軍」從事游擊戰。此後又流竄至江西南部及福建西部，以江西瑞金為巢穴，於民國二十年十二月成立所謂「中華蘇維埃共和國」。日益猖獗，隨處裹脅，四出劫掠。擾福建則由長汀上杭，竄湖南則走修水銅鼓，掠贛邊則出大庾瑞金，鄰近諸省受禍日深。政府軍於二十二年十月發動大規模圍剿，成立保甲，使民自衛，建築碉堡，俾資守望，步步為營，節節推進，成效大著，迭克名城。經過一年多的戰鬥，至二十三年十一月克復共軍巢穴瑞金。共軍突圍而出，向西流竄，歷時一年共軍到陝西寶安時只剩下四、五千人（包括戰鬥員，非戰鬥員，以及老弱婦孺在內），與劉子丹、高岡合股。

井岡山處於贛湘交界，地勢高聳，山間多狹長溪谷，內含局部平原，亦有良田沃地，雨量充沛，草木茂盛，山深林密，易守難攻。共軍利用山嶺與岡阜的崎嶇地形，每遇潰敗，則退據巢穴，甲省來剿，則退往乙省。山中多廟宇，共軍則用之為營舍醫院。

二 瞿秋白被生擒始末

福建事變平定之後，中央政府次一目標，是再度動員主力進行第五次澈底剿共的戰爭。在江西剿共地區，除公路之外，並已建築了二千九百個碉堡，對共軍的包圍網業已完成，此後只要一步一步地縮小包圍而已。另一方面在福建亦乘勝追擊，進攻龍岩、長汀。其時國軍第三十六師二一二團第一營營長吳垂昆江西人也，即奉命留置河田，繼續清剿山區共軍殘部。就在這個山區，吳營長垂昆擒到中共中央總書記瞿秋白。瞿之被擒，原有兩說：一說當時毛澤東與瞿秋白兩人意見不合，毛澤東指瞿秋白為「盲動」者，乃於被迫撤退江西而向西流竄時，有意棄之而不顧。另一說，則為瞿秋白所自供者。此二說或可為互為印證，瞿秋白既主仍留山區打游擊，則毛澤東正好成全其心願吧！或瞿秋白被遺棄之後，為顧全面子，乃言自願留山區。瞿秋白之被擒經過，至今知之者極少，吳垂昆所撰「生擒匪首瞿秋白始末」一文，為唯一之信史，茲錄於后：（參閱江西文獻，第八十九期）

河田之役生擒瞿秋白

我中央軍為乘匪軍衰弱，情勢動搖之際，遂一意追擊，繼續向長汀進攻，此時匪軍已經瀕於潰滅狀態，草木皆兵，有如驚弓之鳥，所以沿途雖有戰鬥，都是如「疾風掃秋葉」般的迅速結束。大約是十一月，我軍就把河田、長汀攻克了。我奉命留置河田，繼續清剿山區殘匪，河田距長汀五、六十華里，原是屬長汀一個大市鎮，共匪把長汀改為縣，四面環山，中間是盆地。有一天我率領第二連搜勦山區小股散匪，悉數蕩平，正待回營之際，忽發現某山麓岩洞中好像有人潛藏形跡，當即派人往捕，居然捉住一個書生人物，年齡四十上下，清癯消瘦，穿短襖繫腰帶，腳穿草鞋，手持竹節煙筒，態度鎮靜，滿不在乎的樣子，一望而知是一個知識份子，所以沒有綑綁他，帶回營部再說，同時搜查他的身上發現日記本一個，上面所寫的盡是一些英文藥名詞，並有些漫畫，都是用鉛筆書寫的。回部後，我心裡暗想，這個人可能是匪黨重要份子，因事前就有人謠傳，中共「江西蘇維埃政府主席」潛伏在長汀山區，這時官兵也七嘴八舌，硬說捉到的這個人就是蘇維埃政府主席。於是我以很和平的語氣問他：

「你是不是蘇區主席？你的身分地位，不妨坦白回答，絕不會難為你，你說吧！」他開腔了：

「營長你貴姓？在我沒有回話以前，我有一個要求，因為餓了兩天沒有吃東西，請你給一頓飯吃，好不好？」

「好的！我姓吳，」隨即叫李副官要廚子趕快準備比較好一點菜餚，米飯麵食都拿來。半個鐘頭以後，他吃飽了，很開心的說：

「吳營長，我要先謝謝你的好菜好飯了。我是共軍團級單位的一個醫生，我姓李，名振華，我日記本子上所寫的藥名詞，也就是我們所最缺乏的，患病官兵多得很，我這個醫生是束手無策的，我明明是個小醫生，怎能當得住蘇維埃政府主席名義呢？這是我實話實說，請營長相信我好了。」

經過幾次反覆質問，都是鬼話連篇的答覆，問不出名堂來，於是用電話報告師長，反正有司令部審問，必然水落石出。下午三時許，我派第三連連長帶兵將這個撲朔迷離，弄不清楚的人物押送長汀師部去。看他文弱的樣子，步履蹣跚，怎能走得四、五十華里呢？乃用我所乘騎的白馬給他坐，剛剛把他扶上馬去，那馬就昂首豎立，足踢聲吼，一下子他就來了個倒栽葱，我連忙拉起他來，開玩笑地說：「做主席的人，怎麼不會騎馬呢？」他摸摸屁股，很風趣的說：「土共爬山是內行，騎馬享受，這還是第一次哩！」無形幽了我一默，語句中大有文章。為早早交代責任起見，也就不予計較，湊巧得很，此時恰好來了一輛貨運車，乃請其停住，命王連長只帶士兵數名押送，以爭取時間與速度，因戰地公路，係臨時開闢，凹凸不平，機動力發揮緩慢，至深夜始到達長汀，當即由師部驗收拘押，王連長來電話，我才鬆了一口氣。

問出瞿某真名煞費苦心

師司令部於次日提審，這個「李醫生」，口若懸河，把他行醫經過及家世說了一大篇，同時告訴會審人，你們不必勞心勞神，容我親寫口供如何？於是在一個多小時內寫出一萬多字的口供，把自己的履歷和匪軍患病率以及缺乏藥品情形，全是李醫生口吻，不僅文字優美，而且說得天衣無縫，令人看不出破綻來。第二次會審，他說：「我所要說的話，都在所寫口供上面，何必要我重複背誦呢？」弄得審案人毫無辦法。同時南昌行營又接二連三來電報問師長有無俘獲瞿秋白、項英、葉挺諸匪首？務必查明具報。而在一、兩千俘虜中問不出一個重要匪犯出來，怎能報賬呢？因此全師上下都非常焦急，焦點都集中在口供文字優美那個「李醫生」方面，但問題沒有澄清以前，是不好向委員長妄報的。

師參謀處張處長是一個非常有機智的人，他與我都是六期同學，有一天夜晚，他帶著一個衛兵靜悄悄地到俘虜集中所，偷聽他們講話，驀然地聽到兩個匪俘輕輕的說：

「糟了，我們的總書記長怎麼也被抓來了。」

張聽了以後，判定那個有學問的「李醫生」一定是瞿秋白無疑。遂命衛兵提出講話匪俘，要他指出書記長其人，任何逼問，總是死不認賬，一口否定他沒有說過這句話，反指張是故意編織，入人於罪。從這一點上，我們就可看出那時匪軍的教條和中毒之深了，共同被俘，彼此都裝作不認識，偶然失言，是很少的。

經過這次戲劇性的捉迷藏以後，大家都心裡有數。第三次再由軍法處提審，「李醫生」仍然是那一套死死的不翻口供，所幸的是張處長與這個假醫生沒有直接見過、談過話，張聽說瞿秋白當年在黃埔上過幾次政治課，乃將計就計，突然來到軍法處，恭恭敬敬，舉手敬禮，向瞿說：

「瞿老師，你比以前消瘦了很多，你不認識學生，學生在黃埔聽過老師講課，無論如何掩飾，學生總是認識老師，不會錯的！」張的表演精彩，詞鋒犀利，居然成功了。稍頃瞿說：

「真的嗎？那我就是瞿秋白了。」同時又很風趣的對審問人員說：「你們不必再問了，我那篇口供，你們把他當作小說看好了，你們要知道我當年在上海寫文章的稿費，要比人家高上好幾倍的，信不信由你，哈哈哈哈！」

從此以後，他就受到特別優待，單獨住一間房子，要什麼有什麼，高級人員也隨常去看望他，轟動全師，各級幹部都去看他，這個叫瞿老師，那個也叫瞿老師，不是主官不著急，經常請示行營，如何處置？在真相大白後，差不多有一個星期時間，我還是莫名其妙，蒙在鼓裡，上面這段情形，也是他們告訴我的。有一天上午，張處長來電話，開玩笑地說：

「老吳，你真糊塗，上次送來的李醫生是什麼人？你曉不曉得？」

「可能是江西蘇維埃政府主席。」我說：

「不是的，他是中共總書記瞿秋白。」我聽了以後，笑著說：

「老張你罵我糊塗，你才比我更糊塗，我在幾個小時內，怎能問得真相出來呢？你們花了一個星期時間，才把真相問出來，豈不是比我更糊塗嗎？」

「不要開玩笑，希望你快來師部玩吧！」張說。

這樣一個令人興奮消息，不由我不即刻策馬馳向長汀師部去，到達後，張陪我去見他，進門我就先說：

「瞿老師，上次很失敬，没有好好招待你。」他見我來了，馬上搶上一步，握著我的雙手說道：

「吳營長，你那天給我那樣豐富午餐吃，太令人感激。韓信當年不忘漂母一飯之賜，你還說什麼對不起呢？」他的話匣子打開了，又繼續地對我說：

「我在張處長那裡看見你寫的北魏鄭文公，蠻不錯」，我連忙說我不會寫字，寫得太不好，於是他把文字溯源，從殷甲骨、周鐘鼎以至漢唐宋明，滔滔不絕的講了很久，真是淵博得很。那天他正好在填詞，墨跡未乾，就把它貼在壁上，同時在一小時前刻好了一方圖章，文字金石，都是高手。他叫我到市面上去買顆石頭，立時為我也刻了一個印，刀法蒼勁，字用大篆，都別有風格。他那刀石工具，是請人到長汀買的，都不算好，與他的作品，是不能成比例的。

幾段對話

在他没有承認真正身份以前，也同一般匪俘一樣，迎合人意，無所謂可否，唯唯諾諾，等到身份識破以後，言談態度就不同了，保持立場，堅守原則，儼然首領氣派。

有人問他：

「你對三民主義有沒有研讀過？」他說：

「我讀北大以後，就到俄國去，我所研究的是馬列主義，對三民主義毫無研究。」又問他：

「你對我們領袖和胡漢民、汪精衛幾個人的看法如何？」他說：

「　蔣先生不愧是一個領導人物，尤其是用兵是他的天才，展堂的政治見解不錯，兆銘僅僅是有點政治手腕而已。」又問：

「你們閩西這次失敗原因何在？」講至此，他很激憤的說：

「毛潤之不聽話，我叫他千萬不要與中央軍真面目作戰，尤其不可以主力陣地戰硬拼，應該化整為零，從事游擊戰，發展山區組織，壯大後備陣容。潤之見不及此，致有今日慘敗，主力精銳，喪失殆盡，所以我留在山區，徐圖發展，而不願跟他們走，假使潤之能同意我之主張的話，則前途大有可為，我瞿某也不致束手被擒啊！」

三十六師獨俘這樣一個匪酋，假若變起倉卒，被他逃脫的話，那還得了，因此精神負荷不小，所以一而再，再而三電請委員長指示處置。那時行營所在地在江西南昌，五次圍剿成果，完全是委員長坐鎮指揮，威德感化所得來的。

長汀公園結束巨魁生命

經過無數次的請示，最後委員長　蔣公來電：「瞿秋白著就地正法。」師部如釋重負，乃開始研擬執行計劃，妥善安排。奉令後之第二日早晨，張處長去見瞿秋白，說：

「瞿老師，今天之天氣很好，你呆在房子裡很悶，我陪你到長汀街上去散散步，洗洗澡，理理髮，好嗎？」

「啊！　蔣公的電報來了是不是？好，好，我同你去，你曉不曉得人生有兩種休息？」張問那兩種？

「睡眠是短期休息，死亡是長期休息，在我沒有長期休息以前我要寫一篇文章寄給我在上海的愛人密斯王，題目是：『多餘的話』，或許你沒有法子寄到，各報紙是會登出來的。」

張與瞿在街上理髮回來以後，瞿秋白就開始寫那篇多餘的話的文章了，事後轟動京滬所有報紙，全部登載。文詞悽婉綺麗中還帶著鼓勵他愛人繼續他的精神不斷奮鬥的意義，可惜內容記不清，無資料可供查考。

第二天中午，各要道加強警戒，由師部特務連長（軍校五期）將瞿犯押解到汀州公園，照例進酒用餐，瞿則泰然自若，面不改色，惟恐行刑者要他跪下，乃自動向西坐在地上，笑瞇瞇地說：

「徐連長，這個姿勢還好嗎？請趕快執行罷！」

「砰！砰！」一代巨魁，就此長期休息去了。

行文至此，深感歲改月移，從民國二十二年到現在，已經是四十四年之久，時間沖淡記憶，可能有不翔實的錯誤，只能就其大概寫出來，不知道能不能在剿匪戰史上作有價值的參考呢！。

二二　按照常規進軍

據賀衷寒言，當年共軍由江西突圍之後，大約仍有三萬之衆，在川北與張國燾會合時張部約為四萬人。張主張突圍赴新疆，而毛則主張往陝北進軍。張毛乃分道揚鑣，毛部在松藩曾與胡宗南部發生遭遇戰，亦不過共軍之後衛與胡部之前鋒衝突而已，雙方并無大傷亡云（此與張國燾回憶錄所載不同）。後張部為四馬及孫殿英所擊潰，僅存數百人。而毛部於渡過大渡河後，重要軍器盡失，落荒而走，飄忽靡定，而國軍有正式裝備，按照常規行軍，故始終未能將共軍殲滅云。

二三　汪精衛對不起張發奎

汪精衛與張發奎的關係，路人皆知。迨張之實力盡爲汪完全犧牲，而汪則赴京任行政院長。張偶爾晉京謁汪，態度仍非常恭謹，而汪對張亦温語有加，極盡慰勉之能事。但張一聲告別，鞠躬而出，汪則以脚踢其房門而閉之，大聲罵「丟那媽。」梅恕曾本為汪之幹部，追隨左右親見此狀，大為張不平，乃逐漸與之脫離。此乃梅語人者。（張有時謁汪，汪亦拒不見。）

二四　一兵不發

據胡競先自傳：「當共匪全部由毛兒蓋之竄陝北也，余奉命以一團（時任騎兵第七師十九團團長）拒守於固原所屬之開城青石嘴一帶，陣地係與師成一橫線。由午前八時遇敵，戰至午後四時，敵不能前進一步。余迭以報告請求增兵堵剿，而師部（直接師長為門炳岳）控制兩團於左翼，約距三十里之瓦亭，一兵不發。及至晌晚，敵見我陣地難破，乃將團與師之連絡線截斷，竟由此空隙而得東竄，我團損失甚重，敵亦死傷盈野（據中共記載此役損失六百餘人）。師及其他兩團則一兵未傷，儼如一觀戰者！夫其時匪雖眾多，後有毛炳文部，沿途追擊，勢甚疲憊，若我方能策應周全，殲滅必矣。」

二五　看不出政府有何外交政策

據顏惠慶在其自傳第十四章「重返蘇京」中，曾提到於一九三五年，重返蘇京前，「對於外交方面：：看不出（政府）有何決策，一切以隨時俯仰，靜候國際發生變化……」又說「古今中外外交政策，從無一致之輿論，要恃主持外交之首長，因勢利導，納其輿論於正軌，使之產生力量，然後根據大多數人民的意見，以為決策的依據。」

二六　駭人聽聞

據陳鑫言：當其任梁華盛九十二師連長時，正共軍開始其二萬五千里長征，經過湖南。陳曾接獲其上峰命令，必須與共軍殿後部隊相距三十里，雖共軍中有人攜械投誠亦必令其歸隊，不予收留。（按：聞此時在湖南任縣長者亦接上級類此命令。）日本投降後陳任職聯勤武漢供給區，總部時以電話指示，某部供應品必須先發，某部則可緩發，由此可知各部隊之關係云云。

二七　豈真可信耶

民國二十八年中共要求劃定邊區，計陝北十九縣、甘肅六縣及寧夏一縣為陝甘寧邊區，由十八集團軍（中共軍）留守部隊駐紮，其行政首長，由邊區政府委派，同時請政府明令各省政府撤回其所委派之縣長。政府予以拒絕，中共乃逕自委派縣長，並驅逐省政府委派縣長。政府委曲求全，於二十九年，允其劃定陝甘邊區十八縣，改稱陝北行政區，其所轄各縣縣長，准由中共保荐，一律由政府加委，中共置而未覆。（按：在西安事變解決時，中共佔據地區僅安基、保安、安定等縣之一隅。）查陝西、甘肅、寧夏數省均有地方部隊，且駐有中央重兵，何以竟坐視中共蠶食，而竟未以兵力制止？我以胡競先在天水辦騎兵學校有年，對於此數省情形非常熟悉，乃走訪詢問其故，藉以解此疑團。競先未直接答覆我所提出之問題，僅言有李鐵軍者，軍校一期生，與胡宗南同期，胡宗南任中央第一師師長，李鐵軍任其旅長（其時胡部共三旅，後來做到集團軍司令）。前兩月（談話時為六十六年二月間）李鐵軍將赴美探親，前來辭行，談及當年胡宗南率大軍在毛兒蓋一帶截擊共軍流竄。胡所指揮部隊約十五萬眾，而共軍僅剩四、五萬人，本不難予以殲滅，但胡宗南以電話命令李鐵軍不可將共軍完全消滅。此種命令當然是奉了最高統帥之指示或授意。致令共軍得以逃往陝北，而終成燎原之禍，二人相與嗟嘆久之。此說果可信耶？太過不近情理。此說果不可信耶？李鐵軍為胡宗南手下親信大將，中央是否有此命令，當然知道。當共軍逃抵保安，一般估計，僅二千人至五千人左右。倘政府當時能調集中央大軍圍剿，自不難徹底消滅。俄使鮑格莫洛夫（Bogmalov）在抗戰前就曾對陳立夫說：「中共祇有二、三千兵，他們如果不聽話，你們就把他們消滅算了。」政府為什麼沒有這樣做呢？張學良對於侵占其家鄉之日軍，尚不肯抵抗，而政府令其負剿共之全責，又未令其絕對遵照在江西第五次圍剿所用方法進軍，其將遭受重大傷亡，可以預見。凡此種種措施，其真正用意何在，不得而知。或謂當時政府高唱先安內、後攘外，不留此火種，則先安內之說失去理由。另一理由，在「九一八」以前，就有人建議：中央隨共軍之流竄，轉戰於各省以增強中央對各省之控制（此建議前已記之）。豈知此一小小火種終於燎原，恐亦出乎任何人意料之外吧！

喻耀離於西安事變時任西安省會警察局第二分局長，據稱：「對張（學良）楊（虎城）剿匪不力各情，各單位曾分別呈報委座，委座不之信。」（見江西文獻第九十期十五頁）

二八　胡宗南與共軍之戰

共軍進入西北，胡宗南所部與之戰於山城堡（甘肅、陝西交界處，洪軌言瓦窯堡，二人所言均實而係兩次），被共軍殲滅一旅之眾，自後胡乃不敢與之交綏。西北地處高原，氣候特殊，南人經過高山地帶，往往暈倒而不省人事。（葛武棨所言）

二九　胡部班長都帶家眷

據張志韓言，天津一報館記者曾告志韓，胡宗南部隊決難打敗共軍，以胡部班長都帶家眷。志韓以此言轉告何應欽，何亦為之愕然，曰：果如此，則胡部決難打敗共軍了。張在抗戰後始聞此情形，共軍初竄西北時，胡部是否亦屬如此，則不知。

尤有比帶家眷更壞者，即胡部官長多做生意。至於胡部隊中，層層吃空缺，更不在話下。抗戰勝利，胡宗南司令部一位祕書即帶了百餘根金條來上海，編者曾在友人家中見之，當時即預料像胡宗南這樣的部隊怎能打仗！

三〇　陳立夫與俄使接觸

當汪精衛任外長之時，駐華俄大使以汪為親日健將，不願多與往返，乃常藉故赴中大訪羅家倫。一日家倫宴於南京北京路中英協會，立夫亦在座，特為之介紹。當席俄使即約立夫翌日打網球為戲，自此立夫乃與俄使直接商談了。（羅家倫語）

三一　陳立夫欲聯俄抗日

據程天放言，蘇俄駐中國大使鮑格莫洛夫曾從中斡旋中蘇間進一步合作，中央乃派陳立夫赴蘇擬與史達林直接談判兩國締結軍事同盟，恐為外間所知，立夫乃秘密乘船赴德轉俄。史達林始終毫無誠意，且懼怕開罪日本，故拒絕接見立夫。立夫只得徜徉歐洲等待機會，迄見確無消息，乃將一切經過情形告知當時駐土耳其大使賀耀祖，俾時機一到便可代表接洽，立夫乃鎩羽而歸。外間傳其曾在瑞士晤李維諾夫商談一節，據天放言並不確實。

三二　陳立夫化名去歐

民國二十四年十二月二十四日程天放乘德國郵船 S.S.Potsdam號赴德就大使職。十一月一日第四屆中央執行委員會第六次全體會議舉行開幕式，李鳳鳴偽裝攝影記者，開鎗擊傷汪精衛，其行政院院長一缺由蔣繼任。當時蔣希望在國際上爭取盟邦，以蘇俄為目標，遂遴派陳立夫做他的私人代表到歐洲做外交活動，而與天放同船放洋（立夫化名李融清，並且給他一個中校頭銜。立夫又帶張沖做秘書。張沖懂俄文故也，張沖亦化名江淮南。）

三三　方志敏如何被俘

當方志敏之由贛竄擾浙江、安徽再折回江西，其初猶有數萬之眾，嗣後為國軍圍剿，幾損失殆盡。一日國軍部隊追方至江西玉山境內，見山上有煙冒起，以為係民家舉炊，一排長正欲上山覓食，率十數人前往，至則見共方幹部十餘人正燃柴取暖，國軍均攜帶長槍，而共幹僅暗藏手槍，猝不及防，悉被國軍俘獲，其中方志敏赫然在焉。周君當時任團長，以俘獲方志敏而蒙嘉獎，所言當不虛。又詢及當時共軍向國軍士兵收買槍枝子彈情形，甚至外間傳言王均部隊多與共方約好地點，一方埋錢，一方則埋槍枝子彈，是否確有其事。據周君言其部隊內即曾發生類此事件，一洗衣老嫗每日必來部隊為士兵洗衣縫補，伊乃乘機向士兵購買子彈，一元一顆。士兵得錢除出售其本人子彈外，復又偷竊他人子彈，乃被發覺。故共軍之得以坐大，此亦為主因之一云云。

三四　孫內閣面臨兩大難題

寧粵合作，蔣氏下野，孫科出任行政院院長。蔣氏離寧前曾去見孫科面告：「聞你將任陳友仁為外交部長，別人可以用他，你則不能用他。」孫科回答說：「既叫我負責，則由我負責好了。」孫科就職之前，孔祥熙夫人曾致其英文函云：「庸之願任財政部長」，孫科即允之，準備提出。詎料就職日清晨，孔夫人又來一英文專函，聲言孔決不幹，遂使孫科全部計劃與步驟陷於紊亂了。臨時乃以鐵道部政務次長黃漢樑署理。黃原為上海和豐銀行總經理，該行規模甚小，而黃在金融界聲譽亦不隆。他勉赴上海籌得少許現金回來，杯水車薪，不到幾天就用完了。蓋其時蔣任內財政部長宋子文在滬通令所有稅收機關須將一切稅收解交其滬上辦事處，不得解交南京。此通令為孫科所獲得，故孔祥熙夫人來信是否為一有計劃的行動，使孫科措手不及，抑後來有人示意孔不要幹而臨時改變主意，則不得而知。在軍事方面兩廣當然支持孫科，但遠水救不了近火。其他中央直系部隊不但不聽號令，且索款之電如雪片飛來。並公開聲言反對新政府，擁護蔣公復職。其始陳銘樞表示擁護孫科出任行政院長，以十九路軍全部擔任京滬衛戍任務，可說是新政府唯一可靠之武力。至是陳銘樞亦態度動搖了，輕輕聲言：「究竟有兵力較多較強的講話較有力些。」於是孫科面臨財政與軍隊兩大難題無法解決，乃不得不掛冠以去了。前後僅二十餘日，遂告解體。

三五　汪任行政院長只有保人之權

汪精衛任行政院長，對於其所屬重要官吏，亦只能保薦，而最後仍須送由蔣氏圈定，時林森任國府主席。據程天放告我，其出任駐德大使，即係由汪保薦三人，天放為其中之一，故蔣圈選之。大約此種辦法係汪出任行政院長之前所約定者。

當時汪精衛任行政院院長兼外交部長，表面上似乎是握有大權的人，但據陳公博所記：「軍事汪先生是不能過問的，蔣先生外交情報又多不到外交部的，財政更由子文一手把持，連問都不許的。」

三六　十九路軍與共黨

福州事變，十九路軍與中共曾有一「互不侵犯協定」，是時潘漢年即在福州。十九路軍終於失敗，其最大原因是中共落井下石，使十九路軍敗亡。十九路軍在福州起事之次日，莫斯科及中共都廣播攻訐，共黨且在幾個地方暴動。其時我對蘇俄雖已失去一切興趣，但與中共相處甚好（其時胡秋原在俄國），我很同情他們，因為在我從旁觀察，蘇俄對於他們決非視為「兄弟」。（見胡秋原，在唐三藏與浮士德之間，自由談）

十九路軍調福建，蔣即限令浙江建設廳於三個月內築成一條公路直通福建，以為用兵之需。十九路軍內部亦早有人與中央暗通。廣東與十九路軍基本上又有矛盾，今「福建人民政府」變更國號國旗，使廣東更不願響應。有此數因必敗無疑。

三七　福州起事後與共黨互派代表

民國廿二年十一月二十五日李濟琛、陳銘樞在福建成立「中國偽人民政府」。事前曾派代表徐名鴻，攜帶李（濟琛）、陳（銘樞）、蔣（光鼐）、蔡（廷楷）四人聯名信，至共區與毛、朱接洽，要求一致行動。朱毛見信後，非常興奮，當派潘漢年、張逸雲為代表，隨同來使到福州，於是年十一月二十一日簽訂了一個「抗日作戰協定」。李、陳復派遣全權代表一人，常川駐在瑞金，與朱毛等切取聯絡。

三八　胡漢民反對閩變

胡木蘭言，當民國二十二年閩變醞釀時，李濟琛亦住於香港，曾往見我父親，勸其赴福建，主持一切，并言他與陳銘樞以及第十九路軍將領必將竭誠擁戴。為國家，須改換新局面，為個人，亦當乘此機會報仇、洩忿。我父親正色告李伯伯，我不管什麼個人報仇、洩忿，只知道堅守原則，堅守主義，你們如此做法，簡直是造反主義、叛黨、叛國，請勿多言。李伯伯臨赴福建時，猶派其弟李濟南持李伯伯親筆信，代表福建方面同人，表示竭誠擁戴之忱，請早日命駕前來。我父親看畢此信，即言你兄切不可去。李濟南言，我兄已上輪出發了。我父親又言，趕快打電報到船上勸其勿參預其事。

有人批評胡漢民，謂其氣量稍狹，出言尖刻，尤不假人詞色。但其堅守原則，堅守主義，忠於國民黨，忠於中華民國，則無人會否認。而汪精衛則不同。其人善變，為滿足其領袖慾，不惜採取任何手段，東變、西變、落得漢奸下場。精衛善於言詞，對於任何人均表示熱情。言辭間，尤能迎合聽者之意，使人莫不滿意而歸。在稠人廣眾中發表演說，尤具煽動力，可以顛倒是非黑白，而聽眾居然會信以為真，足見其魔力之大。對於閩變，如胡、汪易地而處，則汪恐早已去福建了。

三九　閩變兒戲一場

民國二十二年十月，陳銘樞由香港入閩，黃琪翔、章伯鈞、徐謙、陳友仁等以及其他各方從龍之士，皆陸續聚集福州，一面準備起事，同時派員赴上海與中共機關協商合作辦法。中共負責人說要請示第三國際，方敢有所決定。繼得莫斯科復電指示：「不能用共產黨整個名義跟他們對等講話，只可作軍事上聯絡。」中共遵照指示，乃由彭德懷以「紅軍司令員」名義，與閩方代表簽訂一項純軍事的協定，相約如南京國軍攻閩，共軍即以全力協同十九路軍夾擊之。陳銘樞在入閩之前，曾至廣州與當時主持「西南執行部」和「西南政委會」各文武大員周旋，主張團結一致，反對南京當局，另創局面。粵方各要人對於「反蔣」之說，當然表示贊同，且對陳氏加以鼓勵。陳氏認為中共與粵方皆已聯絡就緒，閩省周圍即告安全了。

十九路軍調閩，蔣即預料其必有異動，即密令浙省建設廳於三個月內修好浙閩公路，名為地方建設，實則專備未來軍事運輸之用。另於贛境預備一部份軍隊，派蔣鼎文統率，駐屯浙閩邊區，待時出動。

是年十一月廿日陳銘樞、李濟琛、蔡廷楷在福州擊鼓登場，舉行「中國人民臨時代表大會」，組「中華共和國」人民革命政府，取消青天白日旗，另行製定上紅下藍，中間一顆黃色五角星之新國旗。滿以為國內外各方面對南京不滿的團體或個人必多響應者，至少粵方與中共必表同情無疑。不料次日（十一月廿二日）胡漢民、蕭佛成、鄧澤如、陳濟棠、李宗仁、白崇禧、鄒魯即聯名通電反對。「西南執行部」亦通電國內外各級黨部云：

「陳銘樞、李濟琛、徐謙等，號日在閩開會，宣言脫離國民黨，廢止青天白日旗，組織農工政府，外與日本接近，內與共黨聯絡，僅有反蔣口號，此不特授蔣等以口實，葬送十九路軍過去抗日剿共之光榮歷史，且背叛黨國，援引外寇，蔓延赤禍，為禍無窮。吾人以三民主義及國家民族立場，決不容茍同附和。特此電知，併轉各華僑團體一律知照！」

兩電發出後，粵軍獨立師黃任寰、張瑞貴、鄧龍光三師長，即奉命率部赴東江一帶佈防，以示警戒，因十九路軍主力皆在泉州方面，不能不採取保境的措置。粵方這種反應，已使陳銘樞、李濟琛等如聞晴天霹靂、深為沮喪了。距瑞金的「盟友」─共產黨，竟亦背約棄信，用廣播電台，發出反對「人民革命政府」的言論，指為軍閥割據稱雄，不足以言抗日救國，更不配談革命，而其所派駐福州的代表，也已悄然離去。

南京方面，初尚想用政治手腕來謀解決這場事變，蔣在南昌與陳銘樞互通電訊，希望閩方覺悟。但廣東方面的態度很重要，南京除派員入粵游說，並匯款接濟陳濟棠軍費外，吳敬恆亦曾致電胡漢民，暗勸他勿與閩方同流合污，胡覆電謂：「弟行事素為天下人所共見，毋勞注及。」最後反唇譏吳有「扶同誤國」之咎，望吳「自省以謝國人」，這可說是閩變中的一段有趣的插曲。

南京既知廣東不與閩方一致，乃自十二月十日以後，決定對閩用兵，一切軍事佈署，大體完成了。除命蔣鼎文率部由贛邊兼程入閩外，在十日以前幾天，曾按日派飛機轟炸福州、漳州、泉州各重要地區，「人民政府」既無空軍，又沒有防空設備，經過幾天空襲，所有文武機構，完全陷於癱瘓狀態，社會秩序大亂，民眾死傷亦不少，且因而激起閩人仇視粵人的風潮。

福建方面於十二月下旬，傾全力從古田水口一帶疾馳入浙，準備與蔣鼎文所率國軍大戰一場，殺出一條血路。不料大軍衝進仙霞關之後，並未見有敵人的地面部隊來迎戰，撲了一個空，士氣大喪。指揮官仍覺得敵軍或在前線，繼續揮軍前進，而國軍飛機仍按日跟蹤，作地氈式的炸射，死傷枕藉。繼而奉到閩方急電，謂國軍已由贛邊攻入閩境，命速回師迎擊，乃令全軍急行向後轉進。詎知所有後方重要橋樑，全被破壞，飛機依然不斷的臨空低炸，部眾惶惑鼓噪，大軍一時無法前進，也難於後退，實陷進退維谷之境。為避免空襲目標，只好分路循小徑而行，已不成其為戰鬥序列了。

國軍連克漳州、泉州各要地，十九路軍將領戴戟，沈光漢等先後通電脫離人民政府，各奔前程，殘餘部隊不及萬人，最後由南京任命沈光漢暫行統率，靜候改編。

迨蔣鼎文部隊進至距福州城三十里的地方，這群人民政府的官吏各自逃難。至於陳銘樞、李濟琛、蔣光鼐等於泉州失守後，先逃鼓浪嶼，繼由廈門變更姓名逃港。

綜計人民革命政府自成立到垮台為時不到兩個月，十九路軍幾乎全被犧牲了，閩省百姓的生命財產更不知損失多少，真是兒戲一場。

（按范漢傑黃埔生，廣東人，與廣東軍界素有淵源，蔣乃令其投效蔡廷鍇軍中行間。閩變時，范任其參謀處長，凡閩變之一舉一動，范必先向蔣密報，蔣乃得以制敵機先，而戴戟、沈光漢諸人之脫離人民政府亦係由於范之運用。此乃范親告胡競先者。）

據另一深知內情的人所述，當閩變初發生，蔣即派陳儀赴台灣，見其總督，希望台灣方面勿資助閩變，其總督允之，這也是閩變所能很快解決之一個原因，否則，閩、台一水之隔，恐怕就要拖得很久了。

四十　吳佩孚與賽金花各有千秋

桂永清曾奉准在平地泉設立軍事分校，以騎科為主，蓋有志經營蒙古，特在北平成立籌備處。一日桂永清偕胡競先等數人往見吳佩孚，由永清發言：「現在日本要打中國，請問大帥有何高見？」吳答：「愛國、革命是你們青年的事，我老了。」胡競先在旁忽問馮玉祥今在察哈爾主張抗日，不知大帥看法如何？吳本來態度謙和，面帶微笑，完全像一恂恂儒者（本是秀才出身），毫無一點軍人氣勢，今聞胡言，則極為激動，說：「馮玉祥是老粗，他懂什麼？在察哈爾抗日，簡直是無意識的舉動。國家到如此地步，完全是他攪壞的。」對於馮玉祥倒戈之事，餘恨猶存。其時吳仍蓄五百衛兵，但軍裝均已破舊，其一切開支，由張學良供給。吳曾撰一聯自貺：「得意時清白乃心，不納妾，不蓄金錢，飲酒賦詩，猶是書生本色；失敗後剛強到底，不出洋，不住租界，灌園抱甕，真個解甲歸田。」張學良曾精刻四不老人圖章相贈，即本此。桂辭出後又往訪賽金花，見其面額上覆有紗布，問故，則謂前日出外購物，乘黃包車，忽翻倒，余受傷。警察來欲拘車夫赴警局，余代為求情說：「阿彌陀佛，余罪孽深重，乃有此厄，車夫無辜，請勿究。」始得釋。問其在八國聯軍時，與德將瓦德西交涉之經過，賽言：「余在德時，瓦德西不過尉官或校官階級，固識之。至於瓦德西於八國聯軍時任統帥，余與其交涉經過，已不復記憶了。」其所居亦頗湫隘，分兩間，後間尤狹小，供佛像，所穿亦數十年前舊衣。問何以生活，則謂：「北京大學教授劉半農先生曾代為募得若干錢，今花光了。」於是永清首先捐出五十元，其他同行人員各捐十元廿元不等。賽金花為一風塵女子，曾數度墜入勾欄，當年能挺身而出，為北京百姓請命，真愧煞鬚眉了。

四一　吳佩孚欲聯絡廣東

劉求南言：當年廣州成立非常會議與國民政府以與蔣相對抗。求南奉鄒魯命赴北平，因前清翰林韋某之介紹，得晤吳佩孚，佩孚大喜，對於廣東所標榜，尤感興趣，謂現有某某部隊均與其有密切關係，可以採取一致行動，並將其所能發動部隊之姓名，所駐地點，親筆書於細綢上。求南藏於被絮中，帶回廣東，交鄒魯，便無下文。求南亦言胡漢民將組黨事完全交於鄒魯，豈能有成？或謂他們也不求有成，不過藉此以為講價之地步罷了！

四二　滕傑青雲直上

大約在民國十八、九年間，某次，蔣在黃埔軍校訓話，略言：你們一、二、三期，均由我親自主持，耳提面命，用能革命精神奮發。自第四期起，我因事不能常到校中，親予訓誨，故已缺乏革命精神云云。座中一人起立，侃侃而言：「校長雖不常到校，但校訓尚存，規章猶在，一切仍係秉承校長而做。四期同學革命從不後人，流汗、流血，事蹟俱在。今校長說四期同學缺乏革命精神，豈不令人感覺所流汗是白流，所流血也是白流麼？」蔣亦知稍有失言，未予訓斥。歸後調來此人履歷，知其為四期生滕傑，旋調為侍從室侍從參謀（祕書？），從此青雲直上，此段經過乃滕傑親告胡競先者。

三民主義力行社與中華復興社之成員係以黃埔生為骨幹。對於軍紀方面，當初確欲予以整頓。關麟徵黃埔一期生，但未加入此二社。某次在漢口見蔣，痛陳軍人在前線流血打仗，來到後方，稍一輕鬆，則遭受處罰，甚至失蹤，豈不使前方軍人為之氣短。蔣乃電京召力行社常務幹事兼書記滕傑來問。滕傑聆言後，即言中國沒有辦法了。領袖尚不革命，中國尚有什麼辦法。言下為之流涕。此為胡競先聞之他人者。

四三　武有復興社，文有革命同志同盟

據胡健中言：武有復興社，文有革命同志同盟。其本人即為該同盟一份子，陳布雷亦曾加入。據楊興勤言，革命同志同盟是於民國二十三、四年間由青白團所擴大而成的。內分九個部門，每一部門有一人主之，下設幹事八、九人。

四四　力行社與復興社之實際行動

㈠民國廿一年三月一日成立三民主義力行社，最初參與的社員不到一百人，而以中華復興社為外圍，均以黃埔學生為基幹，但自團長以下軍官不得參加此一組織。「為肅奸防諜，乃在總司令部祕書處成立一個第三科，任命鄧文儀兼任科長，專任調查漢奸匪諜及軍政人員違法亂紀行為，研究適當對策，採取革命行動。以與中央黨部調查統計局局長徐恩曾，國防部調查統計局局長戴笠（兼任三民主義力行社特務處處長）及武漢擔負治安軍警人員互相配合。」（參看鄧文儀，「力行社與復興民族」，光復大陸第八十七期）

㈡據干國勳所記，「三民主義力行社」是在民國二十一年三月初旬，數位黃埔生與蔣先生在其陵園官邸作三晚十五小時深談，始於南京黃埔路之勵志社正式成立的，主持成立者為蔣先生，參加者：滕傑、鄧文儀、蕭贊育、賀衷寒、潘佑強、康澤、桂永清、杜心如、葛武棨、酆悌、周復、李一民、蔡勁軍、邱開基、黃仲翔、孫常鈞、婁紹鎧、彭孟緝、易德明、駱德榮、戴笠、劉誠之、干國勳，另有一湘籍桃源縣某（已忘其名）等二十四人，其他有曾擴情、胡宗南、葉維三人均應在參加成立之列，惟他們皆因公出，而不在南京。在這個最高權力機關成立之後，約一週時間，又成立了兩個二級的組織：那就是—「革命青年同志會」和「革命軍人同志會」。至於一般所習稱之「復興社」，還是民國二十三年之後，為擴大下層基礎才有的，也可以說是第三級組織，惟并沒有另設辦事機構，其一切工作，由中央至地方，皆由革命青年同志會兼理。

干國勳又記，力行社到最後，連「忠義救國會」在內，有四級組織，其他附屬的外圍組織如：「中國文化協會」、「新生活運動促進會」、「國民經濟建設協會」、「中國童子軍勵進社」、「亞洲文化協會」等，多得連干本人記憶也甚為吃力。當時的規定，所有組織的份子，不許發生縱橫的關係，故雖屬三四級或外圍組織的份子，亦自覺其在組織中的地位極為重要。

干國勳又記，力行社第一屆幹事二十餘人中，經過投票選舉，再送呈蔣先生核定為幹事及候補幹事。常務幹事為：滕傑、賀衷寒、康澤、桂永清、潘佑強，書記滕傑。革命青年同志會設於南京香舖營，葛武棨是青會書記，干國勳是常務幹事兼負組織責任，康澤是常務幹事兼負宣傳責任。革命軍人同志會，常務幹事兼書記潘佑強，常務幹事兼組織杜心如，宣傳

是否晏紹鏜？（不能確記）

㈢據干國勳所記，劉健群雖曾寫了一篇意見書送呈蔣先生，但他實沒有參加力行社籌備工作，正式成立時，他還在門外，後來始由桂永清、滕傑二人介紹，參加革命青年同志會。惟他入會後工作努力，極得蔣先生與各幹部的讚許，故不久即升為力行社社員，且任軍校政治部主任及軍委會政訓處處長。他原先寫的意見書，雖有若干與力行社的政綱和政策相吻合，但力行社政綱、政策，是早在民國二十年秋，亦即「九一八」事變前，就由滕傑擬好了。

干國勳也不否認，力行社在民國二十五年以後，其原有在黨裡與國家的地位，已為極少數的幾個自我發展的突出幹部，與原為傾黨誤國及一些舊官僚、政客、軍閥所取代了。

據鄧文儀所記，到西安事變時，力行社社員約五百左右，復興社社員則在五萬以上，全體動員，各自竭智盡忠，以營救領袖，可謂顯示了組織的功能。

總之，力行社分三層組織，也有三個不同責任與不同的效用。第一層是「三民主義力行社」，也就是中央層，其責任在制定決策，修訂決策，保持決策之一貫正確。第二層是中間層即「革命同志會」，其責任是承上啓下，將力行社的決策轉達基層去執行。第三層是基層，叫做「復興社」，其構成份子多為群眾中實質幹部。到了七七事變前夕，全國所有的機關團體中，幾無不有復興社的祕密核心存在。最上層力行社構成分子約有三百餘人，最基層復興社究有社員多少，因檔案遺失，已不能舉出確數，以湖南一省即有五萬多人推論，則全國約有百萬人左右。此與前面數字不同，也無可查證了。

四五　統一有如鋼鐵般堅固

大約民國二十年左右，蔣曾聘雇德國顧問多人。德國顧問向蔣建議，兵貴精，不貴多，另加訓練數隊空軍，分駐要地，如有地方軍閥異動，不難制服。蔣座旁置有鋼製世界地圖圓球一只，乃指此球而言曰：我要中國有如此鋼般的統一。萬敬恩時任參謀處長，在座，親聞之。

四六　刺汪案之真相

據陳立夫言，民國二十四年十一月國民黨第四屆中央執行委員會第六次全體會議開幕，攝影留念，忽有人以手槍射擊汪兆銘，受重傷。當時，蔣親見秩序混亂，未曾參加攝影。兇手為張繼所攔腰抱住，張學良又以腳踢其所持手槍，使落地。否則，兇手補射第二槍，則汪命將不保。兇手係南京晨光通訊社記者，名孫鳳鳴，為衛兵槍擊斃命。汪妻陳璧君見汪受傷，大呼：「這是蔣幹的，這是蔣幹的。」蔣赴醫院視汪，陳璧君猶對蔣言：「蔣先生要精衛走就是了，何必如此？」以往國民黨每次全國代表大會或全體會議，蔣必參加攝影，而此次獨未參加，此啓陳璧君疑竇者一。兇手當場為衛兵槍擊殞命，未免有滅口之嫌，此啓陳璧君疑竇者二。外間人士有此疑心者亦不少。致使蔣及其左右雖百口莫辯。當晚，蔣召陳立夫至，面告此事非破案不可，非儘快破案不可。你看要多久才能破案？蓋立夫以組織部長主持中央調查統計科，破案正是其份內之事。立夫答：「請以七日為限。」立夫返部，先從兇手身上所懷名片著手，再查其介紹人，又查其介紹人之介紹人。查得其介紹人居住鎮江，已在逃，其他介紹人亦無蹤影，乃斷定此數名介紹人與此案有關，終於五日之內捕獲歸案。由中央黨部組織審判委員會，陳璧君亦參加。審訊結果，乃係汪之改組派份子見汪已榮登行政院長寶座，而未曾代為安排工作，心懷怨恨，故派人射殺之以洩忿。

值得補述者：晨光通訊社在市政府請求備案擔保人是實業部兩個職員，其中一個是實業部次長郭春濤之堂弟，而實業部長為陳公博，改組派首領也。

中央調統局南京區負責人王思誠言，中國國民黨第四屆中央委員會第六次全體會議開幕之日，中央委員先赴陵園謁陵。南京區係以通訊社名義對外工作，乃派職員二人，一男一女，乘出租汽車前去觀察。湊巧此出租汽車走到蔣座車後面，已為蔣之副官所發覺。謁陵畢他們又去中央黨部開會，而此出租汽車，又湊巧走到蔣座車之後，直駛入中央黨部，因有調查局發給證明，警衛人員亦未攔阻。但蔣則非常機警，下車後，直接走入黨部，詰問祕書長葉楚傖外面秩序為何如此不好？雖為一種誤會，卻為其未曾參加攝影的真實原因。王思誠又言，當蔣限令陳立夫七日破案之後，王思誠隨即馳赴晨光通訊社搜查，則社中已無一人，惟廚房內尚有文件焚燬餘燼。王思誠曾受德國顧問特務訓練，乃特別注意，仔細檢查，發現餘燼中，尚有明信片一張，未完全燒毀，乃一女子所寄兇嫌者，發信人地址猶清晰可見，係寄自上海，乃電話其派駐上海之負責人，速予逮捕。經此線索，查得兇嫌已逃往丹陽家中，跟蹤追查，則兇嫌又逃往距其家十餘里一鎮長家中，始將其逮捕歸案，前後僅五日，其與立夫所言，稍有出入。

四七　宋慶齡反政府

國府奠都南京，雖孫夫人之胞弟宋子文、姐夫孔祥熙均任部長，一為財政部部長，一為實業部部長，其胞妹更貴為第一夫人，可謂一門鼎盛，但孫夫人對政府措施，並不滿意。一日戴傳賢往晤，孫夫人痛哭失聲，謂你們並未遵行先生（指中山先生）之主義云云。戴先生雖極力解釋，終不為所動。凡有反政府活動，她必暗中予以支持。鄧演達其一例而已。

四八　毛澤東與張國燾

毛由江西突圍時約有十萬人，迄至川西懋功僅剩一萬左右，而張國燾部則四、五萬人之眾，槍枝較齊全。二人在毛兒蓋會合，張主西進，毛主北上，意見不合。而朱德則聽從毛之指揮，故毛部乃與張分道揚鑣，（據張國燾言，毛部得以北去，乃因張部在後為之擋住敵人。）而西北兩馬部隊跟蹤而至，遂將張部包圍，迄突圍而出，則只剩數百人。故張在共黨之聲望乃受嚴重打擊，遂不得不共奉毛為盟主。然內心終有未甘，故時相摩擦，以至張不得不脫離毛之陣容而投奔中央。（蕭自誠言）

四九　周恩來致陳果夫、陳立夫信

民國二十四年（一九三五年）共軍殘部流竄甘、陝已臨絕境。是年秋，周恩來在香港經諶小岑（按周與諶係同在南開中學求學，以此淵源，始取得聯繫）之介紹，曾與國民黨中央委員曾養甫見面，表示中共希望政府正式派員商談共同抗日問題。中共此時祗希望政府停止剿共軍事行動，一致抗日，未提任何條件。曾養甫將周恩來於九月一日所寫給陳果夫、立夫信帶致，從此啓開國、共兩黨秘密商談之門，意義殊大，茲覓得該函原文轉錄於後：

果夫
立夫　兩先生：

分手十年，國難日亟。報載兩先生有聯俄之舉，雖屬道路傳聞，然已可窺見兩先生最近趨向。黃君從金陵來，知養甫先生所策劃者，正為賢者所主持，呼高應遠，想見京中今日之空氣，已非昔比。敝黨數年呼籲，得　兩先生為之振導，使兩黨重趨合作，國難轉機，定在此一舉。

近者寇入益深，偽軍侵綏，已成事實，日本航空總站，且更設於定遠營，西北危亡，迫在旦夕，乃國共兩軍猶存敵對，此不僅為吾民族之仇者所快，抑且互消國力，自速其亡。敝方自一方面軍到西北後，已數作停戰要求，今二、四兩方面軍亦已北入陝甘，其目的全在會合抗日，蓋保西北即所以保中國。敝方現特致送貴黨中央公函，表示敝方一般方針及建立兩黨合作之希望與誠意，以冀救亡禦侮，得闢新徑，兩先生居貴黨中樞，與　蔣先生又親切無間，尚望更進一言，立停軍事行動，實行聯俄聯共，一致抗日，則民族壁壘一新，日寇雖狡，漢奸雖毒，終必為統一戰線所擊破，此可敢斷言者。敝方為貫徹此主張，早已準備隨時與貴方負責代表作具體談判。現養甫先生函邀面敘，極所歡迎，但甚望兩先生能直接與會。如果夫先生公冗不克分身，務望　立夫先生，不辭勞悴，以便雙方迅作負責之商談，想　兩先生樂觀事成，必不以鄙言為河漢。

臨穎神馳，佇待回教。專此並頌

時祉

周恩來　九月一號

（民國廿四年九月收到）

該函經呈閱後，奉命繼續聯繫，由余等出名口頭答覆，允予轉呈，惟不必立即告以蔣公已允予考慮。此一線索，始終聯繫未斷，以待時機之來臨。

五〇　高宗武與汪精衛之關係

蕭錚言：高宗武初留學日本歸，由蕭介紹入日本研究會工作，該會辦一雜誌，即名「日本研究」。高宗武常撰文投登該雜誌。時唐有壬任外交部亞洲司司長，讀高文，乃轉詢蕭錚高為何如人，以蕭與唐係小同鄉，且係中學前後期同學，蕭極力為高吹噓，唐有壬乃派高在亞洲司為專員，凡有與日本交涉之事，必派高任之。迄唐有壬升次長，乃以高宗武為亞洲司司長。唐死，高乃直接與汪精衛發生關係，汪倚之如左右手。抗戰既起，汪雖隨政府遷漢口，但內心總不以為然，故離南京時，取得蔣之同意，派高宗武赴香港，專與日人接洽。據古屋奎二所撰「蔣總統秘錄」，高宗武初與滿鐵駐南京事務所主任西義顯洽談，繼派其亞洲司科長董道寧於二十七年二月秘密赴日，與日方陸軍參謀本部影佐禎昭晤談，帶回影佐致行政院副院長張群、軍政部長何應欽兩人信一封，表示不贊成近衛「不以國民政府為對手」之聲明。其時蔣意是：「東北四省和內蒙可留待他日協議，唯河北、察哈爾絕對須還給中國，日本必須尊重長城以南中國領土主權之確立與行政的完整。」以近衛聲明「不以國民政府為對手」並未改變，故秘密接洽終無成。日本乃欲直接利用汪兆銘，脫離重慶，到淪陷區另組政府。其代為奔走者又為高宗武。高於七月五日抵達橫濱，隨即與日首相近衛、陸相板垣征四郎會談。高宗武表示如蔣委員長不接受和議，則汪兆銘必定接受。高遂從板垣征四郎處得到「日本願意以汪兆銘為和平運動中心」保証函。本來，高宗武是要求近衛寫這封親筆信的，但日本方面以未有一國首相寫出這種信的道理而予以拒絕，故改由板垣出具了這麼一個文書。高宗武回到香港，將他的日記及會議紀錄等文件整理之後，於七月二十一日寄到漢口，上陳蔣委員長。當然高宗武對於日本擬利用汪兆銘達到和談目的的意思是沒有在這個報告中交代出來的。周佛海、梅思平、陶希聖都參預了這項活動。後來，高宗武、周佛海、梅思平、陶希聖等都成了汪陣營中的重要份子，就是這種淵源。

五一　納粹德國援華建軍

(一)

中國政府於對日戰爭爆發前，曾聘用好幾位德籍顧問，其中多為親華派人物，推動德國援華建軍計劃，不遺餘力。終因希特勒、里賓特羅甫、戈林，納粹政軍外交三巨頭決定聯日，而壓倒陸軍的親華思想，致未成功。但原先所決定的一億金馬克長期貸款，在抗日戰爭爆發年代，發生了不可否認的作用。例如防空設備的高射砲、探照燈、戰鬥兵的鋼盔，八・八公分與一〇・五公分榴彈砲，海軍游擊部隊的快艇，無一而非我英勇將士轉戰千里、殺敵致果的「國寶」（引用當年新聞標題）。直至一九三八年希特勒嚴令禁止供應我軍火，結束貸款，我國想多要一槍一彈而不可得，甚至把原屬於我國的四艘潛艇沒收，交給他們海軍使用。

(二)

自一九三八年二月二十日德國承認偽滿後，三月中旬，一批價值三千多萬馬克（約一千餘萬美金）的軍火，由德國船隻運往香港，這可能是德國售軍火予中華民國的最後一批。同年四月德國代中國製造兩艘大型疏濬船也先後完成。又據孫科告訴程天放，抗戰發生後，中國與蘇聯訂有協定，用礦產交換軍火。第一、二期軍火價值三億馬克，孫科於一九三八年五月間，又去接洽第三批。英國政府則甚圓滑，對我口頭上表示同情，但一談判實際問題，如軍火供應，就推諉自己尚不夠用，不能接濟中國。如債款，則又推諉議會不能通過。法國自達拉第（Daladier）上台後，對中國態度較好轉，滇越路表面法政府不准運軍火往中國。實際上仍在運輸，只是對外保守秘密。

程天放又說，德國因受日本壓力，對駐華軍事顧問團，決計召回，禁運軍火輸華，原定一九三八年七月三日出口的一批軍火，國防部輒撤銷護照，承造廠商還希望能先運往第三國，再轉往廣州，後來是否做到，天放說：「我不清楚。」可是自這些以後，是絕對無希望了。所以三月間一批，可能為最後一批。

㈢

克蘭（Hans Klein）是一個既不尋常又不簡單的大商人。他同德國國防部經濟總署，賽克特將軍、沙赫特總裁不但有交往而且關係密切。他在抗戰前後，來華不下五次，每次時間都很長，京滬而外住過漢口、昆明、重慶，他的隨員有在國外部經濟總署任職的勞易斯（Prinz Reuis）上校、普勞（Preu）上校，他用的是國防部頒發的機動密碼，他是「哈布樓」（Habro）公司的創辦人，受國防部經濟總署的委託，向國外銷售軍火以及兵工製造設備，他是賽克特將軍援華建軍的執行人，一億金馬克貸款的策劃人。「哈布樓」公司也就成為我中央信託局、資源委員會、兵工署、海軍部的對手方。

為何德國國防部與我政府雙方正正當當的交易，要透過一家商家行號來經手呢？對內，納粹政權，對外，日俄外交的顧慮是原因之一。其次，可能是國防部經濟總署不願而且不便直接插手於對外軍火交易。克蘭常自鳴得意的表示：「余何人斯，一個小蘿蔔頭的商人而已。但是，辦起事來達官貴人反倒礙手礙腳！」

總而言之，那一階段的中德兵工交易，在德方是官督商辦，決非官商勾結營私。陳濟棠所設的重砲廠，也是克蘭所經手的。該廠製造砲身的鑄鋼管所以遲遲未啓運來粵，也是克蘭為賽克特所說服放棄幫助兩廣建設兵工廠的計劃，以免破壞中國的統一。

代表兩廣到德國接洽兵工合作找到克蘭的是留德前輩馬君武。（以上兩節摘錄關德懋，「在華德國軍事顧問史傳」，傳記文學，第二十七期，第四號，五十八—五十九頁）。

㈣

據程天放言：孔祥熙參加一九三七年英皇加冕禮後，在六月中旬正式到柏林訪問。其最大任務是加強去年所訂的以貨易貨辦法，實際上就是以中國的礦産（鎢砂、銻砂）交換德國的武器與軍用品，數目是一億馬克的信用貸款，年息五厘。當時恐怕日方注意，所以這個協定是透過軍方，而沒有經過正式的外交途徑，同時對外沒有公開過。八一三事件發生後，國軍在上海作戰，所用的武器一部份就是根據該協定而來的。

㈤

德國自希特勒登台以後，逐漸撕毀凡爾賽和約之軍事條款，以走上重整軍備之途。但重整軍備則非製造重武器不可。而製造重武器則需大量之鎢以為原料。適德國本土並不出產此項稀有金屬，幾全賴國外輸入。而中國江西、湖南、廣東數省則盛產鎢砂。於是德國乃以武器、機器與技術以與我國鎢砂相交換。外間多不明瞭德國外交部以及希特勒在與日本締結軸心同盟之後，力主減少甚或停止此種交易，而其國防部與經濟部反推動甚力，其原因即在此。尤其德人一方面極力為我國中央政府派遣軍事顧問，售予武器等，而同時又以同樣方式支援廣東之陳濟棠，甚至為其建立規模很大的兵工廠，亦以廣東能以鎢砂與之交易，乃置其大使與外交部之反對於不顧。（其大使與外交部以德國支援陳濟棠，殊有助長中國內亂之嫌，且有損我中央政府之尊嚴。）世人對於中德兩國在此時期之外交內情，多不明瞭，爰特記之。

五二　楊永泰究為何人所殺

關棠與楊永泰相交二十餘年，情逾手足。民國二十五年楊永泰任湖北省政府主席，便以關棠為省銀行副行長，可見其關係之密切了。據其在「春秋」第二十三卷、第五期、第三十九頁所述楊永泰被刺原因：「劉蘆隱被幽，似是而非。但據何雪公（成濬）主審的結果，當日刺客主謀人是曾任軍長，由於暢公（永泰）在抗戰前建議蔣委員長，戰事如發生，應以重慶為陪都，為策安全兼便利指揮，應先將四川軍隊化整為零，即不使一人握有一師以上的兵力。有一曾任軍長，縮編後，改任旅長，駐貴陽的熊某，為圖報復，特派人暗殺以洩憤，獲有口證，當是事實。」

編者於三十六年赴南京，直上寶華山，往晤戴季陶先生，其隨身副官猶為十餘年前之舊人，為總司令部所介紹而來者。據此副官所言，則刺殺楊永泰之兇手實自南京出發，行前，彼曾為之餞行云。據陳立夫言，兇犯招供實為劉蘆隱所指使，其目的在暗殺楊永泰與陳立夫二人。立夫曾親見此供詞云。另據軍統局喬家才所記，則刺殺楊永泰案教唆犯乃劉蘆隱，並在兇手陳燮超（真名譚戎軒，貴州人）搜獲劉蘆隱親批的「中國國民黨革命軍團總章」與「中華青年抗日除奸特務隊計劃書」（見中外雜誌第二十三卷第四期）。但據鄧文儀言，他到台灣之後，從可靠方面聽到楊永泰被刺因與其部下之妻有染，而派其夫赴四川工作。此人懷恨，乃遣人殺之。鄧文儀並言此案當與劉蘆隱無關，亦決非戴笠所幹。文儀係幹情報出身的人，所言如此，則更撲朔迷離，不知究竟了。

五三　戴笠一頁辛酸史

戴笠奉命初負責情報工作，凡有呈送蔣之書面報告，侍衛長王世和皆不為轉呈，戴笠亦無可奈何。只有設法偵知蔣何時將出門，以及其下車地點。乃事先站在那個地方等候，一見蔣下車，便即趨前呈上報告。蔣數次閱報告之後，囑咐王世和把戴笠找來，王世和不得不遵命而行。從此戴笠逐漸取得蔣之極端信任。飛黃騰達，所掌管的已不僅情報一端，勢力遍及全國。殊不知其未完全得意時，尚有此一段辛酸史。喬家才為戴笠得力幹部，親聞其長官所言如此。

據另一記載：「當民國十六年蔣總司令第一次下野赴日本前，戴雨農（笠）單槍匹馬的做情報工作，既無名義，也無經費，更談不上組織，因此借住服務於上海商務印書館的表親張冠夫家中，以解決食宿問題。」

五四　上了義大利的大當

民國二十五、六年之間我國政府曾向義大利購買莎維雅重轟炸機、大弗維特重轟炸機與弗維特驅逐教練機三種飛機，其中莎維特重轟炸機無機槍、無炸彈架，只好作運輸機，大弗維特重轟炸機亦係舊式。同時向義大利購一飛機製造廠，未幾，德、義、日三軸心成立，義大利對此飛機製造廠亦不肯完工。甚至杭州筧橋空軍官校最初亦委由義大利人籌辦，後來始改由美國顧問負訓練之責。先於民國二十三、四年間，中國政府曾派大批人員，包括清華大學學生赴義大利學習飛行與飛機製造。所費金錢甚鉅，所抱希望亦大，至此均已落空。實則義大利在那個時候尚未躋入重工業國家之林，空言法西斯主義，一無可取，亦無怪要上它的大當了。

正式向日抗戰，除美國霍克三型轟炸機外，中國亦曾向俄購買E-16和BD-3型轟炸機，然為數亦有限。

漢中有一天主教區，範圍極大，深溝高壘，為中國法律所不及。其中教士多為義大利人，以義大利與日本同為軸心國，故義大利教士多為日本作情報，成了漢奸特區。

以上為劉毅夫所言，劉為軍事記者，故對此方情形所知特多，以友人介紹，故談之。

朱中山空校四期，曾服務空軍多年，據其所言：抗戰前及初期，中國空軍使用義大利製飛機計有：

一、布雷達——中級教練機

二、小費阿特—驅逐機
三、大費阿特—轟炸機
四、卡北羅尼—轟炸機

五五 陳濟棠在廣東之建設

㈠

我曾為文記述張作霖在東北，以及劉湘在四川建設之情形。今再看時人所稱「南天王」陳濟棠。其在位時，對於輕重工業、兵工廠，建設之多，亦為全國之冠。據其自傳稿所述（傳記文學，第二十五卷，第五期，第五十四—五十八頁）約有下列諸端：

廣州地區之工業建設為第一工業區之西村，建有肥料廠（並可製毒氣）、硝酸廠、蘇打廠、水泥廠、酒精廠。第二工業區之河南，建有紡織、麻織、絲織、毛織等廠，產品除供給本省需要外，大部份銷南洋各地。第三工業區之芳村（南石頭），建有大規模造紙廠，每日可出產五十噸，足供長江以南各省之用。此外分在各地設有糖廠六個（新造、市橋、揭揚、順德、東莞、惠陽），產量既大，品質亦優，挽回利益不少。又於徐關、欽廉、瓊州、惠陽建軍墾區四所，以容納退伍軍人。

重工業方面，建設滬江兵工廠，採用德國機器，並由六個廠合併組成，預定九年完成，約用六千餘萬元。初期建設費已用去二千餘萬元，完成後可與克虜伯、施柯達、士乃德等廠相媲美。另築煉鋼廠二個，其一為德商承建之軍事煉鋼廠，需費二千餘萬元。

並曾購買大量高射砲及飛機，在抗戰初期中央所用以對付日本者，即以此為主。其後又向英國訂購大砲、衛生材料大批。該批武器藥材，在抗戰初期，曾發揮最大效用，裨益戰局不淺。

以上雖為陳濟棠所自述，但以我（編者）耳聞所及，並非誇大之詞（抗戰期間，韶關飛機廠遷雲南，滬江兵工廠遷重慶），亦可見國人所指為軍閥者，如張作霖，如陳濟棠，如劉湘，其所建樹，較之自命新派軍人，只有過之而無不及。

㈡

當謝瀛洲尚健在時，我曾問他：陳濟棠之在廣東，確曾做事不少，如興辦幾種工廠，向歐洲購置整套兵工廠，成立飛機大隊，所費均屬不貲，且陳對於部屬均待之甚厚，凡團長以上軍官來省城晉見，迨其返旅館時，已派副官送來一份很厚的程儀，究竟這些錢從何而來？廣東雖云富庶，籌措偌大經費，亦非易事。瀛洲答稱：是時廣東係處於全獨立或半獨立狀態，陳濟棠武裝運鹽，在其省境之內銷售，而不必向中央稅收機關繳交鹽稅，即以其結餘作各種建設經費云。

五六　劉湘、陳濟棠注重建設

劉湘世所稱為四川軍閥，民國十六、七年間僅佔巴縣與壁山兩縣，實則巴縣亦非全部，僅有長江北岸部分而已，其南岸部份則為團閥霸據，不能過問。劉湘別號甫澄，其防地極促狹，僅半個巴縣與小壁山，故稱其為「巴壁虎」。當時只賴約五十萬人口之重慶城，以維持約二、三萬枝槍之雜牌部隊，經濟狀況，非常窘困。然竟能逐步統一四川。抗戰初起，兵工署長俞大維在渝發現該地兵工廠竟能大量製造捷克式輕機槍，甚以為異，親臨試射，滿意後，即訂製兩千挺。孫立人到渝，奉命恢復鹽務稅警總隊，亦曾親臨察看，並在江北人頭山選靶，作實彈試射，亦訂製整總隊武器裝備。廣東陳濟棠亦世稱所謂軍閥者，係以一師兵力統一廣東，肅清土匪，設立數種工廠，以及新式武器兵工廠，其機器全係向歐洲購進，對日作戰，多賴其兵工廠所製火炮以與敵週旋。兩地兵工廠均較漢陽兵工廠數十年來僅能製造步槍與子彈者，相距實不可以道里計。（陳濟棠在廣東之建設，參閱前條）

五七　陳濟棠軟禁余漢謀

據黃季陸言：當李濟琛被扣留於南京，桂系李、白率部攻打廣東，余漢謀在前線作戰。陳濟棠親赴前線，帶余返後方，予以軟禁，此為余後來歸附中央之一大原因。

五八　張學良、唐生智、朱培德等人均以鉅款託宋子文做生意

張學良曾以五千萬美金託宋子文代做美國股票生意。宋子文掌握張之鉅款。故西安事變時，張學良特別指明要宋子文赴西安一行，以彼此「交誼素篤」，可以無話不談，此為編者所知者。

何應欽又告編者，據渠所知，唐生智曾以數百萬美金託宋子文做生意，朱培德亦以數目不詳之鉅款交宋子文代做生意。此僅就其所知者而言。此一筆糊塗賬，如何算法，只有天知道了。

五九　陳立夫想拉胡漢民晉京

陳立夫言：當胡被釋之後，居住香港，汪精衛出國療傷，立夫走滬，親訪劉蘆隱請其赴港勸胡來京，蘆隱未之允，大約他了解縱去香港，亦無用處。

六〇　蔣氏堅邀胡漢民再進南京

今日遇胡木蘭，詢問其父胡漢民於民國二十五年自歐洲返廣東，王寵惠踵至，邀其赴南京，由胡先生任中國國民黨中央常務委員會主席，王任行政院院長，聞胡先生亦已同意，何以終未成行？木蘭謂蔣有親筆信致王伯伯，大意是我對不起胡先生，對不起黨，這都是我的錯。今後我當一切聽胡先生的話，請胡先生來南京，共同擔負國事。王伯伯持這信專程赴歐見我爸爸，乃約定回國。但我爸爸乘船到新加坡，中央、廣東都派人上船迎接（中央代表即為魏道明），我爸爸以陳濟棠百般相邀，不得不先赴廣州一行。抵廣州，陳濟棠表示已電召部下各將領分批來廣州，親聆我爸爸訓話，所以不得不在廣州多停留數日。不意即在此期間我爸爸病發逝世。但我爸爸只答應到上海，而以身體關係，不能去南京云云。胡既能從廣東到上海，他又何難從上海到南京？果如木蘭所言，不去南京，亦恐係一種姿態而已。顏惠慶自傳曾記述胡與他在歐洲談話，相約在南京見面，可以知之。問題在於胡再進南京後，對於大局有無裨益。胡、蔣二人個性誠如陳布雷所言是父母生成的，是否能合作無間呢？倘胡在一度被禁之後，又去南京，在蔣心目中，甚至在全國人民心目中，胡又為何如人呢？

六一　胡允再入南京之經過

鄒魯自與孔祥熙搭線以後，即屢勸胡漢民再度與蔣合作而去南京。措詞大意如下：現在國內勢力最大者為蔣，如欲抗日，則非聯蔣不可。胡亦為之意動，乃進而商量以何種方式轉變，方不致喪失顏面。初步擬定，以胡托詞養病而去歐洲，俟時機成熟，則胡始自歐洲返國而直赴南京。其時，蔣將以王寵惠為行政院長。王且曾去廣州面商一切。蔣方面初擬以胡為國府主席。胡左右以現任國府主席為林森，備位而已。胡如再入南京，則以主持黨務為宜。於是民國二十四年十二月七日中國國民黨第五屆中央執行委員會第一次全體會議第五次大會決議：中央常務委員會主席胡漢民、副蔣中正，中央政治委員會主席汪兆銘、副蔣中正，而兩會秘書長又皆為蔣之親信，則所謂主席者便已架空了，又能主持什麼呢？形勢比人強，聰明如胡漢民、汪兆銘必已知道很清楚了吧。（參閱第二輯第六十三條）

六二　胡、汪負空名

五全大會以後，選定胡漢民為中常會主席，汪精衛為中政會主席，蔣任兩會副主席。以顧孟餘為中政會秘書長（旋議決以朱家驊代），葉楚傖為中常會秘書長。自國民政府在南京成立以來，蔣在名義上與事實上早負黨、政、軍之重任。

六三　胡漢民對晉京事允考慮

據魏道明言：胡漢民被囚釋出，未久，即赴歐洲養病。道明亦赴歐相晤，勸其返京共赴國難，胡允考慮（顏惠慶亦曾赴德國樂艾本溫泉）。Bad Manheim訪胡兩次，均在晚間。第二次尚有王寵惠在座，胡還約王博士和我（顏自稱）一同返國，為國盡力，在政府共事（見傳記文學第二十一卷，第一期第九十五頁，顏惠慶自傳）。迨胡自歐返國，道明持蔣親筆函專程赴新加坡相迎。胡抵香港，李宗仁、陳濟棠、白崇禧等亦來港迎接。胡去廣州，道明亦趕赴廣州相晤，仍勸其赴京。胡問蔣有無誠意，道明答：「政治上不問誠意、不誠意。你有做法，對方一分誠意，可以變做十二分，你無做法，對方十二分誠意，可以變為一分。」

六四　汪精衛真會演戲

據胡木蘭言：汪精衛自歐返國，途經香港，走訪先君，見面即跪倒於地，痛哭失聲，連說：「我對不起展堂，我對不起展堂。」倘果所言不虛，則汪精衛真會演戲。

六五　李文範與胡漢民

我詢問木蘭，李文範後來似乎脫離胡先生了，究係何故？木蘭說：當民國十四年我父親移居頤養園，一日，李文範伯伯送來政府命令，派我父親赴俄。我父親心想以二人以往關係，乃言你可以伴同我赴俄國吧！李文範伯伯聞言，以掌重重拍桌而說非有政府命令，我是不會陪你去俄國的。後來政府固有命令，派李文範伯伯陪隨我父親去俄，但其以掌重重拍桌之一幕，至今記憶猶新。國民政府在南京成立五院，我父親任立法院院長，秘書長一職，劉蘆隱進行甚力，但我對父親說：「李伯伯究竟與我們同過患難，似乎應當由李伯伯擔任秘書長。」乃以劉蘆隱擔任編審處處長。後來孫伯伯任行政院長，我父親勸李伯伯勿參加，而他竟任內政部部長，從此，更益疏遠了。

六六　東北軍圖謀殺害何應欽

何應欽親語編者，當中央政府派何應欽前往北平坐鎮，任北平軍分會委員長，東北軍以何此來必不利於他們，且對抗日更遙遙無期。雖經劉哲、劉尚清代為疏解，謂何為人殊公正，毫無派別觀念。何亦召集東北軍幹部訓話，謂余此來，僅帶參謀數人，憲兵一排，對於東北軍絕不輕易變動，如有不適合者，至多調整而已，你們可以安心任職云云。終不能釋東北軍人之疑慮，乃群謀殺害何應欽。何到北平後，其所用廚師、司機均係張學良舊人，東北軍人乃首先以金錢收買此二人，囑廚師準備早餐時，每次在麥片中放少量砒霜一類毒物，而不致即刻斃命，使於十天、八天之後，不知不覺毒發而死。又以金錢收買汽車司機，囑於何外出時，必先向他們報告行駛路線，俾得中途槍殺之。司機明言倘使槍殺何，我坐前座亦難免遭殃。廚師則恐事發，本人亦恐難逃罪責，故二人均以實情報告何，何亦善待二人，以後且將司機帶至重慶，繼續任用。

六七　陳濟棠稱兵之內幕

㈠

當陳濟棠之在粵，聲言抗日，首有其大將余漢謀因與上官雲相早通聲氣提出異議。陳又問其空軍總司令黃光銳，黃答若真屬抗日，則吾之六十餘架飛機必將人人奮鬥到底，義無反顧，倘係抗日其名，北伐其實，則吾衹有將此一付本錢奉還總座，請另派人接替。其他如李漢魂之在汕頭封金掛印以示決絕。更有深知內情者以為陳濟棠之所以突然稱兵，胡漢民之謝世，使其突感徬徨無主，固為一因。而廣西派之居中慫恿尤有莫大之影響，其表面措辭則謂廣西有兵，廣東有錢，何患事之不成。其實則因雲南煙土素經廣西、廣東、湖南，自貴州統一後則改由貴州直達湖南。平常廣西每年收入約二千餘萬元，而特費則佔一千餘萬元。其另一原因則係濟棠之兄陳維周先期親赴南京謁蔣，歸告其弟謂蔣今年流年不利，如欲舉事此其時了。陰錯陽差乃造成一幕滑稽戲。（謝瀛洲言）

㈡

陳濟棠在粵之舉旗抗日，自任抗日軍總司令，固與胡漢民中風而死一時心慌意亂頗有關係。但受乃兄維周之慫恿謂據其推算六月發難，翌年八月必可統一全國，以各種迷信之說使濟棠信之不疑。當發難之前夕，其憲兵司令為濟棠最親信之人，在大庭廣衆中公開宣稱如果真屬抗日則赴湯蹈火在所不辭，倘以抗日其名而北伐其實，則某不敏未敢隨聲附和。其先濟棠亦曾徵取李揚敬之意見，揚敬方考慮如何措辭，久久未出言，濟棠知其意持反對，乃曰你不必講了，此有咒語一通，你持回多讀幾遍，必可豁然明瞭。余漢謀雖由上官雲相之介紹而與中央頗有聯繫，然亦限於彼不打中央，唯中央倘進攻粵省，則粵軍必將死守，粵軍各部心理大體均屬如是。故濟棠一宣佈組織抗日軍，則文武解體，終於不支而宣佈下野。然其在位時粵省建設突飛猛晉，全境秩序之佳亦為民國以來所未曾有，其人實未可厚非。

㈢

陳濟棠當年最親信的弟兄中，有一名叫陳維周，善觀氣色，又能扶乩，深得陳濟棠倚重。陳濟棠也是一個最迷信的人物，當他想要公開反對中央而內心仍猶豫不決的時候，曾經扶乩向呂祖請示，奉批：「機不可失。」陳濟棠以為仙人指引，時乎不再來，所以立即宣佈背離中央。殊不知廣東空軍不同情陳氏的行動，早與中央接洽，全體駕機飛到南昌，再飛南京。

㈣

據匡正宇言，陳濟棠獨立，戴笠派人勸廣州空軍駕駛員歸順中央，每人發給五萬元本票一張。按陳濟棠宣佈獨立後，廣東空軍，包括廣東空軍司令部、各飛機隊，及航空學校，計有飛行人員二百餘人，各種作戰及教練飛機一百餘架。事變之前，陳濟棠曾向美國訂購新型飛機，因事變關係，延期交貨，其後均由中央接收。其中霍克Ⅲ型飛機一批，為二十六年對日抗戰之主力。在八一四杭州上空首次空戰摧毀日本木更津海軍航空隊者，即為這種驅逐機。

據為戴笠主持機要文書工作之鄭修元所述，關於廣東飛機歸順中央，係戴笠派鄭介民赴港直接接洽，廣東空軍亦派代表來港談判。在港京之間來往電報都用「十萬火急」甚至「百萬火急」往返聯繫。蛛絲馬跡，不無可尋。首批飛機數十架由廣州飛江西吉安。或謂直飛南京，是誤傳，因當時飛機性能尚不能由廣州直飛南京也。

㈤

據局外人在「春秋」所寫：廣東空軍全部投順中央，係以五百萬元為條件（為穩妥起見，所發均係本票）。余漢謀之第一軍雖回師廣州，但張達之第二軍，已進抵韶關，計劃與回師之第一軍，作旗鼓相當之對敵。李漢魂雖已離開汕頭，而陳濟棠之留汕部隊，仍可控制汕頭局面，促使陳之下野者，厥為空軍之叛離。

㈥

據謝瀛洲言：當陳濟棠聲言抗日時，曾招集憲兵司令林秀清、空軍司令黃光銳等徵詢意見。彼等均坦直報告：如真是抗日，則所屬部隊必能絕對聽從指揮，如以抗日為名北伐為實，則我等均受總座栽培，個人自當絕對服從，但部隊如何則毫無把握。林秀清且言果如是，則當將此一付本錢奉還總座。至於余漢謀除挾有前次被軟禁之嫌，且有上官雲相之勾結外，其部下張瑞貴（張係從行伍中培植起來的）明言反對，亦為一種原因。事變後陳濟棠原有六十餘架飛機投順中央外，其向外國訂購之五十餘架飛機亦一併移送中央。其時中央飛機約有八十餘架，兩廣原有飛機以及中央飛機均係陳舊。七七事變，中國起而抗戰，其得力最大者為劉湘在四川所設之機械工廠、廣西之彈藥廠、廣東陳濟棠設在滃江口之重砲廠（但尚不能造砲彈，其原因是廠雖完工，而製造砲身的鑄鋼管，並未由德運來）。抗戰期間，中央把全廠設備，間關千里搬到大後方。

六八　不戰而屈人之兵

兩廣事變李宗仁駐廣州，陳濟棠每月致送數萬元，並陪陳打牌。陳失敗，薛岳軍屯於黔桂邊境，何健軍屯於湘桂邊境，而陳誠軍則屯於粵桂邊境，雙方都如箭在弦，但雙方都不打算發第一槍。在中央方面希望用拆散陳濟棠辦法，來拆散桂系，以不戰而屈人之兵。但廣西上下團結，此著無效，故派居正、程潛、朱培德等赴桂遊說。第一次去因未連絡好，桂方兵士見上面飛機，即發機槍射擊，居、程、朱等被迫折返。居、程、朱乃去電申明來意，李主拒絕，並勸居、程、朱不必受人利用。後經徐文明解釋謂他們是以和平使者而來，今拒和平使者，則無異宣告世人桂方要打仗，殊不適宜。至於和與不和在於條件問題，我們不妨看看他們條件如何再談。後來和平成功，中央任李為綏靖主任，李品仙為參謀長，並每月撥付綏靖公署經費。至於軍隊經費則符合中央編制始由中央發給。惟桂方特稅（鴉片煙稅）逐年減少，只有另籌財源云云（此文明所言）。當時雙方口號是一方叫攘外必先安內。另一方則言攘外而後始能安內。

六九　廣西就範

胡漢民死，兩廣陡起變化，未數日陳辭第四軍團總司令，離粵赴港。辭職之前派陳漢光師長謁蔣，蔣於是日準備西行，於一小時草一長約千言之函慰勉之。粵事既定，而李、白遲遲不就綏署職務，中央乃改派李為軍委會常委，白為浙江省主席，而令黃紹竑為廣西綏署主任，李品仙副之。不料李、白於新命甫頒之日，忽來電表示願就綏署職務，意在明拒中央所派之黃紹竑到任。蔣乃親赴廣州，在軍事上作戒備工作，並請居正、朱培德、程潛三人飛桂勸導。飛機一批率先歸順，最後彼方派劉斐等數人來粵，對軍事、政治及財政等有所請求，蔣一一允之，且命西江附近之中央軍先撤。李宗仁嗣亦親來廣州，蔣聞其到粵，不待來謁，先往訪晤，謂不欲使彼有屈就之感。

七〇　李宗仁先去，白崇禧後來

據劉士毅言，廣東事平，陳濟棠下野，蔣調集數十萬大軍包圍廣西。先派居正、朱培德、程潛等三人赴桂斡旋，略謂爾等有何意見可以當面磋商，如抗日問題準備情形，均非面詳不可，請李、白親來一行。李、白磋商後，認為如連袂前去，或有意外，故由李單獨前去。蔣與李談後，即謂爾可儘速回去，再派白來，於是一場風波乃告平靜云。

七一　青白團

㈠

據楊興勤言：大約在民國二十年左右，中央曾組織一青白團，由戴季陶、陳果夫、立夫主持之，戴不問事。其中心人物有余井塘、張道藩諸人。一日果夫電召楊興勤赴京，即由陪往一僻靜處所，則井塘、道藩已先在，由果夫交青白團組織章程，大意以竭誠擁護蔣為黨中唯一領袖，一切聽其命令，保守秘密。每一入團者願對蔣像宣誓，如違反誓言，則處死刑。

（據洪陸東言，抗戰軍興，蔣又命令宣誓解散之而組青年團。）

㈡

據楊興勤言：在民國廿年或廿一年，蔣系統下曾組織青白團，團長蔣自兼。入團非常嚴格，誓約凡九條，須親自簽名並捺手模印，絕對服從團長命令。如違反紀律，願受最嚴厲之處罰。惟個人及家屬之生活，由團為之保障。興勤入團係由張道藩司儀，陳果夫監誓。

七二　鄒魯拆西南的台

大家都知道鄒魯是西南政府的一個台柱，而且是胡漢民的左右手。但鄒魯因得孔祥熙數十萬金，據黃季陸言是三百萬毫洋，名為補助中山大學經費，實則是中央藉機收買他。孔祥熙給鄒魯數十萬金，或三百萬金，是否用於中山大學，抑部份用於中山大學一概不問。鄒魯原為反蔣健將，即在寧、粵和平會議，亦即「九一八」日本侵佔東北之後，猶堅持蔣非下野不可。但於既得孔祥熙數十萬金或數百萬金後，乃轉而主張擁蔣。民國二十五年五月十二日胡漢民逝世於廣州，陳濟棠徬徨無措之際，白崇禧即主張以抗日為名，另組獨立軍事委員會。但又恐因此而遭受中央與日本雙方攻擊。白崇禧乃自告奮勇前去香港，一探日本之態度。白崇禧抵港即與日本駐港武官取得聯繫，表示兩廣即將組織政府，以抗日為號召，而實際則為反蔣，不知日方態度若何。日武官允電軍部請示。當得覆電，日本不但不反對，且將予以支持。同時兩廣又與北方宋哲元、韓復榘結為聯盟，共同反蔣。正在兩廣緊鑼密鼓，另立抗日救國軍之際，鄒魯始則稱病不出，繼則潛往香港，以示決絕。又派裴鳴宇赴北方勸阻宋、韓勿與南方呼應。裴鳴宇到南京，首見馮玉祥，馮態度光明正大，表示此時抗日，非擁蔣不可，並勸裴鳴宇當晚乘車北上，遲恐不及，他會致電宋、韓為其先容。裴鳴宇抵濟南，先向韓復榘報告南方最近情況，繼言：「你是山東主席，我是山東老百姓，都不願意山東糜爛。」韓為首肯，並派員伴同裴鳴宇去北平見宋哲元。裴向宋哲元指陳兩廣遠處南疆，自救不惶，有何力量來支持河北。倘使河北有異動，則必首先遭受中央攻擊，日本又必乘機侵佔，則河北將何以自存。裴鳴宇說詞，頗有戰國策士之風。宋哲元聽了，便令祕書將起草好了的反蔣電稿取來，當面焚燬。

陳濟棠已抱笏登場，卻不見宋、韓響應，而廣東空軍又紛紛投順中央。陳濟棠知事已無可為，乃自動下野，前去香港。鄒魯在緊要關頭，潛赴香港，對於廣東的民心士氣影響實大，而北方宋哲元、韓復榘又因其派人勸阻，未與兩廣採取一致行動，更為陳濟棠垮台的原因。

以上為裴鳴宇所言，皆為其所經歷，當不虛。

七三　「我都離開南京」

據端木愷言：當蔣、胡再度合作聲中，曾發表何世楨為司法部次長，劉尉凌致函端木略謂：世楨多年未到南京，希望南京友人多予捧場。端木除設法託人在中央日報發表該項消息外，翌晨並邀數友親至車站迎迓，但世楨未來。越數日端木赴滬詢問世楨何以未去。據謂世楨擬啓程之晨，孫科忽至滬告之：「我都離開南京，你何必去呢？」是以未去。其後情端木亦不知。

「張國燾的四方面軍如果當日沒有在甘肅遭到馬家軍的打擊而潰敗，如果他今日還是個掌握十萬紅軍的領袖，我們黨的同志，今天又會用什麼眼光來看毛澤東和張國燾呢？啊！難道權力就是決定真理唯一的標準麼？

七四　一個共產黨員的話

星期日我想換換氣氛，閒逛到我曾經住過的中央招待所，正有一個陝北土共幹部在那兒放高嗓子丑表功，述說他過去與四方面軍鬥爭的故事：

當四方面軍（張國燾所部）經甘肅被國民黨軍隊追得無路可走到達我們關中蘇區的時候，我們首先很客氣的接應他們，又舉行歡迎會招待他們，然後繳下他們的武器，就對他們說：『同志，你們辛苦了，調你們到後方休息去。』再把他們一批一批騙到山溝裡，把這些王八龜孫的四方面軍都活埋了。活埋的時候，那才好玩呢，開始我們笑嘻嘻的對他們說『同志！把坑挖好，我們要活埋國民黨軍隊了！』他們果真起勁的挖，一鍬一鍬的挖下去，抹抹臉上汗珠還笑著說：『再挖深一點，讓這些國民黨軍隊躺在裡面舒服些。』我們也笑笑，挖好了，我們把他們一個個推進去、踢進去，起初還以為咱們開玩笑呢！等到我們提起鐵鍬填土的時候，才大聲呼叫：『同志！我們不是國民黨軍隊啊！』我們罵：『媽的！管你們是不是國民黨軍隊，老子要你死，你就死。』

流言時時傳來，總不外所提出的口號是『一切為了抗戰』但在我們的同志日常談話中卻很少談到抗戰的問題，日本似乎與我們沒有什麼相干，照當時緊張空氣看起來，好像只有國民黨才是我們唯一的敵人。

一批游擊隊被新四軍包圍繳械了，一個被釋放回來的幹部說：我們前後左右都被包圍，除了立刻繳械，集中待命以外，祇有死路。我三番五次的告訴他們：同志！我們也是抗日部隊，借一借路不可以麼？他們說：不行，管你抗日不抗日，到了我們的根據地，就得服從我們的領導，他們的態度很強硬，最後還說：到了我們這兒，我們有的是最強大的新四軍，和嚴密的群眾組織，你們飛也飛不脫。

當時我們黨在淪陷區的策略是：與日本人和漢奸一面鬥爭，一面合作。這話怎麼說呢？因為黨裡知道，沒有『民族解放』的口號做號召，我們是不可能奪得群眾的後備軍的，同時，沒有日本人合作，則我們沒法打擊國民黨和政府，奪取革命的領導權。『用敵人的手來打擊敵人，瓦解敵人，這是最機動最巧妙的革命策略。』康生同志過去曾屢次對我們這麼說。然而只有這次在杭州我才看到如此生動的例子：在敵人偽組織機構中，大量充斥著我們的同志，他們藉日本人的刀，去屠殺國民黨和三民主義青年團人員，甚至我們黨的組織，也經常和日本特務組織交換情報。據我直接知道的，上海兩次破獲三民主義青年團的組織和一次在江南日本人對忠義救國軍圍剿，都是我們黨在日本人的合作之下的傑作。難道所有的共產黨員都願意這樣昧了民族良心去做些喪天害理的事嗎？不！但是，這是革命鬥爭的策略啊！黨的命令，黨的策略那一個共產黨員敢予違抗？何況！不是一個中級以上的黨的幹部，誰又能夠了解這些黨的機密呢？有些年輕的共產黨員，也未嘗不天真的，與高采烈的組織游擊隊，想打日本人。但是黨的高級領導機構所決定的策略影響了他們的行動，要他們努力壯大自己的實力，於是對日本人就游而不擊了。因為黨的高級領導者，正和日本人保持密切聯繫呢！在群眾面前以抗日相號召，對日本人又勾勾搭搭，在國民黨前講合作，又藉日本人的手打國民黨。這正是策略上非常辯證的運用。」（以上各節錄司馬璐：鬥爭十八年）

七五　汪精衛與張學良交惡

民國二十一年一月三十日，東北政務委員會改稱為北平政務委員會。軍事上張學良任北平綏靖公署主任。又成立軍事整理委員會，張任理事長，宋哲元為十一理事之一。宋建議：「日人第二步必侵熱河，入山海關，宜配備五萬人守熱河，三萬人守山海關，三萬人守平津。」張學良無任何反應，不出一兵一卒。七月三十一日發表宣言於政委會大會中，主張改善內政，整理軍政。汪遂於五日晚離京，辭行政院長職，並致電張學良稱：

「兄擁兵最多，軍容最盛，而敵兵所擾正在兄防地以內，故以實力言之，以職責言之，以地理便利言之，抵抗敵人，兄在職一日，斷非他人所能越俎。……今兄未聞出一兵、放一矢，乃欲藉抵抗之名，以事聚歛。自一紙宣言，抗禦外侮以來，所責於財政部者，即籌款五百萬，至少先交二百萬，所責於鐵道部者，即籌三百萬，昨又以每月籌助熱河三百萬，責於行政院矣。……無論中央無此財力，即令有之，在兄未實行抵抗以前，弟亦斷不忍為此浪擲。弟誠無似，不能搜括民脂民膏，以饜兄一人之欲，使兄失望於弟，惟有辭職以謝兄一人，並以明無他；惟望兄亦以辭職，以謝四萬萬國人，毋使熱河、平津為東北、錦州之續。……」

八日張學良呈請辭北平綏靖公署主任職。九日政委會全體委員聯名通電否認有向行政院請撥三百萬之議。

中央慰留汪兆銘，撤消北平綏靖公署，改設軍委會北平分會，以蔣中正為委員長（兼），張學良代。

據王鐵漢言，汪兆銘與張氏父子相識甚早。民國十二年汪曾奉總理命去東北聯絡。其時，學良任旅長，陪伴汪兆銘四出巡視、講演。以此淵源，汪於六月間赴北平，本有所企圖，蔣亦知之，乃派宋子文偕同前往，傳達蔣之意旨，所以張學良僅與汪會面一次，往往推託頭痛或腹瀉，而與宋子文卻常會面，且兩人遊湖以取樂。汪舊仇（擴大會議時，東北軍進關，使汪等不得不狼狽而逃）新恨一併發作，遂有上述電報。當然，張學良之不抗日，固應遭受譴責，但汪果真以此為張之罪，則其始終主張抗日必敗之論，又何辭自解。汪之去北平，究為何事，宋子文傳達蔣之意旨，內容為何，均莫知其詳。然觀汪對張之攻擊，而蔣仍留張在北方主持，亦可思過半了。

據蔣鼎文口中的張學良一文所述：汪精衛飛北平係敦促張學良出兵收復失地。學良聞言不悅道：「我能抵抗住日本嗎？以全國的力量都不足，要我收復東北，不是變相的消滅我嗎？」二人話不投機，所以張學良只見汪精衛一次者以此。汪又飛南昌見蔣，表示其以行政院長，要撤張學良職，否則，不能維持政府尊嚴。而蔣則婉轉表示，張學良雖失東北，尚據華北數省地盤，擁有數十萬軍隊，倘不接受命令，豈不內戰又起？宜緩圖之。

七六　張學良好賭

魏道明言，蔣下野後（大約第二次下野）派魏道明赴平擔任聯絡工作。魏以在北平城中來客川流不息，不便個別深談，乃約宋哲元、徐永昌等三數人赴郊外，擬作二三日之盤桓。

翌日即聞北平至郊外道上已經佈崗，謂副總司令將來到。張到，大家互問，此為郊外，有何好玩？張乃命副官打開一皮箱，內藏各種賭具。於是大家祇好坐下來賭了。魏大輸，宋哲元坐於其側，細聲告魏，不要緊，可將你的賭賬轉到我身上好了。魏問，你又如何了結？宋答他欠我的軍餉，可以在其中扣除。

七七　劉湘評論蔣左右人物

冷欣言，抗戰前，劉湘曾來南京，評論當代人物，放言委員長左右無人才，何某不過教官之材而已。

七八　閻錫山欲與蔣在軍事上爭領導權之真意

民國二十五年十月為蔣五十壽辰，閻錫山、張學良赴洛陽祝壽。閻、張聯袂謁蔣，陳述剿共軍事恐一時不易奏效，不如停止內戰，一致對外。蔣以嚴肅的口氣答說：「是要我聽你們的主張，不是你們聽我的主張了。」閻、張退出、閻對張說：「不要再講了，以後看吧。」先閻、張二人曾促膝密談，張學良曾透露對蔣不滿意。大體停止剿共出自張之主張，特挽閻共同進言。閻亦對張表示在黨務與政治方面可不與蔣爭領導權，但仍當在軍事上與之爭領導權。閻不與蔣在黨務與政治方面爭領導權固有自知之明。但蔣在軍事上亦已樹立領導地位，豈是閻錫山可得而與之爭，閻亦當有自知之明。閻錫山是否講過此話，不無可疑。

編者曾多方求證。閻、張秘密談話，並無第三人在場，所以從正面查證，殊無可能。無已，只有從側面進行了。據曾在閻錫山手下做事多年的徐永昌言，閻確曾有此意，不過所謂在軍事上爭領導權者，係局部的，不是全面的，如閻以其所部可與馮玉祥舊部以及其他北方軍人互通聲氣，聯合一致，則蔣亦難指揮如意。一次閻錫山親口對其朋友說：「長江一帶由蔣先生多負責任，華北由我多負責任，中間由他們（指馮玉祥等）多負責任，我們作個比賽。」

西安事變既發，張學良以閻曾有「以後看吧」的話，是一種同意的表示，於是乃派人告訴閻錫山，如不響應，則當會師太原，意謂將指揮宋哲元、韓復榘等人的軍隊進攻太原。閻錫山曾有長電致張學良，其中警句「何以善其後」不啻是一種示意。據賈景德、徐永昌二人均與閻錫山關係極深，曾對其親近友人言「這種示意還不明白嗎？就是殺掉他的意思，而張學良左右無一人看懂了這句話，只知驚惶失措，所以真正落得其何以善其後。」不過話又說回來，如蔣真的遇難，則抗日之戰會不會發生，以及結局如何，都難逆料了。從蘇俄的立場言，史達林確深謀遠慮，手段敏捷，他一聽到西安事變的消息，便致電中共趕快設法將蔣釋放，以鞏固抗日領導中心。羅斯福竟為史達林玩諸於股掌之上，在西方政界人物中差堪與史達林較量的恐怕只有邱吉爾。但邱吉爾猶滿腦子保有舊有帝國主義的思想，亦無怪整個世界局勢難有清新的希望了。

七九　吳忠信西北之役

當吳忠信率領黨政考察團前赴西北，行前謁蔣請示機宜。蔣答：「你斟酌辦吧！」至青海，吳面誡各團員不得隨便外出，所有資料隨當地軍政機關之意自動交出，將來返回中央如無以交代由其本人負全責。馬步芳亦邀請各團員開會，並由各部門分別提出報告。最後忠信起立謂歸納各位所言，不外兩點：一為財政困難，一為恐被黃正清部所襲擊。關於此二點本人決請中央代為解決。嗣後又與馬步芳促膝私談，謂國民黨已有五十年之歷史，決不會完全失敗。青海為膏腴之地，你們昆仲（步青）盡畢生之力，猶恐開發不盡，而河西為通往新疆之要道，又為石門油礦之所在，中央勢所必得。你們何不將駐在河西（黃河以西）之兩師調出。青海接連新疆，將來發展未可限量。中央想要你的部隊讓出河西以予胡宗南。倘使你怕如此做法將來會受胡宗南吞噬，則你的部隊可以駐紮距離稍遠的地方以保安全。同時我會請中央嚴令胡宗南不得對你的部隊存有任何野心。關於此點，我可完全負責保證。步芳謂兩師兵費無著奈何。忠信即答謂該兩師兵費自當由中央補助。最後忠信並謂今日我所談者僅為七成，將來兌現也許能達到十成。於是馬步芳赴重慶晉謁蔣之計劃乃決，而吳在青海之諾言亦完全兌現。步芳滿意而歸，此為民國卅年、卅一年間事。後馬軍果調柴達木屯墾，而由中央軍接防，蓋實行約定也。

嗣後吳又奉派赴新疆，始則吳力辭謂毫無把握，不願應命。約逾二旬蔣又召見忠信，謂此地非你莫屬。吳到新疆時已有朱紹良、蔣夫人等先在洽談，但均無結果。忠信則另約盛世才私談，謂新疆得你支撐仍屬中國國土，你不惟辛苦而且功在國家，我代表中央謹致慰勞。你在新疆如有困難，中央當代解決，如無困難你可放手去做，中央決不干預，中央之意如是而已。蓋當時新疆有三部份力量，即蘇俄、盛部、與中央部隊是也。而以中央在新疆之力量最小，故不得不先寬慰盛世才之心，使其不再與蘇俄結合。

民國二十八年忠信在蒙藏委員長任內亦曾赴西藏一行，代表政府主持十四世達賴喇嘛坐床大典。未帶一兵一卒、一槍一彈。僅二、三專家及十數位文職人員偕行。至拉薩之次日，赴布達拉宮瞻禮。該宮入門台階分三道，中間一道則以繩索繫之不讓通行。忠信問其故，招待員云「此道只有達賴可走，他人只能走左右二道。」忠信云：「我乃代表中央之大員，在本國領土之內，無處不可行走！」立命將繩撤除，乃昂首拾級而登。迄舉行正式典禮，藏方安排將忠信與英國領事同樣坐在側面觀禮的席次之中。忠信不接受，一定要正面對達賴上座，以表示其監誓人的地位，雖經僵持，卒如所願。英國領事雖未參加，而典禮仍進行如故。據忠信言此行亦不虛，西藏主權乃得歸回中國。忠信在西北能有如許成就，最大原因當係得力於蔣之全力支持，其次為洞察對方心理，而為對方打算。當馬步芳抵重慶，有關西北計劃蔣批交何應欽會商吳委員長辦理。其後中央機關又有建議將馬部兵力分散者，蔣又批先由吳委員長簽註意見。忠信則簽有言在先，不可自壞信用，此一計劃終於擱置。（吳忠信親告編者）（編者按馬之部隊果已撤出西河，而移駐青海中部之柴達木盆地，從事屯墾。）

八〇　分散東北軍兵力

萬建蕃言：當學良任三省剿匪副總司令時，某次蔣總司令因事他往，適何應欽有一電致蔣，主張分散東北軍兵力。此電為學良所得，初尚不能譯出，以無此密碼本。但終於設法譯出，故張對中央已有戒心了。

八一　孔祥熙報告政情

據程天放日內瓦商談記孔庸之（祥熙）報告政情，稱張學良發動西安事變，和一部份軍人有勾結，幸事變迅速解決，否則不堪設想。……中央現已成立整編師廿師，兵力較前充實，如果日本目前發動侵略，中國可以作長期的抵抗。不過要對日作戰必須先解決共黨問題。三中全會對付共黨的決議，如取消蘇維埃政府，改編紅軍等，共黨表示可以接受。我（程）問他這兩點已做到沒有？他（孔）講還沒有完全做到。

八二　塘沽協定秘密條款

民國二十二年五月卅一日中日締結塘沽協定，所公佈者僅限於軍事條款，已對我方極為不利，蓋使日方踏上侵犯我華北的第一步，並幾近默認日帝佔據我東北。當時汪精衛（行政院長）發表談話，聲明此次河北停戰談判，並未涉及政治，殊不確實，實際附有密件，且帶有高度政治性。根據沈覲鼎（曾任外交部亞洲司長，承辦對日外交）「對日往事追憶」一文，曾有下列一段之敘述：

卅餘年後閱日方資料（朝日新聞：太平洋戰爭之路）並讀梁教授敬錞撰「華北停戰秘幕與塘沽協定真相」，藉知協定果有日方所提的希望事項四項（均未經公佈），而第四項載稱：中日紛爭禍根之排日，望即徹底取締；顯係涉及政治。後來又翻讀日官方資料（日本外交年表並主要文書，外務省編）見到當時日外相內田於五月二十九日晚致駐平使館中山一秘

（暫代館務）關於政治條約的訓令，足見當時日外交當局重視政治條項。且所擬政治條項（外務省囑中山作為中日間了解秘密紀錄）有四項之多，即：(a)駐平政委會應彈壓其轄區內黨部的排日活動及其他一切排日運動；(b)該會應彈壓自其轄區依義勇軍及其他方法擾亂關內外治安的一切策動；(c)該會應除去對關內外間合法和平的交通之一切障礙；(d)該會為維持停戰區域之治安計，應作可獲日本同意之措施。又關於議訂政治條項之時期，指示（甲）案：於停戰交涉時一氣呵成，（乙）案：留在停戰協定成立後與黃委員長洽定，飭由日代表擇一辦理，並囑如採（甲）則須注意勿因之而使簽訂停戰協定耽延或節外生枝。結果，日代表斟酌停戰交涉當時情形，曾僅提出原擬政治條項中之(a)一項，列為希望條項之一，否則，諒更使我方代表難堪了。（傳記文學，第二十五卷，第五期，七三—七四頁）

張學良在軍事法庭上直指賣國另有其人，並握有證據，即指此協定而言。

然則塘沽協定密件，雖以沈覲鼎任外交部亞洲司司長，承辦對日外交之人尚在三十餘年以後，始得知之，何以會落到張學良手中呢？緣朱世勷之父，原在楊宇霆部下任職，以此故，其子，即朱世勷乃由東北當局資送進日本士校。畢業後仍返東北任職。後以士官故轉入何應欽所主持的北平軍分會任辦公廳副組長。塘沽協定雖為黃郛所負責接洽，但對外則說僅是一種軍事協定。當時何應欽主持北平分會，當然有此檔案，朱世勷以辦公廳副組長地位私抄一份。值張學良自歐返國，即將此抄本送呈，張學良謂握有證據，蓋指此。

八三　據何應欽言所謂「何梅協定」

民國二十四年間，「何梅協定」之說，報章騰載，甚至歷史書籍亦有是項記載。但據何應欽所撰「七七抗戰的歷史評價」一文，根本否認何梅之間有任何文字協定，茲轉載如左：

「河北事件」發生於是年（二十四年）五月，由天津日租界親日報紙國權報社社長胡恩溥、振報社長白逾桓被刺而引起。日軍認為此一暗殺案，是我方排日與向日本駐屯軍挑戰行為，於是危言聳聽，擴大其詞，一時劍拔弩張，情勢緊急。日軍藉此要脅我政府，提出撤換河北省主席于學忠、撤退憲兵第三團及軍分會政訓處、撤退河北省市黨部、撤廢類似「藍衣社」組織之抗日團體，以及將河北省內中央軍他調等無理要求。以上要求，原係由天津日本駐屯軍參謀長酒井隆、日本公使館副武官高橋坦口頭向本人提出，經電請　蔣公指示，為免事態擴大，除中央軍他調一節，命我盡力設法打消其要求外，其餘各節，均由我相機處理。當時我偵知天津日本駐屯軍司令官梅津美治郎在津召開擴大軍事會議，商討最後手段的消息，遂在與酒井隆、高橋坦三度談話之後，認為日方決意堅持各項要求，乃再電中央請示，經中央於六月十日召開緊急會議，決議對中央軍他調事授權同意。應欽乃口頭答覆高橋坦等允諾各項要求，並立即實施。高橋表示無異議而去之後，不料日又送來「覺書」（即備忘錄）一件，要求我簽字，當即予以拒絕，並將「覺書」退還。此後日本方面製造所謂「何梅協定」之謠言，以誇大其勝利果實，實則我與梅津並未見面，何來「協定」之可言？當時總統蔣公即曾公開聲明絕無其事（見「蔣總統秘錄」第十冊），上海字林西報亦曾著論予以駁斥，天津大公報因誤引日人之言，也由胡政之來函向我道歉，原函尚存應欽檔案中，可以覆按。不料當前仍有若干書刊，時有「何梅協定」字樣出現，令人不勝遺憾，本人深切期盼國史館、黨史會以及國防部史政編譯局注意糾正此說之誤。（見「近代中國」第二期第十一頁）

何雖否認有「何梅協定」，但於七月六日曾給日方一項通知，其全文如下：

逕啓者：六月九日酒井參謀長所提各事項，均承諾之，並自主的期其遂行，特此通知。

此致

梅津司令官閣下

何應欽

但何卻謂是項通知，既未由其簽字，亦未蓋章，故「何梅協定」，絕無其事。

八四　抗戰準備已過半程

二十五年九月間當黃郛在上海病危，蔣先生往視而告之：抗戰準備已過半程，再過一、二年可全就緒。此正是桂事解決之後。

八五　張國燾主張往新疆

據尹述賢言：張國燾在毛兒蓋開會時主張往新疆打通國際路線（張親告尹者）。（參閱第二輯第四八條）

八六　**部長就職一月，還未參謁國府主席**

國民政府新組織法頒佈後，林森當選為國府主席，第一任行政院長是孫科，不久就改組了。第二任行政院長是汪精衛。汪就職後一個多月，才有一位部長說：「我們就職已一個多月，還沒有正式去參謁林主席呢！」

八七　**那有委員長辭職的道理**

在江西剿共時期，一次財政部長宋子文上廬山晉見蔣氏。蔣說：「三個月內必可肅清共匪，你趕快再籌三個月的剿匪經費。」宋回答說：「我不知聽到委員長講過幾次三個月就可肅清共匪。」蔣說：「那麼，我不能負責任，只有辭職。」宋即回答說：「那有委員長辭職的道理，我辭職好了。」宋不敢再返寓，立即乘轎下山回滬，電請辭職。宋辭，孔祥熙繼任。（石道生，宋氏之連襟所述）（按民國十九年國慶閱兵典禮完畢，編者趨前向蔣說：「江西剿共成敗，不僅關係一省安危而關係整個民族生死，我今日不是以江西人身份講話。」蔣連說：「你放心，三、五月之內，江西共匪一定肅清，你放心。」）

八八　國、共第一次商談

二十四年周恩來經諶小岑關係與曾養甫接頭，非中央派養甫與彼接頭。曾養甫轉來周致果夫與立夫一函請求轉達當局願共禦外侮，當局乃派立夫、張沖與之接洽。周與潘（漢年）來滬寧在吾人保護之下，開始談判條件成四要點（即戰後中共公開發表者）在西安事變以前大致商妥。此於西安事變之轉危為安有助，蓋蘇聯明瞭我抗日已下決心，國共合作抗日，已具體化了，當時兩方所談者僅為原則，故有關細則如軍隊如何改編與改編為幾個團等等為後來之事。「由軍事方面與周談判者，其團數若干，弟記不清楚，似未以團數多寡之爭執而有破裂之事實。其所爭執最烈者為派政工人員問題。當時吾方與之接洽者似為張治中、康澤：周恩來致先兄與弟之函，陶希聖兄處有抄本。」（立夫致華仲麐函）

八九　各懷鬼胎未能發揮戰力

共軍初到陝西，曾一度竄往山西，中央命陳誠親往督剿，果將共軍逐出山西。中央又調陳誠他往，而由委員長下一手諭，以湯恩伯代之。但陳誠將此手諭藏匿不報，而另組參謀團以代之。各懷鬼胎，未能發揮戰力。據建蕃言：倘使當時中央命一大將親率三、四師軍隊進一步圍剿，則共軍必可消滅云云。

九〇　國、共開始談判

㈠

一九三六年春季在極度機密中，國、共重新建立關係，周恩來曾以中共代表身份駐於南京，向中央提出四項諾言。（見桂崇基原著，沈世平譯，「中國國民黨與中國共產黨」）

㈡

當西安事變前，周恩來已在南京與陳立夫商談國共有關事宜，並住於調查局之房屋。惟周恩來何時離開南京，返回陝北，則論者不一。

陳立夫在信中告訴編者說：「張沖陪周恩來由南京去西安，應在西安事變前十日左右，周過西安見張學良，即返寶安。」自以陳說為比較可靠，但周離京確實日期，陳猶未能查出。

有一點值得研討者，倘張沖陪周恩來返寶安確在西安事變前十日左右，則張沖於到達寶安後，即應迅即返京覆命，何以西安事變時為張學良所扣留，而與王新衡同囚一室？編者曾以此點問陳立夫，亦不能答。總之，周恩來何日離南京，至今猶為一謎。

九一　各懷心機

當共軍流徙西北直至盤據寶安為止，胡宗南部隊雖以十倍之眾而裝備尤屬精良，終未積極進剿，蓋政府之意欲以胡宗南所部在西北為安定之力量。乃調鄧寶珊、楊虎城、高桂滋諸雜牌部隊，其後更加派東北軍擔任圍剿之工作。以為彼輩雜牌部隊之軍餉既需由中央接濟，則在編制、經理、作戰各方面不得不受中央之支配。但此輩雜牌部隊亦各有其自己之打算，以致曠日持久終於釀成西安事變。其時中央軍高級將領如陳誠、蔣鼎文、陳繼承、陳調元等正雲集西安，或即商討以中央軍直接進剿之計劃。（蕭自誠語）

九二　東北軍剿共失敗之經過與原因

㈠

張學良在西北初與共軍接觸，即損失兩師之眾，其第一百一十師師長何立中、上校參謀長范某、少將團長楊德興及上校團長龔煥彩及一〇九師師長牛元峰暨三個團長皆在與共軍交戰中犧牲。

㈡

張學良本缺乏作戰經驗，東北軍又戰力不強，以之負剿共之重任，其必無功，不待智者而後知。然當時倘使中央能以在江西五次圍剿之經驗，詳予指示，並嚴令奉行，如先築公路、建碉堡，然後步步為營，逐漸縮小包圍圈，並實行經濟封鎖。則東北軍必不致輕率進軍，甫一交鋒即損失兩師一團之眾，使張學良對剿共信念，為之動搖，而有西安事變，其影響為何如？今日讀東北軍第五十三軍一一九師政訓主任張義舉所撰「西安事變前的東北軍」一文（載「春秋」，第二十四卷，第六期），除指出一、東北軍缺乏國家守法精神，驕奢淫佚，戰志不堅。二、情緒不穩，信心難堅外，並敘述東北軍失敗之經過甚為詳盡，似為前人所未言，特節錄如左：

東北軍的一百一十師和一百二十九師同日進駐延安城，因為周圍所散佈的都是劉子丹所指揮的土共民兵，既無裝備，又無訓練，所以都未遭到抵抗或騷擾。而一百一十師官兵在人民歡迎歌頌之餘，竟以「天下鐵軍所向無敵」自居，態度驕傲，紀律廢弛，滿街散兵遊勇，橫行無忌，令人望而生厭，王以哲在洛川得到延安解圍捷報，特地親來慰問，並指示進剿策略，態度也很從容。延安縣長及地方各界代表為歡迎王軍長及慰勞駐軍，特來就商，筆者因為地方民窮財盡，不能有任何負擔，主張免除一切招待及餽贈等形式，發起開軍民聯歡大會，會後軍民共同娛樂，藉以增加感情，促進團結。開會時，一百一十師師長何立中臥病在床，未能參加，由參謀長、團長等代表出席。他們不待王軍長許可，就相繼奮臂向前，大吹其本身如何堅強善戰，匪軍如何膽怯怕死，歷述在豫、鄂、皖邊區追剿經過情形；大言炎炎，旁若無人。一百二十九師本由五十三軍萬福麟部撥歸六十七軍指揮，師長周福成為人穩健寡言。他在會後對筆者說：「他們（指一百一十師官兵）這樣驕傲，怎能打仗呢？而且在軍長面前竟敢如此放肆，也太不應該了！」

王以哲在延安細心研究陝北地形，認為當地物資奇缺，交通困難，補給容易中斷，必須固守公路各據點，維持交通安全，使後方補給暢通。便決定一百一十師後撤，負責保護洛川到延安一段交通。一百二十九師一團留駐延安城內，另兩團分駐延安東北方的蟠龍鎮及西北方的安塞縣城，相機進剿。在這生活未慣地形未熟的時候，只可穩紮穩打，不能冒險前進，這是很正確的戰略，無可置疑。

一百一十師本來官驕兵惰，既奉令後撤，以為從此可以安心休息，得意非凡。出發前兩天，便到處拉伕，招搖過市，匪諜聞訊，紛紛來投。其時朱毛主力已竄到延安附近，埋伏公路兩側，該師出發途中毫無戒備，行至延安南方四五十里處大小嶗山一帶，地勢陡峭，匪軍居高臨下，集中火力，兩面夾攻，彈如雨下；整個部隊陷入絕境，無法施展，有如甕中之鼈，惟有束手待斃。除殿後的一團尚未深入，聞訊不敢前進，幸得保存之外，其餘所有官兵，上自師長，下至兵伕，非傷亡，即被俘；不到兩小時，就消滅殆盡。東北軍對共黨本質毫無認識，對匪軍游擊戰術也未能了解，再加有輕敵之心，從此每戰必敗；難怪匪軍竟大言不慚地說：「歡迎東北軍送武器來！」

王以哲在延安得到一百一十師慘敗消息，急得團團轉，終日躑躅街頭，一籌莫展。同時延安南北兩面交通斷絕，在此情形下，一百二十九師勢單力弱，只有按兵不動，困守孤城。此時不但無法按照計劃進軍，因為補給中斷，官兵生活也大感困難。筆者因為部隊不能追剿，除了組訓城內外民眾，並配合部隊探聽匪情，搜購食糧，暫維現狀。延安及附近地帶土瘠民貧，不但日用品一無所有，就是人民的主要食品小米，也非常缺乏，搜購維艱；不得已派隊四出尋找，所到之處，十室九空；且往往遭匪軍阻擊，竭全日之力，竟空手而回，艱苦情形，可以想見。

王以哲被困延安，洛川軍部無人主持，整個陝北軍事也失去重心。為時不久，繼一百一十師而受重創的又有駐鄜縣境內直羅鎮、張村驛一帶的一百〇九師（屬五十七軍），被由甘肅竄來的匪軍所包圍，鏖戰十多天，彈盡糧絕，自師長牛元峰而下，全部犧牲。同時駐洛川附近榆林鎮一百三十師（屬六十七軍）的一團也被圍攻殲滅，團長高福元被俘。（參閱第二輯第九九條）

㈢

張學良奉命西北剿匪副總司令兼代總司令，移師入陝，擔任剿共任務。初與共軍接觸，即損失兩師一團之多，其經過情形鮮為世人道及。茲據王鐵漢言：東北軍一百一十師於換防之際，在甘泉走入共軍陷阱，為共軍所吃掉，師長何立中陣亡。其時約為二十四年冬季，亦即東北軍開入陝西之初期。嗣於二十五年春，張學良又令其一〇九、一〇六、一一一參師由董英斌軍長指揮，與共軍戰於鄜縣附近地帶，其一〇九師又為共軍所殲滅，師長牛元峰陣亡。自損失兩師以後，張學良即對剿共意志根本搖動。而中央又堅決主張取消兩師番號，張請求撫卹陣亡師長十萬元亦不准，尤為氣憤。張學良曾對孔祥熙發牢騷：「我現在玩得十萬塊錢也不值了。」乃根本停止剿共軍事，而暗中與共軍往來。所謂「西線無戰事」真可為東北軍與共軍雙方陣地之寫照。張學良為公子哥兒型人物，不能遭受挫折，一遭挫折，便心灰意懶，其本身又缺乏作戰經驗，難逃挫敗的命運，今付與剿共之重責大任，其不勝負荷，明眼人早已知之。張學良於氣憤之餘，蓄意兵變，早在蔣五十大慶時即已萌芽，在洛陽祝壽前夕，張學良曾對閻錫山吐露心聲，蔣未察覺罷了。據軍統局人員透露關於張學良停止剿共軍事而暗中與共軍往來情形，已層報最高當局，未見迅速採取行動，不知何故。迨民國二十五年十二月蔣在西安召集高級將領商討剿共大計，則為時已經太晚了。一方面，張學良已經白白送給共軍兩師人馬，使其勢力大增。另一方面，張學良發動兵變，使全局起了很大變化。

九三　閻錫山不歡迎別的部隊入晉

據冷欣言：一日在戴笠家晤見張學良，談及剿共事。張言，曾請委員長調胡宗南部進入山西夾擊中共部隊。蔣說「你去電問問閻百川意見。」當時我（張自稱）尚以為委員長過慮。嗣我真直接去電閻百川，覆電以山西部隊足以抵擋共軍，果不出委員長所料云云。

九四　萬耀煌嘆為氣數

據萬雨霖或羅佩秋（已記不清）言：當共軍由江西竄逃至貴州安順間，適萬耀煌任此區追剿之責，曾數度電蔣謂共軍主力確在此間，應併力一鼓殲滅之。但蔣覆電則謂共軍主力係在雲南境內，應將兵力往該方移動。實則蔣係受龍雲虛報所騙，故萬耀煌至今猶嘆為氣數云。

九五　國軍何以未將流竄之共軍消滅

當中央大軍之在江西圍剿共軍，共軍從一缺口中突圍而出，迄共軍輾轉流徙而至陝北，僅存衣履不全，疲憊萬分之眾數千人而已。中央軍何以未曾乘此時機將其消滅，久久不得其解。迄與沈發藻談及此事，始知當年楊永泰曾建議當局不可將共軍殲滅淨盡，當採追擊之策略，共匪流竄至一省則中央軍便可藉機進駐該一省，如此輾轉推進，則統一不難收其全功。而當時各地方軍人則以保存實力為主，更不願窮追猛打，以損耗自己力量。陝西地方軍力係以楊虎城為主，雖加以東北軍，但均以保存實力為念，故有西安事變，而共軍得以坐大了。

九六　「軍隊打仗或不勝任，殺幾個學生游刃有餘」

據張志韓言：王用賓告渠，當北平政治分會初次成立時，張繼為主席，閻錫山等為委員，王用賓為秘書長。時北平學生鬧事，張繼甚表不滿，開會時大發牢騷，詢問軍事當局究否能夠維持秩序。時閻擔任警備司令，在座默不一言。待張繼言畢，始徐徐而言：「我耳患重聽，剛才主席所言，我未曾聽見，是否指學生鬧事？如要殺學生，請下命令，我可照辦。我們軍隊打仗或不勝任，但殺幾個學生猶游刃有餘。」言外之意，亦頗有份量。在座其他委員紛紛發言打圓場。閻錫山素稱老滑，善於應付，聽此一席話，即可見一斑云云。

九七　史達林反對西安事變之由來

西安事變發生，史達林即致電中共，指此舉徒為日本製造機會，應設法改為「聯蔣抗日」（參閱桂崇基英文原著，沈世平譯，「中國國民黨與中國共產黨」，第六章，第八五－八六頁）。此固由於史達林反應敏捷，然而促成之者，實為潘漢年的一個電報。據陳立夫在信中告訴我：「當西安事變發生，我即令潘漢年致電第三國際，不可對蔣不利，因蔣如被害，日軍可以不戰而佔領中國，於蘇俄殊不利也。」此一關鍵，外人知者甚少，不可不記。

九八　西安事變有利中共

據Snow記載共黨因西安事變得了很大的利益，擴充了約有五十個縣的地盤。史諾接著說，結果在原則上獲得了一般的協議，包括蔣氏的釋放。但是，這時「在下級激進的軍官中，就發生了嚴重的糾紛……他們聲稱，委員長須扣留至南京開始實行八條款時。」事實上，大多數的都堅持主張將蔣氏交付他們正籌備中的群眾大會，作「人民公審」…但是至此，共黨代表團卻發生了很大的作用，在他們和蔣氏會談後，他們已獲得了充分的保證（撇開從當時整個情勢顯然可推知的保證不談）。相信蔣氏獲釋後，將被迫停止內戰，大體上可以實行整個「聯合陣線」計劃。但是要想這樣做，必須保持蔣氏的地位，一定要保持著他原來的威望轉回南京才行。」（以上摘錄史諾所著 Red Star Over China）

九九　延安何時為共軍所佔

據國防部史政局編印之「剿匪戰史」（十二）：民國二十四年十月下旬，共軍僅在安定（瓦窯堡）、延川、延長、保安一帶，另一股則在郭家溝、鄭家川、馬家川、辛家溝一帶，延安為國軍駐守，其時毛部係以瓦窯堡為根據地。二十五年六月十四日延安尚在國軍手中。西安事變後，東北軍自延安撤出，中共中央各級機關遂於民國二十六年一月由保安遷入延安。

王鐵漢查核資料後斷言：二十五年十二月十五日至廿日之間，東北軍六十七軍王以哲部先頭部隊開始撤離延安，而於二十六年一月四日陸續到達西安，以路程計之，頗符合。以情勢言，西安事變前，王以哲軍不能，也不敢撤離延安。此說更有根據。

一〇〇　中共得到喘息機會

西安事變，使毛澤東得到喘息機會，而且經過西安事變的和平解決，中國共黨被承認為合法政黨，紅軍得到改編，力量得到保存。西安事變後中共中央委員會致電國民黨三中全會，提出如下的四項原則：⑴在全國範圍內，停止推翻國民政府之武裝暴動方針；⑵蘇維埃政府改名為中華民國特區政府，紅軍改名為國民革命軍，直接受南京中央政府與軍事委員會之指揮；⑶在特區內實施普選的民主制度；⑷停止沒收地主土地之政策，堅決執行抗日民族統一戰線之共同綱領。並於一九三七年九月二十二日，以中共中央名義，復發表了「共赴國難宣言」，向國民政府再提出四項諾言：⑴孫中山先生的三民主義為中國今日所必需，本黨願為徹底而奮鬥；⑵取消一切推翻國民黨政權的暴動政策及赤化運動，停止以暴動沒收地主土地的政策；⑶取消現在蘇維埃政府，實行民權政治，以期全國政權之統一；⑷取消紅軍名義及番號，改編為國民革命軍，受國民政府軍事委員會之統轄，並待命出動，擔當抗日前線之職責。

一〇一　西安事變後，中共提擴軍要求

西安事變後，蔣返京，「共產黨要求擁有三師八團，我主張二師五團，歧見不易獲致協議，就在這懸而不決的時候—翌年七月發生了蘆溝橋事件，這樣就不能再演內鬨了，而決定『停止內戰，一致對外』，共產黨的要求糊裡糊塗的通過。」（何應欽著日本訪問講演選集：山浦貫一：何應欽將軍會見記二三頁）。

一〇二　青年黨先得西安陰謀之消息

西安事變前夕，曾慕韓（琦）得其舊同志工作於張學良軍中的王君密函言，共黨有陰謀，將不利於蔣先生云。慕韓立命李璜赴洛陽晤蔣先生，阻其暫緩西安之行。李立刻兼程趕赴洛陽，時總司令部已束裝待發，……故西安事變後，曾、左、李乃特被邀赴奉化，與蔣先生作三日之長談，奠定了此後全面抗戰與頒佈憲法之新局。（民主潮十一卷九期十三頁）

一〇三　何應欽派人四出

西安事變既作，中央力主討伐，並派何應欽統領軍隊，何派劉航琛往說劉湘，勿與張學良沆瀣一氣。又另派人說宋哲元。閻錫山方面則由賈景德疏通之。此數人既均未發電響應張之行動，其他方面亦持觀望態度。張見事發已數日猶未獲響應，態度即告軟化。（何應欽親

告編者）

一〇四　節錄張學良懺悔（自省）錄

「五全大會後，良在京耳所聞、目所睹，使心情上感受重大刺激，今尚記憶者，略述如下：一、友朋之諷勸如沈鈞儒、王造時等之鼓勵；二、少壯同志責良不應同親日者輩同流合污；三、刺汪兇手孫鳳鳴之行為和言詞；四、黨內紛爭多為私，少為公；五、良認為中央負責之同志，不熱衷抗日，而且反有內心為親日者，而良個人認為賢哲者或在外工作，或無權位；六、汪兆銘之一面抵抗，一面交涉，良認為非是對外，而是對內。

陝北剿匪失利，良立返陝。先，一百一十師曾遭覆滅，師長何立中陣亡。一〇九師又覆滅，師長牛元峰拒降而死。此兩師長為東北軍之佼佼者，……兩次慘敗，使良心中倍增痛苦，更加深良所素認為因內戰而犧牲優秀將才之可惜，並對共匪戰鬥力不予輕視，遂觸動用『和平』辦法，解決共匪之念生焉。

當是時也，共產黨之停內戰，共同抗日，高唱入雲，實攻我心，不只對良個人，並已動搖大部分東北將士，至少深入少壯者之心。當進剿再見不能成功，良覺一己主張，自問失敗，徵詢眾人意見，遂有聯絡共產黨同楊虎城合作，停止剿匪，保存實力，共同抗日種種獻策。……遂想到李杜往事，派人到滬向李杜徵詢。李派一代表來，名劉鼎者，自稱曾參加共黨，被捕經保釋放，彼可向滬方共黨負責者接洽……由彼介紹，共黨表示，願同良個人一談，但不敢來西安。良到滬，在滬西郊外，某西餐館會見一人（彼未露姓名，據劉言，彼似為潘漢年），談判未得要領，因當時良以招撫態度，而該人言詞含混，未有結果。……

王以哲來電言，共匪派來負責代表一人，到彼軍部，請良親為接見……遂飛洛川，會見該人，彼自稱為李克農，談判之下，所提之要求，與後來共黨所提之條件大致相似，良答復如彼等真誠，可以容納轉陳。……

某夜在延安天主堂，同周恩來會面，約談二三小時，良告彼中央已實施抗日準備，蔣公宵旰為國。雙方辯論多時，周詢及廣田三原則，良答以蔣公決不會應允，周承認蔣公忠誠為國，要抗日必須擁護蔣公領導之，但左右如何乎？又力言彼等亦蔣公舊屬，如中央既決心抗日，為什麼非消滅日人最恨，而抗日最熱誠之共產黨不止。在抗日綱領下，共黨決心與國民黨恢復舊日關係，重受蔣公領導。進而討論具體條件大致如下：

一、共黨武裝部隊，接受點編集訓，準備抗日。

二、擔保不欺騙，不繳械。

三、江西、海南、大別山等地共黨武裝同樣受點編。

四、取消紅軍名稱，同國軍待遇一律。
五、共黨不能在軍中再事工作。
六、共黨停止一切鬥爭。
七、赦放共產黨人，除反對政府、攻擊領袖外，准自由活動。
八、准非軍人黨員居住陝北。
九、待抗戰勝利後，共黨武裝，一如國軍，復員遣散。
十、抗戰勝利後，准共黨為一合法政黨，如英美各民主國然等等。

良由洛返陝答復共黨，一時無法向蔣公請求實行停戰計劃，遂乃共相約商，局部暫停，仍由良擔負向蔣公從容陳情。共黨曾派葉劍英來見，並攜有雙方停戰計劃和毛澤東之約書。願在抗日前提下共同合作，軍隊則聽受指揮。良要求彼等須暫向北撤退，以期隔離，給予時間，容余醞釀。彼等認為河套地瘠天冷，需棉衣和補給，良曾以巨額私款贈之。共匪遂撤出瓦窯舖，向三邊北行。該時共黨在西安設有代表處，鄧發已到過西安。救國會學聯會皆有代表，上海日人紗廠之罷工，良亦曾以私款接濟，彼時陰沉空氣已籠罩西安矣。

惡緣種種，不啻火上加油：甲、有關刺激軍隊者：一、請求撫卹、補充，皆無結果；二、援綏之軍，未派有東北軍；乙、有關良個人者：一、陝人續某在總理陵前自殺未遂，良至中央醫院慰問，彼之談說；二、雙十節政府授勳，有馮玉祥而無良：認為中央有輕視和鼓勵不正行動之意；三、對日方案序列中有馮玉祥、唐生智而無良，把良置於後方，為預備隊隊長，此事痛傷良之心，忿怒不已。

良對中央數同志懷有不滿，因之更加忿憤，如果必須實現良之幻想，即：一、促請蔣公登用良心目中所謂之賢哲；二、容納共黨……三、停止內戰，團結作抗日工作，以免把有為青年優秀自相犧牲。自認此念純潔，遂立下決心，甘願犧牲一切，不達目的不止。但當時，尚無存劫持之意，不過屢想強顏幾諫，不顧一切，能使動容，得其志而已。

方當一百一十師失利之後，重擬圍剿計劃中，授楊虎城擔任宜川方面進剿任務，彼對良陳述，無錢又無補給，稱剿匪為『無期徒刑』等等牢騷話語，並言以中央軍之數量，東北軍之精銳，皆未能消除共匪，區區如彼之軍隊能何為乎？良雖以好言相慰，但亦表示愛莫能助之意，然勉為籌撥十萬元接濟之。再當一〇九師之敗，良亦曾向彼表露倦於剿匪之心情……關於停止剿匪，團結抗日，楊深表同情，……迨至良經洛陽返來，心情十分懊喪，對楊談及，蔣公難以容納余等之意見。該時良對蔣公發有怨言，並問計於楊，彼有何良策，可以停止內戰，敦促蔣公領導實行抗日之目的。楊反問良是否真有抗日決心，良矢志以對，楊遂言待蔣公來西安，余等可行挾天子以令諸侯之故事。良聞之愕然，沉默未語，彼露有懼色。良即撫慰之曰：『余非賣友求榮之輩，請勿擔心，不過汝之策，在余有不能者。』彼遂譏良『乃情感作用，以私忘公。』良答以『容余思考商討，請其放心，余絕不向任何人道及彼之意見也。』蔣公由洛陽來西安時，出必相隨，實恐他人生變，殊不知他日作孽者乃良自身也。

當蔣公在華清池同良兩次談話之後，良心情上十分衝動，尤以十二月九日夜為甚。更有者，蔣公數次召集將領會議，皆無良同虎城列席，致使良同楊虎城發生疑懼，而良則有甚於疑懼者，是思蔣公對良不加信任，已不重視矣。因之同楊虎城計議，遂決行強諫劫持之謀。而此時對於共黨方面並未徵詢商議……事變後約周恩來之來，主要原因，是良自覺良部及楊部之無能，以及南京方面之作法，希周來共同計劃。……共黨之決議是擁護蔣公領導抗日，同東北軍、西北軍絕對合作，誓守延安會見之諾言。萬一和平絕望，共黨決不抽手，利害與共，武裝部隊聽受指揮。周等遂即參加已成立之委員會。當時西安所謂『三位一體』之東北軍、西北軍和共黨也。討論當時情況，決議堅決實現八項要求，勿再使變動擴大，早日和平解決。所求得遂，擁護蔣公回京。同時調動共黨軍隊，集中耀縣、三原以備萬一。

就是到最後，因蔣公離陝問題，良同楊虎城發生歧見，亦為此點。良責楊，我等最初動機是不顧一切，請求蔣公抗日，我等既已看過蔣公之日記，確知蔣公有抗日之決心，並已應允准我等把其他意見提出中央會議討論，我等目的已達，不應畏首畏尾患失怕死，既然如此，你又何必當初乎。在此事爭論上，良言語急躁，幾乎同楊決裂，乃係由周恩來在座解圍，勸良稍加休息，容他會議商討商討，被周將楊說服。」節錄「西安事變懺悔錄」摘要，張學良著，載「希望」雜誌第一期（洛川係在延安南邊一個小縣）。此文大約於民國四十四、五年石牌軍事訓練機關散發各學員檢討，故為「希望」雜誌五十三年六月所轉載。

一〇五　穿煤炭襪

李肖庭言：虎城之父本為鄉間一無賴漢，不得安居乃上山為匪。虎城幼小曾略讀書，迄父死乃率其眾，于右任主靖國軍，乃招撫之。嗣又歸馮玉祥部，是時楊已擴充至二、三萬人，而馮所發月餉僅二、三萬元，盡吃稀飯尚嫌不足。一次中央派員視察其部隊，楊以士兵衣履不全殊不雅觀，乃掘一淺坑，以煤炭灰置其中和以水，並會各士兵涉足而過，足盡黑，遠視如穿黑襪然。其後馮軍與中央軍戰，楊部乃襲其後，大敗之，馮部前鋒軍心動搖，楊實有功。

一〇六　邵力子暗示張學良與中共聯繫

王鐵漢言：張沖赴共區必須經過張之防區，張沖並進見張學良，約略告以此行之任務。學良當然受到鼓舞，尤其重要者為邵力子之暗示學良與中共聯繫。此說余初疑信參半。嗣讀郭德權所著：「二次世界大戰任駐俄武官之回憶」一文，內中敘述在小組會議上，邵力子大使常說：「我們不應該把蘇聯的情形，報告國內得知。」甚至說：「蘇聯的蒼蠅是衛生的。」則不能不令我們全信了。

一〇七　楊虎城感受威脅

萬建蕃得自與西北軍極有關係者之口述如下：孫蔚如為測量學校畢業生，賦閑甚久，乃以販賣鴉片為生。時楊虎城被其他軍隊重重包圍，而煙癮甚大，無法購買鴉片。孫蔚如乃間道入圍，藉一連長之介紹而識楊虎城。虎城既得鴉片，愉快逾常，談話間蔚如出一地圖，指出突圍之路徑，果成功。虎城本不識知無，見蔚如藉一片紙即料事如神，大加佩服，遂任蔚如為參謀長。一、二年後蔚如請調帶兵並介紹其友人接其事，此為孫蔚如帶兵之始。蔚如係測繪學校出身，較其他西北軍官之智識當稍高一籌。故不旋踵，即任重要軍職，駐紮甘肅。大抵在二十四、五年間，楊虎城保薦孫蔚如任甘肅省主席，未蒙批准，而發表邵力子為甘肅主席。未幾楊虎城又保薦孫蔚如為陝西省主席，而蔣又以邵力子調任陝西，甘肅主席則另派他人。虎城為此，乃專誠晉京謁蔣，詎蔣忽而廣州，忽而杭州。迨虎城趕至杭州，蔣則返京了。虎城乃返京請見。當日蔣約六、七人便飯，虎城亦在座，席間蔣問你們有什麼事麼？楊在此種場合，當然未便表示意見，遂怏然而返。東北軍調駐西北後，楊虎城大覺威脅，即西安省城亦由西北軍與東北軍分區防守。西安事變楊虎城乃首先主張劫持蔣委員長。當日下午虎城往見張學良謂火車已升火待發，蔣即將離去，對於西北問題並未具體解決。學良大驚，往見蔣陳述幾點主張，為蔣訓斥。蔣被劫持後初被安頓於虎城司令部，迄張學良覺悟，乃以蔣所居房間太小太冷，不適宜老人居住，旋即遷居於張之司令部。二十五日張忽以電話邀虎城往見，至則告以決送蔣返京，不由分說，即與虎城登車，而蔣坐於中間。抵飛機場，蔣略致數語，即登機由張學良伴送返京。（蔣離西安，坐於楊虎城與張學良中間之說，恐不可靠，其時蔣夫人已到西安，當然與蔣同時離開，則她又坐於何處呢？豈蔣與其夫人同坐於中間，抑楊虎城坐於前座耶？）

一〇八　張學良之豪語

西安事變錢大鈞遷居何柱國家。某日柱國告錢，戴笠來西安。又一日告錢，宋子文至。又一日，謂蔣鼎文飛南京。至二十四日，又謂蔣夫人至，其內幕如何皆非所知。二十五日下午四時，委員長飛洛陽，張學良隨往。張自言：「吾敢賭頭顱以劫持委員長，亦敢賭頭顱伴送委員長回京。」

當事變發生時，西京招待所同時被俘者邵力子外有陳調元、蔣方震、蔣作賓、蔣鼎文、陳誠、朱紹良、衛立煌、陳繼承、萬耀煌諸人，獨邵元沖越窗時中彈死（錢大鈞亦被俘）。

一〇九　中國人不打中國人

據洪軌言，胡宗南部之在西北，似曾追擊共軍，但以糧食不繼，餓死者甚多，其未餓死者亦在半饑餓狀態中。自瓦窯堡一役，胡軍損失二團至一旅之眾，更不暇猛追了，而共軍初到西北，對于胡部亦避之唯恐不及，並四處張貼標語：「中國人不打中國人」，以圖動搖國軍軍心，後來與劉子丹、高岡合夥，人數增多，胡部便無力消滅之了。

一一〇　楊虎城之妻

楊虎城之妻名謝葆真，據高越天（曾任職西安民國日報）言，係西安女師學生，思想左傾，恐非共黨云。

一一一　張學良復仇心理

共黨利用張學良之復仇心理，百般挑撥，張受其愚。楊虎城（陝西綏靖主任）部駐西安，其左右多共產黨人，楊妻謝葆真隸共黨。張、楊與共黨乃互為勾結，陰謀聯合全國力量，以發動抗日戰爭相號召，進而傾覆中央，別組政府。至是更欲挾持領袖以令天下，遂乘在陝之機會，於十二月十二日發動西安事變。彼等初擬于九日發動，以委員長方召集會議，中央將領將聯袂蒞陝，為一網成擒計，故延緩至十二日云。

時陳誠、蔣鼎文、衛立煌諸將領皆奉召共商西北剿匪軍事，其部隊亦將陸續開陝。是日（十二）天方曙，張命劉多荃、白鳳翔率其騎兵來臨潼，劫持蔣委員長。楊部則負責封鎖西安。上午八、九時間，逆軍節節進逼，憲兵已潰，衛士人少，非死傷即被俘。……於是逆軍乃成立抗日臨時軍事委員會，發表通電有所主張，徵各方響應。

一一二　共黨早潛伏楊虎城部隊

據李肖庭言劉子丹、高岡二土匪係在陝北活動，毛到陝北後始與合夥。又言楊虎城之妻係一初中程度之女生，並無智識，對于共黨理論更茫然無知，本在楊部軍中工作。共黨在楊軍本已早有潛伏，楊妻任宣傳員，共黨誘其加入云。

一一三　陳立夫並未去俄

據程天放言，立夫於一九三五年去歐洲，原欲赴俄與史達林談判中俄軍事同盟以抗日，居間有我駐俄武官鄧文儀與俄駐華大使包君，但因史達林畏日如虎，不願與華同盟以開罪日本，故立夫亦未去俄，僅在歐洲盤桓一次而已。

一一四　東北軍損失

當東北軍剿共時期，東北軍共有步兵十八個師、騎兵三個師、砲兵三個旅。與共軍戰，損失兩師，其一師係於調防途中，遭共腰擊，另一師則因事先未偵查匪情，開入共軍陷阱中。（參閱王鐵漢訪問紀錄，第一四二－一四三頁）

一一五　請求補充未理

張學良至陝西，初確欲積極剿共，但一經接觸便損失綦重，於是共黨乃乘間挑撥，謂屢經請求補充，中央均予不理，實欲藉剿共以消滅東北軍。張學良初與共軍接觸即損失兩師之多，親到京請求補充，不但未允，且其兩師番號亦被取消，再為殉職師長請求撫卹金十萬元，亦未准，於是張乃慨嘆而說：「現在混得連十萬元也不值了。」

一一六　西北剿共之實情

據龔浩言：共軍之所謂二萬五千里長征，胡宗南部曾與之戰於松潘，雙方損失皆重。嗣後胡部駐於交通要點平涼一帶，而共軍則採取捷徑進發陝北，雙方即未發生遭遇戰。外間傳言在西安事變前胡部曾進剿共軍遭受損失，此或為胡所直接指揮之雜牌部隊，決非胡之直屬部隊。當毛澤東與張國燾會合時，張主進駐新疆，而毛則主張向陝北進發，蓋在陝北有劉子丹、高岡等可以與之合股，且陝北地勢亦易守難攻。嗣後中央調東北軍擔任剿共重責，首次與共軍交綏，即損失萬餘人。毛澤東即以此萬餘人作資本，終於演成燎原之勢。

一一七　共軍在陝北坐大之原因

據龔浩言當年共軍經五次圍剿，狼奔豕突，流徙數千里，輾轉十餘省，最後竟能以數千疲憊之眾，盤踞陝北，日益坐大者，在軍事上言有三大原因：(1)當時地方軍隊皆有保存實力之打算，縱虎歸山，以鄰為壑。(2)陝北地勢易守難攻，加以土共劉子丹、高岡等亦嘯聚數千之眾，實力頗為不弱。(3)以東北軍任圍剿之責，迭遭敗績，損失軍器無算，致令共軍如虎添翼。

一一八　西安事變之原因

㈠

王鐵漢言西安事變原因有三：1蔣孝先侍衛長氣燄逼人，張學良有時亦受不了。2齊世英之父原在張作霖部下郭松齡部任營長（後升旅長），世英本人亦在郭部任秘書。後來郭松齡部叛變，世英父子隨軍逃亡。世英逃至南京，由劉不同介紹加入國民黨而列果夫、立夫之門牆。自後關於東北黨政方面人物之接洽與事務之安排，多由世英經手，而世英反張者也。所以在其旗幟下，隱成一股反張之暗流。張學良曾與立夫暢談數日，主要之點，即中央倘相信我，即不應另行組織東北人反對我。學良亦將此意婉陳於蔣，然而情形未能改變，所以激起了一股怨氣。後來在台，中央因故開除齊世英之黨籍，蔣曾告張道藩曰：世英實為激起西安事變之一人。3東北軍損失兩師，未予補充。積此數因，故學良久存叛變之心。當蔣五十壽辰，閻錫山、張學良等親赴洛陽祝賀。是時學良即向閻錫山稍吐露對蔣不滿之意，閻即言蔣在政治上地位無法推翻，在軍事上我將與爭領導。所以西安事變後，學良以為閻必通電響應，而閻電報有一警句：「何以善其後」，意蓋另有所指。此為賈景德、徐永昌所言者，當不虛。

㈡

據王鐵漢言東北事誤於齊世英者實多。第一齊之反對張學良全由私怨，緣其父齊鵬大曾與郭松齡同學陸軍速成學校，以是齊得在郭部任職，初任營長，未幾，即連升兩級而任旅長。郭之失敗亦與此不無關係。東北軍認郭仍逃不出小圈圈，決難成大事，故不附從。郭敗，齊鵬大逃亡，其子世英亦在郭部任秘書，乃偕二三人同時逃入日本領事館，其領事即吉田茂，予以庇護。作霖欲派軍搜查該館，左右勸止之。吉田茂乃設法掩護世英等赴日本。其父鵬大乃逃往關內，未幾去世。於是世英乃銜恨學良。後世英由劉不同介紹投入立夫之門，派其主持東北黨務。世英乃把持一切，非投其門下，不得入國民黨，以是許多青年乃轉而加入共黨。其入國民黨者，以世英故，亦與學良立於敵對地位。故學良亦深不滿。學良與立夫在漢口會談，亦即此點，謂說相信我，則不必培植他人以反對我。西安事變後，學良入京，何應欽問張，何以如此衝動，學良除以其自傳中所列幾點答復外，亦涉及世英。何乃召世英往見，告以西安事變，你應負百分之二十責任。世英在台因立法院事被開除黨籍，蔣召張道藩，告以世英主持東北黨務，從未報銷，以及西安事變，世英亦應負很大責任。（陳立夫否認曾與張學良在漢口談過有關東北黨務事。）

㈢

張學良曾寫自傳，其中有一段敘述為何發生與共黨勾結之思想，他說：于學忠與我係敵對人物，我把他打敗後，收為己用，其忠實程度，不亞於任何人。宋哲元、韓復榘亦如是，後來韓復榘聽從中央的話則不如聽從他的地方為多。他想對於共黨亦可用同一方法，收為己用。

㈣

據王鐵漢言張學良所謂不滿意中央負責要員之尚有內心為親日者係指何應欽、張群二人而言。塘沽協定原文曾由一人名朱式勤者全部送與學良（朱係日本士官畢業，先在學良部下任中下級軍官，以其嫻習日語，且為浙江人，遂轉任何之幕僚）。至於張群則因武漢警備司令葉篷與之不睦，又曾將其與日接洽資料供給學良。當張群任外交部長時，曾遭人槍擊，兇犯供稱係葉篷所指使。後來蔣召葉篷到京面詢，葉篷答稱張某為漢奸。蔣言那有政府外交部長為漢奸之理云云。至對其他人不滿者則有陳立夫，其原因載前。

一一九　西安事變前之佈置

據王鐵漢言：西安事變前夕，學良已決定派師長白鳳翔率兵擔任華清池警戒並劫持委員長。白以不認識蔣，恐萬一劫錯了人鬧出笑話。學良謂此事易辦。翌日學良向蔣佯稱擬派白某赴綏遠一帶擔任游擊。蔣連稱「好，好。」學良乃言決令其前來聆訓，請示接見日期。蔣又答：「明天」，於是白乃得面見。可見西安事變為一蓄謀之計劃。民國三十六年九月蔣約見王鐵漢，曾指出白鳳翔「面相」事，可見其事後來已為蔣所知了。

一二〇 馮欽哉擁護中央

西安事變後，楊虎城命馮欽哉部由大荔渡過渭河，扼守潼關，以阻止中央西進的部隊。但馮欽哉開到潼關，便宣佈擁護中央，使潼關至西安的門戶洞開。

一二一 張學良為西安事變之主動

據李肖庭言：當西安事變發生後，朱培德時任辦公廳主任兼參謀總長，派其（肖庭）赴西安見楊虎城、趙壽山。立夫亦託其帶一信與虎城。肖庭輾轉至三原，得見趙壽山，詷楊虎城亦自西安來，未深談即返。趙壽山實可代表虎城意見。據壽山言：蔣在張學良處決無生還之望，今後國事將由各方領導人物共同商討決定，此為楊虎城輩之構想。西安事變後，曾有人主張虎城寫悔過書，虎城不肯。出國時曾面謁蔣請訓，蔣表示出國之後好好考察，回來仍將予以帶兵之任，返國後再去請示云云。李又言：西安事變時張部之駐於西安者有二萬餘人，楊部僅二千餘人，所以一切均以張為主動云。

一二二　西安事變一插曲

當西安事變前一日，張學良即密電駐洛陽之東北軍砲兵旅旅長黃大定，令其在洛陽起事。該旅長比即攜電遄赴第一軍官分校，據告祝紹周主任。祝本來不知張楊叛變，而佯為已知，詢問黃旅長動態若何？黃回答說：「我若服從張電，則不攜電前來報告了。」祝說：「我正調度對付貴旅，兄既如此，難能可貴，不過望兄將貴旅十二門之大砲門，悉數繳來敝校，庶免彼此猜忌。」黃即如言照辦。在此緊要關頭，西安電報已不通，祝乃即以電話將張楊即將叛變，分別告知開封劉主任峙，獻計速派專車，載黃崧甫一軍佔領潼關。幸三方面同意即刻採取行動。先是楊虎城於叛變之前，亦令馮欽哉部奪取潼關，乃為黃軍捷足先登。馮既向隅，遂即見機轉舵，聲言不贊成張楊異圖。假使馮欽哉先黃而佔潼關，則西安事變恐非短期可以解決。此事經過外間知者甚少，係祝紹周親告胡競先者。

一二三　西安事變後種種

據萬建蕃言：西安事變，高級將領均囚禁於招待所，毫無動靜，惟不得來往交談，各寢室均有衛兵守候。一人獨居一室，惟陳繼承夫婦共居一室。蔣鼎文心想此不是辦法，高級指揮官既均被囚禁，則中央軍無人指揮，倘向西安進攻萬一失算，則對士氣民心均將受很大影響。故託詞有衣服託陳繼承太太修補，親持一件衣服往陳室走去，密交一紙條於陳太太手中。紙條指明兩事：一、陳繼承設法通知其部隊勿向西安方面移動。二、應設法打開此種被動局面，可由陳調元採取主動，以探聽張學良真正意向。以上兩點陳繼承均已做到。陳調元乃親書一信與鮑文樾。陳、鮑均係陸大同學，故鮑翌日即往晤陳調元。陳詢鮑說：「此事好似兒戲，但兒戲非了局，終須設法解決」云云。翌日張學良親赴招待所各室向被囚各將領一一作揖。請求包涵。由蔣鼎文出與張學良交談。學良表示兩點：一、須抗日。二、須改組政府為聯合政府。鼎文表示：不問抗日也好，組織聯合政府也好，必須有人領導。何人可來領導呢?學良答：宋子文適當。於是學良請鼎文赴南京一行，代為表達此種意見。臨行前，學良舉三事以告：一、起飛後可以俯首看看西安究否懸鐮刀旗（外傳西安已共黨化了）。二、請鼎文到南京後，親去慰問張默君。第三點則不記憶了。鼎文到洛陽，以電話向蔣夫人報告一切，並詢問宋子文現在何處，蔣夫人答，他在上海。鼎文請轉告宋子文即來南京。鼎文晤子文後，乃告學良意旨。宋子文初不敢去西安，今聆鼎文所言，乃決計偕蔣夫人、蔣鼎文、戴笠飛赴西安。此係蔣鼎文親告萬建蕃者。（張學良以宋子文可以領導聯合政府，以其曾以數千萬美金託子文做生意，而且同是在上海玩女人的朋友。如此結合豈能成事？）

一二四　張學良為蔣策萬全

西安事變時，張學良駐於西安之兵力，數倍於楊虎城，故以張為主體。蔣離西安時，張恐楊虎城中途變卦，為策萬全，乃派重兵沿途佈崗，並親自送蔣赴機場，最後更陪同返京。

西安事變，周恩來忽出現並來見蔣，蔣甚表驚恐，以為周此來必係主持公審。但周恩來表示最重要的兩點：㈠停止內戰，亦即停止剿共，㈡組織聯合政府，倘日本再進一步侵佔中國，則政府必起而抵抗。蔣對兩點均可同意。周恩來亦未要求蔣簽字。蓋欲保持蔣之尊嚴，俾能領導全國以抵抗日本。但由當時在場之宋美齡、宋子文保證執行。

西安事變既起，蔣被執，自忖必被殺害，故態度頗強硬，迄聞蔣鼎文赴京，始知尚有生還的可能，態度乃又趨於軟化了。

一二五　東北軍少壯派想活捉何柱國

何柱國曾與萬建蕃同住河南數月，無話不談。據何言西安事變後，張學良赴京，何柱國因事往見楊虎城，同別客坐客廳中。適東北軍少壯派擁入楊宅云將捉何柱國。楊出面云：「你們在外面如何我不管，但在我住宅，則不得胡來。」據建蕃解釋，由此可見東北軍少壯派之騷動，實受楊虎城之指使，希望東北軍因而瓦解，則楊可接收云云。何柱國非常機警，一聽楊虎城之言，內中必有文章，故坐著不動，並宿於楊宅，直至少壯派平定之後，始敢出楊宅。至於蔣離西安前，曾召張、楊訓話，萬詢有無其事，何言未曾問過張學良，不得確知。召見訓話，恐不可能，是否如報章所載，則更不得而知云云。

何柱國為東北軍方面最早見毛澤東之人，尚在王以哲與中共往來之前。

一二六　周恩來個人希望

據王鐵漢言：西安事變解決，周恩來斡旋其間，不為無功。希望得行政院長，或某一部長，終未如願，所得僅政治部副部長，上有陳誠為部長，下有張厲生為秘書長，當然不滿意。

一二七　桂永清警告張學良電

桂永清得悉西安事變，首先請纓，並主張以武力脅迫張楊以確保蔣之安全。他奉派擔任第五路軍第一縱隊指揮官，星夜率領所部直撲潼關。並致張學良一電：「……萬一委員長的安全發生問題，國本動搖，全民震怒，上至九重天，下至十八層地獄，將軍將無所逃於叛逆之罪。……」

一二八　梁漱溟擁蔣

民國二十五年十二月十二日，發生了「西安事變」。山東主席兼第三路軍總指揮韓復榘，遲至二十一日發出通電，態度曖昧。梁漱溟時在山東辦鄉村教育，為此事亦致電張學良，開頭語：「西安張漢卿先生鑒：聯合抗敵未始不邀國人同情，然捨蔣公外，誰能御統帥之責者？……」

一二九　各方對西安事變之反應

西安事變，各方反應不一，而為國人所注目者為南方之李濟琛、李宗仁、白崇禧，在北方之閻錫山、宋哲元、韓復榘，在四川之劉湘等人之態度。孔祥熙、何應欽二人曾派人分赴各地敦促反對張楊之舉動，至少亦暫不表示態度。茲摘錄以上諸人通電如左：

閻錫山致張學良電，其中警句有「何以善其後」之言，其意何指，曾為文記之，不贅。至於宋哲元、韓復榘方面，孔祥熙均曾派人分赴冀、魯，堅其意志，乃遲至十二月二十三日，距西安事變結束前二日，宋哲元、韓復榘忽聯名發表漾電，提出三項原則：「第一，如何維持國家命脈？第二，如何避免人民塗炭？第三，如何保護領袖安全？……由中央召集在職人員，在野名流，妥商辦法，合謀萬全無遺之策。」據外交部情報司接獲天津「鐵」密電，則謂宋韓漾電「其作用本為應付外交，本為騎牆觀望。」

孔、何又派劉航琛赴蓉，說劉湘，所以劉湘發表皓電：「庸之兄電、墨三兄函電均悉。迫密。頃遵囑致漢卿一電，文曰：……㈠內戰必致亡國，無待贅言，必須避免軍事接觸，速求政治解決，庶能保全國家命脈於萬一。常對中央諸公及各省軍政同人，亦責此義。羈留介公，無論出於任何愛國舉動，對於國際國內之印象過劣，即對於國家前途之危險太大。……務請立即恢復介公自由。國家民族安危，在吾人一念之轉移。吾人為國，一切均可犧牲，更無固執成見之理，如兄在政治上有所主張，弟當居間進言，以求解決。……」

至於桂省之李宗仁、白崇禧、黃旭初亦發表致孔祥熙寒電如下「元電奉悉。委座年來奔走各方，席不暇煖，公忠體國，久為世人所共知。漢卿痛心鄉邦，一時激於情感，發生軌外行動，使委座蒙難西安，全國震驚，弟尤痛惜。承示中央對內對外業已決定整個辦法，決不因一時事變，稍涉張皇，老成謀國，敬佩無已。……」

西安事變，李濟琛正蟄居蒼梧，發表刪電，主張號召全國，集合力量，一致對外，迄聞中央討伐張楊，復發表巧電，指討伐為報復，徒為箕豆之煎，主張收回成命。

蔣氏返京得，楊虎城歌日通電全國，茲摘錄原文於後：

「……當蔣委員長在陝時，虎城等追隨張副司令之後，以文電所舉八項抗日救國主張，反復陳情，業蒙虛懷採聽，允於返京後分別實行。……爰於蔣委員長面允所請之後，曾令中央軍隊向東撤出潼關，而離陝以前，更有我在，決不任再起內戰之語……中央軍隊，匪惟未遵令東還，而反大量西進……是殆欲以武力造急性之內戰，而以封鎖作慢性之脅迫……」

以上數則錄孔祥熙編，「蒙難回憶錄」，一〇四—一二六頁。

西安事變發生之初，國內分為兩派主張，一主下令討伐，一主從容商討解決辦法，以避免內戰為首要。劉湘、宋哲元、韓復榘、李宗仁、白崇禧等均主張後說。李濟琛明白表示反對討伐，更無論了。在中央方面，亦分兩派主張；一為蔣夫人恐兵戎相見，必危及蔣之安全，故極力反對下令討伐，希望用政治方式解決。一為戴傳賢在中央會議席上痛哭流涕，甚至下跪磕頭，為維護國家綱紀，必須速即下令討伐。結果兩方主張同時採用，蔣氏遂得安全返京。

西安事變發生於十二日，中央接到報告，即於當晚十一時，召集中央常務委員會臨時會議，及中央政治委員會會議，討論處置辦法。兩會通過決議案如下：㈠決議一、行政院由孔副院長負責。二、軍事委員會改為五人至七人，加推何應欽、程潛、李烈鈞、朱培德、陳紹寬為常務委員。三、軍事委員會會議由馮副委員長及常務委員負責。四、關於指揮調動軍隊歸軍事委員會常務委員軍政部長何應欽負責。㈡決議張學良應先褫奪本兼各職，交軍事委員會嚴辦，所部軍隊歸軍事委員會直接指揮。

以上各決議案用意，當然在討伐張學良，而將政治責任放在孔祥熙身上；軍事責任放在何應欽身上。馮玉祥雖為軍事委員會副委員長，但不能指揮軍隊，縱有異圖，亦無法進行。政府為防萬一起見，並派人監視其行動。

一三〇　西安事變期間，韓、宋欲消滅閻錫山

王鐵漢言：西安事變發生後，韓復榘、宋哲元本計劃聯合出兵山西，消滅閻錫山。事變迅速平息，始使韓、宋未即採取行動。我問鐵漢此說是否可靠，據言係東北與韓、宋方面高級負責人士所告。

一三一　「那裡像革命」

據西安事變時任西安交通銀行經理王君言：當事變時，其地中央銀行、交通銀行被軍隊洗劫一空，現金、鈔票均被搬去，中央銀行出納及會計兩主任且被扣押。周恩來抵西安後，

西安國家銀行聯合公讌之。當周吃了幾杯黃酒後，王君即起立發言，報告銀行被劫情形。周聽後拍桌大罵，謂這那裡像革命，簡直是強盜。翌晨，楊虎城特務團長即來見王，謂金銀鈔票均為其部隊搬去，即將送還，請勿報告主任。未久，中央銀行出納及會計兩主任又來向王叩謝救命之恩。

一三二　共軍何時進佔延安

關於毛共何時由保安進至延安，有各種不同的說法，編者曾指出延安係於西安事變後為共黨所佔，前已記之。玆據「蔣總統秘錄」所述，與編者所言，不謀而合，特錄之如左：

在事變（西安事變）發生之初，共產黨只不過盤踞在延安東方約七十公里的保安等四個山區小縣；但當張學良的東北軍為戒備政府軍的進攻而調動南下之後，共產黨便踵接其後一舉而將控制區域擴大了四倍之多，並且包括陝北重鎮延安在內。毛澤東等人自從事變之中的十二月二十日左右推進到延安以來，直至中日戰爭時期乃至戰後，延安一直成為他們策謀顛覆國民政府的根據地。（參閱第二輯第一〇〇條）

一三三　共軍何時進佔延安又一說

據毛秉文（當時擔任進剿部隊之重要軍官）言：二十四年十一月以前共軍並未曾進佔延安，僅在延安以北之地帶流竄，自二十五年春季，共軍始進駐延安。據毛秉文言無論外間傳說或記載如何，他的話是可靠的，因為他是在前線負責的一個人。毛秉文所說的與董釗所說的已完全相符，但與王鐵漢所言不符。（參閱第二輯第一〇〇條、第一三二條）

一三四　閻電「何以善其後」之真意

據王鐵漢言：張學良發動西安事變，事先並未與中共有默契。惟閻錫山赴洛陽祝壽時，張學良曾向其明言對中央諸多不滿情事。最後學良透露擬直諫意，閻未發一語，似默認。故事變發生後，閻去電有「何以善其後」一語，即暗示殺之之意。此事在台灣之徐永昌與賈景德兩人曾為閻左右極重要人物，均認閻確有此意（賈時任閻之秘書長）。學良與其左右接電後，不明暗示之意，反驚惶失措，此似有天意存焉云云。

一三五　蔣氏日記改變了張學良態度

據王鐵漢言：西安事變，張學良得讀蔣之日記。其中擬定對日戰爭之軍事計劃，亦曾將張學良納入抗戰序列。其先，元旦受勳、晉級均無學良之份，學良內心不滿。及看到日記，始知以前均屬誤會，乃轉變態度。此說謂為原因之一則可，其主因，則為客觀環境使張學良不得不改變態度。（參閱桂崇基原著，「中國國民黨與中國共產黨」，中華書局出版，第六章，第八六頁）

一三六　張學良扣留中央飛機

百靈廟之戰，中央本擬派飛機駐太原以相呼應，詎閻百川反對之。中央則調其飛機飛駐西安，故西安事變，學良亦曾扣留若干中央之飛機（羅家倫得之於周至柔）。

一三七　稱周恩來為同志

據陳立夫語人，西安事變解決後，蔣返南京，當時赴機場迎接者甚多，林主席亦為其中之一。蔣乘車直返軍校官邸休息。至夜陳立夫赴官邸謁見，蔣言周恩來同志表現甚好云。立夫心中不免起了一個問號「何以稱周恩來為同志呢？」立夫此時尚不知周恩來在西安事變究竟扮演了一個什麼角色。

一三八　最奇怪的一個電報

據姚琮（曾任軍事委員會辦公室主任）言，熊斌曾告渠西安事變，曾有人自倫敦發電回國，文曰：「聯俄容共，共同抗日，請誅獨夫，以謝天下。」

白瑜其時亦在倫敦留學，據謂確有此電，惟係他人假借中國學生會名義發出。此電送我駐英使館代發，譯電員為復興社人，乃群謀對策，首由多數中國學生發電否認，繼透過王景春關係請在鄉間居住之于鳳至發電勸學良懸崖勒馬。據白瑜言，于電亦頗發生相當效力云。

西安事變發生，劉峙任討逆前敵總司令，以熊公哲為祕書長。當時各方電報，紛至沓來，均由熊先行拆閱。據熊謂，熊式輝、陳儀都曾通電，大意「不可為一人，而動天下之兵」，其意何指，不言可喻。而蔣仍信任有加，誠不可解。後來二人均叛蔣。

一三九　太遲了

據冷欣言：西安事變前夕，蔣親飛西安主持軍事會議，即決定以蔣鼎文主持剿共軍事云云。情勢發展，非蔣所逆料。西安事變發生，使蔣計劃盡成畫餅。倘使蔣於共軍流竄陝北之初，即派中央軍全力圍剿，則局面必可整個改觀。據何應欽語編者，中央軍經在江西五次圍剿，已精疲力竭，亟待休養。查中央軍並未全部參加江西剿共。且中央軍如調赴陝西，有公路的地方，縱須走路，路面亦比較平坦；有鐵路的地方，可坐火車；有河道的地方，可坐民船，或輪船；非如共軍須徒步爬高山，涉深水，後有追兵，日夜兼程，逃命不遑，其艱苦恐十倍於中央軍。迨西安事變前夕，始計議調派中央軍進剿，為時未免太遲了。

一四〇　張學良為什麼會伴送蔣氏返京

據王鐵漢言：張學良所以於西安事變後，親自伴送蔣返回南京，因曾對各界人士當眾表示，如蔣委員長答應我們所提的八條，我決陪送委員長返京，蓋踐此諾言也。

一四一　顧祝同深入西安虎穴

西安事變發生，政府下令討伐，事變結束，遂設委員長西安行營，以顧祝同為主任，衛立煌為討逆軍左翼軍總指揮，陳誠為討逆軍右翼軍總指揮，胡宗南、關麟徵均奉命由隴東向西安挺進，桂永清率教導總隊亦進至潼關，完成對西安附近張、楊部隊包圍態勢。

張學良陪蔣委員長赴京。張、楊幹部集議結果，認為要和平解決，必須顧祝同親去西安保證，以表示中央之誠意，俟和平條件談妥後，方接受中央整編命令，開始整編部隊，擔任抗日任務。

顧祝同為表示誠信，決身入虎穴。僅率隨員數人，衛士一排前去。張學良離西安，其部隊即歸楊虎城指揮，設指揮部於三原，並從事作戰部署，預定談和不成，即作第二次事變之行動，再與共黨合流，公開背叛中央。

顧祝同處理事變，秉承中央指示三原則：㈠張學良所部遵照中央命令開出潼關，移駐蘇皖邊區整編；㈡楊虎城交出兵權出國，其部隊歸孫蔚如負責整編；㈢共黨紅軍歸順中央政府，服膺三民主義，所有紅軍整編為一個整編軍，轄兩個師，完成國家軍令統一。同時中央又明令以孫蔚如為陝西省政府主席，已滿足孫之政治慾望，促其脫離楊之掌握。此時周恩來、葉劍英仍以七賢庄辦事處為共黨活動中心，策動學聯會擴大宣傳，高喊抗日口號，組織統一陣線。

楊虎城於春節後由三原返西安新城宴客，行營所有高級將領及宋希濂、董釗兩師長均應邀赴宴，顧祝同僅帶副官一人前往，至深夜一時許，仍未見歸，宋、董兩師長亦未見返部。蓋楊虎城於宴會後，約往另一地點密談張楊部隊於接受命令後如何調動。到了深夜兩點半鐘，顧始返部，隨從人員方始放心。

周恩來、葉劍英同時亦與中央負責人洽談，決定擁護蔣委員長領導抗戰，接受中央政府命令，將紅軍名義取消，整編為第十八集團軍，下轄三個整編師，以朱德為十八集團軍總司令。中央為了解陝北實情，特組織考察團實地考察。（節錄顧錫九，處理西安事變中我所了

解的共產黨，載「留痕」㈡五—九頁）

一四二　張學良應審時之態度

西安事變後，張學良陪送蔣返京。當時蔣曾對學良說：「你倘去南京，將使我難於處置。」學良抵京，交付軍法審判，由李烈鈞任審判長，朱培德、鹿鐘麟為審判官。開庭時李烈鈞問張學良「是否受人指使」，張學良答云：「我做的事，我自己擔當，非任何人所能指使。並反問：「今我有一問題，可否請問審判長？」李答：「當然可以。」張即問：「民國二年審判長在長江起事討伐袁世凱，有此事否？」李答：「有。」張問：「是為袁世凱專制而討袁？」李答：「是。」張又云：「我在西安的舉動，也是對中央的獨斷，有所諫正。」李說：「胡說，怎可以委員長比袁世凱。」審判官鹿鐘麟急插言：「審判長是愛護你，你的禍福繫於此判決。」張答：「隨便怎樣判好了。」又有人問賣國、叛國，是否承認。張學良當庭侃侃而言，謂我張氏父子決不賣國，賣國另有其人，我握有證據（指塘沽協定），再問到西安事變，學良亦直言此係魯莽行動，我個人願負完全責任，槍斃、殺頭，我決不臉紅。庭上對於西安事變，亦不再多問，恐牽出其他問題。遂判十年有期徒刑、褫奪公權五年。學良赴審，身穿上將服，庭上並未為學良設座，審判官鹿鐘麟乃叫人為其設座，但學良亦未坐，仍站立應審。李烈鈞返滬，余（編者）與之相晤。李對學良應審時態度之從容，應對之坦率，毫無求情或諉過之表示，亦頗為稱許，並言張雨亭有子了。鹿鐘麟睹此一幕，對學良尤讚不絕口，並謂倘使是我們老總（馮玉祥）必在庭上裝瘋耍賴。

一四三　陝北視察團

西安事變後，中央決定整編中共軍隊。民國二十六年中央為明瞭陝北實際情況，特由黨政軍務部門遴派人員，會同陝西省地方黨政人員組成一視察團前往實地考察。由西安到延安的圖上距離，不過三百公里，而實際距離則超出一倍多。中共之所以盤踞這一區域，確有易守難攻之利。但這些山區，極少耕地，間有一些耕地，也只能生產些雜糧。但這些山區的土壤和氣候，種糧食不行，而種鴉片則甚佳，於是中共乃大量種植鴉片，私運鴉片以換取糧食和日用必需品。視察團經過的路旁，發現大塊耕地都是大煙苗，因問葉劍英（葉陪視察團赴延安）是誰種的？葉支吾的說：都是老百姓種的，不過邊區政府按畝徵稅而已。

視察團到了延安休息一天，涂思宗以團長身份到中共中央蘇維埃拜訪毛澤東。毛所住的官邸，原是連接著窯洞一幢草房，會客室就是寢室也是辦公室。辦公桌是一個沒有抽屜的方板桌，坐的是沒有靠背的板凳。一張木床只有行軍床那樣大，上面鋪的是兩張毛毯，一個背包枕頭。毛澤東穿一身士兵的灰布棉軍服。他態度很沉靜，嗓音高而尖，說話還是湖南腔，咬字很清楚。他一度很鄭重的質問涂團長：「國共既然合作抗日，國民黨何以又公然宣佈根絕赤匪的決議案呢？」涂團長對這個問題的答案，是早有準備的，他說：「共產黨在與國民黨執政的中央政府為敵的時候，依國法不得不稱之赤匪；今後共黨如成了合法政黨，紅軍成了正式國防軍，赤匪不就已經根絕了嗎？這是過去的事，何必介意？」涂團長這樣的答覆，他笑了笑，也沒話說。此後則談些南京、上海民心士氣問題，毛的結論是：「我們必須克服一切內在的矛盾，完成團結抗日的任務。目前國民黨的措施，對共黨內部還存在很多誤會，我將在理論上和事實上努力加以說服。」

第三天是他們正式舉行「延安黨政軍各界歡迎中央視察團大會」，除林柏渠以邊區主席身份致歡迎詞外，涂團長、毛澤東亦分別致詞。毛講的內容，是根據唯物史觀分析時局的發展，結論是：「只有擁護蔣委員長領導抗日，才可以救中國。」歡迎會一直開到下午五時，毛澤東始終陪著他們，並且在講台上抽煙看公文。他的確可以做到鬧中不亂，保持頭腦的冷靜。

第四天開始正式視察，分為黨政軍三組，以組為原位，分途視察。軍事組第一目標是「抗日軍政大學」。嚮導是林彪（林為該校校長）。抗大的學生，性別不限男女、年齡不限老幼、科系不限軍政、程度不限高低。但學生唱歌時，聲音高昂而整齊。這一所大學的校舍，是幾十個窯洞組成的，分佈的面積甚廣。軍事視察組的第二目標是賀龍的部隊（駐延安），我們一早就跑到賀龍的司令部，到達時賀龍正要吃早飯，只是還未開動。桌子上擺的菜，是一盤辣椒拌蘿蔔乾，和一盤黃豆，另外就是一桶稀飯。賀龍說：「決不要以為我們這種生活是很苦的，這比長征時要好得多了；我們通過川隴交界的松潘草地時，曾經六七天沒有舉火，大家只嚼炒米或炒黃豆，而且夜夜都是露營，那真是苦極了。可是絕處仍可以逢生，有一天正要斷糧的時候，發現草地裡正有一小湖，湖裡養著密密肥魚，這些從來没人捕過（土人不吃魚），所以根本不怕人，士兵可以在湖邊用手一條一條的抓，簡直取之不盡用之不竭。那一天我們就以魚為糧，吃個大飽，還抓了很多帶著走！」賀龍是土匪出身，不識幾個字，但講話很有趣。中午就在他的司令部午餐。

午餐時賀龍介紹徐向前和我們見面，他說：「徐是半年前在甘肅作戰失利，不得已化整為零來陝，昨夜才到達延安。」我們聽了都很興奮，立刻向徐問長問短。徐的面貌瘦削，兩眼角下垂，活像一個乞丐。他一口山西腔，很老實的說：「去年（民國二十五年）十一月我率部由隴南渡黃河至景泰，被馬家回子打了個埋伏，部隊都垮了，除死傷者外，都化整為零。我帶了幾百人先向新疆方面闖。但越走越困難，最後還是決定化整為零來陝北，我一路利用討飯過生活，幸虧始終没有人認識我，很安全的來到延安。」徐向前講話也很有趣。有一位團員把一支吸了幾口的香煙丟掉了，徐向前一眼看見，勾起了他的心事。他說：「我這一路肚皮餓的時候，只想討到幾個饅頭煎餅吃，就高興極了；可是吃了饅頭煎餅之外，就想吸煙；偶然在路上拾得一個香煙頭，就寶貴得不得了，吸一口就保存起來，留著必要時過癮。」

軍事組視察的第三個目標，是彭德懷的前線指揮部。該部的位置在延安西南靠甘肅的一座山谷裡。當時彭德懷是真正的紅軍總司令，而朱德則是名譽總司令；因為前者是指揮所有武裝部隊，後者則是辦理後勤。彭的司令部雖然隱藏在這座山谷裡，可是軍事書籍—包括蘇俄的、德國的和國軍陸軍大學及各種兵科學校的，一應俱全。彭在講話時，還手拿著一本戰鬥綱要，明顯的反映著，他對軍事學術的研究，毫不疏忽。他們的部隊，從排級單位起，都有一個地上沙盤，塑造著各種地形地物，為長官討論戰術、戰鬥之用。

據林彪說：延安共產黨機關的首長，唯有醫務處主任待遇最高，每月除配給外，有零用錢七元，而毛澤東及其他官兵都只有零用錢三元，原因是對技術人員的待遇特別優待。（聞毛澤東非外國香煙不抽，零用錢三元怎抽得起外國香煙！）

林彪說話時，兩眼總是望地下，其陰險的個性，由此可以看出大概。他發現一個疑問，即追根究底。還有值得注意的，他隨時總有一本書抓在手上，或放在口袋裡，的確是手不釋卷，很愛讀書。他談起理論來，對唯物論、辯證法，和戰略戰術都能講出一套，而且能言之成理。

這次視察團所看過共黨人員，男女共約三萬左右（含部隊）。部隊方面，裝備殘缺，武器約為人數的九成。官兵的素質，年齡參差，惟體格尚健；將領的才能，彭德懷是一位悍將，表露的性格，是堅決果敢，與士卒同甘苦，但頗有傲氣。（摘錄楊蔚，「追憶延安之行」，「留痕」，一〇九－一一八頁）（按「留痕」為留台黃埔四期生所辦的雜誌，大約出了數期，即已停刊了。）

一四四　蔣氏首向宋靄齡報告西安事變經過

西安事變後，蔣返京，自國府主席林森以下諸要員均親迎於飛機場。報載蔣於休息數小時後，即驅車赴孔祥熙宅，臥於沙發上向宋靄齡報告西安事變經過情形。靄齡於三姊妹中居長，慶齡、美齡年輕時都相當怕他，孔祥熙怕他，更不在話下。

一四五　蔣經國自俄返國經過

據蔣廷黻口述回憶錄所記，當其赴莫斯科任大使之前，委員長夫人曾告訴他說委員長希望他滯留在俄國的長公子能回國。在蔣廷黻與蘇俄外交部次長史脫尼可夫初次會晤中，就提到委員長的長公子，並表示願意知其下落，如能代其查詢，感激之意。史脫尼可夫認為很困難，不過答應願意試一試。

一九三七年某夜，突有一客來訪，但未見廷黻前，不願透露姓名。迄予接見，他立即說他是蔣經國，並且問道：「你認為我父親希望我回國麼？」蔣廷黻告訴他，委員長渴望他能回國。遂即代他辦理護照，並資送歸國。經國娶俄婦，生一子。他子返國後所生。

蔣經國在俄，曾批評國民黨，所以經國見蔣廷黻，第一句話便問：「我父親希望我回國麼？」

一四六　蔣經國在蘇俄備受磨折

民國十四年蔣經國留學俄國，初進莫斯科中山大學。畢業後，轉入俄國陸軍大學。究否畢業，不得而知。其時白瑜亦入俄國中山大學，可謂與經國同期。據白瑜言，經國在俄曾經二、三度被放逐西伯利亞，做苦工。第一期中山大學學生大多陸續回國，惟經國被史達林扣留不放，作為人質。直至西安事變蔣允實行抗日之後，始放歸。余問白瑜，史達林究以何種藉口，放逐經國赴西伯利亞做苦工？據答，他先回國，詳情不得而知，據後來自俄返國之同學傳言，則經國為擁護托洛斯基，而反對史達林，曾參加紅場示威遊行。以後恐亦與擁護托派有關。另有一次，經國之母毛夫人曾匯寄經國五百美元。經國乃大宴友朋，暢飲一番。俄人乃指其企圖組織「江浙同鄉會」，實際那次所宴請之朋友，不僅江浙人。凡此皆觸史達林之忌，加以政治原因，故意留難。經國在西伯利亞，確做苦工，至今其手猶非常粗糙，可為證明。民國二十年，蔣先生坐鎮南昌，督剿共黨，一次，在會議席上，特別指出必須先有國，然後有家，像他目前情況，可謂妻離子散，言之非常悲憤。其時蔣宋美齡女士正在樓上，所謂妻離究何所指，則不知。白瑜曾出席此次會議，故能言之甚詳。經國於民國二十六年七七抗戰前數月返國，蔣先生令其直返奉化，特囑其背古文、讀古書，亦命其作讀書報告，雖在軍務旁午之際，蔣先生猶必每次親予批閱，並回信一一指正。過了一段時間，始去南京，晉見其父。蔣夫人先下樓，經國見之，即起立叫：「媽媽！好」。此一經過，係官邸侍從所告白瑜者，當不虛。

經國返國後曾上書建議兩事：一、組織青年團；二、辦理保甲。此建議書由蔣先生交復興社討論。雖未指明為經國所起草，然大家均心中明白。此為經國任贛南行政專員之由來云。抗戰期間，其生母毛夫人仍居留溪口，為日機炸死。經國親書「血債血還」四字，託人刻碑，埋於被炸死之處，亦可見其真性情。日本宣佈投降，蔣先生號召「以德報怨」，則所謂「血債血還」者，亦不能實現了。（白瑜所述）（編者按，世人祇知蔣經國曾任江西省第四行政區（贛南）督察專員，不知在此之前，已任江西省保安處副處長兼新兵訓練處處長，又任江西省地方政治講習院軍訓總隊長兼第一營營長。其父指示如願從政，則當從基層－縣長做起，此所以以專員而兼縣長也。至其所謂辦保甲，則在五次圍剿前即已推行，恐其所言係指加強也。）

白瑜又言，黃埔軍校創辦未久，經國忽從上海來廣州，身穿一襲長衫，晉見其父，蔣先生厲聲問之：你來此做什麼？你想來此做大少爺？此地沒有你做大少爺的地方。經國回答：我要讀書。蔣先生說：好，你去與邵先生（力子）商量。後來決定經國回上海隨吳稚暉先生讀書。白瑜適任職軍校，故知之。隨吳稚暉先生讀書者有汪精衛、鄒海濱諸人子弟，其中以汪之子最不用功，成績最差。未幾經國由上海啓程赴俄，白瑜則從廣州出發，同入莫斯科中山大學。

一四七　顧祝同答覆三個不可解的問題

問題一：

民國廿四年共軍殘部流竄甘陝，已臨絕境，當時中央如即檄調其在江西剿共素具經驗之部隊北移陝西，或令胡宗南抽調一部份軍隊，不難將共軍殘部數千人完全殲滅（張國燾所部數萬人，經馬家軍一擊便潰不成軍，僅數百人逃往保安即為一例），不此之圖，而令曾養甫設法在香港與周恩來聯繫，以謀談判，縱談判有成，以共黨本質，又豈能有效？蔣先生對共黨本質瞭如指掌，何以出此，原因何在？

研究所得：

民國廿四年秋由於日軍對平津地區的步步進逼，已使中日關係瀕於絕裂關頭，為了民族的生存，全國抗日戰爭須及早準備，故政府基於上述之前題暨兼衡當時我國內外的情勢，採用軍事與政治同時進行的策略來解決中共問題，玆就有關資料陳述如次：

㈠共黨方面：

民國廿四年，由於日本與德國希特勒軍國主義不斷的高漲，使蘇俄倍受威脅，同時由蘇俄國際共產指揮的中共，經國軍圍剿，已走入絕境。因而在七月至八月間莫斯科舉行的共產國際第七次大會上，史達林指示對外執行「統一戰線，中立主義」的新戰術。中共中央接到共產國際的統一戰線策略後，一方面利用一般人民極度高漲的抗日情緒和不了解政府安內先於攘外的苦心，極力製造擴大中日事端，煽動中立團體，如北平市學生救國聯合會、北平民族解放先鋒隊、天津學聯會、上海文化救國會、北方人民救國大同盟、華北各界救國聯合會、平津學生救國聯合會、平津文化界救國會、上海文化界救國會等等，發表「停止內戰，一致抗日」的宣言，以造成輿論力量，壓迫政府抗日。一面則指使共黨分子在各地成立「人民陣線」展開政客式的活動，挑撥地方軍與中央軍的感情，嗾使地方軍在「抗日不勦共」和「中國人不打中國人」的口號下，對政府和匪軍採取中立路線，來破壞政府勦匪安內的政策，加以日軍瘋狂進逼，日共雙方推波助瀾，政府在當時所謂「團結禦侮」的呼聲及全面沸騰的輿論下，實已很難阻遏此種情緒的橫溢，勢須予以適當之疏導。（「蘇俄在中國」，頁六六－六八）

㈡政府方面

⑴由於日本侵華日亟，步步進逼，箭拔弩張，蔣委員長所欲倚為抗戰核心及後方的西南川滇黔諸省剛由國軍統一，納入中央範圍，尚需留置部隊加以穩固與安定。（張其昀，「黨史概要」，頁一〇一四－一〇二四。另「蔣總統秘錄」第十册，頁一二）

⑵蘇俄因其戰略關係，欲改善中俄關係，慫恿中國抗日以減輕其在遠東的壓力。在我國則為避免多方樹敵，故蔣委員長曾指示駐蘇大使蔣廷黻「在平等基礎上，對蘇交涉可以積極進行」。（「蘇俄在中國」，頁七一）

(3)蔣委員長期能對共匪撫剿兼施，在「蘇俄在中國」一書中講道：「我討伐匪軍的宗旨，一向認為中共黨徒是中國人，終必愛中國。只要政府加以相當制裁，不難使其就範聽命；只要他放棄武裝暴動，自可與其政黨一樣通力合作，為革命救國來努力。所以自十九年剿匪開始，直到二十五年為止，我對共黨的方針，始終是剿撫兼施的。……當時一般愛國有識之士，都相信是政府政策的成功，也是民族抗戰的朕兆（「蘇俄在中國」，頁八二）。所以在日本侵我情勢急迫時，總是希望共匪能共體時艱，誠心悔改，合作抗戰。」

(4)根據「蘇俄在中國」第三章第十節， 蔣總統說：「我對於中共問題所持的方針，是中共武裝必先解除，而後對他的黨的問題纔可做為政治問題，以政治方法來解決，民國二十三年底，五次圍剿初告成功，中央即指派陳立夫擔當這一政治任務。」「民國二十四年秋，陳立夫向我報告，周恩來在香港與我駐香港負責人曾養甫，經人介紹見面，希望我政府指派代表與他們進行商談，而且他們只要求從速停戰，一致抗日，並無其他條件……」「二十五年五月，共黨代表潘漢年到南京與陳立夫談判，政府對中共所提的條件為下列四點：

1遵奉三民主義；

2服從蔣委員長指揮；

3取消「紅軍」，改編為國軍；

4取消蘇維埃，改為地方政府。」

可知當時提出條件非常嚴格。

(5)日本不斷在華北製造事端，中日之戰一觸即發，政府為了積極準備抗日，不得已將大部分兵力部署於對日作戰方面，因而使共黨有喘息機會。（「黨史概要」，頁九六九）

(6)二十五年六月廣東陳濟棠、廣西李宗仁將所部改成抗日救國軍，出兵湖南邊境，聲稱北上抗日，時部份國軍進入陝境，進剿殘共，聞變，不得不撤出南下，進入衡陽，一面勸告，一面將大軍控制於湘北，以杜西南軍之藉口北上。……由於中央軍撤離陝北，張學良便與共軍有所勾結。（王健民「中國共產黨史稿」，頁八四、八五）

(7)中共經由長途流竄，於二十四年十月抵達陝北，其勢日蹙，本可一舉殲滅，然因限於地形關係，追剿不易。例如胡宗南先於民國二十四年一月–九月圍剿中共於川甘省界一帶。民國二十五年二–九月因兩廣異動，南調長沙鎮守。民國二十五年十月再率部於隴東對匪獨立作戰，因受地形限制，斬獲甚少。（胡上將宗南年譜，頁七四）

基於上述，對於民國二十四年秋中共周恩來所提的談判要求，我政府乘機因勢利導，期於在軍事與政治同時雙線進行下，解決中共問題。

問題二：

迄毛澤東在陝北已立定腳根，始令張學良率東北軍前往進剿，東北軍對日本人尚不肯打，豈肯打共產黨，而張學良又完全為公子哥兒型的人物，豈能負此重任？以中央數十萬大軍，經五次圍剿，僅能將其逐出江西，其任務之艱鉅，可想而知，而謂張學良能勝此重任，而謂東北軍能消滅共軍，誰能信之？或謂當時中央以東北軍無地安頓，乃調其前赴陝西，天下那有這樣用兵的道理，蔣先生為軍事天才，必另有原因，惟以弟之愚，不能推測罷了。

研究所得：

㈠民國二十三年二月七日，國民政府任命張為豫鄂皖三省剿匪副總司令，率東北軍隊參加剿匪。二十四年三月，以該區剿匪工作告一段落，故撤銷豫鄂皖三省剿匪總司令部，改設委員長武昌行營，以張學良為主任肅清及進剿流竄股匪。爾後率部由鄂西豫南進入西北，在地理交通形勢上頗為順便。同時原東北軍將領河北省政府主席于學忠，因日本藉口熱河抗日義勇軍孫永勤部越長城線進入遷安一帶，認係破壞塘沽協定，而在華北發動所謂的「河北事件」，向北平軍分會代委員長何應欽提出要求調走于學忠。我政府乃於六月六日調于學忠為川陝甘邊區剿匪總司令，由于部入陝剿匪。二十四年八月四日毛匪竄逃陝北，十月，我政府特派　蔣委員長兼西北剿匪總司令，張學良為副總司令，設司令部於西安，由張學良指揮中央及陝甘部隊清剿事宜，原東北軍亦悉數調至關中，以便對于學忠部亦可統一指揮，如此在地理上及人事關係指揮系統上看，張調西北剿匪態勢相當自然。

㈡張學良前因民國二十年的東北失守，已為國人所不諒解，民國二十二年三月初的熱河棄守更為全國所不容，尤為汪精衛所指責。　蔣委員長鑒於責任分明，只有讓張辭職，當天蔣委員長在日記中作如下的記述：「此時情形，固使余心難堪，而此後之事，又不能直說，更覺難過。然處此公私得失成敗關頭，非斷然決策不可，利害相權，惟有重公輕私，無愧於心而已。」（「蔣總統秘錄」第九冊，頁六三）可見　委員長對張之關心與愛護溢於言表，故於民國二十二年底，國軍積極部署第五次圍剿時即電張由義大利返國參加圍剿工作。西安事變後，蔣委員長在「西安半月記」十二月十五日記下：「余對張，嘗念其十七年自動歸附中央，完成統一成功，因此始終認其為一愛國有為之軍人，故不拘他人對張如何詆毀，余終不惜全力為之庇護。當西北國防重地全權交彼時，與之切言曰：『望爾能安心作事，負責盡職，以為雪恥救國之張本。』原冀其為國家效忠也。而今彼之所為，實與我所預期者相反，幾使大好西北，又將被其淪為東北之續。故心中鬱結，輒自痛悔知人之不明，用人之不當，一至於此，不唯無以對黨國，亦且無以對西北之同胞」。由此可見

蔣委員長對張之愛護，冀其戴罪圖功、雪恥報國之苦心。（蔣委員長「西安半月記」，頁一四）

問題三：

既派東北軍任此重責，則當將在江西五次剿共經驗，嚴令東北軍不可輕進，步步為營，逐漸縮小包圍圈，斷其食物與鹽之來源，使其不能生存，而據王鐵漢言中央從未有此種指示，其故何在？

研究所得：

蔣委員長於張學良在西北剿匪軍事期間，曾於民國二十五年十月二十二日、十二月四日兩次駐節西安，積極指示剿匪事宜，在　蔣委員長「西安半月記」中敘述其籌畫剿匪軍事云：「爰於十二月四日入陝，約集剿匪諸將領，按日接見，諮詢情形，指授機宜，告以剿匪已達最後五分鐘成功之階段，勗以堅定勇往，迅赴事機之必要；又會集研究進剿方略，親加闡述。」又據蕭贊育「談西安事變」文中說：「蔣委員長此次到西安，按日接見剿匪主要將領分別勗勉指示，告以兩星期至多一個月，殘匪即可肅清。」（「自強奮鬥七十年」，頁一六二）。可見　蔣委員長經常對西北各將領指示及會研有關剿匪戰略戰術之運用，且召集各主要將領會議，對剿匪軍事積極部署，以期徹底殲滅共匪。（

「西安半月記」，頁一）

立夫兄：

茲補充問題一之第八項如左文，係現在台軍校一期同學王仲廉將軍之口述，王員係當時八十九師師長，當不致有誤。

祝同上五、七

(8)民國二十五年秋，圍剿共匪於陝北瓦窯堡，共匪正危急待斃時，因綏遠百靈廟事件發生，傅作義親率蒙古沙王、阿王等到太原請求將陝北圍剿共匪之第十三軍第四、第八十九兩師調往綏東，乃致毛匪得以逃往保安，未竟全功。

以上三個問題係余（編者）向立夫提出，立夫以其中涉及軍事，乃轉請顧祝同解答，並將顧函轉來。顧雖引經據典，但很難令人滿意，尤其第三點，所言約集多位將領指示進剿方略，此係西安事變之前夕，未免太晚了。

一四八　蔣氏文告要點多由自己決定

蔣氏宣言，雖多由陳布雷起草，但其要旨則由蔣親自決定。譬如蘆溝橋事變發生，委員長決定發表一篇文告，適陳布雷患病，乃囑程滄波起草。滄波問：「什麼樣的稿子」，他說

：「針對當前時局的一篇稿子，預備在訓練團發表。」滄波立即會意那等於在蘆溝橋事變後，對時局的宣言。隨後委員長扼要說明這篇稿子的內容，其要旨就是「和平未到最後關頭，決不放棄和平；犧牲未到最後關頭，決不輕言犧牲」，其餘為「地無分南北，人無分老幼」等句子，都是委員長口授的原句。約略談了十幾分鐘後，滄波請示稿子什麼時候呈閱，委員長指示「下午七時」。他返旅邸，正在凝思奮筆之時，錢大鈞（當時侍從室第一處主任）敲門進入，他說：「你能不能將文稿於五時完畢，因為夫人要先看文稿。」（節錄程滄波，「蔣總統與我」，載 China Port Soupplíment, Double Tenth 1975）。

一四九　廬山談話會共黨代表未參加

㈠七七抗戰爆發以前，中央召集了一次「廬山談話會」。其時共黨代表周恩來、秦邦憲卻在會場外與國民黨直接交涉，到會的人大概都不知道。當時何以不讓中共代表出席大會而必須與他們直接交涉，其特殊意義何在，我是至今還不了解（左舜生：「三十年見聞什記」）。據編者所知，所邀請者並非以黨之代表出席，不到事已成熟，他們雙方均不願意公開，以保持行動之自由。

㈡民國二十六年七月七日蘆溝橋事變發生前，政府當局由蔣委員長與汪精衛聯名邀請全國各界名流學者到廬山開談話會。此會之主旨，係向全國教育文化界人士解釋中央之對日政策，其間雖有各黨各派人士參加，但彼等均非以黨派之身份而係以教育文化界人士之身份而被邀請。當時共黨代表為周恩來、林祖涵、秦邦憲等人，已在廬山而未參加談話會即此之故。共黨代表上山下山均由張沖伴送。（蕭自誠語）

一五〇　日本所提議和條件

中日戰爭於民國二十六年正在松滬膠著的時候，日本託德國提出議和條件，由德駐華大使陶德曼代為轉達我外交部，其內容如左：

㈠內蒙自治（包括獨立）。

㈡華北不駐兵區域擴大，行政權全部屬於中國，惟希望勿派仇日人物為華北最高首領。現在能結束，便如此做去。將來華北如有新政權成立，應任其存在，但截至今日，日本在華北尚無設立政權之意。至目前正在談判之礦產，應繼續辦理。

㈢上海不駐兵區域須擴大，至如何擴大再議。上海行政權仍歸中國。

㈣對於排日問題，應照去年張群部長、川越大使所表示之意思做去。詳細辦法係技術問題。

㈤防共問題。日方希望對此同意，有相當辦法。

㈥關稅改善問題。

㈦中國應尊重外人在中國的權利。

時蔣出巡視察防務。政府將日方條件提交國防會議，白崇禧、徐永昌、顧祝同、唐生智等人表示不妨同意進行交涉，遂即發電向蔣報告，得覆除第二條華北問題外，餘可商議，惟談判時須請德使以第三者加入。又囑將原文送其細閱後再覆。迄日軍已在杭州灣登陸，攻佔南京將在眼前，日本乃又加重議和條件如下：一、中國放棄容共、抗日、反「滿」政策；與日「滿」二國合作，實行反共政策。二、在必要地區設立「非武裝區域」，並在各該區域分別設立「特殊機構」（政權）。三、日「滿」、中三國之間締結密切的經濟協定。四、中國對日本給予必要的賠償。像這樣苛刻的條件，中國政府只有「一概不予理會」。日本遂開御前會議，撤回條件，由近衛內閣聲明，不以國民政府為對手。中日戰爭遂拖延八年之久。

一五一　納粹二十九年調停中日戰爭經過

關於二十六年中日戰爭初起時，德國試圖調停經過，已記之。

另一次，二十九年納粹又曾企圖調停中日戰爭，則外間知者更少，不可不記。在二十九年十月間納粹政府有一位外交特使史塔瑪由東京回到柏林，便輾轉託人欲與我駐德大使陳介會見談談中日問題。陳介在未與史塔瑪會見之前，曾直接請示委員長，假使對方要調停停戰，我方條件如何。蔣復電：「可以約談，恢復七七事變以前之狀態，為唯一的先決條件。」

史塔瑪見了陳介，除了開場白應有的說詞之外，特別強調他願出任調人。他與陶德曼大使不同，陶德曼大使當年並未負「領袖」的使命，祇是他私人試探雙方停戰的可能性。弦外之音，他是得到希特勒，至少里賓特羅甫的授意而出面調停。

陳介答覆很簡單：中國被迫而武力抵抗，是舉世皆知的事實。我們土地人民遭受慘重的犧牲，停戰的主動權操在日本的手中。日本如有誠意停戰，先決條件，當然是恢復蘆溝橋事變以前的狀況。附帶向特使先生道謝他的友情好意，在他未同日方磋商而獲有結論之前，不便向重慶請示。

據史塔瑪事後向人表示：中國人方面已完全同意停戰，只是日本人不接受調停，一定要打下去，所以失敗云云。大概他有意，也許無意，誤把陳介所提「恢復蘆溝橋事變以前的狀態為停戰談判的先決條件」，當作無條件接受停戰了。（參閱關德懋，調停「中日戰爭」的納粹外交手腕，載「傳記文學」，第二十八卷第四期）

一五二　張君勱與胡適分別函勸毛澤東放下武器

張君勱與胡適分別函勸毛澤東放下武器，已略記之。茲覓得兩函之全文，特錄之於後：

張君勱函毛澤東放棄割據，軍隊交給國家。

澤東先生惠鑒：

頃讀先生六中全會報告書，判析抗戰情勢，至為詳盡，且抱定長期作戰政策，決心尤為堅定，佩仰無已。竊以為戰事勝敗，為民族之存亡，非獨一黨一派之利害。彼日人先以兵力佔吾領土，繼則組織偽政府以代之。夫政府者，行使國家最高權力者也，此而可以由敵代為指定，何異乎中國之為未成年而須由監護人代行使其職權；澈底言之，不啻彼自居於上國，而以中國為被保護國，此而可以容忍，則更有何事不可容忍。今後之國策，除國內團結以圖作戰之持久外，別無他途。雖然，國內之團結如何而後可以永保，不能不唯先生與所率之共產黨是望矣。第一、號為近代國家，以統一為特徵，尤貴乎軍權之統一，英、美、俄、法等，何嘗一國以內而有兩種軍隊？誠以軍隊之教練與任命，必須出於一源，而後行動乃能一致。而先生文中曾有下列語句：「國共兩黨都有軍隊，這是特殊歷史所造成的結果，不是缺點而是優點。由於有兩黨的軍隊，使得抗日戰爭中兩黨克盡分工合作的最善責任。互相觀摩激勵的好處，也更多了。」依吾人所見，軍隊應屬於國家，不可使軍隊與特殊主義發生聯繫；如以資本主義灌輸於軍隊中，則彼等遇國內之信社會主義者將起而壓迫之；反是者如以社會主義灌輸於軍隊中，則彼遇見國內之資本主義者將起而推翻之。可見軍隊惟有屬於國家，不可屬於一黨。目前之中央軍不可目為黨軍，且信奉三民主義，未見有何特殊之政治路線，希望將來走上隸於國家之途徑，當不甚遠。先生所率之軍隊名曰國民革命軍，更望毅然首倡以八路軍之訓練任命與指揮，完全託之蔣先生手中。此所以增進全國之團結而利於抗戰之持久者一也。第二、各國之黨政，從無有佔領一特區以行特殊政策者；以一國之內惟有一種法律，一種行政系統，乃能成為現代國家，其稍有特殊化者則如愛爾蘭之於英，以其本為被壓迫者乃爭取獨立以得之者也。其次為少數民族，如昔日德意志民族之處於捷克國中。今吾國號為統一，先生等亦以擁護國民政府自號於國中，而今則特區之內，儼然自成一天地，自立官制，自立稅制，自立學校。若國中凡組織政黨者，皆起而效法先生等之所為，則中國將分為若干政黨之若干行政區，而國家非返於封建割據之局不止矣。先生等與其同志以打倒割據相號召，更望取消特區之制，以增進全國之團結而利於抗戰之持久者二也。竊以為目前階段中，先生等既努力於對外民族戰爭，不如將馬克思主義暫擱一邊，使國人思想走上彼此是非黑白分明一途，而不必出以灰色與掩飾之辭。誠能如是，國中各派思想，同以救民族救國家為出發點，而其接近也自易易矣。此所以促進全國之團結而利於抗戰之持久者三也。抑吾人所以為此言者，皆根據近代立國之常軌而言，必如此而後抗戰乃勝，建國乃成，諒高明定能鑒察。蓋國家遭此大難，其存其亡，間不容髮，內部多一分誠意，即抗戰增一分實力。如公所謂動員民眾與政治民主化云云，非各方誠信既孚，決無實現之望。苟在蔣先生領導之下，而別有一黨焉，自有黨軍，自有特區，自標馬克思主義，則先生所提出之「長期合作方式之民族聯盟」如何而有實現之可能乎？

張君勱謹啓　廿七年十二月十日

胡適電毛澤東痛下決心，放棄武力。

潤之先生：頃見報載，傅孟真轉述兄問候胡適之語，感念舊好，不勝馳念。二十二晚與董必武兄長談，適陳鄙見，以為中共領袖諸公，今日宜審察世界形勢，愛惜中國前途，努力忘卻過去，瞻望將來，痛下決心，放棄武力，準備為中國建立一個不靠武力的第二政黨。公等若能有此決心，則國內十八年之糾紛一朝解決；而公等二十餘年之努力，皆可不致因內戰而完全消滅。美國開國之初，吉佛生十餘年和平奮鬥，其所創之民主黨遂於第四屆大選獲得政權。英國工黨五十年前僅得四萬四千票，而和平奮鬥之結果，今年得一千二百萬票，成為絕大多數黨。若能持之以耐心毅力，將來和平發展，前途未可限量。萬萬不可以小不忍而自致毀滅！以上為與董君談話要點，今特陳達，用供考慮。胡適。（三十四年）八月四日。（原電見當時國內各報）（編者按：潤之為毛澤東別號）

一五三　放出黃埔第一期，以後尚有可玩的

據萬建蕃告胡競先：日軍之攻打南京，其勢甚急，時萬任鄭州警備司令，京津與隴海路副局長為何競武。唐生智負守南京之責。危急間，唐以電話告何競武曰：事急矣！奈何？何曰：你只須把黃埔第一期放出，俾得過江而逃，則以後尚有可玩的，你的責任也可減輕了。後來，桂永靖、宋希濂、王敬久、孫元良等皆係如此逃出。宋希濂更對黃埔生所統率之過江部隊，用機槍掃射。皆係黃埔生，其自相殘殺，有如此者。當唐生智與何競武通電話時適何與萬建蕃玩麻將，故得知之。

一五四　汪精衛任副總裁與黨章不合

陳立夫在「本黨三次建立強固領導中心之史實」一文中，提到民國二十七年，中國國民黨在漢口召開臨時全國代表大會，修改總章，加總裁一章，全體一致推蔣為總裁。當此案通過時，汪精衛臉色大變。立夫乃商承蔣之同意，加推汪為副總裁，以緩和之。惟黨章並無副總裁之規定，留待下次修改總章時再說。不久汪出走投日，甘為漢奸，副總裁之名義乃不了而自了。（按大會通過設總裁一案！汪精衛以為總裁一席，係由他擔任，迄大會一致通過蔣

為總裁，乃臉色大變）

一五五　不要史迪威留在中國

王世杰言：赫爾利本身並非真軍人，所以懂得政治較馬歇爾為多。當蔣與史迪威不睦之時，蔣表示寧可無美援，亦不能要史迪威留在中國。赫爾利乃去電羅斯福，謂今日之問題是你要留一個史迪威而失去四萬萬人所擁護的蔣某人，抑你要一個四萬萬人所擁護的蔣某人而失去史迪威，何去何從，須待決定。此電去後羅斯福乃電告史迪威返美。

一五六　史迪威事件未能當機立斷

史迪威之跋扈，為任何一國領袖之所不能忍受。初，羅斯福對於史迪威之去留，本無定見。一九四三年八月，宋子文在美，已徵得撤換史迪威之同意。倘其時我國當局當機立斷，決定去史，則一紙電文，於事已足。何致釀成一九四四年及一九四五之橫決，而招致美國軍部全體之憤激，以及馬歇爾在華調停時，所施之報復。

另據梁敬錞所著「史迪威事件」，則蔣、史不協調情形傳至華盛頓，白宮參謀長李海即表示，今日之事，是聽取其統帥之意旨，抑考慮其參謀長之主張。這是可以去掉史迪威的第一次機會。另一次，關於中印空運噸位之事，馬歇爾為史迪威助陣，向羅斯福進言，謂果如此，恐史迪威不便回任，羅答：「去之可也。」這是可以去掉史迪威的第二次機會。總之，蔣氏為中國傳統型人物，當時不欲傷害美軍部之情感，遂一再忍讓，而終致不可收拾。其對馬歇爾亦然。

在史迪威事件中，其最誤事者又為宋子文。蔣曾令宋子文應將參謀長權限地位予以澄清，再議其他，而子文自作解釋，既未將蔣之意旨轉達美方，又遽接受美方安排，簽宋子文、史汀生交換函件，造成參謀長權限地位之不同解釋，為史迪威事件發生的主要原因。

一五七　開羅會議與琉球問題

據梁敬錞著「開羅會議與中國」所載：羅斯福堅問「琉球群島，中國是否願要？」蔣答：「中國願與美國共同佔領琉球，俟該地託管之時，與美國共同管理之。」

蔣之所以表示願與美國共同佔領，共同託管琉球，乃因中國海軍力量尚不足獨負其責之故。在琉球重又歸併日本之前，魏道明曾與美國務卿談到應當由琉球舉行公民投票以決定是否維持獨立，抑併入日本。美國國務卿表示琉球兩黨得票比率，已足顯示其人民的意向，不必再舉行公民投票了。而佐藤又一再表示希望中華民國支持日本的立場。

按琉球在明清兩朝都與中國發生密切關係，其國王係受清廷冊封，琉球對外文書都蓋清廷所頒大印，且一兩年一貢，其屬中國不問可知。在開羅會議時，羅斯福曾問蔣，中國是否要一併收回琉球，蔣主中、美共同佔領。倘當時琉球已歸還中國，則以後必不致有釣魚台問題。

又據基隆漁民轉告，他們數代都以往釣魚台打漁為生，當漁船靠釣魚台岸時，往往上去散步或小憩，從未受到任何干擾，直到釣魚台發生爭執時，日本始來干涉，禁止中國漁民作業，言下非常憤慨。

一五八　沒有砲兵設置

據冷欣所述他於抗戰時所帶的一師，沒有飛機掩護上空，與敵人空戰。沒有高射砲和大小平射野砲，連小砲都沒有（冷欣，從參加抗戰到目睹日軍投降，載傳記文學四卷六期）。他們所有的除步槍外就只有機槍、手榴彈、駁殼槍。又據冷欣言普通各軍師部隊中都沒有砲兵設置，僅由中央直轄砲兵一、二團，彭孟緝即為砲兵團長，臨時分派至各戰區作戰，以砲兵威力過小，亦不能發生大作用。

一五九　二百至三百架飛機

據林文魁言：七七抗戰剛開始時，中國大概有二百至三百架飛機，其中包括訓練機、戰鬥機、運輸機、轟炸機等。而訓練機與戰鬥機約佔一半，其他為祝壽獻機及兩廣投順飛機約六、七十架均包括在總數內。據陳果夫二十五年十月二十九日日記所載：今為委員長五十壽辰，行獻機典禮，全國獻機已命名者五十餘架－全國捐款共為一千二百萬元。以當時幣值言，數目不能算小。華僑捐款獻機，更從未間斷。唯政府未曾籌撥鉅款，以購飛機，否則應不止此數。

一六〇　李明揚與陳毅暗中往來

據冷欣電話告知：李明揚在抗戰初期，係任江蘇第四游擊區指揮官，駐泰安。新四軍事變前後改任魯蘇皖邊區游擊總指揮。勝利前則任長江下游挺進軍總指揮。又據冷欣言：李明揚與陳毅早在暗中有所往來，在新四軍事變前，陳毅常不知去向者數日，比歸詢之，則云曾去江北一趟，諒即往晤李明揚。

一六一　四十六師德、捷槍械

據何相宸言：當年抗戰時期，桂永清任二十六軍軍長、李良榮任四十六師（督導總隊所擴編）師長，以桂永清特殊關係，其部隊所用槍械均為德、捷步槍及輕機槍，野戰砲四門則由彭孟緝砲兵團所撥用，惜砲彈甚少，惟步槍、輕機槍均屬新的。

一六二　中國各地兵工廠

張作霖、楊宇霆所辦瀋陽兵工廠，耗資三、四億元。閻錫山所辦太原兵工廠亦費八、九千萬。袁世凱在鞏縣所辦兵工廠，規模雖大，但仍不能製造膛線砲。陳濟棠在廣東所辦砲廠，已用四、五千萬元。劉湘在四川所辦兵工廠，亦能製造輕機槍。（關於東北兵工廠參閱第二輯第一條）

一六三　四行孤軍

民國廿六年「八一三」日軍進攻上海，國軍積極抵抗，相持三個月，終以敵我力量懸殊，不得不忍痛撤退。但在退卻滬西以前八十八師五二四團團附謝晉元中校與該團第一營營長楊瑞符少校奉命率領一團死守閘北，以四行倉庫（大陸、金城、鹽業、中南四銀行聯營的倉庫）為陣地，屢挫頑敵，這就是八百壯士的由來。

十月廿八日中夜，四十一號中國女童子軍楊慧敏冒生命危險，衝過火線，向我四行倉庫的英勇守軍獻送國旗，從此此倉庫屋頂迎著朝陽招展的美麗國旗，使人人為之歡呼、振奮。

在此倉庫中，力戰四晝夜，擊退敵軍六次圍攻。敵軍死亡約三百餘人，傷者無數，並燬其戰車二輛。我孤軍僅傷亡卅七人，營長楊瑞符少校彈穿左胸，身負重傷。於十一月一日拂曉，全體奉命退入上海公共租界。

為什麼要退入上海公共租界呢？是為四行倉庫不易防守麼？是為彈糧不足麼？都不是。據謝晉元在一次談話中說：「我等撤退，係因第三者要求維護中立地區（公共租界）之安全，請求我政府同意，而由我最高當局下令撤退者。」

民國廿七年九月十一日白俄軍隊曾衝進孤軍營兩次，用機關槍向手無寸鐵的孤軍掃射，死四人，傷十一人。

民國廿九年九月十八日又有一孤軍被白俄開槍殺死，另一人被擊重傷。

民國三十年四月廿四日，謝晉元被人用短刀向他頭腰等要害猛刺，當即殞命。

迨日本突襲珍珠港，進佔上海租界，孤軍命運愈益悽慘了。他們被押赴南京、杭州、裕溪口與南洋群島各處，充當苦工。

日本投降後，孤軍除了若干乘隙逃回重慶者外，從全國各地以及南洋群島回到上海的，僅有一百餘人，其他悉被敵人折磨而死。

四行孤軍為我國抗日史中壯烈的一幕，不可以不記。

附謝晉元與上海公共租界工部局來往的幾封信，謝的最後幾封信，因心情惡劣，對於文詞與標點，均未十分注意：

謝晉元致工部局董事會函

逕啓者：查敝團一部去冬退守四行倉庫，友邦人士以該處密邇市區，彈丸所至，波及可慮，遂聯名電懇我軍領袖，要求下令退入租界。我軍事領袖為顧念第三者之利益安全起見，乃令敝團暫退租界，以待後命。整隊之餘，曷勝愴惕慚惶之感。數月以來，辱蒙貴會熱忱賜助，精神物質獲益良深。惟時丁戰後，景象皆非，敝團生活雖簡單，長此供養，終係重累。前聞貴會有待戰事距滬稍遠，即將敝團遣散之議；詎迄未實現，令人益增愴惘。況敝團之撤退，係應付臨時環境之要求；而就貴會法律之立場言，殊無待戰爭結束始行遣散之必要。故同人等深願早日離此歸田，籍（藉）輕貴會重累。用敢掬誠披瀝，敬希惠予解散，不勝感盼之至。此致

上海公共租界工部局董事會

謝晉元率全體官兵同啓

工部局總辦菲力浦復函

先生：

你三月三日來信請求董事會遣散你的部下一事已悉。在此，我十分遺憾地答復你：如無有關當局的協議，董事會不能答應你的請求。此致上海星加坡路兵營

謝晉元將軍

工部局總辦　菲力浦　一九三八年三月七日

謝晉元致工部局副總辦何德奎函

德奎先生：

此間情勢倘工部局仍本以往態度，恐將一發不堪收拾矣。工部局已準備逼此三百多官兵誓洒最後一滴血於閘北，無代價的流於公共租界，恐工部局亦不能袖手旁觀而不發生嚴重影響吧！則其一切後果當由工部局完全負責。元數月來竭盡心血，冀有以維持之。時至今日，此種苦心已不得內部之諒解。工部局不明本身道德與義務應盡的責任，當然亦不以為然。故

由即日起，此間一切責任，請即轉知工部局當局派人直接負責。元認為工部局紿終不能卸其應盡道德之義務與責任。非然者，任何權力當不能阻止其危險性的爆炸也。請將此意轉知工部局當局，喚醒其以往錯誤之態度為幸。　　敬祝

午安

謝晉元上　四月十九日晨

〔註〕：何德奎接到謝將軍的這封信後，第二天給工部局總辦一件備忘錄，附上謝函參閱；同時以副本抄送萬國商團司令參閱。四月廿四日，何德奎又在謝函上加批語：「白克・馬飛少校對此信已予注意。」

謝晉元致工部局函

逕啓者：頃接膠州路留禁營代理司令寇爾斌少校來函略閱（原函另附），對於本營內豎立旗杆請即撤除等情前來，不勝駭異之至。查公共租界乃中國之領土，國旗係表示一國家之尊嚴，任何國民不能無國旗以示敬仰其國家。況余等為中華民國之軍人，非法被留此間，所有本營房內一切措施，依據海牙陸戰條規：一切宗教信仰如不越出秩序與風紀之範圍，均得

自由之規定。似此余等認為此種行為，實有損害中華民國之尊嚴。除另行據情呈報我國政府核示外，為此函達，請煩查照糾正，是所盼禱。此致上海公共租界工部局

附寇爾斌少校函一件。

謝晉元啓

中華民國二十七年七月二十二日下午七時

（附）寇爾斌少校函（譯文）

逕啓者：據報貴處士兵於昨日（七月二十一日）在膠州路營內中心地點豎立旗杆一根等情。查非經管理營司令允准，營內不得有任何建築上變更，此層應為執事所知。茲特函請立即將是項旗杆撤除。敝人定於明日（七月二十三日）到營視察，屆時務須業已遵照此函辦理。再敝人由守衛隊隊長處得悉，尊意擬在營內懸掛中國國旗，此層歉難照准。此致

謝晉元團長

膠州路留禁營代理司令寇爾斌少校啓

工部局代理總辦葛勃復函

先生：

謹復者：對七月二十二日來信，我們經過討論，董事會同意留禁營代理司令的決定：孤軍營不准許懸掛國旗。這樣就沒有必要在孤軍營內豎立一根旗杆。因此要求你們立即把它拆除。此致

上海星加坡路孤軍營

謝晉元將軍

工部局代理總辦　葛勃

一九三八年七月二十七日

謝晉元致工部局祕書處函

逕啓者：頃准貴函略閱，無論任何國際旗幟不能安掛於此處等語。此種違反法理歧視行為，鄙人認為極端遺憾。余今代表三百五十五同志為閣下進一言，借此喚醒公共租界當局嚴重注意余等之法律地位。

按余等之受何人請求，因何而撤退，非余所欲言。去歲八月間，日軍一部潰退租界，公共租界當局如何處置，更非余今日所願言。余試問公共租界當局將余等留置此間，其目的為何，是否作犯人看待？果爾，不知余等所犯國際何種法律？再余等是否喪失中華民國國籍，

或已不復為中華民國之軍人乎？余以為余等駐地範圍內，倘不妨礙治安，余等應有權處理一切，不受任何人妄加干預。余等並非俘虜，亦非犯人。余等係第三者懇求而撤退。在余等被違法留置期間，除不能實際參加抗戰外，其他不合理性之限制，即屬侮辱余等名譽，毀壞余等人格。歧視壓迫，其結果必釀成壓力愈重則反抗力亦愈大之慘劇。

懸旗與否，此屬余等對國家之忠誠，亦為余等之私權。況鄙人已將全體官兵要求遷延至九月之久，最近已不能再行忍耐矣。現旗杆業由寇爾斌少校偕同中華隊陳隊長時俠前來商定，由渠暨萬國商團司令私人情感暫予拆下，惟限期至本月三十一日止。余之部下既將本營房視作第二四行倉庫，且已準備為余等之墳墓，此舉係出自全體官兵，鄙人無權主張。但不合法理謬加限制行為，鄙人絕對不能苟同。相應函達，請煩查照為荷。此致

上海公共租界工部局秘書處

謝晉元啓

中華民國二十七年七月二十八日

〔註〕：七月卅日工部局總辦處納熙對此函的批辦意見是：『假如孤軍局勢確像謝將軍所述的那樣不穩定的話，也許應該獲得華董們的協助，以便使孤軍對他們的處境有一個真正的認識。』何德奎批語：『萬國商團中華隊隊長陳上尉將能探知

謝將軍和他部下的真實情緒；他也非常適合於使這些人認識到他們的實際處境。因此可將此事和這一建議一起轉知萬國商團司令。』

同日工部局代總辦葛勃正式致函萬國商團司令，謂：『今送上謝將軍七月廿八日來信的一個抄件。我不想答覆此信；然而留禁營司令也許認為有必要邀請萬國商團中華隊隊長陳上尉協助他，使孤軍營官兵們明確地認識到他們的實際處境。』

謝晉元致工部局函

逕啓者：查余等從去歲十月三十一日晨，由第三者要求我當局下令撤退以今，為時業經九月餘。在此期中，余等遵守法紀，始終並無絲毫越軌行為，以往事實，可為明證。最近因『八一三』期將屆，而余等撤退之初，英國陸軍迭言『倘君等能顧念公共租界人士生命財產之安全而撤退，留駐數日即可向滬西歸隊』；迨後，貴局亦『俟滬西戰事離開上海，即將君等送回貴國政府』之諾言，遲遲尚未實現。余等愛國情深，對我國家不能無所表現以示敬仰，乃于上（七）月二十日在本營內豎立旗杆，準備懸掛國旗。

二十二日，接得萬國商團代理司令寇爾斌少校來函，限令將旗杆立即拆除。余等認為國旗係國民對其國家表示敬仰，既不擾亂秩序，又無礙於治安，更無對任何國家有敵對行為，此屬任何國民尊崇其國家應有之權利。援引以往馬飛少校負責營房管理時之慣例，備文將原函轉達貴局在案。

次（二十三）日上午，寇爾斌少校偕同中華隊陳隊長時俠前來，交涉結果，在未與貴局交涉妥當前，由渠與萬國商團團長私人情感，要求暫將旗杆拆下，至三十一日止。迨寇爾斌少校去後，余等即將旗杆拆下。至本（八）月一日交涉仍無結果，二日余等復將旗杆豎立。

三日下午，馬飛少校來晤，謂『據報本營內由外面運進武器，擬加予檢查。』余即切實聲明，如有此事，余願負一切責任。五日上午，馬飛少校復來，擬即實施檢查。余復向其表示：『余等絕對遵守余等應遵行之法理，倘有由外面私運武器進本營房，有其他意圖，此屬余等越軌，即係違法，余個人當負完全責任。檢查非不可能，如有正式情報及情報來源之文件證明，盡應任何檢查；不然恐刺激彼此感情，以不檢查為妙。』馬飛少校經余聲明後亦表滿意，而余亦願出具任何證明文件。

關於懸旗問題，經由青年會陸總幹事幹臣、彭三美、鄂森諸先生先後前來細情調解。八日午後由何副總辦德奎、馬飛少校、鄂森律師等前來，當商定：㈠將旗杆稍裁短；㈡逢紀念日得升旗；㈢不升旗時，應將旗杆拆下。以上三項，業經當面商議妥當，並言明不用任何公文形式。十日下午，余等遵將旗杆裁短八公分，旋即豎立。十一日為敝師（按第八十八師）奉令動員周年紀念日，余等乃於早晨舉行升旗。

是晨尚有一事足述者，各部官兵以此次升旗僅今（十一）後（十三）兩日，極可寶貴，故自動集資購買爆竹，以備燃放；但爆竹運至門首時，即被警戒部隊阻止，不准運進。旋該部隊長來言：『已報告馬飛少校，即來。』余謂：『運進亦無妨，俟馬飛少校來，如因燃放爆竹恐生誤會，妨礙治安，余當令彼等不准燃放。』對於此事已無爭執，亦無任何官兵強欲運進者。八時餘，余正召集官長解釋不能燃放爆竹係恐發生誤會時，適馬飛少校來，余當請少待片刻，訓話即畢。半晌，商團吳萃其同志來告，馬飛少校已去。十時，商團陳克勤同志報告：『何副總辦來電話詢問旗杆裁短否？答以裁短八公分。本日為八十八師奉令動員紀念日，業經升旗。』答：『很好。』不料十二時，馬飛少校等突來謂：『奉令將旗杆限十分鐘拆下。』余答：『此係君與何副總辦等前來協議，表示不能同意。』片言即去。自後余目睹慘痛經過情形，此時不忍再述。惟余不能不言者，余等手無寸鐵，在場之馬飛少校所親見，余等並無任何抵抗與衝突之準備。余更可聲明，用屠殺手段，縱全部犧牲亦非所屈服。後歷三小時嚴密搜查，結果一無所獲。此足證明余以往所言不謬，益證明余等遵守余等應遵行之法紀。

若所搜去之鋼盔、防毒面具等，此係英國陸軍所欲余等攜帶者。余以此憶大英帝國軍人之偉大精神，見義勇為豪俠最高之德性。余在閘北兩月，余所身歷及余等奉令撤退時所受優尚的禮貌，使余無法用適當字句以表示余等敬崇之忱，永不能忘懷者。而早晚吹奏軍號，係前司令格來姆上校所示意而實行者。

余以往常向馬飛少校表示，人生有比生命更重要者，輒為吾人之人格與精神，生活之苦非所欲計較，但求合法之待遇。吾人為君子，光明正大，所有不合情理之限制壓迫，任何能加以吾人精神之刺激者，均非余等所欲見。余等始終並無逾越法理及過份要求，期請貴局以予解釋者：㈠第三者要求撤退，一因表現人類同情心，不忍見余等陷於絕境；其次槍彈橫飛，顧念租界中外人士生命財產之安全。今貴局收容余等是否本此意義？㈡余等已非俘虜，絕非犯人，余等法律地位及私權是否完全喪失？㈢旗杆及升旗問題，業由何副總辦議妥當，乃何突用武力強行拆除，且被毆傷亡至百十一員名之多？㈣本月十三日晨一時，貴局復派隊將余等全部官員移押此間，不知是何法律？

所有豎立旗杆交涉經過、強被拆除及以上四項質疑，特函奉達，請煩貴局賜予解答，是所盼禱。此致

上海公共租界工部局

謝晉元謹啓

中華民國二十七年八月二十日

為守門白俄衛兵野蠻行為致工部局函

逕啓者：查本日（十六日）下午三時三十分，有金科中學弗休神父率領學生八、九人來營教西洋拳擊，並作籃球表演賽；五時一刻表演完畢後，即有十六、七歲之小同學兩名先行外出，而在內門敝部所派衛兵照常以禮恭送，並代將門關上。殊料守該門之羅宋衛兵認為該小學生出門後，不應不將該門自行關上，敝部衛兵代關表示不滿，即動手毆擊，致將內中一名面部擊傷流血不止，其他一名頭部亦傷，當時全體被激公憤，幾釀事端。經鄙人竭力制止始已。按內外門現在日夜關閉。

本日，馬飛少校來晤時，鄙人曾詢問其內門在日間能否不關？因前日清晨鄙人在外散步，目睹一清潔伕役從外進入未將門關上，該衛兵即怒目強將該伕役拉出，迫其將門關上，似此恐生糾葛。依照衛兵職守，開關應由衛兵司其責，該衛兵不明職守，反出此野蠻舉動，其用心可知。

守門衛兵侮辱賓客，以往屢見不鮮。當七月二十四日晨七時，有地方團體代表二人前來接洽敝部需要何種慰勞物品，正與一軍官商談間，突有羅宋兵兩名強行拖出，並派四、五人嚴行監視情事。鄙人自八・一一升旗事件發生後，對貴局本不願多言以往之是非及將來之一切，冀得以事實與公理證實之。吾人已應中立者要求，顧全租界上之安全，而放棄原有計劃而忍痛撤退。若以錯誤觀念言之，吾人現在固然手無寸鐵，屠殺之，侮辱之；惟鄙人認為國際公理未滅，愛好和平主持正義者必能為吾人主張公道。貴局固以減少摩擦，維持彼此善意為宗旨，但此輩少數份子是否確能遵守貴局意旨，不另有居心，此鄙人所望貴局深切注意，以免不幸事件再見。此致

上海公共租界工部局

謝晉元啓

中華民國二十七年十一月十六日

為請改善醫療設施致工部局函

逕啓者：查敝部病兵以往在巡捕醫院治療，實未能與吾人以滿意，恆有一病兵醫治未痊遂行送回，待病復發又行送進，且有連續三、四次者。此中經過情形，余曾與馬飛少校言之，但未見任何有效處置，殊為遺憾。余認為最良佳之辦法，厥為今後所有病兵轉移中國紅十字

會醫院醫治。且巡捕醫院無傳染設備。按之我國慣例，凡軍人患有例似肺病者，一律限令退役。用特函達，請煩貴局深切注意昨日上午九時病故一名，相距未屆二十四小時，本晨四時又復病故一名之原因，實為盼禱。此致

公共租界工部局

孤軍營謝晉元啓

中華民國二十八年三月二十四日

為要求恢復自由致工部局函

敬啓者：查余等被羈困此間二十一月於玆矣。余誠不知因何而至此？第三者要求與我最高當局之下令撤退，因為顧念租界之安全。今中日不宣而戰，戰事遷延至何日結束，無人能預期。為此，敢請貴局深切考慮吾人恢復自由問題，此不獨公理正義與國際條約之幸，實人類文明之幸也。此致

公共租界工部局

謝晉元謹啓　七月廿六日

【編者註】工部局於接獲此函後，七月廿八日代理總辦葛勃批示：「何德奎先生：我已同總辦討論過此事，目前我們無能為力。你能將此意見轉達給謝團長嗎？」華籍副總辦何德奎批語：「好的，我將此意見轉達給謝團長。」

為白俄傭兵迫害孤軍
致工部局華籍副總辦何德奎函

德奎先生勛鑒：

許久未晤、諒一切安好吧、茲請將以下六個意見、轉知工部局有關係負責人；此種意見、元于前天曾請一位翻譯轉知馬飛少校。唯工部局對吾人用意何在、不得知之！視吾人為友乎？為敵乎？為友、吾人所受之種種無理限制與壓迫！工部局應嚴令其屬員切實遵照改善、為敵、那沒有什麼話可說、吾人當俘虜好了！兩年來元等之委屈求全、最近呂宋人之一部壓迫其他官兵者、對元個人亦時加無理限制、對待慰勞參觀各界人士之限令排隊、搜查、限制出入種種野蠻行為、現各界視為畏途、絕少願來矣、各種責任、倘工部局無人縱使、呂宋人何敢妄作妄為？彼輩蔑視中國人、看不起中國人、終有一天吧。

一、呂宋人倘以看上海中國民眾眼光來看孤軍、對付中國民眾手段來壓迫孤軍、根本錯誤。

二、馬飛少校待吾人之善意、但呂宋人不過工部局底雇佣、以元觀察、不少立心鬧事者。

三、余不解工部局為何利用此輩壓迫吾人用意何在。

四、此時發生糾紛、誰的好處。

五、不解工部局紿終不將一二不良份子嚴辦、優容即屬縱使。

六、事件必由小而大、余誠不願見八·一一事件重行排演。

吾人雖願充俘虜但決不願再受人欺凌壓迫、工部局對吾人毫無誠意、以往屢次發生侮辱事實、始終不見究辦一二、現在越來越厲、兩年來吾人處處與租界當局合作之誠意、彼輩反視吾人為畏葸！為可侮！故特作最後喚起工部局之注意其應盡之責任與義務、匆此敬祝

公綏！

謝晉元拜上　廿一日

【編者註】本函係謝晉元將軍致工部局華籍副總辦何德奎函。由於這時孤軍羈囚已整整兩年，並迭受白俄傭兵蓄意迫害。（前函中之羅宋人及本函中之呂宋人，均

指俄國人。羅宋人為滬語。呂宋本為國人習稱菲律賓，然此處恐係謝將軍誤「羅」為「呂」，仍指流浪在滬之白俄，而非菲律賓人。）謝將軍及孤軍情緒憤懣，以致在書寫本函時，文字甚為零亂，標點符號亦錯漏極多。為存其真，以表示當時謝將軍之憤慨，特予原文照錄，不加修改。

為對孤軍營種種不合理待遇
致工部局總董樊克令函

樊克令總董閣下：

查余等羈困此間兩載又二月矣！悠悠歲月，誠有不堪言喻之痛！閣下處於惡氛重重底環境，肩負租界重任，此項艱巨與不屈不撓奮鬥之毅，余誠欽仰與感奮莫名。閣下本貴國法治精神及維護國際條約信義之神聖立場，而為余等主張公道，吾人既永記勿忘矣；且當益加奮勉，無負愛護之至意焉。

際茲閣下公務繁忙，殊不願多所煩擾；唯余實迫於無奈，故以至誠為閣下一陳之。

1中日已未宣而戰，日本向世界宣傳僅屬衝突，吾人自由不能援引國際公法『交戰國軍隊逃入中立地區須俟戰事結束後恢復自由之條例』其理甚明，歷史無此例案。『八・一三』

後，租界當局已有處置逃卒前例。兩個月前德、波不宣而戰，羅馬尼亞對波蘭政府人員及陸空軍之僅解除其武器，此非特殊，不過羅國執行國際公法，德國已無法理根據，抗議無由。兩年餘來，租界當局始終未有恢復吾人自由之企圖，當然日人無由反對。況廿世紀，非上古野蠻時期，租界已釋放其逃卒于先，孤軍撤退，以戰略戰術言，于日人有百利無一弊，縱有反對，提據法理駁斥，日人當不敢以區區三百餘人甘冒天下大不韙也。

2本年五月余等因此第一次于夜間越鐵絲網離營士兵三名，越數日於夜間又離去一名，由何處出去，均有證據，且余得報後，即刻通知羅宋衛兵，因吾人誠不願有此事件發生也。六月馬飛少校來言，以余等困此過久，恐兵心因此益增不安，咸思效法，請暫將會客人數加予限制，以安軍心；並迭言渠將離滬回國，請余為其協助，免增渠個人困難。彼時渠與余言（前來參觀慰勞之各界團體）為成年男性廿五人，女性不計，超過此數，可先用電話告知，數月相安，惟近兩月來，已逾此例，不論老少，十歲以下幼童，亦以不超過廿五人計，中國國民愛護其國家軍人，初與世界任何國民無異，余最近迭次聲明，兩年來參觀會客從無發生絲毫弊端，此有事實可考，對會客參觀出入人，余願完全負責，取銷此種壓迫中國國民愛戴其國家軍隊之限制，未蒙照辦，雖在天氣嚴寒，亦驅婦兒站立於馬路邊，待時進入參觀。此種不合人道毫無理由之壓迫，實文明國人之污點。

3表演話劇，亦於參觀人數同時限制，必先檢查。余對話劇早有規定，凡能憤激情感及誘惑者概不歡迎表演，須適合於詼諧可令人發噱者為宜。且余等困于鐵絲網內，宣傳何益？根本亦無須乎加以宣傳，檢查不外乎加以宣傳，檢查不外無端加于限制，使余等精神唯一食糧，遭受絕大打擊。

4兩年來相安無事之照相機，比月來已被扣留三次矣（十月廿七日，十一月十二及卅日），以往凡參觀帶照相機入營，非經余親自允許，任何人不能攝照，且屬余等主權，照相絕無與任何人發生爭執之虞，似此，余等生存意義已發生威脅。

5患病官兵住於巡捕醫院，該院醫生對待官兵，常無禮貌！且醫務人員，官僚態度！余去年曾五請貴局將病兵轉移中國紅十字會醫院，未得回覆。且該院無特別病房官兵雜住，尤為不宜；上月卅日，該院謝醫生復用言語侮辱全體病兵，致咸抱公憤回營！現患病官兵不願再住該院，以待轉移醫院。

6八・一一懸旗事件，被搜去全部鋼盔及廚房用具等，至今未見送回。

7余等羈困此間兩年餘，無時無事不委屈求全，忍氣吞聲。可是羅宋人益以此為禁錮之虜囚！余曾多次函貴局及當面將事實告知負責者，無奈稍空泛事件，即借辭搪塞，不了了之。而具體事實，舉其一二：去年十一月十六日下午金科中學學生由神父一人率領來營表演拳術及比賽籃球，事畢，有一十六歲小學生回去，羅宋衛兵本司開關門之責，但該衛兵以小學生可欺，以未將門關上，即舉拳擊之，致頭破血流。其次為本年元旦下午，住巡捕醫院病兵兩名，無故受羅宋衛兵毆打，余因時屬元旦，事後口頭通知馬飛少校，但對此彰彰明甚侮辱之事實，亦未見嚴厲懲處一二，其他可想知之矣。而現在營房周圍，借防範外來的襲擊為辭，鐵絲網層層構築，並加機關槍，此種不光明不友誼之敵對行為，余認為極端侮辱。

8余等所用經費，除按月所借四千五百元給養，由余正式按期出具收條外，若貴局向我政府請求歸還墊款賬目，余曾函詢究竟？但未見明白答覆。如以吾人用費余等不必過問，則按月四千五百元借墊給養，亦何須乎限制余必按期親筆書寫收條？此種矛盾事實，誠不解是何用意也。

余等原無他求，恢復自由為貴局應負責職；其次為合乎法理待遇，勿加精神上之侮辱與刺激及用有效方法取締羅宋人無事生非，故意刁難。彼輩份子複雜，良莠不齊，如依照國際法陸戰法規之原則（指宣戰國逃卒），吾人今日亦不受此種種不平之待遇也！對參觀人之限制表演話劇必經檢查允准及照相機之限制入營，余考慮再三，亦不知商團用意何在？已不妨礙秩序治安，以往又從未發生弊端，余亦可完全負責，無論如何，商團恐怕不會認吾人為敵國俘虜吧？鋼盔為撤退時，英軍所欲吾人攜帶者，且貴局已有命令商團送回。工部局命令巡捕醫院必須留治患病官兵，以一醫生，尚且無故侮辱病人；羅宋兵之不法行為，不加有效制止；吾人已無求於工部局，而要求墊付賬目公佈，亦置諸不理！凡此種種，余深悉閣下公務繁忙，又非直接負責者，必不了解其中事實情形，故敢不避冒昧，縷述陳之，懇予協助，並望不吝教益，至盼至禱。敬頌

公祺

謝晉元拜啓　　十二月九日

一六四　抗戰初期上海與廣州四郊軍事工程

沈怡任上海市工務局長多年，抗戰初期，上海四郊軍事工程全由其督導。上海失陷，又任第四路軍總司令部工程顧問，實際上就是督辦廣州四郊軍事工程。據其在傳記文學第二十七卷第四期所發表的「抗戰初期廣州四郊軍事工程」一文，對於建築兩地四郊軍事工程的經過，記述頗詳，感慨亦多，特節錄于後：

「先言上海，既是軍事工程，經費當由中央負責。但是當時硬把有關經費的責任放在地方身上，而地方呢，由於財政短絀，不得不縮小範圍，力求節省。真正說來，當時中央這種辦法是不太合理的。」

關於工程設計，「由南京派來的參謀人員會同當時淞滬警備司令部的參謀人員，作了決

定就算數。……他們給我的印象和各機關科員有許多相類似的地方，也可說各機關有為世詬病的『科員政治』，當時軍事機關難免也有相彷彿的『參謀政治』。……上海四郊所築掩體，它的位置就如上述由幾個參謀人員所作的決定。由於估計敵人登陸地點發生錯誤，掩體一共才二十餘個，相距甚遠，不相聯接，如同孤島，不能織成火網，抵擋敵人，致使若干掩體失卻效用。不僅如此，那些掩體圖樣都是由上級軍事機關頒發下來，我們只能照著做。須知圖樣高明與否，對做工程的說來，猶如文章好壞，內行人一看便知。上海當時所做掩體，那些圖樣不知出自誰手，可以改進的地方甚多。但是誰也不敢改動，因為這是上面發下來的。」

「一般說來，在我們做工程最感困擾的不是技術，而是技術以外的問題。最使他們啼笑不得的，就是那些居監督和管理財務地位的人對工程並非內行，只是挾上級或法令規章之尊，一味官話，痛癢不關。他們只知抓緊一切，管得你動彈不得，但是遇到發生問題時，那些人卻沒有一點責任，一切責任都還是在做工程的人身上。這種情形在抗戰以前特別顯著，抗戰初期稍稍好一陣子，及至情形安定下來，又是故態復萌了。這不是我個人的問題，而是觀念上的基本問題，因為我們許多法令規章的出發點，都是非常消極，一味只知防人作弊。實際弊並沒有防得了，能使規規矩矩想做事的人束手縛腳，一籌莫展。這種消極的基本觀念如不能隨時代而有所改變，真不知要誤事誤國到何等地步！」

「再說廣州的四郊軍事工程，在經費與材料方面由宋子文負責，進行已經容易多了。沈怡又以第四路軍司令部工程顧問名義負責督導，可以向總司令部直接陳述意見，更不怕沒有人理會了。當時沈怡是在資源委員會任職，因迫於情面，不能不在廣東兼差，每一、二個月往來於漢口與廣州一次，一切重要工程人員，雖多是沈怡在上海的原班底，但是不如理想的事，仍層出不窮。例如：

第一批掩體工程原定三個月內完工，論抗戰形勢之亟迫，三個月的時限原已十分長，此是五月中，早已超過三個月，而完工卻少之又少，大部份都是才開始。幸而敵人不即南下，否則那有時間可以讓我們這樣慢慢的做。……其次已完工的小部分掩體，當我去視察時，完全暴露在外，毫無遮掩，更談不到偽裝，而那時天天有敵機在上空飛過。水泥掩體的顏色，給泥土一襯托，格外來得顯著，這不是明明放著給敵人看，我們在此築有一道防線，他們豈有不在空中拍攝照片。於是我急問各工務所的人：『何以不立即偽裝？』他們回答說：『由於尚未驗收。』我又續問：『何不請求驗收？』他們又說：『已經請求多少次，但上面說等全部完工後一起驗收。』這樣就只得露天放著。在如此緊急危難之際，這批坐在衙門辦公足不出戶的人，猶是一片官腔，誠使人欲哭無淚。」

「還有記者報導這條防線曰：『廣東馬奇諾』，這未免說得過份一點，但平心而論，比較淞滬當時的防線確是高明許多。……豈知後來聽人說，當時費了九牛二虎之力做成這條防線，實際上並未利用，能不使人痛心。」

以上所記，都是數十年前的往事，而且屬於地方事件。沈怡為什麼寫這段事，編者又為什麼要轉錄這段事，都是懷著「懲前毖後」的心情吧！

一六五　長沙大火真相

長沙大火時，張振國服務第九戰區長官部，擔任調查室主任，兼管軍事情報，於長沙大火後兩天，追隨司令長官陳誠，到達長沙，是參予處理長沙大火事件，審判酆悌等案當事人之一，當時真情實況知之甚詳，故其所記最為確實，特錄其結論如下：

一、長沙大火，確是張治中主謀，我們得有他所頒「破壞長沙實施辦法」一份為證。在該辦法中他指示所屬兩個保安團，其中某隊破壞某一條街，某隊破壞某重要建築物，分工分得非常詳細，汽油、爆破器材，也準備週全。時間是十二日午夜開始，分七十二個地點，同時實施。警察從中協助，以打鐘為號。他做得非常保密，連他親信左右的人，以及各部主管，都不知道。

二、大火發生後，酆悌事先根本不知道。那晚酆悌正在睡覺，經侍從人員喚醒後，深感驚疑，馬上找張治中請示善後處理辦法，不得要領，而張又深夜逃走（逃湘潭），酆又無法與團隊警察連絡，措手無策，坐以待旦。

三、團隊、警察放火，均已離開長沙，以是長沙治安秩序，無人維護。長沙重要建築，以及大街小巷，都已化為灰燼，全城精華變為頹垣殘壁。……可憐一般老百姓，事前一點不知道，臨時單身逃命，葬身火窟的軍民為數不少。

事後，蔣委員長由桂林來長沙巡視，下令將酆悌及警察局長、保安團長等三人扣押，禁閉在委員長行轅之何鍵公館中間門房裡，絕對禁止任何人接見。不過張治中同酆悌密談過一次，內容是張要求酆不要把張牽涉在內，讓他在外好替酆活動。

特別組織審判委員會，林蔚文為審判長，長官部參謀長施伯衡為副審判長（按軍事法庭組織法僅有審判長、審判官，而無副審判長之設置），戰區軍法監盧將軍為主審官，派張振國充協辦兼紀錄。

大火真正主使人是誰，大家心裡有數，各位承審人，均採為國惜才為宗旨，避重就輕。但酆悌始終表示一切責任，由他個人承擔，從不把張治中牽扯在內。在口供紀錄中，我們並未錄入酆悌承認一切由他本人負全責字樣。但交他閱讀畫押時，他又一再親筆填寫，錄上由他負一切責任，實不失為一位英雄好漢。

審判結果，酆悌處有期徒刑十二年，徐等二人各判七年，專案呈報最高當局核示，奉批「一律槍決」，附批「張治中撤職查辦」。

酆悌臨刑時，大聲叫道：「張治中，你這個忘八蛋，我上了你的當，我死了，我的鬼魂也要找你。」一直怒罵不停。（摘錄張振國，長沙大火真相，載「中外雜誌」，第十八卷，第六期）

按張治中後來僅受撤職留任處分。嗣因湘籍將領四十九人聯名請求懲辦元兇（張治中），始予調離湘省主席之職，改任為侍從室第一處主任。張離湘之後，湘中文士書贈一聯：「治績安在，兩大方案一把火；中心何忍，三個人頭萬古冤。」再加橫匾：「張皇失措」。

一六六　酆悌含冤而死

抗戰時期長沙大火，全城灰燼。今日閱讀酆悌十一月十二日日記，略謂：下午主席（張治中）召余與徐與可商談，準備破壞長沙，成一片焦土問題。主席謂奉委座電令，長沙失陷，應焚燬。主席唯恐辦得不徹底，故一再慎重指揮人員，及執行者。……後彼親自決定，以警備團徐團長崑為總指揮。以該團士兵組成三人一組，共百組擔任此種任務。余等辭退，即召徐（團長）商討，告其準備動手時，應以放緊急警報，奉主席最後命令，始執行。不料當晚二時半突然起火，四處大火封街。余得報告，深為駭怪……此即去主席公館……余即報告忽然起火情形，彼此嗟嘆，莫明其故云云。在其日記中，一再聲稱，彼並未發縱火命令，且所指揮部隊亦非其保薦者各有背景，不能完全聽命。此一公案，至今未曾有明白交代。

一六七　韓復榘被逮

抗戰期間，山東主席韓復榘懷貳心，不戰而退，坐視敵軍於民國二十六年十二月二十三日在青城、濟陽間渡過黃河。二十四日韓撤離濟南，將其主力移往魯西的單縣、曹縣、城武等地，對敵軍避而不戰，以致津浦兩側門戶洞開，敵軍因此長驅直入，連下泰安、濰縣、博山、大汶、濟南等地，如入無人之境。且韓復榘又在其所轄後方幾個地方暗藏武器，倘戰事再不利，則退往西北另成局面。事為蔣所聞，復經調查屬實，乃於民國二十七年一月十一日，下令革除韓的本兼各職，拿交軍法執行總監，依法懲治。此一任務交由軍統局長戴笠執行。

不久，韓復榘接到讓他去開封開軍事會議的命令，並且准他帶領衛隊一營人。韓不疑有他，帶了他最心腹最精銳的手槍旅一團人（或說一旅人），掛專車由隴海路西上開封。

當韓的專車到達開封，戴笠已佈下羅網，開會時突然拉起緊急空襲警報。車上人員動了手腳，以躲避警報為由，將韓的手鎗衛隊旅所乘的列車，加速開到事先埋伏好的地方停下。在四面機槍圍繞之下，繳下手槍旅的械。韓的隨身衛士三十人，由憲兵帶頭，跑步避往指定的防空洞，一律繳械。韓本人則在休息室內被逮捕，押上事先準備好的專車，直開漢口，由一團長解送軍法審判，於二十七年一月二十四日判處死刑。在押解途中，韓復榘親語此團長：「我所有的錢皆係委員長賞賜，未敢貪污。」此團長後亦來台，舉以告人，始得證實。

一六八　再記韓復榘被逮經過

萬建蕃言，韓復榘在對日抗戰期間，猶存軍閥作風，以保存實力是務，不肯積極作戰，不戰而放棄濟南，其尤著者也。中央乃藉召開軍事會議，召其與會。復榘亦頗心虛，親率精兵一旅，乘鐵甲車來，以防萬一。中央由戴笠預為佈置，開會及半，乃假放警報，疏散一切車輛，復榘所帶一旅之兵，仍駐鐵甲車上，亦不得不隨其他車輛一併開往郊外，即全部繳械。迄開會完畢，由侍從室主任錢大鈞對劉峙說：「經扶兄，請你陪韓總司令上樓談談。」開會本在蔣之臨時行轅舉行，劉峙與復榘先坐在一房間適與蔣之辦公室隔壁，未便，乃臨時另移一間。未幾，憲兵來，乃將復榘帶走，交付軍法審判。翌日，繼續開會，宋哲元起立，請求對復榘從輕發落，蓋念西北軍舊情，亦足表示哲元猶有北方人之風格。越數日，一兵上樓，請復榘下樓，復榘前走，猶不知其將服刑，正下樓及半，兵士從復榘背後放出一槍，復榘隨即滾下樓梯，畢命。在軍事法庭中，審判官問復榘：「你那來如許錢財？」答：「全是委員長賞賜。」

一六九　**委座賞賜，不敢貪污**

抗戰時，韓復榘被捕，交付審判，審判官問韓何以貪污。韓答：「我并未貪污，現在我在銀行存款五十餘萬元，皆委座逐次賞賜之所積累而成，不敢貪污。」

所謂五十餘萬元係韓復榘存於中國人所辦銀行，而其被查出者，存於外國人所辦銀行，或已購置了房地產，必不在此數之內。

一七〇　**「七七」抗戰之初，中日兩國戰力比較**

陸軍：日本有常備師十七個師團，由於編裝完整，日本一個師團的戰力，大約相當中國八到十個師。中國當時只有步騎兵約九十個師，砲兵兩個旅又十六個團。（中國砲兵恐怕沒有那樣多）

海軍：日本當時有兵艦一百九十餘萬噸，僅次於英、美兩國，佔世界第三位。中國兵艦只有五萬九千噸。

空軍：日本陸海空軍共有飛機二千七百架。中國空軍飛機約六百架，可用來作戰的，僅三百架。

日本戰略資源，大約仰賴外國輸入，不能持久作戰。

中國有大於日本三十一倍的土地，多於日本五倍的人口，潛力極大。（參閱七七抗戰四十週年座談會，蔣緯國發言，載「現代中國」季刊第二版）

據祁國軒在同一座談會所言：「人家一連有九挺機關槍，我們只有三挺、二挺。」

又據冷欣在同一座談會所言：「敵人有飛機轟炸，有陸地上砲兵，有兵艦上砲火，本師（第五十二師）沒有飛機掩護上空，也沒有高射砲和大小平射野戰砲，連小砲都沒有，工事上沒有鋼管水泥堅固的堡壘，連鐵絲網都沒有，只憑一些土工作業臨時急造的戰壕和掩體而已。但是我們有以一當十、以十當百、以寡擊眾，大無畏的革命精神，和以血肉之軀築起的抗日長城。」

一七一　八年抗戰，軍民傷亡究多少

據聯合報記載：中國自「七七事變」被迫奮起抗戰到日本無條件投降為止，歷時八年又一月零七天，會戰二十二次，重要戰鬥一千一百十七次，小戰鬥三萬八千九百三十一次。

中國官兵死傷：

陸軍—陣亡一百三十一萬九千餘人，失蹤十三萬餘人，負傷一百七十六萬餘人，合計三百二十一萬餘人。二百〇六位國軍將領壯烈成仁。

空軍—陣亡四千二百餘人，負傷三百四十餘人。

海軍—人員傷亡不多，所有艦隊損失殆盡。

民眾—人民直接間接死傷者在二千萬人以上，流離失所者達一億以上。

財產資源損失，無法估計。

據三十四年五月份何應欽將軍報告，關於壯丁征集入伍，送到前線作戰者，計自抗戰初起之二十六年七月至三十四年五月止，全國共徵一千三百五十五萬餘人，而各省正式軍隊開赴前線的兵員，尚不在此數之內。其中以四川、湖南出兵數額居第一第二位。

一七二　對日抗戰，中國兵員究多少

在對日抗戰中，中國兵員死傷人數，前已記之。茲再記在八年抗戰中，中國兵員在前線作戰者，共計一千三百五十五萬餘人，以四川出兵最多，湖南次之。而各省正式軍隊開赴前線的兵員，以及將領在殲敵缺少兵源時，又派人回自己家鄉招募之普通兵一併算來，當在一千四百萬以上。在今日世界上，其人口在一千萬以上者，已可說是中等大國了。

一七三　陳光甫在美接洽貸款

美國財長摩根索於一九三八年七月訪問巴黎，曾對顧維鈞表示，其過去與陳光甫談判白銀之愉快經驗，認「陳氏為一直率而絕對信實之商人，彼對之非常信任」（見顧維鈞回憶錄，卷四，初稿，一八八頁）。陳光甫為一銀行家，治事注重切實易行，深信任何建議必須顧及貸款者之處境，不應專重借款者之片面利益，方可使談判得有結果。故光甫抵美，果不辱使命，先後貸款如下：桐油（一九三九）二五、〇〇〇、〇〇〇美元；錫（一九四〇）二〇、〇〇〇、〇〇〇美元；鎢（一九四〇）二五、〇〇〇、〇〇〇美元；其他金屬品（一九四一）五〇、〇〇〇、〇〇〇美元。（參閱中國年鑑（China Handbook）一九三七－一九四五年，一五九頁），此外尚有信用借款五〇〇、〇〇〇、〇〇〇美元。光甫在紐約設立世界貿易公司（Universal Trading Co. of New York），主辦中美貿易，履行借款條件。迨一九四二年六月二日中、美締結租借協定，奠定合作互助原則，以為共同作戰之基礎。從此美國對華援助更由經濟而擴至軍事，但因「歐洲第一」戰略以及運輸上之困難，數量仍屬有限。

陳光甫特別告訴摩根索：「彼既非外交官，亦非政治家，且永不願投身政治，因政客壽短，而彼竟克享天年。」光甫果享壽九十六歲，但最後數年，臥病床褥，不能動彈，飲食且需人餵之。彼雖未投身政治，但李宗仁競選副總統時，曾出力為之聯繫。綜其一生，創辦上海商業儲蓄銀行，抗日期間，又為政府借得大筆貸款，其功績實不可沒。

一七四　邱吉爾一電阻止了美日談判

一九四一年十一月二十日，日本野村、來栖兩大使對美提出最後五條件後，美軍部以備戰需時，密勸國務卿赫爾，對日暫行讓步。赫爾乃提出一臨時措施，對案數條：一、日軍撤至北越，為數不得超過二萬五千人；二、西方各盟邦放寬油禁，解凍日資；三、三個月內，商定遠東和平辦法。此對案二十四日提向中國胡適大使及荷澳紐英各大使，分別商詢。胡問：照此辦法，日本是否仍能對華侵略？赫爾答曰然。翌日，我外長郭泰祺覆電告胡云：蔣反對極烈。但赫爾仍向胡適堅稱「臨時措施」之利益。胡退。其時已在二十五日深夜，邱吉爾電至，略謂吾人誠不願再增一戰事，但如此措施，對於蔣介石將如何？蔣之局面已極脆弱，若遂崩潰，吾人將亦增困難。赫爾意動，遂罷「臨時措施」之意，二十六日提報閣議，自是美日談判斷絕。十日後，珍珠港之變遂起。可見並非如外間所傳，由於中國大使胡適之痛切陳詞，而美日談判始中輟。真正阻止美日談判者，是邱吉爾。

一七五　在美採購戰時物資

民國二十八年，美國為避免介入中日戰爭，同時願以戰事物資助我抗日。為遷就美之中立態度，我國乃組織器材供應公司，以美國貸款在美採購戰時物資。其中以運貨卡車為最多，凡全套設備修理車陸續得到二噸半及五噸卡車五千餘輛，修理車十餘輛，為長途崎嶇山間無路面之滇緬公路使用。除美人組織飛虎隊由印度輸入有限器材外，此係我僅有陸路由仰光輸入戰資生命線。

另有一種為租借物資。根據民國三十三年八月美國官方發表：截至本年六月三十日為止之租借物資供應狀況：㈠運往中國之租借物資總值一億五千餘萬美元；㈡運往各國者總值二百八十二億七千餘萬美元；㈢英聯合王國所獲物質總值九十三億二千餘萬美元。

一七六　英國在戰時對華之貸款

國人只知美國在對日戰爭期間曾予我數次貸款，而英國之對我貸款，則知者不多。英國在一九三九至一九四一年期間，對我出口貸款共計八、〇四七、〇〇〇鎊，共分三次：第一次（一九三九），一八八、〇〇〇鎊；第二次（一九三九）二、八五九、〇〇〇鎊；第三次（一九四一）五、〇〇〇、〇〇〇鎊（見中國年鑑，一九三七—一九四五，一六四頁）。惟據顧維鈞回憶錄，當時顧適駐節倫敦，英外相艾登承諾以五千萬鎊貸予中國，根據租借原則，作為在英購置軍火及軍用器材之用。但以英國既無此鉅款，工廠方面亦難期為同盟國製造軍火，故中國僅得英國承諾之一小部份貸款。

一七七　英國膽小如鼠

據程天放言，美國駐德大使 Wm Dodd 親口告訴他，九一八事變時美國史汀生(Henry L. Stensons）曾和英國接洽共同對日施用壓力，因英國外交部不贊成，美國國務院只好袖手旁觀了。

一七八　英國對我抗日，時予阻撓

在我國抗日最緊急時期，民國二十九年七月十八日，英國與日本簽訂協定，封閉緬甸公路，使美援物資無法輸入我國，直至同年十月中旬因德義日軸心國，已締結互助攻守同盟，始予重新開放，此為世人皆知之事，無需敘述。當時我國空軍兵力非常薄弱，在飛虎隊未來之前，擬先向英國借用空軍兩中隊，由美國駐華軍事代表團長麥格魯將軍奔走其事，亦無成。一九四二年兩船美國援助中國補給品經仰光而來，忽被英國扣留。後經蔣委員長力爭，始放行。其他英國無論中央或地方所予我方不便之事，更不勝悉舉。

其後，對日戰事結束，反對中華民國參加金山和會的又是英國。

一九五二年一月五日杜魯門與邱吉爾在美會談之際，英國外相艾登又反對日本與中華民國建立外交關係。

先，韓戰爆發，中華民國外交部於六月二十九日向美國政府提出，願派遣三萬三千陸軍精銳部隊參加聯合國部隊援助韓國。此時，正是漢城業已淪陷，韓國部隊全線崩潰，向釜山退卻之中，而中華民國距離韓國最近，是能以赴援最快的友軍。但英國表示，業已承認中共政權，「不能與中華民國軍隊併肩作戰」而表示反對，以致未能實現。

一七九　美國出賣盟邦

在雅爾達會議，蘇俄答應在打敗德國九十日後，參加對日戰爭，但各盟國必須擔保左列的幾個交換條件：

(1)讓蘇俄控制中國東北的重要出港口旅順港；
(2)蘇俄在中東鐵路的管理方面，得恢復帝俄時期的優越權利，大連港亦如此；
(3)外蒙古政權是在蘇俄控制下的蘇維埃政府所掌握，中國應承認目前的既成事實。

羅斯福之所以答應史達林的要求，並願負責取得蔣委員長的同意，據隨同羅斯福前往雅爾達的人所作的答辯，則稱這完全由於馬歇爾及其他參謀首長對於日本作戰力量，作了一個錯誤的估計。同時又過份強調蘇俄軍隊在擊敗日本的過程中所發揮的重要性。此外這些參謀首長們相信史達林對美國國務卿赫爾所作的承諾，並不十分明顯。因此他們主張為了達到蘇俄參戰的目的，對於史達林所提出的要求都可以付給任何代價的。這是美國一方面的打算，他們忘記了這種代價不是由美國付出，而是由其盟邦中國所須付出的。更荒謬的是這種代價事先並未取得中國政府的同意。

中國大陸失守，原因固多，而雅爾達密約則為其原因之一，無可否認。倘中國大陸不失守，則必不會發生韓戰與越戰。而美軍在此兩戰場傷亡人數幾超過對日作戰的數倍，豈上帝果有意予以懲罰嗎？

一八〇　未能預防雅爾達協定

雅爾達秘密協定，損我主權過甚，據美國國務院白皮書言，我方並未提出反對或抗議。今日詢問魏道明其故安在？魏謂：「我在聆聽羅斯福所述雅爾達協定大意後，即刻予以最尖銳之答覆，迄密約已成，反對或抗議，又有何用？」於此，我不能不追述一段經過，當我（編者）聽到日本偷襲珍珠港消息後，即認為中國得救了。但東北是否可以完璧而歸，猶未可樂觀。蓋戰事一旦到了決定性階段，蘇俄必將先出兵搶我東北。所以我當時主張兩事：一為即與美、英兩盟邦商談如何以全力協助我收回整個東北。換言之，即為如何預防蘇俄乘機進兵搶奪我之東北。此時，歐戰正在緊急階段，盟邦所需於我者尚多，諒會同意此一方案。一為應將國軍逐步北移，一旦戰事進入另一階段，則可搶先進入東北。我並將上述二點意見，託人轉陳政府當局。據雅爾達會議資料顯示，當史達林提出對我東北之要求時，即有人提出蔣委員長是否會同意的問題。倘我事先曾與盟邦正式交換備忘錄締結一種協定，則他們已有心理準備，決不會發生同意與不同意的問題。第二點如能實施，亦不會發生國軍進入東北而無法登陸的問題。

一八一　杜魯門為何對中國無好感

杜魯門對於中華民國與蔣委員長素無好感。一則由於當時國務院及杜左右均為共產黨同路人所包圍。杜魯門就任總統之第一日，其辦公桌上就放有一件公文詆譭中華民國與蔣委員長。所以杜魯門一談到中華民國與蔣委員長即面色發紅，有忿怒之意。二則當其與共和黨杜威競選總統時，外間傳說中國政府曾捐一百萬美元為杜威競選經費。是可忍，孰不可忍。當杜魯門競選總統之時，加利福尼亞州共產黨曾對其黨員發出通告，謂不宜選以左傾相號召之華萊士，而應選杜魯門，並以全力打倒杜威。時賴景瑚（璉）正在美國，親眼看到此一通告。（據賴景瑚言，當杜魯門與杜威角逐總統寶座時，他正在美國，與陳立夫常有來往，確知中國並無以一百萬美元捐助杜威競選事，完全係共黨故意造謠，以中傷政府。杜魯門果中計。）

一八二　駐歐使節意見

抗戰期間汪精衛仍在重慶，政府曾電令本國駐外使節探詢中國究應與軸心國抑與英吉利等國合作，並令駐歐洲各使節在巴黎商討意見。袁冠新以國民黨駐法總支部委員資格出席。據謂當場劉文島主張與軸心國合作，郭泰祺主張與英吉利等國合作，顧維鈞主張俟各國政府表示態度後再說，並且主張在呈報本國政府時，不說明某人何種主張，僅說有兩種主張。郭泰祺則主張明白提出某國某國態度如何，某使節某使節主張如何。大體郭泰祺曾直接致電蔣委員長表示意見。英國狡猾不表示態度，深恐中國提出條件。後郭任外交部長，因修建部長官邸，當時報紙痛詆郭氏在抗戰艱難期間，浪費公帑之不當，於是最高當局在致詞謂外交部長郭泰祺另有任用云云。

一八三　美國務院不容反共官員

羅斯福逝世，杜魯門接任，就職一年後，正擬策劃美國政府戰後對華政策，拉鐵摩乃毛遂自荐，以專家及曾任中國政府顧問資格獻策。杜氏照例將其說帖發交國務院研究，國務卿復交遠東司審查。時霍貝克任司長，霍氏反共而親華。國務院左派竟聯合外力，加以排擠，使之出任駐荷蘭使節，而由文生接替其司長職。文生審查拉鐵摩之說帖後，大加讚揚，力主採用。國務卿與總統對於遠東問題既非嫻熟，自然照例批准。

一八四　三個月垮台

據魏道明言，華萊士自華回美，揚言中國政府三個月內必會垮台，羅斯福約見魏道明，先言外間傳說中國政府將於三個月或六個月必將垮台。魏答：「外間不知多少次傳說此項消息，但中國政府仍屹然未動。」

一八五　珍珠港事變，美國海空軍何以會損失慘重

日本偷襲珍珠港，使美國海空軍慘遭損失。據聞美國情報機關早譯出日本密碼電報，知其有偷襲企圖，而仍未為之備。後美政府派員予以調查，亦未有具體結果。究竟癥結何在，久久未能其詳。今日始悉羅斯福確欲與日宣戰，而其國人則不願戰爭，乃故意鬆其戒備。另一原因，其時美國在檀香山海軍軍港，戰艦雲集，有如展覽會場，在空軍基地，有飛機數百架，排列成行，每機間隔約十公尺，都用四根鐵鍊繫在地上，看去十分整齊，有如機海。當時即有人指出平時兵力過於集中，倘遇敵人來襲軍艦如何疏散，飛機如何起飛？該地指揮官笑而言曰：「豈能有此奇事？」。

美國駐華軍事代表團長麥格魯將軍（General John Magruder）對於此種警告，亦言日本決無斗膽進攻美軍，不足為慮。

豈知居然有此「奇事」，日本居然有此「斗膽」，遂使美國遭受至今猶無法交代之損失。

一八六　史達林注視中國抗日戰爭

中國抗戰一起，彼（蘇俄）很希望由此引起他們所謂「帝國主義之混戰」，他最怕中國與日本妥協。抗戰初期蘇聯之所以援助我們（也是由中國用物資交換）多半出於這個動機。這裡又有一個歷史的祕密鏡頭，那便是我們南京失守武漢緊張之際，蘇聯很擔心於中國會妥協。史達林曾經特別詢問我國駐蘇大使楊杰，中國是不是可能妥協？楊答絕對不會，而且說如果我們中途向日本屈膝，我願立即自殺。史達林冷然說道，我國（指蘇聯）的館報總說中國即將罷手，恐怕是他們活得不耐了吧，不久即換了大使。新任大使一到重慶，詳列清單願意支援中國飛機多少、坦克多少。經過汪記和平運動，蘇聯看到中國真正不致中途屈膝，而且越來越堅強，從此也沒有再來援助物資了。（羅敦偉：五十年回憶，一一五頁）

一九四三年國民黨五中全會開會，有擬乘俄德戰爭未了以前先將中共圍剿解決者，周恩來親訪美使館阿琴生代辦，希望干涉，同月十四日蘇俄大使館亦訪美館，倫敦英外部亦因蘇聯之託，群向華府設法勸阻。國務院中國科乃奉命告宋子文。子文轉蔣。蔣在全會開幕前重申以政治手段解決中共問題之旨，討伐之議始寢，見白皮書又費思（甲）八六頁（梁敬錞，「開羅會議與中國」，亞洲出版一三三頁）。

一八七　史諾與毛澤東之談話

（在E. Snow所著Red Star Over China一書中記載毛澤東的談話是說第三國際的電報是給鮑羅廷而為Roy找到了副本，究竟何說為是，待查。）

在Snow同一書中記載毛澤東曾向史諾更明白地承認了蘇聯對中共的控制。對於一九二七年事件該負主要責任的是中共領袖陳獨秀。毛澤東攻訐陳氏說：「陳獨秀從未把第三國際的命令給黨的其他領袖看過，同時也從沒有和我們討論過那些命令。」在該書之內，接著還記載中共領袖的下列自述：

「第三國際在軍事上、政治上、財政上和智識上給予中國國民黨革命的積極協助，直到一九二六年，主要都是受著第三國際領袖齊諾維夫的指導的……從一九二六到一九二七年春天中共鎩羽，是由史達林領導著第三國際給中共以作戰方略和訓令的……當齊諾維夫任第三國際主席時，他對中共和國民黨合作的政策完全支持的，可是等到史達林來執行同一政策時，齊氏卻加以嚴厲的攻訐……史達林於中共失敗後為自己辯護說，只有非馬克思主義者的托派，才會認為失敗的主要原因在第三國際所訂作戰方略的錯誤。」

一八八　蘇俄畏日而聯日

龔浩言：蘇俄始終畏懼日本，而不把中國放在眼裡。當武漢清黨，驅逐蘇俄顧問，時唐生智獨欲留嘉倫於中國，蓋深知嘉倫為一軍事長才，不欲放走，以為中國之害。乃嘉倫竟得日本軍艦護送至海參崴，即此一端，可見蘇俄之與日本早有勾結也。後嘉倫為遠東軍總司令，擊潰張學良之東北軍，迫訂城下之盟。九一八事變，日本侵佔東三省，成立滿洲國，為中東路事，蘇俄始則將中東路車輛停留俄邊境而不放回，日本遂加以恐嚇，聲言如不將車輛放回，則蘇俄人在東北者，即不得行動。於是蘇俄乃提議出賣中東路。日本必欲之出賣於滿洲國，蘇俄亦照辦，使蘇俄不得不在事實上承認滿洲國。當國際聯盟派遣李頓調查團，蘇俄即曾拒絕參加。馬占山、蘇炳文在熱河抗日，蘇俄又與日本勾結，迫得馬占山無迴旋餘地。馬退入俄境即被繳械。總之，蘇俄一方面畏日而聯日，一方面又欲中國抗日，以牽制日本之力量。當民國二十五年龔浩擔任作戰處處長，蘇俄大使曾邀龔等多人宴會，席間蘇大使即詢龔：今日本如此進逼，為何中國不起而抗戰？龔答，君不見廣田三原則係以反共為目標，故日本問題非僅為中國一國之問題，蘇大使始語塞。迨中國全面抗日，蘇俄為要鼓勵中國繼續作戰，乃答應以武器飛機，借貸與我，其所運來武器作價超過實際價值甚多，且須以茶葉及其他物資交換。迨日本偷襲珍珠港後，蘇俄知中國必會繼續抗日，故對中國即不再加理會了。當雅爾達簽字之時史達林說，我已等待四十年了，蓋樸資茅斯條約訂於一九〇五年。

一八九　希特勒低估蘇俄實力

希特勒進攻蘇俄，因為他低估了蘇俄的實力，認為對俄戰爭兩星期就可以結束，最多不超過四個星期。當時德外長里賓特洛甫曾告訴日本駐德大使說：「嚴格說來，對俄之戰，不算是一個戰爭，因為馬上即可以擊潰蘇俄，獲得勝利。」這是載於近衛文磨手記，當然是一件珍貴史實。

一九〇　希特勒攻蘇失敗之原因

希特勒進攻蘇俄，蓄意已久。其參謀本部早於一九四〇年即準備了一套攻俄計劃與進軍日程表。計劃的秘密名稱是「紅鬍子事件」，只等待希特勒決定進攻日期，便進行突擊。但德國大多數將領，政治及經濟巨頭，均反對兩面作戰，以免蹈第一次世界大戰之覆轍。一九四〇年九月，德、義、日三國簽訂「軸心同盟」，在條文中還明白規定不把蘇俄當做假想敵人，其主要的目的是警告美國勿介入戰爭。

一九四〇年十一月希特勒邀請蘇俄外長莫洛托夫到柏林，表面上是談判兩國間的物資供應與技術合作問題，內幕是希特勒邀請蘇俄加入「軸心同盟」。莫洛托夫也提出反要求，要希特勒承認蘇俄在芬蘭、羅馬尼亞、保加利亞、土耳其等國境內有「自由行動權」，等於把這四個國家變成蘇俄的屬地，希特勒當然也不能同意，結果不歡而散。希特勒乃決定實行「紅鬍子計劃」，原定進攻日期為一九四一年五月一日，要在勞動節日打擊所謂「全世界工人的祖國」。

按照歐洲大陸氣候而言，五月的天氣應該開始好轉。無奈天不作美，這年五月間，在普魯士到波蘭全境雨雪不停，道路泥濘，裝甲部隊無法開動，尤其是三百萬大軍的運輸與給養，超過了鐵路與車皮的負荷能力。乃不得不延期到一九四一年六月二十二日才發動總攻擊，是一項不能在嚴冬以前打垮蘇俄整個抵抗力量，泥足愈陷愈深的一個原因。

另一個原因，也是主要的原因，是納粹不知利用投降過來的紅軍力量，犯了戰略上的錯誤。德軍初進攻蘇俄，雖受天時、地利的影響，其南、北、中三路兵團的主力仍能進展迅速，勢如破竹，使蘇俄西線幾百萬部隊潰不成軍，被德軍所俘者幾達百萬之多。烏克蘭少數民族反共起義者，更踵相接。這百萬被俘的紅軍都表示願意充當先鋒進攻莫斯科。納粹不但不予理會，反把他們送進集中營。即使反共起義的俄國人，亦毫不信任，非把他們趕盡殺絕不可。本來共產黨是無祖國的，史達林睹此情勢，乃高喊「保衛祖國」的口號。於是原欲響應德軍，藉以推翻共黨統治者，固裹足不前，即徘徊觀望者，亦堅定其抵抗的決心。不待嚴冬降臨，冰雪載途，吾（編者）早知德軍之必敗。

一九一　蘇俄援助我國抗日之原因

民國二十六年冬，正值我國抗日初起之時，蘇俄協助我國飛機配件軍用品等物資裝汽車九百餘輛，每輛由俄軍官二人為駕駛，經由新疆而來。已進入國界，而我政府毫無接收接運準備，急迫萬分。此事原係極峰交俞飛鵬承辦，伊束手無策，轉求宋子文辦理。子文乃交由劉景山承辦。劉景山服務交通界多年，即表示可以借用鐵路人員在二日內集合鄭州，但必須准其兩個條件：一、請電蘭州及西安中國銀行，由其憑條支取現款，共限二十萬元。二、所有開支用人由其全權處理，不請示任何中央機關，事畢負責承報，言明期限為三個月。子文慨然允之。劉景山即電請隴海、津浦兩路局長借用機、工、車、會部門人員五十餘人，為期三個月，留薪、留資，由其每人再照原局原薪發給津貼，囑其即日動身，在鄭州隴海會齊。到西安留下工程機械專員數人，款三萬元，囑造寬長U形土洞數十個，俾俄車抵西安隨時卸車收藏，空車即時開往他處分散暫存，車械夜間由鐵路東運。日敵已探知俄軍駛西北，每日有飛機臨空偵察。

俄駕駛二千餘人到達蘭州，凡其吃住酒色需要，均由當地警察局與勵志社籌備妥當。（

參閱劉景山自撰回憶錄，載「傳記文學」第二十九卷第六期）（按蘇俄之援助我國抵抗日本，係由我國以礦砂、桐油與茶葉等物資為交換，原無損失，而又可由我國牽絆日軍，使其不能分兵進攻俄國，一舉而數利備焉。後德軍進攻蘇俄，俄自顧不暇，其物資亦不再來了。）

一九二　抗戰初期，蘇俄對華之貸款

在抗戰期間，美、英均曾予我貸款，前已記之。蘇俄在我抗戰初期，亦曾予以三次信用貸款，共計二五〇、〇〇〇、〇〇〇美元，以茶葉、羊毛、桐油及錫、鎢、銻等礦產分期償還。但自一九四一年四月十三日蘇俄與日簽訂友好中立條約，莫斯科與重慶合作已事實上停止。

一九三　抗戰初期蘇俄售我軍火究多少

抗戰初期蘇俄售我軍火究多少，為研究我國現代史者所關心的問題。最近從中國資料得到答案。抗戰初期，中國軍火最大來源為德國，約為百分之八十，其餘來自蘇俄。來自蘇俄之數額為一萬萬五千萬元，可知來自德國者當在五萬萬元以上。其時中國並無現款，採以貨易貨辦法。中國以礦產、茶葉、羊毛等作價抵償，而購入者則為軍械、汽油、飛機及交通工

具如大卡車之類。

一九四　史達林對東北之野心

雅爾達會議後，史達林仍請與蔣會面，蔣乃派經國赴莫斯科。史提出由中俄雙方組織公司共同開發東北資源。

一九五　史達林三次表示願與蔣氏會晤

梁敬錞言：史達林曾三次表示願與蔣會談。第一次在雅爾達會議之前，蔣派宋子文前往。第二次在雅爾達會議之後，蔣又派蔣經國前往。第三次在俄軍進入東北之後。史並表示會談地點可由蔣選定。蔣以史居心叵測，決無好意，均拒與會見。

一九六　中蘇友好條約簽訂與日本投降同日

中蘇友好條約之簽訂，不但是在原子彈投下之後，且與日本投降同日。美國第二枚原子彈係於民國三十四年八月八日投落於長崎，蘇俄乃於是日對日宣戰，且分三路進軍我東北。八月十四日中蘇友好條約在莫斯科簽字，日本亦於是日正式投降。換言之，中蘇友好條約之簽訂係與日本正式投降同一日。

日皇於八月十一日即預備廣播投降，但為少壯軍人所阻，此種情形中國政府不會不知道，所以中蘇友好條約之簽訂，也可說是在日本預備投降之後三日。

一九七　中蘇友好條約最後經立法院正式通過

中蘇友好條約經王世杰簽字後，再須經立法院之同意。當時立法院尚非民選，蔣召集最高國防會議、中常會、立法委員開聯席會議，當席宣稱中蘇友好條約，雖喪失了外蒙古，但可以收回新疆，將來我們強盛了，外蒙古可以再舉行第二次投票云云。據編者所聞，最後曾經立法院通過，惟委員發言仍有不同意見。

一九八　王世杰到了最後一分鐘猶主張採取中立主義

王世杰當年出席在歐洲舉行外長會議經過倫敦時，猶主張中國必須嚴格遵守中蘇友好條約，在東西雙方間採取中立主義。王發表此次談話之翌日，忽接國內急電召回，蓋共軍已開始渡江也。國府撤至廣州，王猶倡言中國須嚴守中蘇友好條約，誠不知其是何居心。（蕭錚、蕭自誠所言）

一九九　邵力子任駐蘇大使，非其選

邵力子對於任何外國文字，既不能看，又不能聽。其駐蘇俄，等於既盲且聾。且其內心，偏向共黨，由來已久。對於蘇俄的任何做法，無不舉手贊成。據關德懋在納粹德國的人與事一文所記（見「傳記文學」，第二十八卷，第六期），當邵赴蘇俄就任大使，與關赴駐德使館任職之時間相同，外交部次長王寵惠、徐謨聯名餞行。席間邵力子大捧納粹德國的場，因為希特勒已與史達林締結「互不侵犯協定」。未幾，駐德大使陳介已確知德軍即將進攻蘇俄，特密電邵力子問此間盛傳德、蘇即將爆發戰爭，莫斯科方面亦有所聞否？邵力子回電力闢謠言無稽，德蘇關係和好如初云云。可見其最低限度為本國政府之耳目，尚難勝任，遑論其他。

二〇〇　共黨要求

一九四〇年春何應欽曾與共黨代表秦邦憲談判，共黨要求中央發給彈藥槍枝及其他補給，並要求與國軍平等待遇。何答在中央核定共軍數額內，其一切補給自可照發，但共軍自行擴充者，中央自不能照發。至於平等待遇，當然如此。

另一次在一九四三年九月間，何又曾與共黨代表林彪談判一次。此次所談者是中央為共黨劃定幾個駐區如蘇皖之北部、河北之大名、陝西之延安等地。

二〇一　十八集團軍之由來

據王鐵漢言：西安事變後，政府准中共軍隊編成三師，並商定一師隸胡宗南指揮，一師隸湯恩伯指揮，另一師則不記得（實為二師五團，註）。後來周恩來向政府最高當局建議中共軍隊統一組織、統一指揮，允之。始編為第十八集團軍，歸第二戰區指揮。

二〇二　中共軍隊之發展

共軍在一九三八年初期已經控制河北二十四個縣份。一九三七年末期的時候，中共已經在華北組織了一個邊區政府。等到一九四〇年時候，他們已經控制了陝西、河北、察哈爾三省的一部份，其總面積約與義大利的疆土相等……。共軍呂正操部（前屬東北軍）進入安國的時候，所部僅一千人，但在一年內，他的軍力卻擴充到十萬人。他能夠到達這種地步，完全是利用中國人民的愛國心。他表面上像是專心一意抗戰，像是只求打擊日本。他從未稱自己軍隊為共產軍，他的名稱永遠是「人民的軍隊」。……當時中共軍隊最易收編的份子共有三大股流—游擊隊、土匪、愛國份子，後者絕對不願相信一個中國人會不盡力打日本的。所以在一九三八年末期，所有各股土匪、游擊隊以及勇敢的愛國志士，俱已先後被紅軍消滅或收編。……日本協助赤化中國—呂正操告訴雷鎮遠神父：「蔣介石，他是我們最大的敵人，正因蔣介石是我們的大敵人，我們中國共產黨才不應對日本人作戰得太多。我們不能讓日本人在中國的力量太強，但也不能極力對他們作戰，使他們的力量過份削弱。如果他們實力太強，共產主義在中國便無法獲勝，如果他們太弱，蔣介石又不免要獲勝。」

二〇三　共軍佔地半年之間擴張四倍

三十四年秋間，日本投降時共軍所佔據的由八十一縣，三十五年初擴張至三百餘縣。

二〇四　日本人和中共行動密切配合

民國二十年至二十二年之間，政府一面安內，一面攘外，正當國軍對中共進行第三次圍剿，蘇區的袋形陣線步步緊縮之際，不料天外飛來一顆救星，這就是日本侵入東北的「九一八事變」。國軍為應付東北危機，主力撤退，共軍乘機推進，又恢復原來的形勢。不久「一二八」事變發生，又給中共一個絕好發展機會。中共公開號召「推翻國民政府」。「九一八」後的第四十二天（十一月一日）中共在江西瑞金正式成立「中華蘇維埃共和國」。「一二八」淞滬之戰期間，中共又乘機佔領了贛州、南雄、漳州等地。在日本人和中共的行動如此密切的配合下，舉國為之震動。然而也因為外敵入寇，全國人民的民族意識高漲，也幫助了國民政府鞏固了他的政權。

二〇五　中共與日軍互相呼應

二十年一月二十八日日軍攻佔上海閘北，二月十三日福建共軍攻佔永平，是月江西共軍圍攻贛縣。三月八日江西剿共軍擊敗共軍於贛縣，十三日江西共軍攻佔安福。抗日戰爭期間，第三國際代表潘漢年公開駐於上海，並負責與日軍接洽。

二〇六　日軍坐視虎鬥

在一九四〇年國軍三個軍從晉南到河北來，企圖打通太行山上的道路，以便後面所有國軍能進入河北，全面攻擊日軍，在彰德附近切斷日軍在平漢線上的補給線。可是共軍卻出其不意的把他們解決了。當時張蔭梧將軍在河北已經組織民團，在鐵路線上牽制日軍幾達兩年之久。他必須有交通線，要有交通線便必須控制冀豫兩省之間的山道。計劃完成之後，朱懷冰將軍所部第九十七軍兩萬人便佔領山隘的北端，剛好還差一步便進入河北平原，他們軍隊駐紮在村落中以及山頂的碉堡裡。駐紮於山隘中的部隊剛好位於河北省界上是鹿鐘麟將軍的河北省部隊，也有兩萬人左右。在山隘南口則有孫殿英將軍所部新五軍約兩萬人。共軍曉得如果他們能夠切斷張蔭梧將軍與山隘三支國軍的交通線，便可在當時或將來阻止其他任何國軍前進。他們阻止了任何國軍前進之後，便可以壓制沿交通線上對日軍作戰的國軍及其游擊隊，並使整個華北地盤可供共黨控制和擴張。共黨深知中國古諺中所說的「佔山必先佔平地」的道理，於是共軍派人和國軍商量併肩攻擊日軍，並表示願在兵員、技術和經驗等各方面作很大貢獻。國軍不虞有詐，遂接受共軍建議，於是共軍便調一部份軍隊到山隘上駐於北端九十七軍與中部鹿鐘麟部隊之間，等待適當時機到來，共軍便偷襲國軍。三月七日先行猛攻九十七軍，得逞後於三月八日再消滅鹿鐘麟之省保安部隊，三月九日復向南口襲擊孫殿英部。三部悉被各個擊破，約六萬大軍竟在三日之內為共軍消滅，而日軍則在五十英里外坐視虎鬥。

二〇七　對日抗戰後，中共所採取的綱領與路線

二十六年八月二十五日共黨公佈「救國十大綱領」如下：1打倒日本帝國主義；2全國

軍事總動員；3全國人民總動員；4改革政治機構；5抗日外交政策；6戰時財政經濟政策；7改良人民生活；8抗日教育政策；9肅清漢奸、賣國賊、親日派，鞏固後方；10抗日民族團結。其在改革政治機構中，提出建立「民主共和國」，「召開國民大會」，「選舉國防政府」，「國防政府必須吸收各黨各派及人民團體革命份子」。凡此種種，足以表示共黨欲參加政府，逐漸爭取政權之基本企圖。

十月初中共中央政治局關於抗戰前途與中共路線之決議，又確定其工作路線如下：

「1擴大並加強統一戰線，將組織與活動，由秘密變為公開，由局部變為全面，為黨（共黨）取得合法的平等競爭地位。

2在中國政治上的決定力量是武力，要在抗戰過程中，儘量擴大黨的武裝力量，以為將來爭取政權的基礎。」

毛澤東復對一般黨員詳為闡釋：「中國共產黨在目前抗日階段，與國民黨協議及合作中，並不是投降或出賣自己，只是：

a依目前之條件，必須與國民黨妥協，暫時合作，並非投降，亦非出賣無產階級利益。

b此是放棄以前不通之路，來尋求屈於達到無產階級專政之一條道路。

c共黨現在之策略，是革命策略，是破壞資產階級政權之武器，是鞏固革命之武器，亦是擴大革命勢力之支持。

d共黨之策略，是掩護秘密工作之發展，是溝通公開之工作，以爭取廣大群眾之利益，以準備推翻資產階級政權。

e暫時放棄公開進攻之戰略，是退守之策略，亦是採取迂迴進攻之策略。

f因鬥爭疲乏，必須休養及儲存革命力量，暫時放棄革命制度，即是放棄表面名義，而保持精力，以期獲得將來更大之勝利。

g紅軍改為國民革命軍，是改番號，不是改編，而仍保存其獨立性，更能擴大與鞏固；蘇維埃政府暫時取消，改為特區政府，實質之本性並未改變，用實質政府，不但不能削弱無產階級政權之力量，更能得到廣大群眾革命力量之發展。

共黨是在抗日階段與國民黨合作，並不是投降，妥協是有利而無害，以西安事變即可知一切究竟，與我有利，抑是敵人有利。」

由上所述，共黨產生抗戰建國綱領如左：

一、三大目標：

㈠擴充軍隊—擴大地盤，在陝、甘、寧、冀、魯、蘇、皖等地區，展開擴軍，排除異己。

㈡發展黨務—積極發展黨的力量，吸收黨員。

㈢奪取地方政權—藉「民主」、「憲政」口號。

二、四大運動：

㈠百萬擴軍運動—吸收保安團隊及殘餘。

㈡百萬擴黨運動—大量吸收各地教職員及學生入黨。

㈢千萬囤糧運動—徵收救國公債或低價收買囤糧。

㈣萬萬積金運動—以勸募捐獻及各種捐稅為手段盡力聚斂。

三、十五大工作原則：借「服從三民主義」、「抗日」、「民主」、「進步」、「團結」、「國共合作」、「革命」、「反對內戰」、「反對分裂」、「統一戰線」等等口號，以號召群眾，擴大地盤。

二十七年十月中共中央在延安召開其「中央六次全會」，毛澤東提出報告，其中論及中共擁有軍隊，則自詡為特殊歷史條件所造成之結果，不是缺點而是優點，又提出與國民黨長期合作之七種形式：

一、國民黨本身變為民族聯盟，將各黨派加入國民黨而又保存其獨立性，共黨亦將採取與十三年不相同之辦法：

㈠所有加入國民黨之共產黨，都是公開的，並將名單提交國民黨之領導機關。

㈡不招收國民黨加入共產黨。

㈢在徵得國民黨同意後，中共青年黨員，加入三民主義青年團，同樣不組秘密黨團，不收非共產黨員入黨。

二、各黨共同組織民族聯盟，蔣介石先生為最高領袖，各黨以平等形式互派代表，組織中央至地方的各級共同委員會，執行共同綱領，處理共同事務。

三、就是現在的辦法。沒有成文，不要固定，遇事協商解決兩黨有關問題，但這種形式不大密切，遠不及第二。

四、提倡各黨間互助互讓，正式向國民黨申明，停止在國民黨內部作招收黨員組織支部的活動，不管「統一戰線」採取何種的共同組織形式，中共都這樣做。

五、解釋三民主義與共產主義關係，三民主義是現在的實際任務，共產主義是將來的遠大理想，中共是同時負有這兩種任務的。

六、解釋所謂民主共和國，就是三民主義共和國，其性質是三民主義的是一個「國際地位平等，經濟地位平等」的國家，是真正三民主義的中華民國，不是蘇維埃，也不是社會主義。

七、申述共黨忠實於反侵略的愛國主義；同時不拋棄國際主義，要擴大黨的組織，共同防止漢奸、托派、親日派腐化份子、投機份子混入。堅決統一戰線，同時堅持黨的獨立性，致力於民族戰爭，同時不否認階級鬥爭的存在，應實行一種調節各階級相互關係的恰當的政策。保證全黨的團結一致，俾能在全民族中形成一個團結一致的核心與重心。

根據毛的這一報告，中共六中全會。對外發表宣言，保證下列各點：

一、願為徹底實現三民主義而奮鬥。

二、誠心誠意擁護蔣委員長和國民政府。

三、在抗戰中或抗戰勝利之後，所奮鬥的共同目標是三民主義的新中國。

四、不在國民黨中及軍隊中，成立共產黨的秘密組織。

中共中央六次全會尚未開完，周恩來即攜毛函至武漢見蔣，其大意不外「兩黨長期合作」「中華民族統一團結」，周恩來當時亦向國民黨建議四點：

一、停止兩黨鬥爭。

二、共產黨員可以加入國民黨，或令其一部份先行加入，如情形良好，再全部加入。

三、中共取消一切青年組織；其全體份子一律加入三民主義青年團。

四、以上參加者，均保持其共黨黨籍。

二〇八　周恩來分析陳立夫與康澤

周恩來告蕭自誠：「國民黨反共之二大主流，一為康澤之訓練班，然此輩均為武人，對於理論不甚了解，不難為吾人所擊破、說服。惟第二主流為陳立夫之系統，確為死硬派之尤。……陳立夫不夠做朋友的資格，我決不願與之交談國共問題。」（蕭自誠親告編者）

二〇九　新華報不知如何措辭

新華報為中共之機關報，當德俄簽訂互不侵犯條約時，新華報一如他國共黨報紙斥德與英法之戰為帝國主義之戰。迄至希特勒進攻蘇俄，俄國固措手不及，即中共之新華報亦不知如何措辭才好，乃停刊三日以待莫斯科之訓令。

二一〇　張國燾請蔣鼎文救命

據冷欣言：抗戰之初，張國燾藉祭黃陵，投奔政府見蔣鼎文，伏地下跪，請求救命，此一經過係由蔣鼎文親告冷者。

二一一　毛澤東銜恨王明

中共之王明，同時為共產第三國際黨員，主張聯合陣線，為毛澤東所忌。當王明由俄返國，途經新疆，時毛澤東之弟變更姓名為周某任新疆財政廳長。王明乃以第三國際命令盛世才殺之，故毛澤東更銜恨王明入骨。

二一二　內行、外行與五不和

赫爾利曾勸毛當與國民黨媾和，以共黨偈處一隅，決難推翻國民黨政權。毛答有絕對把握。赫問有何把握？毛答他們對內內行、對外外行。並且他們有五不和，為：上與下不和、黨與團不和、軍與政不和、政與民不和以及內與外不和。

二一三　周恩來與谷正綱之對話

谷正綱曾對周恩來說：「現在抗日戰爭已接近勝利，我們不要搞什麼革命，一起幫政府重建家邦吧。」周恩來說：「你要我跟你一樣做蔣的順民？奴才！」這是谷正綱親口告訴別人的。至於谷正綱曾否回答，或如何回答，則未言。倘使谷正綱回答說：「你又何嘗不是毛澤東的順民？奴才！」不知周恩來會以何辭自解。

二一四　雷嘯岑與中共之筆墨官司

民國二十七年（一九三八年）十月，我（雷嘯岑）在西南日報寫社論慶祝蘇俄十月革命紀念節，文中提及當年紅軍總司令托洛斯基的戰績。詎中共的新華日報即著文攻擊我侮辱蘇俄，申申而詈，且加我以「托匪漢奸」的惡謚，我立刻撰寫專欄長文，予以反擊，並指出一九二六年我在蘇俄旅行時，曾見「赤塔」、「海參崴」諸地方文武機關中，皆懸著馬克思與列寧、托洛斯基的相片等事實，證明托氏確係開國元勳，不容抹煞。史達林因權力鬥爭而痛惡托氏，那是俄國人的問題，咱們是第三者，只能根據歷史而就事論事，猶之乎對國民黨叛徒陳炯明在辛亥革命的功績，亦不因其日後背叛孫總理，即加以否認。最後我亦回敬他們一個綽號，稱之為「闖賊雜種」，理由是他們每誇說「二萬五千里長征」之役，洋洋自得，堪與「李闖」比美；本是中國人，卻奉俄共為祖宗爺，豈非雜種乎？吾文刊佈後，新華日報沒有反響，卻由蘇俄駐華大使潘友新，偕同中共駐渝代表周恩來，赴國民黨中央黨部提出嚴重抗議，指西南日報妨害中蘇邦交。此時蔣總裁駐節南嶽，督導前線戰事，由副總裁汪精衛接見。

汪聲明西南日報係民營報紙，全國各省市間的民營刊物，數以萬計，中央黨部對於民間報刊的言論，素不干預，事實上亦無法過問，對俄使所提抗議，表示礙難接受處理。然潘友新與周恩來又馳往南嶽向蔣總裁抗議。這時是抗戰初期，蘇俄正以軍用飛機和駕駛人員援助我軍作戰，蔣公為敷衍蘇俄使節起見，即致電重慶中宣部長周佛海，飭查明西南日報的文章係何人執筆的？據實呈報以憑核處。社長汪觀之聞訊驚惶，急偕我赴中央黨部叩見汪副總裁，乞予緩頰，汪氏很讚許本報的言論，教吾輩不必害怕，他說：「我這副總裁雖然沒有甚麼權力，但為著本黨忠實同志的事情向總裁進言，我想總裁不會不給我一些面子的。」我們對汪副總裁仗義執言的心情，甚感欣慰，辭別回到報社時，又接周佛海親筆給我的私信，稱許我的文章很不錯，說是「先睹為快。」過了半小時，汪副總裁又來電話找我，接聽之下，果係汪氏本人的聲音，他說：「今晚我有一篇文章送來西南日報，可作社論刊載。」我答道：「副總裁署名的文章，應該用特載方式發表才是。」汪謂：「不，一定作社論用。」我想這是汪氏給我們撐腰壯膽的用意，恭敬不如從命，次日乃將汪氏親筆署名的文章，作為社論刊出了。社會人士尚不知道西南日報出了問題，閱及汪文，認為是捧西南日報的場，報界朋友亦有來電話道賀的。經過半月後，中宣部奉到蔣總裁電令，飭將西南日報歸併「掃蕩報」。

（雷嘯岑，從玩票到下海的新聞寫作經歷談，「傳記文學」，第二十六卷，第六期）

二一五　無黨派人士去延安探行情

三十四年七月左舜生和褚慧僧（輔成）、黃任之（炎培）、冷禦秋（遹）、傅孟真（斯年）、章伯鈞六人曾去過一次延安，完全是一種私人行為，政府不過默許而已。從另外一方面說，美國大使館卻是特別幫忙，他們來回的飛機，都是赫爾利為他們調派的。臨行的時候，他們和赫爾利談過一次。赫氏對他們此行，寄予殷切的期待，以為必有利於國共關係的改善。至於中共方面亦指定王若飛陪同他們前往……

他們和中共首腦們正式談話數次，有紀錄、有結論，但無非就政治民主化，軍隊國家化，這類原則上立言，既不實際，也不具體，所以雙方並沒有發生任何爭執。大概毛澤東也知道他們只是來「探行情」，決不是來「講生意」……回到重慶以後，這份談話記錄由褚慧僧很鄭重的交給了蔣先生，可是並沒有任何影響，既沒有被駁回，也沒有被採納。但從某一意義上看，他們這次延安之行究不失為後來政治協商會議的一個前奏。……

談到時局問題，毛很激昂的說：「蔣先生總以為天無二日，民無二王，我『不信邪』，偏要出二個太陽給他看看！」（「不信邪」是一句道地的湖南話，即不管三七二十一之謂）。座中有人談到美國，他說「我這條爛槍，既可同日本人打，也就可同美國人打。第一步我要把赫爾利趕走了再說！」座中有人以一種輕描淡寫的態度對他說：「假定蔣先生約你到重慶去談談，你去不去呢？」「只要他有電報給我，我為什麼不去？」他回答很爽快，很自然，後來他居然到重慶去演了一齣「黃鶴樓」，雖說是由赫爾利做了他的「趙子龍」，張治中做了他的「魯子敬」，但最初的動機，也許由於他這個無意中的提議……

他回到重慶，曾經把他五天在延安的一切見見聞聞，都向朋友談了。他尤其強調二點：第一、他們軍人的素質要比文人來得好，依於組織的力量，軍人可能接受文人的領導，決不是假的；第二、他們的黨員和公務員的生活，相當的和老百姓接近。因此他們沒有脫離群眾……軍人萬能，不僅不會有所謂自由民主，壓根兒也不會有所謂政治；從事黨、政工作的人員，如果不能結束奢侈與浪漫的生活，中國更不會有實現清明政治的可能。

大概毛到了重慶第八天或第九天，邵力子乃把中共所提的要求種種，全盤告訴了周謙沖，於是才知道中共的具體條件是保留四十八師軍隊，要取得五省主席、四省副主席、四個副市長，再加上一個北平綏靖主任。而國民黨一方面的方針卻是「中樞可讓，地方不讓，政治可讓，軍事不讓」……毛在重慶留了四十餘天，一直到十月十一日才回到延安去。這次國共會談的結果，依然發表了一個「會談紀錄」，此即後來「政治協商會議」之所由來。（以上數段見左舜生：近三十年見聞雜記，第九章）

二一六　各黨派出席舊金山聯合國大會的代表

聯合國第一次大會決定在舊金山開會，事前由美、英、中、蘇四國向四十六個國家發出請柬。關於外交活動，國民黨非萬不得已，自來是不樂意有黨外人士參加的。但是這一次卻相當的難處，因為抗戰是各黨各派一致執行的，現在勝利已快要接近，中國在國際上已取得了一個四強之一的崇高地位，忽然說把各黨各派一律拋開，不論對內對外總有點講不過去。因此乃有青民兩黨和中共各派代表一人的傳說。不久果然接到政府的通知，即決定以李璜為代表，謝澄平任祕書，而民社黨即以張君勱為代表。可是中共方面究竟何如，卻沒有看見下文。有一天熊天翼（式輝，其時他任設計局長）為這件事約我（舜生自稱）去談，我才知道政府對于派中共代表出席一點，還沒有作最後決定。其時已四月初，隔代表出發的時間已經不多了。熊對我說政府方面總覺得中共代表出去以後，一定要向國際作種種歪曲事業的宣傳，對政府實在不利。我說：「不錯，他們要宣傳是一定的，可是兩害相權取其輕，要他們去了，他們宣傳作用小，不要他們去，他們宣傳的作用大，而且在這勝利快要接近的時候，因為這樣一個問題，把我們內部不能統一的情形，提前向世界公告，實在太不值得。」熊聽了我的話，仍然表示猶豫。我覺得我的話已經說完，便拿著帽子告辭，站著對他說「假定政府一定不許中共代表出席，請將我們所提的李璜撤消，同時我準備把這次的經過電告君勱，請他自決！」熊看見我表示得這樣的決絕，又拉著我再談。不到兩天，以董必武為中共代表的明令才隨同其他各代表作一次發表了……中共代表是有了，但他覺得與青民兩黨同樣只有一名，不足以示優異，還要繼續爭取名額。一直到四月六日，即臨走的前一晚十二點以後，王若飛還拉著沈鈞儒到我的寓所，一定要我陪他們去找李璜，想把李拉住不放，以便和他們一道以去就力爭……更難保不是「民盟」也想參加一份。我內心實在厭惡已極，只好斷然加以拒絕。四月七日宋子文以首席代表的資格，偕代表團由重慶飛美，董必武畢竟沒有同去，聽說後來還是多爭一名秘書一名醫生才坐下一班飛機走的。（左舜生，同上）

二一七　林可璣談青年黨

林可璣為青年黨人，據其所述抗戰期間，民主政團同盟成立經過，有為外間所不知者，特錄之于后：

「民主政團同盟之成立，我於『我與中國青年黨』一文中已略述其經過。此事係本黨曾故主席慕韓先生所發動，經我以數年的時間，始終不懈的精神，繼續不斷的奔走與努力，始克抵於成，可謂係本黨一手所促成，若無本黨，便無此同盟。故成立之後無論大小之事多操之於本黨，實際上主要的臺柱亦為本黨與民社黨，而代表民社黨者則為羅隆基，君勱先生不大管其事。（我記得有一次在信義街本黨總部，君勱先生、羅隆基、舜生兄與我四人論事，談及某事，羅對君勱先生之態度既跋扈又不禮貌，舜生兄及我均為不平，由我責勸羅幾句，君勱先生則談笑自若，毫不為意，其度量之大，真使人敬佩。）照道理本黨應與民社黨密切合作，善為運用此同盟（曾故主席認為共產黨終為中國之大患，故想組織此同盟，集合在野一切力量與國民黨合作），不但可對付共產黨，即對政府及美國都可發生重大作用。惜曾故主席已離開重慶，我亦被派前往淪陷區成立支部，實際主其事者則為本黨左舜生先生。左先生係湘人，易於衝動，以致因細故與羅隆基鬧翻，這不啻青年黨自拆其台，以致在同盟中一變而成為孤軍。（曾先生常語我左先生之性格，凡事經其苦思必有獨到之見，未經其苦思則常有錯，如其衝動時，湘人之蠻性一發，則一切後果皆可不顧，不幸果如其言。同時亦因政府中人，既不知運用此同盟，反有一種盛氣凌人的態度，使人望而卻步。而共產黨則內懷奸詐，外面裝著笑臉，使人反覺其可親。）在同盟成立過程中以及成立之後，董必武、吳玉章、周恩來等常來信義街本黨總部，其心中何曾不知道本黨之仇共，但其走動尚且如此之勤，對於其他可資利用之人，其態度更可知矣。在我們心中，認為友人之友黨人士，常有一種使人望而生厭的面目，且有一種拒人千里之外的態度，使人既無法接近，更談不到如何推誠相與，及合作配合矣。是以同盟雖已組成，而作用毫無。共黨正在等待機會，遂檢得便宜。迨本黨宣告退出同盟，共黨便收其成果，達其目的。其實共黨對此業已處心積慮久矣。大陸淪陷固有許多原因，然共黨利用並透過此同盟以影響美國政府，造成對我不利的政策，則為最大的因素。當時國民黨、青年黨、民社黨如能真誠合作，推誠相與，配合得宜，使此同盟為政府所用，這一段中國的歷史，或將有另一寫法也。閉目思之，能不黯然。」

（見林可璣，一篇閒話，「民主潮」二十四卷，第四期）

在同一文中，林可璣又談到青年黨之立場與做法，一併錄之：

「國家主義者確是書生集團，唯其是書生，故其態度光明正大，外不親善，內不妥協。舉例而言之，日本帝國主義者曾以經濟援助，以及武裝青年黨為引誘，而被本黨所拒絕。共產黨曾勸本黨與其同樣加入國民黨，以勿批評聯俄容共的要求，本黨責其無政黨道德而拒絕之。即國民黨亦曾要求解散本黨以加入國民黨，吾人認為實行民主政治，必須有兩個以上的政黨，互相勉勵與監督，國家方能有進步，故亦拒絕要求。本黨固屬書生集團，但為一革命政黨，要革命非培植武力不可，故在金陵軍官學校、東北講武堂、馮庸大學、雲南講武堂、四川幹部訓練學校，均有不少本黨同志。在抗戰初起之時，本黨武裝同志在各軍隊中當師旅長者固不多，而現職之團營長則不下百餘人，軍隊之中，曾有特別黨部之組織。至全面抗戰，政黨休戰時期，因本黨主張政治民主化，軍隊國家化，而將此項特別黨部解散，命令全國武裝同志聽命於政府，以利全面抗戰之進行。」

青年黨內部分裂，外間亦罕有知其真實原因者，林可璣在此文中不禁慨乎言之：

「本黨為一歷史相當悠久的政黨，黨員不下數十萬人，不能說內部毫無分歧的意見，然經曾故主席一生，未曾現有分裂之象，何也？因曾故主席外表雖似一落第秀才，但其才學識氣度五官，確皆具有相當的修養，大家可在其一生的行動及其言論中窺其大概，固無須我為其吹噓論列之也。我記得有一次在重慶米亭子開中常會，舜生兄因論事意見不合，湘人的蠻性大發，大拍其桌子並摔茶杯，曾於散會後很感慨的語我：「義堂（我的號），我希望你在這一屆中常會中，能成為藥中的甘草。」意即要我能調和於曾左李之間。（本屆中常委五人，郭死後，只曾左李與我四人，其實左李與曾常有不同的意見。）我遂乘機告之曰：「曾左李三人各有所長，若能合三人之長而發揮其力量，必可為黨為國作一番事業，即使有何不同的意見，你係老大，應該由您包容他們，而非由他們來包容您。」曾甚以我見為然，故終曾之世，本黨未發生任何問題。但自曾死後不及一年，本黨忽受致命之打擊，即天馬茶室之事件發生。在此之前，誰都不敢冒此大不諱。此事一經發生，猶如隄防之崩潰，於是分裂之事層出不窮，致陷本黨於今日之形勢者，當時發動天馬茶室事件之人，應當負其責也。一個黨演變到此地步，是否尚有存在的價值，大感疑問。如其對國家毫無貢獻，不如解散以謝國人，如其不願作此打算，則當悔悟振作，恢復當初創黨的精神，成為一個有力的在野黨，對國家負起其應該負的責任。」

二一八　蔣氏希望化多黨為一黨

民國二十六年抗戰發生，蔣為集中全國力量以抗日，曾希望化多黨為一黨，在統一組織下，為實行三民主義而奮鬥，並表示中國國民黨可以酌改組織與名稱，以泯吞併或降服之嫌猜。中國青年黨與國家社會黨均表示可以接受，而為中共黨人秦邦憲、陳紹禹所拒絕，謂合作則可，合併則不可，此議遂寢。（參閱國父百年誕辰紀念委員會，「國民革命史」，第五百八十七頁）

二一九　民主同盟跟著共黨一齊跑

蔣匀田云：第三方面提出調停方案，送交周恩來時，周痛哭流涕，對梁漱溟說：多年友誼請從此絕。周妻鄧穎超則罵羅隆基為爛污政客。於是民主同盟份子如章伯鈞、羅隆基、沈鈞儒等則撤回其簽名，並向馬歇爾與孫科處收回其提案。民社黨見此情形，始知民主同盟必跟著共黨一齊跑，乃逐漸與之脫離云云。（按此次由第三方面所提之調停或和平方案，共分三點，對東北問題復提出兩種具體意見。詳見桂崇基原著，「中國國民黨與中國共產黨」，第七章，第一二五頁，中華書局印行。）

二二〇　汪精衛對抗戰之基本看法

邵毓麟於抗戰前任我國駐日本橫濱總領事，抗戰後下旗返國，曾往見汪精衛，略言中日之戰，如與世界戰爭打成一片，則我必能在世界戰爭中贏取「抗戰必勝」，所以時間對我有利。汪精衛竟謂：「邵先生知其一而不知其二，知彼而不知己，敵情與國際情勢，或如君言，但我們的戰力，又如何能支持這麼久呢？」（參閱「中國現代史研究報告」第四輯，三五四頁）簡直與其派徐蘇中（內定僞國府文官長）向我（編者）所說的話如出一轍。這就是汪精衛對抗戰的基本看法。他的基本看法既如此，乃搶著去搭漢奸巴士，使後之來者不能不屈居其下。總之，領袖慾害他了下半輩子。

二二一　謹防扒手

蘆溝橋事變既起，李宗仁、白崇禧等連袂晉京共商國是。嗣政府遷漢口。一日汪精衛於上午八時驅車往訪李、白，白先已外出，乃與李座談。適日機更番空襲，至下午四時始解除警報。汪與李縱談國事，凡政治、軍事、外交、經濟幾無不涉及，而歸納汪之談話，則不外抗戰必敗四字。李則表示抗戰雖極艱苦，但為國家前途、民族正氣，實不得不拼命一戰。座中無他人，僅陳江陪侍。汪辭出，李乃問陳江「你聽出汪談話的意思嗎？我們當謹防扒手。」蓋李已察知汪日後之必為漢奸。（陳江所言）

二二二　「我們都是總裁左右的人」

民國二十七年六月成立國民參政會，以汪兆銘、張伯苓為正副議長。一次參政會開幕，蔣出席致辭，當由參政會議長致答辭，但汪推張伯苓致辭，張遜謝。汪謂我們都是總裁左右的人，仍請你致辭為適當。

二二三　汪精衛與陳群、任援道

據賴景瑚云當抗戰軍興之後，景瑚任湖南省黨務特派員。湖南各界曾電請汪精衛蒞臨指導。在各界歡迎會中，汪曾慷慨陳詞並歷數其與湖南革命黨人之關係。會眾均滿意非凡。汪並告賴：陳群與任援道均為國民黨，都已做漢奸了。末後又鄭重而言曰這兩個人都是胡先生的人呀！没想到後來汪與任、陳同做漢奸！

二三四　無法安插一人

一次賴赴重慶汪寓見汪，其寓所陳設相當簡陋而偪仄。汪乃大發牢騷謂我身任副總裁，許多人靠我生活，而我則無法安插一人，叫我如何對得起我的同志。越三日即離渝飛昆明矣。

二三五　汪精衛領袖慾作祟

汪兆銘脫離重慶而去南京組織偽府，完全為滿足其領袖慾之故。其在重慶屈居蔣下，當非其心之所願，牢騷滿腹，情見乎辭。一次，汪語李仙根：「論歷史，怎麼我做副總裁？」迄對日戰爭逆轉，汪以為對日議和為遲早間事，我若搶先一步，則領袖必由我幹，後來者必將屈居我下。外傳河內槍殺曾仲鳴，乃激怒汪使之去南京之一大原因，實不確實。姑舉汪到滬後派其內定出任偽國府文官長徐蘇中來晤編者之一段談話，足以證明我說之非誣。當對日戰爭期間，我仍居上海租界，閉門不出，亦謝絕賓客，外間幾不知我仍在上海。汪脫離重慶，抵達上海，決定組織偽國民政府，其左右在重慶時並未見我之蹤跡，知仍居上海，汪乃派徐蘇中來見。徐既確知我仍在上海，以舊識乃排闥直登三樓，我無可隱避。徐首言：「先生（汪部屬多如此稱汪）本擬親來奉訪，以事忙特派我前來致候。」我回答說：「我所住係弄堂房屋，倘汪先生來此我負不了安全責任。他的盛意請代我致謝。」徐繼言：「抗戰萬分困難，你曾去過漢口，當深知之。故中、日終須言和，先生已決定另組政府以便作為與日談和之對手。先生極盼你能參加其政府組織；部會首長由你自擇，特命我前來勸駕。」我回答說：「對日抗戰困難固多，不容諱言。但吾人之視國家，當如視直系尊親一樣，他一息尚存，則為子孫者，絕不應散發訃告。」稍停，我又說：「世人做事，不外三種目的。上焉者為事業，中焉者為名，下焉者為利。論事業汪先生與日本合作，在其刀鋒之下，豈能成何事業？論名，汪精衛三字已婦孺皆知，倘與日本合作，又豈能增重其名望？論利，汪先生倘有緩急之需，數萬或數十萬可立即籌得。而區區如我，今日全靠出賣舊書以維生活，所賣精本西書，且需剝去書殼，以秤稱之。其淒慘可謂不堪言狀，尚願苦熬窮撐，汪先生何必出此下策？」我之引述此段談話，無非藉以證明汪之真正動機而已。

我（編者）的信念是：

㈠有所為、有所不為

㈡不問收穫、只問耕耘

㈢不爭一時、爭千秋

究竟完全做到了没有，我不知道，究竟做到了多少，我也不知道，惟時刻以此自勉耳。

二二六　領袖慾誤了汪精衛

汪精衛脫離重慶，飛雲南，轉赴上海，組織偽府。甘為日本之傀儡，或謂河內一擊，曾仲鳴喪命，乃迫使汪走極端。殊不知高宗武、梅思平、周佛海等在香港與日本早有勾結，故汪乃悍然不顧一切，離開重慶，讀其艷電，已可知其胸有成竹了。領袖慾太強，誤之也。

二二七　陶希聖與高宗武

當年陶希聖、高宗武脫離汪精衛，並攜帶汪與日本所訂密約以去香港。先中日密約由日方提出，雙方討論之後，詢問高宗武有無意見，高云尚未看過，俟看過了再說，乃將密約攜返。深夜由其妻攝影（此係高妻親言之）保留。高、陶抵香港，中央對於他們提出三種辦法由其自擇：一留香港、二赴重慶、三去國外。陶則選擇第二者，高則選擇第三者。

高宗武、陶希聖之脫離汪陣容，表面上不滿汪與日本所訂密約，實際另有原因。緣汪自籌備組府以來，周佛海緊握財權，使高、陶難以分潤。當時汪之宣傳部由陶希聖主持，在上海辦一晚報欲每月增加一千元，而為周佛海所否決，心中殊為不平。至於對日交涉，高宗武自以為舍我莫屬，但周佛海、梅思平已可直接與日本接洽，用不著高宗武居間傳話，更難免有寂寞之感。外交部長一職，亦決定由汪自兼，更輪不到高宗武，尤為失望。陳公博來上海，高、陶二人向其訴說對周佛海之不滿，可見僅對周佛海把持之不滿，而非政見有何不同。高、陶二人相率赴港，其真實原因，外間多不知之。當時余在上海，始得悉其內情。

二二八　陶希聖反對抗日

民國二十六年中國抗日，政府從華北與南京相繼撤退，日人乃慫恿失意政客在華北由王克敏領導組織華北偽政權，而在南京則由梁鴻志領導組織「維新」政權。嗣汪兆銘又在南京改組「維新」組織而亦稱為國府。國人稱前兩偽組織為「前漢」，稱汪偽組織為「後漢」。意思是說「前漢」、「後漢」，其為漢奸則一。陶希聖即在汪偽組織中任宣傳部長，並親筆草擬宣傳大綱，共五點，其第二點明指：「蔣以國殉共，以黨殉人，挾持軍民……」其第五點又明指：「……非戰區尚為蔣氏所劫持……。」類此荒謬言論，竟出諸陶希聖之親筆，亦無怪世人罵其為漢奸。其致胡適私人信中，亦明白表示他反對抗戰，其內心想法更昭然若揭。（編者曾取得陶之真跡，以係複印有數字不十分清楚，但上述兩點則清晰可見。）

陶希聖真蹟之抄本：

於廣播後發

政黨的宣傳要點，仍加緊宣傳其政治宣傳各點：㈠汪先生出國後仍期待重慶幡然改計停戰講和，因此為結束戰爭之順利方法㈡蔣以國殉共以黨殉人，挾持軍民以主和為漢奸以暴力相摧毀，此種期待已無可能㈢今後惟有在汪先生領導下以和平運動挽救國家恢復主權，待政府之完整，此種運動現已從理論進于具體實現之初步㈣在汪先生堅苦奮鬥之下，凡和平反戰剿共運動所到之處，即日方撤兵還政之地㈤現在戰爭區多毀于焦土政策，而非戰區尚為蔣氏所劫持，因之，此種運動必須全國軍民，同心協力從各地各級一點一滴做起。

目前注重宣傳本黨為推動政治之動力，無健全之黨即無健全之政治㈡救國事業艱鉅，必須以健全之黨與各黨各派領導民眾共同負擔㈢西安事變以來蔣以國殉黨以黨殉共，吾人堅決反對㈣希望黨中同志未受挾持者共作復黨運動，已受挾持者共謀歸黨方法㈤本黨健全之後始能剷除共黨，而與各黨各派共進于對外和平對內民主之正軌。

「和運」首任宣傳部長陶希聖手訂宣傳大綱真蹟

＊本件以年久字跡斑剝，影印欠清晰。

陶希聖先生之真蹟

[illegible]

「知道」首任中宣部長陶希聖手[illegible]大綱[illegible]

二二九　汪精衛慫恿龍雲叛國

民國二十七年十二月十八日汪精衛藉口赴成都中央軍校主持典禮，而由成都飛赴昆明，企圖煽動雲南省主席龍雲與他共同反對中央政府長期抗戰的國策。龍未能立即表明態度，汪乃前去河內，潛與日本作進一步勾結。又於三月某日親筆致書龍雲，仍極盡其煽惑之能事。此信未曾公佈，特錄之於后：

「志舟先生主席勛鑒：（上略）茲有一事，欲鄭重與先生商之。弟之久居河內，其唯一意義，欲有所裨益於雲南，此所以為雲南計，為西南大局計，亦所以為中華民國計也。先生心事之光明，環境之困難，弟所深知之。唯知先生心事光明，故前此晤面，敢坦懷以告；惟知先生環境困難，故急遽離去，不留痕跡，以待先生之從容佈置。今已三月有餘矣。未知先生佈置如何？弟非有奢望，但能得先生毅然公開表示同意於「艷電」主張，弟當即來昆明，聲明以在野資格，貢其所見，以供政府及國人之參考。先生對弟，祇須以軍警之力，保護生命之安全，及不干涉言論行動之自由，如此已足。俟將來之變化，再作第二步之進展計劃。如此，則可以安雲南，安西南大局，安中華民國，弟之願望，實繫於此。弟蟄居河內，非有所畏，然寄人籬下，言論行動，不能取信於國人；若回到內地，則聲勢迴然不同。各方趨附有其目標，國際視聽亦有所集，事半功倍，日本對弟，往來折衝，亦比較容易有效，此弟三個月前不敢求之先生，而今日始求之先生，未知先生能有以應之否？此層切望先生審慎考慮，予以決定答覆。因弟蟄居三月，日夕引領，其延企不為不久，如先生予以肯定，則弟決然前來，如先生予以否定，則弟亦不能不謀他去；蓋日本以一再遷延，已有迫不及待之勢……（下略）」

二三〇　汪精衛在河內被刺經過

關於汪兆銘（精衛）在河內被刺經過，有多種傳說，獨負責行刺汪精衛的王魯翹默無一言，真相始終未明。何竹本於民國四十一年居西貢時，曾與王相遇，談及當時在河內謀刺汪精衛之經過。今何竹本特投函「中外雜誌」民國六十四年五月號，憶錄王魯翹本人所言於后：

王云：「當汪至河內發表艷電後，他與另一位同志奉命至河內，偵察汪之行動，並俟機下手刺殺。至河內後，在汪住的旅館（已忘其名）周圍偵察過一段長的時間，二樓有一房間，每至深夜尚未熄燈，後確知汪係住三樓，即每晚九時熄燈就寢的房間，曾（仲鳴）住二樓。他決定於某晚行動，乃該日汪似乎心血來潮，於上午即偕陳璧君乘車離河內，擬易地（似乎說是海防）而住，但至晚間，汪偕陳璧君忽又返回河內；其時曾（仲鳴）以汪離河內，即移住汪的房間內，汪返回後，乃住曾原住的房間。當時我們（王自稱）尚未發覺，乃於夜深逕至三樓，當潛至三樓樓梯口時，三樓過道中呼的一聲打過來，我（王自稱）乃順著火光還了一槍，即將保鏢射倒，乃將隨帶的手斧，將房間劈開，在床下將曾仲鳴拖出，一槍畢命，而當了汪精衛的替死鬼。事後法方將我關進牢獄，迄至抗戰勝利始出來。」這是王君當時親口所述，現王君已作古人，我也無法請其證實。不過李先生所謂：「為何不打汪，就揚長而去呢？」的疑問，本人所憶錄者，能否可作為解答，猶請國人及李先生指正。（按以上所記有需更正者兩處：一、汪到河內係住於高郎街二十七號，原為朱培德公館，並非旅館；二、汪所住為一幢二樓二開間洋房，樓上小房為汪夫婦寢室，大房作為曾仲鳴夫婦寢室，兼作會客之用，刺汪的人但見汪常在大房走動，而誤以大房為其寢室，是偵查不實，而致誤殺曾仲鳴，並非「不打汪」。）

二三一　周佛海、陳公博暗中與中央聯繫

當汪在南京組織偽府以後，抗戰形勢，日益明顯，周佛海、陳公博暗中確曾與中央取得聯繫，中央曾派人參加其組織，如康生明之為偽軍委員會委員即一例。（蕭自誠告編者）

二三二 雙方摩擦

王鐵漢言：當年新四軍事件發生前，葉挺與王同任十五集團軍總司令部高參，並同住一室。迄組織新四軍，總司令陳誠乃保葉挺為軍長。但中共另派項英為副軍長，實權則操於副軍長手中。新四軍事件之所以發生，根本原因當然由於雙方不斷摩擦，乃派四十師之某一團開至某地，新四軍果襲擊之，於是公開破裂了。

二三三 我們不打他們，他們也要打我們

六十一年五月二日，余所著The Kuomintany—Communist Struggle in China, 一九二二—一九四九書出版後約一個月，冷欣言關於新四軍事件，政府命令新四軍移往黃河以北，不啻令其送死，所以共方一再拖延。嗣後採取實際行動，則政府軍採取主動居多。但公平來講，我們不打他們，他們也要來打我們。以後關於此一事件之文件，大多於事後補辦云云。

二三四 陳毅組織力強

據王鐵漢言：當年陳毅在蘇北與我（鐵漢）等開會，多在席間睡去，倘發言，便說共產

主義如何如何。我（鐵漢）便說，我固不懂共産主義，你也不懂共産主義，你們的毛主席也不懂共産主義。陳毅乃脫口而言：「陸定一懂共産主義」，可見陸在中共中算是理論家了。後來我（鐵漢）問其副手「陳毅究有何長處？」他回答說：「他的組織力強。」

二三五　蔣氏直接指揮到團

蔣對軍隊往往直接指揮到團，前已言之。今日有一位前在軍政界做事的朋友來訪，據謂抗戰期間，戰區長官對最高統帥直接指揮到團的做法多表不滿云。

二三六　人到中年已難改變

陳布雷對當時政府政策，心中並不完全同意，惟彼係一純中國式之文人，口不言耳。彼對復興關訓練事即曾言：人到中年，欲期其脫胎換骨，實屬徒費心機，即蔣之性格上何嘗能改變。「安能起王太夫人於地下而重生之。」引號內語係布雷之親言。（羅時實所言）

二三七　中國人每喜走外國路線

隨著勝利曙光的降臨，美國政府於一九四四年召集四強，美、英、中、蘇，在華盛頓近郊鄧巴頓橡園開會，討論并擬具聯合國憲章草案。蘇聯藉詞於尚未對日本宣戰，不能與中國同席會議（開羅會議已開其端）。美、英、蘇三國乃決定將鄧巴頓橡園會議分為兩段。第一段由美、英、蘇三國在橡園集會，第二段則由美、英、中三國在同地舉行。惟時間相隔一、二月而已，這種辦法顧到了中國政府的面子，但實質上，中國的發言權卻無形中受到了束縛。

鄧巴頓橡園會議名為擬具聯合國章程案，而實質上則在決定戰後國際關係原則。此類原則勢將影響戰後和平條款，以及各交戰國的權益。張忠紱於一九四二年建議政府及早準備我國所應提出的原則與條款，即係有鑒於此。王寵惠主持此項討論歷時兩年，曾集合全國才智擬具一項草案，大體上似已足以代表我國的需要，考慮到我國的利害關係。軍委會參事室復另草一意見，送呈最高當局。不意在開會前夕卻有人另草一中國全盤意見書秘密送致美國國務院，其行為已屬荒謬。尤妙者，此項草案雖以代表團名義送出，但團員似無人知有其事。名為守秘，而翌晨紐約泰晤士報已將全文披露，實則此項文件並無秘密的必要，不知何以竟對本團團員守秘？官僚作風誠不可思議！（張忠紱迷惘集，第一二四－一二六頁）

二三八　蔣氏料敵奇中

蒲立德（William C. Bullitt）在駐蘇大使任內，於一九二四年，曾奉羅斯福總統密令訪問中國。現在羅斯福總統故里 Hyde Park 所存檔案中還存有蒲立德大使的訪華報告。蒲立德大使到了南京，當蒙故總統　蔣公親自接見，對他說明中國當時情形如下：

㈠日本於侵佔東北後對中國仍存侵略野心，必繼續來犯，因為中國正在從事建設，進展快速，而日本絕不會給予中國以建設的機會，中國建設之成功是日本所不願見的。

㈡日本將再度發動侵略中國，至遲將至一九三七年發生。（蘆構橋事變發生於一九三七年。）

㈢日本將在北平天津之間製造事件以為再度發動侵略的藉口。（蘆溝橋在北平近郊。）

㈣國軍將在華北抵抗日軍侵略，但無法保住華北。

㈤國軍將在上海、南京、漢口繼續抵抗日軍侵略，但亦無法保住這些地方。

㈥國軍祇有退守四川，以重慶為戰時首都，作為長期抗戰計劃。國民政府已指撥法幣一億元在重慶和成都建立兵工廠，製造輕武器及彈藥。

㈦日軍絕不可能侵入四川。

㈧中國絕不與日本言和，日本最後必然戰敗。

㈨勝利之後，中國將是一片瓦礫，人民精疲力竭。

㈩戰後如何從事於民主政治的建立，及如何在大老文化基礎上締造一個現代化社會，將是最大課題，其過程較戰敗日本，尤為艱難。

戰後蒲立德大使多次與我（陳之邁自稱）回憶他和蔣公這次談話，深深仰佩蔣公之高瞻遠矚，洞燭機先，讚揚蔣公為現代最偉大的政治家，亦為世界歷史上罕有的巨人。他慨嘆美國竟有知識份子詆毀蔣公，蜉蝣撼大樹，適足以見其渺小而已。（陳之邁，「蔣總統的美國友人蒲立德先生」，傳記文學，第二十七卷第四期，第五頁）

編者另外知道兩件事：㈠為在日本偷襲珍珠港以前，蔣曾派人通知麥克阿瑟謂太平洋將爆發戰爭，麥不之信，以致日軍襲擊馬尼拉，美軍措手不及，不得不退守巴丹島。

㈡抗戰期間，桂永清任駐德武官，與德國中下級軍人相處甚得，德國軍人無意間透露德軍即將出發東征。永清乃急電返國報告，蔣遂通知英、美諸國，亦不之信。關於德軍東進，固由其情報準確，不足為奇，然蔣對蒲立德之談話，以及太平洋戰爭之必將爆發，乃係根據個人之判斷，真可謂「洞燭機先」了。

二三九　參事室變質

抗戰期間，軍事委員會設立參事室，其用意在勤求民隱，使下情上達。該室條例規定，各參事得直接經由侍從室向最高當局建議，且不限於任何問題，每週委員長召集座談會至少一次，在委員長官邸舉行。通常先進晚餐（或午餐），餐後或在席上，或退至客廳內，舉行會議。其形式極為隨便，其內容亦無限制。參事室第一任主任為朱家驊，他頗能遵照參事室的原意辦理。朱家驊轉任黨部秘書長，而由王世杰繼任。王本功名中人，又因原係汪兆銘任院長時之教育部長，深恐失歡於最高當局，乃對此特殊機構，予以種種束縛，並抓緊權力。第一步，他通知各參事，不得再由侍從室直接上書委員長敷陳意見。一切意見須由主任參事（王本人）轉呈。第二步，他通知各參事於座談會時，就其本人研究的部門作成報告，以限制各參事臨時發言或涉及其他部門。第三步，他通知各參事將每週報告先交由他本人閱讀修改，然後進呈委員長。他若辦到了這一點，將無異於限制各參事，只能代表主任表示意見，而各參事本人的意見反無由上達，遑論下情。（張忠紱著，迷惘集，第九十九—一〇一頁）

二四〇　王世杰又一手法

王世杰任參政會秘書長時，也採用同樣作風。參政會原規定五人以上，即可對政府院部的報告提出質詢。所謂五人，在實際執行時，祇須舉手，質詢案即可成立。王乃將五人的規定解釋作必須簽署，而且必須即席提出。當參政員正列席聽取部院報告時，離座以取得五人簽署，諸多不便，且易於使人厭惡，因而使各參政員往往放棄質詢。這正是王世杰的一種手

法，此類手法，徒使民眾對政府實施憲政的誠意發生疑慮，而產生離心作用，（張忠紱迷惘集二一一〇三頁）

二四一　善於做官者之作風

陳布雷某次描繪一位善於作官的所謂學人說：「倘委座命他看看外面是否有雨，他會走到天井中以手作勢，然後報告委座說『我手中似有水，究竟是否下雨，仍請委座裁定。』這種作風才是真正善於作官，而迎合上意，又不負責的辦法。」（張忠紱，迷惘集第一一三頁）

二四二　另有原因

魏道明言，羅君強任軍事委員會秘書兼行政院秘書。一日，蔣下手令：「羅君強行為浪漫，著即免職。」事後，我（魏稱）於閒談中，問蔣：「羅君強怎樣？」蔣答：「他與周佛海勾結。」其時，周佛海已隨汪兆銘逃離重慶而去當漢奸了。可見「行為浪漫」不過借辭而已。又言民國三十年郭泰祺任外交部長。一日，蔣在中央會議忽然宣佈郭泰祺另有任用，外間莫明其故，紛紛揣測，恐與郭修建外交部長官舍，惹起輿論之指摘有關。實則因為其時美國在珍珠港事變前，尚有與日本妥協之企圖，中國政府遂致送美政府一文，由蔣囑人起草，措辭強硬，當然由外交部長出名，但郭將原文修改，語氣變為和緩，蔣大為不滿，乃乘外間攻擊郭修建官舍事，將其調換。據余（編者）所知，或另有一原因，即珍珠港事變後，外交部長郭泰祺未經立法程序就對德宣戰，甚至對英國記者發表談話，亦直言對德宣戰，使國民政府主席林森不得不說話了：「宣戰是約法所賦予主席的職權，外交部長無權主動！」根據我國當時的對外形勢與對日抗戰的條件而言，事先同我們的盟友英、美毫無磋商便自告奮勇而對德宣戰，未免太過昧於外交運用而損己利人。以此類推，蔣免王世杰總統府秘書長之職，理由是「矇蔽」，以圖利 CAT 航公司，該公司律師端木愷牽連在內，亦同時被開除黨籍。必另有重大原因，惟吾人不詳耳。

二四三　簡直如上海人敲竹槓

賴景瑚言：抗戰期中參政會曾正式攻擊孔祥熙。事後蔣召開紀念週於軍校，由其主持，即席指陳現在參政會攻擊孔祥熙，簡直如上海人所說的敲竹槓。台下林主席與汪精衛均站立在那裡聽到，汪更現出面紅耳赤云。

二四四　我能說什麼

抗戰時期，朱紹良任第八戰區司令長官兼甘肅省政府主席，而胡競先則任騎兵訓練班主任，二人同駐蘭州。某次，胡競先謁朱紹良，談話間，競先略謂長官任方面之寄，領袖倚畀不可謂不殷，現在世事日亟，而西北尤為複雜，尚望長官對領袖有所獻替，不可「逢君之惡」，更不可「長君之惡」。朱紹良先嘆一口氣，即答：「老弟，對政治有所不知，我雖兼甘肅省政府主席，但教育廳長葛武棨為黃埔二期生，自以為上可通天，而又為浙江人，與胡宗南又拉上關係，驕縱不可一世，目中無我主席，根本不與我合作，此事老弟在蘭州諒有所知，暫且不講。今舉一事或為老弟所不知。我兼甘肅省政府主席，以為省保安處長自可由我保薦，乃電委員長保周某任之。當時重慶與蘭州之間，公文往返至多一個月，但事隔月餘尚無覆電，猶以為委員長日理萬機，無暇及此。大約兩個月過去，忽接胡宗南轉來委座電，其中除抄錄我保周某之電文外，並詢胡宗南對此人之意見。我當即明瞭委員長之用意，即問胡宗南有無適當之人可任省保安處長。胡初則客氣一番，諉稱亦無此種人選，繼則表示倘長官身邊果無其人，則有楊德亮者現供職蘭州，或可兼任。於是我乃上電委員長保楊德亮。數日間，即覆電獲准。老弟，似此情形，我說什麼？我又能說什麼？

楊德亮何許人？黃埔三期，任胡宗南部師長，又兼管訓練團事宜，可謂胡宗南之親信幹部。楊德亮自接任保安處長後，即呈請編六個保安團，其中兩個團未曾成立，但糧餉照領，其貪污到了這種地步！（查其時胡宗南任第八戰區一個總司令。外間稱為西北王。）

二四五　蔣派人勸林彪歸順中央

胡競先言：抗戰初期林彪來西安養病，蔣曾派四人，其中一人為滕傑，與林彪在軍校同期，相皆往說林彪歸順中央，四人譬解百端，林彪未為所動，僅說：「我固然服從校長（林彪始終稱蔣為校長），即延安也服從校長呵！」林彪返回延安，毛澤東得知其情，乃重用之。

據李崑岡言：當時亦曾參加勸說林彪之一人，林彪曾坦白表示，以素質與裝備言，國軍都勝過共軍，但共軍團結，而國軍不團結，且共黨重用我，我歸附國軍，則國軍將棄我如敝屣了。編者揣測，林彪講這些話，大體有鑒於顧順章、張國燾之歸順中央即變成吃閒飯的人了。

二四六　戴笠得罪權貴

喬家才言：宋美齡為佈置室內窗簾，囑人代選材料，皆不合意。獨有林世良（原任行政院一小職員）所呈送者，無論質料、顏色均合宋美齡意，甚稱其能，乃介紹中央信託局任貨運處經理。抗戰期間，此人挾帶大批私貨，諉稱係中央信託局所有，企圖矇混進關。事為戴笠偵知，乃一併扣押。翌日，財政部長孔祥熙來電稱此貨係財政部所購，應即放行，戴笠不予理會，依法嚴懲，宋美齡、孔祥熙深為不悅。在歷史上，凡得罪權貴者，很少能得善終。戴笠縱不遭墜機之難，其結局如何，誠難逆料。（中外雜誌，喬家才，「鐵血精忠傳」（十六）民國六十八年十一月號第二十六卷，第五期所載與本文大體相同，可參考。）

二四七　林森之國府主席

賴景瑚言，林森任國府主席，其侄欲求一縣缺，乃請其叔介紹浙江省主席黃紹竑。林森告其侄：「無辦法。」侄說：「以國府主席介紹區區一縣長，豈無辦法。」林森又言：「倘我問事，恐怕一天的主席也做不成了。」

二四八　孔祥熙勸公務員做生意

據端木愷言，抗戰時期，政府遷重慶，彼任行政院參事。某日，行政院副院長兼財政部部長孔祥熙宴請各黨派人士，囑端木愷作陪。席間，孔謂今日公務員待遇確屬菲薄，非常清苦，但他們可想點辦法呀！同時，以手指著站立於其旁的四位彪形副官而說，他們待遇更少，但他們在外做點生意，看他們不是過得很好麼？席散之後，有人對孔說：「副院長今日談話頗不適當。」孔說：「有什麼不適當，這是事實。我就是山西省美孚洋油公司代銷總經理。」那人又說：「那幾位副官還不是利用副院長關係做生意麼。」孔祥熙在做了部長之後，是否仍為美孚洋行代銷總經理，則不得而知了。

二四九　難道我的親戚不能做生意

據冷欣言：湯如炎為軍校前期生，為人殊耿直，大概自恃與蔣有師生之誼，而且是親信幹部，可以直言無諱。一次，向蔣直言：外間對孔宋大做生意，頗為不諒。蔣拍桌而言：「難道我的親戚就不能做生意？」從此湯如炎未再錄用。不是親戚不能做生意，而是公務員不能做生意，以及他們做生意的錢從何而來。一言而斷送前程，其湯如炎之謂歟。

二五〇　蔣氏緊緊抓牢軍權與財權

或云：蔣氏無論擔任總司令也好，軍事委員會委員長也好，國府主席也好，行政院長也好，總統也好，或下野退歸奉化也好，對於財政與軍隊必緊緊抓牢不放。其他政府部會，均可讓人，惟財政部與軍政部必為其親信。只有二、三次例外：一次為馮玉祥任軍政部長，但他並無實權，而且為時甚暫。另一次為白崇禧任國防部長，他僅有建議權而無決定權，而且主管軍令的參謀總長為陳誠，國防部其他主管亦多為蔣之親信故舊。又一次為俞大維任國防部長，俞根本不問部事，僅時常巡視外島，爭取美援。俞在軍政部任職久，又有顧祝同任參謀總長，而且有關軍事重要事項均由蔣親自決定。蔣抓牢軍權財權，即在其下野期間，亦不放鬆，即以財政部而言，非宋即孔，非孔即宋，否則亦係與孔、宋同屬一系，而又為蔣所能直接指揮之人。故雖三度下野，終能復職者即在此。蓋他人匆促上台，號令不出都門，對此二者均難有辦法。（參閱第二輯第三十四條）

據陳公博所記：即在汪精衛任行政院長兼外交部長期間，軍事汪是不能過問的，蔣的外交情報又多不到外交部的，財政更由子文一手把持，連問都不許的。

二五一　紀朝鼎由何人介紹於孔祥熙

又據蔣匀田言：紀朝鼎之認識孔祥熙，係在孔去美時，美國務院一人介紹於孔者，此乃Fairbank告匀田者。

二五二　蔣氏對其子經國之叮嚀

蔣氏生前對經國言：如一日當權，與人接談，自己少講話，多聽別人意見，又切勿用比你老一輩的人。王新衡與經國頗接近，此為經國親告新衡，而由新衡告程滄波者。蔣氏平日見客，總是連聲「好、好」，「呵、呵」，很少表示自己意見。至於勿用比你老一輩的人，亦有鑒於胡漢民、汪精衛等人對他本人往往以前輩自居，有時不得不忍氣吞聲，故對經國慨乎言之。

二五三　蔣氏家譜

蔣氏家譜內列一條原配毛氏於某年，出之。程滄波在王新衡處曾見此家譜，係由吳敬恆主纂，陳布雷副之。蔣氏與宋美齡女士結婚後，毛夫人仍居住蔣氏老宅，經國為其所生。

二五四　「講話是要負責任的」

抗戰期間，一次在重慶召開中全會。蔣親自主持，正式宣佈今日在座委員對於黨事、國事，如有任何意見，可儘量提出，以備採擇。黃紹竑時任浙江省政府主席，起立指出中央與地方稅收應有合理分配，使地方亦可稍有經費從事建設。蔣立即答覆，謂現值全面抗戰期間，一切力量，一切經費均應用之於抗戰，不可站在本位的立場，妄肆要求。在座委員一聽蔣言，便不敢再有陳述，默然久之。賴景瑚（璉）忽然起立，略謂我來自西北，謹將西北情狀，略一報告。西北兵役，弊端重重。拉扶當兵，捆拽以去，怨聲載道。且地方政治，貪污成風，民不聊生。蔣即指出，你說政治貪污，舉出證據，講話是要負責任的。眾皆為賴璉慄慄危懼，以為他的西北大學校長恐將不保了。但當晚忽接侍從室通知，定於次日召見。賴去，蔣首言，你在西北辦理大學，甚為辛苦，慰勉備至。最後則謂你有什麼困難，可以直接向我說，我一定為你解決。在經費方面若有困難，我也可以直接補助。賴答大學經費均由教育部統籌辦理。要有困難，各大學都是一樣困難，我並不覺得有什麼特別困難。蔣仍說，你可以提出一二種特別計劃，由我直接補助。賴返寓向朋友報告經過，皆以為蔣既有此意，正好為西北大學謀擴充。賴乃提出兩種研究計劃，一為由教授組團赴新疆，調查經濟與資源，另一則為新疆歷史地理考察團。兩種計劃共需十餘萬元，均由蔣直接補助。其時十餘萬元是一個很大數目。

二五五　嚴家淦頭腦精細、言詞清晰

阮毅成言，抗戰末期，浙江幾乎十之八九淪陷於日軍之手，僅剩偏僻數縣，貧瘠無所出，鹽、米及其他日用品非常缺乏。時浙江省主席黃紹竑欲向福建省為將伯之呼，但與該省主席陳儀均為目空一切的人物，素不相下，今有求於他，未便出口。乃想派民政廳長阮毅成前去。阮謂今既為物資而去，則當派財政廳長或建設廳長，我並不適合。黃謂陳儀知道浙江省財政廳長、建設廳長，一為廣東人，一為廣西人，都是我帶來的，你的老太爺與他相稔，總有一點情份，還是你去為宜。阮答讓我先去一個電報，試試看。陳儀回電，略謂：「兄來，極歡迎，甚忙，由靜波兄接待」等語，靜波，嚴家淦之字也。時嚴家淦任福建省銀行經理，並主持對外貿易事宜，可見陳儀已知其來意了。阮、嚴兩人相談甚融洽，浙江省凡有所需，只要福建能夠辦到者，無不慷慨協助。據阮言：嚴家淦頭腦精細，言詞清晰，當時就對他有一種好的印象。

二五六　物價並沒有高什麼嗎！

抗戰末期，物價高漲。蔣之左右均不敢以告。一次，清華大學校長梅貽琦來重慶晉見。梅表示物價飛漲，西南聯大學生欲買一雙皮鞋亦不可能。蔣氏舉起自己所穿之皮鞋而言曰：「我這雙皮鞋僅要××元，並不貴嘛！」梅答：「果真如此，則西南聯大學生個個可以買得起皮鞋了。」蔣即召侍衛官來，問明其鞋係何店所買。梅即按址前去定做，答稱：「皮料缺貨，你們拿皮料來，可以代做。」又一次，大體蔣聽說物價飛漲的話太多了，乃親自去街上購買帽子，隨從人員示意店主把價錢講得特別低。蔣即說：「物價並沒有高什麼嘛！」一個人居了高位，總有人會把某些事隱矇他，又豈止一人、一事哉。

二五七　戴傳賢講君臣之道

㈠

賴景瑚（璉）曾面詢戴傳賢云：「你與蔣先生交稱莫逆，無話不談，近來你對蔣先生不太進言，何故？」戴答道：「中國素來講求君臣之道。古時，臣叩見皇帝，必持手版，一則，天威咫尺，不敢逼視，乃以手版自遮其目；二則，覲見皇帝，誠惶誠恐，往往忘其所欲言，乃在手版上一一記下。」戴之講話，素來天馬行空，不作直接答覆。

㈡

據余井塘言：戴季陶後來對於政事，不甚表示意見，井塘詢問其故。戴云：「中國君臣之道，我甚注意。我自蔣先生任主席以來所上蔣書必恭書正楷，末後又必稱職某某。」抗戰時戴赴某處演講，夜宿之處，適與陳果夫同舍。果夫問戴：「你對蔣先生為何不講話了？」戴連聲唸：「阿彌陀佛」，卻無一語作正面答覆。

二五八　吳鐵城指中蘇條約喪權辱國

蔣勻田言：當接收東北時，俄方所要求於東北礦權（三個煤礦，一個鐵礦）為四分之一之股權。當張嘉璈返南京請示時，蔣先生曾兩次答應可如此辦，終以內部反對，臨時變計云云。當時俄軍總司令言：今不簽必將後悔。

蔣勻田又言：當蔣先生下野之前一星期，曾邀勻田吃飯，座中有吳鐵城、王世杰等人。吳鐵城曾起立聲言中蘇友好條約，實喪權辱國，王世杰默無一語云云。

二五九　蔣氏信任白崇禧

劉士毅言：蔣對白在抗戰時期與抗戰後，均信任有加，戰後任白為國防部長，嗣又派任華中軍政長官可以知之。自李競選，白初不贊成，迄李意已決，白不得不極力支持。嗣後中樞曾擬調白以華中長官兼徐州剿匪總司令，駐節津浦路。白堅辭，頗有不受命之嫌。稍後，又有見死不救之說。

二六〇　白崇禧用人近於苛

據吳聲鎬言：彼曾為白之機要參謀，認為白之為人固屬精明，但用人則近於苛。當年曾隨白由贛南坐車赴鉛山與顧祝同相會。先一晚為準備一切，終宵未睡。次日啓程，白坐小車尚能小睡，惟一班隨從則坐大車，并須保持警戒，到鉛山已十一時許，上床則近凌晨二時餘，未睡兩小時而白之副官又來叫。白謂今晨八時須開會報，今有一批資料，爾須整理。實則所謂資料者，在開會前一小時準備已足夠。又言：徐蚌會戰之時，白所指揮部隊近三十萬人，倘能於戰事激烈之時，白能命令所部，直搗共軍後方，則戰事結果當有轉機云。

二六一　胡宗南非奉校長命令，不敢突擊陝北

袁守謙曾致函胡宗南勸其揮兵進攻陝北，胡回信表示只要校長有命令，隨時可以出擊，曾略記之。聞陳立夫兩次去西安，每次均勸胡宗南突擊陝北，以消滅共黨根據地。胡亦答覆沒有校長命令，奈何！立夫說，倘使你這樣做了，恐怕校長不但不會怪罪你，甚至還會嘉奬你呢！賴璉於抗戰時期任西北大學校長，偶赴西安，得晤胡宗南，亦勸其襲擊陝北，胡亦答未得校長命令，不敢動。此賴璉親語編者，當不虛，惟民國三十六年三月，胡宗南率部雖已攻克延安，但不旋踵，又狼狽而逃，損失甚大。

二六二　胡宗南籌公積金

據胡競先言：當年共黨流竄西北，不過數千之眾，胡宗南以大軍逆之，雙方傷亡慘重，胡軍為籌公積金，每師都有空額，而且有不成文規定：師長吃空缺幾名，旅長吃空缺幾名，團長吃空缺幾名，營長吃空缺幾名，各有等差，最後雖號稱有五、六十萬之眾，實際不過三、四十萬，而且各軍師長幾完全無用人之權，部下離心，戰鬥力不強，所以在共軍竄至松潘之時，胡部以三師之眾（名稱為旅，實力等於師），而不能將共軍殲滅者，此亦一因，後來共軍竄至甘肅岷縣，其地有關，真可謂一夫當關，萬難飛渡，而守關者為魯大昌（舊式軍閥）不戰而退，共軍竟得順利通過。

二六三　胡宗南如何統軍

(一)

據田炯錦言（曾任甘省教育廳長）：胡宗南最盛時領軍五十餘萬人，實則用逾其才，其領一師一軍或能稱職。他最講直線領導，即全部控制於一人之手。其擔任總司令也，部下乃至營長之紀律處分他必親自過問，軍隊體制何以維持。又其人在私室中與人談話，非常客氣，但在稠人廣眾中，則睥睨一切，大有唯我獨尊之概。延安既下，令某旅長守一地，某旅長以該地決非一旅之眾所能守，胡宗南不聽，結果全旅覆沒。當彭德懷進軍西北也，胡與其友軍不相連繫，亦不互相合作。初胡宗南在西安城牆原址深溝高壘以固，迄共軍之來攻，則又棄城池而不守，急遽撤離。抵台後，監察院某委員列舉之事實予以彈劾，國防部未予處分。當時胡宗南位高權重，領軍亦最多，及與共軍交鋒，則又無功而退，胡部在西北徵用民伕拆毀祠堂與廟宇以建訓練基地，故鄉民嘖有煩言。

㈡

駐太行山的二十七軍軍長范漢傑給委員長打來一份電報，請求派一個熟習晉東南情形的人，前往太行山，協助軍隊工作，蔣批交軍統局辦理。戴笠以喬家才為山西人，乃派其前往，並令其成立一個晉東南站。二十七軍隸屬胡宗南麾下。民國三十年二月間日兵有向國軍發動攻勢的企圖，二十七軍高級幹部開了一個會議，一致主張每師派出一個加强營，運用游擊方式，繞到敵人背後，分別襲擊長治、高平、晉城縣城，以牽制敵軍攻擊部隊，並緩和其攻勢，然後會合正面的部隊相機出擊，轉守為攻。軍長范漢傑亦贊成此種主張。乃分別以電話告知各師長，徵詢他們的意見。師長們都覺得不大有把握，不贊成軍長的計劃，結果採用了他們的主張，消極的挨打戰略，節節抵抗，節節後退，編者看了這段記載（喬家才，「關山煙塵記」，一八〇頁，一九八頁），便以電話詢問喬家才：第一、軍長所定軍事計劃是否必須其所屬師長同意？第二：胡宗南將才如何？喬家才答說：胡宗南部下的師長不聽軍長指揮，團長不聽師長指揮，他們都直接聽命於胡宗南。至於胡宗南將才，如令其統率數十萬大軍，用逾其才，安得不敗。寫至此，忽然記起彭德懷所講的一段話。民國三十八年，彭德懷率眾席捲西北，他在蘭州對人說：「胡宗南好大喜功，志大才疏，國民黨用這樣的人，安得不敗。」喬家才與彭德懷立場雖不同，而所得結論則一，亦可慨也。

二六四　胡適與Fairbank

賴景瑚根據何浩若所言：中國人之與美國左派人士如Fairbank之流取得聯繫，皆係透過胡適、蔣廷黻、王世杰諸人。胡在駐美大使任內，得到許多大學名譽博士，皆係Fairbank為之聯繫。某年Fairbank來到台灣，曾與陳啓天談話，主張台灣獨立，陳予反駁。Fairbank乃言「那麼台灣，變成美國之五十一州好了。」陳更斥責之，時胡適在座，默無一語。

二六五　胡適痛論大國領袖之無知

一九五〇年（民國三十九年）五月十八日胡適在Council of Foreign Relations所領導

一個小規模討論會上發表演說，他說了一點鐘，又答覆了一點鐘的話。他的結論大致是說：這十幾年中，祇有國際共産黨知道他們的目的與步驟，祇有他們比較明白他們所謂戰略與策略；此外所謂大國領袖、所謂大政治家，都不免古人所謂「盲人騎瞎馬，夜半臨深池！」同年十月他在美國外交季刊（Foreign Affairs）發表「史達林策略下的中國」（China in Stalins Grand Strategy）一文，其中有一段關於一九三九年九月間在他擔任駐美大使和羅斯福談話的回憶，原文如下：

他（羅）告訴我說：『我（羅自稱）正在考慮斡旋中日和平的事。最困難的當然是東北問題。我有一個新公式：我們剛和英國簽訂一種新協定，是關於太平洋中康登（Canton）和恩德背理（Enderbery）兩島的共同利益和管轄的事，我可以在相當的基礎上解決東北問題。』

我辭別他以後，就設法多知道一點關於這兩個珊瑚島的事情。我隨即發現，康登島九英里長，最寬的地方五十碼，島上居民有四十人。恩德背理島三英里長，一英里寬，並且有居民四人！東北，大家知道有居民三千三百萬人，面積四十一萬三千平方英里。

我現在確信，一九四五年在雅加達，羅斯福總統心中必念念不忘他一向得意的康登島和恩德背理島的成例。這兩個小島，照著英美兩國政府於一九三九年四月六日所簽訂的協議，由兩國共同管理五十年。」

胡適這篇文章固說明了羅斯福的無知，但我國負責當局不能於珍珠港事件發生後，即與英美兩國—尤其是美國商議在戰爭一旦到決定性階段，蘇俄必將進佔我之東北，我們應如何共同予以防止。在珍珠港事件後，我（編者）即託人向當局建議應特別注意此事，惜未蒙採納，又能完全怪誰呢！

二六六　蔣廷黻做復興社的官

傳記文學第一八四期第五十頁曾載：「胡先生（適）懷疑蔣廷黻先生是個力能通天的『藍衣社』大員。我們並且把『獨立評論』找出來『考據』一下蔣廷黻加入『復興社』的可能年代。」編者為求證起見，曾以電話詢問復興社重要幹部之一的白瑜。據答蔣廷黻不是復興社社員，但做的是復興社的官：「此話怎講？」他說：「蔣廷黻曾往英國訪問，在倫敦結識了復興社駐英的負責人，兩人過從甚密。當時復興社主張『開門』政策，以示與CC的『關門』政策有別。所以對於蔣廷黻直接間接均予以支持，其所以能扶搖直上者以此。」又問：「蔣廷黻既未入國民黨，為什麼蔣先生要他『回到』國民黨來呢？」白答：「蔣先生心中以為他的部下自然是國民黨員，所以說回到國民黨來，其實蔣廷黻不是國民黨，也不是復興社。」

」他又說：「蔣廷黻在集會的時候，照樣向國父遺像行三鞠躬禮，照樣讀遺囑，照樣高呼三民主義萬歲，又何怪蔣先生誤認，他是國民黨員呢？當王雲五做財政部長，他本是無黨無派，他出席中央會議的時候，口口聲聲『本黨、本黨』，豈能因此而推斷他為國民黨員呢！」（另有人則謂最早向蔣推荐蔣廷黻的是閻錫山。此或為事實，但與前說并不衝突。蓋得復興社一言，則其份量又不同了。白君非信口雌黃者，必有所本，亦可解答胡適心中的疑問。）

二六七　盛世才反覆

盛世才鑒於第二次世界大戰初期，俄國日蹙百里，莫斯科且危在旦夕，適其弟盛世騏在俄受軍事訓練，派遣回新疆。初俄之軍械係分散于各師，迄後即歸併於一師，而以盛世騏統率之，且俄有以世騏代世才之計劃，事為世才所知，乃陰令其特務伏於世騏床下，待其就寢以槍殺之。世才既知不容於俄，則轉而傾向中央。未幾，美國鑒於當時新疆與俄邊境尚不免有小衝突，乃派副總統華萊士繞道俄境來華，欲為調停。俄既怕世才反覆，即將新疆與俄所訂各種密約及西安事變時世才主張殺蔣之建議全盤抄送中央。中央乃有調換世才之擬議，事為世才所偵悉。且莫斯科之圍既解，俄國聲威大振，世才乃又欲重返俄國之懷抱。先派其親信赴駐迪化之領館密洽，俄領事亦逕訪世才於督辦公署，凡此皆為盛歸向中央後所未有之事。大約俄領事曾接受其議，惟要求世才立功以自見。於是世才乃突然於深夜扣押中央所派之廳長及其他人員。指為共黨。但俄國始終不諒解世才，未予支援。於是世才乃徬徨終日而不知所措。適中央派朱紹良飛新調查，時往機場迎接者僅盛世才之太太。紹良抵督辦公署，世才亦不出迎，安置朱於一大客廳，四面皆玻璃長窗，且派重兵守衛之。天將晚，世才始來見，訴說事變之經過，且將各人口供交紹良。當時紹良啣命轉達調換世才之意，世才則表示主席可讓。督辦望保留，終以俄國抽腿，盛不得不離新以去。（羅家倫為新疆監察使，以上為其所言）。

二六八　馮玉祥敗興而返重慶

萬建蕃言，抗戰期間，馮曾任第六戰區司令長官，韓復榘歸其指揮，復榘乃馮之舊部，在情、在理，馮指揮復榘本應不成問題。但馮任石敬亭為司令長官參謀長，而復榘與石敬亭之間曾有過一段過節。當復榘任師長，被馮免職，而以石敬亭接替，新舊任之間，難免有不愉快情事。所以石之任參謀長，在復榘視之，必將對己不利，乃故意不聽馮之號令，甚至韓部調動情形，亦不報告馮。馮對舊部尚不能指揮，還有何面目再幹司令長官，乃不得不敗興而返重慶。可見個人間之恩怨，甚至些微嫌隙，亦往往發生很大影響。不明其脈絡，即不了解一事之經緯，此治史之所以不易。當然，復榘之不聽馮之號令，尚有一種原因，即復榘深怕戰事結束後，仍歸馮統率，此罪必不好受，不如早與之絕，此又為另一心理因素也。

二六九　楊虎城與張學良囚居生活

楊虎城自西安事變後，出國考察，歸來曾晉見最高當局，即下落不明，有傳其已被處死者。今讀萬耀煌「主持陸軍大學時期的回憶」，則楊虎城於抗戰時期，尚在人間，囚於息烽某處。該處為思想犯監禁所在，楊則專有一室，監禁甚嚴，活動範圍只限於一室，內為憲兵，外圍則由九九師擔任警戒，一切指示，均由領袖手令行之，外人知者絕少。九九師師長為傅仲芳，曾受萬耀煌之指揮，感情甚篤，故閒談中知無不言，當屬確實。同一文章又談到張學良在修文之陽明洞，派有少校侍衛官率衛士看管，飲食起居均有人照料，常有專人至渝購日用及飲食果品供應。張之情人趙四小姐亦同往修文。蔣委員長送給之書籍不少，聞張正專治明史。在陽明洞一定範圍之內。可以自由行動，另有憲兵守內衛（見傳記文學，第二十四卷，第一期）。現已移居台灣，生活情形大略相同。張已於民國七十七年由政府正式撤衛，解除軟禁。

二七〇　莫說北洋軍人都不愛國

民國初年各省將領雖十之八九都是胡天胡地，亂作非為，反覆無常，爾虞我詐，但賣國之事似乎未有所聞，尤其直、奉二系首領吳佩孚、張作霖都是愛國心頗強的人，并在另文列舉他們二人不肯賣國的事實。今閱傳記文學第二十五卷，第五期，第八十六頁由張廷鍔口中敘述曹錕拒見日本人之經過：「七七事變後—日本人一再向曹仲珊（錕）求見，曹均拒絕接見。後來齊燮元竟然帶了日本人到他家，自己先進去對他說：『日本人來了，請你出去見見面。』他回答：『兄弟！你以後別找我，我丟人只丟一回，我還沒有丟到外人身上，兄弟，你別再找我啦。』」他所講的丟人大概是指被囚延慶樓之事。國人只知曹錕為萬惡軍閥，懦弱無能，很少人知道他亦是不肯做漢奸的人，故特抄錄之。

二七一　魏道明肆應於蔣孔之間

魏道明任行政院秘書長四年有餘，蔣任院長，孔祥熙任副院長兼財政部長。有時蔣對道明說，你去對他說（指孔）說⋯⋯，道明肆應於兩者之間，雖以蔣為主體，但仍須使兩人不存芥蒂，煞費苦心。

二七二　李烈鈞特立獨行

民國十六年八月十二日蔣氏通電辭職，此為蔣自就總司令以來第一次下野，其原由已另記之。蔣在發表此辭職通電之前，極為機密，即胡漢民、李烈鈞等事前皆無所聞。烈鈞係國府常務委員，蔣出京赴滬後，曾有密電致李烈鈞商詢出處善後大計，而李置不答，即甚蔣氏對他見外，不以真朋友相看待，此為李當時對國府秘書雷嘯岑所言者。蓋李以不受武漢方面誘惑而被迫放棄江西省主席職位，東下從事反共，自視為蔣之患難同志，故對蔣採取此重大行動之前，毫無商洽，引為芥蒂，而兩人乃從此永遠貌合神離了。

民國十八年秋間，改組派、西山會議派，以及閻馮各軍閥聯合反蔣，在北平組織擴大會議，特遴選李烈鈞為民族部委員。但李根本就未離開上海過，也未參預擴大會議運動。他不去北方的理由，並非對其老同學（閻錫山、李烈鈞乃日本士官同班生，又爲當時校內革命黨人秘密小組織的「丈夫團」同志。）有所不慊，而是不願跟陳公博那班人，共處一堂，爭辯黨政是非。擴大會議以其為民黨著名人物，正被南京方面排擠在野，鬱鬱無聊，想拉攏他以資號召罷了。（雷嘯岑，「三十年動亂中國」，上冊，九四—九五頁，一六四頁）

民國二十六年秋，抗戰既起，李烈鈞去後方，路過南昌，宣慰南昌防空司令部全體官兵，出入各辦公廳，頻頻頷首謂眾曰：「諸位為國勤勞，烈鈞前來慰問。」兩人扶腋而行，每至一處，輒申此二語，狀威嚴，而面慈祥，見者皆肅然為禮。

李烈鈞一生大節不虧，觀前二事，可見其特立獨行之一斑，後一事更可見無官場偽套。

二七三　魏德邁談使華二事

民國三十三年日軍進攻貴州，獨山失陷，一時貴陽、重慶同感震動。蔣委員長召集軍事會議，商議對策，魏德邁亦出席。中國將領紛紛發言，主張將緬甸的中國軍隊撤回，或調西北胡宗南部隊星夜馳援，並調其他部隊保衛重慶。魏德邁起立，先徵詢委員長是否可以發言，蔣允之。魏遂謂將緬甸的中國軍隊撤回，英國必不同意，則將封鎖印度，使中國對外交通斷絕，決非善策。胡宗南部隊駐西北數十萬大軍，除看守（Serve the purpose of Watching）外，別無作用（no other purpose）。我（魏自稱）平素忠實，從不說謊，但此次不能不主張對日本送一假情報，就說將調胡部大軍以夾擊日軍，則日軍必不敢再前進一步，甚至往後撤退，亦未可知，蔣委員長獨採其議。所以至今對於蔣氏猶有知遇之感，魏戰後曾遇當時在貴州指揮日軍的軍官，即問何以未曾繼續前進，此日軍軍官坦率承認是怕中國軍隊自西北抄襲其後方。（參看「日軍攻獨山」）

另一事是魏德邁奉命以特使身份來華，中國政府本已預備官舍以招待之。但美國駐華大使司徒雷登，親臨機場迎接，告以今以美國特使身份而住中國官舍，殊不適當，乃堅邀魏住於美大使官邸，魏從之。住未久，即發現其文件有被人檢查跡象。一日，魏特置放一文件於其桌上，而後出外散步。歸後，則其文件已不見，乃走告司徒雷登，司徒指天誓曰謂其官舍上下人等絶對可靠，無可置疑。中午，魏外出應友人邀宴，返，則見此一文件又還置桌上。魏乃大發雷霆，直指司徒為世上最大之說謊者。魏在其所寫「魏德邁報告」一書之中，其中第一章「我最後使華」（My last Mission to China），即曾敘述此段經過，並指司徒之學生時任美國大使館秘書之傅涇波涉有嫌疑。傅乃向法院控訴魏德邁。魏乃走告中國駐美大使葉公超，公超勸其庭外解決。魏認為公超以大使地位，固未便出庭作證，但中國外交部倘派一人來美證明確有其事，則問題便可迎刃而解。結果，魏與出版公司各賠償傅涇波美金一萬元，另負擔雙方律師訟費各數千元，始告解決。其時美國移民局曾對魏德邁表示傅涇波尚未取得美國永久居留權，更未成為美國公民，可將其驅逐出境，則無法出庭作證，而訟案可自然解決。但魏以傅究為中國人，不願對之用此手段，而寧願自負損失，並由雙方律師簽字願在書中將此段刪去。

二七四　唐紹儀死得冤枉

唐季珊茶商，與唐紹儀不但同宗，且係近親，故對唐紹儀家中情形相當熟悉。據謂唐紹儀有一女，家人稱為八小姐，早歲守寡，乃搬回娘家居住。其時岑春煊有一子名德廣，在汪精衛偽政府中充當一個三四等角色。唐、岑兩家本為世交，子女互有往來。岑德廣以八小姐姿色出眾，乃常出入唐府，以圖接近。重慶情報人員以岑德廣係代表汪政府拉唐紹儀下水，乃派人藉口出賣古董去唐家，當唐紹儀正審視古董的時候，以利斧從身後砍殺之。

二七五　不解的謎

㈠

當共黨竄逃至西北時，胡宗南部與之戰於松潘，頗有傷亡，胡自後雖曾與共軍交綏，但互有勝負。時共軍雖僅有數千，因西北駐軍複雜，以保存實力為主，使共軍得以避實就虛，難以消滅，固是事實。但當共軍進入陝北之初，僅有數千之眾，倘政府能以精銳部隊而非東北軍跟蹤追擊，逐漸縮小包圍圈，則共軍亦不難聚殲。政府未採用此著，殊令人不解。

㈡

凡治中國現代史者，對於國共兩軍實力之消長，有至今猶不可解者數事。當共軍輾轉逃至陝北，所存者不過數千之眾，飢疲不堪，立足未穩，倘即調集精銳國軍，跟蹤追剿，則不難一鼓而殲滅之。且胡宗南大軍近在密邇，亦未聞有調其追擊的命令，此不可解者一。迨共軍在陝北盤踞有日，始派張學良負進剿之全責。以張學良對日本進佔其家鄉，猶不肯抵抗之人，而謂其肯以全力與共軍相週旋，其誰信之？且張學良缺乏作戰經驗，對於剿共軍事，尤屬外行。即令中央為某種理由，有用張學良之必要，亦應指示其進剿戰略，尤應令其採取江西圍剿經驗。築碉堡，修公路，實施經濟封鎖，然後遂漸縮小包圍圈。或如在四川之派參謀團駐守其總部，以指揮作戰。今竟聽令張之部隊輕率前進，以致初與共軍接觸，即損失兩師一團之眾，使其對剿共信心，發生動搖，而有西安事變。中央派晏道剛為西北剿匪總部之參謀長，則東北軍輕率前進，此參謀長亦應負很大責任。且晏道剛對張既不合作，又極不禮貌，遂激起張對中央之反感。人事上如此安排，不能謂為得當。或謂派張學良負西北剿共之任，係以毒攻毒之計，使其兩敗俱傷，則中央可不費一兵，不折一矢，而收統一之全功，果有此種計議與否，固未可知。縱令有此計議，張學良部隊亦非共黨之對手。必須雙方打得平手，然後始會兩敗俱傷。今張部初與共軍交綏，即白白送與共軍二萬多槍械與兵員，使共軍如虎添翼。古語有云：「鄰之厚，己之薄也。」何況敵之厚？此不可解者二。抗戰勝利之後，中央始派胡宗南率部進攻延安。胡宗南曾受高等軍事教育，轉戰千里，而對交通線與補給線竟一無顧及，使共軍得以段段截擊，胡軍損兵折將之餘，而仍不能不退出延安。況古今中外兵法均以捕捉敵人之主力而殲滅之，乃為用兵之上策，佔領城池次之。胡宗南以獅子搏兔之力，竟令共軍守城主力得以逸去，而所得僅一空城，最後即此空城亦不能守，此不可解者三。中央擁有飛機多架，經十餘年之訓練與裝備，不可謂不相當強大，理應充分發揮戰力。而東北之戰，徐蚌之戰，竟未聞空軍對於共軍之增援、運輸或在交兵之際，曾收重大戰果。或謂越南之戰，以美國強大空軍，亦不能不無功而退。殊不知美軍之敗在於不求勝之戰略所誤。國軍豈亦不求勝？此不可解者四。抗戰勝利之後，顧祝同部隊近在京滬一帶，而中央竟派飛機從數千里外載運湯恩伯部隊接收京滬。余漢謀部隊近在廣州郊外，而中央竟派飛機從數千里外載運張發奎部隊接收廣州。倘能用這批飛機載兵去接收東北，豈有國軍遲遲不能進入東北之理。或謂陳誠欲乘機打破防區制度。事實上，此時中央已可隨意調遣軍隊，尤其對直屬部隊如此。蹤令其目的在打破防區，則湯恩伯與顧祝同何擇？張發奎與余漢謀又何擇？此不可解者五。以上僅就軍事之犖犖大者而言。其他政治與經濟亦有若干不可解的謎，以限於篇幅，姑從略。

有人曾以以上五點不可解的謎請何應欽解說。何初說：「東北軍無地安頓。」那人說：「東北軍原駐湖北，今調此『花花公子』張學良轉赴陜西，負剿共重責，其必敗事，自在意料之中，何不調中央精銳部隊，負此責任？」何解釋說：「中央軍在江西經五次圍剿共黨，已極疲憊。」那人又說：「中央軍並未全部用於江西剿共，且胡宗南統數十萬之眾，近在密邇，可用而不用，又有何說？」何為之語塞，遂使以上數點終像謎樣的不可解了。

二七六　張君勱勸毛澤東交出軍隊

民國三十五年政治協商會議召開於重慶之始，「軍隊國家化」之口號正響，周恩來於其開幕辭中，強調中共之扛起槍桿，乃係逼上梁山。周氏迎合當時輿論，其辯甚狡。張君勱於對日抗戰之初，函勸毛澤東交其軍隊於今日之蔣總統，以統一指揮，永杜亂源，此乃正本清源之圖，當為毛氏所拒絕。政協召開之前，我與毛氏在重慶相晤，談及張先生勸彼交出軍隊之函，毛謂在國民黨不斷以武力摧殘我們的生存的時候，我不能交出軍隊，你們也係被壓迫的在野黨，張君勱先生沒有機會練兵，他有機會練兵，亦必與我一樣云云。（蔣勻田：忠誠的反應──「自由中國」十五卷九號）

編者按：胡適於民國三十四年電勸毛澤東「放棄武力，為中國建立不靠武力的第二政黨。」當然亦無下文。（參閱第二輯第一五二條）

二七七　日軍攻獨山

當日軍將攻貴州之獨山，時國軍駐守此地區者僅約兩個師，而中國戰區總司令為何應欽，參謀長為蕭毅肅，蕭乃作情況判斷，認日軍距補給基地過遠，時已嚴冬而前線日軍猶穿單衣，其人數必不多，可以一戰而擊退之。但中央仍主退守，何乃陳述其判斷，並表示願拼死一戰，遂許之。於是乃調集軍隊揚言某日將反攻，果如所料，我軍一發動日軍即不支而退，戰後調查始知日軍之在此前線者僅為兩個聯隊約三四千人而已。（蕭毅肅言）

二七八　日本公使土田豐求見

第二次世界大戰末期，日本敗象已逐漸顯露，其將官數人陸續求見。我（編者）不待其發言，即指出日本侵略中國的種種罪惡。他們不但不以為忤，且表示虛心接受模樣。因此，我相信對於日本人倘能態度嚴正，言辭明確，則他們也不會多加糾纏的，北方之吳佩孚即為一例。

嗣後，日本公使土田豐亦求見，帶有其大使館書記官中田任翻譯。確實時間，我已不記得，只記得我身著重裘，不是日本投降的前一年隆冬，便是當年的初春。土田豐開口便說：

「桂先生，請放心，滿洲不成問題。」我回答說：「我很高興聽到滿洲亦即是我國東北不成問題。我今日不僅為我國設想，也為日本設想。外間傳說盟軍將在廣州灣或杭州灣登陸，倘使我用兵的話，決不從這兩地方登陸，而要從東北港口登陸，則你們一、二百多萬軍隊將由何途而回歸日本？所以為日本保存一點元氣，應當早日放下武器，俾可儘速復元，則將來中日兩國對亞洲復興大業，仍可各盡其一份力量。」土田豐正色答道：「我必將桂先生的意見轉報東京。」臨別，他提出一個問題：「請問桂先生：對於我們天皇制度，有何意見？」我回答說：「我住居上海，不代表任何方面，但可斷言中國政府決不會主張廢除你們天皇的。」

在日本天皇將廣播日本正式投降的當天晚上約八點鐘的時候，土田豐忽來電話說：「我們的政府已決定放下武器，請於今晚聽我們天皇廣播吧。」到了十一點鐘左右，他又來電話說：「天皇廣播已為少壯軍人所阻撓！」

我對日本人來見，從未回訪，但我知道日本確已正式投降後，便往晤土田豐，對他說：「現在有一件事你應當即刻做的，便是去南京要岡村寧次即刻下令日本軍隊各自在駐紮的地點維持地方治安。否則，青黃不接，地方秩序一亂，將很難收拾。」土田豐答道：「這是我最低限度可做，也應當做的。」便於當晚乘車赴寧。

當土田豐來訪後，友人中有知道我曾勸日本即刻放下武器，以為此話倘傳到日本憲兵，必將對我極為不利。我對他們說：「這是日本外交官親來向我求教，我以所見坦誠相告，別的我也不去計較了。」

二七九　日本降書由中國擬就

據蕭毅肅言：日本在南京投降，其降書係由我陸軍總司令部所擬就，由王俊轉交岡村寧次過目。翌日岡村在正式投降時僅簽名而已。

二八〇　日兵進入俘虜營

蕭又言：當日本投降時國軍之運來南京者僅三營而已，而日軍在南京周圍者約有數十萬之眾。於是陸軍總司令部第一步規定日兵須先自動呈繳武器，進入俘虜營。當時日軍要求不繳武士刀，亦允之。但於武器繳交並進入集中營後，又命其繳交武士刀，彼等亦乖乖聽命。為使日軍仍能層層節制，故乃准其在集中營穿其原階制服。

二八一　日本俘虜究多少

在中國大陸的日軍號稱一百廿萬人，實際上在我國之日本俘虜則有一百廿五萬人。另有準俘虜日僑七十八萬人，韓國俘虜六萬五千人，另被迫從軍的台灣籍同胞四萬四千人，一以上合計共為二百十三萬九千人。

經上海遣返的日俘共計八十一萬人，佔全部俘虜三分之一強。這八十一萬人中的大部份原駐京滬一帶，其餘由各處集中上海。

二八二　滬寧鐵路線日軍繳械

第三師團十月底集中鎮江繳械，繳械的部份，計有師團司令部，步兵第六聯軍，步兵第六十六聯隊，騎兵第三聯隊，砲兵第三聯隊，輜重兵第三聯隊，野戰病院四個。

此外，附近的日軍第六十九師團是十月二日在嘉定、太倉、崑山一帶繳械。同一天，第六師團在蘇州繳械。僅步兵第三十四聯隊因撥歸孫元良指揮，暫予保留，未幾，亦繳械遣返。

二八三　日本投降，如何安定東南

日本驟然宣佈投降，政府派軍分赴各地光復故土，其令人不解者，以東南而論，不派密邇京滬之第三戰區部隊，而遠從廣西柳州調湯恩伯部隊，每日向上海空運，其曠日費時可想而知。一九四五年十月湯恩伯以京滬衛戍總司令名義任孫元良為常（洲）鎮（江）地區守備指揮官。孫元良到達守備地區，僅帶一班憲兵（十三人），而短期內決不可能得到其他部隊歸其指揮，如何守備，如何指揮，目前便成問題。於是只得臨時就地組織一支軍隊，以鞏固京滬鐵路東段南北地區的防務。

這一支臨時就地組織的軍隊，包括偽軍周佛海、任援道的兩部份，與汪偽政府的江防部隊，加上日軍第二十七師團全部以及日軍第三師團的一個聯隊（這兩師團在日軍中號稱精銳）。

周佛海是汪偽政府行政院副院長兼財政部長。像宋子文成立總警團一樣，有其自己的親兵。此時周佛海樂意將其親兵全部交孫元良改編，新番號是別慟隊第十三、第十四兩個縱隊，以原有的軍官熊劍東、劉明夏分任縱隊長，擔任蘇州、鎮江間鐵路以北，常熟、江陰一帶的防務。

任援道是汪偽政府海軍部長，但所帶的卻是陸軍。他轄有偽陸軍第一、第二兩師，與一個獨立旅，一個教導旅。改編為京滬衛戍第一總隊，仍以任為司令，轄第一、第二兩個縱隊與一個特務支隊，擔任蘇州、鎮江間鐵路以南，無錫、常州、金壇一帶防務。

周、任兩部偽軍改編後，合計三萬五千人。

原駐上海的偽江防部隊，改編為京滬衛戍總部的水上巡防總隊，以劉大治為總隊長，全部從上海開往江陰，擔任長江下游的防務。

據孫元良所記，原來的偽軍經改編後，都表現得非常小心謹慎，並且勤勞努力，使江南的人民得以安定。因此，他的結論是：「由這一件事證明，那時東北的幾十萬偽軍假如不是被庸妄無識的軍政負責人所逼迫，何至於全部投共，變成敵長我消呢！」

至於日軍第二十七師團全部撥歸孫元良指揮。日軍第三師團（師團長巽榮一）撥歸孫元良指揮的為在丹陽、奔牛附近的步兵第三十四聯隊。

二八四　日本土地改革

日本戰敗，盟軍佔領期間，由盟總指令農地改革方針。經吉田內閣將農改法案提交第九十屆國會成立。……「本法自一九四七年三月實行後，據一九五五年統計，敗戰時自耕兼佃耕及佃耕曾共佔百分之四十八・五，今減為百分之三十・七，純佃耕自百分之二十八・七，減為百分之五・一，自耕自百分之三十二・八，增至百分之六十一・九。此改革在民主化日本不僅是根本方策，且因此使農民未被共產主義滲透……。」（沈覲鼎，「對日往事追記」二十四，傳記文學，第二十七卷，第三期）

二八五　抗戰末期中共基本部隊

抗戰末期，中共基本部隊約五十萬人，僅有各式步槍十萬枝，且以土造者為多。其組織下之民眾雖甚廣泛，但均無戰鬥力量。

二八六　新四軍之誕生與行動

據冷欣言，抗戰軍興，共軍武裝仍有散處於湖北、湖南、江西、福建、安徽等省者，陳辭修乃主張將其歸併之，定名為新編第四軍以示係臨時性質，而非正式編制。議既定，中央與共黨各主張由其薦人統率之，結果由中央任命一度曾為國民黨黨員而又一度曾為共黨黨員而被開除黨籍之葉挺任軍長，項英副之，下分三個支隊，每支隊約千餘人，以陳毅、粟裕、張鼎丞分任支隊長，皆共黨黨員，指定皖南為其駐地。後來共黨自行增編二個支隊，人數亦大量增加。共軍策略係介於日軍與國軍之間以游擊方式求發展，其勢力乃逐漸伸展至浙西、蘇南各處，並有少數人員潛赴蘇北。民國二十九年中央令第十八集團軍開赴黃河以北，新四軍開赴長江以北。其時駐於蘇北之國軍李明揚、韓德勤因爭稅收不睦。某晚陳毅突訪李明揚，請求假道以攻韓德勤部，明揚允之，並致送五萬元。旋新四軍以全力偷襲韓部，韓部慘遭覆沒，韓德勤被俘。此後蘇北軍力，日偽軍約三〇%、共軍則增至六五%、而國軍僅五%而已。葉挺初尚稱共黨為「他們」，後則改換口氣，又必重入共黨無疑。中央鑒於共軍肆無忌憚，旋發動圍剿，葉挺被俘，項英亦戰死，於是新四軍乃由陳毅統率之。葉挺係一公子型人物，大權全操於項英之手。共黨佔有大陸後，新四軍首腦人物均裂土封疆。冷又言新四軍被國軍圍攻後，死傷數千人，生存者僅數百人而已。

新四軍遭國軍擊潰，乃集合餘眾改稱「革命第四軍」。另據李世鏡曾寫「我如何俘獲葉挺」一文詳述解決新四軍經過，載中外雜誌第三十五卷第六期，其中抄錄參謀總長何應欽、副參謀總長白崇禧於民國二十九年十月十九日聯名向十八集團軍總司令朱德、副總司令彭德懷、參謀長葉劍英以及新四軍軍長葉挺、副軍長項英發出皓電，原文如左：

「歷次不幸事件，其癥結所在，皆緣於第十八集團軍及新四軍所屬部隊：㈠不守戰區範圍，自由行動。㈡不遵編制數量，自由擴充。㈢不服從中央命令，破壞行政系統。㈣不打敵人，專事併吞友軍。以上四端，實所謂摩擦事件之根本，亦即十八集團軍與新四軍非法行動之事實，若不糾正，其將何以成為國民革命軍之革命部隊？茲將前經奉商，並奉核准之中央提示案正式抄達。」

按中央提示案是十八集團軍與新四軍於一個月內全部開赴黃河以北，十八集團軍與新四軍均未理會。

二八七　葉挺這個人

冷又言關於新四軍事件，當時新四軍不聽調遣，故中央命令發動制裁。事實上，中央軍不打他們，他們也要打中央軍的。葉挺被俘，指名要見冷欣，葉乃自述一生經過，謂他初任孫大元帥警衛團營長，陳炯明叛變，他只存一身。南昌叛變，在東江被擊潰，第二次又孑然一身。共黨予以開除黨籍處分，乃赴歐留學，到莫斯科，共黨要求他寫悔過書准其恢復黨籍，葉未允。當時葉稱共黨常是「他們他們」，可見尚非共黨。新四軍是以陳毅、粟裕為中心。但葉是一副紳士模樣，被俘時身穿嗶嘰軍裝，腰掛照相機，這是第三次一身了。

二八八　雅爾達協定是否先得中國同意

蔣勻田言：當他讀到邱吉爾回憶錄，談到雅爾達協定時，邱曾詢問羅斯福是否得到中國之同意，羅答謂已經得到。一次行政院會議（蔣任政務委員），蔣勻田曾提出此事，謂中國應對此種記載發表聲明。今羅斯福已經逝世，邱吉爾尚存在，倘邱吉爾再又去世，則縱作聲明，亦屬明日黃花。但政府始終未作任何聲明，是否果如羅斯福所言，至今猶無法肯定云云。編者按，雅爾達協定事先得中國同意，諒非事實。惟事後未提出正式抗議，事先未能防止，則是事實。關於防止之道，參閱第二輯第一八〇條。

二八九　四與五之比

據張國燾語尹述賢，當年胡宗南剿共軍，胡部損失十分之四，共軍損失十分之五。實際上胡部逃亡甚多，損失達十分之六。後雙方疲乏，故胡部未能將共軍全部殲滅。張國燾率部攻下胡部某據點，毛乃得率部竄入陝西。等到毛部通過後，某據點又為胡部奪回，再經馬部回軍圍攻，故張部損失慘重，到了保安只有受毛支配了。

二九〇　繼續作戰

日本於八月十五日宣布投降，其南部陸軍大臣在十三日尚發佈繼續作戰命令。

二九一　宋子文貪天之功

抗戰期間，中國曾派宋子文赴華盛頓欲效秦庭之哭，請求借款，羅斯福置之不理。迄珍珠港事變，羅打電話至中國大使館尋宋子文，皆不知何故。當羅斯福見宋，開口便說願以鉅款借予中國。宋乃電告重慶，謂借款已成功矣！尚以為己功云。

第三輯　抗戰勝利——退守臺灣

第三輯　抗戰勝利—退守台灣　目錄

一　蔣氏電邀毛澤東……六一五
二　人質之說不確……六一五
三　毛澤東初謁蔣氏之談話……六一五
四　毛澤東上蔣委員長書及到渝之談話……六一六
五　毛澤東說話富煽動性……六一六
六　用日本戰俘……六一七
七　炸毀汪精衛墓……六一七
八　汪精衛有女……六一八
九　任援道逍遙法外……六一九
一〇　孫科徘徊和戰之間……六一九
一一　張學思何時變為共黨……六二〇
一二　陳誠用人之道……六二一
一三　胡宗南傳略有關共軍者……六二一

一四　胡宗南最盛時期……六二二
一五　胡宗南攻延安得而復失……六二三
一六　胡宗南大軍並未開入川康……六二四
一七　商組日本志願軍……六二五
一八　憲法厄運重重……六二六
一九　中共對憲草堅持三點……六二六
二〇　周恩來勸張君勱、張東蓀參加國府……六二七
二一　各黨各派與無黨無派聯合對付中共……六二八
二二　中國廢除不平等條約之經過……六二八
二三　軍政部與國防部……六二九
二四　軍官總隊……六二九
二五　國軍崩潰與幣制有關……六三〇
二六　金圓券究係何人之主張……六三〇
二七　支配慾作祟……六三一
二八　自以為什麼都是對的……六三一

二九　熊式輝太過聰明……六三二
三〇　賀龍曾欲歸順中央……六三二
三一　校場口事件……六三三
三二　軍事上犯重大錯誤……六三三
三三　有無方法再和共黨談判……六三四
三四　內部意見不一致……六三四
三五　吳國禎之為人……六三四
三六　翁文灝措施多不當……六三五
三七　宋子文九億多美金用途不明……六三五
三八　報載宋子文貪污的風波……六三六
三九　宋子文究有多少財產……六三七
四〇　宋子文好挾外人自重……六三九
四一　宋子文眼高於頂……六三九
四二　宋子文、孔令侃相繼為駐美人員太上皇……六四〇
四三　宋子文捉弄胡適……六四一

四四　宋子文在美受人侮辱……六四二
四五　國民黨失敗由於無知……六四二
四六　蔣氏同意何應欽任行政院長……六四二
四七　何應欽寫回憶錄……六四三
四八　司徒雷登勸蔣氏下野……六四三
四九　蔣總統引退所引起之爭論……六四四
五〇　代總統名義登台……六四七
五一　白崇禧兩次迫蔣下野……六四八
五二　主張李主政言和……六四八
五三　李宗仁請蔣氏出國……六四九
五四　李宗仁受甘介侯擺佈……六四九
五五　張治中、邵力子主張蔣下野……六五〇
五六　和談看作一種手段……六五一
五七　蔣、李杭州會商……六五一
五八　一個青年黨人對國、共和談看法……六五二

五九　國、共和談紀實 六五二
六〇　舉輕若重 六八二
六一　王世杰為中蘇條約辯護 六八三
六二　張惠長談中國空軍 六八三
六三　抗戰結束後、中國空軍實力 六八五
六四　重慶戰略地位 六八五
六五　政府撤退重慶之混亂 六八六
六六　成都又失陷了 六八六
六七　蔣最後一次在成都 六八七
六八　雲南事變的責任 六八七
六九　每十年必犯一次大錯誤 六九五
七〇　張治中脫口而出 六九六
七一　羅斯福以密約大意通知我大使 六九六
七二　羅斯福在中、蘇談判中所扮演之角色 六九七
七三　馬歇爾大放厥辭 七〇〇

七四　馬歇爾為史迪威報仇……七〇一
七五　馬歇爾之秘書係共黨……七〇一
七六　馬歇爾為一純粹軍人……七〇二
七七　以小誤大……七〇二
七八　馬歇爾謁蔣主席……七〇三
七九　馬歇爾再謁蔣主席……七〇三
八〇　不是美國不援助中國……七〇四
八一　送給共產黨……七〇四
八二　馬歇爾對政府運用美援之看法……七〇四
八三　雖無馬歇爾調停，亦難持久……七〇五
八四　馬歇爾主張麥克阿瑟來華……七〇五
八五　馬歇爾確曾主張派麥帥來華……七〇六
八六　馬歇爾向中國提議麥克阿瑟來華……七〇七
八七　馬歇爾後來並不偏向共黨……七〇八
八八　安平事件……七〇八

八九　懷特破壞美國援助中國……七〇九
九〇　麥帥指責羅斯福……七〇九
九一　麥克阿瑟欲晤蔣氏……七一〇
九二　艾森豪一語破的……七一〇
九三　何應欽何不解釋……七一一
九四　陳誠串演一幕戲……七一二
九五　如進攻張家口，馬歇爾即返國……七一二
九六　中國移民案……七一二
九七　美國援助中國物資轉運印度……七一三
九八　納爾遜來華調查……七一三
九九　魏德邁坦率之指責……七一四
一〇〇　白皮書何人起草……七一四
一〇一　美國對華政策的轉變……七一五
一〇二　美國務院親共份子阻撓援華……七一六
一〇三　美國早有兩個中國之想法……七一七

一〇四　美國初試兩個中國政策失敗……七一七
一〇五　兩個中國方案……七一七
一〇六　于斌函勸福特勿去北京……七一九
一〇七　美國建議三事……七二〇
一〇八　美國資助游擊隊……七二〇
一〇九　戴、魏主張東北由五國託管……七二一
一一〇　偽軍共六十餘萬人……七二一
一一一　東北偽軍戰力實與關東軍一樣……七二三
一一二　戴笠主張收編東北偽軍……七二三
一一三　親眼目睹偽軍投誠的一幕……七二三
一一四　東北偽軍下落……七二六
一一五　中央決策，陳誠執行……七二七
一一六　蘇俄以美為假想敵……七二七
一一七　史達林最怕美、中、日聯合……七二八
一一八　蘇俄侵佔我新疆之一例……七二八

一一九　史達林對蔣氏之評語……七三〇
一二〇　蘇俄想要東北工廠……七三〇
一二一　蘇俄要共同經營東北工礦……七三一
一二二　董文琦穩定瀋陽……七三二
一二三　北平、東北接收情形……七三二
一二四　接收東北人選有三種擬議……七三三
一二五　東北早已面目全非……七三三
一二六　儲備券與法幣的比率……七三四
一二七　民社黨押三方面寶……七三五
一二八　當然站在英美陣營……七三五
一二九　一切聽美國安排……七三六
一三〇　陳立夫主張請蘇俄調停……七三六
一三一　陳立夫說司徒雷登與馬歇爾……七三七
一三二　陳立夫論馬歇爾使華……七三七
一三三　民社黨放棄部會之原因……七三八

一三四　東北執行小組之難題……七三八
一三五　林彪何以能成大軍……七四〇
一三六　共軍水旱兩路出關者僅八千人……七四〇
一三七　抽調南方部隊去東北……七四〇
一三八　關於接收東北與俄軍交涉經過……七四一
一三九　東北停戰……七四七
一四〇　東北停戰令……七四八
一四一　熊式輝缺乏魄力……七五〇
一四二　熊式輝匆促撤往北平……七五〇
一四三　衛立煌倉皇逃走……七五一
一四四　「不再亂講話吧！」……七五一
一四五　陳儀想投共……七五二
一四六　陳儀為什麼會勸湯恩伯投共……七五二
一四七　邵力子謂陳布雷死有餘辜……七五三
一四八　陳布雷自殺之原因……七五三

一四九　張群面面顧到……七五四
一五〇　四川迅速淪陷之兩大原因……七五四
一五一　張繼被毒死之說……七五六
一五二　閻錫山在山西之建設……七五七
一五三　國民大會代表名額之爭……七五九
一五四　第一屆中央民意代表之選舉……七六〇
一五五　蔣為什麼會提胡適任總統……七六二
一五六　皮相之論……七六四
一五七　李宗仁競選副總統一幕……七六四
一五八　何應欽追述一段往事……七六六
一五九　聯合國中國代表團內部之糾紛……七六六
一六〇　蔣廷黻在聯合國受冤氣……七六七
一六一　中國代表團人員何其多……七六八
一六二　中國代表團在聯合國發言幾不用中文……七六八
一六三　中國自請增加聯合國會費……七六九

一六四　安插冗員，浪費國帑……七七〇
一六五　「讓游擊隊到共黨去好了」……七七〇
一六六　為淵驅魚……七七一
一六七　「讓他們都去當共產黨好了」……七七二
一六八　陳誠之豪語……七七二
一六九　陳誠不收編關內游擊隊……七七二
一七〇　捨近就遠……七七三
一七一　陳明仁與陳誠之恩怨……七七四
一七二　陳明仁痛哭三次……七七四
一七三　聯合國軍未能組成之原因……七七五
一七四　偏左、偏右……七七六
一七五　張治中與熊式輝均欲去東北……七七六
一七六　共黨對東北早有異圖……七七六
一七七　張治中早已主和……七七七
一七八　張治中早主張投降中共……七七七

一七九　陳儀不用福建人　七七八
一八〇　他黨人士對蔣氏之評語　七七八
一八一　蔣氏長於政治藝術　七七八
一八二　周書楷之背景　七七九
一八三　毛澤東又逃脫一次　七八〇
一八四　停戰令之波折　七八一
一八五　周恩來反對停戰　七八二
一八六　被俘將領幾盡變節　七八三
一八七　馬占山建議在東北成立騎兵剿共　七八三
一八八　未空運國軍進東北是失策　七八五
一八九　東北九省主席提無理要求　七八六
一九〇　國軍東北失敗經過　七八八
一九一　國軍在東北失敗之原因　七八九
一九二　東北失落之自我檢討　七九〇
一九三　國軍在徐蚌會戰之心理狀態　七九二

一九四　徐蚌會戰戰略錯誤……七九二
一九五　白崇禧主張劃地而和……七九三
一九六　白崇禧主張與共談和……七九三
一九七　白崇禧坐視不救……七九四
一九八　國軍數量……七九四
一九九　青龍集與雙堆集……七九四
二〇〇　劉斐與郭汝槐串戲……七九五
二〇一　國軍掘壕自縛……七九六
二〇二　黃鼠狼捕蛇……七九七
二〇三　黃伯韜與邱清泉……七九七
二〇四　邱清泉行軍遲緩……七九八
二〇五　邱清泉自戕……七九九
二〇六　打了一次莫名其妙的仗……七九九
二〇七　「子彈一放，黃金萬兩」……八〇〇
二〇八　徐州究否先撤守……八〇一

二〇九　徐蚌會戰官方之檢討……八〇一
二一〇　除蚌會戰之非官方檢討……八一〇
二一一　劉峙檢討徐蚌會戰……八一二
二一二　空軍在徐蚌會戰所扮演之角色……八一七
二一三　徐州敗後擬議的退路……八一七
二一四　徐蚌會戰一筆糊塗賬……八一八
二一五　徐蚌會戰失敗的局部看法……八一八
二一六　國、共兵力之消長……八二一
二一七　一個軍人說大陸失敗……八二三
二一八　孫連仲北上被阻……八二三
二一九　陳誠不收編東北偽軍……八二三
二二〇　國軍佔點，共軍佔面……八二三
二二一　艦隊長江突圍……八二六
二二二　敵已逼近而戰略未定……八二七
二二三　當好軍人尤不易……八二八

二二四　文官要錢、武官要命……八二八
二二五　猜忌、觀望為致敗之由……八二九
二二六　為何失敗到如此地步……八二九
二二七　國軍為共黨滲透到何種程度……八二九
二二八　戴傳賢欲以一死，以明責任……八三〇
二二九　國軍士氣低落……八三一
二三〇　傅作義投共經緯……八三二
二三一　古今大臣風格之不同……八三三
二三二　俄使館撤退到廣州……八三四
二三三　大陸失守的責任……八三四
二三四　中共早有入韓企圖……八三五
二三五　各方滲入韓國戰俘……八三五
二三六　李承晚對邵毓麟不滿……八三五
二三七　邵毓麟對蔣密陳韓戰意見……八三六
二三八　邵毓麟使韓經過……八三七

二三九 韓人朴東宣案……八三八
二四〇 毛澤東與史達林各懷鬼胎……八三九
二四一 政府派人勸傅作義勿投共……八四〇
二四二 四推事彈劾案……八四〇
二四三 總統候選人提名……八四一
二四四 華僑反對陸以正……八四二
二四五 雷震被逮之內中原因……八四二
二四六 桂永清屢遭打擊……八四三
二四七 葉公超與顧維鈞辭官經過……八四七
二四八 葉公超不得出境……八四八
二四九 駐日大使館白白送與中共……八四九
二五〇 馬彬赴俄探行情……八四九
二五一 王正誼具保出外就醫……八五〇
二五二 緬甸邊區游擊隊……八五〇
二五三 菲律賓與中共建交……八五三

二五四　直陳蔣用人不當……八五四
二五五　要人子女……八五四
二五六　對美國承認中共，蔣氏可能採取之行動……八五五
二五七　陶希聖想搭上俄國線索……八五七
二五八　俄國果索價甚高……八五八
二五九　三分天下……八五八
二六〇　毛澤東眼中的西方國家……八五八
二六一　毛澤東不殺被俘將領……八五九
二六二　要摘、五顆星全摘……八六〇
二六三　毛澤東一弛一張……八六〇
二六四　毛澤東土法鍊鋼……八六一
二六五　毛、周對於聯合國的評估……八六一
二六六　周恩來罵梁漱溟……八六二
二六七　殺死一個美兵可以造成其國內五個反戰份子……八六二
二六八　周恩來不坐第二把交椅……八六三

二六九　周恩來不倒翁之祕訣……八六三
二七〇　周恩來禍延華僑……八六五
二七一　蒸籠與烤箱……八六六
二七二　先搶奪糧食……八六七
二七三　劉斐何如人……八六七
二七四　北平市長彭真坐「飛機」……八六八
二七五　彭德懷之檢討……八六八
二七六　陳毅有膽量說話……八七〇
二七七　朱德說：「我們無路可走。」……八七一
二七八　亞洲國家不敢談反共……八七二
二七九　共黨清算之影響何如……八七二
二八〇　共黨勢力崛起是西方國家造成的……八七二
二八一　共產黨並不嚴格遵守階級成份論……八七三
二八二　共黨四清案的波折……八七四
二八三　共黨治下之官僚政治……八七四

二八四　共產黨員罵共產黨……八七五
二八五　共產黨員在外面都是「皇帝」……八七六
二八六　怪病，怪病……八七六
二八七　中共收回中長鐵路、旅順、大連……八七七
二八八　林彪這個人……八七七
二八九　彭真口舌不饒人……八七八
二九〇　一九四九年美、英就要拉中共進入聯合國……八七九
二九一　伍修權大鬧紐約市……八八〇
二九二　張國燾對毛死之看法……八八一
二九三　張國燾老年貧病交加……八八二
二九四　越戰前，韓戰是美國歷史上第四位損失最大的戰爭……八八七
二九五　中共在大陸的自耕地……八八八
二九六　農民搶糧包……八九〇
二九七　中共深知蘇俄對外活動情形……八九一
二九八　中國記者抱頭痛哭……八九二

二九九　美國討論台灣問題………八九二
三〇〇　越南淪陷之前夕………八九三
三〇一　美國如何對待阮文紹………八九五
三〇二　張君勱如何過台灣而不入………八九五
三〇三　天馬茶室事件………八九六
三〇四　台灣「二二八」事件，外人有鼓動嫌疑………八九八
三〇五　Kerr主張台灣屬於美國………八九九
三〇六　日美兩國支持台獨活動………八九九
三〇七　蔣大罵二陳………九〇〇
三〇八　中日和約一波三折之最大癥結………九〇一
三〇九　周鴻慶案………九〇二
三一〇　吉田書簡………九〇三
三一一　佐籐祕密與中共接洽………九一三
三一二　中日斷航、復航………九一四
三一三　陳誠、宋子文是與喪失大陸有關的兩個人物………九一七

三一四　大陸最後一瞥……九一八
三一五　龍雲反對一面倒向蘇俄……九二一
三一六　中國外交官卸職後多在外國開餐館……九二一
三一七　戴高樂與中共建交……九二一
三一八　自由聯盟與自由黨……九二三
三一九　選舉是花錢的事……九二三
三二〇　孫立人的冤屈……九二三
三二一　公務員懲戒委員會與司法院……九二四
三二二　及時退休……九二五
三二三　陳誠大罵CC……九二五
三二四　蔣不見陳立夫……九二六
三二五　陳立夫未列入改造委員……九二六
三二六　陳立夫亦「多有未便發表者」……九二七
三二七　陳立夫否認有小組織的原因……九二八
三二八　嚴家淦識時務……九二八

三二九　閻錫山好議論史事……九三〇
三三〇　自由中國雜誌經費……九三一
三三一　胡適任職美國大學圖書館……九三一
三三二　費正清對台灣之意見……九三一
三三三　胡適毀黨救國論……九三三
三三四　嚴家淦塞翁失馬……九三三
三三五　賴景瑚批評尼克森……九三四
三三六　中華民國退出聯合國之經緯……九三四
三三七　蘇俄情報準確……九三五
三三八　王寵惠談做官要訣……九三六
三三九　俄使勸中華民國採獨立政策……九三六
三四〇　取消俄在聯合國之表決權……九三七
三四一　坐牢亦得升官……九三七
三四二　蔣總統因心臟病逝世……九三八
三四三　蔣總統遺囑問題……九三八

三四四　福特改派副總統來華弔喪……九三九
三四五　魏德邁推崇蔣氏……九四〇
三四六　輔仁大學授魏德邁榮譽博士學位之波折……九四一
三四七　宋美齡要脫黨……九四二
三四八　土地改革所以能在台灣實行之原因……九四二
三四九　美政府撤銷承認中華民國……九四三
三五〇　美國對友邦兩大法寶……九四七
三五一　卡特對台灣的殺手鐧……九四七
三五二　中、美關係新方向……九四八
三五三　陸以正被迫離美……九五一
三五四　卡特與鄧小平談移民自由……九五三
三五五　李宗仁由美抵北京……九五四
三五六　黃紹竑向毛澤東建議，先攻打台灣，後經營西南……九五四
三五七　鄧小平對陳香梅之談話……九五五

一　蔣氏電邀毛澤東

據蕭自誠言，當對日戰爭勝利，毛澤東曾在延安發表談話謂宜團結，新華報轉載之。當時國府秘書長吳鼎昌以此談話內容報告蔣，蔣即去電請毛來重慶商談，後來由赫爾利擔保乃得實現。

當日本投降之夕，消息傳到重慶，蔣即三次電邀毛澤東共商建國大計。美大使赫爾利亦飛延安親口保證毛之安全，乃相偕飛來重慶。當初毛要求將共軍改編為二十四師，後改為二十師而政府只允編為十四師，致無結果。（張群語）

二　人質之說不確

據賴景瑚言：彼曾詢問立夫所謂人質之說，彼表示並不確實。外間傳說，毛澤東來重慶，蔣經國留延安，故問之。

三　毛澤東初謁蔣氏之談話

毛到重慶謁蔣主席，蔣稱毛同志，毛稱蔣主席，蓋以在野黨之地位而稱國家元首也。蔣首先發言，問共產黨是否以湖南人為最多，當時蔣不過係一開場白，諒無他意。但毛乍聽之下，另有所感，乃轉向坐於其側之周恩來而言曰恩來，你可將我們黨的情形說明一下。於是周恩來歷數東北、西北、西南、東南各省人均有，而最後始言浙江人亦為數不少，若以人數而言，實以四川人為最多，湖南人並非居於首位。兩人每次所談均係原則性的問題，雙方始終均無爭論，而對對方所提意見，亦均唯唯諾諾，實為最高政治智慧之運用。

綜觀歷次和談之癥結，實為雙方觀念之不同，與夫對一切名詞解釋之不同，所以雙方在基本問題上從未達到一結論，恐亦不希望達到一結論。（以上二則乃蕭自誠語）

四　毛澤東上蔣委員長書及到渝之談話

毛澤東於抗戰初期曾上蔣委員長書，抗戰勝利之後，到渝發表談話，均可查。

五　毛澤東說話富煽動性

賴景瑚言，日本投降，毛澤東曾去重慶，湖南人開會歡迎，覃振起立致辭，略謂：「潤之先生起而革命，今與蔣主席分庭抗禮，實屬湖南人之光榮。」毛澤東致答辭，言簡而實有煽動性：「承理鳴先生過獎，實不敢當，我不過替湖南人出一口氣而已。」

六　用日本戰俘

抗戰時期，阮毅成任浙江省民政廳長有年，據謂抗戰結束，第三戰區長官顧祝同與浙江省政府主席黃紹竑均建議中央用日本戰俘清剿共軍。事實上，當吳興為共軍所佔，顧祝同便命日本戰俘奪回。但此種建議，均為蔣所訓斥。當中共軍隊進入廣西時，徐蘇中正在廣西任學校教職，親見中共軍隊中有日本兵，講日本話。

七　炸毀汪精衛墓

日本投降，政府派陸軍副參謀長冷欣為南京前進指揮所主任，首先抵達南京。孫科繼至，見汪精衛葬於南京城外梅花嶺，與國父陵墓相鄰，隨便說了一聲「唔得」。冷欣聞言，乃令兵工隊長施中誠用炸藥毀之。施請冷下手令，冷謂不必，冷轉而請何應欽下手諭。何應欽亦謂無此必要。蓋均不願負此責任也。某日轟然一聲，汪墓確被炸毀，實則汪屍早為其女移於殯儀館焚化了。數年後，冷欣在東京遇到施中誠，詢以此事究竟，則支吾以對。此乃冷欣於某晚席次所言。汪有一子、二女。汪死，一女為修女，一女在香港政府教育部門任職。其子因驕縱成性，完全大少爺派頭，一無所成，且好賭。初抵香港時，炒金之風甚盛，彼亦參加其間。每有虧蝕，即手持一小袋鑽石或寶石，四處兜售，聽人選購，其他財物亦不少，可能均付諸賭場了。汪妻陳璧君因漢奸罪，被判無期徒刑，死於上海提籃橋監獄，汪之一生受其影響至大。璧君倔強亦逾常人，其繫獄期間，大陸已為共軍佔領，何香凝得中共同意，表示如願寫悔過書，即可開釋，但終不允。

八　汪精衛有女

汪精衛有一子、二女，子完全為大少爺，不成器。兩女，其一後在香港政府教育司任職，另一當修女，前已記之。

汪精衛在日逝世未久，日本投降。政府派冷欣為南京前進指揮所主任。冷特允汪之家屬在私宅設靈祭奠，並親往告其家屬，如有地痞流氓前來滋擾，可派憲兵保護，但如有新聞記者前來採訪，你們將如何應付？其女回答：我有三個要求：一、來者須先向先父遺像行一鞠躬禮；二、不得問先父在南京組府事；三、不得問我家情況。冷欣回去，以汪女意見轉告新聞記者。記者以此不得問，彼又不得問，何必去採訪。冷欣不知此女為汪之兩女中那一位，倘是後來當修女的話，則必定是可以做一個非常、非常虔誠的修女。

汪妻陳璧君干涉汪精衛最多，而誤汪精衛事亦最大。日本投降，陳璧君以漢奸罪，初被囚於蘇州監獄，繼轉移上海提籃橋監獄。中共佔據大陸，宋慶齡、何香凝聯袂往訪陳璧君於獄中，勸其寫信致毛主席表示悔意，即可釋出。陳璧君大罵之，指此二人對 總理不忠、不義。終於瘐死獄中。其最後表現，或可稍稍贖其前愆吧！

九 任援道逍遙法外

日本投降，南北漢奸無不受法律制裁，即周佛海頭上頂著國民政府一個名義，亦難免鋃鐺入獄。惟任援道在維新時代即任重要偽職，日本投降時猶任偽海軍部部長，可謂漢奸之兩朝元老，獨免受法律制裁，其故安在？諒為治現代史者所必會問的一個問題。其時湯恩伯部奉命接受京滬一帶，陳江在該部任職，與湯恩伯時常接近。據其所言：日本投降，群奸一一落網，任援道神通廣大（或由其弟任西屏奔走之功），竟得交湯恩伯看管。於是任援道時常陪湯打高爾夫球，最後送金條兩百根，始得遠走香港，並在香港大做生意云。

一〇 孫科徘徊和戰之間

行憲後孫科奉命組閣，鄧公玄進見，勸其以戰時內閣相號召，當時孫頗韙其言。乃在上海療疾期間，鍾天心等乘間勸其拉攏張治中、邵力子等入閣，乃又變為和平內閣。公玄又偕竇子進往見之，孫之口吻乃完全不同，頻言「用什麼打」，又謂「李德鄰算什麼，如要和，由我和。」乃將政府遷穗，唯立法院仍留南京。以後李即運用立法院以打擊孫科。當立法院聲言將質詢孫院長之前夕，孫科意欲試探李宗仁態度而往見宗仁表示辭意。宗仁即接受其辭職，於是一場倒閣風波即告平息。（鄧公玄語）

一一　張學思何時變為共黨

張學思為學良同父異母的弟弟，其於共軍未進入東北之前，是否即已加入共黨，有不同的說法，特詢之於王鐵漢。據謂：張學思部下范朝福所言，學思於十七歲即加入共黨之說大體確實。張學思為軍校十一期學生（或謂第十期生），畢業後派赴第五十三軍見習（五十三軍為萬福麟舊部），曾隨軍到雲南。大約在廿九年即離開軍隊，不知去向，其投效共黨諒在此時。日本投降，張學思率共軍進入東北，中共且發表為遼寧省主席兼遼寧軍區司令員，不久晉升東北行政委員會副主席，若非中共黨員，決不可能派任如此高位。先，抗戰軍興，張學思曾親往南京活動，欲使其兄學良復出，為國效力，未果。此亦其後積極為共黨賣命的一個原因。他雖為共黨賣命，但仍不免為共黨所折磨而死。

一二　陳誠用人之道

抗戰結束後，中央發表萬耀煌為湖北省政府主席。即接陳誠來電推荐當時任陝南行政督察專員的余正東。在電文中說明：「余君政績卓著，請予擢植。」萬以此電示鄔繩武，說要發表余氏為湖北行政督察專員。鄔繩武當時臆斷：陳誠是要余氏擢任湖北民政廳廳長及省委的人選。他開出的名單首列民政廳廳長王開化，陳誠主鄂時，亦即原任民政廳長也。且王開化、余正東皆陳誠所培植之人，而王開化是前任留下的人，駕輕就熟，在行政上可得許多方便。但陳誠見此名單，默不作答，以後晉見二次被婉拒。最後呈出列名余正東任民政廳廳長的名單，陳誠乃微笑而說：「我說我不管湖北的事，因為我曾任湖北省主席，熱愛湖北，現在又要參末議了。」於是萬耀煌組府工作方告完成。後來，王開化調任軍委會民事局長。可見陳誠是欲得天下英才而用之，有其器使拔擢之道。（參閱中外雜誌第二十一卷，第四期，鄔繩武，永懷萬耀煌先生）

一三　胡宗南傳略有關共軍者

胡宗南傳略有關共產黨者—二十二年沿大別、桐柏由老河口入陝追擊徐匪向前部於川陝鄂邊境，擊斃紅四軍軍長蔡昇熙，二十四年擊破毛匪之主力於摩天嶺。二十五年冬匪竄入陝北，將軍遂提師入同心城預旺堡。三十六年三月奉命為西安綏靖主任，即以雷霆萬鈞之勢，揮軍攻克匪延安老巢。隨後榆林之戰，大荔之戰，陝西涇渭河谷之戰，中條之戰，臨汾之戰，均曾予匪嚴重之挫敗。

一四　胡宗南最盛時期

據胡競先言，閻錫山最盛時共二十二個師，馮玉祥共三十二個師，胡宗南最盛時共五十八個師，然而其不能肅清共軍者，以其軍隊貪污，無戰鬥能力。胡宗南如認為其所轄之軍長忠誠可靠，則以軍長直接於胡，否則，即直接指揮其師長。如師長不十分忠誠可靠者則直接指揮其團長，致令其部下做生意之風盛行。當民國三十八年，總裁蒞川，以劉文輝、鄧錫侯等部隊不可靠，乃調胡軍為保衛。胡部實際入川者亦不多。（參閱第三輯第十六條）又言胡與關麟徵亦不和，在西北剿共時，胡、關均直屬於剿匪總部。一次胡致電關，關不覆。胡再電關有云「玉東、玉東，何去何從，希即電覆。」關仍置之不理。可見剿共部隊亦不合作，而又腐化，非怪不能肅清共軍。

又據胡競先言，共軍逃竄至西北時，到達泥湖，爛泥没足踝不易拔出，此地名毛兒蓋云。

一五　胡宗南攻延安得而復失

㈠

據龔浩言，胡宗南在抗戰勝利後曾進佔延安，當時胡之估計，共軍必退往山西，殊不知共軍往無定河退，而無定河河流交叉，後有崇山峻嶺，共軍則隱匿其間，時常出而腰擊胡部，致令胡部損失慘重。而共軍於退出延安時，確曾做到堅壁清野，甚至填没水井。胡部千里轉糧，幾難生存。共軍另一支部隊則從太行山進佔晉南。當時共軍廣播「讓國軍在延安吃骨頭，我們去吃肥肉」，果然共軍佔晉南後，乃切斷隴海路了。

又民國三十八年胡部原擬退四川，以西康為根據地，忽然雲南變動，使西康喪失作用。且胡部號稱數十萬，實際不過十數萬衆，蓋當時兵員缺額補充困難，而法幣價值每日跌落甚鉅。中央所發金條，歸上級官保存，銀元則歸中級官如團長類保留，下級官及士兵則僅發法幣或金圓券，軍心渙散，士氣低落。此種情況不僅胡部為然，乃為構成挫敗之主因云。

㈡

又言在胡部攻下延安之後，共軍曾將胡部段段腰擊，使胡部損失甚大，尤以陝西黃龍山一役，胡部劉戡所部一軍竟為共軍所殲滅，劉戡本人……自戕身死。此在日本投降以後，胡部攻下延安，復被共軍包圍。胡再派兵馳救，中伏，劉乃自戕。

㈢

胡宗南部隊於民國三十六年二月十九日下午五時攻佔延安城。八月間共軍為求出路，積極發動攻擊榆林，八月十日共軍一部分已突入榆林小西門陣地，守城某部事先竟未作充分準備，終於被圍，使局勢突然逆轉。直至十二日胡部三十六師主力兼程趕到達堡寧堡，先遣一部分於午夜到達榆林附近，榆林之圍始解。經過榆林一戰後，陝北氣候太壞，狂風暴雨連日不停，飛機不能出動，不但行軍困難，連補給也斷絕了。到了八月底，有些深入陝北的部隊，幾乎絕糧。共軍又復反攻了，到了九月至十一月，許多重要據點如延川、清澗，又告先後陷落。三十七年三月一日宜川再度為共軍攻陷，四月二十七日寶雞亦相繼陷落。據胡妻葉蘋所記（天地悠悠七一頁）則劉戡係在共軍攻宜川時陣亡。

一六　胡宗南大軍並未開入川康

李崑岡曾任胡宗南軍事幹部，任其師長與副參謀長，據謂民國三十八年胡宗南所統率猶有二、三十萬之眾。迄大局不穩，胡宗南仍主據守秦嶺，以屏障西北。但其部屬亦有力主穩定四川，以為復興基地。當時參謀長羅列在座，並無明白表示，而胡宗南又喜聽好聽的話。迨事急，中央調胡宗南入川，而秦嶺至四川，綿延數千里，道路既狹，而又難行，僅能單人行走，其行程所須時間之久，不問可知。中共所用戰略亦殊高明。在秦嶺方面，中共以彭德懷軍攻擊以牽制胡軍，胡軍二、三十萬之眾在半途被共軍段段攔腰截擊，而全部被俘。劉伯誠則以大軍從湖南、貴州迂迴而入四川，四川軍人又從內響應，於是川康兩省整個為共軍所佔了。當時蔣欲據守重慶，在成都幾指揮至最後一分鐘，僅以身免。據李崑岡言，胡部之陸續進入四川者僅一旅之眾，而進入西昌者，三連尚不足數。可見報章雜誌之載胡宗南大軍二、三十萬已進入川康者，完全不確。

一七　商組日本志願軍

民國三十八年，戰局逆轉，政府遷穗。徐志道當時係別働軍司令，曾與日方聯繫，商組日本志願軍。中國所遣返之日本戰俘為數頗多，正受失業困擾，生活艱苦，且彼等在中國作戰，歷七、八年之久，熟悉情形。如組織志願軍，參加反共作戰，不啻可振奮已墮之士氣，更可配合國軍，阻擊爾後南下之共軍，固守華南，然後再圖反擊北進，局勢不難穩定。經數度談判後，即順利達成協議，五月間完成計劃，電呈　校長建議，奉復電飭與湯恩伯聯絡研辦。當時湯正為保衛大上海苦戰，無法聯繫，延至六月初，深感時局緊迫，遂請謁軍事當局，面呈計劃，報告籌策經過，當蒙嘉許，認為計劃可行，然終以經費難籌，未能實行。（摘錄徐志道，憶往事話當年，留痕，六十五—六十六頁）

一八　憲法厄運重重

中華民國這部憲法，真是厄運重重。當在憲草完成最後一條時，中共代表李維漢聲明只能視為紀錄。後經制憲國民大會通過，國民政府明令公佈。邵力子曾試遊說原執筆人張君勱先生謀延緩實行這部憲法，當遭張先生拒絕了。（蔣勻田：對連任的舊認識與新觀念—民主潮流第十卷第四期）

一九　中共對憲草堅持三點

蔣勻田言：當時共黨對於憲草，堅持三點：一、地方法官必須民選；二、地方可以自行決定對外貿易與財務；三、地方可以自行立法而可不顧中央立法。當時羅隆基亦認為地方法官由民選頗不適宜。共方即駁稱：「你什麼事總喜歡舉美國為例，何以對於美國地方法官民選事獨不贊同？」至於省可以自行立法，陳啓天在政治協商會議曾起立反駁，並舉英國為例。共黨代表秦邦憲予以辱駡，謂英國為帝國主義，乃取其法，真是糊塗云云。

所通過之憲法與原草案符合者，百分之九十。共黨表示要求英國式的內閣制、司法官民選兩點，實則他們希望以第一點交換第二點。（蔣匀田所言）

二〇 周恩來勸張君勱、張東蓀參加國府

蔣匀田言：在重慶時，共方是願意以談判解決問題的，到了南京則完全敷衍、拖延時間了。不過在討論憲草時，共方代表周恩來等尚屬認真討論，一字一句都鄭重斟酌，則欲藉政治以達到目的，尚屬可見。一日陶行知（知行）柬邀蔣匀田餐敘，至則周恩來與另一共黨份子已在座，主客僅四人。周恩來首先發言，請蔣匀田勸張君勱、張東蓀均參加國府，周說毛澤東決計親自參加，惟常駐徐州，開會時則來南京親自出席。周將要求擔任農林部長，民社黨可擔任教育部長云云。當時擬議中之國府等於政治會議，一切政策與立法原則由國府會議決定，而立法院不過法制局而已。至於否決權問題，僅為一票之爭，蔣匀田言實則張君勱、張東蓀，甚至張瀾並不會完全跟著共黨走的。（當時民社黨尚未脫離民盟）則未嘗不可相安於一時云云。匀田告周，恐君勱與東蓀不能同時參加，以名額分配不足故也。周言：沒有關

係，我們可以把名額讓給你們。

二一　各黨各派與無黨無派聯合對付中共

各黨各派與無黨無派人士在南京時所以能團結起來，去對付中共，就是由於制憲與行憲兩件大事所促成，因共產黨不惜終止和談，大家遂決定與中共決裂，而願與執政黨同其命運。中共雖然參加了起草憲法，然而卻不願憲法的施行，以其足以鞏固政府的基礎，所以他們毫無理由的杯葛了制憲的國民大會。中共更不願意行憲，所以在行憲國大召集之前，中共的所謂「解放軍司令部」寄給每個國大代表候選人一封信，說是參加了國民大會，選舉了國民黨人做總統，便以「附逆」論罪。（李璜：民主潮第十卷第六期）

二二　中國廢除不平等條約之經過

民國十八年十二月我駐美大使伍朝樞報告與美商談撤廢在華領事裁判權經過，談判三次，美方原則同意，惟主張逐漸撤廢。直至第二次世界大戰期間，宋子文在美與國務院遠東司韓君（Dr. S. Hornbeck）商談廢除不平等條約事，韓君猶言譬如拔牙，應當一個一個的來。一日美國一報館記者在訪問我駐美大使魏道明，詢問關於廢除不平等條約的意見，魏答不平等條約已為戰爭所毀棄，我們決不是為恢復不平等條約而戰（The unequal treaties are destroyed by the war, We are not fighting for their restoration。）此一記者或係國務院授意而來探詢中國方面意見者。魏道明答復如此明白確定，國務院乃徹底了解中國方面之立場，故亦改變態度，而與我重新訂約，廢除一切不平等之條款。其他各國追隨於後，從此，中國受百餘年屈辱之不平等條約，完全廢除。

二三　軍政部與國防部

當國軍與共軍戰爭最劇烈之時，軍政部改組為國防部。在青黃不接之際，前方許多部隊向中央請款、請械、請示軍略等公文，尚冠以軍政部字樣，國防部以非其主管，或率予拒收，或看也不看，鎖入箱中，其亂糟糟情形簡直出人意外。（匡正宇所言，彼有一親戚適任職於軍政部，故知之。）

二四　軍官總隊

蕭毅肅言：國軍縮編之後，在各地成立軍官總隊以收留編餘軍官，照常有待遇。因此，早已脫離部隊之軍官，甚至前清軍官亦請求加入，以致軍官總隊總人數約有四十餘萬之多。

二五　國軍崩潰與幣制有關

王世杰告張九如：國軍之崩潰實與幣制有關，因為當時發給部隊之軍餉皆為紙幣，一、二日之間可以跌落一倍。軍需人員於領到紙幣後，即換購黃金和銀元，過了數日又換回紙幣，一轉手間，可賺一、二倍，最後到士兵手裡，則所值更無幾了。士無鬥志，實由於此。張九如講畢此事，復述一事，係得之於現任立委王兆民之口。王係山東人，據謂當年國軍鏖戰於山東遼城之時，共軍以木箱盛金條，而國軍則以美援之彈藥，原封不動，互相交換。可見當年杜魯門所稱：「我們所援助你們的武器，不啻奉送共黨」云云，未嘗無因。

二六　金圓券究係何人之主張

民國三十七年五月，翁文灝任行政院院長，而以王雲五任財政部長。當時法幣貶值確是事實，王雲五乃擬定改革幣制計劃，即廢除法幣，而以金圓券代之。從計劃以至制定方案均由王雲五一人祕密草擬，再呈報總統核定。外傳係財政部政務次長徐柏園所主張，完全不確。當時，余（編者）在上海，閱報始悉政府改行金圓券，即表示金圓券至多三個月至六個月必將垮台。其理由有三：㈠國內戰事仍在進行，軍費浩繁，通貨膨脹自所難免，則金圓券仍將不能維持其幣值；㈡全國尚未真正統一，號令不能貫徹，則金圓券辦法亦必未能徹底實施。㈢幣制改革必須有比較穩定的大環境與人民對政府有堅強的信心，方能成功。抗戰期間，政府在重慶發行關金券與辦理黃金儲蓄券，均為宋子文所背信，使人民對政府信心早已打了折扣，而今軍事又連連失利，遂使金圓券幣值一日數跌，最後幾成廢紙。金圓券崩潰經過幾與編者預料完全相符，可為長嘆。

二七　支配慾作祟

據李濟琛告我（編者）：抗日戰事結束，蔣電召其赴廬山一談。至則僅於宴會中會見一次，未能深談。時蔣忙甚，各方來者絡繹不絕，蔣意俟其稍暇，則約濟琛長談。但濟琛坐候數日，已感不耐，乃留書而去。函中大意：猶憶北伐之初，囑我留守廣東，並告我，你的支配慾甚強，以後可時予規勸。現在恐怕又是你的支配慾在作祟吧！

二八　自以為什麼都是對的

據冷欣言大約在三十六年，時張群任行政院長，冷欣遇之於酒會中，特約時間調晤。冷鄭重告以現在軍隊確已不能再打，吾人係主席之學生與部屬，不便盡情而言，岳公與主席為兄弟輩，且居於重要地位，應將外間一切情形明白告之。張群言他自以為什麼都是對的，恐不聽他人之言云云。

二九　熊式輝太過聰明

熊式輝直接間接主持贛政十餘年，中央幾乎以整個江西付託他，為蔣所信任，言聽計從，可謂其一生極盛時期。最後任東北行營主任，亦可見蔣倚重之深了。但當第一屆國民大會第一次會議在南京選舉總統、副總統時，江西代表絕大多數竟倒向李宗仁，完全違背蔣之意向。據方天言，其在奉化時，蔣經國曾親自告訴他，當選舉副總統時，熊留滬觀望，蔣以電話召其赴京，望能對江西代表有所疏導，熊以電話聽不清為辭未去。繼派經國至滬面邀，亦未去。有人問胡家鳳，何以熊式輝會有如此態度，胡答：「他太聰明了，以為從此是桂系天下，應當儘先投效。」家鳳隨熊久，知之最深，評語當中肯。迄大陸變色，熊又留港，大做炒金生意，去泰經營紗廠，均失敗，欲來台，初被拒，後經張群、王寵惠二人聯名簽呈，謂熊留海外，恐將為異黨利用，不如准其來台，始得入。

三〇　賀龍曾欲歸順中共

據蕭毅肅言，日本投降，國府返都，時中共軍人如陳毅、林彪、劉伯承等各已擴充到數十萬人，惟賀龍則侷處綏遠，僅二、三萬人，可見渠不賣力。曾派人來京接洽歸順事，係由當時參謀部侯騰廳長（？）接洽。侯秘而不告國防次長蕭毅肅。毅肅曾與賀龍頗有淵源。與賀龍曾同時為熊克武部下，後來蕭毅肅調參謀次長，而侯騰他調，須將公文移交。侯始言其中有一件公文，我很抱歉未曾報告次長。詢以為何不報告呢？侯答因次長當時係任國防部次長，不相隸屬。蕭又問後來何以未曾成功呢？侯答因名義問題，賀要求綏遠附近二、三省綏靖主任，故未果。蕭言以他與賀龍之淵源，倘令知之，必可設法得一結果。當時綏遠附毛之背，一有變動，影響極大。大概侯欲包辦此事，故不令蕭知之。

三一　校場口事件

據蔣匀田言：重慶校場口事件，可能亦係共黨暗中發動，以製造事件。當年主張類似校場口事件之激烈份子，後來都留在大陸，附和共黨。現在哈佛大學研究所正對此一問題加以研究。當時共黨極怕國民黨與蘇聯合作，故百般破壞之。

三二　軍事上犯重大錯誤

當年馬歇爾調停國共之戰爭，其間曾頒發三次停戰令。於是有人說，每次共黨戰至最不利之地位，則請求馬歇爾促使政府停戰若干時日，俾便繼續談判，倘使沒有那三次停戰，則共黨決不致有今日之局面。余曾以此說詢問王鐵漢之意見。王答政治不談，在軍事上曾犯有許多重大錯誤，縱無三次之停戰，亦難免於失敗。

三三　有無方法再和共黨談判

當國民大會制憲完成，開會慶祝，有梅蘭芳演戲。蔣勻田、徐傅霖前往觀賞，坐第二排。蔣主席立邀蔣、徐二人與其並排而坐，細聲詢問有無方法再和共黨談判。

三四　內部意見不一致

蔣勻田曾告立夫與雷震謂民主同盟不會完全跟共黨跑，所以多予民盟一席無妨。立夫答我們內部意見亦不一致云云。

三五　吳國禎之為人

吳國禎在重慶時代曾任重慶市長、中國國民黨宣傳部長，戰後任上海市市長，來台後又任台灣省政府主席。後來離台赴美，抨擊在台灣之政府。時魏道明亦在美，詢問美國國會某議員對吳國楨觀感如何，答謂下賤（Cheap）。吳國楨任宣傳部長，常舉行外國記者會。一次，胡健中問外國記者，吳國楨如何?答He tries to be smart（他想做成聰明樣子）。

蔣曾寫信吳國楨稱「國禎老弟」，老弟聰明過人，惜喜借外力以自重。說者只能記其大意。一次，何應欽晉見蔣，在客廳坐候。忽然吳國禎走入，不經通報直上二樓。以何出生入死數十年反不如吳國禎，心中之感覺則不言可知了。

三六　翁文灝措施多不當

賴景瑚言，當翁文灝任行政院長，措施諸多不當，我以中央常委身份遂在會中發言攻擊，蔣聞之，乃欲派憲兵把我捉起來，幸我早一日已因事赴滬，得免於難。

三七　宋子文九億多美元用途不明

民國三十六年秋，行政院會議提宋子文出任廣東省主席案，政務委員蔣勻田起立發言：「宋子文先生移交行政院，對於九億多美元之用途，至今尚為全國人所疑問。我前奉命調查中孚、揚子兩公司所請得之七千餘萬美匯，曾提出院會報告，至今仍無結果，提議秘密投票。」主席王雲五主張舉手表決，結果以九對八通過之。時張群任行政院院長，此次會議，張群避不出席，並於先一日晚走告蔣匀田謂明日行政院會議將有任宋子文為廣東省主席一案，你們可預作準備云云。（見民主潮第二十三卷，第十二期，第十三頁）

關於孔、宋兩家之中孚，揚子等公司，以特權套用外匯一案，經監察院派員調查結果，正式公佈：「政府（抗戰勝利後）原存黃金六百萬盎斯，美金九億元，乃不二年（十九個月）而大半消耗於非建設性物質之進口，幣制既未能改革，物價亦未能穩定，其措施乖方處，應由前行政院長宋子文負責，……。」

上海失陷，共黨清算中孚、揚子等公司，則存有數千萬美元貨物，猶未脫手，大抵為化妝品與女用絲襪等等。

三八　報載宋子文貪污的風波

中央社發出消息謂宋子文貪污，登諸報端，蔣見之，通知中宣部與中央社負責人把撰稿人找來。中宣部與中央社負責人大為恐慌，深為撰稿人危懼，但撰稿人陸鏗挺身而出，自願前去，一切責任由其自負，決不牽涉二位負責人。於是他們便帶領陸鏗晉見。陸鏗首先報告在第二次大戰期間曾跑過幾個戰場，親眼看見各戰場統帥對於各方意見都能虛心細聽，所以能打勝仗。中央社新聞稿有關宋子文貪污消息，係其本人所撰，得自可靠來源並有確證。但為遵重新聞規律，不能說出其來源，無論如何處罰，均願一身承擔。蔣聞之，只好揮之使退，至此，兩位伴同前去的負責人始大大鬆了一口氣。大陸失守，陸鏗未及退出（或因曾受上次刺激，不肯來台，亦未可知），為共黨所囚禁，最近（一九七七年）始放出。

另一次，亦與宋子文貪污事有關。一日余井塘、賴景瑚忽奉蔣電令，即往廬山晉見。據余井塘在紀念賴景瑚一文中記述如下：

「記得那時總裁在行館中召見二人，亦無秘書在側，總裁開始略帶怒容說：『聽說要打倒本黨貪污份子，究竟所指的是誰？』總裁說完，忽見景瑚肅然起立，清清楚楚的答道：『就是本黨負責財政的宋同志。』總裁聽了，不禁大怒，問：『有何證據？說話要負責！』景瑚仍然立著，又答：『大家都這麼說。』於是總裁不斷抹臉，不斷的長吁……」

三九　宋子文究有多少財產

宋子文生前究有多少財產，無人得知。病中對其財產當有妥善安排，如分贈其兩女與其他親戚為名，以逃避高額遺產稅。逝世後，據報載仍遺留至少三億美元。美國遺產稅是採累進制，如有三億美元遺產，則怕恐要繳納很高的遺產稅。李某為宋子文太太張樂怡女士之親戚，特問計於編者，願在名義上全數捐贈於社會或教育事業，而實際上則保留百分之六十，換言之，以全數捐贈為名，實際僅捐出百分之四十。據謂美國法律，遺產可以凍結一段時間，以待遺族從容決定處置辦法。倘係捐助社會、教育或慈善事業，則可免繳遺產稅，所以宋子文太太特向編者求助。余以此種做法涉及逃稅，不願過問。至於孔祥熙究有多少財產，則不得而知了，或有人為此二人解釋，謂他們二人之財產全係做生意而來。他們皆係公務人員，不得經商，法有明文，豈不知之！那來如許財產？宋子文素不喜接見記者，當其任廣州綏靖主任兼廣東省主席時，中央通訊社某記者由司徒雷登之祕書傅涇波之介紹，始得見之。（有謂此記者名樂恕人，係在南京見宋。或是兩次，亦未可知。）宋開口便要記者不發表隻字始肯答覆問題。繼言：「我不否認我發了財，但我的財是由做外國股票而來。」做外國股票需要大筆資金。而宋子文的父親是做牧師，家非富有，那來如許資金？

美國外交文件記載「宋家王朝」檔案，其中令人怵目驚心的是孔祥熙、宋藹齡、宋子文、宋美齡以及孔祥熙子女孔令侃、孔令儀、孔令傑等人所聚積的財富，在四十年代和五十年代已超過三十億美元。大英百科全書曾稱宋子文為世界首富。大陸變色後，據最保守估計，孔祥熙的財富至少在十億美金上下。在中國浴血抗戰期間，宋子文在大眾和花旗銀行存有七

千萬美金，宋靄齡存有八千萬美金，宋美齡亦存有若干美金。（亞洲人週刊，總號第五十八號，第六頁）

四〇　宋子文好挾外人自重

魏道明言，宋子文好與外國人發生關係。亦好聘請外國人為顧問，其中有共產黨人，亦不知之，或知而不問，無非欲挾外人以自重。並在財政部內成立稅警團，器械較之任何中央軍皆精良，頗有取蔣而代之之心。曾有一信，可以證明此點，魏曾見過此信。宋亦屢次當面頂撞蔣，則非他人之所敢者，因此而屢起屢仆，亦因特殊關係而屢仆屢起，始終居要津。據魏言，任何人皆難與宋共事，因其獨斷獨行，自行其是。二次世界大戰後，中國本存外滙十億以上美元，為宋任行政院長任內花去九億多美元。魏辭駐美大使，紐約時報即指稱因與宋子文不合之故。

四一　宋子文眼高於頂

魏道明言，當其卸任駐美大使，返回南京，在禮貌上不能不去行政院拜會宋子文（時宋任行政院長），辭出後，有人問魏道明宋對你禮貌如何？道明答：很客氣，辭退時宋起立鞠躬相送。那人便說：大概宋子文不怎麼得意了，他得意時，是眼高於頂，望著天的，今他鞠躬，必是眼睛望地的，所以我推斷他不甚得意。

四二　宋子文、孔令侃相繼為駐美人員太上皇

在抗戰早期，宋子文駐華盛頓，儼然為中國駐美機關之太上皇，駐美大使胡適與魏道明均與之相處得不好。胡適之去任尤與此有關。今日據賴景瑚言，宋歸國之後，孔令侃又繼起而為中國駐美洲人員之太上皇，凡駐美洲之大使、領事均聽命於他。賴在美居住二十餘年，任職聯合國亦十有餘年，對中國之駐美人員背景，非常清楚，對魏所言周書楷係由孔令侃之關係，始能任駐美大使如此之久，亦認為可信。（孔令侃原希望繼魏而為駐美大使，蔣以為駐美大使不可，如願任駐加拿大大使尚可考慮，而令侃又不願，終撥一筆經費（約每年十餘萬美元）為其在美聯絡之用，因而有地下大使之稱。）

胡適之辭駐美大使確與宋子文有關。據胡適寫信給王世杰、翁文灝說：「某公在此，似無諍臣氣度，只能奉承意旨，不能駁回一字，我則半年不參與機要，從不看過一個電報，從不聽見一句大計，故無可進言……」信中又說：「去年十二月八日我從國會回來，即決定辭職了。」（按宋子文於民國二十九年夏天到美，即以蔣委員長私人代表身份與美政府接洽，

而對我國駐美人員則以太上皇自居，獨斷獨行，目空一切。胡適於民國二十七年九月任駐美大使，民國三十一年九月辭職，共四年。其在美任職期間，四處講演，共百餘次，向美國人民申明中國抗日之意義，其功實不可沒。）

四三　宋子文捉弄胡適

余（編者）聞胡適任駐美大使時期與宋子文相處不好，曾以此事詢問魏道明究否屬實。據魏言，確屬如此。余再問，究因何事而起？魏言宋子文好捉弄胡適。略舉一事，一九三八年羅斯福自願借予我國二千五百萬美元，本應由中國大使簽字。適胡適赴外地講演，而宋子文係以中國銀行紐約分行董事長以及蔣之代表資格往來於紐約與華盛頓之間。聞悉此事，乃自華盛頓以電話告訴其時適在紐約之胡適說：「我一、二日即來紐約與你有要事相商，請在紐約稍待。」越一、二日，宋子文又電話胡適說：「我有事，請再在紐約稍待數日。」宋的意思是想此筆借款由其出面簽字。但羅斯福唯恐被視為政治借款，乃臨時改由中國民營公司—世界貿易公司—向美國進出口銀行以借款方式，而由該公司董事長陳光甫於一九三八年簽立合同。這二千五百萬美元借款是以桐油為擔保，所以名為「桐油借款」。

四四　宋子文在美受人侮辱

據魏道明言，宋子文自大陸失守，即居美國。一日偕二、三友人赴紐約唐人街中國餐館小吃。餐館堂倌平日在報上見宋子文照片多次，一見即認識。故意以菜一盤傾倒宋子文身上。子文待發作，見立於其旁的堂倌有數位之多，均怒目相向，等待打架。同行人員半勸半拉的把子文擁出。否則，真有一場好戲可看。子文住美期間，深居簡出，除二、三親信外，幾乎不與中國人來往。縱富有數千萬以至數億美金，又有何生趣？

四五　國民黨失敗由於無知

陳立夫赴美出席道德重整會議路過東京時，記者問國民黨何以會失敗？陳答由於無知。但據以顧問身份隨行之胡健中、陳石孚二人則言，陳立夫未講過這樣的話，報紙所載完全不確云云。國民黨與共產黨鬥爭已數十年，但真了解共產黨者並不多。從這方面講，也可說是「無知」。否則，以百倍之眾（共黨初抵陝北，至多五千人，甚至有人說僅二千人）千倍之地，何以竟鬥不過他們呢？

四六　蔣氏同意何應欽任行政院長

何應欽出掌行政院，蔣並未衷心同意，後來對何殊不諒解。一次我（編者）與何談論此事，何出示蔣親筆信，表示事先已得其同意。我一覽之後只能記其大意，故前次所記，未能摘錄蔣信原文。蔣逝世後，何應欽曾撰「追思故總統　蔣公」一文，載中央日報，其中一段原文如下：「只要於革命前途有益，使舊屬官兵有所依托，而不致散亂，以保革命碩果之基礎，則兄應毅然應命。」何即根據這幾句話，謂蔣已經同意，實則蔣內心是不願意其手下大將如何應欽者此時出來組織行政院以代李宗仁分擔責任的。但已接洽就緒，蔣又能說什麼呢？所以張群謂何不懂政治，或由於此。

四七　何應欽寫回憶錄

張志韓言何應欽來台後，曾撰寫回憶錄。自參加黃埔軍校，凡有成就，必歸功於英明領導。書成，呈送蔣核閱，並請其准予發表。但事隔多年（直至六十三年）仍未發還。

四八　司徒雷登勸蔣氏下野

游建文於民國三十七年任總統府秘書，派在總統官邸辦事，專任翻譯，接見外賓等工作。據其所寫「總統蔣公偉大人格之追憶」一文（載傳記文學，第二十七卷，第五期），營口失陷之時，司徒雷登忽告建文請總統約期召見，面陳機要，且不希望有侍從在座。司徒晉見，建文亦迴避。事後知司徒並無任何機要陳述，僅作禮貌之寒暄而退。實則渠已受命勸總統退位，但為總統威德所懾，竟未敢直陳。迄徐州失守，司徒雷登再度晉見，乃陳述戰事失利，全國塗炭，如總統下野，由李宗仁派人北上求和，長江以南，或可保全云云。關於蔣總統引退事，雖聞美國之勸告，亦為原因之一，但不若游建文所言之確實。當時游任總統官邸秘書，所言當可信，故錄之。

四九　蔣總統引退所引起之爭論

民國三十八年一月二十七日潘公展奉命邀約上海實業界文化界人士約七、八人入京晉謁總統有所陳述。翌晨到京，下午二時在總裁官邸召集中央常務委員會和政治委員會的聯席會議，氣氛非常嚴肅，因就近向吳委員忠信請教：「今天將討論什麼事？」吳禮老說：「你還不知道嗎？總統要倦勤啊！」我（公展）驚異的說：「這那裡隨便使得？」禮老苦笑道：「他們逼著要這個位置，有什麼辦法？」近來外間傳說華中部隊不肯奉調增援津浦南段，以及河南、湖北、湖南三省當局甚至有向中樞要求對共黨停戰的秘密表示，已證明並非完全空穴來風了。

會議開始，秘書人員就分發了一件印刷品，一看乃是蔣總統和李副總統準備發表的文告。先由秘書朗讀一遍，然後總統發言。那時總統是以中國國民黨總裁的身份，做聯席會議的主席的。他的大意，無非國家需要和平，個人心力交瘁，亟需休息，公務交付李副總統代理，把文告中的意思複述一遍。繼請李副總統發言，李當時即謙遜一番，並望大家協力相助。蔣總統乃問各位有無意見。好像幾位老前輩都沒有說話。靜了一陣後，記得似乎谷正綱、張道藩兩委員表示過總統此時倦勤，關係國家前途至鉅，應該鄭重考慮，勿作此決定。但總統似已胸有成竹。

我（公展）起而發言，略謂總統是國家的公職，由國民所選舉，按照憲法除了宣誓就職或被國民大會罷免外，並無辭職退休的規定。文告中所用「退休」字樣，可能被人誤會辭職，實於憲法無據。總統如果畢竟要暫時休息，至多亦祇能引用憲法第四十九條第二項「總統因故不能視事時，由副總統代行其職權」，此與引退或下野之意見絕不相同。故兩篇文告所有引退及類似文字應予刪除，以杜歧義的糾紛。我（公展）說完了之後，于右任老先生亦頗以為然。

總統聽了我的陳述，連說是的，應予修正，並再問他人有何意見，眾亦俱無異議。總統乃指定于右任、吳忠信、邵力子三委員和我（公展）即席商酌修改文字，作為定稿，交由宣傳部通知中央社發表，同時他也宣告散會。我們這幾個人，就在會議桌上共商，將認為「引退」等不妥字句刪去，只根據憲法第四十九條第二項文字，說明副總統在總統因故不能視事的期間代行職權。稿既修正，即由宣傳部取去發表。

我（公展）並打長途電話給上海申報館編輯，說總統今晚文告中並無引退等字樣，故大標題千萬不可有下野引退等字，並望轉告各報館。但翌晨返滬，買報紙一看，引退等字樣仍赫然在目。經查詢編輯部，始知中央社原先發電，文告中確無引退字樣，但後半夜南京總社忽又來電更正，要上海分社加入原經刪去的字句，於是引退等字重又躍然紙上。

原來我們幾個人在會議室修改文告，奉命交中央社後，李副總統一散會，就回官邸發脾氣，叫人通告吳禮老，說如果發表文告不照原稿文字而刪除引退字樣，他明天（二十日）就不到總統府辦公。換句話說，就是不肯代負責任。吳禮老急了，就和幾位要人商量，起初還想勸李副總統，這是聯席會議決定，當初你為什麼不說？反正你是代行職務，何必爭此文字？但李一意孤行，非爭不可，大家被迫得沒有法兒，聽說後來還是由張岳軍用長途電話向已飛杭州的蔣總統請示，婉陳情勢，和避免弄成僵局計，姑且只有答應李副總統，可照原文發表，於是一場文字爭執，作一結束。（上述消息，是否全確，不得而知，不過據南京的報告是如此的。）（以上係摘錄潘公展所著，李宗仁這個人，載潘公展先生言論選集，紐約華美日報社出版）（據編者所聞，文告原稿係經張群、吳忠信雙方奔走磋商始定，其爭執之點當然在「引退」與「代」等幾個字上面，到了會議桌上，仍然是這幾個字發生問題。）

五〇　代總統名義登台

端木愷言代總統之一幕，在李就職之前晚，約深夜二、三時，吳忠信曾有電話致端木（當時端木為行政院秘書長）言明日德鄰就職，只能用代理名義，端木回答依法理言總統下野或退休，則副總統當然成為正式總統，無所謂代理。吳言，無論如何，只能用代理名義。端木言此時已經深夜，很難與袞袞諸公取得連絡，明早再談吧。翌晨八時端木赴哲生（孫科）公館，並約張岳軍、邵力子來共同商量，即席推端木與力子往見德鄰，已十時許矣。德鄰單獨接見，端木乃大放心。首由力子言德公當前任務為和談，應當留一迴旋之地，使共黨知道萬一逼迫太甚則蔣仍可回來，所以為對付共黨計，仍以用代總統名義為妥。當時德鄰大搓其手，左右又無人陪侍，無從徵詢意見，乃欣然允諾。於是端木乃即離座以電話告忠信，大聲言現在時間已經到了，你怎麼還不來接代總統去就職啊。吳答言幾分鐘內就到，幾分鐘內就到。（李宗仁以代總統名義登台是事先商定，可參閱第三輯第四十九條）

五一　白崇禧兩次迫蔣下野

關於白崇禧第一次逼蔣下野，曾為文記之，茲不贅。蔣第二次下野，因為幽禁胡漢民於湯山，激起公憤，而有非常會議之組織，白崇禧當然也參加。這次逼蔣下野，白崇禧尚是間接，可以不論。第二次白崇禧逼蔣下野，則出於民國三十七年十二月白直接打給蔣的一個電報，其大意是時局阽危，不可走錯一步，可否接受美、蘇調停，重開和談？同時白又致電張群、何應欽、張治中等人，表示剿共戰事將難支持，並列舉不宜再戰之理由共計三點，請轉呈總裁迅定大計。時白崇禧任華中剿匪總司令，舉足輕重。當時中共宣稱要和談，則蔣須先下野。所以白之主張和談，無異逼蔣下野。蔣下野，則自然由副總統李宗仁接任，白之目的在此。而蔣以為白既正式來電主和，則必與共黨已有諒解，故決定下野，以促成和談。

五二　主張李主政言和

據陳邁子言，當徐州會戰以後，至少有百餘封電報分致蔣、李二人，主張由李主政言和。蔣總統決定退休之前日，李究以何種身份登台，發生不同意見，蓋憲法第四十九條規定：「總統缺位時，由副總統繼位……總統因故不能視事時由副總統代行其職權。」以代行名義，則一切公文仍須以蔣總統名義出之，以缺位論，則又發生解釋問題。由張群、吳忠信奔走雙方之間，始決定以代總統名義出台。蔣李二人通電均由陳方一人草擬。當時李對和談並不樂觀，仍勸邁子將家眷搬往廣西，可以知之。但共黨條件如此苛刻，恐亦出李之意料。李登台之前，忽告陳邁子，蔣親告我：「德鄰，我十年之內決不管事。」

五三　李宗仁請蔣氏出國

當行政院播遷廣州，行政院長何應欽赴廣州，李宗仁則返廣西。忽李宗仁有一函致何，略言茲有致總裁信一封請轉呈。致蔣函則要求人事權與軍權、索取已運至台灣之黃金，並建議不要再過問國事。何邀集朱家驊、陳立夫諸人告以此事，朱、陳皆憤慨。何應欽以該函係代總統囑轉呈，不得不代為做到。何致蔣函，僅言李囑其轉呈云云。時張志韓以顧問名義，辦理機要事務，則主張將李致何原函一併附呈，何初不理解，張加以解釋，始從之。李宗仁請蔣出國，不再過問軍政，不自此始。四月廿日，張群、吳忠信二人謁蔣，面陳李宗仁以不能負責，即日赴桂為口實，脅蔣出國，蔣未為所動。惟此次見於文字罷了。

五四　李宗仁受甘介侯擺佈

劉士毅在李宗仁代總統期間，任參軍長。大陸失守，退據台灣。劉士毅仍任參軍長。一日，蔣召見劉士毅，言今日情勢，非我復職不可，我久未與德鄰通音問，請你去電，詢問德鄰如願仍任副總統，我非常高興，否則，擔任我的駐美特使，活動美援。士毅去電，旋得覆，表示願任蔣之駐美特使。士毅特電晉見蔣，讀畢，蔣說這樣很好，我可以直接與之通電了。但德鄰覆蔣電則直謂：「你已經下野，是一個平民，究有何資格復職？」據士毅言德鄰是受了甘介侯的蠱惑而改變態度的。先，甘自美致電李德鄰，報告美國必支持他到底，所以才去美國。士毅口口聲聲稱甘介侯為流氓，並言甘騙去李德鄰數十萬美金，以致德鄰經濟困難，無法在美長久住下，乃由程思遠居間向中共說合，讓德鄰回大陸。德鄰有子（原配所生）在美經營餐館業，父子偶有書信往返。中共認為德鄰在北平為美帝做間諜，乃予以嚴密監視云。

五五　張治中、邵力子主張蔣下野

魏道明言，當其交卸台灣省政府主席返京，張治中與邵力子聯袂往訪。開口便說「你被免職呀！」頗富挑撥意味。繼則力陳：「非蔣先生下野，決難進行和談。」魏問：「和談會成功麼？」他們異口同聲說：「和談成功與否固不可知，但非蔣先生下野，則談和的機會都沒有。」張、邵自北伐以來，不但是「近臣」，而且是「重臣」，而竟出此言，可見「逼宮」者不僅共產黨與李宗仁一班人了。

五六　和談看作一種手段

三十八年二月二十二日我在廣州會晤邱毅吾（昌渭），他那時似有相當興奮，對和談前途有無限樂觀：：：毅吾和許多政府中人一樣，把和談看作一種手段，以為政府可藉此拖延時間，爭取喘息，徐圖復興大業。共產黨何嘗未見及此，當然不會讓政府打這種如意算盤的。

（張純照：我知道的邱毅吾先生）

五七　蔣、李杭州會商

三十八年毛澤東提出了「和平條款」，那簡直是一種「最後通牒」，父親於接獲這種消息後，立刻電邀代總統李宗仁前往杭州會商。見面的時候，父親問他：「對於這個問題，應採取何種態度？」李回答說：「我準備再派人去北平商談一次。」父親說：「不必談了，過去共黨因為渡江的兵力沒有部署好，所以才同意和談，現在他們進攻的力量準備好了，還有什麼談判的餘地。同時共黨所提的「和平條款」，第一條就是要把過去一切的責任諉諸本黨，這種一筆勾銷本黨六十年光榮歷史的條件，無論如何也不能接受的。」父親說到這裡，拿出一份擬好的電稿說：「這一封電文由我們兩人聯名發出，你以中華民國政府代理總統的身份簽字，我以中國國民黨總裁身份簽字。」其電文的大意是說「由於共黨毫無誠意，和平談判已告破裂，中華民國特昭告全世界：此後將繼續抵抗共產主義的侵略，從明天起政府遷往廣州辦公。」當時李無話可說，只好同意簽字。（蔣經國「我的父親」）（當時偕李宗仁赴杭州者有何應欽、張群、吳忠信、王世杰諸人）。

五八　一個青年黨人對國共和談看法

據陳啓天言：國共和談絕無成功可能，因共黨總想以少數支配多數，武力出政權，共黨又決不肯絲毫讓步，那有成功之可能。他舉一例。討論憲法草案時，共黨主張省有立憲之權。陳乃起立發言，主張由立法院制訂省自治通則，各省在自治通則範圍內，可制訂自治法規，並舉各國中央之節制地方不外三點：一立法節制、二行政節制、三司法節制。秦邦憲聆畢大罵「混蛋胡說」。

五九　國、共和談記實

和談空氣既然瀰漫半邊天，當然和談非推進不可。

國民政府方面對於和談當然十分重視，對於和平代表的人選，更加十分慎重。最宜於做代表的當然要推和平人物。於是張治中成了唯一適當首席代表。其次則為邵力子，這是有名的和平老人。黃紹竑，此公與副總統關係非常密切。章士釗，這是非國民黨的社會賢達。李蒸是一位教育家。這方選定了五位代表之後，徵求毛方的同意。毛對於各人的背景思想都甚清楚，所以同意毫無問題。他也立刻派了周恩來為首席代表，其餘是林彪、林祖涵、葉劍英、李維漢。後來李（宗仁）認為應有一位直接負軍事參謀責任的大員，同時對當日參謀次長劉斐十分器重，所以於雙方代表陣容決定以後，提議多加劉斐一人，中共亦加派聶榮臻，雙方各為六人。

和談代表照毛方所訂日期四月一日愚人節到達北平之後，周恩來一見面，劈頭便說，我本來要到飛機場來迎接你們的，老實說，因為你未來之先，到過奉化一趟，可見你們還是要請示蔣××，可見没有和平誠意，所以我不來歡迎你們。張文白予以解釋，並說明蔣已明白表示，和談悉聽李何二公主持，他毫無成見。……後來周恩來乃至毛澤東祇要與張文白見面，必定聲色俱厲談這件事。

代表團到達北平，周恩來表示先要個別交換意見，把各種問題先談好，才正式舉行和談。

。和談因此遙遙無期。同時堅囑一點，即是雙方和談的進展和內容，不可有一絲一毫的洩露

中共的和談不過是借此鬆懈國軍的戰志，從國軍內部促成國軍的崩潰。⋯⋯

每天分別由雙方代表交換意見，由戰犯問題一直談到婦女問題，真是無所不談，無所不交換。用一個人來說服一個人，張文白對周恩來，邵力子也是由周恩來對付，張周所談的，除開每次周恩來先來一套你不該到奉化向什麼人請示外，隨即表示憤怒。奇怪的是每次談話，一定要糾纏這個課題，把張文白也弄得心煩得很。接下去則什麼問題都談，但所談都得不到結果。後來幾天更嚴峻的要求在開始和談之先，一定要解決兩個問題，其一是「戰犯」問題，其二是「渡江」問題。戰犯方面，他們要求先決定戰犯名單。老實說，即是要我方代表提著血淋淋的頭顱來投降，同時又要把他們的軍隊開到長江以南。張文白幾乎以見周恩來為畏途，可是使命在身又不能不見。張周見面就是戰犯與渡江，張當然知道這是無法接受的。⋯⋯有一次周對張聲色俱厲的說，戰犯不嚴辦根本沒有是非，假使不讓共軍渡江，那還有什麼和平誠意可言，如有和平誠意，將來國軍共軍都是一家，大家聽命令，隨便那裡都可以開去，為什麼不能渡江呢？張告以此時大家應在原地，以後當然都可以。

張文白則也提出了一個對案，即是「停戰」，認為既是和談，即是趨向和平，和平的前

題應該是停戰。可是周恩來的答覆是「戰總是要停的，慢慢來」，所以和平代表儘管駐在北平，天天和他們的「和平代表」見面，大談和平問題，而前方卻每天在慘烈戰鬥。我方更是日蹙千里，許多武裝同志則在這種悶葫蘆式的和談中犧牲。

周邵的談話則更有趣味，重要的是談外交問題。周當然曉得邵做過駐蘇大使。周認為第三次世界大戰，絕對無可避免。並且痛陳「美國帝國主義」正在如何發動世界大戰。將來的世界大戰，蘇聯是解放人民的，所以中國必須跟蘇聯走，絕對不要幻想第二條路線。中國有它歷史的使命。必須跟在蘇聯之後，展開世界革命。自世界革命中打倒帝國主義，然後民族得到解放。邵在這個問題上居然和周恩來大開辯論。邵認為中國歷史任務，是完成民族之獨立自由。過去國民政府與英美的攜手政策固然不好，可是完全跟蘇聯走也是不對的。最好是「獨立自主」。既不跟英美也不跟蘇聯。不偏不倚，完全自主。將來萬一第三次世界大戰無可避免，中國最好是中立。周對邵的天真想法，哈哈大笑，認為第三次世界大戰中間，那裡還找得出中立國家，中立絕對不可能。這個中立不可能的看法，不能以人廢言，當然是對的。邵力子與尼赫魯異曲同工，當然周恩來不能接受（羅敦偉，五十回憶185—186頁）。後來聽說周恩來曾在張文白前大大攻擊豪門，也大大的展開了對我們的金融的攻勢。他說：你們國民黨在抗戰勝利之後，外匯有十多億美元。又有各帝國主義的物資援助。假定你們真正善於運用，實行有計劃的經濟，再利用日本帝國主義留下來的機器和人力，正確的定出生產和外匯政策，高度的生產力配合高度的國際情況那還了得。可是你們的良好基礎，都被這些豪門資本家毀滅了。張文白聽了這些話，也無辭以對。

聶榮臻和黃紹竑、劉斐都還談過軍事，由裝備到訓練也都大家交換意見。

交換復交換，天天閑談。我方代表團，當然莫名其妙。張文白在不耐煩的時候，祇好向周恩來問，為什麼老是交換意見，周恩來也懂得幽默，說反正和談的日子長得很，何妨大家先充分的交換意見，把各種問題更加瞭解了，正式的和談，幾分鐘即可以解決。所以交換意見，還是非常重要。但是附帶的又提出了他們念念不忘的所謂戰犯問題與渡江問題。其中好幾次因為這兩個問題弄得太僵了，張文白密報恐怕和談要決裂，不敢再有樂觀。

北平的和談因為交換意見的進展，空氣越來越惡劣，在極度低氣壓的當兒，周恩來更進一步正式向張文白提條件，即是嚴辦戰犯與共軍指定大江南岸九個地點同時渡江。—共方所注意的，是共軍渡江直搗南京。所以他所提出渡江地點，也限於江蘇和安徽兩省。諸如江陰、安慶和蕪湖大通一帶。果真如此，即可不戰而直取我們的首都。因此，那兩天張文白急電如飛，認為共方態度如此，和談馬上必將破裂，正式向周恩來表明，嚴辦戰犯不是他們所能答應的問題。如此整個代表團是代表「戰犯」。既辦了「戰犯」，他們也就沒有方法代表一個政權了。如果一定要以懲辦戰犯為先決條件，他們代表團本身即無法存在。關於渡江問題，和談以後兩軍如何安排，以及軍事進退，可以由過渡時期政府主持，甚至即可以在和平條件中間規定。如果一定要先由幾個地方渡江，那麼國民政府即完全不能存在了，還有什麼和談。正式詢問周恩來，是不是他們代表團可以「下旗歸國」。

周恩來答覆說和談永遠不會決裂的。戰犯也是自然非懲辦不可。不辦「戰犯」，和談即無意義，至於共軍渡江反正是早晚必須實現的事，你們答應固然是渡江，你們不答應，反正又沒有停戰，共軍又何嘗不可以渡江。所以渡江也不成為什麼爭論的問題。我所以一再和你商量，是希望和平渡江，何必又犧牲很多的力量。張文白當然曉得話中有話，可是他沒有意識到共軍已經對江陰和蕪湖的國軍完成了投降的工作。（羅敦偉，五十回憶）

江陰要塞是由共黨以金條一百根賄買了司令戴戎光及其侄子戴龍（該司令部辦公室主任），所以共軍渡江的時候江陰要塞的砲位即調轉方向，而且竟向長江南岸的國軍轟擊。這個長江天塹即為共軍渡過，其時蕪湖荻港方面也出毛病。

正當周恩來咄咄逼人的時候，忽然毛澤東宣佈個別約談代表團人員見面，這個動作，令代表團諸人精神為之一振。第一天四月九日上午九時由周恩來特約張文白專車前往頤和園謁見毛澤東，毛在園內船廳上接見了張文白，周恩來、朱德一旁坐下。經寒暄之後，毛即開門見山的談到和平問題上面來，首先表示戰犯當然是要辦的，渡江當然也是必然要辦的，可是都不妨慢慢來不要急。這一提把張文白倒弄糊塗了，是不是周恩來的戰犯渡江問題，從此可以擱置呢？張文白往下一聽，更是輕鬆。毛繼續說道，和平一定要成功，條件也好談得很，雙方既然合作，即應該彼此推誠相與，商談一切。將來和平條件，主要的，大家平等互讓，各行其所，例如憲政沒有恢復以前，不必裁兵，軍官佐士兵各安其位，一俟憲政恢復，解甲才可歸田。又談到公務員在沒有轉業辦法以前，也不必裁員，大家照舊供職。總而言之大家各安其心，各得其所。所有機關一律仍舊，所有部隊，都是原官佐原士兵，不必急急改動，一切慢慢來不必急。並囑文白轉告國民黨中央和國民政府諸人，在過渡時期，南京政府一切仍舊執行其職權，不要政治中斷，尤要維持各地方政府的秩序。國民黨也要加強團結，強化黨的力量，俾將來兩黨合作的時候，能夠發揮力量：：周朱等亦均隨和毛的說法。張文白聽了毛的說話之後，當然如丈二和尚摸不到頭腦，但是毛說話的時候確瞭解荻港方面的駐軍業已收買完成，而澄、錫、武的聯防軍隊也準備內應，江陰要塞也收買在握了。

次日上午九時不到，周恩又帶邵力子去謁見毛澤東，地點仍是頤和園。這一天毛看到駐過蘇聯的「力子」格外親熱。談話內容大體與昨天相似而略為縮短。再加上一些飾詞，即是將來中國的外交，一定要維持世界的和平，打擊戰爭販子，把所有帝國主義消滅，人類才能和平。邵力子連聲道諾，直到興盡辭出，一共沒有說十句話。

毛又陸續約會章士釗、黃紹竑。對章希望將來和議成功，章能長居北京，於是力讚北平風景之好，最宜於老年人的安享餘年，並表示如果將來國事簡單，他還要約章講習國學，重理舊日的課業，大有只談風月之慨，而對和談本身倒沒有幾句話談到。毛很清楚黃是李德鄰的親信，所以對黃首先談明他的和平見解是徹底彼此合作，不存一點任何芥蒂。軍事方面，以妥善安置為主。將來應該用全力開發產業，把官兵加以生產技術訓練，再行轉業。並對黃特別表示，說他是一個軍事政治全面人才，對邊政內政均有很好的經歷，將來政府是要借重的。

幾位代表連日與毛會議的結束，都得了一個印象，即和平必可成功。萬一和平破裂了，他們在北平也留得下去。十二日晚會餐的時候，大家知道和談已到了最後階段，大家非正式的等於開了一次座談會。張文白首先發言，照幾天來毛的表示，和平多半可以成功。至少周恩來已答應日內即提出和平草案。我們大家對未來草案及其發展看法如何？首先有一位少壯派某發言，他理直氣壯的說，現在局勢除了「和」還有什麼路可走，老實說，充其量是周恩來的草案苛刻，逼迫我們投降。我們國民黨到了今天，好漢做事好漢當，自己祇好認錯，請各位恕我心直口快，我以為即使投降，也是要和的。又有一位比較老的代表發表意見，他的看法是和談一定成功，條件未必好受，可是到今天，我們是來幹什麼？當然是求和，老實說是求和的，並且假使和不成功，我們恐怕離開北平也不容易。就算飛機能送我們回去。我們自己又怎麼辦，現在全國民心士氣大家都很清楚，我以為與其將來逃到上海、南京、廣州，倒不如逃至北平，都可落得一個安閑無事。一位白髮老人連聲道好，並說我們一定要和，為國家要和，為黨要和，為個人也要和。所以毛的談話，實在收到了攻心的效果。自十二日那晚起，我方代表團幾乎是全體成員，大家彼此都有了默契，即是無論談的條件如何，大家要以促成政府的承認為職責，無論結果如何，也都決定「南人不復返矣」。

十三日晚十一時左右，周恩來匆匆來了，手裡拿著三冊約十六開報紙大小的薄紙本，很鄭重其事的交給張文白，張接過一看，封面幾個大字是「和平談判協定全文」，右上角還印著「絕對機密」幾個大字。張隨即翻了一翻，向周說道，這就是和平協定草案？周答：不祇是草案，而且可以說是「定案」。張文白說：既是定案，那就沒有討論的餘地了。周笑道，反正是協定，要討論也可以。請你們趕快研究，明天上午九時半我再來，大家舉行會議談談也好。面孔一本正經，彷彿沒有什麼商量的餘地。之後周恩來走了，張文白把大家找到會議室中間，關防特別嚴密，態度也異常鄭重，所有的代表及顧問人員都提一顆沈重的心來到會議室，謹慎而縝密的商討這個重要的文件。首先宣讀了前言，這個前言歷指國民政府如何「

背叛了中山先生的主義」，如何「反動」。把國民政府和國民黨誣蔑侮辱得不留絲毫餘地，並說自政治協商會議以後。本來政治軍事之合作與夫軍隊之整編，均曾成立了協議，而因國民政府和國民黨的「破壞」，致造成戰禍，把所有內禍的責任，都算到國民政府和國民黨的賬上。代表團同仁看了這則前言，大家幾乎都冒出一身冷汗，就是其中匪諜份子如劉斐之輩，也連聲說道「這真太難了」。章士釗看罷，也只搖搖頭發出兩聲苦矣。

大家没有工夫再詳細推敲前言，接著往下討論條文，一共八條廿四款，首先一條是懲辦「戰犯」。其第一款是嚴辦一切戰犯。第二段是將來各地人民隨時都可以檢舉戰犯由人民法庭依法懲辦。以下談到聯合政府，當然是以共黨為主，其餘各黨各派除國民黨外，都可以有代表參加籌備。國民黨各方面則明白規定要待各種交接一清二楚，再由共黨代表視情形提請籌備會議容許派代表參加。說得明白一點，即是國民黨能否派代表參加聯合政府的籌備，要看將來和約簽訂以後，辦理各項復員工作，是否做到乾淨俐落。假定没有半點差錯，再由共黨代表特別開恩，高興的時候，可以向籌備會提請准許派代表參加。不僅没有平等會議的資格，連參加籌備會的資格也没有，完全要戴罪立功好好交代才有希望。而且不作硬性規定，僅僅「得」由共黨代表提出。事實上我國這麼大的地區，真正說辦理移交要能一清二楚毫無差錯，談何容易。試觀一般普通小機關為辦理移交，因財物或因人事等種種問題牽扯不清，前後任發生不愉快事件，比比皆是，更何況是整個政府移交呢？至於戰犯，以前是提戰犯名單，倘使是名單上未列芳名的，即可獲得寬大，不咎既往。現在是協定上明白硬性規定除懲辦戰犯以外，以後任何人民並可毫無限制的檢舉戰犯。此處落下伏筆，一旦劊子手高興殺人，要殺多少就殺多少。大家看到這兩條，真是哭笑不得，邵力子更連聲說道，這個怎麼吃得消…張文白說「戰犯」最難辦。十多天來我對這個問題，與周恩來糾纏得不可開交。不料這條文內容卻比口頭更兇，言下不勝慨嘆。

再看下去當然是愈來愈兇，關於軍隊改編部份，規定特別詳細。最重要的一點是由共黨方面所組織的軍事管理委員會橫衝直撞，山之涯、水之角，無遠弗屆，無孔不入的用其名義「接收」，實際上受降後再加統制，繼之以懲辦的方式結束各地方的軍事。總括說來即是所有的國軍均應在原駐地自行約束所部官兵，整飭軍備，倉庫及一切物資，聽候點收，不得稍有猶疑或者有若何反抗。至於原有軍官，應聽候查明處理，同時還詳細規定接收的方式，把幾百萬的國軍，不費一槍一彈而予以囊括殆盡。

同時還廣泛規定「軍管會」職權，即軍行所至，所有地方的軍事、政治、警衛、財務、稅收統由這個軍管會主持。當然也可以接受人民的檢舉，逮捕他們所謂的「戰犯」，並處理各該地區的民刑事務。這一條，代表團認為最感困難。張文白首先說明，假定這一條我們完全照約簽字，事實上也無法執行。試問各地方的軍政長官會這樣乖乖的將他們的武力及一切軍政大權拱手奉獻嗎？卲力子倒慷慨的說，不這麼辦又怎樣呢？難道共黨還會承認我們保有軍事力量嗎？李蒸完全是教育家的頭腦，他懷疑這樣做是否可以不流血、不打仗而完成共黨一廂情願的願望？並且說我們到底是不是和平談判，假定真是和平談判，雙方多少總該有點對等的樣子，這種完全一面倒的協議，如何協議得下去。另一位老先生則撚鬚苦笑，並喃喃的說不一面倒又如何？

大家雜七雜八的一面議論，一面宣讀，一面慨嘆，一忽會就到了十四日凌晨一點多鐘了。大夥兒雖然沒有睡意。但精神卻非常疲倦。張文白提議，大家暫時休息，因為明天雙方要舉行會議，今天必須討論出一個前提決定，不然明天會議如何發言呢。大家自然同意，於是休息約略廿分鐘後又復歸座。在逐條研究之先，決定一個態度及一個處理的程序。即是明天開會時，我方代表團對協議條文是不是要先行做修改的決定，還是不作詳細討論，祇聽取對方的意見以及各條有無商量的餘地。然後派員攜帶原件趕飛南京，看政府意見如何。這個程序問題，討論即幾乎一個鐘頭無法決定。多數的代表以為按照共方文件政府答應的可能性太少，不如由我們今夜擬定對案，把原文略加修改，如果共方承認，我們簽字，不管南京方面答應與否，反正我們的任務完成。而是我們對雙方的情形卻比較清楚，我們到了今天，祇能忍辱含垢，對共方條文作稍稍修改，政府當局看了我們代表團業已簽字，不承認也承認。也許由此可以促成和平。如果完全送到政府去考慮，可能引起更多的糾紛，致我們的努力完全失敗。顧問團方面，尤其支持這種觀點，認為事到而今，不行也得行。有一位顧問並且說「將在外，君命有所不受」，何況我們出發的時候，即已受命為全權代表，當然可以提對案，有權簽字。其中只有少數人認為這個問題太嚴重，我們還是不作主的好。往復討論，最後決定先行逐條研究，提出對案再說。

於是由李俊龍、盧郁文兩位就大家討論的意義，即行執筆。討論再討論，推敲再推敲，改的地方也不多。主要的不過幾點：第一前言改了一下。所有共產黨罵我們背叛三民主義及國父遺教，以及破壞政治協商會議的協定，這一套歷史大翻案，一律在原則上承認下來。祗在文字上修改一點為「背叛三民主義」，「背叛」兩字改為「違反」之類，語句上略為緩和一點。第二大綱的本身，先把十二款每一款的題目去掉。如「一、嚴懲戰犯」改為「一、」不標明文字罷了。第三改得最多的是軍隊改編這方面。這上面張文白、黃紹竑諸公的確費了許多腦筋，字斟句酌的修正又修正，一方面要使共產軍高於一切，真把國軍順利的改編。又要使國軍無法抵抗，不致在改編的時候發生衝突。這些地方，說是替國軍打算但也可謂之替共產黨打算。不過他們在若干地方為國軍留些餘地而已。例如說他們修正正在接收改編的時候，一定要由雙方代表到場，即是說國軍方面也可以有人隨同辦理，不讓共黨單方面完全照受降方式進行。至於倉庫以及所有一切的一切，當然承認移交，但是也保留了一點點條件，即是原部隊所必需的給養等等，應予酌留，也就是說軍隊送給你們了，你們也該養護他們，第四將來聯合政府在籌備的時期，國民黨固然不能有代表參加，即使將來參加聯合政府，也在整個移交辦妥之後，沒有問題的，將功贖罪，再由共黨考慮。對于這一條也稍有點修正，即是國民政府也有代表能夠參加籌備，人選可以先得共黨方面的同意。

翌晨九時，周恩來來了，大家出席會議，彼此就坐以後，周恩來首先發言，昨天提出的和議綱要是草案也是定案，你的意見怎麼樣，言簡意賅又和藹又強硬。張文白乃起立問道。請問周先生是草案還是定案。是草案我們可以討論，是定案當然我們可以不必開會了，等我們請示國民政府再說。周回答，你們有意見不妨先提出來大家談談。於是張文白一一說明了經過通宵研究出來的「對案」。周恩來聽了，並無表情，僅說：你們的意見我們聽到了，等我們研究一下再答覆你們。於是這次會議在冷酷嚴肅的氣氛中匆匆解散。到會的代表每個人的臉都是麻木的，誰也擠不出半點笑容來。

國府和談代表團正在期待周恩來對團方所提的對案作答覆的時候，周恩來果然來了。共黨方面已經就國府代表團所提對案作正式的書面答覆。不過在方式上是完全決定性的，祗看周恩來手持的和平方案印刷的定本，就可以知道。據周恩來表示，共產黨方面已經就國府代表團所提出的對案，詳細研究，覺得你們的意見很不錯，並已經就你們所提出的意見詳加修改。現在正式提出來，期待雙方的簽字。張文白以及國府代表團人員一聽周恩來的話，以為真正是照其意見修改，倒也獲得些微的滿足，而周恩來的所謂業已照你們的意見修改，並不見得可靠。因此，張文白第一句話問周恩來，這個案是不是定本，還有沒有商量的餘地？周恩來的答覆很堅決「這個當然是定本，不必再有討論。如果你們代表團能夠簽字，你們便馬上簽字。如果還要請示國民政府，那末，你們也趕快去辦，我們一定予你們的方便。可是最遲以二十日為限，過期不答覆，或答覆不圓滿，我們即認為和平決裂。」張文白細玩周恩來的語意，料到這個問題不僅不簡單而且十分嚴重，凶多吉少，因此馬上說道，我們恐怕非向政府請示不可。政府方面還得詳細研究，距二十日還不到一個禮拜似太倉促，可不可以多延遲兩天。周恩來臉色一變，胸有成竹的說，絕對不能再延遲。如果你們政府有和平誠意，這個方案是很「公平合理」的，儘可以照案簽字，否則再遲延反而誤事，所以絕對不可能再有遲延。張文白知道這簡直是哀的美敦書，多費唇舌亦屬無益。

周恩來走後，代表團十分緊張，又召開一次臨時座談會，由張文白說明與周恩來談話情形後，盧郁文逐條重讀和平方案的條文。全文讀完，再來逐條與他們原來所提的對案互相比較。發現前言方面，僅僅照對案修改了幾個字，這倒也罷了。他們認為反正是一段文章，無關條目本身，得過且過。再看各項條文，除開各章的題目照代表團的對案，不再明列以外，可說全未修改，尤其是軍事條款，他們認為不予修改，根本無法執行收編，而共軍則可為所欲為毫無顧忌。這種一面倒的條款，代表團都感到茲事體大無法即簽字，衹有靜待國府決定之一法。於是推派黃紹竑、屈武二人攜帶和平方案全文飛回南京當面請示。

黃、屈二人十六日由北平飛抵南京。當局自然看到了和平方案全部內容，內心是十二萬分緊張。黃、屈二人帶來的四本方案定本，其中一本當然送到奉化供黨的總裁參考，其餘三本，留在南京大家仔細加以研究。行政院秘書長黃少谷指派一二人很迅速的作了比較分析的功夫。比較研究的工作，是針對我們代表團的修正案和原來共方提出的草案，以及現在這個所謂「定案」，看看三種方案有什麼不同，分別列出一張三個方案異同的簡表，使大家一目了然的瞭解其整個內容。分析的功夫做得非常詳細，即是那一條那一項如果承認下去，有什麼樣的影響、有什麼樣的後果。這樣一來，這個定案的「真面目」一覽無餘，可免大家看不清楚而不知道共黨方面所謂「定案」的嚴重性。李何兩人都感覺到茲事體大，不能輕意表示意見，都準備提付最高會議再作決定。

這個最高會議是在三十八年四月十八日上午九時假國防部舉行。其出席人員限於代總統、行政院長、以及黨國元老、監察、立法、司法、考試各院院長，其他如閻百川、白健生、徐永昌、翁文灝、黃少谷諸人僅算列席。首由何敬之報告接觸和平談判之經過。隨即由黃紹竑詳細報告在北平與共方進行和平談判情形以及共方對於和談並無誠意；接著便由屈武加一補充，他留俄很久，也深受共黨痛苦，在西北利亞做過苦工，是和談代表團顧問，他很沈重的說明和談經過和前途之不可樂觀。因為要修改和平條款，成功性非常之小。他們兩人分析共方心理以及他們壓倒性的優勢可謂非常透徹。因此，把每一個與會人員的心情，都引入了嚴肅而悲痛的境界。事關國家民族存亡，大家力持客觀的態度，期待內閣幕僚長的發言。黃少谷在大家灰色的期待中起立了，他把三個文件即共方所提的和平草案、國民政府代表團張文白所提的修正案，以及周恩來最後交出的和平方案，三個方案比較研究，字斟句酌，由意義到未來可能發生的影響，一絲不苟，一筆也不放鬆，報告非常徹底，誰也想不到還有什麼應該補充。總統府秘書長翁詠霓雖然也說了一些話，可是都是些零零碎碎的資料，並沒有可資記述的地方。報告完畢靜待大家從長計議。可是大家都沒有發言，每一個人都有說不出的感想，每一個人都有要說的一大節話，可是大家終於沒有立刻說出。何內閣感到會議氣氛異常沈悶，於是再請黃、屈兩代表說明一下共黨方面對我方代表所提出的修正案，其真正的反應如何，以及假定我們再向共黨商量修改和平條款，是不是還有一線和平希望。何敬之當然也知道這個並沒有可能，可是距離二十日的最後答覆，日期太迫促，在下意識裡不免還希望有一點商量的餘地。但是，黃、屈二人的答覆是令人失望的，那即是：「看樣子共產黨絕對不會容許有一個緩衝的時期，當前的問題是正面答覆或反面答覆，而不是再有什麼商量，也絕對不容許有什麼商量。」報告完畢已經到了中午十二時，大家決定暫時休會，俟下午二時再在原地繼續召開。

下午開會時，李代總統首先取出一個電報稿，準備得到大家同意後，即行拍發給毛澤東。電文大意是說他自從代總統實行和平運動以來，絕對以促進和平，弭兵息民為職志。本來任何和平條款，均欣然樂從，我代團即可欣然簽字，惟此次貴方所提條件過份苛刻，承認為事實上之不可能。可否重行考慮，從長計議。這裡不過記點大意，電稿可謂文情並茂，比上述好得多。彼此遞交傳觀之後，結果大家的意思都不主張拍發，理由是中共方面還限期答覆，恐怕不是代總統個人電報可以生效。而且共黨既提出了最後通牒，我們也衹能考慮正面的答覆。這類電報徒然示弱，沒有用處。很快就把這個電報給打消了。李代總統也從善如流，絲毫沒有成見。這個電報雖然沒有拍發，但仍不失為一則未發表的珍貴史料。

接著李代總統首先發表他個人的見解，他以為這個和平條件是沒有方法承認的。他並且很鄭重的表示，和平條款總要以和平之達成為目的，像這樣的條件，和平根本沒有達到的可能。他的意思，是不是如電文上的表示，是不是共方尚有商量的餘地。如果還可以從長計議，那麼和談還可以繼續進行。否則，這樣的條件我們既然沒有方法承認，那麼和平即有馬上破裂的危險。希望大家詳細考慮，共同研究對策。並且特別提請大家留意，和戰的確已經到了最後關頭，國家命運也馬上可以決定。他雖然是代理總統職權，可是和戰的決策，還是聽之大家，他沒有什麼成見。外間謠傳說李代總統是主張按照共方所提的條件，完全接受，其所以反對，完全是少數人的意思，可見完全是不確的。

雖然在討論上大家意見沒有一點分歧，可是在最初討論的時候，所有到會的人物，發言都非常慎重。彷彿是彼此都不敢輕於表示意見。因此張岳軍特別作了一個建議式的主張。他首先強調這次會議的重要性，接著說，既然事關國運和本黨革命之成敗，也可以說關於中華民國歷史的存亡絕續，這樣一個曠古少見的責任既然加到我們身上，而我們又身受了國家和人民的付託，所以我表示鄭重和從長計議徹底檢討起見，希望每一個人都要發言，無論個人的看法如何，主張如何，都要盡情的發表，俾我們詳細研究，使我們今天的決定，是一個最高智慧的決定，使我們的意見能夠充分發揮。那末上對億萬代的祖宗，下對億萬世的後代，才有了交代。張先生的態度越來越嚴肅，音調也越來越沈重，言辭也越來越緊峭，愈顯露他責任心之強烈和謀國對事之忠貞，句句都打動了每個人的心弦，每個字都激盪了每個人的情感。張先生這個提議大家當然全都接受。朱騮先首先發言，詳細分析這個共方所提出的和平條件，沒有一條是和平條件，更逐條逐句逐字的分析沒有接受的可能。他的主旨是：我們國民黨的革命是「天下為公」，共產黨批評我們「背叛」三民主義，本來我們沒有完全實行國父遺教，自然值得反省。假定說，我們應該負歷史的責任，我們當然願意受到最嚴重的譴責，可是必須有一個前提，即是我們受譴責了。我們的前途和人們的幸福，多少應該有一點希望。照這樣的和平條件，本身上根本不是和平，而是促成更紛亂，更大的流血，顯然的陷國家民族於更嚴重的水深火熱中。同時未來的共黨普遍軍事管制，必然是陷全國人民於萬劫不復的奴役。假定我們為此交代下去，對國家前途和人民幸福大說不過去。

于右任老先生在大家熱烈期待之中，帶著極度沈重的心情起立了。我們這位令人尊敬的元老站起來以後，先向大家作一番掃視，然後用極黯淡的語調發言。大意是說，我們國民黨革命幾十年，目的本來在爭取自由平等。共產這種反國家反民族的組織，當然是我們革命的對象。不過本黨因為我們自己的努力不夠，多少年來彷彿變成了革命的對象。一個唯一的革命黨，反而成為革命的對象，已經令人痛心，而今天面臨的問題，反而受反革命集團的壓迫。到了這個地步，承認絕對不可以，不承認呢，又沒有這個力量。到了這樣一個進退維谷的境地，怎麼令人不痛心。連說幾個怎不痛心，老先生真的自己要流淚了。他似乎話還沒有說完，即黯然坐下。

彷彿接著發言的是閻百川，他擔心的事是共黨如果真會同意我方代表團的修正案。就是我們拒絕了他的定案，共黨就來一個照我們代表團的對案辦理，也就等於我們投降了。危險之大，不堪設想。他並且說，太原有一條什麼街道，老古玩店很多。分明衹要三角錢的小瓶子，並不算什麼古玩，但卻開價十元八元，最謹慎的主顧也會還價一元二元，小心到底只一元的時候，一再論值以後，店夥會告訴你，今天實在沒有生意，就是一元錢賣給你，但是說明在先，下不為例，以後絕對不能照價錢再賣。你以為得了便宜，其實上了大當。共黨素來是欺騙人的，照這個條款看，真似一毛錢的貨色索十元錢的高價，而我們代表團的對案已經還價七元八元了。萬一共黨就此承認，我們也就完全失敗，如何是好呢？他沒有料到我們駐長江的守軍叛變，共軍有百分之百的渡江把握，他那裡會需要什麼和平條件呢。

隨後還有些人發表意見，歸納起來，可以說有下列幾點：第一是共黨所提哀的美敦書的和平條款根本不是一個和平條款，因此共黨固然限期答覆，但在國民政府方面看起來也沒有商量的餘地。第二是中國國民黨的革命是「天下為公」，絕對以國家人民的利益為前提，不為個人及黨的利益作打算，站在國家民族的立場，這種和平條款，絕對沒有方法承認。第三是和平條件必須切合事實，大家的意思至少要在事實上辦得到。照共黨所提出的和平條款，比叫國軍整個無條件投降還兇。任何人沒有方法答應下來，因為假若照那些條款執行，所起的正面衝突，必然的比兩軍正面交鋒要多。無論如何沒有簽字的可能性。．．．．大家的意見既完全一致，很快的即獲得了結論。即是對共黨這個和平方案，決定如期答覆，完全拒絕他們所提的不合理的前言和條款。最後還請大家再考慮。這是一個事關國運的大問題。大家發言有沒有詳盡的地方，儘可以再補充，假定有什麼相反的意見，最後還可以提出。但自始至終沒有人提相反的看法，所以決定完全拒絕。

電文於翌日再開會通過後即當場決定推吳鐵城乘飛機遄返廣州，因為那個時候，中央黨部已經遷移廣州辦公。張岳軍專機飛漢口，向黨的總裁報告決定經過以及答覆的文字。同時將電文交行政院電台立刻譯拍給在北平的代表團轉送中共方面。此電一經拍發，整個國運也轉到另一個角度上了。全國的人民也就有了新的命運。（以上摘錄羅敦偉五十年回憶）（按：羅敦偉時任行政院秘書，我政府代表團從北平來的報告和和平條款資料如后：羅均得過目，最高會議亦參加紀錄，其所記述確是第一手資料。）

第一條

第一款：為著分清是非，判明責任，中國共產黨代表團與南京國民政府代表團，雙方（以下簡稱雙方）確認，對於發動及執行此次國內戰爭，應負責任的南京國民政府方面的戰爭罪犯，原則上必須予以懲辦，但是依照下列情形，分別處理。

第一項：一切戰犯，不問何人，如能認清是非，幡然悔悟，出於真心實意，確有事實表現，因而有利中國人民解放事業之推進，有利於用和平方法解決國內問題者，准予取消戰犯罪名，給以寬大待遇。

第二項：一切戰犯不問何人，凡屬怙惡不悛，阻礙人民解放事業之推進，不利於用和平方法解決國內問題，或竟策動叛亂者，應予從嚴懲辦，其率隊叛亂者，應由中國人民革命軍事委員會負責予以討平。

第二款：雙方確認南京國民政府，於中華民國三十八年一月二十六日，將日本侵華戰爭罪犯岡村寧次大將宣告無罪釋放，復於同年一月三十一日，允許其他日本戰犯二百六十名送還日本等項處置是錯誤的，此項日本戰犯，一俟中國民主聯合政府，即代表全國人民的新中央政府成立，即應從新處理。

第二條

第三款：雙方確認，南京國民政府於中華民國三十五年十一月召開的「國民代表大會」所通過的「中華民國憲法」，應予廢除。

第四款：「中華民國憲法」廢除後，中國國家及人民所當遵循的根本法，應依新的政治協商會議，民主聯合政府的決議處理。

第三條

第五款：雙方確認南京國民政府的一切法統應予廢除。

第六款：在人民解放軍到達和接收的地區，及在民主聯合政府成立以後，應即建立人民的民主的法統，並廢止一切反動法令。

第四條

第七款：雙方確認南京政府所屬的一切武裝力量（一切陸軍海軍空軍憲兵部隊、交通警察部隊、地方部隊，一切軍事機關、學校、工廠及後方勤務機構等），均應依照民主原則，實行改編為人民解放軍。在國內和平協定簽字之後，應立即成立一個全國性的整編委員會，負責此項改編工作。整編委員會七至九人，由人民革命軍事委員會派出四人至五人，南京國民政府派出三人至四人，以人民革命軍事委員會派出之委員一人為主任，南京國民政府派出之委員一人為副主任，在人民解放軍到達和接收的地區，得依需要，設立區域性的整編委員會分會，此類分會，雙方人數的比例，及主任、副主任的分擔，同於全國性的整編委員會。海軍及空軍的改編，應各設一個整編委員會，人民解放軍向南京國民政府現時所轄地區開進和接收的一切事宜，由中國人民革命軍委員會以命令規定之。人民解放軍開進時，南京國民政府所屬武裝部隊，不得抵抗。

第八款：雙方同意，每一區域的改編計劃，分為兩個階段進行。

第一項：第一階段，為集中整理階段。

第一點：凡南京國民政府所屬的一切武裝部隊（陸軍、海軍、空軍、憲兵、交通警察總隊及地方部隊等），均應集中整理。整理原則，應由整編委員會根據各區實況，在人民解放軍到達和接收的地區，按照其原番號、原編制、原人數，命令其分區、分期開赴指定地點，集中整理。

第二點：南京國民政府所屬一切武裝部隊，在其駐在的大小城市，交通要道、河流、海港及鄉村，當人民解放軍尚未到達和接收前，應負責維持當地秩序，防止任何破壞事件發生。

第三點：在上述地區，當人民解放軍到達和接收時，南京國民政府所屬武裝部隊，應根據整編委員會及其分會的命令，實行和平移交，開赴指定地點，在開赴指定地點的行進中及到達後，南京國民政府所屬武裝部隊，應嚴格遵守紀律，不得破壞地方秩序。

第四點：在南京國民政府所屬武裝部隊，遵照整編委員會及其分會的命令，離開原駐地時，原在當地駐守的地方警察或保安部隊，不得撤走，並應負責維持地方治安，接受人民解放軍的指揮和命令。

第五點：南京國民政府所屬一切武裝部隊，在開動與集中期間，其糧秣被服及其他軍需供給，統由整編委員會及其分會和地方政府負責解決。

第六點：南京國民政府所屬一切軍事機關（從國防部直到聯合後方勤務總司令部所屬的機關、學校、工廠、倉庫等），一切軍事設備（軍港、要塞、空軍基地等）及一切軍用物資，應由整編委會會及其分會根據各區實況，命令其分區、分期移交給人民解放軍及其各地區軍管制委員會接收。

第二項：第二階段，為分區改編階段。

第一點：南京國民政府所屬陸軍部隊（步兵部隊、騎兵部隊、特種兵部隊、憲兵部隊、交通警察部隊及地方部隊）在分區分期開赴指定地點，集中整理後，整編委員會應根據各區實況，製出分區改編計劃，定期實施。改編原則，應依照人民解放軍的民主制度和正規編制，將經過集中整理的上述全部陸軍部隊，編成人民解放軍的正規部隊，其士兵中老弱殘廢，經查驗屬實，確須退伍，並自願退伍者；其官佐中自願退役，或轉業者，均由整編委員會及其分會處理，給以回家之便利和生活的安置，務使各得其所，不至生活無著，發生不良行為。

第二點：南京國民政府所屬海軍、空軍，在分期開赴指定地點，集中整理後，即按原番號、原編制、原人數，由海軍、空軍整編委員會，依照人民解放軍的民主制度，加以改編。

第三點：南京國民政府所屬一切武裝部隊，在改編為人民解放軍後，應嚴格遵守人民解放軍的三大紀律，八項注意，忠實執行人民解放軍的軍事政治制度，不得違紀。

第四點：在改編後，退伍官兵，應尊重當地人民政府，遵守人民政府法令，地方人民政府及當地人民，亦應對退伍官兵給以照顧，不得歧視。

第九款：南京國民政府所屬一切武裝力量，於國內和平協定簽字之後，不得再行徵募兵員。對其所有武裝、彈藥及一切裝備，一切軍事機關設備，及一切軍用物資，均須負責保護，不得有任何破壞、藏匿、轉移、或出賣的行為。

第十款：在國內和平協定簽字之後，南京國民政府所屬任何武裝力量，如有對改編計劃抗不執行者，南京國民政府，應協助人民解放軍強制執行，以保證改編計劃的徹底實施。

第五條

第十一款：雙方同意，凡屬南京國民政府統治時期，倚仗政府特權，及豪門勢力，而獲得或侵佔的官僚資本企業（包括銀行、工廠、礦山、船舶、公司、商店等）及財產，應沒收為國家所有。

第十二款：在人民解放軍尚未到達和接收的地區，南京國民政府應負責監督第十一款所述官僚資本的企業和財產，不許逃匿，或破壞或轉移戶頭，暗中出賣。其已經遷移者，應命其就地凍結，不許繼續遷移，或逃往國外，或加以破壞，官僚資本的企業及財產在國外者，應宣佈為國家所有。

第十三款：在人民解放軍已經到達和接收的地區，第十一款所指的官僚資本企業和財產，則應由當地的軍事管制委員會，或民主聯合政府委任的機構，實行沒收。其中如有私人股份，應加清理，經證實確為私人股份，並非由官僚資本暗中轉移者，應予承認，並許其有留股或退股之自由。

第十四款：凡官僚資本，屬於南京國民政府統治時期以前，及屬於南京政府統治時期，而為不大的企業，且與國計民生無害者，不沒收。但其中若干人物，由於犯罪行為，例如罪大惡極的反動份子，而為人民告發，並審查其屬實者，仍應沒收其企業及財產。

第十五款：在人民解放軍尚未到達和接收的城市，南京國民政府所屬的省、市、縣政府，應負責保護當地的人民民主力量，及其活動，不得壓抑或破壞。

第六條

第十六款：雙方確認全中國農村中的封建的土地，所有權制度，應有步驟地實行改革，在人民解放軍到達後，一般地先行減租減息，以後實行分配土地。

第十七款：在人民解放軍尚未到達和接收的地區，南京國民政府所屬的地方政府，應負責保護農民群眾的組織及其活動，不得壓抑或破壞。

第七條

第十八款：雙方同意，在南京國民政府統治時期所訂立的一切外交條約、協定及其他公開的秘密的外交文件及檔案，均應由南京國民政府交給民主聯合政府，並由民主聯合政府予以審查。應分其中凡對於中國人民及國家不利，尤其是有出賣國家權利的性質者，分別情形，予以廢除，或修改，或重訂。

第八條

第十九款：雙方同意，在國內和平協定簽字之後，民主聯合政府成立之前，南京國民政府及其院、部、會等項機構，應暫行使職權，但必須與中國人民革命軍事委員會協商處理，並協助人民解放軍辦理各地的接收和移交事項。待民主聯合政府成立之後南京國民政府即向民主聯合政府移交，並宣告自己的結束。

第二十款：南京國民政府及其各級地方政府，與其所屬一切機構，舉行移交時，人民解放軍、各地人民政府及中國民主聯合政府，必須注意吸收其工作人員中一切愛國份子，及有用人材，給以民主教育，並任用於適當的工作崗位，不使流離失所。

第二十一款：南京國民政府及其所屬各省、市、縣地方政府，在人民解放軍尚未到達和接收以前，應負責維持當地治安，保管及保護一切政府機關、國家企業（包括銀行、工廠、礦山、鐵路、郵電、飛機、船舶、公司、倉庫及一切交通設備等），及各種屬於國家的動產、不動產，不許有任何破壞、損失、遷移、藏匿或出賣，其已經遷移後藏匿的圖書檔案、古物珍寶、金銀外鈔，及一切產業資財，均應立即凍結，聽候接收。其已經送往外國或原在外國者，應由南京國民政府負責收回或保管，準備交代。

第二十二款：在人民解放軍已經到達和接收的地區，即應經由當地的軍事管制委員會，及地方人民政府，或聯合政府委任的機構，接收地方之一切權力，及國家產業財富。

第二十三款：在南京國民政府代表團簽字於國內和平協定，並由南京國民政府付諸實施後，中國共產黨代表團，願意負責向新的政治協商會議的籌備委員會提議，南京國民政府得派選愛國份子若干人為代表，出席新的政治協商會議。在取得新的協商會議籌備委員會，批准後，南京國民政府的代表，即可出席新的政治協商會議。

第二十四款：在南京國民政府業已派遣代表出席新的政治協商會議以後，中國共產黨方面，願意負責向新的政治協商會議提議，在民主聯合政府中，應包括南京國民政府方面的若干愛國份子，以利合作。

雙方代表團聲明：為著中國人民解放，和中華民族的獨立自由，為著早日結束戰爭，恢復和平，以利在全國範圍內開始生產建設的偉大工作，使國家和人民穩步地進入富強康樂之境，我們特負責簽訂本協定，希望全國人民一致為充滿實現本協定而奮鬥。本協定於簽字後，立即生效。

（錄自中央黨史會特藏史料）

六〇　舉輕若重

據魏道明言⑴當魏從美返，問吳鼎昌對當時外交部長王雪艇看法如何，吳說你究竟要我說實話，還是說假話。魏答當然是實話，於是吳說我有四個字可以總括的批評他「舉輕若重」。又一次一位美國記者記述與中國外交部長王世杰之談話，他說這位部長Very Courteous（非常客氣）對於他所問的問題，想了好久，才說NO Comment（無可奉告）⑵當赫爾利赴延安，王雪艇以政府代言人的地位宣佈赫氏之赴延安係mediate國共間的糾紛，mediate是居間調停的意思。只有雙方在平等的地位始能用上這個字，而當時國民政府是唯一合法政府，中共武力亦不強大，如何可用 mediate 一字，以致馬歇爾來華亦以調解者自居了。⑶赫爾利本為國民政府講話，所以引起國務院左傾人士之不滿，但中國政府訓令駐美大使（即魏）向杜魯門表示極希赫能早日返任。當美國務卿 Bynus 告訴王世杰說赫爾利恐不能久於其任了，王世杰乃派人告訴赫爾利，赫一氣之下乃請辭職了。倘使沒有王世杰派人告訴赫爾利之一著，由魏與杜魯門磋商，留住赫爾利之可能性甚大，則以後便可無馬歇爾之一幕了。

六一　王世杰為中蘇條約辯護

王對其簽訂中蘇條約頗為辯護，謂毛澤東於抗戰中，尤其在抗戰結束之際，致蔣主席電報多出言不遜。迄中蘇友好條約簽訂後態度始稍有轉變。至於東北失去，則完全由於軍隊戰鬥力低落之故。

六二　張惠長談中國空軍

張惠長廣東角山人，年幼在美習航空。畢業後，返回廣東投效。但當時廣東尚無一架飛機，中山先生乃任為侍從武官。越二年，廣東改為七總裁制，中山先生離粵去滬，惠長隨行。繼而派其赴漳州陳炯明部工作，陳炯明決返粵，惠長乃向其建議建立空軍，陳從之。適第一次世界大戰後，民國九年至十一年前後，購得各式（中型、小型舊飛機約十架）。陳炯明回師廣東，驅走莫榮新，飛機亦與有力。嗣陳征伐廣西，乃揚言：「我的幾架飛機，可以消滅廣西所有的二萬部隊。」廣西之役，得以奏功，此幾架飛機之功不小。北伐告成，軍政部成立航空署，初由張靜愚代理署長。時馮玉祥任軍政部長，看中中央有幾架飛機，乃在國民政府委員會會議中，突然提議以其西北將領為航空署長。蔣返後即下令將此幾架飛機改編入軍官學校為航空大隊，而以張靜愚為航空大隊隊長。此事余（編者）已記之，可查。於是航空署成了一個空架子。馮玉祥離京後，蔣乃改任張惠長為航空署長。其時，航空署經費僅為十萬元。惠長謁蔣，直陳：「航空署不可為養老院，應先訓練航空人才，成立中國空軍。」蔣韙之，囑其選擇基地。惠長遍巡各地，建議從洛陽、南昌、杭州三地中擇一。蔣以杭州為中央可以直接統轄之地，乃選之。

余問惠長何以中央空軍在與共軍戰爭中，未曾發揮很大戰力？據答中央空軍，初聘義大利人為顧問，購買義大利飛機。嗣為美國顧問，美國飛機。五光十色，性能不同，訓練各異。而中央主其事者，前後非航空出身，不懂注重飛機之保養及零件之儲備。最後，美國零件不來，更發生困難了。此為中央空軍在與共軍戰爭中未能發生應有戰力之又一說，可以備參考。民國二十年，發生「胡案」，一日，惠長遇孫科於王寵惠家中。一致認為閻、馮之戰以後，中國統一初露曙光。今竟發生「胡案」；非僅胡之不幸，抑亦國家之不幸，相對嗟嘆久之。嗣王寵惠離京赴海牙國際法庭任職，孫科、張惠長亦相率離京赴香港。宋子文聞之，特派人追惠長至香港，勸其返京，並願餽贈一百萬元，惠長不願。今（民國六十五年）惠長亦年近八十，妻老且病，凡侍奉湯藥、洗衣，惠長一身任之，而猶能怡然自得，誠不可多得。

六三　抗戰結束後、中國空軍實力

據美顧問團空軍顧問麥康爾少將估計說帖中，對於中國（國軍）空軍估計如左：

「現有轟炸機四百五十架，其每月之消耗率為百分之三．二，運輸機為一百八十六架，其每月之消耗率為百分之二．七。照此推算，到一九四八年八月，中國整個空軍，將因零件添補之缺之，完全報廢！」（FR.1947.Vol.7.PP—80）

由此資料，可以窺知中國空軍在戡亂期間，因馬歇爾阻止美國武器援華，而難以發揮很大作用之原因了。

六四　重慶戰略地位

現在（民國三十八年）重慶的脆弱，完全由於民心渙散，士氣衰頽所致。四川古稱天府之國，是因為北有陝甘作屏藩，南有雲貴作保障，東有三峽作天險。現在屏藩已撤，保障盡失、三峽之險，落入敵手，只賸西康一條地瘠民貧的絕路。再加上士無鬥志，將有叛心。同是一個重慶，往年是領導抗戰聖地，今日變成四面楚歌的絕境。

六五　政府撤退重慶之混亂

政府與共黨戰爭失利而撤退到重慶，並沒有收到挽回狂瀾的效果。第一由於宋希濂的潰退、川東門戶洞開，第二由於盧漢的附逆、四川失去屏障，第三由於鄧、劉的變節、內部有了心腹之患。因此政府撤到重慶立腳未穩，再度播遷，這次播遷，竟是大陸整個淪陷的信號。重慶的混亂情形，比廣州撤退的時候還要嚴重。

六六　成都又失陷了

十二月下旬，成都已陷，政府原來的計劃，是確保川康，固守雲貴，把在西北的國軍，由陝南調駐成都。等到雲南附共，政府由重慶撤退以後，四川的地方軍閥鄧錫侯等緊跟著在成都叛變了。退保成都的國軍，在叛軍和共軍勾結襲擊下，且戰且走，一部份退往西昌，一部份流散各地。

六七　蔣最後一次在成都

當民國三十八年蔣最後一次到成都，曾派蔣經國往約劉文輝前去一見，時劉文輝正打牌，推說無法分身，蔣經國說「由我代你幾把好了。」劉仍不允。經國返，以實告，蔣說：「就算我死了，他來一弔吧！」劉文輝終未往見。編者對此說半信半疑，所以遲遲未記。今讀王震所著、八十年國事川事見聞錄、其三二八頁，曾有這樣一句話：「總裁曾一再約晤鄧（錫侯）、劉（文輝），均未來見。」則所傳為不虛了。

六八　雲南事變的責任

民國三十八年雲南省主席盧漢忽而去重慶表示聽命中央，忽而扣留中央大員張群等人，公開與共黨接洽投降。其間經過世人知其詳者甚少。今田布衣（丁中江）著「田布衣如是我云」一文，可供史家之參證，特錄之於後：

㈠雲南事變的責任

嚴格或是冷靜的說，政府對西南的綏撫，根本就錯誤萬分，所以西南之敗，敗得慘，敗得痛，無數忠貞愛政府的人犧牲得可惜，犧牲得慘。

因為若干年來，中央對西南，只承認封建勢力，誰是大土豪，誰是大劣紳，誰能擁兵自重，誰能割據稱雄，政府就視若珍寶。對某一人不好，也並非因為他不忠於國家或是無惠於人民，而是因為他桀驁不遜。如此尺度來處理西南，是非公道都不論已。如果沒有這次西南的慘敗，我們原可默爾，到今日水賸山殘，我們自問愛國不後於人，豈忍再作癡啞！

拿雲南來說，中央看雲南，不龍則盧，好像一千三百萬雲南人沒有一個是衛國志士，一定非龍雲、盧漢不可，於是恨龍雲的時候則倚重盧漢，盧漢要編軍隊便編，要馬尼拉的銀元便送，曲意承歡，無所不至。到了生死事急，盧漢舉政府恩惠，財富，和一千三百萬人民投共，尚責中央薄恩寡信，七八千忠於政府的志士仁人瑯璫入獄，家產抄光，妻子乞哭丐食街頭，得脫身的則跋涉人跡罕到之區，歷盡艱難困苦，誰令為之，孰令致之？因此痛定思痛，檢討得失，矯枉或有過正，豈能說不是屬於良心！

政府的基本錯失既在於向封建勢力妥協，絲毫不重視和扶植西南的人才和新生力量。盧漢可以翻手為雲，覆手為雨，今天向右，則受寵若驚，明天而左，又使人如喪考妣了！想到一個落後山區的夷人，竟有如此瘋狂的魔力，鬧得轟轟烈烈！我們不幸而生在西南，豈只痛哭失聲，呼天搶地說報國無由！

基本錯誤已不論了。到三十八年九月初，政府已明察盧漢是敵人，而軍事解決或政治解決之路還猶豫未定。論理說軍事為政治解決的基本，相成相輔，正是蕭先生說的第三點「假定軍隊部署順利完成後，在政治上認為可以不打，我們主管作戰的人十分贊成，因為全盤情勢，以不必在大後方開闢戰場為有利。」

可是軍事部署既支離破碎，政治方法又虎頭蛇尾，到最後賠了夫人又折兵，這個責任又應由誰負呢？

先說軍事部署。當時西南後方空虛，軍隊距離目標太遠，指定開進雲南的，一是原駐滇境的廿六軍，一是劉伯龍的八十九軍，一是李彌的第八軍，倘若這三個軍沒有意外，自然可以不戰而解決問題。但除了第廿六軍外，八十九軍和第八軍都出現了意外的困難。劉伯龍是個跋扈任性而忠實反共的人，正因為他有許多缺點和優點，因此他留駐雲南失去了政治羈縻的意義而被做成口實，當做目標，激起雲南人民的公憤和反感，理由說劉伯龍清除共產黨，不分青紅皂白，殺戮過重，殺戮的數字人言言殊，劉伯龍既不了解應該用什麼方法達成軍事政治互相援引的任務，反之卻一昧貽人口實。自此之後廿六軍，苦心孤詣，兢兢業業造成的軍民協洽情勢便開始動搖了。後來第八軍接防八十九軍後，想盡方法恢復人民的感情，都挽救不及，這一點劉伯龍自身的任性，不明政治綏撫意義。另一方面，盧漢政權故意造成地方中央間的水火之成功，其時蕭毅肅駐節昆明，八十九軍在霑益、曲靖的殺人的消息雪片飛來，並未聞當局對軍事政治之間的運用和輕重權衡加以糾正，而第八軍的淒慘，說的尤其痛心。當時第八軍奉令開往昆明，取道貴州，估計行軍時間可以照預定計劃到達，那知第八軍走到貴州邊境，谷正倫拒絕過境的哀的美敦書，便接二連三用武裝送來，拒絕的非常堅決，甚至不理睬國防部的命令，甚至要和客軍兵戎相見，結果第八軍繞過西秀、黔彭，比貴州這條路遠幾倍以上。當時是否還有別的理由比安撫雲南更重要，而谷正倫是否不知道雲南情勢，谷正倫是否可以不理政府命令，谷正倫對萬里行軍的第八軍，是否視若敵人，真使人十分費解！

於是軍事部署未待共產黨佔領廣州或進攻雲南便支離破碎了，其次再看政治方面。

政治方面羈縻盧漢有幾種方法：

一是爭取盧漢的下意識。偉大的國家民族觀念或是世界大戰的遠景，都不足以挑逗盧漢，則只有爭取盧漢的下意識，使他明白投共對他的權利、地位、財富、和身家，都一無所獲，其他的大道理盧漢比別人更明白，想用說服是癡人說夢。

二是清掃盧漢左右的投降份子。在盧漢左右代表投共一方面的，有龍澤滙、安思溥、林毓棠、曾恕懷。當九月間盧漢到重慶後，一切俯首聽命，最高當局且派蕭毅肅駐節昆明，以等盧漢表明態度和徹底清掃投共份子，結果蕭毅肅等了三個星期，只等到一篇盧漢文告和撤換安恩溥，其餘如龍澤滙、林毓棠、曾恕懷依然得意，斬草不能除根，終於龍澤滙控制了保安團，曾恕懷控制了警察，林毓棠到香港搭上了線，局勢便完全為人控制。

三是使盧漢畏威懷德，應該重諾信。當盧漢到重慶後得到的允諾並未能立即實現，使盧漢既不畏威又不懷德，反覺中央輕諾寡信，加重他輕視政府。

既不能爭取盧漢的下意識使他傻幹到底，又不能及時斬草除根，把盧漢左右投機份子清掃，最後任令盧漢離心離德，到事急勢迫，以為張岳軍先生的情感可以挽救，真是與虎謀皮，世界上最愚蠢的人也可以知道這種慘敗的毫無疑義了！

㈡誰使盧漢從一無所有坐大

中央姑息盧漢，唯一的理由是投鼠忌器。但盧漢本一無所有，誰使他坐大的呢？或者以為扶植了他，可以月永日遠駕御他，使他為中央所用，結果呢，卻是他用了中央。

盧漢是個撲克能手，他懂得政治和撲克是一樣的把戲，要忍、冷、狠。盧漢對於他的成就，曾經說過一句真心話，他說：「抗戰和中央成全了我的地位和力量！」這是千真萬確的。

從他這句話可以看出一個公式，國民政府扶植封建力量，利用封建力量，畏懼封建力量，敗於封建力量，作繭自縛，人之悲劇無有大於此的！

龍雲靠他自己赤手空拳打出雲南，愛惜雲南和他自己的勢力，但他並未把他的力量分給盧漢，也未扶植盧漢，盧漢在龍雲主雲南時代非常之沮喪，一無所用其長，後來中央要想用盧漢瓜代龍雲，扶植他，將就他，無微不至，無所不用其極。

盧漢在龍雲時代忍耐了十年，如同劉備在劉表家裡耘菜一樣。一朝得中央眷顧，使得有為一時，但他對中央並不感恩圖報，他時常說：「我不知道他們要把我怎樣辦，他們要我反龍，使我蒙一個出賣長官之名，使我不仁不義，我做人已經犧牲完了，如今他們並不管我，只說要我抗共，既不給我錢，又不給我軍隊，也沒有辦法拿出來幹，甚至於連護照都不給我一本。」

他一切都很明白，中央因為要他抵消龍雲的力量所以給他力量和扶植他，而他因為要藉中央的扶植強大他的力量，所以他反龍，各有打算，各有企圖，真可算一幕好戲。

這個人不僅具備了打撲克的條件，並且是個最深沈肯用腦筋的人，他沒有生活，也沒有感情，除了鴉片和紙煙，他一無所好，即使是紙煙和鴉片，也不過是助他的沈思。他對朋友可以毫無顧忌的表示他的坦白，即使是欺騙，他也表現得恰到好處。譬如卅八年夏天，在廣州盛傳龍盧合作，和盧漢決定投共時候，好幾位中央高級人員去訪問他，蕭毅肅大概也是其中的一位，盧漢用力吸著紙煙，眼睛看在天花板上，用誠懇的聲調說：

「龍雲恨我和恨蔣先生一樣，我們已經沒有可以解釋的餘地，如何還會合作。至於我個人，有的是錢，並且生活享受，何事不可為，我到美國還可以過舒服的日子。如果投共還要和龍雲合作，那更笑話了。我如今是雲南主席，和龍雲合作，他回來我還要看他的臉色，那有這麼糊塗的事情！」

這些話都是道理，說來也最動人，並且也是事實，尤其說到中央的耳裡，最為動聽。在盧漢偷偷的尋求投共的時候，他並不怕國民黨，他怕的是龍雲，所以他投共的先決原則，是由他把雲南交給共產黨而不假手龍雲，亦不使龍雲回到雲南。

無論從那一方面說，盧漢是成功的，他的手法也未遇到過對手，所以當盧漢從重慶回到昆明以後，大家都放了心，吐了一口氣，輕鬆的說：「沒有問題了，一個人豈能再變幾次。」那知道三個月後，沒有問題的事成了問題，人以不敢做不能做的事，盧漢終於做了！

㈢投共的條件

去年九月間盧漢得到共產黨輾轉遞來的條件，在一個假定下：即是在「敵後」起義，至雲南「解放」立下大功的這種可能情形下，雲南可以至少有下列幾個條件：

㈠盧漢仍為雲南的軍政負責首長。

㈡盧濬泉（盧漢的叔父，錦州之戰被俘）准許釋放。

㈢「解放軍」不准入雲南。

到十二月初，盧漢決定投共後，派林毓棠到香港活動，要求如能照九月間的條件，盧漢當即宣佈「解放」。林毓棠回到昆明後向盧漢說：「一切都得共產黨的允諾。」林毓棠這種說法，究竟何所根據，現已無法證實，不過事實上是完全錯誤了。共產黨宣稱根本未曾接受盧漢任何條件，「人民解放事業」是沒有條件的，除非盧漢思想沒有搞通，否則他是不會這樣想的。

盧漢在共產黨政權下的命運當不可知，但是一直到他投共為止，他的成功是可觀的。因為他自龍雲的陣營裡脫穎而出，縱橫捭闔，並未遇到一個對手。

㈣痛定思痛

往事已矣，我們痛定思痛，不能不向政府進一言，姑息妥協和利用封建勢力，這種陳腐完全不衛生不合理的政策，應該徹頭徹尾，洗心革面的丟掉了。政府從這個政策上自食其果，從這個政策上失去了民心，今天若不能痛加改革，何以對得起封建力量和共產黨雙重壓榨下的人民，何以對得起無數忠貞志士在牢獄中的慘遭迫害，何以對得起無數抗志不屈壯烈殉國的軍民！

屬文到此，忍不了擲筆大哭。今天我們當可以從容論得失，互議長短，想想那些失去自由，被敵人迫害的忠貞之士，還有跋涉山河瀕於飢寒難以度日的同胞，我們該怎樣表達我們微弱的餘力。

所以熱烈的希望政府能明白宣佈痛自更始，痛責昨非，向所有受盡壓榨的人民表示歉疚，只有如此才對得住那些熱烈盼望政府重回他們懷抱的善良的人民。

盧漢不談，舉個例子，西康之王劉文輝，自始至終不過一萬多人的雙槍手、（一手煙槍、一手步槍），虛報名額說有三萬人，像劉文輝這種萬分腐敗的力量，兩個團就可以把他解決，但政府從不這樣做，寧願放縱劉文輝去為所欲為，到最後劉文輝也「革命」了，這真是歷史上的大悲劇。（此文初載新聞天地，繼轉載於春秋第二十三卷，第三期）

按雲南處於邊陲，為中央勢力所難及，以致造成非龍即盧，非盧即龍的局面，自難深責。惟自中共佔據大陸後，未聞其邊區省份有異動之說，亦可見其聲威之一斑了。而蔣於邊區諸省，極盡籠絡之能事，臨到危難關頭，都反戈相向，可見蔣平素不夠狠。余謂其實為中國傳統型的人物，非妄言也。

六九　每十年必犯一次大錯誤

羅時實民國三十八年曾在總裁辦公室任事，蔣之日記置於桌上，時實親眼看見其中有一則言及其平生犯有三次大錯，一為民國十年與戴季陶吵架，二為民國二十年因禁胡漢民，三為民國三十年當眾怒斥張溥泉（繼），每十年必犯一次大錯云云。

七〇 張治中脫口而出

談到張治中，不能不使我（編者）想起民國三十八年國共和談破裂，張治中來上海，我遇之於宴會中，便拉他到另一房間，問他：「現在國事敗壞至如此，我不問政治已有多年，而你始終參預中樞，究係何種原因，你必知道清楚，可否請簡單告我？」他脫口而出：「蔣先生太自私。」我聽了，為之一震，因為我與他素無往來，僅僅彼此知道而已，而他對一個幾乎是「陌生人」竟出此言，豈能不為之一震。且他可謂蔣之「近侍重臣」、「邊疆大吏」，而亦有此言，實令我驚異了。

林語堂寄居紐約的時候，曾語賴景瑚：「曠觀中國幾千年歷史，每逢盛世，必有極言直諫之士。今在蔣治下，有誰敢與之面折廷爭？」，以一旁觀者而亦竟有此言，更令人驚異了。

七一 羅斯福以密約大意通知我大使

據魏道明言，當羅斯福逝世約兩星期前，曾約見我，從中午十二時談至二時，最後羅始透露雅爾達協定大意，我聽罷，即言Personally it seems to me that we are going back to the 19 Century。羅聞言赧然無以為對，乃曰時間不早，吾須進午餐，改日再約談罷。

七二　羅斯福在中、蘇談判中所扮演之角色

波茨坦會議結束，史達林返回莫斯科不久，中蘇間的會議又復開始。中國行政院長宋子文，與新任外交部長王世杰從重慶飛到了莫斯科。哈里曼大使也已回到了莫斯科任所。他與宋子文保持著密切的接觸，並不斷將會議情形向我（羅斯福自稱）轉報。哈里曼一部分電報，是在「奧古斯都」上收到的。八月五日我在「奧」船上關照貝爾納斯，向哈里曼提出一則新指令，要他轉知史達林，美國政府認為：宋子文對雅爾達密約中有關中國各項，已經同意履行。美國要求在中蘇會議中，蘇聯不得再要求中國續作任何讓步。貝爾納斯在電文中告知哈里曼說：因恐蘇俄此舉將影響美國利益；尤其關於大連港劃入蘇俄軍區一事。羅斯福當時曾拒絕同意蘇聯租借大連之要求，並堅持將大連港國際化，闢為自由港。對於中蘇二度談判的前途，我認為並不樂觀。赫爾利大使曾來電報告說：蘇俄又提出一項新要求：要中國同意在旅順港口南一百哩的任何島嶼上不予設防或武裝，中國方面已決定拒絕蘇俄此項要求。另

一方面，蔣委員長已同意將旅順港附近一帶曾為帝俄所租借過的地區，劃入蘇俄軍事區中，但蔣委員長仍堅持不同意將大連及其所接連之鐵路包括在內。對於旅順市政及港口的管理，中蘇雙方已獲協議，由兩國合組一軍事委員會以監督旅順市政及港口的經營及管理。但史達林對大連港仍堅持依照旅順港的辦法解決。同時在宋子文重訪莫斯科後第一次會議中，史達林竟又提出二項以前從未被談的新問題。據哈里曼的報告說：史達林遽爾提出戰利品問題，認為紅軍佔領區內的若干日本財產，包括一部分的日本公司的股票在內，應視同蘇聯的戰利品。宋子文曾向史達林探詢其確實意向，但史達林有意避而不作詳談，僅說留待他日商討。此為與蘇聯首次向宋氏提及此項問題，而蘇聯在過去亦從未向美國提出過。假如蘇聯此次對于「戰利品」的解釋，亦如其對德國物資問題之主張，將若干日本公司企業之股票亦包括在內，則蘇聯對于中國東北之若干工業建設也將掠奪殆盡，而對東北工業必將取得永遠的完全控制地位。據職（哈里曼自稱）所知，東北輕工業大部分均為日本人所有，因此職特急電請示，請即指示其萬一史達林向職提出此問題時所應採取之態度與立場。此為史達林表現其貪得無饜野心之又一例證。職建議美國政府對于蘇聯要求接收佔領區中日本企業公司股權一事，予以嚴峻拒絕。對于所謂『戰利品』一詞之解釋應援美國在波茨坦會議上所作之主張。至於向日本要求賠償之問題，職認為美國政府所應採取之立場為：所有日本財產，不論在日本或其他地區之內者，均應由所有因日本侵略而遭受損失的國家均分，其分配方法，可由各盟國謀獲協議。職以此問題既已提出，美國應立即採取明確立場。否則，蘇聯必以為彼等對于紅軍佔領區內之所謂戰利品一詞，可以隨意解釋。職曾與戰後賠償委員會美國代表磋商良久。鮑利大使對職所提之上述各項建議，均表同意……」

我（羅斯福自稱），開始即十分注意。儘管此項談判的暗礁屢現，但我總希望這兩大盟友能獲致協議。史達林曾經明白說過：在中蘇協定簽訂之前，蘇聯絕不參與對日作戰。美國就是因為這個原因而多方促成中蘇談判的。

八月八日當中蘇談判仍在進行，雙方協議仍遙遙無著的時候，莫洛托夫突然約見哈里曼大使，宣稱蘇聯自八月九日起正式參與對日戰爭。蘇聯此項行動，對我們並不十分意外，原子彈的使用已迫使蘇聯不得不重新考慮他在遠東的地位。哈里曼對于蘇聯此項突然行動的報告，於八月八日下午抵達白宮，我立即舉行了一次特別的記者招待會，李海元帥及貝納斯國務卿陪同我與記者們晤面，我只簡單的說了幾句話：「我有一個簡單的聲明要發表，今日不是舉行例行招待會的日子，但這樁事情太過重要，我不得不將諸位匆匆請來。蘇聯已經對日本宣戰了。」

第二日哈里曼對于蘇聯此項決定又作了一個詳細的報告：「莫洛托夫於昨日晚間約見美

國大使及職，宣稱蘇聯自八月九日起對日本進入戰爭狀態。當時，莫洛托夫強調稱，雖然，蘇聯曾一度認為此項行動，將在八月中旬以後始可決定，但現在蘇聯決定堅守前所宣佈的德國戰敗後三月內加入對日作戰的諾言。美國大使曾詢問莫洛托夫：日本駐蘇大使于當日下午五時接獲蘇聯政府此項通知之反應何如。莫洛托夫答覆說：日本駐蘇大使是一個『心地良好的人』，與他本人之間，一向保持良好關係。莫洛托夫續稱：他曾向日本大使解釋此項行動在於縮短戰爭，以減輕日本人民所將遭遇的戰禍及犧牲。日本大使當即答稱：太平洋戰爭已不致再久延的了。」

七三　馬歇爾大放厥辭

馬歇爾既抵南京，蔣特召集文武高級人員以表歡迎，馬歇爾在會中大放厥詞，極不客氣。朱家驊退後語人，倘使我能講流利的英文，定痛罵馬歇爾一頓，戴傳賢尤憤慨。立夫亦對蔣言，我所預料的已不幸而言中吧！

據馬歇爾傳作者說：赫爾利曾在華盛頓記者會公開攻擊美國對華政策並嚴厲批評其總統杜魯門，杜乃予以撤換，而徵召馬歇爾以代之。

七四　馬歇爾為史迪威報仇

中國大陸之淪陷，馬歇爾實不能不負重大責任，其所以持此態度者，則為報復蔣之辭退史迪威之恨。考馬歇爾自任美國軍事首長以來，從未曾碰過任何人之釘子，有之即一手提拔之史迪威被蔣之強迫辭職（Rowe 現任 Yale University 之國際政治教授所言）。又赫爾利亦言馬歇爾之採親共態度，實係對史迪威事件之報復。據聞蔣要求召回史迪威到達華盛頓時，陸長史汀生與馬歇爾均曾表示反對。據美國參院外交委員會（一九八四年）所公佈文件中曾透露史迪威曾命令其部下唐恩計劃暗殺蔣委員長與蔣夫人。同時又透露蔣委員長曾主張東南半島由國際託管，而為英、法兩殖民地國家所反對，遂未實現，否則，印度支那三邦必不致淪為共黨。

七五　馬歇爾之秘書係共黨

三次停戰，據國軍方面宣稱，實鑄大錯，否則乘勝直追，必可使共黨走投無路。我詢蔣匀田對此說之看法，匀田言確係如此。馬歇爾之每次乘共黨危急之時，必徇共黨之請提議停戰。據蔣匀田言馬歇爾之秘書（中國人）係共黨份子，故嘗左右馬之做法。

我國當局亦未免太過受馬歇爾擺佈，不能專責別人。

七六　馬歇爾為一純粹軍人

據王世杰言：馬歇爾係一純粹軍人，以服從為天職，今杜魯門指令既以團結國共為目標，則馬歇爾即以此為其惟一之任務。倘此任務不能達成，則為其本人之失敗。故馬歇爾在中國時不惜運用各種方法，以達成此目的，不問究屬有利於國民黨或共產黨。

七七　以小誤大

據王世杰談稱：馬歇爾當調停工作初步成功之時，即曾返國述職，蓋欲為中國活動美援，以緩和通貨膨脹情形。五億美元貸款已有成議，忽而重慶校場群眾對共黨大打出手，於是外國記者渲染其詞，使美國人民誤信其咎在國民黨，致在美國會中正在討論之五億美元貸款，即被擱置。王歸結說：「以小誤大」，即指此而言。（重慶校場事件的活躍份子，在大陸失守後，均未退出，且與共黨合作無間，故此事件為共黨所蓄意製造之說，並非毫無根據，現在美國正有人作深入研究。）

再具體而言，重慶校場口事件，是易禮容指揮湯湘傑等人所幹的。而易禮容在長沙曾與楊開慧辦文化書報社，專推銷共產主義書刊，其早為共產黨徒自不待言。

七八　馬歇爾謁蔣主席

馬歇爾八月十六日下午六時作此次來廬山首次晉謁蔣主席。本月十三日延安廣播，顯然拒絕馬帥調處。而蔣主席八一四文告則闡明政府對和平談判仍抱有希望，並盼馬帥能再繼續努力。故報紙咸信馬帥與主席談話，可能商討一更妥善之辦法，以打開目前之僵局，作一最後決定。八一四文告表示政府最高希望，即在取得共黨合作，實現本年一月以來成立的三大協議，而最低的要求在共黨撤出足以威脅和平妨礙交通的地區，和恢復交通。

七九　馬歇爾再謁蔣主席

馬歇爾五度上廬山赴行轅謁見蔣主席。據報載牯嶺一部分人士相信祇要共黨能遵照主席八一四文告，退出足以威脅重要交通線（即津浦線）及蘇北之重要據點，則和平談判即可繼續。（此次上山大約係將第四次上山談話，政府方面意見轉告共方後之反應，再轉告政府。）

馬歇爾上廬山謁蔣不止兩次，以此兩次涉及八一四文告，關係特別重要，乃擇要記之。

八〇　不是美國不援助中國

據蔣勻田言：當他在華盛頓與馬歇爾談話時，馬告訴他，徐蚌會戰，國軍已經失敗。蔣要求美國繼續予以援助。馬說：並不是美國不援助中國，而是中國不善於運用美援，美國已裝備了三十餘師國軍，而今均喪入共軍之手。馬又言：他在巴黎外長會議時，曾向王世杰提議派麥帥赴中國，中國亦無反應。則美國願派麥帥來華之說已經證實了。（參閱第三輯第八十四條）

八一　送給共產黨

王世杰言：軍事緊急之時，中國政府曾向美政府請撥助飛機。當駐美大使顧維鈞見杜魯門提出此項請求時，杜魯門明白指出我們現在供給你們的飛機或其他武器，不啻送給共黨，並提出資料以說明之。

八二　馬歇爾對政府運用美援之看法

一九四七年蔣勻田在美曾與馬歇爾談過：如讓四億五千萬人淪入共黨之手，則將為威脅

世界和平的力量。他同意蔣匀田的看法並說：原因是你們不願意運用我們的援助，並不是我們不願援助。（憲政論談八卷四期十六頁）

八三 雖無馬歇爾調停，亦難持久

沈發藻言，當年共黨滲透政府各部門，以致一切軍事計劃，均為共黨所預先探知，而交通之破壞，彈藥糧秣之運送又常為共軍所截奪，雖無馬歇爾之調停，國軍亦難支持甚久云云。

八四 馬歇爾主張麥克阿瑟來華

當外長會議在巴黎開會之時，馬歇爾與王世杰均親自出席，其時東北尚未全失，正進行激烈戰爭中。馬歇爾似已感覺到其一手導演之「中國政策」之不當，以及東北喪失之嚴重性，乃向王世杰建議調派麥克阿瑟去中國，擔任軍事顧問之名義，以計劃全局，而其日本盟軍統帥之職位仍行兼攝。馬並請王急電回國請示。時蔣廷黻亦在巴黎，王乃以此事見告。越數日蔣廷黻乃詢及國內有無回電，王答「馬、麥二人平素不睦，恐係調虎離山之計，且麥、蔣二人又均係英雄式人物，難以相處，故並未去電國內報告。」此係蔣廷黻親告賴景瑚者。廷澂且言大陸之喪失，王世杰實應負重大責任。但據王世杰告編者則言：「關于麥克阿瑟使華事，曾去電向蔣報告，但未得覆。」

八五　馬歇爾確曾主張派麥帥來華

據王世杰親語余（編者）：當外長會議在巴黎開會時，馬歇爾一日約其早餐。席間馬歇爾首先提及國軍近日崩潰情形，諒王已接獲電報，他本人每天所獲有關此事之電報皆長達數千言，究竟有何方法可以補救。王答：以司徒雷登係辦教育出身，非政治人才，現在軍事顧問團長亦非此材料（Caliber）。馬歇爾繼問王究以何人繼司徒為適宜，王答：此係國務卿事，未敢越俎代謀。馬歇爾謂此係完全私人談話，無妨直告。王繼舉Henry Luce以對，馬拍案稱好（That is a good idea）。談到軍事顧問團團長人選，馬歇爾表示有一人焉，倘能赴中國，必能大有裨益，此人即麥克阿瑟。惟必須由美國總統發動，但相信由他極力推薦（strongly recommend），杜魯門必會同意，你（指王）可先電詢蔣委員長意見。王即連發兩次電報回國詢問，均無答覆。據王稱：倘此計劃果能實現，則至少長江以南可以不致落入共黨之手。（關於此事，可參閱下條）

八六　馬歇爾向中國提議麥克阿瑟來華

梁敬錞能參閱蔣所藏私人檔案，所著「開羅會議」、「史迪威傳」等書，即多取材此種不易得之資料，在美出版以後頗為世人所重視。現正草擬「馬歇爾傳」，詢余有無馬歇爾資料，並欲借余所著之 The Kuomintang-Communist Struggle in China, 1922－1949 書，以為參考。余乃約其面談，據謂馬歇爾在巴黎開外長會議時，曾向當時我國外長王世杰表示，美國可派麥克阿瑟赴東北指揮軍事，以挽頹勢。王問：「能做到麼？」馬答：「我想我能。」（I think I can.）王乃電最高當局請示，電中共陳四事，麥事為其中之一。覆電僅三點，未提麥事。越數日，馬又晤王，則謂：「我經數日考慮，亦覺麥克阿瑟之去中國，未必適合。」

梁又謂馬歇爾充低級軍官時曾駐屯天津，對於中國人頗輕視，而在私談時獨對周恩來相當佩服。

梁又謂馬歇爾曾對人言：「我對於政府尚可以軍援、經援為武器，迫使聽話。對於共產黨我簡直毫無辦法，以其未受美方之任何援助也。」數年前，編者在所著之The Kuomintang－Communist Struggle in China, 1922－1949一書中，論及馬歇爾使華之失敗，曾指陳：

「一位擔任調停的使者，必其影響力能及於雙方，始可收效。而馬歇爾當時之壓力，至多祇能施諸於國民政府之一方，其先天之缺憾，彰彰明甚。」正與馬歇爾之意不謀而合。

八七　馬歇爾後來並不偏向共黨

蔣勻田云：當共黨代表團由南京撤至上海後，馬歇爾親往上海晤周恩來，談到某規定有Carry out二字。周言Carry out當然由中央任之。馬大體言所謂 Carry out 者指雙方而言。周即言你以五星上將竟不知Carry out 之意義，所以馬歇爾極不愉快。馬歇爾曾有一信致杜魯門，內中對于共黨批評甚多，謂其不顧人民利益，只知為其一黨利益。所以說馬歇爾偏向共黨殊不確，至少後來不如此云云。後來馬返美國任國務卿曾親語眾議員 Judd ，他後悔（regret）幫助過中國共產黨，致令中國大陸失陷，此為Judd親語賴景瑚者，馬認為其出使中國事完全失敗，所以終其一生未寫回憶錄。

八八　安平事件

馬歇爾八月四日晚在牯嶺謁蔣，宋子文亦在座。報載係談「安平事件」即美軍被襲擊事件。時司徒大使亦在牯嶺，安平事件發生在七月二十九日，當此事發生之初，美人還不能斷定為何方所為，後來根據各方報告，方斷定係共方所為。

八九　懷特破壞美國援助中國

大戰時期中華民國政府的顧問楊格在參院對國內安全小組委員說：「一九四〇年後，懷特曾反對以黃金運送中國以遏止通貨膨脹。美國原已於一九四三年七月與中國成立協議貸款五億美元給中國，其中兩億美元可用以取得黃金運往中國出售，但是財政部沒有執行此一計劃，另一方面懷特卻努力推動對俄貸款一百億美元的運動，由此可以看出其強烈的反華親俄傾向。」楊格的證詞是根據其擔任中國財政部顧問之經驗以及摩根索日記的記載。（中央日報四十六年七月十四日）

九〇　麥帥指責羅斯福

據王之言，當太平洋戰爭尚未發生，王之派赴馬尼拉進見麥克阿瑟談了一個半鐘頭，而無一言提及中國或太平洋問題，全部時間均指責羅斯福未曾予以接濟，輕視亞洲之錯誤。麥帥曾向菲總統擔保馬尼拉不致陷落，言後不數日馬尼拉即告陷落，蓋麥帥是時尚低估日本之力量，菲總統赴華盛頓乃對麥大事攻擊云云。

九一　麥克阿瑟欲晤蔣氏

王之在西點軍校就讀時，適麥克阿瑟任校長。抗戰軍興，中央乃派王赴菲之麥軍部任連絡官。在日本未偷襲珍珠港之前，蔣曾囑王轉告麥謂日本必將于最近發動太平洋之戰，麥初不信。迄日本襲擊珍珠港後，乃對蔣讚佩有加，故於一九四四年曾建議來上海與蔣會面。時王世杰任外交部長，以我國總統與美國統帥約期會面有失體制而婉辭。其後一九四五年麥又建議兩人在菲律賓會面，王世杰仍不贊成。其後麥訪華乃在大陸撤退至台灣，在台灣與蔣會面，則所收效果已極微小。當俄軍進駐我東北期間，麥曾指派二人（內一人為王之）赴東北察看該地之公共衛生及食物情形（Public hygiene and food situation），而其實則為窺伺俄軍之動態，俄方未允，終未成行。迄杜魯門派馬歇爾以特使資格來華調處國共問題，麥即親告王之：「他(指馬歇爾)將會造成害處多而好處少。」(Go and tell your generalism your country will suffer from it. Marshall will do more harm than good.)

九二　艾森豪一語破的

二次世界大戰後，艾森豪卸除歐洲盟軍統帥職，遊歷亞洲，曾往謁蔣主席。寒暄後，蔣主席問他：在任歐洲盟軍統帥時間最感困擾者為何？艾森豪不假思索回答：為人事問題。蔣聞之大笑，蓋在其當國幾二十年間，所最感困擾者，亦即人事問題。艾森豪擔任美國總統八年，可謂無為而治。凡有向其請示者，或曰去問Dick，副總統尼克森也，或曰去問某部長，某主管。本人以患心臟病，則常見其馳騁於高爾夫球場，一切委之於下，固符合分層負責之原則。然此有一前提，即須用人得當，否則下面搞得一塌糊塗，而上面尚不知道。艾森豪當政八年，治績平庸，未嘗不由於此。美國人以其在二次世界大戰，曾立大功，不忍苛責罷了。

九三　何應欽何不解釋

據冷欣言：民國三十五年國共雙方商定一月十三日停戰。政府方面以元電通告前方將領務於十三日停戰以前，攻下重要據點。此電為共軍所截獲，而由周恩來轉交馬歇爾。所以馬歇爾在美國面告何應欽說：「我們美國的基督徒是不準講謊話的，但是你們的基督徒則常講謊話。以一國元首，而竟有此行為，殊為可嘆。」

據何應欽親告編者：「馬歇爾閱讀周恩來所交來電報並不是停戰前如何如何。」果如所言，則何為什麼不向馬歇爾解釋呢？

九四　陳誠串演一幕戲

某次馬歇爾晉見蔣，正談論間，陳誠忽入內，報告國軍必可於三個月內打敗共黨。後馬告蔣匀田謂陳誠係一好人（A good man），但他係串演一幕戲（Play games）。

九五　如進攻張家口，馬歇爾即返國

王世杰言：中央調集軍隊準備進攻共黨佔據之張家口，馬歇爾聞訊，認為和平絕望，乃深夜走訪王，告以事態演變至此，留華亦屬無用，請王轉告蔣，中央果進攻張家口，則必離華返國。王將上述談話報告蔣，蔣即親筆命令，派飛機送往北平。當時主持軍事者為陳誠，已經調集山西方面軍隊向張家口進發，忽接此項命令，真不知所措。但和平計劃為周恩來所拒。故馬後來對周與共黨看法亦稍稍認清。據王言：周恩來確能言善道，遠非國民黨人所能及，故馬歇爾最初亦為其說所動。

九六　中國移民案

魏道明言：關於中國移民問題，當蔣夫人在美時，曾與若干國會議員接洽，由議員提案

取消此種限制。消息為美政府所知，頗不高興，所以議員提案幾被否決。道明往見國務卿（Hull），力言倘此案被否決，則對中國影響以及美國所號召之人道平等之觀念，均將不為世人所相信。Hull為一長者且富理想，即由他約若干議員另提一案，其重點均與前案相同，卒獲通過。

九七　美國援助中國物資轉運印度

美國政府反蔣介石先生的組織，蓄意留難，使國會通過了的二億五仟萬美元援助自由中國的貸款，永遠不曾送到中國人手裡。美國交給中國的物資，竟然轉運到印度。

中央軍正遭遇到補給和彈藥匱乏的困難，正遭遇到國庫支絀的困難，正遭遇到美援斷絕的困難。

九八　納爾遜來華調查

據魏道明言：華萊士返美後不利於國民政府之報告，已記於前。後來羅斯福改派Nelson來華調查。一日羅召見道明告以Nelson對於中國報告很好(bright)，道明接著說："It can't be so good, because we are still using..... truck" 羅明白他的意思，即從抽屜中取出一份計劃書，擬將某種物品援助中國云云。

九九　魏德邁坦率之指責

民國三十六年八月二十二日十時，蔣總統在官邸舉行送別魏德邁將軍茶會，魏氏在會中歷述其此次來華之感想，頗多指責之處。如行政效率之低落；軍民之分離；軍隊上下之隔閡；用人之憑私人關係，而不以才能及勞績為準；官僚之利用政府職權；以營私牟利而發展其獨佔的資本，使民營事業無法生存；接收敵偽財產之舞弊，只利於個人而無補於國家；與夫前方之軍隊不統一，及後方以電話指揮軍隊之不當。並謂華人之資本在外國者，有十五萬萬之多。中國今日之病，不在資金之缺乏，而在精神之頹廢。其言坦率而嚴峻，自元首以下，無不在批評之列。舉座為之不安。（見曾琦丁亥日記）

一〇〇　白皮書何人起草

三十八年美國發表白皮書，是由艾奇遜命遠東司準備資料，而由無任所大使（Philip Jessup）總其成。周以德（美國眾議員）認為有十六種文件未曾錄入，名作家李普曼亦謂其失於客觀。

一〇一　美國對華政策的轉變

一九四九年九月二十六日諾蘭在參議院演說有關美國對華政策，說他可以證明美國對華反共政策的基本轉變是在一九四五年十二月十六日至二十六日的莫斯科會議的時候。他說關於上項政策改變的證據有所脫節的地方，都可以在柳汝輯的書中找到。諾蘭又說那本小册的附錄是一九四五年十一月十日魏德邁將軍送給蔣委員長極機密的備忘錄C－62－7，即是魏氏轉交中國的文件。魏德邁當時曾返美國和總統、國務卿以及參謀總長個別會談，後來又回到中國。他去訪美國盟友的總統，下面是魏德邁講的話：

「下面是我最近在華盛頓商討結果的報告：

「我和總統的會見：

「他（指杜魯門）保證繼續支持你（指蔣委員長）和中國國民政府。」

這證明二次大戰結束後一直到一九四五年十一月十日那天，美國總統還曾寫信給蔣介石說「他保證繼續支持你和中國國民政府。」那是一項沒有保留條件的保證。

到一九四五年十二月十五日，杜魯門發表一項公開聲明主張在聯合政府內，中共享有「公平和有效的代表權」，於是美國對華政策開始轉變了。一九四七年一月馬帥放棄調停聲明中批評國民政府，也批評中共。

到一九四七年底的時候，國軍在北方所控制的城市，所剩無幾，山東濟南也在一九四八年淪陷了。共軍對于濟南策略，除了去適應一個不同的環境外，和石家莊所採用的策略沒有兩樣，就是結果也是同樣成功。

一〇二　美國務院親共份子阻撓援華

二次世界大戰之後，陳立夫赴美出席世界道德重整會，會後，赴華盛頓向我使館人員表示欲見馬歇爾，時馬歇爾正任美國國務卿。使館人員言，顧維鈞大使未能見馬歇爾已數月了，今你想見之，恐怕難以如願吧！立夫言，請試為接洽，或者他會見我。果然馬歇爾覆信願於一、二日之內見之。立夫如約而往，談甚久，超過所約定之時間，外間坐候者皆為顯要人物，莫明立夫為何如人，而馬歇爾竟與之談話如是之久。最後，馬歇爾表示我現在能為中國做些什麼呢？立夫即言，現在中國政府所需要為什麼武器，什麼武器。馬歇爾當即電話國防部長在琉球島設法照撥。其所以請琉球島撥運者，一則可以避免外間注意，一則該地鄰近中國，可以節省時間。惜為國務院親共份子從中阻撓，經援、軍援均未能如期而來云云。此似與蔣勻田之與馬歇爾二人在美談話不同。

一〇三　美國早有兩個中國之想法

王世憲告編者（談話時在民國六十二年），世憲曾去美國，歸後，往訪時任行政院院長陳誠，詳述此次在美之觀感，恐美政府對中共之政策將有所變化，吾人應有自保之道，言外之意，兩個中國將為美國之政策，不如亟早籌謀因應之道。談話約一小時許，陳誠始終未一點頭，僅於臨別，陳誠始說：「你今日談話頗有深度。」出後，又訪王雲五，（時任行政院副院長）重述此意，雲五甚表驚異。未久，王雲五亦訪美，歸後告世憲，你所說的話實有見地。但亦無下文，始終堅持一個中國之說，今日雖求兩個中國而不得了。

一〇四　美國初試兩個中國政策失敗

據魏道明言，在中華民國未退出聯合國之前，美國係採取兩個中國政策，故法國承認中共，而美國仍勸中華民國使館不撤出巴黎，結果法國政府限令中華民國大使館於幾日內必須離去。其後義大利承認中共，美國又施故技，道明時任外交部長，表示如美國果有此意，可請其先向義國政府探明意向，結果美國未得要領，中華民國使館又只好撤離。

一〇五　兩個中國方案

據邵毓麟（曾任駐韓與駐土耳其大使，對日本消息甚靈通）言：中華民國退出聯合國之前，美國國務院曾派一位高級官員來台，攜有聯合國兩個中國方案。當然未曾見到總統，副總統兼行政院院長嚴家淦亦未見到，魏道明時任外交部長，派次長楊西崑接見。西崑表示當為轉達，這位國務院官員離開台北時，非常不高興。先，總統在一公開場合，表示要維持安全理事會席位，絃外之音，不難測度，但亦無進一步辦法。政府當然希望除美國外，日本亦積極支持中華民國代表權。韓國總統朴正熙就職典禮，政府乃派張群為慶賀特使，意欲乘此機會與佐藤商談此問題。佐藤忙極，僅能騰出十分鐘接見張群。匆促間，佐藤說：「我們在東京詳談罷！」所以張群又不得不僕僕風塵而去東京了。除佐藤外，張群欲約見田中（繼任首相候選人）拒不見。乃由眾議院院長以宴張群為名，邀田中為陪。臨快到散席時，田中匆匆而來，喝了一、二杯酒，又匆匆而去。福田（繼任首相另一候選人）其時正在醫院開刀，張群前往慰問，亦未深談。以佐藤故，日本是年確曾支持中華民國代表權。事後，有人批評政府未能接受兩個中國方案，以致今日在國際間處於極不利的地位。殊不知聯合國中國代表權問題，中共堅持非去中華民國，則決不參加聯合國。當時國際間彌漫要中共進聯合國的空氣，欲維持兩個中國代表權，至多只能保持一個普通會員國的地位。或謂不問常任理事國，或普通會員國，我不去，則中共不來，仍可拖延若干時日，以靜觀世局變化，以當時國際情勢而言，又能靜觀多久呢？（按：蔣不接受兩個中國方案，從現實政治而言，可能是失策，但從國家長遠利益而言，則具有遠見。自海岸兩方均「認知」只有一個中國之後，美、日兩個政府支持台獨運動已逐漸歛跡了。）

一〇六　于斌函勸福特勿去北京

美國盛傳其總統福特即將前去北京，于斌時適在美，曾去函勸其勿去。俟福特從中國大陸返美，特命其秘書出名答覆。此信開頭語即說：「奉總統諭」，其中大意，表示總統福特固曾去北平，以求雙方關係正常化，但絕未忘懷在台灣中國人民之利益。此信由潘朝英經手收到。其時，于斌已返台，由朝英交中國駐紐約總領事夏功權轉外交部一閱。一日，白宮秘書打長途電話至于斌駐紐約辦事處，詢問于樞機主教是否收到此信，接電話者適為潘朝英，即答曾經收到。秘書又問何以未見回信，朝英答應如何答復，秘書則說：「我很高興收到總統的信就夠了。」朝英說：「如此信來信去，豈非將無止境？」蓋朝英知道美國幾有三分之一人民係天主教徒，福特左右欲藉于斌覆信，以為競選宣傳之用，故率直拒絕之。朝英返台，即問于斌是否見到此信，于斌答：「並未見到。」朝英乃走訪外交部長沈昌煥，詢問何以未將此信轉去于樞機。沈昌煥答：「凡非有由部長採取行動之信件，均不到部長室。」事已顯明，沈不願他人作任何外交活動。倘沈果有絲毫誠意，可立即向主管司處調來此信，當面交潘朝英帶回于斌。今則如石沈大海，不知去向了。

福特覆于斌信所言決不忘懷在台灣中國人民之利益（interests），係根據外交部部長沈昌煥對於福特去中國大陸所發表聲明，亦僅言利益。實則應言利益與權利（interests and rights）。今外交部略權利而不言，又豈能怪他人呢？

一〇七　美國建議三事

徐蚌會戰後美國曾向中國政府建議三事⑴蔣先生專管政治。⑵國軍盡量過長江以北以擊共軍。⑶開放長江由美國艦艇以及美國從日本所接收之大漁艇巡游長江以防共軍渡江。中央均認為有難行之處。（陳布雷之死即在此時。楊幼炯所言）

一〇八　美國資助游擊隊

據沈發藻言，當大陸淪陷之後，馬歇爾殊多懊悔，曾電約鄭介民赴美詢問恢復大陸事。馬意用正式軍隊收復實多困難，最好運送游擊隊潛赴大陸，並詢問國府所控制游擊隊究有多少。鄭答須電本國請示，覆電稱約有四十萬，此所以有西方公司之在台成立。中國方面派胡宗南任其事，駐於大陳，後來美國曾運到大批裝備，但胡宗南僅募到萬餘人而已。

一〇九　戴、魏主張東北由五國託管

當俄軍進佔東北，而中共軍隊亦陸續開入。戴傳賢即覺東北前途荊棘甚多，乃主張中國政府根本不派軍隊接收東北，而直接由五國託管。此與魏德邁提議相同。以今日情況而言，當然會後悔沒有採納戴傳賢、魏德邁二人之主張。但以當時環境而言，中國位於四強之列，而以國土交人託管，又豈是輿論所能容？中共軍隊已開入東北，更不會贊成此一提議。

一一〇　偽軍共六十餘萬人

據蕭毅肅言：日本投降時，偽軍（南京、北京兩偽政府）除熱河外包括綏遠、察哈爾共六十餘萬人，槍枝約卅餘萬枝，重砲齊全。而共軍亦六十餘萬人，槍枝亦卅餘萬枝，好的很好，重砲全無。其時國軍共有三百十師，兵員固不足額，但至少亦有二、三百萬人。受國府指揮的游擊隊則有七十餘萬人，大多在山東一帶。日本投降，即奉命解散，投往共黨者亦不少。

一一一　東北偽軍戰力實與關東軍一樣

據王鐵漢言：日本投降，東北偽軍究有多少，裝備如何，一切檔案均無處可查。僅岡村寧次致送何應欽備忘錄一份，略言東北偽軍之數目，并言其裝備精良，戰力堅強，實與關東軍一樣云云。

一一二　戴笠主張收編東北偽軍

戴笠據報東北偽滿軍有四十幾萬至五十萬人，這確是一股相當大的力量，曾派代表到重慶來（編者按：前僅聽說，今信而有徵了），表示輸誠，請求收編，可是當時陳誠負軍事全責，為了執行「整軍政策」，要他們繳械遣散。戴笠得到這個報告後，表示一定報告委員長，由他想辦法收編。倘戴不墜機殞命，東北偽軍，或另有安排，亦未可知。（留痕（三），三十一頁）

一一三　親眼目睹偽軍投誠的一幕

約在三十四年十一月上旬，每天晚上，我們看對面一座大樓裡來回有人走動，其初也不甚在意，後來常常看見有許多人麕集在門前，比比劃劃一直不散去。我被好奇心驅使，乃邀好友趙惜夢兄下樓去走到對面去察看。原來是偽軍首領前來接洽投誠的。行營由林家訓及金典戎兩位高參接見。我倆進去後，見有二三十位穿著皮大衣戴著皮帽子，兩足穿著皮靴子，說是便裝又似軍裝；說是軍裝又似便裝，為首的兩三個人都非本地人，說的完全是山東與河北口音。

「林高參！我們這是最後一次要求，讓我們去見見熊主任！不錯，我們曾是偽滿軍隊，那是『九一八』後國民政府和東北軍撤出關外以後，我們這些善良老百姓為了生活才做日本鷹犬的；可是十四年內，我們沒有一次殘害過同胞，我們過的是保境安民生活，也盼望有一天，身歸祖國，可是今天日本人投降了，滿洲國也垮了，我們反倒成了沒娘的孩兒沒人管了！」

「你說的對！你們沒做過壞事，也心存祖國，可是今天政府的政策是不能收容你們，你們應當原諒。熊主任太忙，他沒工夫接見你們，他盼望你們解甲歸田，好好兒去過老百姓生活？我也是傳達上邊的命令，請你們原諒。」林高參的話也很委婉。

另一個人道：「我們這是第三天來向你們請願，剛才是王軍長，我是參謀長。我們的部隊就在長春五十華里處，我們還一直過的是團隊生活，我們的給養還可以維持半月，半月以後，你們若不收容我們，那只有另想辦法。」又說：「我們不是沒有辦法，早已有人向我們接洽過，可是我們是愛國的，是反共的，假如最後真的無路可走了，為了生活，也只好誰收容我們跟誰去！」

第三個人又接過話喳來，說道：「假如你們答應了，頭三個月，我們弟兄們可以不要餉，只要有糧就可以了。我們也體諒政府收編的困難，但若一門子拒絕，那也只好逼上梁山了！咱們今天說清楚，我們是打從心眼兒願意投靠政府，萬一不幸讓我們走上歧途，將來可別怪我們！」

第一個人又說道：「請問這兩位高參，有何指示？」

金典戎高參素以善言巧辯與脾氣隨和著稱於部隊，這時候他也難逞雄風，於是答言道：「您知道行營對於這麼大的問題也不能做主，頭幾天已向重慶政府請示過，因為這是個通案，當時淪陷區都有『偽軍』，如果一律收編，不但非政府力之所及，也非戰後緊縮軍備的政策，所以只好告罪於諸位。諸位今天所說，我與林高參一定再詳詳細細報告給熊主任。」

然後，那六位首領帶著一二十個弟兄便與兩位握別。走到門口，其中有幾人跺著腳，沒回頭，便揚長去了！

北方人跺腳示別，是非常氣憤的表示，也是非常不禮貌，而有訣別之意！我與惜夢兄目睹此幕，迄今歷歷如繪。後來把所見轉給曾於「九一八」後一度在吉林為義軍首領之一的馮占海將軍（他曾是李杜將軍的部下），他說：「他們曾來我處，其中那位王軍長曾是我當年的營長。」馮將軍慨嘆政府的失策，逼著他們投共，讓林彪檢了便宜！（傳記文學第三十三卷，第三期，第一一〇頁）（按金高參所言不收編偽軍係通案，根本是託詞。南京偽政府所屬軍隊便被收編，且曾參加對共軍作戰，甚為出力。拒絕收編東北偽軍是一件大事，或係陳誠主張，必經蔣之核准。陳誠內心想法如何以及其以何辭說動蔣，則不得而知。其為國、共兩軍在東北勝敗的重要關鍵，殆無疑義。）

抗戰勝利，劉毅夫去長春，曾在東北行轅軍事教官劉少將辦公室敘舊，突然來了一位偽滿軍的團長，簡單向劉少將報告說：

「報告將軍：我們都是東北人，應該都明白東北情形，九一八後，我還年輕，只好接受偽滿的教育和工作，我現職是上校團長，這次我代表偽滿軍十五個團前來向中央請求收編，我們的士兵，都是國高畢業的二十一歲青年人，大家都嚮往祖國，現在好不容易盼到中央軍到了，大家堅拒中共威脅和利誘，一致要報效祖國，我們不要糧餉，不要被服，也不要械彈，只要給我們番號，收編為國軍，我們立刻負責消滅東北的共軍，林彪由山東來到東北，並未帶足夠的實力，不難消滅。」

這可真是大好的消息，我總以為劉少將會高興的和他擁抱，歡迎他投效中央，真是萬分想不到，恰恰相反；劉少將冷著面孔，說：「我們奉了熊主任的命令，無權收編游離部隊！」

那位偽軍團長急了，他幾乎給劉少將跪下，幾乎急出眼淚，他悲聲說：「將軍呵！中央如果不收編這十五個團，他們就會被共黨收過去，到那時，中央軍隊派三十個團也消滅不了他們呵！」劉少將也嘆口氣說：「你我都是軍人，軍人只能服從命令……。」（傳記文學第四十五卷，第六期，第六十三—六十四頁）

一一四　東北偽軍下落

據王鐵漢言：當日本投降，除「滿洲國」偽軍共二十四師，每師約在一萬一千餘人，此外尚有特種部隊，所以偽軍合計卅萬人左右。其地方團隊每縣二至四百人不等。其時林彪僅率八十餘幹部潛往東北，後來劉伯承等亦均率領二、三十幹部前往，兩人隨帶兵丁合計亦不過數千人。到東北後，因為中央不收編偽軍，所以偽軍有一半（十二師）投共。後來中央改變政策，其餘十二師乃又歸國軍收編，終以中央派副師長，政治部主任前去，以致不快，又有四師投共，所剩八師，或則投共，或由中央軍分散收編。

一一五　中央決策，陳誠執行

董文琦言：何應欽自美遊罷歸來，（民國七十年）某日在宴會上遇見何應欽、顧祝同二人。何應欽自述：此次在美，許多人均認為大陸失守，老先生應負完全責任，殊不公平云云。當時同席之人均謂何先生對此經過最為清楚，何不全部寫出，俾明真相。何默然。乃另述一事，略謂對日抗戰勝利後，我正任陸軍總司令，老先生囑起草剿匪計劃，我乃令我的參謀長（蕭毅肅）草擬計劃，以二年為期，消滅共匪，並命其攜赴杭州面呈老先生。稍一審視，老先生即囑蕭毅肅明日同乘飛機返回南京。蕭毅肅自忖，老先生必對計劃相當滿意，或有問題向其垂詢，故囑同機返京。事隔多時，未見下文，乃知陳辭修亦有一計劃，則只需數月必可肅清共匪。故老先生派我任聯合國中國軍事參謀團團長，而以軍事全權付託辭修。忽有人提起，當年不收編東北偽軍，是何人主張，又問顧祝同，顧答：「中央決策陳誠執行。」編者曾在私下問顧祝同：「不收編偽軍究出何人主意？顧答：出自陳誠主意，但作最後決定的是老先生。」顧又言：「大陸失陷原因固多，但不收編偽軍則為其中一大原因。」

一一六　蘇俄以美為假想敵

中共東北軍區最高顧問，就是一度掌握中國共產黨大權坐過中共第一把交椅的李立三，於三十五年六月間由哈爾濱飛來瀋陽，與政府商談小豐滿電力經共區輸送至瀋陽的交換條件時，政府方面談判代表是瀋陽市長董文琦，但實際主持人是張嘉璈。聞張嘉璈曾將李立三接到東北行營內密談了數小時。李立三曾坦白承認俄軍風紀之壞出人想像之外，蘇俄處處以美國為假想敵，最忌中國與美國接近，以及美機一架在錦州機場降落如何為俄人所重視等等。李立三也承認所有高級共產黨人均知蔣委員長為一偉大愛國者，如無蔣委員長領導，任何人均不能使中國取得中日戰爭的勝利。

一一七　史達林最怕美、中、日聯合

第二次世界大戰結束，日本投降，史達林即認美國將扶植日本。倘美、中、日三國聯合以對俄，則俄殆矣。

一一八　蘇俄侵佔我新疆之一例

新疆地大物博，早為俄人所垂涎，由帝俄到蘇俄，無時不思染指。當日軍砲轟宛平城之際，正是俄軍進入新疆之時。在俄紅八團抵駐哈密之時起，新疆已成了名存實亡之局。幸而為時不久，德軍進攻莫斯科，中國政府乃乘此一良機，得以進軍新疆，將俄紅八團驅逐出境。到一九四三年冬，紅軍在史達林格勒之役，將德軍擊敗，史達林復下令紅八團停駐阿拉木圖組成「東土耳其民族解放委員會」，作為再度侵新的工具。繼於翌年初，將該會潛移於伊寧之蘇領館內，以便就近佈署叛亂計劃，入夏就在伊區山地到處掀起烽火，伊亂從此開始。

民國卅四年秋，全國正在狂歡抗戰勝利之日，獨新疆一地卻正在砲火連天，我（郭自稱）斯時發表為四十五師師長，該師為了進援伊寧守軍，師部已駐到伊區山外精河地方。這時伊寧九城全陷，精河已成了最前線。當時奉命指揮的部隊有新編四十五師之一、三兩團；另有從伊寧撤退之預七師及一九一師各一團，但未經整補，其作戰能力可想而知。然守土有責，乃竭盡所能，決心先奪取沙河子取得主動，在綿亙廿里之沙山上建立碉堡，鞏固陣地。又乘敵換防之際，深夜襲擊永吉湖，進入敵人司令部帳篷搬取其公文箱等件。又勸勉當地居民自動獻馬，成立騎兵營，編成強大預備隊，機動使用。敵人雖經七次圍攻，但始終未越雷池一步，相持竟達五個月之久。敵人在進侵精河不下後，乃繞道俄境，向塔城區下手。塔城額敏各要地，不到三日陷入敵手，結果敵人由迪塔公路直下烏蘇。

烏蘇為迪化、伊寧、迪塔交通樞紐，尤為精河的後方。烏蘇被陷，我軍防地立成瀚海上孤島。經與軍部及總部以無線電連絡，我要求他們只要緊守烏蘇三日，即率軍解圍，但所獲回音，要我酌情自處。當時我留在四面皆敵之戈壁上，如何自處，於是遂召集四個團長開緊急會議，商議的結果，還是朝迪化方面撤退。（摘錄郭歧，永難忘的瘡疤，留痕，六十九—七十二頁）

一一九　史達林對蔣氏之評語

鄧文儀言：當王世杰、蔣經國等人赴蘇俄商議中蘇友好條約時，史達林一次單獨見蔣經國，對他說：「你父親不殺人，甚至貪污、犯法、叛逆的人都不殺一個，那能治好一個國家！」按蔣自當國以來，僅殺一個鄧演達，因鄧曾任黃埔軍校教育長，學生對之頗有相當信仰。其時鄧正勾結黃埔軍人，自成所謂第三黨，不啻挖蔣之牆腳，且三月二十日中山艦事變，鄧演達原主張俟蔣一到黃埔校長公館，即開始炮轟，以殺之了事，故蔣始殺之。

一二〇　蘇俄想要東北工廠

據董文琦言當日本投降，政府派其任瀋陽市長。一日俄軍駐瀋陽司令邀董文琦往談，至則見室內佈置丁字形坐位，橫桌則坐俄司令與董。俄方特務人員座在直形桌之兩邊。董帶一翻譯同去，則與董同坐一處。俄司令首先發言，謂日本在瀋陽除日用品工廠外，尚有工廠七十餘家，本屬俄軍戰利品，現在日本在東北主管事務的高崎已簽字將此七十餘家工廠轉讓與俄方，請君亦簽字證明之。董答依照中國法律，地方政府不得處理國有財產，恕我無權簽字證明，縱簽字亦無效。俄司令仍嘮叨不休，謂俄軍犧牲四十餘萬人（不確），始能打敗日本，今以區區七十餘所工廠作為報償，亦屬理所當然。董答，以俄軍之犧牲，莫說七十餘所工廠，即七百所工廠，亦不為過，其奈我無權何？往還爭論，說來說去，雙方仍是同樣幾句話。由上午一直拖到下午四時，俄司令忽正色相告，如董市長不簽字，則不能走出此屋。董沉思片刻，其翻譯則告董，縱簽字亦無效，何不簽字，以解此厄。俄方特務人員中有亦懂中國話者，乃隨聲附和。董最後則謂需考慮一日，再作答覆。俄司令乃將董放歸。董歸，則立即致函俄司令，謂考慮結果，我實無權處理此等重大事件，礙難簽字。

一二一　蘇俄要共同經營東北工礦

東北經濟委員會主任委員張嘉璈於民國三十四年十月抵達當時猶在俄軍控制下的長春，身負與俄軍談判中長鐵路（張任中長路董事會主席，俄人為副主席）以及其他經濟問題之責。當時俄人節外生枝，在中蘇友好條約之外，要求中俄共同經營東北工礦問題，被張嘉璈拒絕後，立即拆遷東北工業機器。據張嘉璈「自述往事答客問」（見紐約聖若望大學研究中心錄音專訪）所言：「我去那裡，在經濟方面，磋磨再三，總算有了結果，在工礦事業方面，我方讓步，將若干少數事業與蘇合作。……國共談判中共方有聯合政府之要求，所以又引起糾紛。」

一二二　董文琦穩定瀋陽

董文琦又言，當其去接收瀋陽時，僅帶去四人，可謂赤手空拳。當時，共軍已侵入瀋陽市，董則發出佈告，凡在偽政權下曾任警察、或士兵者，如攜帶槍械前來，一律優予任用。一、二日之間即組織一萬五千人之警察隊伍，差可維持治安。又召集偽滿瀋陽市政府原有人員，正式宣佈，凡前市府人員，仍各任原職。台下所有人員，聞之多痛哭失聲。倘使其他各地接收人員，皆採用同樣辦法，尤其對於偽軍能一律收編，則東北情勢，必可改觀。

一二三　北平、東北接收情形

據王某（東吳交通車駕駛）言，當接收東北時，彼充杜聿明衛士，親眼看到，聽到接收情形，可謂一塌糊塗。當時彼以一名衛士之卑微，亦曾用司令部關防鈐蓋封條而佔有一所日本式住宅，其他更不必講了。又據石超庸言，北平接收情形亦復如此。

豈僅北平，東北接收如此一塌糊塗，如上海、廣州、漢口等地方接收情形亦莫不皆然。當時盛傳「五子登科」之說，即指部分接收大員所強要接收者為「女子、房子、車子、金子、銀子」，使當地老百姓幾乎個個看呆了，人心之失，此亦為一重大原因。

一二四　接收東北人選有三種擬議

王鐵漢說：日本投降，中央曾有一接收東北之方案，擬以張學良為主任，胡宗南副之，並以蔣經國為秘書長兼遼寧省主席。是時熊式輝、張治中前往接收東北之說甚囂塵上。蔣派張群從中協商。張群復稱兩人均非常謙虛，而文白（治中字）尤謙虛，於是乃定熊式輝。但另一說則謂先本內定張治中前往東北，越日熊式輝晉見蔣，提出接收東北之計劃一文，蔣稍瀏覽，即謂：「好！你去好了，你去好了。」

一二五　東北早已面目全非

據政務委員董文琦（董東北人）言：當勝利之後，中央已內定省主席三人，悉為原任舊人。時熊式輝為東北行營主任，因恐此三主席不易指揮，乃提議東北劃為九省。制定計劃者一月，安排人選者又一月。迨至啓程前去，則東北早已面目全非了。

一二六　儲備券與法幣的比率

日本投降，重慶派來收復區的人員都身懷法幣，以備使用。當時市面上即發生儲備券（汪偽政權的中央儲備銀行所發行的幣制）與法幣比率的問題。南京商會請前進指揮所主任冷欣作一決定。冷欣回答說「我無權作此決定，但我可代向財政部請示。」其間，收復區各地商會因日本投降，一時興奮，有自行規定儲備券與法幣的比率為一百六十對一者，亦有規定一百二十對一者，甚至有規定二百對一者。南京商會便定出二百對一的比價，在市面流通。後來收復區如蕪湖、南京、上海等地商會往還電商，終於一律規定為二百對一。中央銀行副總裁陳行來滬，復正式規定為二百對一。

據偽中央儲備銀行副總裁錢大櫆在獄中語金雄白：儲備券發行總額是多少（包括勝利後，接收人員僅憑一紙便條，中儲即照數付款在內）、庫存黃金若干噸、白銀若干噸、英美瑞士的外匯與美元英磅及瑞士法郎以及法幣是多少，並一一列出詳細數字，即把房屋、股票以及其他貨物與財產都不算，而依照宣佈兩百對一的當日重慶黃金、白銀及外匯的牌價，精確計算，則儲備券對法幣應該是二十八對一。其意在指出法幣與儲備券的比率二百對一未免太不合真實價值，使收復區老百姓吃虧太大，認為陳行為金融界舊人，不該如此無知，而做出這樣不合理的規定。

當中央銀行副總裁陳行由重慶飛來上海，主持金融。收復區人民對其寄望甚殷，以為中央對於財政金融必有一套妥善的辦法，殊不知陳行所帶來的僅中央銀行印製法幣的銅模而已。

一二七　民社黨押三方面寶

民社黨諸青來於抗戰期間任南京汪偽政府考試院副院長，勝利後，逃香港。程滄波遇之於途，諸青來言民社黨高級幹部曾在北平集議，以張君勱押重慶的寶，張東蓀押北平的寶，而以我（諸自稱）押南京的寶。我倒楣，落得如此下場云云。

蔣始終不喜歡張君勱，以君勱素以平等資格對之說話。余井塘插言，蔣之不滿意胡漢民，亦由於此。

一二八　當然站在英美陣營

凡居了高位如蔣氏者，最需要是朋友—可以無話不談的朋友，可以極言直諫、面折廷爭的朋友，豈止以平等資格說話而已。

當國共正在重慶談判階段，民主同盟集會，當時有人提出倘使第三次世界大戰發生，我們究站在蘇俄陣營抑英美陣營。羅隆基忽從座中躍起而言：「當然站在英美陣營。」大家無異議。後來民主同盟許多份子附共，令人不可思議。以上皆蔣勻田所言。

一二九　一切聽美國安排

據余井塘言當時政府中有一派人主張一切聽美國安排，故主張由美國調停，接受馬歇爾，皆此之故。

一三〇　陳立夫主張請蘇俄調停

華府之任命馬歇爾來華之前，蔣與王世杰、蔣經國、陳立夫等共進午餐。正談論究請美國抑蘇俄調停。立夫言與其由美國調停，孰若由俄國調停更具效力。王世杰時任外交部長，蔣乃轉問王，電報已發出否？王答，電報已發出，則由美國調停已成定局了。

馬歇爾蒞華，蔣設宴歡迎，席間，馬歇爾致詞，毫不客氣，蔣為之不悅。立夫乃言：我已早說不如請俄調停之為愈也。

一三一　陳立夫說司徒雷登與馬歇爾

司徒雷登之任美駐華大使，未正式就職前，立夫赴滬，時司徒亦在滬，兩人曾長談約七小時之久。立夫反復陳說馬歇爾調停必歸失敗。未久立夫又與馬歇爾在南京長談兩小時之久，以其本人與中共交往之經驗，斷言國共和談之必歸失敗，此日八時正蔣邀宴馬歇爾之時，而馬歇爾對立夫所言正感興趣，遲至八時廿分始許立夫辭去。

一三二　陳立夫論馬歇爾使華

司徒雷登既內定為美國駐華大使，以其在燕大校長任內，曾與當時任教育部長之陳立夫多有往還，乃電約立夫往上海面談，談約七小時之久（參閱前條）。司徒赴南京接任，乃以與立夫所談經過全部告訴馬歇爾，於是馬歇爾亦約立夫往談，談亦甚久。此為立夫之與司徒、馬歇爾二人約談之前因，特補記之，始能前後貫串。

美國既循中國之請求擔任調停，乃派馬歇爾為特使，并來電通知。適蔣與陳立夫、吳鐵城、王世杰諸人在談此事，蔣經國亦在座。立夫當即表示馬歇爾不僅為美國之英雄，亦為全世界之英雄，今負特使之命，來華調停，只能成功，不能失敗，倘使失敗，不僅為馬歇爾個人之失敗，亦為美國之失敗，更為中國之失敗。為使其能以成功，馬歇爾恐不惜用任何方法，以達其目的。蔣認其所說甚有理由，乃轉詢世杰，接受馬歇爾電報已發出否，世杰答：「已發出。」於是馬歇爾使華乃成定局。

一三三　民社黨放棄部會之原因

據蔣勻田，舉證闢謠以紀念張君勱先生（再生，台字第二卷，三月號）「蓋張君勱先生當時之衷心企望，惟在保持政協通過之憲章，以為將來和談的共同信約。其後民社黨之參加籌備行憲的行政院，目的亦僅如此，故澹然於部長的職位。代表海外民憲黨加入民社黨的李大明同仁，欲長農林部，面請君勱先生准其恢復黨籍的羅隆基同仁，欲長教育部。然在重慶商談改組政府時，中共已對我們明言將索前者。民盟則擬要後者。故君勱先生更覺困擾，此乃民社黨當時放棄部會之副因。」

一三四　東北執行小組之難題

馬歇爾第一次回國前夕，三人小組於三月十一日集會，曾商討東北問題。馬使提出「關於派遣執行小組赴東北授予執行部命令草案」，其第一至第三條規定軍事調處的程序。其第

四、第五兩條，有如下的規定：

「四、政府部隊有權佔領中國主權必要的各地區，並特別指明政府軍隊在沿中蘇條約中所載明兩條鐵路之兩側三十公里有單獨管轄之權。」

「五、政府軍隊為重建主權必須佔領之地區（包括煤礦）需要共軍撤退；蘇軍所撤出之地區，中共軍隊不得開入佔領。」

周恩來即對第四條不能同意。馬使回國後，由吉倫將軍參加會議，繼續商談。依周恩來自己所擬文字，將四、五兩條文改為三條如下：

「四、政府為接收東北主權，有權派兵進駐蘇軍「現時」撤退之地區，包括長春路兩側各三十華里在內。」

「五、凡現時中共部隊駐在地區，政府軍隊如須進駐，應經過執行小組協議行之。」

「六、以後東北駐軍地區，依整軍方案另定之。」

但周恩來攜本案回延安向毛請示時，而毛竟不予同意。最後中美雙方作最大遷就，將馬使原案四、五兩條，歷次修正條文一概刪去，只留存第一至第三條關於軍事調處之規定，周恩來始肯從延安回重慶。

一三五　林彪何以能成大軍

東北偽軍請求收編，未准。當時有偽軍一團，已在前方接洽投誠，但一部正攜械過來時，國軍即予以包圍繳械，以致其餘乃死心塌地投入共軍。時林彪已進入東北，身邊帶著無數委任狀，凡國軍或偽軍願投入者，見階升三級，所以不必經過訓練，竟成大軍。（東北某黨部委員親告匡君，劉士毅亦言如此。）

一三六　共軍水旱兩路出關者僅八千人

據李肖庭言抗日勝利，林彪所統率之旱八路，不過三四千人，另劉伯承由水路派赴關外者亦三、四千人（水八路），兩共不逾八千人，且均僅有來復槍及手榴彈，並無大砲。而偽軍則均係瀋陽講武堂舊生，裝備遠較八路為佳。倘不歸附共軍，則東北戰事必不致失敗。東北不失則華北亦可不失，所關全局有如此之大。四平街之戰，即可窺見國軍其時之實力遠較共軍者為強大，蓋是時偽軍尚未完全被共軍收編。

一三七　抽調南方部隊去東北

據張志韓（曾任孫連仲總部秘書長）語編者，當年派赴東北剿共之軍隊，其由南方部隊抽調而去者頗不少，雲南之孫度部即為一例。氣候迥異，作戰能力自亦受其影響。而共黨又復對其喊話：「他們是要消滅你們，故調你們來到這冰天雪地之東北，何必冤枉犧牲？」此類喊話頗收功效。

一三八　關於接收東北與俄軍交涉經過

自蘇俄進兵東北，盤踞重要據點，不准國軍開往接收。中央派蔣經國為外交特派員，負與俄軍折衝之責。茲摘錄其當時日記數則，以為研究中國現代史者之重要參考資料：

十一月五日

昨夜未能安睡，門外槍聲車聲不絕於耳，此東北不安之象也。東方發白，余於床上綜憶交涉經過，計十三項：

一、俄方反對我軍在大連登陸，並已正式提出聲明。

二、俄方雖允許我軍在葫蘆島、營口登陸，但既不願對葫蘆島國軍負安全之責，又忽稱營口發現共軍，意亦在於不負安全責任。

三、俄方本允修理北寧路，以便我軍運輸，後又謂自錦州至山海關一段，因有共軍而情況不明，彼不願作任何處置。

四、俄方本允修理瀋陽至古北口之鐵路，並設法使其通車，後復謂該地發生匪患，不能負鐵路運輸安全之責。

五、行營要求編組地方部隊，業被俄方拒絕。

六、俄方已允諾：除大連外，行營視察員可赴各地視察，後又藉口地方不安，撤銷允諾。即我方往熱河購軍用皮衣者，俄方亦不准通行。

七、俄方本謂電報郵政，我可派員接收整理，後復遭拒絕。

八、我請俄方在營口、錦州等地準備火車，以作運兵之用，亦遭拒絕。

九、我方要求空運部隊能在俄軍撤退一星期前降落，俄方只允在四天以前；即此有無變化，尚待注意。

十、俄方對我行政人員分赴各地接事，表面允可，實際上則不協助交通工具。

十一、我方向俄方借用汽車、輪胎、飛機，皆遭拒絕。

十二、因飛機之飛行手續未清，俄方已向我抗議二次。

十三、俄方謂各地反俄言論，皆在行營到後發生，提出無理警告；後復謂行營對中國國民黨反俄言行，應負責任。

十一月八日

昨在馬林斯基宴會，飲酒三杯，當時並無感覺，半夜口渴異常，起而飲水，不能成睡，在床綜憶此次交涉，經過如下：

一、第一次會馬林斯基，彼表示二點：一為俄軍軍紀不好，二為歡迎中央代表來此商談，因過去無人可作交涉對象之故。（十月十三日三時）

二、第二次與馬正式會談，彼方將撤兵計劃大概見告，我方亦告以運兵前來之計劃，未及其他。（十月十四日十五時）

三、第三次與馬作三次正式會談，我方除將第二次會談經過之備忘錄，交給馬林斯基外，並提出六點：㈠要求修理北寧路之瀋山段並使通車。㈡要求修理自瀋陽經熱河至古北口之鐵路，並使通車。㈢我方準備接收郵電及長春以外鐵路。㈣要求俄方將封存我國法幣發還。㈤我方要求編練地方團隊。㈥行營派人赴各地視察。馬對㈠、㈡、㈢點表示同意，對㈣、㈤、㈥點則須向莫斯科請示再行答覆，彼並同意將東北境內非政府之部隊解散。（十月十七日）

四、第四次見馬，我方說明我軍定在大連登陸，同時由山海關出兵，希望俄方依照條約，予以協助並保證安全。馬氏則將上次談話中同意二點予以變更：一即北寧鐵路僅能通至錦州，以南不能負責；二為瀋陽至古北口鐵路祇能通過承德。彼並說明我軍不能在大連登陸，但可在安東、營口、葫蘆島登陸。

五、俄方通知我方三點：一為俄國政府反對我軍登陸大連，並將以此認為我國破壞條約；二為俄方不同意我行營編組部隊；三為我方視察人員不能前往大連，因該地應受旅順軍港之控制。

六、我方次日提出答覆，駁斥俄方上開三點。尤其對所謂大連應受旅順控制一節，明白指責俄方違反條約，並指出直接之軍事行動早已停止，俄方今日不能執行其在我東北之最高權。

七、俄方衛戍部搜查我中國國民黨部並拘捕黨部人員。

八、巴顧問謂自行營來後，各地發生反俄言論及行動甚多，雖不能斷言與行營有關，但不能不使俄方懷疑，故俄方將執行其最高權，不准行營人員赴各地視察。（十月二十日十六時）

九、長春警察局長改派匪黨人員充任，匪軍在警察局內佈置人事，已在實際上控制長春警察局矣。（十月二十六日）

十、向巴顧問提出關於所謂反俄言論與行動，與行營絕對無關之鄭重聲明。（十月二十

八日十五時）

十一、我方通知俄方：在大連問題未解決前，國軍暫不在該處登陸。

十二、第五次與馬林斯基會談，我方提出空運及登陸營口、葫蘆島問題，並堅持行營編組保安隊之原意。俄方認為在營口登陸絕對保障安全，在葫蘆島登陸可設法維持登陸秩序；至對空運原則，表示同意，並可在俄軍撤退前三天開始運輸。（十月二十九日十三時）

十三、杜聿明見馬，談登陸空運各事，雙方均無新意見。（十月二十九日十九時）

十四、俄方通知我方：我行政人員可即赴各地到任，具體辦法可與政治顧問商量；至郵電電燈，因有軍用關係，暫時不能交接。（十一月三日）

十五、巴顧問聞美機將載美軍事代表來長，表示不歡迎，如必來，將正式提出抗議。（十一月三日）

十六、巴顧問通知營口已為「十八集團軍」佔領，並謂中國國民黨有十萬地下軍分佈各地，從事反俄工作，希行營注意；同時提出有關接收行政諸問題。

十七、第六次與馬林斯基會談：我方要求俄方保證我軍登陸營口之安全，並提出接收郵電及長春以外鐵道問題。俄方表示營口已為共軍佔領，彼決以不干涉我國內政立場，不能將其驅逐，故對於我軍登陸營口之安全，自亦不能負責；郵電鐵道，因有關軍用，暫不能交；編組部隊事則只可開始準備，不可正式成立。（十一月五日十三時）

十八、將第六次與馬會談內容，製造備忘錄送交俄方。（十一月七日）

十一月九日

…………
馬則通知接其政府指示：可將全部郵電交給我方，並將多餘武器交給我國政府。

十一月十日

…………
巴某則對空運事通知如下：我空運部隊可自十七日起在瀋陽機場，自二十日起在長春機場降落，設備由俄方負責，每次祇可降落一架，駐地須俄方指定云云。

十一月十一日

余住宅中之俄方警衛，今晨撤離，而代之以警察。彼等臨行索錢索酒，即此可知俄軍真面目。住宅兩旁之俄軍亦皆撤離，頓成寂寥之象。而所有房舍，均已拆毀破壞，此即所謂戰爭歟。

俄方今允協助我空運，又云哈爾濱有槍三千枝交行營，我方在哈無人無兵，其非開玩笑乎。彼之用意何在，殊難揣測，要在此時加緊警惕而已。

十一月十二日

……行營要求俄方撥吉普車各二輛，俄方則謂我方可由飛機運車來此，俄人小氣一至於此。

十一月十三日

……彼在我無人之哈爾濱，云給我槍枝三千備用，而在長春則不肯撥給一槍一械。彼云所繳日本武器，已掃數運回俄國，而所謂人民自衛隊之武器則無一而非日本槍枝。彼以鐵道運輸所謂自衛隊及匪軍，而限制行營一人不能外出，一兵不能招編。凡此實情，人所共見；而俄方負責人員又避不見面，則交涉已成空談矣。

一三九　東北停戰

董文琦東北人，曾任瀋陽市長。時蔣正巡視東北，駐節瀋陽，以市政廳為其辦公處。其時國軍正已驅逐共軍至佳木斯，東北重要地區已無共軍蹤跡。一日美國駐瀋陽領事以電話告董謂南京有要電呈蔣，請代約見。董轉報蔣，即指定時間約其來見。蓋馬歇爾徇中共要求轉請即刻停戰，蔣閱電後與幕僚商量，決定不能停戰。蔣返北平，馬歇爾隨時趕至，重提停戰事，蔣乃允之。國軍將領見共軍已潰敗，頗驕縱，群集瀋陽，酒色徵逐，而共軍則秣馬厲兵，未久即大舉反攻，情勢大變。本來東北原為三省，舊有主席仍各存在，但行營主任熊式輝以原來主席資格老，不易指揮，乃主張劃為九省，多以其親信分任要職。此輩多為文人，更不諳東北情形，遂為共黨所乘。據董謂倘當時不停戰，一面壓制共軍不能再出佳木斯（按縱已停戰，亦可嚴加戒備，不能再出佳木斯。），一面收復哈爾濱，則整個東北情勢必可改觀。又或完全接納美國主張，由五國託管，則東北又當成為另一局面。董又謂未能收編偽軍，實為一大失策，否則，共軍亦不能壯大如此之易。

一四〇　東北停戰令

日本侵略我國，為我國軍拖住，陷入泥淖，而對美作戰，又屢戰屢敗，海空軍全部覆没，迨美國第一枚原子彈投下後，日本即知無法支撐，決計投降。初託俄國代向盟國轉達投降之意，乃史達林竟不通知盟國，逕自向我東北進軍。民國三十四年八月十五日日本正式投降，我政府決運兵進入東北，初因蘇聯拒絕國軍在大連港登陸而遭受阻礙，再要求自營口登陸，俄軍則將營口交與共軍防守。我國軍不得已，乃在秦皇島集結，於三十四年十一月十六日，一舉擊潰共軍克復山海關，踏上已淪陷十四年的東北領土。從此國軍一路追奔逐北，克興城，下綏中，佔領葫蘆島，進駐錦州，攻略營口，三十五年一月十五日就打到了東北最大城市瀋陽近郊的皇姑屯。俄軍自瀋陽撤退，國軍即刻進入，並攻佔撫順、鐵嶺、開原等地，五月間，又先後拿下本溪、四平街、長春、吉林，經過七十座名城重鎮，渡松花江，直指哈爾濱。當此林彪潰敗難以成軍之際，馬歇爾逼迫我政府於三十五年六月七日下令東北地區停戰。

民國三十五年五月二十五日，蔣委員長參加瀋陽民衆歡迎大會時，美國駐瀋陽總領事克魯伯奉馬歇爾之命，要求我政府立刻宣佈在東北地區停戰令，政府乃於六月七日頒佈停戰令。說者謂倘使政府拒絕停戰，以現有兵力進攻哈爾濱，並控制東北北部惟一人煙稠密的哈爾濱附近地區，使林彪不能有坐大的機會；同時增派兵力，對東北全面接收，最後再進駐遼東半島，收復大連，則整個東北將在國軍控制之下了。

話又說回來，倘使國軍將領於小勝之後，不紛紛回到瀋陽飲酒作樂、夜夜跳舞，而且將與帥不和，將與將又不和，則縱無東北區停戰令，恐亦難長久保持此一勝利成果。

至於政府接受馬歇爾停戰要求，無非由於當局對於西洋人—尤其是美國人之性格缺乏了解，他們非常重視現實。倘使國軍果能消滅本國敵人，則美國軍援、經援必將不求而自來。否則，縱效秦庭之哭，亦必無濟於事，徒自取其辱而已。

一四一　熊式輝缺乏魄力

董文琦言，熊式輝任東北行營主任，缺乏魄力，事事請示中央，而中央各部會往往對於地方政府請示事件置而不覆，或覆而不得要領，徒然耽擱時間。在此緊急期間，分秒在所必爭，豈能拖延。東北之敗壞，未始與此無關。其次，國軍初進入東北，勢如破竹，使其產生一種錯覺，以為共軍易與，不堪一擊，乃盡情歡樂，其貪污腐化，更不在話下。據董謂陳明仁部隊一見大量救濟麵粉送到，即自行瓜分，根本未到老百姓手中。於是地方推舉代表向陳誠告狀，乃下令免職查辦。其他類此事件，更不勝枚舉。

一四二　熊式輝匆促撤往北平

日本是於民國三十四年八月十五日宣佈無條件投降，而熊式輝遲至十月十三日始抵達長春，距離幾兩月之久，則東北已經面目全非。未曾收編偽軍之責，固由於中央決策之錯誤。

但當十一月初旬，周保忠等少數共黨份子進入長春，連續對我東北行營人員施以恫嚇，而熊式輝竟手足無措，匆促率東北行營人員於十一月十日自長春撤往北平，使長春地區的偽軍及地方武力，遂墮了周保忠之引誘，被改編為反政府之部隊。熊式輝之撤退當然係得政府批准，然渠不應造成政府對長春情勢作如是了解與決定。

東北偽軍先由周保忠收編一部份，繼而大部份由林彪裹脅而去。據陳嘉驥在「勝利後的東北」一文，偽滿軍隊共十六旅，政府在以後得以收編的僅有王家綎等兩旅而已。

一四三 衛立煌倉皇逃走

王鐵漢言：當年陳誠在東北去職，政府曾有意於薛岳繼任，但薛婉拒，故派衛立煌前去。而衛為一無知無能之人，膺此重任，一遇緊張情勢，便倉皇逃走。

一四四 「不再亂講話吧！」

賴璉（景瑚）在中央常會時常批評時政，對行政院長翁文灝、福建省政府主席陳儀抨擊尤力。蔣乃任其為教育部次長。外間不察，以為係教育部長陳立夫所薦舉。實則陳立夫所擬定三名次長人選，呈請蔣圈定一人之名單，並無賴璉之名。賴璉之任次長，完全出自蔣意。

一日蔣特別召見中央黨部秘書長吳鐵城而問之：「現在賴璉已做次長，不再亂講話了吧！」吳鐵城以此話轉告賴璉，故知之。

民國三十四年，張治中向蔣坦白陳述共軍兵力已逐漸擴大，最好國、共繼續商談，以避免內亂。蔣以為張治中是對於官位有所觖望，乃故示羈縻，叫張治中做西北軍政長官。出乎意外，張治中遜謝。他對胡競先說：「倘使我做西北長官，是我指揮胡宗南，還是胡宗南指揮我？」

後來張治中做了西北軍政長官，但長官部警衛團則由胡宗南派來。

一四五　陳儀想投共

台灣省政府終於改組，乃調陳儀為浙江省主席。當時，局勢危急，陳儀欲聯合上海警備司令湯恩伯投共，以湯原為陳儀所推薦，可以無話不談。湯恩伯向蔣告密，始將陳儀逮捕。後解到台灣，予以槍決。

一四六　陳儀為什麼會勸湯恩伯投共

胡競先任騎兵旅旅長，特往陸軍部見其次長陳儀，請求發給步槍六百枝。陳儀允予考慮，囑其明晨八時半再來聽消息。胡競先於七時許即到達陸軍部，直到十一時許陳儀始從外面回來，首先抱歉似的說：「委員長臨時電話召往孔祥熙家中晉見，所以回來遲了。」繼則很憤慨的說：「孔祥熙家中佈置豪華，陳設許多古董，他不貪污，那來那麼多的錢？」正事談完，他問胡競先：「你是那個學校的？」胡競先回答說：「是軍校潮州分校。」陳儀說：「很好，你沒有那種習氣。」我們從陳儀這句話可以看出他對黃埔生的印象了。加之陳儀在民國三十八年目睹共黨勢力橫掃大陸，又想重施其在民國十五年歸順國民革命軍之故伎，乃函囑湯恩伯投降共黨。

一四七　邵力子謂陳布雷死有餘辜

劉士毅言陳布雷自殺後，有一次張治中在南京家中請客，我與邵力子均在座。大家嘆息陳之死，只有邵力子認為陳死有餘辜。我問其故，他說政治上許多惡因，都是陳種下的。

一四八　陳布雷自殺之原因

陳布雷自殺，實由其一子一女思想都有問題，使其痛心。加以對時局之悲觀，本人身體之孱弱，乃出於自殺之一途。

一四九　張群面面顧到

據張志韓言：一日何應欽、張群與志韓三人在何家吃飯，席間，志韓言，今和談既失敗，則內閣應辭職。何問岳軍：「岳軍，你的意見何如？」（時張群任行政院政務委員），他一面削梨，一面徐徐而言：「當然，和談沒有成功，表示行政院沒有盡到責任，從這觀點而言，志韓的話是對的。不過，和談也並非此次行政院單獨的主張，代總統亦是以和談為號召而上台的。若以和談成敗為標準，則不但行政院要辭職，李宗仁也要辭職了。再則老先生之引退，亦是為和談而開門。和談的基本方針是老先生所決定的，則問題就更複雜了。」他這一席話面面顧到，真可為「奉使四方」的最佳人選。

一五〇　四川迅速淪陷之兩大原因

四川為西南門戶，保四川，即所以保康黔。能保康黔則雲南可以不動搖。日軍侵華，以其優勢兵力，尚不能進入四川，而三十八年共軍長驅入四川，勢如破竹，其原因何在，為治現代史者所不可不知。據川鄂邊區綏靖公署副主任韓文源在其「蜀江烽火話當年」一文（載中外雜誌第十九卷第六期），則有兩大原因：

一、宋司令希濂所屬共有六個軍，為退入川鄂邊區最強大部隊，實為固守川東之主力軍。但蓄意編併友軍，壯大自己，使新歸指揮之部隊心存畏懼，無意作戰。三十八年二月宋希濂首將十三綏靖區司令王凌雲扣留，並將其所屬第十五軍，及豫西民防部隊收編，此事已傳遍全軍。復於八月在巴東將一二四軍軍長趙援、副軍長伍重岩扣留，另派新人接替改編。越二月復將防守巴東之第二二三師師長陳瑞鼎調識，陳瑞鼎所屬兩個團長，亦在一週內更換。陣前易將，兵家所忌，似此處置，無異自毀長城，為淵驅魚。乃為共軍劉伯承部隊一舉攻陷其司令部所在地恩施，由此進攻川南。林彪部一個軍團從長江北岸向川東進攻，賀龍則率兩個兵團由陝西向川北進攻，三路夾擊國軍。所有部隊均未接觸，即紛紛潰退，影響四川整個全局不可收拾。嗣重慶陷落，川局震動，是皆由於宋軍鄂西防線首先崩潰，而引進共軍迅速入川，以致最後固守西南之全盤計劃，為之打破，此為重要之因素。

二、時西南長官為張群，於三十八年四月召集長官部會議，韓文源亦應邀列席，特陳三策：

1四川周圍崇山峻嶺，天險層疊，有若干地方，確有一夫當關，萬人難攻之勢。只要在交通要道，派若干技術小組分路出發，作百里縱深破壞，並於必要關隘構築工事，即可以少數兵力，防阻共軍來犯。共軍之大部隊及重武器，既難通過，如有少數部隊侵入，我以現有部隊配合民間自衛力量，決可將其消滅，此為必須趕辦者一。

2胡宗南所屬數十萬部隊，其主力應儘快集中，保衛川康，穩定西南，此為必須趕辦者二。

3長官部應儘速宣佈川、康西南各省，實行戰時體制，因時因地，獨立行事，能保守川、康，穩定西南為急務，決不容許再有遲疑。至如何編訓民眾，加強生產、控制經濟，以應軍需，則請長官部速擬辦法，通令施行，此為必須趕辦者三。

以上三項提議，經全體贊成，照案通過速辦。詎知直至十月（四月至十月約六個月之久）命令始下達，然為時已晚了。四川內部也發生變化了。

一五一　張繼被毒死之談

據李肖庭言：張繼死時，腹部現青色，顯然係中毒致死。張繼未死前，任國史館館長，常邀汪辟疆至館磋商文字，並留其在館共餐。當張繼死之日，汪亦被邀至館，並在館中便餐，（時張妻崔震華已離京競選監察委員），張吃完一個饅頭，汪則僅食一個饅頭並吃米飯。汪返寓，即覺腹中劇痛。張九時忽腹痛，呼家人延醫至，醫甫及門，疾亟遽卒。此係汪辟疆親告肖庭者。推敲其致死之因，是崔震華曾檢舉故宮博物院舞弊事，外間亦嘖有煩言，或係彼輩買通國史館廚子下毒亦未可知。

（按：張繼之死，有人說是心臟病發作，但李肖庭言之鑿鑿，究其死因為何，恐有待後人查證。張繼為人，風格甚高，其妻崔震華亦直道中人，而其獨子竟於抗戰期間在重慶淹斃！）

一五二　閻錫山在山西之建設

關於東北、廣東與四川的建設成績，已略記之。山西自民元至抗戰開始，垂二十餘年，閻錫山閉關自守，埋頭建設，因此，其成績亦斐然可觀，玆轉載於後：（見傳記文學，第三十一卷，第五期，第四十二頁）

至對日抗戰開始時（一九三七年七月七日），山西的建設，有一機器廠，其中較好的機器，有四千三百餘部。一個煉鋼廠，有日出五百噸的鐵爐，與日出二百五十噸的鋼爐、焦炭爐之建設，即將完工。一個化學廠，建設費二百萬美元，其地址房舍均已建好，機器正在安設中。洋灰廠日出二百五十噸，當時已能日出一百二十噸。一個製造鐵軌鋼板廠，五十萬美元的機器，已經購回，尚未安設。在兵工上，步槍廠月出三千枝。槍彈廠月出四萬發。輕機槍廠月出三百挺，重機槍廠月出五十挺。衝鋒槍月共出八百挺。手槍月出六百枝。山炮廠月出七五山炮三千門，野戰炮十二門，野炮是八八，重炮由十公分零五至十五公分、二十一公分；火藥廠月出一百二十噸。紡織業方面，有紡紗廠兩個共有三萬錠，織布廠有五百台織布機，四萬五千錠。此外尚有水壓機廠、汽車修理廠、皮革廠、酒精廠、氧氣廠、鐵工廠、農具廠、熔煉廠、機車廠、發電廠、油脂廠、造銅元廠、火柴廠、火鹼廠、電化廠、造紙廠、毛織廠、窰廠（製磁器）、捲煙廠、麵粉廠，及日出四千噸的四個煤礦場，五個採礦廠，共三十多個單位，四萬五千餘工人。鐵道由太原經臨汾至風陵渡，由太原至長治，由太原至大同，三條幹線外，並有由忻縣至五台，由平遙至磧口，由太原至西山等支線，共計一千六百餘公里，迄日軍到山西之前，已完成一千一百餘公里。在水利上計劃盡量利用汾河的水，發電灌溉，作的三個蓄水池，修的四道壩堰，有的已開工，有的尚在測量中。因為各建設事業的資本，不分紅利，所有的餘利，除工資薪餉及製造的原料與雜費外，均用到發展事業上；又因成立了一個銀行四個銀號；人民信任這銀行銀號是全省人民的股東，人民存款最多到達兩千萬元，工業亦可藉以發展，所以六年之內，建設的資產由五百萬已增到一萬萬元，約合美金五千餘萬元。

閻錫山治晉，博得模範省的稱譽。以一省一地之力，而能有此建設成績，固屬難得。然編者以山西在民國三十八年，當共軍圍攻太原時，代主席梁敦厚率五百將士死守不降，直至最後，人人自殺，自與共軍交綏以來所未有也！

一五三　國民大會代表名額之爭

據王雲五言：政協會議時，馬歇爾態度偏於共黨，實係受美國大使館及國務院左傾分子之影響，而馬本人之頭腦簡單，相信共黨為土地改革者。同時周恩來慣於演戲，易於博取他人同情。羅隆基能說英語，與馬時常接觸。羅在重慶時曾託王雲五向政府說項，希望任次長之職，政府方面以其人不可靠，未允。至於政協會議，王係參加政府組織組，孫科任主席。關於國民大會代表新舊代表人數問題，係採納王之建議而解決，此為外間所知者。惟有一事尚不為外間所知者，根據國民大會組織法規定有由政府遴選之代表二百四十名，又規定國民黨中委均為國大代表，而中委共有四百六十名，兩者合計為七百名，皆無需選舉，可由政府與國民黨支配。王乃主張將上述的七百名遴選代表名額分配為國民黨佔二百三十名、中共二百名、民盟與青年黨各佔一百名、社會賢達七十名。但民主同盟認為該同盟是數個政團所組合，不能與青年黨同一人數，而青年黨則以該黨歷史悠久，相持不下。最後由王提議國民黨既讓一百名與民主同盟，中共亦讓一百名與民主同盟，則青年黨不能爭，但周恩來反對。其時孫科以須赴中央黨部報告，早退，由王任主席。王看見民主同盟與青年黨相持不下，乃提議吃午飯（時已一時許）再議。吃飯時彼此交頭接耳，大做其買賣。周恩來忽對王說，你所提的辦法，當時我頗反對，現在想來只有依照你的辦法才可解決。復會乃一致通過王所提辦法。王又稱倘當時對於新華報（民眾搗毀新華報）與校場案件，如能稍予補償，則共黨可以不致決絕。關於國民政府委員名額分配，最後只相差一名，如此問題能得解決，則可將戰場之爭，轉移於廟堂之爭。據王意共黨滲透政府無遠弗屆，國防部次長劉斐都是共黨，其他可勿論了。是為政府失敗原因之一。（關於校場事件，據美國方面最近研究所得，在大陸變色後，參加校場事件份子均未退出，且均在共產政權下頗為活躍。）

一五四　第一屆中央民意代表之選舉

在政治協商會議之後，因蘇俄在東北要求特權問題，不能順利解決，乃積極援助共黨武裝叛亂，致使政治協商會議的結果無法付諸實施。所謂政治協商會議結果的重要項目，就是結束訓政，擴大一黨政府的基礎，組織聯合政府，讓各黨參加。然後召集制憲國民大會，依照政協憲章，制定憲法。中共既藉口國大召集的程序不合政議協決議，拒絕參加國大。民社黨主席張君勱先生以行憲為民社黨奮鬥目標之一，乃應允國民黨之邀請，與國民黨蔣總裁交換信件，互許由國、民、青三黨參加制憲會議之代表，依據政協憲章，制訂中華民國憲法。

憲法公佈後，首先要改組行政院為籌備行憲的行政院。代表國民黨邀請民、青兩黨參加行政院的雷震先生僕僕京滬道上爭取民、青兩黨領袖共同參加行政院。民社黨初頗拒絕參加政府的邀請，遷延四月，拒之不得，乃建議由三黨共同商定聯合政府的施政方針十二條。民社黨根據十二條綱領，希望於行憲過程中，促進政治民主化與軍隊國家化，進而據此成就，以政治方式解決中共問題。到了選舉國大代表與立監委員的時候，民社黨初期的主張，是偏重於競選的方式，目的不在獲選人數之多寡，而在宣揚民主的原則。所謂公平競選，即難免公開演說，互相攻擊了。民、青兩黨一向在野，未負政治責任，可被攻擊者少，而國民黨二十年的政治責任，可被攻擊之點自多。當時代表國民黨與青年黨、民社黨商談選舉問題者為陳立夫。第一次三黨會商於當時國民黨秘書長吳鐵城公館。談到選舉方式，咸以共產黨日形猖獗，大敵當前，不容競選、互相攻擊，乃轉而商談三黨如何聯合提出候選人的方法。在商談此方法階段中，我也得到民社黨中央的指示，同意三黨聯合提出候選人的方式，因而採取聯合提名的方法，然決定選舉方式之權固在中央，辦理選舉事務的卻是地方政府，而掌握地方政府實權者皆係國民黨黨員，民、青兩黨無份。少數地方政府遵照中央的指示，處理選務，但多數地方政府，不但不遵照三黨聯合所提之名單辦理，間有不公告民、青兩黨候選人的舉動，或臨投票之日始予公告，或選舉支配之權全操縱強有力候選人手中，地方政府亦聽其安排，民、青兩黨候選人處境極慘。當時筆者亦係中央總選舉事務委員之一，迭以事實報告於總選舉事務所，請求救濟。總選務所雖迭有更正之命，但亦無效果。選舉時國民黨對民、青兩黨之諾言，不能兌現的責任，平心而論，中央決策之人所負者少，地方辦理選舉之人所負者多。可是地方幹部普遍的心理，最終必可影響中央的決策。（蔣匀田論反對黨，民主潮六卷二十期）。

一五五　蔣為什麼會提胡適任總統

此事應從李宗仁競選副總統說起，制憲國民大會所通過中華民國憲法規定中央政府設總統、副總統各一人。李宗仁想競選副總統。據謂蔣初則表示可以自由競選。李宗仁以為蔣已同意，便積極佈置競選。迄蔣明白主張副總統候選人應由黨中央提名，李宗仁與其左右皆不服。首由黃紹竑在外揚言：「倘必堅持副總統候選人由中央提名，則廣西籍委員將全體退出中央全會。」黃紹竑繼訪胡健中於東南日報駐京辦事處，很憤慨的說：「我是背著廣西地圖呈獻中央，可見我並不偏袒德鄰與健生二人。現在中央不准德鄰競選副總統太不公平。倘必堅持由黨提名，則我們將聯合發表宣言，表示反對。尤令我不解者，我去拜訪陳果夫，不見；拜訪陳立夫，又不見，究竟是何道理。」胡健中回答說：「據我所知，陳果夫臥病在床，陳立夫終日在外奔波，深夜始歸。我必將尊意轉致他們二人，一、二日內將有以報命。」陳果夫乃扶病答拜黃紹竑。又向蔣剖陳利害，謂「倘堅持由黨提名，恐將招致國家分裂。」於是蔣乃邀集有意競選副總統的人如于右任、李宗仁、孫科、程潛等人談話，鄭重指出：「總統、副總統候選人由黨提名，乃政黨政治的通則，各民主國家莫不如此。現在你們既反對由黨提名，則你們自由競選好了，新政府的總統我也不要做了。」

主張自由競選的人則在私下表示：「現在的黨係操縱於一人，所謂由黨決定，就是由一人決定。我們反對由黨提名，理由在此。」

關於副總統人選，蔣則屬意孫科以牽制李宗仁。競選到了白熱化的時候，蔣甚至親自出面為孫科拉票。孫科落選其咎固多由自取。而當時代表之不滿意蔣之措施者，多投李宗仁的票，故意反蔣之意而行，東北與華北代表尤為顯然。李宗仁當選亦非完全由於其能得人望如此，此是後話。

蔣既表示不做總統，則何人做總統呢？其時，東北戰事已開始逆轉，胡適在國際間頗知名，以之任總統，或可一新世人耳目。蔣乃派王世杰徵詢胡適意見。王至胡寓，並不表明來意，只拉胡坐上汽車，直奔中山陵園。在車中亦無一言相告，故作神秘狀，直使胡適心中納悶。迄車抵中山陵園，兩人相偕下車，坐在草地上，王始以蔣意相告，胡適欣然同意。有人問胡適：「你自己亦承認一張書桌都理不好，怎能理一國之政？」胡適回答說：「我做一個不負實際責任的總統，是可以的。」但在國民黨中央討論提名胡適為總統候選人時候，戴傳賢、潘公展等多人起立發言：「難道本黨竟無一人堪任總統之才，而必須求諸黨外？」其意仍屬意蔣，胡適之議遂作罷。後來胡健中問胡適：「你任總統之議何以未曾實現？」胡適說：「還不是由於貴黨反對！」

一五六　皮相之論

據左舜生所記：第一次總統和副總統的選舉，因有孫哲生與李德鄰的競選，國民黨乃覺得非與黨外有所協商不可。以其所知，當時青、民兩黨對於選孫或選李，原沒有一定的成見（尤其青年黨是如此），如果國民黨負責協商的人態度稍為謙虛一點，他想孫之當選便不會有問題。可是因為國民黨負責協商的人說話過於輕率，使青年黨受不了這種刺激，於是李德鄰乃居然當選。這與後來大局的變化，不能說沒有多少關係。但是他又說：假定副總統當選係孫而非李，國民黨便不會有退出大陸的慘敗，依然只是一種皮相之論。

一五七　李宗仁競選副總統一幕

國民政府遵照憲法，選舉總統、副總統。蔣初允自由競選，於是各方逐鹿。李宗仁欲競選副總統，進行最早，而蔣則屬意於孫科，故主張由中央提名，則廣西籍中央委員將在中央全體會議全體退席，於是仍採取自由競選辦法。雖蔣親自約見許多國大代表，勸其票選孫科，但最後開票結果，李宗仁終於當選副總統。就職之前，蔣左右告訴李宗仁，就職典禮，兩人均著西式大禮服，李即派人到上海訂做，後又謂改著軍裝。但就職之日，李著軍裝，而蔣則長袍馬褂。事後李妻郭德潔謂「簡直把德鄰當猴子樣耍。」迨後李宗仁出國赴美，固由於心中有所不快，然一誤聽甘介侯，再誤聽李漢魂，亦為不可否認之事實。甘介侯近於浮誇，李宗仁在外交方面倚為左右手。甘先已赴美，頻頻來電謂美方對蔣空氣如何不佳，可來美謀求美方之支持。又有李漢魂從旁慫恿，赴美之計始決。原來李漢魂之妻先已攜重金去美，另結新歡，李漢魂聞之，乃欲挾副總統之威以臨之，使其重返懷抱。於是乃以台灣現在陳誠治下，你如何能向其討生活一類話說動之。此段經過雖略有所聞，但不若李雅仙所言之詳盡。雅仙為接近李宗仁之人，自其競選副總統以至去美，無不知之最詳。政治上許多事情、表面上看來波瀾很大，但往往起因很小，尤其個人情感關係尤大。治政治史者若僅從表面上去看，則往往不能得其真相，而於其來龍去脈更不用談了。

一五八　何應欽追述一段往事

據何應欽語余（編者）抗日戰爭終結，蔣令何與陳誠對剿共軍事各抒己見。何謂須兩年始可結束剿共軍事，而陳誠謂則僅須七個月。往日蔣對何之主張多予採納，獨此次則聽信陳誠意見，並將陸軍總司令部撤銷，而調派何為聯合國安全理事會軍事參謀團中國代表團團長（幾等於放逐）。何又謂當熊式輝以東北行營主任進駐東北，其地偽軍師長攜帶十餘車名冊聯袂進見熊，請求收編，熊乃向中央請示，而為當時參謀總長陳誠所批駁。適中共所派代表亦與偽軍師長同住一旅館，乃乘機勸說偽軍師長投效共軍，共軍不但願全予收編，並對所有軍官一律晉陞一級。於是全部偽軍數十萬人悉為共軍所用，而將槍口轉向國軍。此說與編者在「中國國民黨與中國共產黨」一書所言相吻合。據岡村寧次告何應欽，滿洲軍隊原為對俄作戰之用，裝備精良，戰鬥力之強，與關東軍相伯仲云。（關於東北偽軍請政府收編事，參閱第三輯第一一三條）

一五九　聯合國中國代表團內部之糾紛

一九四九年夏，政府適在播遷中，聯合國中國代表團職員月薪積欠至三個月。探悉外長王世杰自巴黎會議返國後，曾匯來美金六萬餘元，作為應變費，原為短期內或不易按期撥匯經費的準備，且前任移交亦有二萬餘元，但蔣廷黻均密不以告同仁。張忠紱、何浩若二人乃聯名請求蔣廷黻先墊發同仁薪金一個月，以應燃眉之急。而為蔣廷黻所不喜，乃轉報外交部，將張、何二人撤職(見張忠紱著迷惘集一七七—一七八頁)。後來台大教授彭明敏搞台獨運動，被判徒刑，在獄中寫自白書，即牽涉到蔣廷黻，謂其一切活動，曾取得美國Fairbank，與其中央情報局之支持，而牽線者則為蔣廷黻。此種供詞並曾錄音，於是何浩若乃攜帶彭的錄音帶往華盛頓，放給蔣廷黻聽。蔣三日之後，乃電呈辭職。（賴景瑚問何，確有其事）

一六〇 蔣廷黻在聯合國受冤氣

景瑚言：蔣廷黻在聯合國說中國話，湖南口音甚重，國人不易聽懂。講英文，又是湖南口音甚重，外人亦不易聽懂。他在聯合國亦可謂受盡冤氣。一次維辛斯基以手指蔣而言，你不能代表中國，連你的太太，你也不能代表。

（按：蔣廷黻太太以其夫另結新歡，曾在聯合國大廈前散發傳單表示不滿，故維辛斯基乃有是言。）

一六一 中國代表團人員何其多

舊金山會議時與會各國，除代表與專家外，均有其事務人員，少則數人，多則數十人。美國為東主國家，為招待外來代表團，事務人員特多。在外來代表團中，秘書事務人員以中國居第一位，竟超過一百二十人之多（不包括代表專家等）。一九二一年華盛頓會議，連代表專家在內，亦有一百〇二人。舊金山會議中國代表團之總人數，若包括代表專家在內，則超過一百六十人以上。

然秘書處人員經常辦事，而有事可辦者，似不會超過三十人。其他四分之三以上辦事員竟無事可辦。有人無事是謂冗員。以一代表團秘書機構，冗員竟達四分之三，其反映主持人辦事之能力與效率為何如？（張忠紱，迷惘集，第一四二－一四三頁）

一六二 中國代表在聯合國發言幾不用中文

聯合國大會開會前，因蘇聯堅持俄文必須為聯合國語文之一（巴黎和會時之正式語文，只有英法兩種），乃決定以英、法、俄、中、西班牙五種語文為正式語文，并由大會秘書處備有翻譯，設有正式耳機。無論用五種中任何一種語文發言，必立即翻譯為其他語文。但中國首席代表（外長資格）宋子文於大會中代表中國首次演說，竟用英文而不用中文，嗣後，顧維鈞亦相繼效尤。後來，蔣廷黻、劉鍇等皆用英文發言，簡直廢置中文而不用。尤使人氣短者，宋子文演詞，全文僅短短一紙，毫無內容。抗戰八年，中國政府的英勇與努力，以及國內政爭未息，百廢待舉，在在需得世人的同情與了解。而宋子文的演詞竟一字未提，使世人只感覺國民政府無目的、無計劃。原來宋子文的講詞是一位美國青年律師（Mr. Youngman）代作的，連王寵惠、顧維鈞事前都未得與聞。在公佈前，僅由顧氏拿出，交各代表傳閱而已。王寵惠認為不妥，力爭的結果，也只能改動兩處最大的失言。據蔣廷黻解釋他在聯合國之所以用英語發言，是從效果方面設想，因為當別人攻擊中華民國時，他立即用英語反駁，在場聽的人感到興趣，要是經過翻譯，時會把語氣轉弱，有時也會翻錯。他為了發言的效果設想，所以不得不直接使用英語。同時他的湖南寶慶官話，說的也不標準，翻譯的人，未必全能領會。蔣的這些解釋確乎也是實情。但其重要演詞，都是事先準備好的，可以發交翻譯組，隨時備用。這樣至少可以使中語翻譯不致廢而不用。再則，俄、法諸國代表發言又屬如何？

一六三　中國自請增加聯合國會費

關於聯合國會員會費問題，根據聯合國專家委員會，依據各會員國土地、財富、人口、生產力等，以決定各國應分擔之經常會費（嗣後各項特種費用亦常依照此比例分攤）。中國應分攤者為百分之三·七。當其時，各會員國競請減低應交會費之百分比，即美國與蘇聯亦不例外，而中國外交部獨命令駐聯合國代表，請求增加應付會費之百分比，為百分之六，以與法國比肩，蓋在五強中，除中國外，以法國分得應付之百分比為最低。（張忠紱，迷惘集，第一六六—一六七頁）

一六四　安插冗員，浪費國帑

中國代表團一位代表的公子，在旅館開舞會，招待其男女友人，共用數百美金，秘書處以公費代為開支，美其名曰聯絡外賓宣傳（同上，第一五一頁）。中國代表團是由中國最高級知識份子所組成，而竟如此安插冗員，浪費國帑，亦無怪張忠紱慨乎言之。

一六五　「讓游擊隊到共黨去好了」

據東吳政治系中文教授周某、山東人，曾參加游擊隊，謂戰事結束後，游擊隊首領，有的要求政府予以名義，事誠有之，其時政府政策欲藉共軍力量以消滅之。以山東一地而論，命令游擊隊防守地帶，長達二百餘里，乃為共軍各個擊破。中央軍有時且直接攻擊游擊隊云云。

一六六　為淵驅魚

據李肖庭轉詢吳鴻濤（現任立委、曾任東北合江省主席），當日本投降時，「滿洲國」偽軍名為警備軍者共計三十六旅，約廿萬人，另外地方團隊約七、八萬人，俄軍進入東北雖云將偽軍全部繳械，但偽軍轉入內地或將槍枝埋藏地下，所以在偽軍手上槍枝仍不在少數。杜聿明到後，宣佈由旅編為團，已經心中不愉快。陳誠更宣佈只要兵與排連長，不要更高級的軍官。當時吳鴻濤等曾勸陳誠謂如此做法，恐他們要跑了，陳置之不理。共軍則稱如偽軍向他們那邊跑，則見官加一級，將官則保留原級，以致偽軍紛紛投往，聲勢大壯。又據萬建蕃言，熊式輝於接收東北後，曾去南京一次，招待國防部高級幹部，萬以南京警備司令資格被邀出席。熊婉轉表示，宜將偽軍收編，但陳又以熊靠不住，未允。總之，他們心理上以為那時天下已經大定，凡屬偽軍、游擊隊最好一一解散、消滅，甚至「為淵驅魚」亦在所不惜。

一六七　**「讓他們都去當共產黨好了」**

李金洲、西安事變親歷記（傳記文學第二十卷，第四期）：當年某軍事當局（陳誠）巡視華北，在北平行轅開會，各軍事長官皆主收編華北偽軍與游擊隊，不然將盡入共匪之手。某當局竟厲聲告出席人士：「讓他們都去當共黨好了，中央有把握，在六個月內肅清共匪。」

一六八　**陳誠之豪語**

日本投降後在東北之偽軍約三十萬之眾，而在華北之偽軍與游擊隊又約三、四十萬眾，合計不下六、七十萬人。因中央當時政策不予收編，故皆投入共軍，共軍乃得以壯大。當時陳誠曾作豪語：「打一個也是打，打十個也是打。」（胡競先語）

一六九　**陳誠不收編關內游擊隊**

趙洪慈為山東人，據謂僅就山東一地區而言，在抗戰期間，凡有血性者，均投入游擊隊，其本人之父老親戚參加者便為數不少，一面抵抗日本軍，一面打擊共產黨，艱苦可知。抗戰結束，陳誠命令所有游擊隊或遣散，或改編。其改編者改名為游雜部隊，其名稱已令人難堪，且軍官一律降一級，更不能令人心服，而共黨則以優厚條件招之使去，故頃刻之間，共黨勢力大增云云。

一七〇　捨近就遠

王鐵漢言：當日軍投降前二、三月，蔣電令三戰區顧祝同、王鐵漢赴重慶，告以日本不久即將投降，三戰區應抽派兩個軍去東北，其中一軍為王統率之軍隊。但顧、王回三戰區後，杳無消息。第二次接見王鐵漢，則詢問王對東北有何意見。王答東北偽軍宜收編，並且宜派東北老人去東北，視才錄用，以資號召，蔣唯唯，亦無下文。王後來雖奉派任東北遼寧省主席，乃自己活動而來。另有一事為王所不解的，即派赴各地接收之軍隊，皆捨近而就遠，如接收京滬，不派近在咫尺之顧祝同而是遠從湖南、貴州用飛機運來之湯恩伯；接收廣東，不派近在咫尺之余漢謀而派張發奎，派往接收山東者則為王耀武。然湯、張、王諸人直屬最重要部隊又不許帶去，而係七拼八湊而成。余（編者）曾詢問蔣緯國，何以採取此種辦法？他答，恐怕是要打破軍隊中的派系。我說，顧祝同與湯恩伯何擇？余漢謀與張發奎又何擇？不以飛機趕快運送軍隊赴東北，而用於此途，豈非冤哉！

又據遼寧省籍之政大教授陳粵人言，新一軍、新六軍在東北並不合作，大有等你碰了釘子之後再由我去收拾，始能顯示自己功勞。即以救錦州而言，不從斷絕共軍後路佈置，以致等到共軍破錦州後，所派去救援之部隊轉為被動了。

一七一　陳明仁與陳誠之恩怨

徐鼐於接收時，任遼北省政府秘書長，省主席為劉翰東。陳明仁守四平，當情況緊急時，省府擬撤走，陳明仁以此舉容易動搖軍心，乃告省府諸人，現係戰時如臨陣逃脫，決依軍法從事。徐乃不得不停留下來，惟心中忐忑不寧。迄陳誠任東北行管主任，徐乃向之訴說，謂陳明仁用救濟物資不當等等（陳確曾以麵粉作工事，並讓貧民取去以為食物。蓋陳以四平倘不保，則留此物資何用，適足資敵）。於是陳誠乃下令陳明仁撤職查辦，所以後來陳明仁主湘，雖賀衷寒、黃杰、鄧文儀等人前往勸說，終不為所動。（徐自述與此相反）

一七二　陳明仁痛哭三次

據鄧文儀言：當三十八年時局吃緊之時，蔣命黃杰、賀衷寒、鄧文儀等赴長沙晤陳明仁，勸以三事：上策為拼命一戰，中策為調出所屬部隊，以免陷於重圍，下策則將共黨份子與附共份子全部殺掉。陳明仁于談話間，曾痛哭三次。最後他採用中策，他所部九個師中調出七個師云云。

一七三　聯合國軍未能組成之原因

關於聯合國軍隊未能組成之原因，編者在所著「政治思想之問題與趨勢」一書第三章第四節曾略論之。今日讀「何應欽上將傳」第四十九頁，亦論及其以軍事參謀團中國團長身份出席會議之經過，確為第一手資料，玆錄之如左：

主要議案，均為討論「聯合國軍」之組織。此案範圍既廣，性質亦至為複雜，且在世界歷史上尚無前例可循；而蘇俄復從中阻撓，工作之進行困難重重。……會議在討論「軍隊組織之一般原則」時，所表現紛歧之意見，主要者為蘇俄堅持安理會五常任理事國應以「平等原則」，認派軍隊，而其他四國，則主張採用「總量相若」之原則，於是各軍種兵力之編成，均大有出入。此外如「基地」、「駐地」、「後勤」及「使用後撤退之時間、地點」等問題，蘇俄皆與其他四國持絕對相反之意見。故最後軍事參謀團向安理會提送之報告書中，對各項有爭議之條文，亦均懸而未決，以致「聯合國軍」之組織，終未實現。

一七四　偏左、偏右

據冷欣言大約在三十五年或三十六年之間，張治中約其往見。張言國共之戰，最好儘量拖下去。現在國際風雲緊急，將來蘇俄如獲勝，則可將三民主義稍為偏左，美國獲勝，則可將三民主義稍為偏右。其投機之心理由此可見。

一七五　張治中與熊式輝均欲去東北

據萬建蕃言：當年中央有意任張治中為東北行營主任，確是事實。張欲於行營下設一政務委員會，由熊式輝主持之，另一經濟委員會則由張嘉璈主持之，張訪熊，為客氣起見，特委婉措辭，謂你我二人無論誰任主任，都無所謂，你任主任，則我任政務委員會主任，我任主任則你任政務主任。熊特與張群商量進行方法，張群即報告蔣，謂文白如是云云，蔣乃言由天翼去好了。倘使當年由文白去，則中央對其信任，必較天翼為佳，關於收編偽軍事，或可另有安排。所以文白所言由他去則東北或不至如此之糟，不無理由。

一七六　共黨對東北早有異圖

又據萬建蕃言：當張治中赴東北事告吹之後，中央擬任其為西北行營主任。張往見周恩來商量，周言，東北恐有麻煩，你還是去西北。可見共黨對東北早有異圖，至少亦早知蘇俄的作法了。

一七七　張治中早已主和

據胡競先言：張治中曾在蘭州告渠，謂在西安開軍事會議時，張即曾私下向蔣建議，謂此時國共兵力尚為三與二之比，可乘機言和。蔣表示願予考慮，並表示你先回蘭州，在二、三日內必派飛機來接。二、三日後，由胡宗南轉去電話，謂不必前去南京了。我（張自稱）乃知蔣又為三陳（果夫、立夫、辭修）所說動了。

一七八　張治中早主張投降中共

據鄧文儀言：民國三十七年他與張治中、侯騰三人會晤於西安，談到與中共議和問題。鄧問：對於總統如何安置，張答，擔任副主席，其意當然是以毛澤東為主席。可見張治中早主張投降中共了。

一七九　陳儀不用福建人

賴景瑚言，陳儀任福建省主席時，所任命縣長幾無一為福建人，而多為浙籍人士。福建人不服，乃向京中告狀。時我（賴自稱）任中央常委，鄉人（賴原籍福建）有向我哭訴者。台灣重歸祖國，政府乃調陳儀為台灣省行政長官。未久，發生二二八事變。我以中央常委身份在常會（或全會）抨擊陳儀，謂其治理不善，致招地方人民反抗。蔣聞之，令秘書長吳鐵城轉告我，謂陳儀係其所派，中國人不應該反對。

一八〇　他黨人士對蔣氏之評語

周鯨文曾任民盟秘書長。中共在北平召開全國政協會議，周亦出席參加。後來赴香港，著「風暴十年」一書，其中對蔣有兩句評語：「當忍而不忍，當狠而不狠。」大意如此，原文已不能完全記憶了。青年黨左舜生亦謂其「民主無量，獨裁無膽。」

一八一　蔣氏長於政治藝術

魏道明言，老先生（指蔣）確有政治藝術，因述其在台灣任省主席時，力主台幣（日據時期所用幣制，光復後未改）與大陸幣制隔開，以免遭受波及，凡台灣與大陸間匯兌，必須經省政府特准，台灣物資輸出，亦須經省政府特准。均為中央銀行總裁張嘉璈、財政部長俞鴻鈞所反對，以為此舉破壞統一。魏道明特為此事晉京，面陳理由。一日，蔣召見魏道明，問何以尚未回台？魏答，此事倘不解決，則我不能回台。蔣乃召見張嘉璈，詢以幣制意見，最後則謂，伯聰仍在南京，你們趕快催他回去。嘉璈辭出，以電話告魏，主席要我們催你回去。魏答，幣制問題不解決，我不準備回去。於是由張群在行政院召集魏道明、張嘉璈、俞鴻鈞等人會議，卒採納魏之主張。魏言此事之得以解決，老先生并未對魏或張嘉璈等人表示任何意見，甚至協調二字亦未講。僅言，你們催伯聰趕快回去，可見其政治藝術之一斑了。吳國禎離台赴美，聞曾有信致蔣，開頭語是：「鈞座富於政治天才」。大約政治天才所包含意義更廣吧。

一八二 周書楷之背景

據魏道明言，周書楷任駐美大使多年，成績并不好，其任外交部長或有出言不慎，中華民國退出聯合國席位，其運用不當，亦為主要原因之一。聞其任大使以至任部長，都是孔令侃的關係。又據聞駐美大使沈劍虹，亦由於蔣夫人所支持。

中華民國退出聯合國固由於美國政策之轉變，然周書楷應付不當，亦不能辭其咎，凡深知當時之內情者，莫不表示惋惜。然至今（一九八四年）猶任駐教廷大使，非有特殊背景，曷能致此。

一八三　毛澤東又逃脫一次

民國三十六年胡宗南部三十六軍軍長劉勘率部掃蕩陝北。當時共軍已傾巢而出，前往東北、華北擴展實力。劉部勢如破竹，突攻延安。共軍只有戰鬥兵一連留守，而所有中共領導人物如毛澤東、朱德、周恩來等均在延安。不得已於深夜逃避於距延安二十里之一農村中。正擬頒布命令，調附近共軍回師馳援，不料劉勘部隊已進至村外，只好偃旗息鼓匿於村外一樹林中。劉部在村中到處搜索，未獲線索，並未逗留即行離去。共軍全部人馬返回村中，因逃亡倉卒，將所有下達命令藏於一土坑蓆下。檢視原處已有一紙露出蓆外，可見劉部官兵已經搜查，而未注意此一重要文件，如當時被發現，命令上註明月日時間，當知臨時逃匿。如在村外搜索，則共軍領袖，將可一網成擒，共軍勢必瓦解無疑。一年後，共軍已佔優勢，反攻延安，劉勘被迫撤退，沿途被共軍截擊，傷亡殆盡，終至自戕殉國。以上所言，須待查証，蓋中央軍擬進攻延安，共軍早有情報，並在新華報叫囂攻擊，何至僅留一連兵駐守，此其可疑者，毛澤東此次逃過災難，宛如其在湖南秋收暴動中，已經被捕，兵士不知其為毛澤東，得以乘間逃逸，如出一轍。張學良之接濟共軍，亦如李名揚之接濟陳毅，見拙著「中國共產黨與國民黨」，第八十九頁。

一八四　停戰令之波折

前載王雲五所言共黨所爭持否決權，所差不過一席，倘政府接納，則國共之爭，很可能由戰場轉至議場，雖最後終將破裂，究可相安一時。余曾以此言轉詢孫科，孫科曾舉一例，以明王雲五所見之不確。孫科言：「政府返都南京之後，蔣囑我與周恩來繼續協商和平。周一再聲言，政府不頒發停戰令，不願再商談，我以此意報告蔣，並言如要談判，只有頒發停戰令了。蔣允即頒發停戰令，我乃滿意而歸。翌晨約見周恩來等共黨代表以及其他各黨派領袖，司徒雷登以觀察員身份應邀列席。我當將蔣之決定提出報告，並言停戰是雙方面的事，現在請共方亦即頒發停戰令。周恩來即席大事咆哮，謂『停戰豈是咄嗟之間之事，不能辦到』於是該會未獲結論而散。」觀周恩來尚在南京，馬歇爾必未離華，何以不直接請馬歇爾出面調停，則不得其解。

一八五　周恩來反對停戰

大約在民國五十年左右，余（編者）曾與王雲五談起國共和談事，王說：「最後國共和談破裂，為中共堅持須與民盟在國民政府委員中合佔十四席，政府已允予以十三席，所差僅一席。倘不吝此一席，則可從戰場之爭轉到會議席上之爭。」停一會，王雲五繼續說：「當然，雙方恐終難免於決裂，但如能相安一時，使國家能稍恢復元氣，政府亦可得一喘息機會，縱再相見於戰場，國軍亦不致失敗如是之慘。」孫科自美返國，余以王雲五所言，轉詢其意見。孫科第一句答覆：「他太過天真了。」因述一事：「某次，蔣先生告訴我，他希望在三天之內，頒發停戰令。我乃約邀各黨各派人士共來商談，司徒雷登則以觀察員身份列席。我當即轉達蔣先生意思。不料我尚未言畢，周恩來即大事咆哮，謂停戰豈是如此簡單之事，終於無結果而散。」隔了一年，一位友人邀孫科與余飲下午茶，在座連主人共三人，余恐孫科記憶或有錯，又重提王雲五的看法。孫科答覆跟上次一樣。余問是什麼時候的事？孫科說：「我無寫日記習慣，不記得是何時了。」以時考之，周恩來尚在南京，則馬歇爾必未離華。余所不解者，以往三次停戰，皆由馬歇爾出面要求。抗戰勝利之後，由梅蘭芳演戲慶祝，蔣亦撥冗觀賞。適徐傅霖、蔣勻田坐於第二排，蔣特召之坐於其側，詢問有何方法與共黨再和談，前已記之。孫科所言之時間，或更在此之後，這兩次為何不正式請馬歇爾出面調停，而假手於第三者，或甚至由孫科出面呢？豈馬歇爾正式拒絕麼？抑馬歇爾見戰事演變，共軍已佔優勢，即由其出面調停，恐亦無效呢？

一八六　被俘將領幾盡變節

據鄧文儀告訴程兆熊，當賀衷寒、黃杰、鄧文儀等人奉命赴湖南勸說省主席陳明仁力拒共黨誘降之計，明仁痛哭失聲而言：「打天下者是湖南人，享天下者則為另一省人。」程兆熊又言，在香港任教新亞書院時，由大陸傳去消息，國軍被俘高級將領幾陸續全部變節，表示懺悔，故最後已釋放。

一八七　馬占山建議在東北成立騎兵剿共

民國三十五年五月，國軍吉長大捷時，一舉收復名城重鎮約七十處。但自後六、七月間情勢大變，共軍竟能連續實行四次攻勢，消耗並疲憊了國軍野戰的主力。

東北軍事當局鑒於共軍猖獗，知不收復哈爾濱則無法阻止共軍坐大，並將使東北整個局勢發生重大變化。因為國軍在共軍發動四次攻勢後才發現所俘獲的共軍，不是原來的偽滿部隊，就是在東北北部鑫起的親政府的地方武力，且多是昔年的東北軍，絕少是隨林彪出關的共軍幹部。杜聿明因而亟想得一東北宿將為號召，以協助其籌劃中收復哈爾濱的軍事行動。

馬占山在此情況下，乃獲任為東北保安司令長官部副司令長官，兼松北五省綏靖軍總司令之職。他抵達瀋陽後，就向熊式輝、杜聿明力陳，以機械化為主力部隊的東北國軍，只適宜於正規作戰，將不能在東北剿共戰爭中獲勝。因為共軍時聚時散，出沒無常，機械化部隊根本無法捕捉共軍主力。他建議：欲制動向無定的共軍，以建立迅速便捷的騎兵為第一要務，否則，難奏膚功。証之當年，傅作義騎兵收復張家口之役，安春山率察哈爾騎兵出援東北之役，鄂友三騎兵旅配合中央特種爆破部隊的冀中穿心戰之役，以及勝利之初，綏遠、晉北、察哈爾共軍為傅作義騎兵肅清的事實，可知騎兵確為剿共的最有效武力。

馬占山並保証：他若獲得五萬騎兵，願獨任克復哈爾濱與掃蕩松北五省共軍之責。可惜，五萬騎兵非輕易可辦，他的計劃還停留在紙上談兵階段時，共軍已展開東北局勢逆轉的第五次攻勢，四平街一戰之後，遼寧南部，遼北的北與南，吉林省的東部，所謂東北光復區的半壁江山已非我有，形勢劇變。

其後，東北國軍陣前易將，更迭太多，軍心不穩，從此對共軍的攻勢雖求四平街戰役時「守者力戰不屈，援者衝刺前進」精神不可得。

大陸變色後，馬占山消息就陷沉寂，十幾年前報載，他在北平病逝；江橋戰役成為他一生事業的頂點，以後就沒有展佈的機會。（春秋，第二十卷，第四期）

一八八　未空運國軍進東北是失策

王鐵漢在「追思　總統蔣公」一文（載傳記文學，第二十七卷，第五期，第十七頁）中說：「原有意在必要時機，命我先進軍東北，以後局勢變化，未能實現。」我（編者）以電話詢問他經過，他說：「這是民國三十三年間，勝利在望，先本擬派張學良為東北行營主任，胡宗南為副主任，而以　蔣經國為秘書長兼遼寧省主席。嗣以此計劃變更，故他進軍東北亦成畫餅」。我再問他：「珍珠港事變以後，我（編者）曾託人向最高當局建議兩事，一、將來戰事到了決定性階段，俄國必派兵搶我東北。中國抗戰數年，就是為東北。所以政府應正式與盟邦美英兩國交涉，必須防止俄兵搶我東北；二、將重兵逐漸移至長城一帶，以便儘先進兵東北。你從軍事觀點，對我這兩點意見有何看法？」他說：「這當然是一種遠見。縱不能阻止俄兵進軍東北，至少亦可阻止中共軍隊搶先進入東北。倘政府採納了你的第一點建議，則雅爾達會議出賣中國一幕，或可不致發生。尤令人不解者，戰事結束後，政府用美國飛機運送至西南與長江以南之軍隊達七個軍之多。而置近在京滬一帶之顧祝同部隊，與近在廣州之余漢謀部隊於不用。倘能將此七個軍先運送東北，則局勢又將不同。我（王自稱）真不知道政府為什麼沒有如此做。」

一八九　東北九省主席提無理要求

陳嘉驥撰寫「張嘉璈在東北」一文（載傳記文學第十五卷、第六期）其中有下列一段記載：

熊式輝於十一月十五日撤離長春後，國際間均不直蘇俄背約阻撓我國接收行為，美國方面指責更為激烈。尤其此時原子彈秘密仍為美國所獨佔，同時雅爾達密約係由美俄所簽訂，蘇俄為了應付國際間的指責，忽於十一月廿五日表示，願協助中國順利接收。

張公權得到俄國軍方願派軍事人員，作為中國接收各地的顧問，以協助中國順利接收表示時；他至為高興，立刻召集在北平待命的各省省主席尅日赴長春集會，討論接收事宜。張公權當場指令各省主席，率同少數人員剋日分赴各省區，展開全面接收工作，當時大家並無異詞。但在會後由××省主席×××（現仍健在）晉見張公權，提出兩項必須解決的問題，換句話說也就是兩個條件。這兩個條件為：⑴每一省須由中央派兩團國軍隨同前往。⑵每一個省主席須攜帶偽幣伍千萬元，作為接收時的必要經費。如以上這兩個問題不能解決，則彼等無法赴各省進行接收工作。張公權聞言心中至為惱怒，當告以長春現在也沒有兩團國軍，你們叫我從那裡找來這樣多軍隊，同時我這裡也沒有那麼多經費，你們也不是不知道，我只能給你們一人二百萬偽幣。張公權當然無法說服這些省主席們，而拖延下去。其實這時，除了遼寧省西部有大股匪軍以及長春市內有少數共黨人員外，其他各省還沒有共黨滲入。並且各地的偽滿官員以及偽軍與偽警等，正徬徨歧途，亟盼歸附政府及接受政府收編，只要我接收大員一到，立刻願為政府效勞，接收大好機會，竟然就這樣輕輕逝去不再復返。蘇俄派出的隨同協助接收的人員，因看我方大員久久沒有動靜，便又都全部撤回，歸還其軍中原有建制。這次省主席拒絕接收事件，當年東北行營留在長春的接收人員，曾戲稱為「省主席對張公權的譁變」。

編者讀過這段文章後，便問王鐵漢是否果有此事，他回答說確有此事，且舉出高惜冰、徐箴兩位主席領頭向張公權提出上項要求。其時，俄方雖不允各省主席帶兵前去接事（事實上亦無兵可帶），但表示可就地組織民團以維持治安，就俄方言，已可謂是一種讓步。事實上，各省主席前往就任，其在當地組織之民團，或被共軍圍攻繳械、或被俄軍驅散，則所謂讓步亦不可信。

尤其荒謬的，擅將東北改劃為九省，匆促決定，完全漠視歷史因素、地理條件、人口分佈。據王鐵漢言，興安省人口僅七十萬。

又據董文琦言，日本投降，政府接收東北，應注重三事：爭取時間、爭取人心、爭取主動，而此三者均為當政者所忽視。倘日本投降消息傳至重慶，政府即飭令東北幾位原任省主席（並未辭職或免職）分別趕赴原地返任。以這幾人的人望以及與地方的關係，必可駕輕就熟，不致耗費時日於改劃省界，安排人事。（據聞熊式輝以東北三省原任主席資望甚高，恐不易駕御，故主張改劃九省，一念之私遺禍無窮。）況所謂滿洲國偽軍，本係散駐各省，倘各省主席就任後，即宣佈收編各地偽軍與民團更不致發生以後收編偽軍問題，社會秩序亦早恢復，此未能爭取時間者一也。其次，倘派往東北各地之軍政人員，其目的不在「劫收」，而在安撫人心，則不致引起東北百姓怨懟、失望，此未能爭取人心者二也。至於爭取主動，此理易明，不待解釋。董文琦東北人，接收時任瀋陽市長。

又有人說：「三七年我去瀋陽時，就已感到那是一群驕兵悍將，目無法紀，市民對其非常厭惡，其長官衛立煌老朽昏庸，已無法振奮士氣，而且他又抱著一種包庇的態度。」（傳記文學三十七卷第六期第一一三頁）

東吳中文系助教某曾在東北任軍職，深知國軍失敗之經過。據謂在三十七年間國軍下級幹部及士兵戰鬥意志猶極高昂，惟少數上級指揮官自以為可以搭上共黨線索而心志搖幌不定，影響全軍士氣。譬如，當國軍在東北黑山與共軍相持之時，廖耀湘存有私心，忽將其直系部隊從前線調返後方，而以非直系部隊從後方調往前方，全軍不明所以，以為前線敗退，於是謠言迭起，士無鬥志，卒致黑山一役即犧牲十數萬人。其次東北正式偽軍本有三、四十萬人，地方團隊猶未計入，請求中央收編未允，乃紛紛攜械轉而投入共軍陣容。由是共軍力量驟增，而國軍則相對減少，形成敵眾我寡之局面。兼以東北民心，原極傾向中央，及發現若干軍政首長在東北之一切作為之後，不免失望，甚至仇恨中央，故不待決戰而勝負之局已定。

前所謂東北偽軍三、四十萬人，乃據聞當時偽軍正式編制為一百五十個團，每團以三千人計約合四十五萬人。當接收東北之時，共軍幾一籌莫展，及驟增偽軍之投靠者，即如虎添翼，橫行無忌。俄軍更藉詞延緩撤退，以待共軍之發展。

一九一　國軍在東北失敗之原因

據詹鈞貴言：當年他參加新六軍去接收東北，國軍在東北失敗原因甚多，概括言之：一、指揮官常在數十里或百里之外指揮部隊，以致對陣地情形不十分明瞭；二、國軍只知佔據城市，而使整個面為共軍佔據；三、行營及其他人員貪污；四、劫收民間財物，是時共軍已將電力破壞，國軍則拆民房為燃料，使民怨沸騰，民心全失。

一九二　東北失落之自我檢討

陳嘉驥在白山黑水全部失落一文，最後自我檢討（載春秋第十九卷第一期四一頁），曾謂：「對東北國軍士氣打擊最深者，除馬歇爾之調停外，厥為四平街大會戰之後，東北軍事當局對軍事整頓操之過急，人事變動過鉅，共匪趁機猛攻而挫動了軍心。當時東北國軍人事之變動有：東北保安司令官杜聿明進關養病，新一軍軍長孫立人之調離，五十二軍軍長趙公武之去職，七十一軍軍長陳明仁之遠走，參謀長趙家驤之貶往錦州，新六軍軍長廖耀湘之被責，此皆係東北國軍精華所在。未受此項變動影響者，僅第十三軍、二〇七師、及來自雲南的九十三軍與六十軍。而十三軍又遠處熱河承德，在地緣上與華北戰區接近。其後四十九軍、五十三軍雖曾出援東北，但兵力有限，時機又嫌過遲，對扭轉時局並未發生重大作用，當察綏部隊之暫三軍安春山部隊出援東北時，穿越察熱走廊，從遼西經科爾沁草原，一直打過四平，連戰皆捷，軍威甚盛，東北人士對之皆讚不絕口，譽之為鐵軍。筆者當時即有一種感覺，安春山之暫三軍勇則勇矣，但絕不會超過三十四年出關初期之五十二軍、十三軍、新一軍、新六軍、二〇七師等部隊；而察綏部隊，今日在東北國軍萎縮之際，其能耀武揚威，博得一片采聲者，不過該軍上下和諧，齊心一致而已。

其後東北軍政機關人員縮編，編餘人員成立東北政工大隊，地方性新成立部隊及保安團亦予整編。……當此剿匪軍事情勢緊張萬分，需要作戰部隊孔亟之際，對於戰鬥力稍差或軍風紀不良之部隊，固然不應放任，以免擾民而失去民心，但硬性編遣解散，適足迫其投向歧途為共匪所利用，實係一大失策。由編遣地方部隊中士兵所唱小調，尤足反映此種情勢，詞『說俺是國軍！可是既沒糧，也沒餉！說俺是紅鬍子！可是既不奪，也不搶！真想去當八路！可是又對不起蔣委員長！』

勝利伊始，即有人向東北行轅建議，對東北十六個旅的偽軍，一律改編加委，責以維持鐵路以外俄軍力量不及地區之治安。但這時有人反對，認為漢奸必須懲治，因而錯過機會。當林匪彪挾持張學良之弟張學思至東北，由張學思號召東北軍舊部，成立『東北人民民主聯軍』，並對偽軍一律委以名義；這些曾經日本嚴格訓練，在張鼓峰及諾蒙罕日俄戰役中，曾經力敵俄軍的部隊，等於在一夜之間，大部均為匪軍所用，林匪彪此時本已如虎添翼，其後又逢國軍人事更張太大，士兵不耐苦寒，遂為所乘矣。」

以上陳嘉驥所寫東北失落之自我檢討，大體與我所聽到及所看到的資料相符合，故特錄之，以供參考。

一九三　國軍在徐蚌會戰之心理狀態

趙洪慈曾參加徐蚌會戰，據謂當時國軍裝備均較敵人為優。在戰爭激烈時，國軍心理均恨不得美國原子彈扔下一顆，同歸於盡。當時雙方精銳均集中於此，他們的心理以為倘雙方全部消滅，則中國可以不必再有內戰了。雖為一種天真想法，由此亦可窺知此時國軍之心理狀態了。

據編者所知，黃維兵團奉命調赴參加徐蚌會戰，黃維曾先來南京請訓，亦向人表示對戰局非常悲觀。

黃維到南京，海軍代總司令桂永清宴之於私邸。黃維於席間不止一次表示願歸隱田園。黃辭出，桂永清告同席客人，謂黃維此次去徐蚌，必敗。蓋打仗全靠士氣，今主將如此洩氣，安得不敗？

一九四　徐蚌會戰戰略錯誤

當徐蚌會戰初起，中央曾向華中調派五個軍參戰，黃維軍團為其中之一，初在雙堆集作戰，全軍覆没。其餘部隊繼在青龍鎮作戰，以四公里之地集三十餘萬大軍，既無燃料又缺水源，中央只得用飛機空投饅頭以為食品，其不可持久，婦孺皆知，共軍則以熾烈排砲向國軍陣地猛轟，死傷慘重，更以糧彈不繼，乃不得不被殲，被擒。國軍之被圍也，初則深溝高壘以為困守之計，繼則欲全體突圍而出，以為九死一生之謀，奈敵軍包圍之勢已成，乃只得就擒。如此戰略可謂曠古所無，編者嘗叩諸軍中耆宿，據謂國軍內部全無互信之心，彼此猜忌，見危不救，以致為敵軍各個擊破，於是乃集中兵力於彈丸之地，以為從此可以彼此監視，共相厮守矣。（據張慕賢言實因戰略錯誤所致，張時任黃維部之團長。）

一九五　白崇禧主張劃地而和

當徐蚌會戰失敗之後，邊疆大吏見情勢不佳，有主張與共黨言和者，白崇禧即曾通電主張「劃地而和」。蔣認為白必與共黨暗中有所接洽，乃毅然引退。

一九六　白崇禧主張與共談和

當年徐州失敗後，白健生曾致函蔣，大意以軍事節節敗退，只有與共黨談和一途，當時以白必已與共軍接洽妥當，故來此信，華北既已失去，徐州又已大敗，而華中華南，又突生此變，大局不可為，故允退休。

一九七　白崇禧坐視不救

又聞當徐蚌危急時，中央曾電華中加派二個軍赴援（當時華中共有十一個軍，除已調五個軍外尚有六個軍），是時第二軍駐守襄樊，共軍乃施其「圍點打援」之慣伎，傾力突擊之。襄樊失守，宜昌告急，白乃電請中央允予緩調。中央疑其坐視不救，且中央擬調白赴徐州指揮軍事，白以有劉峙在而華中亦不可無人坐鎮，辭謝，中央更難予以諒解（以上二段係由劉士毅所言）。徐蚌會戰，國軍失敗，白即致電中央，主張與中共談和，世人目為第二次逼宮，蔣亦繼之下野，而有李宗仁之登台。

一九八　國軍數量

據劉士毅言，對日戰事結束，國軍號稱五百萬人，徐蚌會戰後仍有二百餘萬人。

一九九　青龍集與雙堆集

徐蚌會戰之前，十二兵團（黃維部）駐於駐馬店。是時共軍在唐河一帶騷擾，十二兵團乃開往清剿，至則共軍未作激烈抵抗而自動撤退。忽傳在碾莊之共軍有包圍徐州之企圖，中央乃調第十二兵團馳援。十二兵團旋即朝徐州進發，行至宿縣則該地已為共軍所佔，遂遭受攔擊。黃維乃命其部隊撤回淝水以西，向蚌埠行進。其所部廖運周師長本為老共產黨員，黃維亦有所聞，乃命所部前後夾持以行，至是廖部果叛變以去，使整個情勢更加混亂，乃退至雙堆集加以整補，共軍隨即予以包圍。雙堆集面積僅有十華里，而十二兵團約十萬人，侷處彈丸之地。中央乃調杜聿明所部邱清泉、李彌、孫元良三個兵團馳援，行至青龍鎮又爲共軍層層包圍。時國軍約二十餘萬，當地百姓亦有二十餘萬，共計四十餘萬人，死守此面積僅二十餘華里之地，糧食彈葯均無法補充。十二兵團待援不至，本擬使用其所攜帶之氯氣，以試圖突出重圍，乃急電中央請示，初則覆電准予使用，翌日又電示不可使用，以免傷害百姓。雙堆集之國軍被消滅約三、四天之後，青龍鎮之國軍亦相繼被殲。至是國軍精銳損耗殆盡，即所謂徐蚌會戰之結局。（張慕賢為十二兵團所屬團長，以上為其所言。）

二〇〇　劉斐與郭汝槐串戲

劉士毅時任國防部次長，曾言參謀次長劉斐本屬共黨潛伏份子。一次國防部開會，參謀總長、國防部長及其以次各級單位主管均參加。參謀本部第三廳廳長郭汝槐因一件公事在會場中當眾請示劉斐，劉當場將公文丟在地上，大罵郭混蛋。劉與郭同為中將。不久郭出任軍長，與共軍作戰，全軍叛變。原來劉、郭均為共黨份子，串演了一場好戲，免去人們疑惑。劉斐在參謀次長任內，每週必去上海一次，說是輕鬆輕鬆，實際乃傳遞情報，大陸陷落後，劉斐任偽國防部研究組組長兼漢口水利部部長。從抗戰勝利以及大陸淪陷，共黨能以二、三十萬之兵力打敗國軍五百萬之部隊，因素固多，但是重要主管作戰次長，竟是共諜，乃失敗之主因。

二〇一　國軍掘壕自縛

劉士毅言徐蚌會戰，雙堆集之指揮官為黃維，青龍鎮之指揮官為杜聿明與邱清泉。青龍鎮在徐州以南，面積約四平方公里，但是駐紮國軍有三十萬之多。共軍部隊尚未調集以前，施用疑兵之計，以少數兵力輪流在青龍鎮四周作騷擾性射擊。國軍誤認已被共軍包圍，因地方面積太小，單位聚集密度太大，共軍每次隨意射擊，不命中人馬，便轟毀車輛武器，總不免有損失。因而誤認共軍力量雄厚，乃掘壕自縛，蟄伏不敢出戰。俟大量共軍漸次開到，再想出擊為時已晚。青龍鎮國軍被圍的時候，糧食運不進去，燃料與飲水均不敷用，無法舉炊，全靠空投麵包饅頭接濟。三十萬大軍蝟集於四平方公里之地，僅靠空運饅頭維持，這種戰法可謂史無前例！結果，全軍覆沒。檢討這次失敗主因不外：(1)國軍之間缺乏互信，而且互相猜忌監視，不能專心一致對付敵人。(2)在共軍尚未調集以前，不能自動機動作戰，坐失戰機。(3)內部匪諜太多，國軍一切機密計劃盡入匪手，致敵明我暗，處處受制。

二〇二　黃鼠狼捕蛇

據劉士毅言，共軍之與國軍作戰，譬如黃鼠狼捕蛇。蛇最怕嗅到黃鼠狼之小便，一旦黃鼠狼發現蛇，則環繞蛇之四周先溺其小便，蛇聞腥臊即縮成一團，並仰首作防衛攻擊狀。黃鼠狼則吱吱而鳴，不旋踵三、五黃鼠狼成群出，遂向蛇展開圍攻。蛇先則作困獸鬥，繼即力竭而被撕成片段而為黃鼠狼分而食之。共軍之對國軍作戰似亦類此。

二〇三　黃伯韜與邱清泉

黃伯韜與邱清泉均驍勇善戰。當黃伯韜之被圍，中央令調邱清泉部馳援，邱以黃伯韜獨得青天白日勳章，心中不快，故意行動遲緩，每日至多走二十里，並且迂迴行進，以故在途中多日尚未到達。蔣總統親自飛臨上空，高喊：「邱清泉如你再不聽命令，要殺你的頭。」迄黃部被擊潰，共軍轉而包圍邱清泉部，以致各個擊破。

據鄧文儀言，邱清泉對黃伯韜獨得青天白日勳章，心中固不快，但最後邱兵團仍進兵至大許家，距離黃伯韜軍團固守之碾莊僅十二公里。黃伯韜曾親致電南京蔣總統，要求救援。蔣總統有電致劉峙總司令，令其全力救援黃兵團，不必顧慮徐州安全。並電令鄧文儀用無線電話通知黃伯韜，告以援軍即到，望其再苦守二十四小時。但劉峙則對杜聿明表示，「守徐州要緊，徐州如守不住，救了黃伯韜有什麼用。」杜聿明偕鄧文儀深夜赴邱清泉司令部，透露了劉峙的意見。雖鄧文儀在旁插言：「總統的命令全是救黃伯韜，寧可不守徐州。」邱清泉遲疑徘徊，未能及時救援。黃伯韜於二十二日下午突圍不成，自戕。

二〇四　邱清泉行軍遲緩

陳粵人現任師大、政大教授，言：當徐州會戰時，正在報館任職，據稱黃伯韜非軍校出身，乃受黃埔生之排擠，且因其獲頒青天白日勳章，尤為邱清泉所妒嫉。當黃軍團被圍之時，邱清泉故意行軍遲緩，以為俟黃被消滅後，再由其打共黨，易於顯功。黃維軍團係補充之用，劉汝明則更作戰不力。陳粵人為黨校畢業生，對於徐蚌會戰，亦言蔣先生親自指揮作戰，對於當地情形不能明瞭云云。

關於徐蚌會戰，蔣親自指揮事，據憲兵第二十七團中級軍官蘇清泉言，當徐蚌會戰時，該團駐徐州，蔣總統親臨住於該團部並赴劉總指揮作戰。並親臨主持會報云。編者問在徐蚌會戰，國軍何以會失敗？憲兵與軍隊及老百姓接觸最多，知道必清楚，可否略言你的看法，據答，政府失了民心，老百姓不幫助國軍，反而幫助共軍，此為一最大原因。金圓券失敗，又為失民心一大原因云。

二〇五　邱清泉自戕

本來徐蚌之戰，是我們大陸撤退前對共軍歷次戰役中最艱苦的一役。當雨庵將軍率所部第二兵團馳援碾莊不果，被迫由徐州西撤，行軍至蕭永交界之地，適值隆冬，大雪漫天，進展遲緩，後勤不繼，補給艱難，以致為共匪所乘，層層包圍。邱率部血戰五晝夜，終因彈盡援竭，乃從容舉槍自戕成仁。（悼邱雨庵將軍：顧祝同）

二〇六　打了一次莫名其妙的仗

據張慕賢言，彼在徐蚌會戰任團長，隸黃維兵團，駐地不宜於作陣地。當時該兵團軍官紛紛請求易地，黃則以係奉統帥部命令，難以變更。當其被圍也，張向黃建議可用毒氣散佈四週，使敵軍不能再進一步包圍，伺機殺出一條血路，黃甚然其言，並轉報統帥。當得覆電認其可以實施，但翌日又電令阻止，謂將惹起人民反感。其他兵團有水陸兩用坦克，曾請上峰令其馳來救援，蓋水陸兩用坦克可橫衝直撞，所向無敵，而竟不來。到了最後一分鐘，黃兵團副司令官胡璉乘吉普車先行巡視陣地一周，然後衝出重圍，則水陸兩用坦克發揮戰力，較吉普車必強數倍，不知何故，一錯再錯終至失敗，真可說打了一次莫名其妙的仗。事後美顧問曾言指揮數百里或數千里以外之軍事，當會有此結局。而張則認為國防部有匪諜居高位有以使然。張並言劉峙以總司令之尊，駐節徐州，以旅舍為司令部，名義上有數師受直接指揮，但實際上不能指揮一兵一卒。杜聿明以副司令地位，權力反較大，宜乎劉峙亦牢騷滿腹。

二〇七　「子彈一放，黃金萬兩」

當復員之後徐州會戰之前，軍中盛行一種歌謠即：「子彈一放，黃金萬兩」意即打了一仗，便可報銷損失子彈若干，槍砲若干，實則已售與共黨，故云黃金萬兩。某次國防部開會，吳英荃任該部新聞局處長，曾即席提出此一歌謠供眾檢討，眾皆面面相覷。顧祝同時任參謀總長，聞言乃偕國防部長徐永昌離席至隔室談話。郭懺時任聯勤總司令，則謂機關槍價錢尚不止此數，但無一人提出對策，僅相互嗟嘆而已。未幾，顧祝同偕徐永昌返座，連聲詢問

尚有他案否？如此重要之檢討案，竟在輕描淡寫中毫無結論的放過，亦云奇矣。（吳英荃親語編者）

二〇八　徐州究否先撤守

據馬不羈在徐蚌戰役見聞錄（十五）載春秋雜誌：則係徐州先行撤守，而後數十萬軍民始有半數退守青龍集，並非青龍集先失守，而後迫使徐州撤退。

據劉峙「我的回憶」所述如下：「國防部乃於十一月二十七日電令『剿總劉總司令飛蚌埠指揮。』，我遂於二十八日將指揮權移交杜副總司令，而我自己則離開徐州飛到蚌埠指揮。至卅日夜，忽然聽到徐州已經撤退的消息……」（一六六－一六七頁）可見徐州先撤守確是事實。

二〇九　徐蚌會戰官方之檢討

自濟南陷落後，陳毅部主力逐漸南移，集結於兗州及其東南地區整補，將原有各縱隊共編為五個兵團。其一部自十月中旬經汶山越微山湖西竄，形成向徐州夾擊之態勢。其蘇北之第二、第十二兩個縱隊，夥同兩淮獨立旅，四出竄犯，積極破壞我津浦鐵路南段之交通，逐漸將主力北移。劉伯誠部主力此時亦由開封、許昌附近向東移動，一部仍留遂平、舞陽地區牽制我華中剿總所屬部隊。陳賡部於豫北戰役後即竄淮陽、商水一帶休整，並監視國軍部隊之行動。

作戰日期自民國三十七年十月二十一日起至三十八年元月二十日止共計九十二天。

雙堆集之役：

第十二兵團（十四A、十A、十八A、八五D）於十一月上旬由平漢線東進，於十一月十六日陸續到達阜陽附近，歸入徐州剿總序列。原擬到徐州參加徐東方面會戰。嗣後該兵團沿途被劉伯誠部阻擊，未能適時趕到。十一月二十四日李延年兵團在固鎮遭陳毅部數縱隊之側擊，已向蚌埠撤退，乃以有力一部於澮河北岸張家圍、七里橋各地附近，與共軍戰鬥。主力於澮河以南集結向蚌埠東進，期與第六兵團會合。於回師之前，令三九D先向東南行動，佔領要點，掩護兵團轉進，不意兵團部授與該師合同命令時，中途為共軍便衣隊所俘，於是國軍部署行動，為共軍盡悉。十一月二十六日該軍團回至雙堆集附近，被共軍圍攻。……至十二月十六日該軍團以彈盡糧絕乃於是晚分數縱隊向東南及西南突圍，除胡副司令官璉負傷，於十二月十六日脫險至蚌埠，及十A突圍歸來官兵約三千餘人，以及各軍傷患數千人外，餘均下落不明。

徐永間地區之作戰：

自第十二兵團被圍後，津浦線南段已被切斷，徐州形成孤立。若以現有兵力（第二兵團七〇A、5A、七四A、十二A、七二A，第十三兵團八A、九A，第十六兵團四一A、四七A）固守徐州，雖可支撐時日，但黃維兵團被圍，急待解救。且徐州後方連絡線中斷，補給困難，乃決定放棄徐州，向南突擊共軍，解黃維兵團之圍後，重新部署，轉守淮河，掩護南京，從事整補，相機再具攻勢。劉總司令峙遂於十一月廿七、廿八、廿九日率剿總一部人員，撤駐蚌埠指揮。徐州方面由杜聿明副總司令任前進指揮所主任，率領第二、第十三、第十六三個兵團以及徐州各機關團體與地方部隊，主動放棄徐州，向西南挺進，期避開沿鐵路線南下之整個正面，向永城方面爭取外翼與黃維、李延年兩兵團會師，夾擊陳、劉兩部共軍。

十一月三十日夜，各兵團照預定計劃，由徐州郊外開始行動，於十二月一日午前順利撤出徐州向永城東北地區前進。午後三時，杜聿明將軍在紅廟收到我空軍投下情況圖，得知夾溝、濉溪口間，有匪約四萬餘人之強大縱隊，向西急進。杜聿明一方面通知各軍團，一面向王白樓前進，部署攻擊。十二月二日在王白樓即命邱兵團立即向南攻擊，李兵團聯合邱兵團左翼，向東攻擊。孫兵團以一部對西北兩面警戒，主力視攻擊之進展隨指揮部前進。是日邱李兩兵團竟日猛攻，共軍利用村落作縱深配置，頑強抵抗，進展甚微。十二月三日邱李兩兵軍團繼續攻擊，並有空軍及戰車協助，經極大之努力，雖後佔領數村落，而我之犧牲亦大。共之四面包圍，遂以形成。是夜杜決採三面掩護，一面攻擊之戰法，以李兵團於張壽樓、袁圩間，對東佔領陣地。孫兵團於洪河集、丁樓、李樓間，對西北兩面佔領陣地。邱兵團以全力向南攻擊。蓋每日如能進展數里，則六、七日後即可與黃維兵團接近。十二月四日遂實施三面掩護一面攻擊之戰法，仍無進展，且處處遭受共軍之猛撲，各兵團僅能擊退共軍之攻擊，維持原有陣地，雖欲抽調兵力，攻擊一點，已不可能。

十二月六日八時許杜聿明召集各兵團司令官，會商作戰方策（李彌未到），僉謂長此僵持，兵員消耗，糧彈不繼，終非善策，遂決議各兵團以軍或師為單位，作輻射性之突圍，各自相機行動，分向信陽集合，再策後圖。並決定於是日入夜，依杜副總司令之電話，開始行動。議甫定，忽報孫兵團正面被共軍突破，部隊已呈混亂狀態，孫元良司令官遂先行離去指揮所部行動。杜聿明、邱清泉兩將軍續召軍長研究實施突圍之技術問題。此時邱清泉忽又反對突圍，力主拼戰到底，以死殉國。杜聿明決心動搖，乃罷突圍之議。此時孫兵團電話中斷，派員尋覓亦未見，致孫元良兵團仍照原議乘夜突圍，但因部隊混亂，邱李兩兵團又未預先協商，終不免被匪截擊潰散，孫元良僅以身免。

孫兵團大部突圍後，餘部重行整編，杜聿明乃移其指揮部於陳官莊，以陳官莊為中心縮小防禦圈調整部署，以李兵團任東北兩面之守備，邱兵團任西南兩面之守備，陣地成一環形，中徑九公里，並於陳官莊開闢空投場，如天氣良好，小型運輸機如C四七亦可降落。自是以後，邱李兩兵團雖不斷抽調兵力採取局部攻勢，終無進展。共軍之攻擊，逐漸加強，包圍陣地益見堅固。我之消耗日益增大，由徐州出發，僅帶糧彈七日份，業已告罄，今後補給將全依空投。十二月八日第二兵團副司令官兼指揮部參謀長舒適存飛京請示機宜。十二月九日偕空軍總部第三署副署長董明德返防，決定空投糧彈三天後，以飛機百架協助，再興攻擊，並擬於東南面實行突破。詎自九日夜起，天氣驟變，大雪紛飛，一連十日，陰霾蔽天，無法空投，官兵饑疲已極，民間糧食無可徵集，軍中馬匹宰食淨盡，燃料缺乏，甚至掘棺為薪，官兵時有餓斃者，故突圍無法實施，且不斷遭受匪之夜襲。十二月十八日，天氣漸晴，舒參謀長再度飛京，催運糧彈，雖每日投足四百噸，而收到者僅三分之一。空投場四週雖佈有嚴密警戒，而餓兵搶食，竟冒機槍掃射而不顧，故所投彈藥，多數散失，無法收集作合理分配。自是以後，直至三十八年元月三日，天氣雨多晴少，空投仍受限制，我軍饑疲之餘，仍繼續苦鬥，自元月三日天氣放晴，決定於元日四日至六日，空投糧食三天，使官兵恢復體力，且有行動之攜帶口糧。七、八兩日，空投彈藥兩天，至九日開始仍以飛機百架協助，實施突圍作戰。一月六日十八時起，共軍用對壕作業集中優勢砲火，並發射燃燒彈、煙幕彈摧毀我第一線指揮機構，掩護其人海戰術，向我前線猛撲，激戰至七日晨，邱兵團之正面竇凹、魏小窰，李兵團正面之何莊各陣地相繼陷匪，守軍皆壯烈犧牲，我損失九個團以上兵力。原定九日開始突圍作戰之計劃，又成泡影。一月七日十三時起，共軍仍向我前線各陣地堵擊猛撲，尤以王莊、左砦、冠莊、李莊為甚。一月八日，魏小窰、冠莊陷匪，魯樓附近各陣地，危急萬分，共軍於夜間全面進犯，至九日拂曉，陳官莊西南面首被突破，我軍傷亡慘重，糧彈俱盡，杜聿明自殺被阻，邱清泉司令官壯烈成仁，戰鬥遂告中止。（國軍共損失約卅餘萬）

檢討與教訓：

1在作戰前先將鄭汴、東海、臨沂撤守，使我軍兵力向徐州集結採守勢機動作戰，戰略上獲得相當成就，惟東海部隊之撤退，失之過遲，致第七兵團因須掩護該部隊之轉進，而遭匪乘隙攻擊，影響戰局匪淺。

2戰區間協調不良，兵力轉用不靈活，致黃維兵團未能及早兼程東進，參加會戰。該兵團迄到達南平集附近時，徐東方面之戰局，已趨逆轉，逸失戰機。且王凌雲部未能隨該兵團東進，致兵力薄弱，不能放膽攻擊，以致覆沒。

3七七A、五九A叛變、先期開放台兒莊、乾莊間運河防線，使匪長驅直入，南下威脅徐州，切斷第七兵團後方連絡線，影響戰局甚大。

4指揮權責不專，各級牽制過甚，致不能適應戰機，反養成敷衍塞責之惡習。

5兵力集中遲緩，友軍缺乏協同精神，以致我軍兵力分散，不能集中運用，顯居劣勢，反遭匪之各個擊破，與原定方針大相逕庭。

6增援部隊投機自私，作戰不力，為勘亂戰役失敗之大病。

7部隊風氣敗壞，戰鬥意志缺乏，且依賴空軍及友軍支援與補給之期望過切，多存僥倖心理，甚少自力求勝之觀念。

8第七兵團奉命由新安鎮向西轉進時，因受運河之阻（事先未能架設浮橋，兼之東海撤出難民擁擠），大軍行動均蝟集於運河鐵橋附近，受匪襲擊，致呈混亂狀態。

9空投補給，因受天候及技術上之限制，困難太多，數量有限，故大軍作戰專賴大量投擲補給，幾為不可能之事。

10各兵團被圍之際，傷患蝟集於包圍圈內，醫藥缺乏，影響士氣及戰鬥者甚大。

11匪利用星羅棋佈之村落地帶，作縱深約五公里以上面形配置，依村莊之大小，以最小限兵力佔領之（大則一營或一團，小則排，通常為一連），掘壕通村外，使甲村與乙村構成交叉點。雖有飛機轟炸、戰車蹂躪、砲兵射擊，均不易奏效。必須用步兵強攻，費盡氣力，攻佔一村，而我之傷亡已屬不少。故一個步隊連續攻一村或二村後，已無力再攻第三村。匪則前方失去一村，後方增佔一村，故能始終保持原有縱深，而無法突破。徐東解圍戰不能奏功，亦是此故。

12國軍一般失去信心，缺乏攻擊信心，各部隊多有保存實力觀念，不肯犧牲，以致以後同遭慘痛失敗。

13陸空協同尚屬良好，在各次戰役中收效頗大。

14無後方之作戰，如不能一舉擊破敵人，則危險甚大。杜聿明部隊放棄徐州根據地，而作旋迴運動，本屬冒險之舉，雖以預期遭遇戰之態勢前進，竟不能發揮勇敢果決之精神，迅速一舉擊破匪軍，遂陷全軍於危殆之境。

15防諜保密不嚴密。杜聿明部隊於三十七年十一月三十日夜，由徐州開始行動，匪由此日午後，即由符離集西進，嗣該兵團預定於三十八年一月九日發動攻勢，匪即於一月六日夜全面猛撲，若非洩密，何以如此巧合。

16杜聿明部隊若不受天候限制，則第一次之突圍計劃，必已實施，或十二月五日突圍之議不致中變，雖不能全師而還，亦不致全軍覆沒。

17兵行主速，動如脫兔，黃杜兩兵團皆有積極任務。自應研究後發先至之行動，方不致陷于匪軍圍點打援之慣技。黃維兵團以十萬之眾，行軍時，日行一道，渡河時，僅築三橋，作戰時蝟集一處，既無形勢，又乏方略。杜聿明兵團與千百輛汽車、砲車，夾雜無數逃難之牛車、馬車、人力車、以及徐州各機關學校剿總直屬部隊難民，皆擁擠在徐州、蕭縣至永城間之公路上，爭先恐後，塞阻不前。待各兵團分別到達集中位置時，匪軍對我之包圍形勢亦已完成。設陳劉兩匪乘國軍側背擁擠行進之際，即以少數部隊予以分段側擊，則當時情況，當已不堪設想，又何待匪軍集中兵力包圍決戰而求勝乎?黃杜兩兵團之失敗，此為其主因。

18黃維兵團至蒙城時，已接近戰地，實應將糧彈補屯充足，再行攻擊前進。乃計不及此，果爾對南平集作一日之攻擊，彈藥即感不繼，而蒙城又未曾留兵駐守，補給線路已斷。經數日之攻擊，因補給缺乏，再衰三竭，不能貫穿匪陣，及回師東移，匪圍乃成，致演成雙堆集之被殲。

19國軍各兵團部隊，每有臨時編組，感情未固，信念未立，一至危難時期，僨事甚多。故選派主將，部署軍隊，區分編組兵團，律定指揮系統時必須賦予主將以相當之權力，便能調整編排人事，使不掣肘。其次須假以相當之時日，使上下獲得深切認識與了解，彼此信賴，安危同當。尤宜重視指揮官之性格，求人事協調一致。韓戰中美前軍長華克有言曰「我若能率領當年之第八軍在此，當不難粉碎匪矣」即此意也。(國防部剿匪戰役檢討叢書徐蚌會

戰）

二一〇　徐蚌會戰之非官方檢討

國、共兩軍徐蚌會戰，其經過情形已見劉士毅所言國軍蝟集雙堆集、青龍集兩個小地方，而亦感慨萬端的說：「戰爭無此種打法！」，後來國防部亦曾作徐蚌會戰檢討，見前條。茲見有一文，頗能道其原委，特錄之於后：

此次國軍置總部於徐州，以劉峙為總司令，但實權則操於副總司令杜聿明之手，調集黃伯韜兵團、孫元良兵團、邱清泉兵團、李彌兵團、黃維兵團，及其他兵團，皆是最精銳之軍隊，美式配備，機械俱全，論理決不能敗於共軍。那知作戰尚未開始，馮治安的部隊即被共黨滲透說降，遂使魯南台兒莊出了一缺口，共軍即乘此缺口，從魯南橫衝而來，先進攻黃伯韜兵團。時黃兵團方過隴海鐵橋，輜重糧食，都沒過橋，出其不意，祇好在碾莊倉迮應戰。共軍即使用人海戰術，前仆後繼，不斷進攻。黃兵團糧餉子彈，被共軍截斷，彈盡糧絕。碾莊又是小地方，糧秣無法補充。徐州總部派邱兵團赴援，邱清泉以黃伯韜獨得青天白日勳章，心有不服，乃故意行軍迂緩，不即馳往救援，亦在途中被共軍截擊。黃伯韜在緊急之下，還突圍衝出打了一次勝仗，終因援軍不到，幾至全軍覆沒，黃伯韜自戕，此為失敗最大的關鍵。

共軍慣用偷襲埋伏、迂迴種種的游擊戰。又將行軍的道路，掘溝拆橋，破壞無餘，使國軍重武器，難於通行，國軍隨修隨進，不能順利行軍。邱兵團在青龍集被共軍四面重重包圍，更不能前進一步。徐州總部又派黃維兵團赴援，亦遇同樣困難，總部以徐州受威脅，令兵團西撤。百姓見徐州軍隊撤退，即隨軍同撤。因之行軍遲緩，不能如期到達目的地。邱兵團尚陷於青龍集，又派黃維兵團赴援，亦被共軍圍困於宿縣附近的雙堆集。而撤退的軍隊，與數萬難民混在一起，混雜情形，可想而知。偌大兵團困於小鎮，糧彈無法補充，中央空投接濟，無補於事。共軍出沒無常，國軍疲於奔命，援軍不能趕到，糧食不能補充。杜聿明病在軍中，不能逃出重圍，遂為共軍所俘。

此次國軍向西撤退，這種忽進忽退的命令，已使軍隊疲於奔命。共軍方面消息靈通，國軍動態，他都事先探悉，遂使國軍處處被截斷，各個被擊破，數十萬精銳之師，尚未正式交戰，竟給共軍零零碎碎吃光了。那些隨軍逃難的老百姓，更是無路可走，說來真是好慘。從此國軍失掉戰鬥力，共軍聲勢越來越大。

據王靖之所寫「徐蚌會戰雙堆集苦戰記」一文，（載中華大道雜誌第二卷第四期）曾提出兩個問題：㈠「單就各軍師十五榴及七五山砲，總在百門以上，即以部份集火，猛攻一點，瞬間可以夷為平地……可惜我們的火力始終沒有集中用過，總是『保持建制』、自己打自己的。』王君參加此戰，慨乎言之。㈡胡副司令長官璉奉最高當局命，乘直升機來戰場宣佈其手令，停止攻擊。編者甚不理解，乃以電話詢問王鐵漢原因何在，據答因戰局已逆轉，故有是令。戰局既已逆轉，則更應嚴令各部隊共同反攻，以求殺出一條生路。今竟「停止攻擊」，豈非死路一條？

二一一　劉峙檢討徐蚌會戰

劉峙在徐蚌會戰中任剿總總司令，雖無實權，然對全盤情勢，究有深切了解，其所作檢討，頗為中肯，特錄於後：

㈠我軍方面：

(1)我們對進退大計，遲疑不決，結果是臨時應戰，而不是有計劃的會戰，致形成我方兵力及態勢上的劣勢。對於防諜保密不夠，我軍每一行動，往往被匪先知，使人不能不懷疑參謀次長劉斐、作戰廳廳長郭汝槐，否則部內必另有其他匪諜。

(2)戰區間協同不良，兵力轉用欠靈活，致使黃維兵團未能及早兼程東進，參加作戰，失去戰機。王凌雲部又未能隨黃兵團東進，而致黃兵團不敢放膽攻擊，終遭覆滅。

⑶參謀人員誤認匪軍退卻，影響統帥決心及兵力增援。同時對匪軍戰力增強，戰法改變，未能適時察覺，亦影響決心下達與作戰指導。

⑷對匪軍情報工作不夠，匪軍每一行動，我方事前多不知悉，致一經接觸，即發生激戰，倉卒遣兵調將，應付確有困難，而我軍前進後退，則往往陷於匪之包圍中。

⑸顧慮長江與淮河之防務，結果處處顧慮，處處薄弱，致分散決戰方面之兵力。而最後會戰失敗，長江與淮河亦不能守。

⑹各部隊長個人相互間，平時在精神上有隔閡，戰時在支援上復不能協同，致雖有大軍，亦難發揮最大統合戰力。

⑺第五十九、七十七軍之叛變，及海州之第四十四軍忽撤忽停，最後改由陸路撤退，是促成黃伯韜兵團失敗的主因。第一〇一師師長廖運周叛變，是加速黃維兵團失敗之關鍵。第三十二師之一營長投匪，洩露杜部企圖，是杜部最後突圍不成之近因。

⑻黃伯韜將軍，兵不滿五萬，敵前撤退，倉卒應戰，苦鬥十三天，兵敗自殺殉國，可謂壯烈千秋。但其撤退稍事遷延，渡河設備不週，以致影響作戰，不無遺憾。

⑼黃維脫離剿匪作戰較久，故對當前匪軍戰法及戰力，頗多忽視。同時，因個性關係，甚少接納部屬建議，致陷圍困，深為遺憾。

(10)兵行主速，動如脫兔。黃杜兩兵團皆有積極任務，自應以「後發先至」之行動，方不致陷於匪軍圍點打援之慣技。尤其是黃維兵團，以十萬之眾，行軍時日行一道，渡河時僅建三橋，作戰時蝟集一處，既無形勢，又乏方略。杜聿明兵團，使大軍及千百輛汽車、砲車、牛車、馬車、人力車，及無數之機關、學校、難民，都擁擠在徐州－蕭縣與永城間公路上，爭先恐後，塞阻不前，此皆兵家之大忌。若陳劉兩匪，於其擁擠行軍之際，以少數部隊予以分段側擊，則不待匪軍集中兵力包圍，即已不堪設想。

(11)黃維兵團至蒙城時，已接近戰地，應將糧彈補屯充足，再行攻擊前進。因計不及此，乃致以後對南平集作一天的攻擊，彈藥即感不繼。而蒙城又未接受熊綬春軍長的建議留兵駐守，補給線已斷，使以後之攻擊，終因補給缺乏，未能貫穿敵陣，而於雙堆集被殲。

(12)黃維兵團下達給四十九師之作戰命令，為匪截去，我之企圖，幾全暴露，而不知作預防處置，實太疏忽。

(13)大兵團無後方之作戰如不能一舉擊破敵人，則危險甚大。杜聿明放棄徐州根據地，而作旋迴運動，本屬冒險，竟不能發揮勇敢果決的精神，以迅速的行動擊破匪軍，致陷全軍於危局。

總之，此次作戰，戰略之失敗多於戰術，部隊愈小、過失愈少，尤其一般中下級軍官，於反覆衝殺之慘烈戰況中，皆能不惜犧牲，奮勇直前，其壯烈浩然之氣，足以動天地而驚鬼神，在革命之歷史上，可謂無愧於先烈，所以不能以成敗論之。

㈡匪軍方面：

⑴共匪指揮與協同異常良好，彼此配合，相互援應，行動迅速，善於捕捉戰機。如乘我守備運河部隊叛變之際，迅速包圍黃伯韜兵團，乘我放棄徐州時，迅速截擊杜聿明兵團；於截獲黃維下達第四十九軍撤退之命令後，當夜即挺進包圍黃維兵團，皆足證明其特點。

⑵共匪對後勤及戰地準備異常週到，即如陳劉兩匪繼續作戰達兩月之久，糧彈補給，兵員補充，均能適應作戰要求。同時劉匪於發覺黃維兵團北上增援後，即以一個縱隊兵力，先黃維兵團挺進，將黃維兵團可能進出區域之渡河工具，搜集一空，使黃維兵團渡河發生重大困難，行動遲滯。

⑶匪軍決心堅強，苦撐到底，如此次作戰，匪雖傷亡慘重，其縱隊兵員之補充有多至三次者，但仍不顧一切，忍痛作戰，直至最後五分鐘，故能獲致戰果。

(4)共匪善於謀略及佯動，如黃伯韜兵團當面之匪，裝成北撤模樣，及壕城鎮附近匪軍之南竄，使我過早判斷匪將退卻及威脅淮河，而事先策動我守備運河部隊及廖運周等之適時叛變，與陣前喊話、送飯等，均可見其計劃之週密，與用心之狠毒。其在作戰上之利益，等於無形中增加了十萬兵力。

(5)共匪各種搜索及偵察手段頗為完善，再加上廣大之民眾情報網，與我後方及核心之潛伏匪諜，可謂對我軍之一舉一動，非常瞭然。這當然使共匪之作戰的指導至為適切。

(6)共匪利用星羅棋佈之村寨，作縱深五十公里以上之面形配置，依村寨之大小，以最小兵力佔領，掘壕通村外，使村與村通。雖我有飛機轟炸，戰車蹂躪，炮兵射擊，均不易奏效，而必須用步兵強攻，可是前面費盡力氣攻下一寨，後面他又連上一村，使這個包圍圈像個橡皮帶，無從突破。

以上所檢討的，不是「長他人的志氣，滅自己的威風」或者有利於叛徒之宣傳；乃是我五十萬大軍（連黃維兵團在內）用頭顱鮮血所換來的經驗教訓，使以後之用兵者，對於將來之反攻大陸作戰，用為參考。（劉峙著，我的回憶，一七一—一七五頁）以上全錄原文，未易一字。

徐蚌會戰，關係全局甚大，故不憚煩將各方面檢討意見隨聽隨記，隨讀隨錄，以供後世之參證。

二一二　空軍在徐蚌會戰所扮之角色

昨日遇一空軍退役軍官姚致中，曾駕機轟炸共軍，詢以在徐蚌會戰，何以空軍未發生很大威力？據答率機轟炸徐蚌共軍者，為顧大隊長，何時出擊，炸何目標，均由蔣委長親授機宜。顧所率轟炸機攜帶五百磅炸彈，在當時，威力不可謂不大。但共軍往往挖地壕藏匿其間，且氣候惡劣，目標不易發現。有時亦用機槍掃射地面共軍，使其不能不退卻。但我陸軍士氣太差，未能乘勢追擊，遂使共軍去而復返，所以有徐蚌之敗。

二一三　徐州敗後擬議的退路

當東北、華北、徐蚌三次會戰失敗後，中央軍精銳幾損失殆盡，識者如徐永昌、沈發藻之流，已知大陸之失陷僅係時間問題。徐永昌且預料大陸至多能守三個月。沈發藻亦上條陳建議經營海南島，以為退守之計。是時京滬告急，一部份人主張舍京滬，而蔣先生以上海觀瞻所繫，且有大量物資尚待運走，故主堅守，以拖延時間。此役中央軍即損失十餘萬人。迨後四川變色，貴州即隨之不守。加以雲南叛變，則原欲保守黔、滇之兵亦只好一部份退入緬境，一部份退入越南。退入緬境者為李彌部隊，退入越南者為黃杰部隊。而退入廣西者有張淦、沈發藻之部隊。廣西既失則海南島雖號稱十餘萬人，但均無大砲可以扼海而守，故不旋踵海南亦告失守。（沈發藻語）

其所以選定台灣為退守根據地者，以其盛產香蕉、糖、米、菠蘿等農產品，可以賺取大量外匯，以資挹注。且有外島如金門、馬祖、澎湖等島嶼以為本島屛障，此皆海南所無者。

二一四　徐蚌會戰一筆糊塗賬

徐蚌會戰已經逆轉，總司令劉峙來京，胡鈍俞面詢徐蚌之戰何以如此之糟？劉峙答道：「天曉得！將在那裡？我不知道，兵在那裡？我也不知道。」

徐州失守，劉峙來滬，曾語其梁姓友人：「今日所以至此，人謂眾叛親離，我謂離親叛眾。」其意何指，不言可喻。大陸失守，劉未即隨政府來台，而改名換姓前去南洋擔任僑校教員。迄華僑都知道他就是劉峙，也只好來台了。

二一五　徐蚌會戰失敗的局部看法

關於徐蚌會戰國軍失敗的原因，有從整個局勢立論者，有從局部戰況著眼者。此戰關係全局很大，茲有丁力之所寫「敬悼李延年將軍」一文（載傳記文學第二十六卷，第六期），雖係從局部著眼，可對全局略窺一二，特摘錄於後：

民國三十七年十一月廿一、廿二日之間，李延年所指揮的第六兵團已推進到離宿縣城以南祇卅華里的西寺坡車站，第一線部隊與黃維所指揮的十二兵團的部隊，在宿縣城郊也已經可以直接取得聯絡。突有共軍約二萬餘人，由徐州以東的運河南站來，而負責防守津浦鐵路以東城區，並掩護我們攻擊部隊右翼安全的劉××的第×兵團（原文雖未標出名字，但經編者託人向原作者查詢，確為劉汝明）竟然不待共軍來到，就自動放棄了靈璧，並且將整個部隊繼續南撤，使第六兵團右翼完全暴露，蚌埠的守備兵力薄弱，尤其是蚌埠到南京間的防守空虛，曾指派高級參謀與該部聯絡，希望他們停止後撤，並即反攻靈璧。但他們卻牢騷滿腹的說：「我們的部隊裝備既差，補給又少，兵員補充更是困難。如果武器損失一件就少一件，兵員犧牲一個就少一個，為了避免損失以維持部隊的生存，實在是不能不退的。」

十一月底徐州自動放棄以後，徐州剿總的杜副總司令，率領駐守徐州地區的邱清泉、孫元良等兵團數十萬大軍，向蕭、永地區移動，第六兵團就向北再行攻擊，以期從南北兩面合力圍攻共軍，以解黃維兵團之圍。如果這一會戰能獲勝利，則戰局必可改觀。但由於共諜長期潛伏於國防部內並主管作戰業務。他將國軍整個作戰計劃及行動預先洩漏給共軍，使他們處處能制機先，又由於第六兵團所轄幾個軍的部隊，除了五十二軍比較有堅強的戰鬥力外，其餘或由東北，或由鄭州由山東敗退下來，士氣不振，補充不足，何以作戰？打到後來，我們部隊的正面幾乎成了膠著狀態。李延年早先曾建議國防部，請指派駐防在湖北宜昌附近，原由他擔任過軍長之第二軍前來增援，以加強戰力，而再與被圍困的黃維兵團會師。國防部當時亦立刻採納，並即命令第二軍東下。第二軍接到命令後，也立即派遣步兵一團乘船東來。但身任華中軍政長官的白崇禧，竟以坐觀成敗的態度，說是華中地區亦需部隊，阻絕國防部的命令，不准第二軍移動，並且將該軍已乘船到達漢口的一個團攔下來。李延年得到這個消息，曾直接與白崇禧交涉，電報往還達廿餘通，都沒有得到白的同意。國防部最後只得改派楊幹才的第二十軍趕來。當第二十軍到達時，第六兵團與黃維兵團還有數十里，李延年決定第二日拂曉發動總攻。就在當天夜晚，共軍因已獲得此項情報，而先對黃維兵團發動全力猛攻。黃維兵團被圍日久，無法支持而終告潰滅。

民國三十七年底與三十八年初，徐蚌地區連續大雪，使在永城地區游動的杜聿明所率領的數十萬部隊，因天寒地凍與道路泥濘而無法活動，又為共軍所重重圍困。日久以後，非但補給無著，並且欲炊無薪。最後只有靠空軍投大餅充饑，終於亦遭到了瓦解的厄運。於是徐蚌會戰乃告結束。」

按：國、共之戰，國軍失敗，原因固多，而據中外軍事家之檢討，均認為在千里之外，以電話指揮作戰沒有不失敗的。

二一六　國、共兵力之消長

根據國防部資料顯示：國、共兵力之消長，民國三十四年，亦抗日軍事結束之年，是七比一，三十五年四比一，三十六年三比一，三十七年二比一，到了三十八年共軍總兵力已超過了國軍。

據另一可靠資料所記：雙十協定及政治協商會議共黨均希望中共軍隊可編為二十師。當時國軍為三百五十四個師，則國軍與共軍對比不僅七比一了。三人會議時，張治中對周恩來說：「兵力比例姑不必以三百五十對二十為標準，記得去年周先生曾提議政府與中共兵力應為六與一之比，當時政府不曾同意。經赫爾利調停改為七比一，政府亦未同意。現在政府不妨讓步，即定為六比一如何？」當時周恩來亦不肯同意，堅持中國保留五十個國防師，中共應有十個師。

二一七　一個軍人說大陸失敗

大陸之失敗，原因固多，就軍事方面言，歸納約有下述三點⑴整編，使人人自危，無形中產生一種「有敵有我，無敵無我」之矛盾心理，而被編遣者則多投向共軍，以致共軍聲勢日趨壯大。⑵補給，大凡各部隊一槍一砲之補發，均須事先呈奉國防部核准，因此在時間上不能解決緊急需求。前線部隊補給不足，而軍械倉庫則堆積如山。一旦撤退而搬運或破壞不及，則又為共軍所劫取。⑶疏於防諜，作戰計劃無論大小均須經國防部核准，戰場與指揮中心相隔千百里，而國防部重要幹部中又不乏共黨潛伏份子，國軍之一舉一動，共軍瞭若指掌，焉有不敗之理。（徐魁榮所言，渠曾參加徐蚌會戰者，當可採信。）

徐又言徐蚌會戰緊急之時，劉總曾派其赴京請撥發毒氣砲彈以阻遏共軍。當時聯勤郭懺總司令已核發，並已運至江干，徐忽接國防部劉斐次長之電話，令其即刻晉見。劉見徐第一句話即責其不應來京，繼則明白指出，我使用毒氣砲彈係違犯國際公法，且我方所有之毒氣彈僅有此數，美國決不會再予供給，而共軍則可獲得俄援。並即下令將已運抵江干之毒氣砲彈全部沈入江底。

二一八　孫連仲北上被阻

日本投降，政府發表孫連仲為北平司令長官，先飛平，其轄下三軍；第三十軍由魯崇義任軍長，第四十軍由馬法五任軍長，另新編一個軍由高樹勳任軍長。當此三個軍北上途中，被共軍阻於彰化以北。

二一九　陳誠不收編東北偽軍

趙洪慈言，日本投降，東北偽軍曾即推派一二十人代表團，由校級軍官組成，向政府請願，表示願投順政府，只求不以漢奸待之。此事終為陳誠所擱置。（詳見三一三條）

二二〇　國軍佔點，共軍佔面

據張志韓言當其擔任孫連仲司令長官部秘書長時，駐節北平（勝利後），某日因事赴保定，該部某軍長邀其便道至部盤桓數日。軍部距保定數十里，張欲乘小吉普車前往，而某軍長堅欲派車來接，來車則為大型吉普，上架機槍，戒備森嚴。某軍部設於某村之大廈，屋頂亦架設機槍兩挺。張驚而問之，何以軍部所在地尚須如此戒備？據答如派相當部隊駐於附近各村落，則兵力分散，難以抽調運用。如每一村落僅派三、五人以為哨兵，則必為共軍擊斃，且共軍行軍一日百數十里，飄忽無定，附近村中或即潛伏有共產軍隊，雖地隔百里，彼可於一夜之間，來此襲擊，故不能不加戒備，以防萬一。為此日積月累，遂釀成國軍佔點共軍佔面之局。

張又言共軍之行軍也，素不帶炊具及其他笨重物，故能日行一、二百里。共軍之在其佔領區亦徵收糧食，但不限期繳納，仍寄存於各納糧戶，視需要分別通知派繳一升或一斗不等。繳後經匪幹或村幹就原通知單予以簽註已繳若干，既不須倉庫屯儲，亦無行政管理或運補接駁等種種困難，亦可說是共軍在糧食方面化整為零的慣伎。其次共軍於行軍之前，其先勤人員即已按計劃抵達某地，而某地之村幹則按戶通知做飯煮菜，以俟共軍到達時，便可吃到熱烘烘之飯菜。只須稍事休息，即可繼續疾行，故其急行軍日行一、二百里似可採信。

張又言共軍佔面、國軍佔點乃為普通之現象。國軍所佔既為點，則其日用菜蔬物品等均須取給於面。當市集（即趕場）之日，共幹對鄉民之趕集者，必擇其面目老實誠懇之輩，告以共軍駐屯某村之人數，如國軍相詢，即舉以答之。國軍問一人、二人乃至十人，均對答相同。國軍自以為獲得確實情報，殊不知共軍虛虛實實，而國軍全墮其彀中了。共軍對於赴集之鄉人，必分別賦予蒐集國軍情報任務，如駐軍人數、分佈情形、裝備、乃至修橋築路以及交通狀況等等，鄉人於回家時如不據實以告，必受嚴厲處罰，故共軍所得情報反較國軍確實。

張又言共軍見國軍人數較多，則必先行撤退，以三、五人繼續不斷放槍。國軍聞仍有槍聲不得不緩慢搜索前進。此三、五人見目的已達，則從地道中逸去。國軍佔領既畢，詢諸村人則共軍實已退出半日或一日了。有時共軍實力仍匿藏原處但故示空城，國軍偶聞三、五散兵之槍聲，以為與前次一樣，不可放過機會，乃圖即刻予以佔領，詎知反遭共軍圍殲。總之，國軍為一巨人雖孔武有力（人員裝備均超過共軍），但兩眼皆瞎（情報不靈），而共軍雖身材矮小，但兩眼皆亮，故國軍不免常遭其暗算。又共軍人海戰術亦為一因。

張又言國軍各單位之作戰計劃，均須直接由中央批准，待批示到達則情勢已變，又須重擬作戰計劃呈報，如未獲中央批示，又不敢擅自作戰，每每坐失戰機，故常受共軍所制，屈居挨打局面。又言某次國軍某一部隊，坦克車損壞，急待修理，進廠之後，多日未見修好，詢之則言該項損壞零件尚須打樣翻砂，故需時甚久。而隔壁倉庫內則藏置坦克車零件甚多，何不先予取用，以應急需，則又言此非吾人所管，無權過問。再問倉庫負責人，則又言修理工作非吾人份內事，如須領取材料配件，必須呈奉後勤部主管批准，方可照發。如此三數轉折，共軍則已兵臨城下了。此類倉庫一旦陷落共軍之手，則無須查究責任。設庫存材料配件未經批准而緊急權宜取用，經手人及其長官則須受嚴重處分，甚至槍斃亦未可知。某次一民防部隊急待子彈補充，以與共軍作戰。某軍長自忖吾人併肩對敵作戰，義當患難相扶，生死與共，乃權宜先撥發若干，以濟燃眉之急。事為中央獲悉，以該軍長擅將軍火轉予地方團隊，除令其負責歸還外，措辭嚴厲，幾有交付軍法之勢。故往往倉庫中軍火堆集如山，而附近部隊則又常感武器缺乏，無法作戰。

張又言國軍之作戰，主將所在地則以重兵鎮守，不可萬有一失，共軍偵之則以主力猛攻，國軍則檄調友軍馳援，共軍又分兵截擊，肆行其以實擊虛圍點打援之慣伎。東北之失，聞此係其一因云云。

二二一　艦隊長江突圍

民國卅八年共軍未渡江前，一面收買江陰要塞司令，一面則收買海軍第二艦隊司令林遵，林負責整個長江保衛戰。當南京情況緊急時，林遵趕到南京晉見總司令桂永清，聲勢洶洶，要脅桂下手諭以其代理副總司令。海總參謀長周憲章與林同時晉見，亦力贊其說。桂答：如能設法把艦隊帶回上海，將報請酬以青天白日勳章，且副總司令職亦虛位以待。言畢桂乃離總部乘飛機赴上海。林返防、乃急召擔任江防各艦艦長開會，首先言他不欲貪圖個人功名富貴，把國家元氣（艦隊）和艦上官兵生命作賭注，所以請各艦長來好好商量云云，在會議中有人提議相率突圍，林即說以二千官兵生命作賭注，須要從長計議。如此這般迄無要領，氣氛越來越低沈，直到下午三時許，一五一艦長陳慶堃乃走出艙外，一五二艦長桂宗炎也跟著出來。兩人邊走邊談，桂宗炎喟然嘆曰：時窮節乃見，一一垂丹青。桂又告訴陳，他昨夜自安慶下駛，如何夜間通過共軍炮彈幕封鎖的經驗。陳也告訴桂，他在下游三江營一帶作戰的經驗。兩人把經驗印證結果，猛然覺察到，彼此皆因「霧」而成功。那麼，若今夜突圍，季節濃霧，共炮受天候影響，縱能盲目射擊，對我依然有利。兩人遂決定突圍。陳即囑輪機長鄒弘達、通信官王業鈞乘小艇到另一艦連絡，再作最後決定。豈知鄒、王二人去後，並不馬上回艦，分別轉到武陵及他艦連絡，因為他們有許多同班同學都在各艦當副長、輪機長或部門主管，乃主動紛紛通知。故其他各艦在一五一起錨後，亦即起錨紛紛跟進。在突圍的過程中，從儀徵水道起，直至江陰，炮戰幾乎從未間歇。直至翌晨五時，突圍乃告成功而安然抵達高昌廟碼頭。

林遵投共後，毛澤東派任為海軍副總司令，其時中共海軍副總司令共有七、八位之多。

二二二　敵已逼近而戰略未定

大陸淪陷，其原因固多，軍心渙散，戰略參差亦為主因。當徐蚌失敗之後，在戰略上有守長江與守上海（蔣主之）兩種不同的主張。這不過舉一例而言，每逢戰局發生變化，下一步應守什麼地方，便有至少兩種不同的主張，而且指揮也不統一，各按自己主張而調兵遣將

，以致兵力時東時西，莫衷一是。敵已逼近而戰略未定，其不失敗未之有也。（吳忠信言）

二三三　當好軍人尤不易

據謝瀛洲言：抗戰前，彼曾在北平任法學院院長，並在軍事學校講課。迄抗戰勝利，其舊日學生某君來見，未穿軍服，而穿便服，瀛洲驚問其故。答曰：現在軍人不能當，當好軍人尤不易，蓋軍隊一萬人，軍政部祇發軍裝八千套，打了八折，而軍隊照編制又打了七折，已是很好的部隊了。且只能打敗仗，不能打勝仗。打敗仗則一切裝備可報損失，人數可報傷亡，無從查核。倘打勝仗，而人數裝備只有增加之理，但事實上早已打了七折，又何從增加呢？以此，瀛洲早已認定戰事前途可以預料了。

二三四　文官要錢、武官要命

于衡（新聞記者）、「瀋陽的繁華夢」（傳記文學，第二十卷、第四期）：「東北之失、甚至大陸之失，原因之一是失敗在『文官要錢、武官要命』這八個字上，當然在政策的錯誤，和共方的滲透，也為大陸之失的重要原因。」

二二五　猜忌、觀望為致敗之由

冷欣言國民革命軍從廣東出發、總數不過五萬人，第一軍分從福建、江西兩路進攻，約二萬人。北洋軍十倍於我，以其彼此猜忌，互相觀望，乃為我軍各個擊破。後來國軍與共軍戰，國軍十倍於共軍，亦以彼此猜忌，互相觀望，終為共軍各個擊破。徐蚌會戰以後，簡直兵敗如山倒，不可收拾。

二二六　為何失敗到如此地步

「我們今天失敗到如此地步，最主要的致命傷，是因為一般幹部同志普遍犯了虛偽的毛病，相習於虛浮誇大，而不能實事求是。這種風氣流行的結束，使得部隊、機關、學校，一切辦事、命令和報告，都是互相欺騙，互相矇蔽，而沒有幾件事是完全實在的，可以相信的。」（蔣氏講詞）

二二七　國軍為共黨滲透到何種程度

國軍的士氣，已低落到危險的地步，傅作義是華北總司令，為了鼓勵士氣，必須要打一次勝仗，當即召集了二十位高級將官開會，制定一個作戰計劃。但是第二天共黨廣播即播出他們此一作戰計劃的內容，諸如：各參加將領的姓名、番號、兵力配備情形以及戰略的細節等等，幾乎是詳盡無遺。此後傅氏根本無法信任任何一位軍事將領了，結果祇好由所謂「局部和談」到全部投降了。

二三八 戴傳賢欲以一死，以明責任

民國三十八年，共軍渡江，南京危急。海軍總司令桂永清親赴五台山孝園晉見戴傳賢，告以實況，勸其隨同離京，戴答：「國家現在到此地步，難道我們可以不負責任？」其時，戴正坐於井旁，乃指井而言曰：「這就是我死所。」後蔣派飛機接其赴粵，初住於某處，越數日，省府招待人員對戴說：「院長要來，請遷居另一住所。」戴心中當然不快。聞某日晚，廣東省主席宴請到穗各要人，席間戴起立發言，慷慨激昂，非常悲憤。晚間即因服過量安眠藥而逝世。戴本有每晚服安眠藥始能入睡之習慣，此晚服用過量，是否出於有意，則不得而知了。戴本有二子一女。一子因某種原因改他姓，故名義上僅有一子，名安國。女為趙夫人所出，初嫁束雲章之子，因夫有外遇，遂離異，後赴美，初受騙與人同居，繼再嫁遭虐待。故人之女，落此下場，亦可悲也。

二二九　國軍士氣低落

徐蚌會戰時，黃維任兵團總司令。在未出發赴徐州戰場之前，曾返貴谿家鄉一行。將別，家中特為設宴歡送。黃維在餐會中，忽言此為我在家中最後一餐，這仗無法打云。黃維為一好軍人，何其悲觀如此？特走訪胡競先，問其故，競先毫不思索，答謂原因很多，茲姑舉我親身所經歷者二事說明之。其時競先在天水任騎兵學校校長，並負責訓練騎兵新兵事宜。後來幣值貶價，其與票面價值相差甚多，且一日數變。所以官兵不願前去領取此毫不值錢之鈔票。經競先百般勸喻，或從之，亦於領取出門後，紛紛撕成片片，如蝴蝶飛舞。試想在此種心理狀態下，如何能夠打仗？（按：徐蚌會戰時，幣值貶價尚未到達如競先所言之程度，但其已為動搖民心士氣之重要因素，無可否認。）其次，我（胡自稱）因負責訓練騎兵，特去電其時中央軍校負責人關麟徵請其撥騎兵科二十期生來隊服役。關麟徵即撥來一百二十名。豈料其中八十名便為共黨份子。因握有證據，彼等亦自承不諱，並供認在成都有四家照像館，彼等皆由此四家照像館老闆介紹加入共黨的。在各部隊中更不知有多少共黨份子滲透其間，從中挑撥，不在話下。試想在此種情況下，又如何能夠打仗？其他我不必說，也不忍說了。

二三〇　傅作義投共經緯

民國三十六年，東北軍事失利，河北石家莊不守。當時傅作義任華北剿匪總司令，指揮冀、晉、熱、察、綏五省及平津兩市剿共軍事。民國三十七年底他與中共局部和談，以其已成甕中之鱉，尚可思議，但後來他離北赴綏，鱉已出甕，仍率眾投降，則不可解。

張遐民在綏遠工作甚久，與傅關係極深，近著「海天掠影」一書，共二集，對此不可解的謎，曾提出答案，玆摘錄如左：

第一集三十六頁第七行：「宜公（傅字宜生）聽後，用拳重重擊著茶几說：『毛澤東他有什麼卓見？共產黨的理論內容，幾字即可包括了！即是極權、反自由、反人性、賣國家，此外別無可言！』」

同集一二九頁第七行：「宜公此次返綏之前，曾與匪首約定：㈠駐綏部隊不改編，不外調作戰。㈡省縣市政府保持原建制⋯⋯㈢通車、通商、貿易等事宜，按規定辦理。㈣簽名通電，擁護新民主主義。㈤出席政協會議。㈥綏、甘、寧、青四省成立西北政務委員會，傅、鄧（寶珊）分任正副主任委員，全權管理軍政事宜。」

又同集一三〇頁第二行：「據宜公說：㈠共方因兵力不敷分配，擬將彭、徐匪軍南調入川，故不得不將西北大權，先交給我們。㈡國民黨可能被共黨拖垮；但共黨亦將繼而崩潰，我們應在此機會，保存並壯大自身力量。」

結果如何呢？同集第四八項末行：「偽政協開過後，傅作義迭請毛澤東允其返綏未准，綏省全部換了新貴，十萬部隊被改編並調至平郊整訓……留綏黨、政、軍幹部，十之八九被清算、鬥爭，傅之大夢醒了，而他的一生也就完了。」

存有此種打算，並落得此種下場者，豈止傅作義一人而已！其後各方將領如新疆陶岳峙、四川劉文輝、湖南陳明仁等均相繼不戰而降，為節省篇幅，恕不再錄。

二三一　古今大臣風格之不同

李崑岡任胡宗南部師長、副參謀長職，嘗語編者，抗戰勝利後，中央根據馬歇爾建議將所有軍隊一律縮減三分之一。當時胡宗南部有四十餘萬人。倘縮減三分之一，則僅剩三十餘萬人。乃派其副參謀長李崑岡飛渝，謁見參謀總長陳誠，詢問是否認為國內已經太平了。陳誠知其意之所指，答稱：像這樣大的事，我能作主嗎？方天曾任國防部次長，為陳誠部下一員大將。一日談及中央不准收編東北偽軍事，方天當即表示，辭公（陳誠）曾請示上峰。

陳誠對此類事不問其本人贊成與否，亦不問原係其本人所主張、而經由蔣核定，均一身承擔，毫無一語辯辭，對蔣個人固忠順無比，但比起古大臣「面折」、「廷爭」，甚至置生死於度外的風格，則遜色多了。

李崑岡又言，胡宗南練兵還可以，至於打仗則遜色多了。此語出其部下之口，不可不謂為知言。（按胡宗南即在練兵方面亦有缺憾，其部下賭風甚盛，且軍官幾無一人不做生意，豈能練好軍隊？）

二三二　俄使館撤退到廣州

當徐蚌之戰，國軍失敗後，南京危急，各國使館均留南京，惟蘇俄大使獨聽國民政府之勸告，而撤退至廣州。俄使曾請見蔣，蔣以事忙，未見。蔣離廣州，俄使又欲見李宗仁，李亦不見。據傳俄使代表史達林擬向中國政府提議國共兩軍隔江而治云。俄使是否負此使命，固不可知，而毛澤東是否肯聽史達林之命，而停止渡江，尤難預料。

二三三　大陸失守的責任

政府退守台灣，某次蔣與立夫單獨晤談。立夫言：現在大陸失守，總須有人負責，你就把這個責任歸諸我與果夫好了。

二三四　中共早有入韓企圖

據邵毓麟言：韓戰未發生前，國府國防部已得到情報，陳毅屬下一師已調往東北，當時即判斷恐有入韓之企圖。

二三五　各方滲入韓國戰俘

據趙洪慈（曾任職國防部）言：韓戰正進行激烈之時，麥克阿瑟揮軍北上，欲轟炸鴨綠江以北，並裝備國軍兩師，以進攻東北，麥氏被免職，此事作罷。戰俘營既成立，共軍已派人滲入遊說，國軍亦得盟軍總部同意，派數十人進入活動，其所謂聯隊長者即為其中之一人。

二三六　李承晚對邵毓麟不滿

民國卅八年邵毓麟出任駐韓大使，臨行前，晉謁蔣，蔣問其對時局有何看法？邵答此為我國最黑暗時期。蔣提出組織反共軍事聯盟，邵答原則正確，但時間恐不及。蔣付與一萬美元，作為活動經費。韓國當局流亡中國時，吳鐵城多與之有交誼，當時表示亦願赴韓一行。

邵到任後即為吳安排赴韓事宜。吳抵韓曾以將軍職銜（吳喜人稱其為將軍，外人亦以將軍稱之）檢閱韓國軍校官兵並講話，外間即盛傳中、韓兩國行將結為同盟。先，蔣親自訪韓，而與李承晚有「鎮海會議」，此種空氣，更見濃厚。蔣臨別曾與李承晚發表聯合公報，措辭雖頗籠統，但表示願組織反共聯盟。邵於此時派其館員陳君招待外國記者酒敘，外國記者紛紛詢問蔣、李間有無秘密協定，陳故作神秘狀避不作答。迨各人酒酣耳熱，陳於無意間略透露李已同意以韓之濟州島為中華民國空軍基地。於是外國記者均以此事電告其本社，各國報章騰載。果以濟州島為空軍基地，則可直接轟炸中國北部與蘇俄東部。據邵謂此為促使史達林必欲消滅南韓之一種原因。因有韓戰，遂使台灣得以從容整軍經武，實力穩固。當李承晚來台北報聘時，曾向蔣表示對邵毓麟之不滿，以一國元首對另一國元首表示對其所派大使之不滿，殊非尋常。蔣乃直接問邵是何原因招致駐在國元首之不滿，邵未答。另一次晉見時，蔣又詢及，邵答當反省。蔣第三次又問，邵始答：此為總統第三次相問，當作書面報告，即詳敘此一段經過，以對歷史作一交代，此為邵親口所言者，當非虛語。

二三七　邵毓麟對蔣密陳韓戰意見

邵毓麟言，當韓戰膠著，幾已接近尾聲，一次，蔣召集政策會議，我（邵毓麟）亦列席。談到韓戰問題，我起立發言，謂韓戰果結束，對我殊不利，我有一策，可以使韓戰不能即刻結束。蔣言，你就講吧。我乃言，最好單獨面陳。越日，蔣果單獨召見，我即言，現在任美軍翻譯者多為我方所派人員，其間必有運用之餘地。蔣言，你就回韓國擔任此工作吧。我言，在韓國，自李承晚以下，認識我者甚多，殊為不便。現有中央黨部第五組副主任陳建中，曾參預此項工作，可派其前往。韓戰結束，一萬四千戰俘選擇自由，返回台灣，當然是一大成功。陳建中因調升另一組主任，故至今對我猶表示感激之意。

二三八　邵毓麟使韓經過

邵毓麟曾略述其使韓經過。初蔣派其為軍事委員會駐韓代表。越數日，外交部長王世杰約見邵，謂最好改為外交部駐韓大使銜代表。邵答此時韓國尚未獨立，恐美國不會接受我所派大使。未幾，蔣下手令，指邵毓麟驕縱跋扈。陳布雷示邵此手令詢其原因，邵亦不明其故。此手令後轉交商震處理，商亦召邵詢問其故。邵答我百思不得其解，只有王世杰欲改派我為外交部駐韓大使銜代表，我據實直陳，此時韓國尚未獨立，我外交部派駐韓大使銜代表，恐不會為佔領國的美國所接受。除此之外，我未與其他任何人談過此事，從何驕縱跋扈。商言你就將此事據實呈覆罷！迄韓國正式獨立，美國務院通知我外交部派駐韓大使，王世杰簽請蔣指定人選，蔣批：「邵毓麟如何，」於是王世杰始提請任命邵為駐韓大使，然已耽擱四年了！在此四年之中，我國無一正式代表駐韓國，其誤事為何如！

二三九　韓人朴東宣案

韓人朴東宣案幾使美韓兩國關係瀕於緊張邊緣。美國方面認為韓國商人朴東宣利用種種方法賄賂美國國會議員，乃欲將其交付審問，並將一切有關人員置之於法。此風聲一經傳出，朴東宣乃經由倫敦而返韓國。美國政府乃正式要求韓國政府送朴東宣返美，接受審問，而韓國政府以美、韓兩國並未簽訂引渡條約，予以拒絕。最後由美國政府派其副檢察長及隨員二、三人赴韓，欲就地審問，而韓國僅允由其官員陪伴下，且所提出之問題，亦須得韓國官員之同意，始得為之。美副檢察長留韓數日未得結果，不得不鎩羽而歸。

以一商人，究有何神通，而能勾搭上國會議員？據美國方面傳來可靠消息，朴東宣係韓國政府派駐美國之經銷商，即韓國政府所經營工廠之一切貨品，由其獨家經銷，當然佣金很多。朴東宣乃利用此種佣金，廣結善緣。凡國會議員、政府要員、社會聞人，朴東宣必設法盡情招待，飲食、歌舞、美女之外，並致送貴重禮物，甚至金錢，使其支持有利於韓國的提案，聞墮入其彀中者，大有人在。俗話說：「得人錢財、為人消災」朴東宣知之審矣。實際上，歐美商人以此種手段兜攬生意本極尋常之事，惟不必有政治目的耳。

此案既無結果，一九七七年十月間，卡特政府所提價值八億美元美軍裝備（包括直升機、坦克、反坦克飛彈、及大砲等等）移交韓國案，乃在國會遭受擱置。同時美國眾院國際關係委員一致通過決議案，要求韓國政府與眾院紀律委員會合作調查韓國賄賂美國議員案。韓國政府大為恐慌，亟謀補救。將來變化如何，且拭目以待。因此案頗為離奇，轟傳國際，而知其內情者甚少，故一記之。據一九七七年十二月卅一日報載，兩國商妥韓國商人朴東宣將返華盛頓，接受偵審，但將免於被起訴。至此，本案可以告一段落。嗣於一九七八年一月十三日先由美國司法部派檢察官數人來韓，會同韓方人員先行偵審，朴東宣毫不隱諱，凡接受其贈與或招待之美國國會議員以及行政官吏，均一一指出姓名、歷歷如繪，使美方人員莫不臉紅而慨嘆。

二四〇　毛澤東與史達林各懷鬼胎

史達林命中共攻打南韓，本意在消滅毛之實力。而毛則欲藉此消滅國軍投降部隊。當北韓發動南侵時，本預期於二週內消滅南韓，倘無美軍及時馳援，則南韓早被吞沒了。經此一戰，中共實力固已消耗不少，但其國際地位反見增高。而毛亦領悟史達林對之不懷好意，加以史達林在東北培植高岡，更使毛澤東如芒刺在背，必欲消滅高岡而後快。

二四一　政府派人勸傅作義勿投共

趙洪慈言，當北平危急，北平市長何思源以及傅作義部下若干高級將領均已作投降接洽。政府乃派徐永昌偕情報處副處長葉翔之赴平，葉率一神鎗手擬對高級軍政人員而有動搖意志者予以制裁。徐永昌初見傅作義，轉達政府希望傅部能打一次硬仗，勝負在所不計。傅之家屬可先撤到安全地帶，政府決保障其生活。嗣後傅即托辭拒絕見徐。最後徐永昌在電話中提出一個要求，即讓政府駐平高級人員、情報人員以及教育人士安全離平，傅允之。時中共便衣幹部進入北平者已有數萬之多，所謂派人制裁動搖份子之計劃，並未曾實現。

二四二　四推事彈劾案

據謝瀛洲言：監察院之彈劾最高法院四推事之經過：當黃啓瑞案發生後，蔣曾諭令最高法院院長代為開脫，以其為台灣人，且其虧空二百萬元，實因奉命競選台北市長所累。迨四推事判決書公佈後，監察委員陶百川提起彈劾，瀛洲以四推事係奉命辦案，在人情方面決不能使其遭受處分，乃商請中央黨部轉請總統召見溴本人與懲戒委員會委員長傅秉常二人面陳一切。時蔣正在南部，翌日返台北，即召見謝冠生、傅秉常、謝瀛洲三人，首先由謝瀛洲報告四推事判案之合法、合情，今此案已移送懲戒委員會，希望懲戒委員會亦能公平處理，蔣即對傅言，傅委員長應公平處理，事後瀛洲問中央黨部負責人，我本僅請召見我與傅秉常二人，何以又加約謝冠生院長？答云：第一、總統恐不能完全聽你的話。第二、亦要謝冠生院長共同負責。當此案在懲戒委員會討論時，發言盈庭，意見各異，主張應予懲戒者頗不乏人。如驟付表決，結果如何未可逆料。故由主席宣告休會，俟下午再付表決，在下午未開會前，由謝冠生邀集全體懲戒委員談話，告以總統意旨，故繼續開會時，乃得一致通過不予懲戒。四推事答辯書，係由瀛洲親自起草，其時他的血壓甚高，乃不顧一切日夜翻閱案卷，起草答辯。

二四三　總統候選人提名

第一次國民大會第三次會議在台集會，對於總統提名何人，遲遲未曾決定。外間推測紛紜，甚至傳說陳誠欲為總統。一日胡健中遇陳誠，言總統選舉期近，你何不約各方同志談談。陳誠乃於其寓邸約了各方人物舉行座談。會中無人發言，健中乃言今日總統之選舉，願各方簽名仍請總裁繼任，於是塵埃始算落定。越數日蔣經國偶遇健中，即言：「你前日表現甚好。」

二四四　華僑反對陸以正

陸以正任新聞局紐約辦事處主任，傳聞係出蔣夫人意，故其心目中只知有蔣夫人。數年前（今為一九七六年）中華公所暨其他華僑團體聯名陳述種種理由，請求政府予以撤換，未果。其在紐約，華僑鮮有與之來往者，陸亦甚少涉足華埠一步。聞曾以鉅款向剪報公司收購凡報紙、雜誌、書籍之有蔣夫人名字者一概剪下，彙集成十二巨册，以呈獻蔣夫人（潘朝英、賴景瑚久居紐約，以上為二人所言）（按陸以正在美從事新聞聯繫工作，似頗成功。參閱本輯第三五三條。）

二四五　雷震被逮之內中原因

政府遷台，雷震即在台灣發行自由中國雜誌，專事批評與攻訐政府，蔣初尚容忍之。迄其在該刊祝壽專號曾主張依據憲法，總統任期不能超越兩屆，總統最好多管大事少管小事，則為其所不能容忍。乃召警備總司令黃杰，面告此事。黃杰表示即予逮捕，其責任願以一身承擔。蔣尚不知自由中國經費，由美國新聞處每月代銷數千份，又有胡適代為撐腰。聞蔣在採取行動之前，曾往台中日月潭靜思數日，始作決定，蓋其深知此舉必將引起中外之不小風波。雷係由軍法審判，以庇護共諜劉子英為由被判徒刑十年。其在獄中頗受優待，且在房中代置冰箱一具。當時冰箱猶屬奢侈品，亦可見其優待之特別也。雷在獄中撰寫回憶錄，實則其生平最得意之事，即在參議會與政治協商會議在祕書處任職時期，奔走於各黨派之間，其中不無秘聞可資參考。羅隆基曾公開說：「共產黨有百是而無一非，國民黨有百非而無一是。」三十八年羅隆基患嚴重肺病，由政府出錢送醫院治療，住特等病房，並由政府派人向海外購特效藥，乃雷震之傑作。雷出獄前兩個月獄吏將其所寫回憶錄搶去。但雷出獄後，政府由王新衡出面以私人名義補貼其生活費，此則為外人所不知者。

（按：雷震縱或有罪亦係觸犯出版法，而應由普通司法機關審理，茲篇所記不過指出其落到軍法機關之經過而已）

二四六　桂永清屢遭打擊

桂永清黃埔一期生。畢業後即從軍隊下級幹起，東征、北伐、抗戰、戡亂無不參加。北伐時隨何應欽出發，到達杭州，已做到團長，龍潭之役，厥功甚偉，嗣升旅長，蔣派杜某為副旅長，永清以杜為人吊兒啷噹，囑俟其由京返，再行到任，杜訴之於陳誠，時陳誠任副師長（？），實際無兵權，覬覦此旅，乃煽杜向總司令告狀。永清到京往謁蔣，本欲陳述杜不適宜任副旅長，到總司部即由侍從收繳其手鎗，並不令其離去，蔣當即派人赴軍政部長何應欽調閱桂永清關於副旅長事所來電報，幸而內中有「並請轉陳總座」一句，即令歸，但旅長一職，則改由陳誠兼任，陳誠在軍事上之發跡，即由此始。桂永清乃自請赴德習軍事，九一八事起，永清返國報效。初擬赴關外，參加馬占山抗日義勇軍，不果行，未幾任中央軍校教導總隊總隊長。八一三上海之役，永清率部參加，與胡宗南同室辦公。胡宗南令其部隊臨時撤退，而不告桂永清，致令教導總隊傷亡慘重，永清僅以身免。抵南京，即向蔣報告胡宗南不告而撤退之經過，蔣斥之：「你們只曉得自己吵！」保衛南京之戰，桂永清率領教導總隊，王敬玖率領第八十七師，孫元良率領八十八師共同擔任南京東南面的防禦，適當敵軍攻擊重點，迄指揮官唐生智下令放棄南京，「那些清閒得沒有放過一槍的部隊」（據孫元良所記，宋希濂率領的部隊為其中之一）先已完整的從下關上船，渡江北去了，等到東南方面當衝的若干殘部撤退到下關江邊時，已見不到一隻船了。正當臨流徘徊的時候，江那一面的部隊因事急非但不予援救，反架起機槍向此岸射來，上有日空軍的連番炸射，後有敵軍的追擊，前有「同根」的砲火橫阻，只好鑽隙向山地撤退，其狼狽情形可想而知。迄抵達武漢，原教導總隊改編為師，由桂永清保薦李良榮為師長，而永清本人則任戰幹團教育長，團長由政治部部長陳誠兼任，實際責任則由永清負之。蘭封之役，桂永清以軍長名義率領，此戰本極艱苦，李良榮師參加，而歸其指揮的部隊又有不聽號令者，以致敗退，中央令桂永清一軍歸胡宗南改編，桂永清當然遵令全部移交。政府遷重慶，戰幹團亦遷湖南、四川，其中共產份子滲入不少，永清予以整肅，致令共產黨以及左傾份子群起鼓噪，主張治桂永清以重罪，當局下令限桂永清於數日內出國，擔任駐德武官。德國為永清舊遊之地，其中中下級軍官不少為其舊識，故對德國內情所知獨多，希特勒發動攻擊俄國，永清事前即已致電政府報告，當中國政府轉告美英諸國，皆不信之。桂永清本其在歐洲觀察所得，隨時向最高當局條陳意見，均甚有價值。死後，此種文件因保管所託非人，均已腐爛無存，否則，亦是一種史料。嗣又改任駐英國軍事代表團長，英國舉行勝利大遊行，永清力爭中國部隊（中國曾派大批人員赴英國海軍受訓），必須以五強之一的地位參加，英國終於讓步。嗣陳誠以參謀總長兼海軍總司令，以桂永清為其副總司令兼代總司令。永清於接任海軍總司令後，首先創建陸戰隊，海軍舊人以從未聞海軍設陸戰隊者，群疑滿腹，表示反對，永清不顧，貫徹初衷。民國三十八年政府撤退來台，軍隊方面以海軍保存獨多。開最高軍事會議，討論保衛台灣的戰略，有主張現在兵力有限應放棄外島，僅守本島，永清則主張不能放棄外島，始可守住本島，蔣獨採其議。當國防部總政治部主任蔣經國以海軍政治部主任擬由趙龍文擔任之意相詢，當時有人以趙龍文陰鷙不可用，永清一笑置之。迄趙龍文到任，永清左右與趙龍文之政治部涇渭分明，暗中磨擦，趙龍文乃鼓動十數海軍軍官聯名上書反對桂永清。永清用人大而化之，亦未能辭其咎，此一事也。民國三十九年美國前西太平洋艦隊司令柯克上將來華，由中央信託局與之訂約率領部份技術人員（有陸戰隊，海、空人員）成立顧問小組，當然以柯克為首席顧問。以職務關係，永清時與往還，彼此相見恨晚。柯克於一次致蔣信中，極力推崇桂永清，認其在海軍數年期間，整頓海軍，功績甚大，而能打破中國海軍傳統的地方派系，尤為不易，似此人才，求之西洋，亦不多見。在柯克言之，以顧問地位，就觀察所得，向最高統帥貢獻意見，職責應爾。而蔣視之，則認桂永清有借外人以自重之嫌，此又一事也。政府決定高級軍官定期調職制度，蓋永清所提議者，尚有六個月即將實行，但有得連任一次之規定。蔣擬不待六個月即免桂永清海軍總司令職，時宋美齡在側，指出西安事變，黃埔生為之流涕者不過一、二人，而桂永清即為其中之一，蔣聞之乃為之擱筆。六個月期屆，桂永清終被免除海軍總司令職。永清既免職，循例往謁蔣總統，永清至總統府在會客室坐候二小時，尚未傳見，心知有異，乃以便條告胡參軍競先。競先得知其情，即走告總統府第二局長俞濟時，詢其是否知道原因，濟時亦茫然，但知事非尋常，即忽忙奔上四樓以告參謀總長周至柔。周至柔下樓帶領桂永清晉見蔣總統。蔣責備之，周至柔在旁插言謂桂永清總比孫立人好，一切請交我處理。一場風波始告過去。周至柔陪送桂永清返寓，臨別，周再三囑咐：「老弟，不要動了。」翌日，保安副司令彭孟緝來訪，永清問之：「你今日來，是拜訪我，還是監視我？」

近數十年來，高級文武官員多有一種心理，即升官如其所願，發財如其所願，則擁護、擁護之聲，不絕於耳。倘有偶作善意批評者，則必怒目視之，以為非我族類，不屑與伍。一旦，升官不能盡如所願，或發財不能盡如所願，則牢騷滿腹，甚或出言不遜，此為一切病根所在。桂永清雖屢遭挫折與打擊，很少有牢騷話，至多僅說：「我生錯了地方。」桂永清字率真，人如其名，天性率真，胸無城府，直道而行，其屢受打擊者多由於此，其能屢仆而屢起者則為黃埔第一期故。綜其一生，對蔣絕對忠誠，國家觀念相當強，事業心亦相當強，尤關心士卒生活，故海軍中下級幹部多懷念之。嗣任總統府參軍長，旋升任參謀總長，不數月，身體突感不適，為庸醫所誤，數小時即告不治。

二四七　葉公超與顧維鈞辭官經過

關於葉公超之於民國四十六年辭駐美大使事，據魏道明言，聯合國開會時蘇俄等國欲拉外蒙古入會，公超認為不必堅決反對。有人問葉，政府不是曾經表示堅決反對麼？葉答這個政策是可以改變的。當時又有人說，總統堅決反對，葉說：「他懂得什麼？」當然會有人返國報告。（按：關於外蒙古入會事，他打回國的電報，措辭亦欠考慮。）葉公超返國，欲在大學教課而不可得，並派人監視之。魏又言顧維鈞之被迫辭去駐美大使職，亦係說錯了一句話，當時美國主張台灣海峽正式中立化，顧維鈞表示可以贊成，政府方面認為苟台灣正式中立化，則我們將何以反攻呢？對於人心實有極大影響，豈能公開贊成。

二四八　葉公超不得出境

葉公超自解除駐美大使職後，（理由見前條）即不准出境，他也想在師大或台大講授英國文學亦未獲准。（葉返國後，曾在台大講授「現代英美詩選」，亦僅短時間而已。）此公恃才傲物，言語率直，其被免職即肇因於此。編者雖有幾次與其同為甲等特種考試的委員，亦僅於開會時同座而已，近來政府對其出境亦不再加限制且曾任為政務委員，他也曾赴美參加一個國際會議，返國後，曾被邀請作專題報告。編者適對此問題頗有興趣，乃亦前往旁聽，發覺他確實是一個言語率直（out-spoken）的人物。

葉公超任外交部長期間，曾簽訂中美共同防禦條約以及中日和約，確為他的成就，但那是碰到美國務卿是杜勒斯，倘艾其遜仍在位，則難以辦到。他有相當才氣，也有相當見解，中英文造詣也很不錯，因此養成了其恃才傲物的習氣。他對於其後的外交政策，批評為「蹩十」（賭牌九時如手中拿到極不好的牌，即稱為「鱉十」），可謂謔矣。

二四九　駐日大使館白白送與中共

日本政府與中共建交已醞釀成熟，只待公佈，其時中國駐日大使館規模很大，約值五百萬至一千萬美元，如仿加拿大例，事先賣與私人，則政府可得一筆相當數目的現金。駐日大使彭孟緝曾要求日本外務省來函保証不交與共方，中日條約尚可視為廢紙，一紙外務省函件又豈能作數。

二五〇　馬彬赴俄探行情

馬彬以「南宮博」筆名曾寫歷史小說多種，近又以「齊簡」筆名在中國時報寫國際專欄，以報告東南亞情形為多。居住香港、交遊廣闊，俄國駐港記者亦與之有往還，勸其赴俄一遊。馬以此意，徵求政府行政負責人之意向，並表示旅費須由政府負擔（據馬彬語人係應俄國科學院之邀，確否待查證）。馬於民國六十三年十月、十一月間在俄共留二十八天，據謂曾與新聞界及文藝界多人交談，在外交方面亦與一、二事務人員接觸，他們對馬不稱中華民國，而稱台灣。他們表示兩點：㈠如美國承認中共，則蘇俄必立即承認「你們」，既不稱中華民國，又承認什麼人呢？㈡中共攻擊台灣，則蘇俄必在新疆以及東北一帶以兵力擾亂中共之後方。其所要求「台灣」者為何？則未明言，以俄國作風而言，代價恐不會太低，或者俄人根本未與馬談到如此深度，亦未可知。質言之，馬君此行，亦可謂並無結果，吾人且拭目以待。

二五一　王正誼具保出外就醫

行政院人事行政局長王正誼因建造中央公教人員住宅而收受賄賂，被法院判無期徒刑，當時一般輿論尚認為量刑過輕，時值政府高唱改革政風之時，非判死刑不足以儆效尤。王正誼之妻探知蔣夫人將於某日至婦聯總會，則先至，見蔣夫人即下跪口喊冤枉。蔣夫人說：「今日還有什麼人敢欺侮你的丈夫。」未數日，王正誼即具保出外就醫。

二五二　緬甸邊區游擊隊

昆明事變之後，第八軍和第二十六軍在雲南沅江附近受優勢共軍攻擊，損失重大。當時有第八軍李國輝團，二十六軍譚忠團共二千餘人，一路苦戰，撤入緬甸撣邦區的大其力。三十九年三月間，緬軍曾數度進攻，皆被李、譚兩部擊敗，嗣經交涉，緬政府允許李、譚兩團駐於撣邦區的猛撒，不久李彌將軍也到了猛撒。

其時，雲南人民成群結隊攜武器，奔向緬境撣邦區，投效李彌麾下，約二萬餘人，於是李彌以李國輝、譚忠兩部為基幹，把大群武裝義民合編為「雲南人民反共救國軍」，設總指揮部於猛撒。

嗣後緬甸政府在聯合國提出控中華民國侵略案，聯大交由中、美、泰、緬四國委員會，處理撤軍事宜。迄四十三年五月，計先後撤台五十二批，共七千二百八十人，直至十月聯合國大會通過四國委員會工作報告止，此一歷時兩年餘，轟動國際的撤軍案，始告結束。

但不願撤離而留置緬甸邊區者仍有七千餘人，以政府停止補給，外援又不可能，人心浮動，逃亡者亦頗不少，後竟減至五千餘人。緬軍不斷向其襲擊，並企圖大舉進攻以消滅之，形勢極為危殆，經留置部隊的請求，政府乃將其改組為「雲南人民反共志願軍」，時李彌已返台，派柳元麟為總指揮。

撤台之七千餘人，是主力，邊區留置部隊，戰力較弱，且物資缺乏，補給困難，人心渙散。而緬甸則因得美國軍援，動員了國防軍步兵十二個團，砲兵三團，特種兵一營，憲警二營，戰車十二輛，汽車二百輛，騾馬二千匹，民伕三千人，及空軍全部，共約為二萬人的兵力，大舉進攻。復與泰、寮兩國聯盟，泰國也出動了陸軍一個師，警察三個大隊，在邊界防堵，寮國則在湄公河東岸要點佈防。

戰鬥於四十四年一月十九日開始，經過四次重大猛烈的戰役，緬軍傷亡頗重。迄五月三十一日，緬空軍投下傳單，勸不可因小勝而驕傲，迅速派員至大其力和談，於是一百三十天的戰鬥，暫告段落。

會談初步接觸在大其力，正式會談在景棟舉行，經雙方代表協商獲得和平協定要點如下：一、緬甸政府同意雲南人民反共志願軍居留現地區（景棟地區）並保持武裝。二、彼此不相攻擊，如有糾紛，雙方和平商討，不使用武力。三、志願軍不干涉緬甸內政，不援助緬甸叛軍。四、緬方不妨礙志願軍反攻大陸行動。五、緬方不妨礙志願軍購糧及軍輸。六、共同維持公路交通及地區內治安。

此項和平協定，僅保持年餘的安定，以後緬方或受中共唆使，或因內政關係，仍不時向志願軍襲擊。

民國四十七年七月下旬，志願軍亦曾突擊雲南，中共乃與緬軍聯合向志願軍進攻，戰事歷時八十天。是役敵以六倍之眾，南北夾擊，志願軍雖喪失基地，而實力仍存，乃將主力轉移寮境，一部轉移緬邊泰北境，於是中共與緬甸一面藉口奪獲我美援武器，指中華民國政府支援志願軍侵緬，並展開反美宣傳，揚言再向聯合國提出控訴，一面中共軍隊進佔江拉，孟白了後，陳兵湄公河畔，大有渡河犯寮之勢。泰國政府為避免國際糾紛，要求中華民國政府將志願軍撤離，美國政府為恐事態擴大，亦建議中華民國政府，速將志願軍撤運返台，政府乃決定將入寮部隊，接運回台，自五十年三月十七日至四月三十日，先後共接回台四千四百零六人。

一部轉移緬邊泰北部隊五千餘人，仍留原地，據聞現由泰國補給，已成為泰國北部防共的有力部隊。此文發表於民國六十二年，現在情形如何，則不可知了。（摘錄柳元麟，追懷滇緬邊區往事，留痕㈢五十八至六十五頁）

二五三　菲律賓與中共建交

一九七四年菲律賓政府派羅慕洛來華，帶其總統馬可仕致他（羅慕洛）的一封信，表示中共已進入聯合國，國際政治已有變化，菲律賓為肆應起見，恐不能不與中共建交，特囑羅慕洛去台北一行，代為解釋其不得已之苦衷。羅慕洛來台北係在菲律賓與中共實行建交約一年以前，編者在一個委員會上即曾預言菲律賓、泰國兩國外交恐不久將有轉變，時約在其與中共建交二年以前。

二五四　直陳蔣用人不當

據聞有人，以事晉見蔣，談話間，直陳：「總裁用人如邵力子、張治中、熊式輝、陳儀等，未免不當。」蔣嘿然久之，未置答。實則，蔣用人最不當者，莫過於胡宗南，特別栽培他，任其擴編為四、五十萬之多，武器精良、補給充足，而結果未經劇烈戰鬥全部被俘。來台後，監察委員列舉種種事實，提案彈劾，而國防部長秉承蔣意，竟不予處分。第二個為宋子文，一再誤國之人，已屢記之，不贅，竟由部長而院長，而廣東省政府主席，兼廣州綏靖主任，世人謂為裙帶政治，不是沒有原因的。

又聞蔣之重用胡宗南除浙江人外，尚另有原因，緣胡宗南常以大筆金錢供給戴笠，所以戴笠所呈報有關胡宗南之情報均說好話。

二五五　要人子女

劉峙有一子，留學德國，得博士學位，而為共黨工作甚積極。其父執某君，自幼識之，路過柏林，得以相晤，問他：「你為什麼反對台灣的政府？」他答：「反對蔣總統。」又問：「為什麼反對蔣總統？」答：「像我父親那樣糊塗的人，他居然重用之。」（據聞劉峙此子係與他子不同母）此人識程滄波，返國後，親為滄波言之，當不虛。劉峙竟有這樣一個兒子，夫復何言！

聽了這番話之後，使我想起袁愍如女士之講演，袁愍如在中共統治下受高等教育，並曾任其幹部，不避艱險逃出大陸，而留學美國。數次返國，一次應邀在中山堂光復廳講演，指出由大陸出來的人，無一人不反對中共的，而從台灣出去的人，則多為中共之應聲蟲，我（袁）在美時，四出講演，必痛陳中共統治之暴虐，有時參加辯論，而對方則多為從台灣出去的要人子女，如某人為某要人之子，某人為某要人之女，指名道姓，毫不避諱，這些人又多為國立或省立大學出身的學生，政府以那樣多的經費，竟培植了許多反政府的人，真是絕大的諷刺。聽者莫不為之動容，而對他講話的大膽、直率，尤為欽佩。後來，她返國，同一個也從大陸逃出的人結婚，先居台灣，繼去美國。

二五六　對美國承認中共，蔣氏可能採取之行動

當局早已預料美國或有承認中共之一日，曾設法尋覓途徑以與蘇俄復交，而圖自保，大約在一九六五年或一九六六年，賴景瑚曾回國一次，蔣特予召見，首言你在聯合國工作多年，必與俄國人有所往還，可特別與之聯繫。嗣言你勸立夫返國，他對我們或有誤會，都是由

於他手下的人没有做好，但我們究是「自家人」，過去的事不必再談，立夫回國後，可即擔任此項工作，我可派他去希臘或土耳其充當大使，因這兩國不甚為世人所注意，可以便於接洽。最後問，你與經國談過没有?翌晨經國便請景瑚在其家中吃早餐，經國表示如立夫肯回國，即請其擔任外交部長，或先在外國任大使一、二年，以便對外交情形多所了解，再回國任部長，均無不可。立夫後來雖返國，但未允擔任實際政治工作。陶希聖一九六七年歐美之遊，即負有此種任務。(參閱下條)

美國駐華大使安克志呈遞國書後，晉見行政院長蔣經國，即表示美國必將與中共建立正常外交關係，屆時中美協防條約即將廢止，台灣難以自保，我奉本國政府之命，勸貴國政府設法與中共恢復談判，當為蔣經國所拒。其後，安克志又屢次施用壓力，蔣經國均不予理會。

在此期間，適有一中國人在美國大學任歷史教授，應邀赴莫斯科開會，他會見了一些與俄國政府有關係的人物，即問倘使美國與中共建交，俄國將對台灣採取何種態度?俄人答道：如果有那麼一天，我們即派大使到台灣去。這一報告傳到蔣經國手中，即約見安克志，宣佈此事，安克志當即電告其國務院，季辛吉打電話到該大學，詢問是否有某某其人在你們大學任歷史教授，並約其來國務院一談。這位教授應約前往，證實確有其事，季辛吉聽後，究竟如何想法，不得而知，但以余（編者）個人看法，北極熊決非如此單純，以後發展如何只有看下文了。

據自台灣去美國的人傳來消息，他們中間不少去過大陸，周恩來偶亦約見，尤其對台灣本地人垂問台灣情形甚詳，更特別注意是否有俄國人在台灣活動。

二五七　陶希聖想搭上俄國線索

民國五十六年余（編者）赴歐出席國際政治學會大會，途經紐約，據景瑚告我，陶希聖亦正在紐約，欲與俄國搭上線索，請賴予以一臂之助，其時俄國駐紐約人員皆避免與自台灣前去者有所接觸，故無結果。陶又取道歐州，東南亞等地，沿途投石問路，亦未找到門徑，後來有一俄裔英人名魯易，任倫敦報館記者，持英國護照，實為俄國間諜，一九七三年曾來台一次，於是台灣政治界人士奔走相告，俄國線索已搭上了、俄國線索已搭上了，但亦無下文。可見所謂搭上俄國線索，不過一廂情願罷了，果真搭上線索，俄國所將索取代價為何，不知袞袞諸公，亦曾一想否？一說魯易來台，係代表蘇俄要求以澎湖為其海軍基地，而為蔣所拒絕。（見 Y.C.Chang, Relations with P.R.C.）

二五八　俄國果索價極高

前日（民國六十三年六月）曾任駐外大使某君返台，談及六、七年前陶希聖欲搭上俄國線索一事，據謂今日並非沒有線索，惟俄國條件有三：一、反毛而不反共，二、變更國號為台灣……三、以澎湖為俄海軍基地。（謹按這是俄國的初步開價）

二五九　三分天下

吳叔同言，一次毛澤東向他們分析世界局勢，謂西歐與美國為一集團，蘇俄與東歐國家為一集團，我們中國（指中共）與亞、非、中南美為一集團，蘇俄希望我們與美國打，實則三方面都不會打，至少暫時不會打，即以我們與蘇俄的關係來講吧，我們在意識上與疆土上都與蘇俄有重大爭執，但蘇俄決不敢貿然侵犯「中國」，為什麼呢？因為蘇俄向中國大陸擲下一個原子彈，就對美國少了一個原子彈。編者認為，毛澤東對於蘇俄不敢打中共的說法，仍是皮相之談。實則由於我們的祖宗遺產太厚，這樣大的疆土，這麼多的人口，蘇俄怕蹈日本覆轍，同時也怕美國漁翁得利，所以不敢進攻中國大陸，如此而已。

二六〇　毛澤東眼中的西方國家

中共高級幹部曾於私人談話中說：「毛主席認為，資產階級國家，好像營養太好的胖子，腦滿腸肥，混身沒有骨頭，因之沒有後勁，一個國家之骨頭就是政治原則，他們既然沒有原則，我們只要堅持下去，他們會倒過來的。」（周應瑞、紅潮人物誌，一七七頁，世界日報叢書。）平心靜氣地說，對於西方世界政治制度「軟腹」，毛澤東早已發現，如所週知，一九五〇年中共介入韓戰，老毛對中共領袖表示，「只要我們咬著牙根頂住，美帝會自己擊敗自己，一旦戰局進入僵持狀態，美國便會因國內壓力及盟國退縮而喪失戰爭意志。」據他的看法，新聞自由和定期舉行選舉是民主國的「兩個弱點」（同上一六九頁）。後來世局演變，果不出毛澤東所料。

二六一　毛澤東不殺被俘將領

徐蚌會戰以後，國軍將領之被俘者甚多，中共內部主張殺之以洩憤，獨毛澤東不以為然，謂此批將領直芻狗耳，殺之何足惜，惟為誘敵計，不惟不殺之，且當善待之。故杜聿明等被釋後之生活照片，常在中共報紙上出現，溥儀所著「我的前半生」一書亦有杜聿明等之照片。

二六二　要摘、五顆星全摘

吳叔同言：當共黨初據大陸，曾邀民族資本家多人赴北平，因以得見毛澤東，毛言，你們民族資本家在外國資本家之壓搾、本國軍閥之欺凌下，而竟能各有此成績，真是中國的功臣了。他們說我們要共產，中國人窮到如此地步，有什麼產可共，譬如在座十餘人，只有我有三條褲子，縱全分出，仍必有若干人光著屁股，所以中共國旗綴有五顆星，其中一顆即代表民族資本家。座中一人忽問，到了某一時期，此一顆星是否將摘去，毛用堅決語氣回答，決不，要摘、五顆全摘，未幾清算資本家的運動就開始了。

叔同又言：在紅衛兵造反運動中，叔同正由澳洲返港，陶鑄邀其赴平，路過上海，叔同欲下機，將其祖墳骸骨全部焚化，陶鑄勸止之，謂決無問題，未數日陶鑄亦被清算，而叔同祖墳竟全掘平了。

二六三　毛澤東一弛一張

吳叔同言：一次毛澤東告訴他們，治亂世應該用重典，如有對我們共黨不利者，即殺無赦，又說，文武之道，一弛一張，這都是古書上的話。毛澤東用一弛一張的辦法，對於同黨的人，有時重重打擊，有時輕輕撫摸，鄧小平、羅瑞卿不過其一、二而已。

吳叔同又言：在文化革命時期，鄧小平被關在牛棚裡，今又躍居副總理的高位了。

以上僅就個人而言，已經是一大浩劫，最近據香港文匯報所載，文化大革命除了使數以百萬計的生靈，在持續不斷的武鬥中死傷外，同時還造成五千億（人民幣）約合一千五百億美元的經濟損失。

二六四　毛澤東土法煉鋼

據吳叔同言：當毛澤東號召大陸人民土法煉鋼，於是各地以土爐燒鐵乃風起雲湧，當其自上海赴北平途中，看到鐵路兩旁原野星火點點，一到夜間，尤為壯觀，蓋正在以土式火爐燒煉零星鐵器。毛澤東缺乏近代知識，只見過舊式打鐵店，以為依樣葫蘆，便可煉鋼云。

二六五　毛、周對於聯合國的評估

吳叔同言：一次，毛澤東、周恩來講到他們對聯合國的看法，毛、周都堅持聯合國非排除中華民國，中共決不加入，理由：現在聯合國小國數目日益增多，其中許多小國只要以經濟援助或其他援助為名，花一、二百萬美元就可收買過來，即大國如法國者，化費一、二億美金也可令它站到我們一邊，所以我們的主張最後必可實現。（編者按：毛、周對於聯合國評估，僅只講對了一半，實則聯合國中許多小國代表團僅以十數萬或數萬美金便可收買過來。）

二六六　周恩來罵梁漱溟

國民政府勝利後返都南京，所謂民主黨派曾因擬一停戰計劃，大觸共黨之怒，周恩來痛哭流涕當面大罵梁漱溟說：「你是假君子，真小人。」事後梁氏對人說：「我們書生談政，那知道他們的利害關係如此重要。」迨中共佔據大陸，開政治協商會議，梁漱溟亦參加，並發言指出大陸農民比工人更苦。周恩來先罵他是破壞「工農聯盟」，是反動思想，毛澤東更當眾大加羞辱，指其反動透頂，滿身是臭氣，臭骨頭。

二六七　殺死一個美兵可造成其國內五個反戰份子

據吳叔同言：一九六五年中共舉行全國政協會議，叔同亦出席。周恩來作報告，談到越南戰爭，謂美國出兵南越，倘在六十萬人以下，則北越尚能抵擋而可告無虞，我們定要設法拖住美軍，使其不能脫離。共軍之對美軍不在所佔面積之大小，而在殺傷之多寡，蓋殺死一個美兵，則其國內必將造成五個反戰份子，萬一美軍侵入北越，甚至打到雲南邊境，則「他們打他們的，我們打我們的。」就是我們取道緬甸而直取馬來西亞、印尼等東南亞地帶。

二六八　周恩來不坐第二把交椅

據吳叔同言：周恩來曾面告之，彼不願坐第二把交椅，寧願坐第三把或第四把交椅，因坐第二把交椅，容易遭人忌，遭人怕，此所以周恩來能在共黨驚濤駭浪中屹立不動。

美國舊金山大學教授許芥昱所著「周恩來發跡記」曾有與此有關之一段：「一九四五年，靠修改黨規，頒發共產主義通俗小冊子起家的劉少奇，當被人視為毛澤東繼承人時，迄今位列中央委員會第二席次的周恩來，將自己席次讓給劉少奇，自動降至第三席次。一九五六年，他又將第三席次讓給嶄露頭角的書記鄧小平。一九六七年，他稱呼林彪為毛主席最親密的戰友，以賀林彪躍昇第二席次。」

二六九　周恩來不倒翁之祕訣

民國六十三年十月十八日有以多壽為筆名者，在中央日報副刊寫了一篇「周某的心病」方塊文章，敘述其在二十餘年前在香港與張國燾之談話，內容有與「張國燾之回憶錄」所描繪周恩來性格大體相同，特錄之以供參證：

記得在二十年前，筆者在九龍獅子石道二十四號四樓，曾跟張國燾先生對毛共政權的未來，作過一次長夜深談，他指出毛酋多疑善變，對權力有神經質的敏感，且有專吃窩邊草的怪癖，凡坐第二把交椅者，莫不膏其虎吻─證之劉少奇、林彪諸酋之被整，此言果然不虛。他又指出：毛共第二代值得注意的人物有二，一為彭真，一為柯慶施，今彭真被黜，柯慶施病故，王洪文、張春橋、姚文元輩，確實難乎為繼。長談中，他提到周恩來的部分，說他是歷史末路的悲劇人物，有其悲慘的下場。

根據他的分析，毛朝的權力平衡，劉、周聯手，掌握黨權與政權；毛、林聯手，掌握毛共中央與軍權，一旦此一穩定的均勢遭受破壞，最先受害者應為劉少奇，因為周深通黃老之術，不敢為天下先，鬥爭時，以柔克剛，專充和事佬，兩面和稀泥，躲在擋箭牌後面拿鵝毛扇，老謀深算，從不衝動。他素行「三不」主義，即不抓軍權，不搞幹部政策，不搞小圈子小團體，極力避免觸及老毛的權力，叫老毛放心。他善於逢場作戲，表演謹小慎微，尊敬忍讓，手法確實高明。因此，他也奉行「三總」主義，在群眾場面，距離毛總是遠一點；對答應對，說話總是慢一點；到了非說話不可時，己見總是少一點。逆來而順應，含笑看你黃鶴樓翻船，這就是周某在毛朝稱為不倒翁的秘密。

但這隻老狐狸並非是沒有個性的，遠者如井崗山時代把老毛打得留黨察看，貶到合作社當售貨員，就是他的傑作；近者如晉劇「三上桃峰」，在魔都觀摩演出，在毛酋眼皮子底下諷刺「大躍進」，乃偽國務院所核准，當然得到他的撐腰。而歷史的發展，往往「形勢比人強」。這個專門躲在背後提線演傀儡戲的人物，在毛朝高階層權力鬥爭的最後一個回合，終於成了鬥爭的一個對立面，想不抓軍權，而軍權隱隱在握；想不搞幹部政策，而那些遭受鬥、批、改的新舊幹部，卻如蟻附羶；想不搞小圈子小團體，在毛、江著著進逼下，也只好結成小圈子小團體，遂行攻勢防禦了。這就是外電轟傳周某患了心臟病的由來，其實八成不是什麼心臟病，他的心理病遠比他的心臟病要嚴重。

（按：周恩來做統戰工作，確是能手，對於美國人尤擅於應付，又能言善道，馬歇爾、尼克森均讚譽備至。但其和稀泥的個性與牆上草作風，即對中共而言，是功是罪，猶待後世論斷。他本與劉少奇聯手以對付毛澤東，迄日見毛已佔上風，便倒向毛的一邊，置劉少奇生死于不顧，文化大革命時期，目睹其數十萬同志死於非命，他竟噤若寒蟬，能說周恩來可以完全不負責任嗎?記住，他當時是國務院總理呵！一個以自保與苟全性命為職志的人，是不配做政治家的。）

二七〇　周恩來禍延華僑

華僑散居世界各地，而以東南亞各國為多，約在二千萬人左右，華僑以勤勞、節儉聞名於世，故往往能執駐在國之經濟牛耳。自二次大戰後，東南亞各殖民地紛紛獲得獨立，其土著民族乃藉政治之力對於華僑橫加壓迫，不但限制其所經營事業範圍，甚至強迫其改名換姓，不得讀中國文，不得說中國話。其時，中共已佔據大陸，倘能運用其影響力，或正式提出交涉使東南亞各國政府以平等待我華僑，則華僑必將感激涕零，群謀歸附，乃中共智不出此，坐視無睹，甚至落井下石，其原因何在？編者曾以此質諸吳叔同，據答，中共對華僑不但不予以援手，周恩來在參加萬隆會議時，為要討好印尼蘇卡諾，甚至公開宣稱，你們如何處置華僑，我們的政府決不過問。於是東南亞各國如印尼、馬來西亞、泰國的政府乃紛紛頒佈法令強迫華僑改為土著姓名，限制僑校教授中文時數，一言以蔽之，就是要所有華僑忘記其為中國人，論其禍始，不能不歸咎於周恩來了。

二七一　蒸籠與烤箱

吳叔同言：在文化革命時期，共黨幹部人人自危，惶惶不可終日，獨周恩來例外，似知禍害決不會臨頭者。一次在北京宴罷歸來，與廖承志閒談：叔同謂你們似乎在烤箱一樣的難過，承志答：我們不是在烤箱裡，而在蒸籠裡，又熱又濕，比烤箱更難過。

二七二　先搶奪糧食

共軍每到一個地方，先搶奪糧食，並嚴禁老百姓將糧食賣與中央各軍隊，冀察戰區的直屬隊伍，亦同遭此壓迫。又中共任意擴充，行動自如，只劉伯承的三五八旅，名為一旅，但河北到處見此番號，實力究有多少，外人無法知道。

二七三　劉斐何如人

方天與劉斐同時任國防部次長，辦公室僅一壁之隔，朝夕相見，相知頗深。據方天謂劉斐在中央有關人士面前則罵桂系，在桂系面前，必罵中央，如有總司令或軍長之類人物進謁，陳述意見，劉斐必說：「我本來就是這個意思，奈某方另有主張，故不得不採取現在辦法。」他這種做法，不外兩種作用，一不得罪任何人，二極盡挑撥離間之能事。白崇禧時任國防部長，講話啜啜不休，劉斐必設法避與談話，尤怕接白之電話，翌日白必大發牢騷，謂劉斐乃我一手提拔之人，昨夜打電話給他，竟不接聽！在剿共軍事緊急時期，幾乎每晚必有軍事會報，由蔣親自主持，劉斐當然列席，討論軍事計劃時，如別人反對，獨劉斐贊成，蔣往往採之。李宗仁之和談代表團，劉斐亦列名其間，後赴廣州進謁蔣，當即批贈五萬銀元，由郭儀轉交云云。（按郭儀時為聯勤總司令，此為郭親告方天者。）劉斐附共，居住北京，文化革命期間，劉斐亦被衝擊，其友往視見劉躺在床上，劉妻伍淑英的頭髮，則被剪得亂七八糟，戴頂帽子躺在沙發上，敘述其被衝擊的經過，抄家、抽打、罰跪，無一不來，甚至其存摺糧票現款全部收走，僅留下九分錢。

二七四　北京市長彭真坐「飛機」

吳叔同謂：中共文化大革命時期，其高級幹部陸定一、彭真兩人遭遇最慘，報紙上僅載兩人身掛牌子膝行遊街的照片，已經夠慘了，但尤有甚於此者，即將彭真懸於空中，使其繼續不斷轉動，名之曰坐飛機。何以待彭真如此之慘呢？蓋林彪部隊進入北京，而北京警衛（備）師長與彭真關係素深切，聽其指揮，適駐北京郊區，曾計劃予以阻擋，拒林彪先發制人，由謝富治率衛隊直趨彭真寓所，先剪斷電話線，繼繳其衛隊槍械，將彭捉牢，因銜恨最甚，故罰之亦最慘。陸定一因係彭真一夥，乃遭同一命運云云。

二七五　彭德懷之檢討

據吳叔同言：彭德懷被清算後，曾寫過檢討書，自承犯過許多錯誤，但人孰能不犯過錯，毛澤東雖在方針方面領導正確，但也犯過錯誤，不過我的錯誤比他犯的較多而已。彭德懷是中共參加韓戰總指揮，他在檢討書中亦曾談到韓戰，謂在韓戰中不是我們有什麼了不起，而是敵人－美國－辯證犯了錯誤，他們估計俄國會起而參戰，所以趕快收兵。在武器方面，我們比較美國實在差得太遠了，毛澤東雖然認為物次要，人最重要。但不要忘記美國除物之外，也有人啊，彭被清算後安置在無錫黿頭渚，周圍三十里內可以自由走動，當然有秘密人員監視。文化大革命，乃將彭德懷移送紹興一個住宅中，四周圍繞鐵絲網，則恐失去自由了。（彭的檢討書，叔同曾看見過。）

現在讓我直接引用彭德懷在檢討書中所說的話：「解放前，我在七大時講過，毛澤東思想百分之九十九點九對的，百分之零點一是不對的。」話說得很委婉，但意思卻也十分明白，至於吳叔同所言彭德懷曾被圈住於無錫、紹興等地方，或是他未去成都以前的狀況，迨其由成都解往北京以後，據彭德懷子侄彭梅魁等四人所述：「從此，你彷彿進入十八層地獄，挨鬥、遊街，用拳頭揍你，穿了皮鞋踢你的腰部，無所不用其極，每當我們看到您被抓著搞『噴氣式』，看到你脖子掛著大牌子，光著頭皮押在卡車上遊街，我們心如刀割⋯⋯室內氣氛十分森嚴，窗戶用報紙從底下直糊到頂端，本來此屋就不敞亮，這下子更暗了，先是無休止的審查就已進行了八年，還不知何年何日結束。」「噩耗傳來，一九七四年十一月二十九日，下午三時三十五分停止了心臟跳動。」彭德懷為中共，尤其為毛澤東，立了很大的汗馬功勞，而竟落到如此下場，真令人慨嘆不已！

二七六　陳毅有膽量說話

文化大革命，陳毅被紅衛兵鬥爭，紅衛兵指著桌上兩頂帽子，一為軍帽，一為高帽子，而對陳毅說：「你若坦白認錯，而我們又認為你的錯誤不太大的話，則可戴軍帽，否則只有戴高帽子了。」陳毅起立答辯謂：「毛主席曾說陳毅是共產黨的好幹部。」紅衛兵質問說：「誰聽到？」陳毅指著坐在一旁的周恩來而說：「他聽到的。」周恩來乃頻頻點首。於是陳毅乃拾起軍帽昂首闊步而去。以上是吳叔同所講的。我在陳毅的自白書中也看到有下列幾句：「我們不要搞個人迷信，這個沒有必要，對個人盲目崇拜，這是一種自由主義。我不迷信史達林，不迷信赫魯曉夫，也不迷信毛主席，毛主席只是一個老百姓，有幾個人沒有反對過毛主席？很少，若有百分之二十的共產黨員，真正擁護毛主席，我看就不錯了，反對毛主席不一定是反革命，擁護他亦不一定是革命的。」接著他又說：「我看中央毛主席的大字報亦可以貼，毛主席也是一只螺絲釘，他過去在湖南第一師範當一個學生，他有什麼，還不是一個普通學生……老說偉大、萬歲、萬萬歲，對他們沒有什麼好處的。」他也談到朱德，他說『打倒大軍閥朱德』他幹了幾十年，這不是給我們的臉上抹黑！一揪就是祖宗三代，人家會說，你們共產黨怎麼連八十一歲的老人都容不下。……成千成萬的老幹部都被糟塌了，光是工作組就有四十萬人，搞得好苦喲！我不能看著這樣下去，我寧願冒殺身之禍。」

陳毅的妻子張茜也被紅衛兵鬥爭，說她腐化，把她拉到街上遊行戴高帽子，他在自白書中也為她抱不平，陳毅是「保護過關的」，竟敢在紅衛兵面前大膽的說這些話，真是有膽識。

他們捧毛澤東究竟到了什麼程度呢？共產黨人在毛尚在世的時候，無論做什麼事都要先喊一聲「毛主席萬歲」，甚至吃飯，也要先喊一聲「毛主席萬歲」。

二七七　朱德說：「我們無路可走。」

據冷欣言：抗戰勝利，朱德、葉劍英同來南京。谷正綱以同留德故，曾宴請朱、葉兩人，冷欣亦在座，席間谷謂朱，你何必跟這樣人，朱以手拍桌而說：「我們無路可走。」

冷又言：共產黨人夫妻時常更換，視為平常，惟周恩來與鄧穎超始終如一，據謂周之私生活頗嚴肅云。

二七八　亞洲國家不敢談反共

程滄波於民國六十三年十一月出席在曼谷所舉行之亞洲國會聯合會歸來談稱，在會議全部過程中無一人談「反共」二字。蔣以總統資格致該會賀電，中國代表團要求在會中宣讀，電文中提及反共二字，也只一次。數年前周書楷以外長資格出席亞太理事會，曾提案組織反共陣線，卒被否決，識者謂周不識時務。可見絕大多數亞洲國家，根本不肯談反共，不敢談反共，為時已久了。

二七九　共黨清算之影響何如

邵力子偕顏惠慶於民國三十八年第一次赴平探詢和平意見，歸後語余井塘：毛稱共黨不會有貪污，邵問其故，毛答：共黨有清算之故，此乃余井塘親語編者。但據資料所示，在民國四十一年元月至六月「三反」期間，縣級以上機關幹部三百八十多萬人參加「三反」，貪污人民幣一千萬以上而受組織上和行政上處分者竟達十萬多人。

二八〇　共黨勢力崛起是西方國家造成的

賴景瑚言，聯合國中國職員某君在二次世界大戰前，曾在中國外交部做一小職員，二次世界大戰間流落歐洲，不知由何因緣而進入聯合國。此人為虔誠的共產黨徒，在任何人面前均不否認其為共產黨。一次與景瑚同乘一車，途中此人大放厥辭，謂現在民主國家對於共產集團防範唯恐不週，實則今日共產國家皆為民主國家所一手造成，戰亂尤為共產主義之溫床，第一次世界大戰產生蘇俄，第二次世界大戰又有中共之崛起。此人雖屬小職員，但所言確屬中肯，不可忽視云云。

二八一　共產黨並不嚴格遵守階級成份論

吳叔同言：當共黨初據大陸未久，上海市長是陳毅，沈鈞儒拉叔同入民主同盟，黃炎培拉他入民主建國會，叔同以此情形告訴陳毅，請問辦法。陳毅說：你加入他們，不如加入我們共產黨，叔同謂我有資產階級成份，豈能入共產黨？陳毅說，那有什麼關係，只要你能對我們有幫忙，你就可以加入我們。叔同一次與周恩來談到個人成份問題，周恩來說，談什麼資產階級、智識份子，毛澤東不是舊式智識份子麼？我（周恩來自稱）且曾留學法國，不也是智識份子麼？蘇俄高揚，不但是資產階級出身，且是貴族出身，你看他今天在蘇俄佔怎樣重要的地位？叔同最後結論是，任何人只要能為共黨所用，則不問成份，都是好的，否則，縱是工農成份，也不會放過的。

二八二　共黨四清案的波折

吳叔同言：一次政治協商會議，提出四清案，普通像這類案件，都是先經人民代表會議通過，再送交政治協商會議討論，此次則不然，可見其內部有問題，換言之，就是人民代表會議未曾通過此案，其為內部意見有鬥爭，顯而易見。本來毛澤東在想要利用四清案來肅清劉少奇份子，殊不知劉少奇也利用此案來打擊毛澤東份子，毛澤東見此計不得售，始發動文化大革命。

二八三　共黨治下之官僚政治

吳叔同言：一次與周恩來談到肅清官僚政治，叔同謂有官僚就會有官僚政治，不過程度不同而已。當然，他這句話是有感而發，曾為我（編者）述及一事，以明共產黨治下，其官僚政治到了什麼程度。香港中華書局為共黨所接收，但叔同仍為其董事長，一次，中華書局門房因病請假，按照規定，縱添臨時雇員，以代替該門房工作，亦應由上級批准，於是總務處請示總經理，總經理請示董事長，而我（叔同）則呈請文化部決定，文化部又去公文到北京文化委員會請核准，到了文化委員會核准公文到了香港，則該門房己病癒銷假了。

在一九五七年，吳叔同忽接到電報，召其回大陸商討「辭海」修訂事。（「辭海」是在抗戰前由中華書局出版）至則主管僑務的洪佐堯在電話裡約其翌晨九時半去見他，並以命令口吻囑其不必回香港了，叔同唯唯。翌晨九時（故意早半小時）去洪佐堯辦公室，則尚未來，乃留言而返。當晚上海市長某君（已忘其姓名）請他吃飯，席間，叔同透露洪佐堯叫他不必回香港，市長說，他曉得什麼？周總理（恩來）叫你在香港是負有任務的，你還是回去，不必理他，叔同說，那麼請你同洪主任講一聲。晚間，洪佐堯即電話表示想見叔同，大約市長已有交代了，叔同也擺起架子說，明早我事忙，請九時來見吧，洪佐堯如約而來，見叔同，雙手連連作揖，表示歉意，真是前倨而後恭了。

二八四　共產黨員罵共產黨

吳叔同又言：某君任香港文匯報社社長，同時又是中共候補中央委員，可見其在中共地位之重要了。一日，某君來見叔同，謂接電話召其赴北京，吉凶未可卜，以其太太在香港的生活相託，某君去了大陸，久久無信致其太太，其太太忽以電話約叔同在某處見面，謂其夫自去大陸後，從無分文接濟，生活困難，請借二千元，叔同如數予之，未久，某君太太又約叔同見面，謂其本人亦將去大陸，香港方面尚有一點債務需待料理，此外亦需相當路費，請借六千元，叔同又如數予之，某君太太手中接到此款，雙淚直流，謂共產黨真不是東西，遠不如資產階級之有溫暖。據叔同言，某君返大陸以後情形如何，不太清楚，但聽說他曾鬥爭費彝民，則其地位還不致太差吧。

二八五　共黨黨員在外面都是「皇帝」

一次周恩來對吳叔同說，國民黨是少數幾個高級人員不好，只知講裙帶關係，其中下級公務員的素質並不太差，我們共產黨，則每一個黨員在外面都是「皇帝」。

二八六　怪病，怪病

據吳叔同言：上海有一著名小兒科醫生高鏡朗，求診者絡繹不絕，門庭若市。一日中共駐上海高級幹部某召請診視其子，高醫生診後，連呼「怪病，怪病。」問其故，曰「此病由於吃得太多、太好，共黨係以刻苦、節儉為號召，何來此病！何來此病！」又一次北平中共高級幹部某電召赴平醫其小兒，高醫生答謂：「每日來我處求診者，不知幾許，我必須為大眾服務，不為一人服務。」拒不往，共黨乃清算之。一日下午六時許，高醫生遣返其護士，獨自一人在診所服毒自殺云。

二八七　中共收回中長鐵路、旅順、大連

據邵毓麟（曾任駐韓、駐土耳其大使）言，大連、旅順以及中長鐵路皆早已統歸中共管理，當蘇俄慫恿中共參加韓戰，中共乃以此為條件。（根據中共與蘇俄於一九五〇年二月十四日簽訂「中（共）蘇友好同盟互助條約」及其他協定，在關於「中國長春鐵路、旅順口及大連的協定」中規定，蘇聯長春鐵路的一切權利和財產及旅順口在一九五二年底以前，無償的移交給中共政權。）

二八八　林彪這個人

劉實為陸軍軍校四期生，與中共之林彪同期、同隊，據謂林彪只在開會時談話，平常不太說話。高魁元亦與林彪同期、同隊，且同住一寢室，一睡上鋪，一睡下鋪，後來幾乎在同一時期，一為中華民國國防部長，一為中共國防部長，真可說是一種巧合了。據楊蔚－與林彪亦同期－所寫「我所知道的林彪」一文摘錄如下：「雖然時常聽到某人加入這種組織，某人加入那種組織，可是林彪之名從來沒聽人提過！因林彪在校時是默默無聞的，沒人對他注

意，……依筆者在延安的觀察，林彪之為人，湖北老鄉說他有點「溫情主義」，那是正確的，因為不論對任何人談話，都是慢吞吞心平氣和的；筆者看他對學生講話，也是慢條斯理一口湖北腔，沒有一般軍人激昂慷慨的表情！他對黃埔受訓的往事，仍念念不忘，對委員長始終稱呼為校長，甚至我們碰到葉劍英時，他對筆者說：他（指葉）是你（指筆者）我（林）的老師（葉在黃埔一期時，任本校教授部副主任），足見他還有尊師重道之情。他顯明的長處是努力求知、手不釋卷（經常有一本書揑在手上）。他在軍事上的心得，除作戰經驗豐富外，對『軍事辯證法』的理論篇，確有相當研究，共軍所謂『箝制、打擊』『一點兩面』的戰術原則，『猛衝』、『猛打』、『猛追』的三猛戰鬥原則，林自詡是他倡導出來的。……

……至於他的缺點，我們發現的不多，但給我一個深刻的印象是相當陰險？例如他對你講話時兩眼總是看著地下。」至於林彪何以失敗，據楊蔚說：「林的幹部李韓信（中共空四軍政治部秘書處副處長，參與反毛機密者）不忠，臨難告密，使林立果（林彪之子）于新野（反毛計劃制訂人）政變計劃完全洩漏：因之弄得林彪措手不及，只有冒死逃亡！」（楊文載留痕（三）三十七—四十頁）

二八九　彭真口舌不饒人

我問叔同見過彭真沒有？他說，見過，我再問，彭真性情何如？他說，彭真說話從不饒人，我說，這固可表示他的聰明與急智，但其賈禍恐亦由此。最近報載，彭真又已出面了，其意義為何？他說，果真如此，則劉少奇班底又要登台了，我說，劉少奇這個人是鬥垮、鬥臭、甚至鬥死了，但他的政策卻被採用了。天下事往往如此，這就是所謂政治。

二九〇　一九四九年美、英就要拉中共進入聯合國

民國三十八年，南京陷落不久，聯合國會員國間一般感覺是：國民政府終不免為中國大陸之新政權所取代，蘇俄固已即時承認「中華人民共和國」，美國亦向英國示意，要它先一步承認中共，美國隨後跟來，英國政府以其在華有巨大權益，為獲得優厚條件故，早有意承認新政權，美、英兩國政府固已暗中成立默契。於是安理會乃決心邀請中共新政權代表來紐約在安理會特別會議中致辭，以為容納中共而排中華民國的第一步。當安理會表決這個邀請案時，蔣代表廷黻投第一次否決票，那天安理會主席英國代表傑布爵士沒有給任何人開口的機會便高聲說：「我裁定中國代表剛投的否決票為不合程序，誰願質疑我的裁決？」依照議事規則，十一票中須得有七張反對票，才能反對一次否決，當時會場鴉雀無聲，於是傑布宣佈：「我的裁決成立！」在蔣代表投第二次否決票時，傑布依然提高聲音紅脹著臉作同樣的

裁決，這種強蠻的裁決，為美、英事先安排，自不待言。

由於安理會上述決議，北京代表團抵達紐約並應邀在安理會議致辭，中共代表伍修權步入安理會會堂時，其神態不似一位客人，而像是一位征服者，又像是一位脾氣暴躁的教師，把安理會及聯合國像罵孩子似的罵了一個多鐘頭，他這種惡劣的態度，使在座的人無不為之大驚，因此，對於引進中共加入聯合國不能不予考慮，或亦有其他未知理由，中共代表權問題遲遲未曾在安理會提出。就在此一時期，中共進兵韓國，更使情勢突然大變，安理會應美國總統杜魯門的迫切請求在某星期日午後召集會議，在這一次安理會中，一致譴責中共侵犯韓國的行為，蘇聯代表於安理會投票表決美國所提決議案之前離席，退出會堂，使美國提案得以順利通過，並獲得授權干預韓戰並保衛韓國的獨立。蘇聯代表馬立克為一幹練外交家，為什麼會這樣輕率離席，退出會堂？他不得史達林事先許可，馬立克敢如此做嗎？唯一可能的解釋：蘇俄有意使中共與美國形成軍事對抗，以削弱雙方的力量。

韓戰的影響不止一端，其中之一就是中華民國政府在聯合國的壽命延長了二十二年。

二九一　伍修權大鬧紐約市

伍修權大鬧聯合國已略記之。伍修權曾率領其隨從人員往紐約無線電城（Radio City）

劇院看跳舞表演，此劇院場場客滿，非排隊買票不得進入，伍修權到，自以為「我何人也」，豈可與平民一樣排隊買票，乃率其隨來人員欲衝進劇院，為警察所阻止，報章騰載，引為笑譚。又一次伍修權率領其隨來女職員往商店購買貂皮大衣及其他貴重飾品，以紐約首富之區，也只有極少數人買得起如此貴重大衣與飾品，今無產階級代表竟欲倣效資本家的穿戴，亦不免使紐約人大為驚奇。俄國在列寧時代，其黨政首要的妻女亦無不珠光寶氣，較之沙皇時代並不遜色，然猶可諉稱那些珠寶都是沙皇時代的遺物，棄而不戴，未免可惜，但伍修權則以大陸人民血汗而購此珍貴飾品，又有何說？

二九二　張國燾對毛死之看法

張國燾為中共發起人之一，現臥病加拿大多年，毛死後，一家報館記者特以電話訪問其感想，玆有友人自加拿大返國，與余述張之談話如後：

「毛係以農民運動起來，今中國行將邁入工業社會，其不適宜於領導，淺而易見。毛之為人，陰險狠毒，獨斷獨行，遂能控制中國共產黨，再進而統御中國八億人民。毛死，周恩來為順理之繼承人，但周已先毛而死，其次為林彪，在軍隊方面已有相當基礎，在中共內部之資望亦夠，但林又被迫逃亡而死，再其次為鄧小平，其人相當幹練，且與各方關係也夠，今又被毛所整肅，能否復起，不得而知了。此外，看不出有何人能籠罩全局，中國大陸之變亂可以預見。」究竟其看法如何，且看以後事實之變化了。

二九三　張國燾老年貧病交加

張國燾為創建中國共產黨之一人，初期，其地位僅次於陳獨秀，而遠在毛澤東之上。國燾早年去莫斯科，為中共領導人物中唯一見到列寧的人，也是唯一領到列寧勳章的人。中共武裝暴動，毛澤東由井岡山而入江西，而張國燾則率軍盤踞鄂豫皖邊區，後經國軍數度圍剿，毛澤東沿途流竄，而張國燾則率紅四方面軍竄入川北。一九三五年中共中央遵義會議決定毛澤東所率領之所謂「中央紅軍」（亦稱紅一方面軍）由川南北渡長江，遂電紅四方面軍渡嘉陵江，策應紅一方面軍北上，於是張國燾依照中共中央指示率軍強渡嘉陵江，遂與紅一方面軍會師於懋功。當紅一方面軍翻越終年積雪的夾金山時，因空氣稀薄，致令許多體力衰弱的士兵倒斃山頭，沿山屍體纍纍，連林彪亦暈倒數次，幸賴部屬扶持過山，像這樣的一技殘兵，如果不是紅四方面軍的接應和補充，恐怕難逃覆滅的危境。

當兩軍會合之初，四方面軍熱烈歡迎一方面軍，並予以糧秣裝備之補充，後來還撥三個團補充一方面軍。

中共中央隨即在兩河口召開第一次政治局會議，在會議時，張國燾認為中共中央的政治路線是錯誤的，尤其在中國建立蘇維埃是政治路線錯誤的總根源，關於遵義會議改組中共中央，張國燾亦認為違法，他指出這樣做，違反了黨章，政治局會議無權改組中央，而且出席遵義會議委員還不到一半，實際是政治局常委會，以常務委員會變更中央領導機關，是絕對非法的。至於當時紅軍行動方向，張國燾與毛澤東亦有不同意見，關於行動方面，在毛兒蓋會議，張國燾主張未為毛澤東、張聞天所採納，仍決定過草原，北上向陝甘進軍，關於中共中央改組問題，在兩河口會議時已決定增加第四方面軍八人為中央委員，這已使第一方面軍的人非常不滿，造成日後分裂的主要原因。

在一、四兩方面軍決定揮軍過草原時，毛澤東又令第四方面軍的第三十軍打先鋒，致令傷亡慘重，張國燾聞悉，深表不滿，認為剛入草原，即遭此重大損傷，如繼續北上，勢將全部覆滅，乃以政治局委員兼紅軍總政委身份建議中共中央令紅軍全部改道南下。豈知在張國燾與中共中央往返電商北上或南下問題時，毛澤東與中共中央則於九月二日悄然率領一、三軍團及軍委縱隊之一部偷偷離去，既不通知同在一線休息之第四、第三十軍（屬四方面軍），更不告訴同路之前敵總指揮徐向前及政委陳昌浩，類似私率部隊秘密逃跑，此種行動，當即使整個四方面軍譁然，掀起反毛高潮，痛罵中共中央為機會主義、逃跑主義，不配領導全黨全軍，罵儘管罵，事實上，四方面軍等於做了毛部的掩護部隊，使其得以如願北上。初次軍事合作，便被毛澤東無情的利用，在群情憤激下，張國燾乃提出「南下打成都吃大米」為動員口號，指揮四方面軍及被毛所遺棄之一方面軍第五、九軍團再過草原南進，另一方面，群情既極度不滿毛澤東所領導的中央，而要求張國燾另組新中央，這樣，便有了兩個中共中央的新局面。

張國燾率部南下之初，以為川軍及少數中央軍易於對付，殊不知國軍追剿部隊掃數從陝甘邊撤回，全力予以攔截，使其原定創造川康根據地的計劃便完全失敗，張國燾所領導的共軍在川西與國軍作戰五個月，死傷萬餘，最後被迫放棄四川，翻越大雪山而竄入西康。

西康地廣人稀，盡是草原雪山，為一片游牧地區，以此落後貧瘠地區，供養四萬餘共軍，其困難實無法克服。

一九三六年六月，正當四方軍在甘孜期間，有一人名叫張浩者，自稱為共產國際代表，聲稱奉國際共產之命調解兩個中央糾紛，並轉達共產國際主張，北方與南方的兩個中央，同時撤銷，停止行使中央職權，改組北方中央為西北局，南方中央為西南局，以地區與所轄部隊為界限，分別行使職權，張國燾信以為真，老老實實的改組其中央為西南局。

西康既民窮財盡，無法供養龐大部隊，張國燾乃同意過草地北上甘肅。

不意轉戰衝出祁連山口，剛到白墩子，便被馬步青的騎兵追上包圍了。

據馬步青所述：

當時的兵力既然是旗鼓相當，所以在張掖地方形成拉鋸戰，一直持續了一個多月，雙方死亡都很慘重，而且都已瀕臨精疲力竭地步，很明顯的，既然雙方實力都扯的很平，那麼只要有一面加添一點新的重量，自然就會使得整個情勢立即改觀，我就這樣做的—從青海調了幾個地方團隊投入戰場，於是起了預期的效果，不久就急轉直下的結束了這場戰爭。

當時，張國燾見戰事危急，曾急電毛澤東求救，並謂，西路軍雖大部份為四方面軍的精銳，但亦有原一方面軍之五、九軍團，如果坐視不救，是黨和紅軍的整個損失，但毛澤東無動於衷，不派一兵，不遣一卒，坐視其全軍覆滅。

張國燾率殘部約七百餘人到達陝北，始確知毛之中央並未撤銷（在行軍途中已略有所聞），所自稱共產國際代表之張浩，完全是一種騙局。毛乃以中央名義發號施令，首先以調訓為名，將四方面軍團級以上幹部，全部調抗大受訓，另派一方面軍親毛反張幹部接替之，這樣，便把張的武裝解除了，第二步、開始鬥爭張國燾，指其自立中央、分裂紅軍種種錯誤，甚至言辭粗鄙，破口大罵，並將四方面軍軍官之在抗大受訓者予以扣押，四方面軍兵士予以活埋，張國燾到了這個時候，始知毛澤東心狠手辣，已身處危境，性命難保，乃於一九三八年四月四日，請以陝甘邊區政府代主席身份，由延安至中部縣（即黃陵縣）參加祭黃帝陵的典禮，祭後即自行到西安轉武漢，歸順中央。

中央初任張國燾為中央黨部設計委員，繼又任為參政員，這兩種名義都不必擔負實際工作，閒著無事，乃在中央黨部與二、三同好下棋聊天，共產黨人傳為笑談。抗戰結束後，張國燾曾長救濟總署江西分署，但為時甚短。大陸失守前，張國燾曾遷居台灣，約半年始悄然赴港，其在港生活狼狽之態，見者為之浩嘆。香港居大不易，以其長子在加拿大工作，乃偕妻移民是邦，其時，右手腳忽然中風，不能行動，完全靠加拿大政府社會救濟金維持生活，靠加拿大醫藥保險金為之醫病，只好自其長子家中遷入療養院，其妻亦住入老人院，往往在老人院吃過自助餐之後，即乘車赴療養院，為乃夫作伴，可謂志同（其妻亦早加入共黨）而患難與共的一對夫妻，在共黨中殊不多見。一九七四年編者為國民黨容共時期有一、二問題，曾寫信請其予以澄清，他覆信非常客氣，但言辭模糊，並未完全答覆我所提的問題，可見其腦力已很衰退了，閒一九七六年，政府知其生活困苦，曾電匯一萬美金，但聞係由人轉交能否到達張國燾手中，則不得而知了。

從上面所述張國燾事蹟看來，其為人直道而行，似乎不尚權術，自非毛澤東之敵手，在兩河口會師時，四方面軍比較上軍容鼎盛，彈藥充足，裝備齊全，人數又較多，而一方面軍，則自稱「叫化軍」，倘使毛澤東與張國燾易地而處，既指其中央改組為非法，則必先將一方面軍徹底解決，或將其領導人物一網成擒，張國燾不此之圖，而斤斤於幾名中央委員之爭，斯為下策了。

毛澤東心狠手辣，狡詐多端，好用權術，而流氓氣又很重，故能君臨中國共產黨達數十年之久，生死予奪，隨心所欲，中共領導階層，多為三山五嶽人物，反抗性很強，然終毛澤東之世，未聞有人公開叛變（林彪欲叛變而未成），亦可見其令人怕他到何種程度了。若張國燾者，自未可與毛澤東匹敵，然其下場如此淒涼，恐亦非世人所能料及吧！

二九四　越戰前，韓戰是美國歷史上第四位損失最大的戰爭

一九五二年美國大選的時候，美國人在韓戰中的死亡數字，高達二萬一千人，另有九萬人受傷，一萬三千人失蹤，此一數字已使得韓戰成為美國歷史上第四位損失最巨大的戰爭，其損失僅次於美國內戰，以及第一、二次世界大戰。（艾森豪白宮回憶錄）（按：此為越戰前之統計，越戰中，美兵死亡與失蹤共為五萬八千〇七人，美國自一七七六年以來，歷次戰役共死亡一百〇八萬一千人。）

二九五　中共在大陸的自耕地

吳叔同言：中共在大陸亦准農民留有小塊自耕地，大陸自耕地僅佔全國農地百分之三，而其生產量則超過全國農業總生產百分之五十，我（編者）說，其情形完全與蘇俄「廚房用地」相同。（關於蘇俄廚房用地，參閱桂崇基「政治思想之問題與趨勢」第一章，台灣商務印書館出版）

吳又言，自耕地之收益既可歸農民自由支配，則農民當然希望自耕地是永久性的，於是廣東農民即提出此問題，請求上級確實答覆，中南局亦不敢擅自決定，乃呈報國務院核奪，國務院答覆是：自耕地可以說是永久性，也可以說不是永久性的，完全看農民覺悟性如何而定，覺悟性高，則是永久性的，否則，就不是永久性的。

吳又言，大陸荒年，農民種甘薯以為食，他們在日間為「爭點」、「爭分」，皆工作非常努力，但等到成熟的時候，則在晚間人人偷吃，所以收成很差。

茲又節錄大陸農民所口述自耕地真實情況如下：

「咱們這山溝子，本來糧食就不夠吃，誰都惦記著在房前房後的栽點瓜啦、豆子的，又當菜又當糧食，可是咱們公社是區裡樹的紅旗呀，自留地上邊全讓自動交回去了，遠處山坡的地寧可閒著，也不許你種。頭年我跟你大嬸帶上這幫孩子整整幹了一冬天，把院子深挖了一遍，光是石頭子就撿出一百多筐去，孩子們又打山窪子裡揹來好土填上，把家裡積攢的好糞撒上，頭年春上，我確確實實種了一院子老玉米，根底下還點上豆角子，房簷底下栽上老矮瓜，到秋後你瞧那房頂上、牆頭子上結得滴里嘟嚕的，去年雨水也好，那玉米長得都是頂房簷高，哪棵上不給我結它三兩的。好！眼瞧著快到嘴能吃了，上邊下了指示，讓學什麼「大白樓」，什麼「王國福」，「鬥私批修」，自留地裡種的東西，一律歸公，再折價賣給你，你大嬸一聽肺都氣炸了，這孩子們哪兒幹哪，摸黑上這院掰回兩籃子玉米來，我一看太嫩了，手一捏還流水呢，太可惜，不行，這太糟蹋東西了，讓我硬給止住了。好！第二天隊裡成立一個什麼評價組，書記掛帥，再加上大隊革委會主任、貧農代表、會計五、六個人，挨家挨戶檢查、登記、評價，全大隊這百十戶人家，整讓這幾個大幹部忙活了半個多月，查來查去，就屬我這院裡老玉米長得好，你猜怎麼著，一個玉米棒算我二兩糧食，五個玉米棒扣我一斤口糧，七十多棵老矮瓜、兩架豆角、一畦葱、一畦菜、還有十幾棵小辣椒、茄子、黃瓜伍的全點了數，折了價，年底決算時，一共扣了我一千五百多個工分，三百斤口糧。好！我原想多抓弄點，頓頓有點瓜啦、菜啦的，也能有點糧食，嘿！鬧了半天眼瞧著快到嘴了，誰想到給你來這麼一檔子，其實這些年了，我家裡老是醃一大缸蕪菁，一大缸蘿蔔，六月裡天熱，缸裡一長白毛，你大嬸就把它撈出來，曬成乾兒，缸裡的老鹹湯煮個開，倒回缸裡，秋天再醃新菜，這樣能對頭吃一年。這回可好，我是「没打到狐狸倒弄一身騷」，年底一算賬，一分錢没分著，我倒欠隊上七百八十塊錢，哼！欠著吧！等明兒個我兒子長大了再還他。你說，今年我還種呢？我別犯傻了，什麼我也不種啦！」（本段節錄民國六十六年三月一日中央日報副刊。）

二九六　農民搶糧包

中共佔據大陸後，實施配給制，人民缺吃少穿，凡有親友在海外者，知道這種情形，則寄糧物以接濟之。一次，吳叔同自香港乘火車到廣州，行至中途，忽然中止前進。久之，始行。迄到廣州，始知由於農民獲悉火車裝有糧包，乃包圍劫奪之。中共急調一連兵前去鎮壓。農民知此連士兵係林彪由東北帶去，多為東北人所組成（從口音可以知道），乃揚言現在駐於東北的部隊亦有由廣東人所組成者，一旦聞訊，必將以你們對付我們的手段對付東北農民，你們的父母兄弟姊妹必將遭遇同一惡運。士兵聞之，乃聽令搶劫而去。事後，中共改變方法，凡海外欲寄糧物至大陸者，須向其在香港所指定的公司，付款登記，由該公司簽發憑證，收件人僅須持此憑證取貨。據聞中共此一計劃並未完全成功，因其所指定公司取費高於郵局，且又往往不能達成任務，故絕大多數華僑寧願仍由郵局寄出。中共見此計又未成功，乃於一九七七年九月一日開始又規定：中國大陸家庭，一年接獲郵包不能超過四件，每件郵包價值不得超過十一美元。非有大陸醫生許可，不可再寄藥品。凡此種種新規定，其目的在鼓勵香港居民直接寄錢，以增外匯。

二九七　中共深知蘇俄對外活動情形

蘇俄深知中共內部情形，如毛澤東何時會死，蘇俄均預先知之，曾詳予記述，茲不贅。今年（一九七七）夏，外交部一位負責人來訪，談起智利左傾政府為軍人推翻。新右派政府成立之翌日，中共「大使」即求見，指出某處藏有蘇俄軍械，新政府半信半疑，姑派人前去查勘，果然大批軍械存焉。越一、二日中共「大使」又求見，密報另在某處藏大批蘇俄軍械，又不虛。再過數日，中共「大使」又求見，報告蘇俄有二艘船裝運大批軍械，將在某港登岸。智利新政府即派兵前去，果見兩艘俄船緩緩駛來，即予扣留。智利新政府成立之後，本以反共相標榜，並與蘇俄及大多數東歐共產國家斷絕關係，但中共「大使」仍能留駐其首都，或即此故。

二九八　中國記者抱頭痛哭

當尼克森與甘迺迪競選總統，尼比甘少十餘萬票而告落選。中華民國中央通訊社記者某君得訊，竟抱頭大哭，以尼克森為中華民國之友，今竟不得進入白宮，則對中華民國之影響為如何？迨尼克森再度競選成功，入主白宮，而竟親赴中國大陸訪問，使中華民國遭受損害最大者，莫過於此。此一記者，又抱頭痛哭一場。

二九九　美國討論台灣問題

一九七一年三月五日至六日在華府召開會議，討論美國與中國之關係，特別注重台灣問題，係由私人基金會所補助，參加者共三十人，有學者、新聞界人物、商人，政府有關人士，以及基金會之代表。會中宣讀論文六篇，每篇論文宣讀之後，即相繼討論。類此會議，對於政府決策有很大影響力，此一會議當不例外。其中對於台灣問題，亦有人提出兩個中國之方案，惟並無結論。此種會議，亦不尋求結論。關於兩個中國問題，我再一次詢問魏道明當時美政府派員來台接洽之經過。據謂美國務院先派 Brown 來台商討向聯合國提出兩個中國代表權事。惟蔣根本不贊成此議，魏本人又決心辭卸外交部長，駐美大使周書楷來電報告Brown

為一壞蛋，所以魏乃派楊西崑次長接見，並未深談，Brown憤而返美。未久，白宮又派Murphy來台，亦係商談兩個中國代表權問題。Murphy 雖為白宮所派，但行前必與國務院有所商談。當時，我負外交之責者，不明此理。該次聯合國大會係由新任部長周書楷為首席代表。先，中國代表團極力反對兩個中國代表權方案，迄見情勢不佳，又贊成此議，但未通知我派駐各國大使轉告其駐在國政府支持此議。我從我國駐南美某大使獲悉我外交當局確無有關此事之指示。後來，非洲若干政府表示：我們實不知道如何幫助你們（We don't know how to help you？）。非洲各國派駐聯合國代表因未接到其本國政府訓令，亦不願自打耳光。因我國先請他們反對兩個中國方案，今忽然又請他們支持兩個中國方案，非叫他們自打耳光為何?該次討論會亦多數認為兩個中國代表方案，縱能實現，亦至多只能再拖三、五年。

三〇〇　越南淪陷之前夕

越南淪陷，原因甚多，報紙雜誌記載不少，可不再論。惟我今日讀報，看到一則內情報導，使我對於越南淪陷如此之快，毫不驚異了，特錄之如左：

原來自從巴黎和談以後，越共就正式派出代表，參與西貢有關部門的工作。如新山一機場的管理部門，就有越共代表參加，機場發給越共代表出入證，隨時可以大搖大擺的進出，這一著，對越南的軍民心理上影響很大，無形中消失了雙方的敵對觀念。所以越共的間諜人員，在西貢的活動根本無所顧忌，等於是半公開的了。他們只要不在進行活動當場被捕，其餘時間，儘可大膽住在西貢市區。那天要不是碰到楊文慶上校，我們縱使好心的去報案，也不會得到什麼結果。「這太危險了，」我有點急不擇言的說：「這樣一來，不是弄到敵我不分？」「唉！有什麼辦法？」他嘆口氣，然後帶著激憤的口氣說：「這都是美國人的傑作啊！」

「提起盟友運用壓力，強迫他們簽字所謂停戰協定一事，楊上校感到非常痛心。他說：越南的民心士氣，就是這樣子拖垮了的。這些年來，和越共打打談談，弄得軍隊縛手縛腳，無所適從，才給了敵人可乘之機，使美越兩國都受到嚴重的損失，而變得毫無代價。」（中央日報，六十四年七月十七日，副刊，「落日餘暉」）

平心而論，若謂越南淪陷，完全歸咎美國，恐亦有欠公道。猶憶十餘年前，越戰尚未升高的時候，從越南來的人就告訴我（編者）：在西貢郊外，凡往來西貢車輛必須向共黨繳交「買路錢」，縱是政府或軍隊的車輛亦不例外，那已經是什麼樣的世界！謂美國沒有武器裝備越軍，則越南陷落以後，幾有五十億美元的武器落入北越與越共之手。謂美國沒有訓練越軍，則美人雖傻，恐尚不致以相當新式武器交給未經訓練之師。美國人到處化錢，到處捨命，而結果落得到處受人責罵，這真是近代史上一大諷刺，更是值得美國人深自反省的。

三〇一　美國如何對待阮文紹

民國六十八年十一月二十六日陳香梅在台北中山堂講演，曾透露一個消息，當年越南為越北共黨攻佔，阮文紹飛來台北避禍，美政府即派陳香梅來此，面告阮文紹不要去美國。阮文紹長嘆一聲說：「做美國的朋友竟這樣困難啊！」

不得已，阮文紹去了英國，寄居倫敦郊外，不與外界來往，幾乎無人知道阮就寄寓該處。

三〇二　張君勱如何過台灣而不入

我問王世憲，張君勱過台灣而不入，究何原因？據世憲言，當君勱初抵香港，便函告世憲，謂為應付某些在港人士之阻其來台之行，最好台灣當局來一邀請函，便可以此函杜塞諸人之口而來台灣了。世憲以此函示陳雪屏，多日無回信。直到君勱離港前夕，始由陳誠具函邀其來台，措辭亦甚籠統。君勱於離港之前夕，曾以長途電話告世憲謂即將啓程直赴日本，不必前來。但世憲仍持此函親赴日本，當然君勱不能再折而返台。據世憲言此函之拖延，陳雪屏應負責任云。

三〇三　天馬茶室事件

林可璣，青年黨重要人物，在民主潮所載一篇閒談中，談到天馬茶室事件發生，乃青年黨分裂之肇因。編者乃電話另一青年黨人沈雲龍詢問天馬事件之經過，當時以電話中所談不詳，今日碰面特請其再述一遍。據謂自對日戰事結束後，青年黨總部移設上海，其主席曾琦因病赴美就醫。行前宣佈在其赴美就醫期間，青年黨主席由李璜代理，如李璜亦不在上海，則由左舜生、陳啓天兩人輪流代理。陳啓天、余家菊二人對此決定已甚不滿。先，政府返都，行政院改組，青年黨由左舜生、李璜二人參加行政院，而曾琦與陳啓天則參加國民政府，陳啓天尤憤懣。在青年黨決定由左舜生任農林部長，劉東巖與劉泗英二人均為青年黨之佼佼者，爭欲任次長，又彼此不和。其後行政院再度改組，左舜生下台，曾琦為安撫陳啓天，乃函蔣荐陳啓天為部長，蔣允之。在曾琦視之，已極盡安排之能事，無如內部因參加政府之事，早已隱呈分裂現象。其所以尚未爆發者，以曾琦尚在。迄曾琦逝世於美京，青年黨內部已離心離德，爭欲稱雄。

迨政府遷台，陳誠告陳啓天謂：「國民黨已重新改造，你們青年黨亦當改造，應將一些附和李宗仁份子一律排出青年黨。」陳啓天得此提示，更欲積極另成中央，此天馬茶室事件之所由起。天馬茶室乃一咖啡館，竟在此開代表大會，想必效法汪精衛派在上海大世界遊藝場開會選舉中央委員之故伎。

編者又問：青年黨與民社黨人常說「被分化」，其意何指？據答：「調查局與軍統局份子潛入青年黨者不少，他們在內部製造分裂，又將青年黨內部情形一一密報國民黨。」此雖非君子之風，但在外國政黨之間，亦屬常見，美國水門案件其較著者。總之，物腐而後蟲生，此語確有至理。

沈雲龍又言：「本來陳啓天、余家菊二人互相聯手，另立中央。未久，二人又彼此發生歧見。一次，陳啓天於開會時，嗾人打余家菊兩個耳光，於是陳余二人又實行對立。」

編者認為凡此種種現象，並非青年黨所獨有。中國人個人主義特強，缺乏容忍精神，其由來已久，非一朝一夕所能徹底改變。政黨政治是民主政治重要一環，而民主政治不僅是一種制度，更是一種生活方式。一方面講求容忍與合作，一方面注重秩序與紀律。自家庭、學校、社會各方面加強訓練，庶幾數十年之後，方可言政黨政治。

民、青兩黨內部糾紛迭起，多因金錢問題。數年前國民黨補助民、青兩黨「宣傳費」每年各五十萬台幣。聞今已增至二百萬台幣。中國俗話說：「吃人的口軟，拿人錢的手軟。」

因此，民、青兩黨就很難有獨立的主張與作為！

三〇四　台灣「二二八」事件，外人有鼓動嫌疑

台灣「二二八」事變，陳儀應負很大責任，乃週知之事實，不必贅言。陳儀因之去職，由魏道明繼任台灣省政府主席，據謂其時美國新聞處處長為Gato，縱非共黨份子，亦為共黨同路人。凡美人之來觀光或考察者，必由其新聞處派人任翻譯，則多出以己意，而不作忠實之傳譯，使美人所得印象非常惡劣。同時又有一美國新聞記者，常為歪曲之報導，輾轉相傳，使台灣人以為將得美國之支持，內外相激盪，遂釀成「二二八」事變。Gato事件，美國本允予以調換。孫科來台遊覽，魏道明與之談及此事。翌日孫科於離台前，召集記者會，公開指出此事。遂演變為中國外交部與美國大使館之交涉。幸雙方均認為可由地方解決。魏道明向美駐台北領事堅決表示非予以撤換不可，美國照辦，此事遂未擴大。

吾友金君當時適在台灣—親眼看見嘉義、台南各處車站寫有：「我們不要中國」，「我們不要陳儀」，「唐山人滾回去」等標語，各縣市議會多對政府誣辱詈罵。

朱文伯，青年黨員，「二二八」時任新竹縣長，曾受群眾攻擊，四處藏匿，始免於難。據他的看法：「知道這次亂，是本省參戰回來的青年群，受日本人鼓勵，對大陸同胞乘機報

復……起因祇是某警察二月二十七日晚間查緝私煙時，對一賣私煙的女人曾有打罵情事，路人不平，二十八日即有人包圍煙酒公賣局，搗毀門窗。」（民主潮，第三十四卷第十六期）

三〇五　Kerr主張台灣屬於美國

Kerr為美國海軍軍官，對於台灣甚有研究，可謂台灣專家。倘台灣屬於中國，則其個人必無發展之機會。故力主台灣屬於美國之說，並著書兩種以張之。Fairbank主張台灣為美國之五十一州，可謂桴鼓之應。

三〇六　日美兩國支持台獨活動

關於日美兩國支持台獨活動，初僅得諸傳聞，或報章雜誌之記載。今日（一九七六年八月五日）據加州大學政治系主任史卡比諾（Robert A. Scalapino）親口所述：約在一九六五年或一九六六年，他（史）正在郊外租一木屋撰寫文章，一日忽接三木由日本打來電話，請來東京與之相晤。心想與三木無一面之交，但三木表示一切費用由其負擔，乃欣然就道。至則除三木外，尚有三木之秘書一人及另一台獨份子。三木邀史赴日所談何事，史未明言。但以三木偕一台獨份子參與談話，而史卡比諾又是美國方面主張台灣獨立之人，則其用意顯而易見。由此可得日本政府及自民黨領袖支持台獨活動之確證了。

至於美國政府之支持台獨活動，更可於彭明敏事件見之。彭明敏為台大教授，從事台獨活動，經判處徒刑，為優待起見，僅羈留家中，禁止外出。但美國中央情報局設法將其偷乘美國軍機出境。到美後，更為之安排到處講演，並派彪形大漢隨身保護，更是明目張膽，毫無顧忌了。

上述史卡比諾即為起草康隆報告之一人。

三〇七　蔣大罵二陳

自蔣決定以其子經國繼承大業，乃從各方面逐步予以培植與歷練，使其日後總攬全局。首先在黨務方面以經國為重心，以取代二陳。一日，蔣召集CC重要份子談話，指出今日大陸失陷，是黨沒有辦好，而黨沒有辦好，果夫與立夫應負完全責任。今立夫在美猶不知反省。余井塘起立發言，井塘以往在任何會議中很少發言，蔣見其起立，頗表驚訝。井塘說：「黨沒有辦好，任何人不能否認，但大陸失陷，原因甚多，黨務乃其一端而已。而謂果夫與立夫二先生應負其全部責任，似乎不符事實。」陳果夫曾對梅嶙高說：「我有把握與任何人鬥，但我不能與他（經國）鬥呀！」這都是政府播遷來台未久的事，大約是在改造委員會成立前後的事。當北伐軍進展至南京，陳立夫曾對賴璉（景瑚）說：「我要做總司令看門狗。」今日立夫必已體會要想長久做功狗亦不易啊！陳誠在蔣將其手下軍人陸續調換，心中已鬱鬱不樂，迄蔣令其辭去行政院長，在經合會餞別宴會致辭，更公開雜有牢騷語。甚至對其友人表示：「我們都為老先生所玩弄了。」蔣對果夫、立夫與陳誠可謂寄以心腹、予以重任，而今竟有牢騷，亦可見用人之難也。倘在古代，若陳果夫、立夫以及陳誠諸人能保全首級已屬萬幸了。

三〇八　中日和約一波三折之最大癥結

中華民國既未在金山和會參加簽訂對日和約，乃由美國從中斡旋，始簽訂中日雙邊和約。日本政府派曾任大藏大臣之河田烈為全權代表，中華民國則以外交部長葉公超為全權代表。中日和會於一九五二年二月二十日在台北舉行，迄至四月二十八日兩國全權代表始正式簽字。往還磋商二月有餘，真可說一波三折。其中最大爭論，是和約「適用範圍」問題。日本方面認為中國大陸業已落入共產政權之手，中華民國在國際法上雖然擁有主權，但未能遂行。其內心理由則仍希望為與中共政權建立關係留一後步。吉田茂在對其國會致詞的時候，即曾表露此種意向。故其致杜勒斯書簡中，對此問題，堅持「應適用於現在在中華民國控制之下，或將來在其控制下之全部領土。」而中華民國則以「或」字有二者擇一的文意，而要求在條約上改正為「及」字，乃與日本方面僵持不下。經多方折衝，美國又從中斡旋，始在雙方交換照會中對「或」字取得「了解」，並在同意記錄上明記，認為具有「及」字之意，始告解決。

其次，關於「賠償問題」，中華民國將金山和約十四條規定的「服務賠償」予以自動放棄。是以在中日和約中並未見到賠償的字眼。縱中華民國政府仍在大陸，我相信亦不會對日提出苛刻的要求。較之甲午中日戰爭，中國戰敗，伊藤博文在馬關議和的時候，那種咄咄逼人，既要割地、又要賠款的態度，真有天淵之別。

三〇九　周鴻慶案

周鴻慶案發生，日本政府拒絕我方要求而將周釋放，又以尼龍二廠售予中共，中日關係幾乎決裂，時孫碧奇在侍從室任英文翻譯官，特將美國駐華大使海軍上將賴德與蔣談話經過記錄如下：

「賴德晉見時寒暄畢即稱：『中日關係發生波瀾，殊屬不幸，希望我們大家不要太過緊張。』蔣公說：『請問閣下誰在緊張？是日本政府？美國政府？還是中華民國政府？』賴德答：『周鴻慶事件和日本出售尼龍工廠都無關重要，而台北輿論譁然，似乎大可不必。』蔣公說：『閣下可知日本以尼龍工廠售給中共匪幫，曾經其內閣通過，日本政府蓄意資敵，我國輿論焉能緘默。至於周鴻慶一事，閣下須知第二次世界大戰之後，我曾遣送日俘二百萬人安全返國，日本人口稱感激，永世不忘。今天我政府向日本要求遣返周鴻慶一名而竟被拒絕，實在欺人太甚。閣下可能了解我國人民的情緒否？』言時聲色俱厲。賴德無以對，敷衍幾句話就起身告辭，此時，蔣公也就轉為和悅，含笑送別。這是我親見蔣公接見外賓時顯示不愉快的惟一的一次。」

孫碧奇在同一文章中又記：

「眾信蔣公不懂英語，其實他不但懂，而且聽得特別清楚。通常談話例須逐段翻譯，每逢說話較長而譯員偶有遺漏的地方，他不立即糾正，而在說下一段之前將譯員所略去的部份重述一遍，然後繼續說下去，使譯員能及時改正，而不露痕跡，此乃蔣公對僚屬寬大週致之處，令人五體投地。」（見中外雜誌，第十三卷，第四期）

三一〇　吉田書簡

吉田書簡為中日關係後期爭論最多的一個問題。究竟其內容為何，外間無人知之。民國六十五年十二月始為產經新聞記者在蔣總統秘錄取材中發現了真正而且完全的原文而告揭露。茲特複錄於後：

日本政府在首相池田勇人執政時期，曾經由池田的特使吉田茂，與總統　蔣公商定一項五點要綱，支持中華民國解救在共黨統治下的大陸人民。

這項要綱是日本執政黨元老吉田茂於一九六四年二月訪問台北時，與總統　蔣公三次會談的結果。當時吉田茂訪問台北的目的，是在彌補中日兩國之間，由於周鴻慶事件和日本進出口銀行貸款給中共建造化學紡織廠的問題，瀕於破裂的關係。

吉田茂和　蔣總統達成的五點反共要綱是「吉田書簡」所確認的重要文件。新發現的「吉田書簡」的簽署日期是四月四日，而日本政府過去發表的所謂「吉田書簡」的日期卻是一九六四年五月七日。據產經新聞說，這封書簡原來是以日文寫就，但是經日本外務省譯成中文後由吉田茂親自簽名。

與吉田茂的書簡附在一起的是日本外務省的一項聲明。聲明中說，這封書簡是在「諮詢池田首相和有關內閣閣員」後發出。

產經新聞列出吉田茂與　蔣總統達成的五項要綱內容如下：

一、欲使大陸六億民眾與自由國家和平共存，並與自由國家擴大貿易，對世界和平繁榮有所貢獻，必須解放現在共產主義控制下的中國大陸民衆，使其參加自由國家陣營，是為至要。

二、基於上述之目的，日本、中華民國兩國應具體提攜合作，實現兩國之和平與繁榮，向中國大陸之民衆顯示自由主義之楷模，藉使大陸民衆離棄共產主義政權，誘導中國民衆將共產主義自大陸驅逐。

三、中華民國政府根據中國大陸內部之情勢及其他世界局勢之變化，以客觀的判斷，認為七分政治，三分軍事之大陸反攻政策，確能成功時，日本不反對反攻大陸，並予以精神上、道義上之支持。

四、日本反對所謂兩個中國的構想。

五、日本與中國大陸之貿易以民間貿易為限，日本政府之政策，應極慎重避免給與對中國大陸之經濟援助之支持。產經新聞透露，日本政府曾在此間公開的所謂「吉田書簡」，是吉田茂的第二封信。

吉田茂簽署日期為五月七日的第二封信是為了答覆台北當局，中華民國曾因日本違反協定，提供北平更多資金以建造第二個工廠，向日本政府發出抗議。

產經新聞宣稱，為了掩蓋吉田茂與中華民國達成的五點要綱，日本外務省只發表第二封信，而把四月四日的第一封信和協定的全文保持秘密。

產經新聞在引述　蔣總統於一九六八年在台北的一項記者會中向日本記者發表的談話說，中華民國視與吉田茂達成的協定為「中日和約之補充文件」。　蔣總統在那次記者會中說，「如欲廢棄『吉田書簡』即無異是等於廢棄中日和約。」但由於中華民國當時為考慮吉田茂的立場，而一直未予公開，今天因為這一書簡的發表，當可完全澄清日本方面一直對「吉田書簡」的掩飾和曲解了。

關于在戰後中、日關係史上的一個重要環節，「吉田書簡」實則並非過去傳聞于世的一九六四年五月七日的書簡，而另有一件真正的書簡，早在一個月前便已經秘密送出。此一真相，是在編撰　蔣總統秘錄的取材過程中所發現。

這一件新發現的「吉田書簡」，證實了基于日本前任首相吉田茂于是年二月在台北和中華民國蔣總統會談結果，成立了「解放在共產主義控制之下的中國大陸民眾」、「將共產主義自大陸驅逐」、「反攻大陸」等『五項約定』。從它的內容看來，可以說是堅定戰後中日關係而具有「中日反共協定」的重大意義的重要文書。可是，當時池田內閣並未將之公諸於世，一方面向中華民國投以微笑，一方面又通過「LT貿易」等關係圖謀和大陸的「中華人民共和國」接近。如此「兩面外交」的設計，乃由於這個新「吉田書簡」之被發現，纔得公開。

現在所獲得的新「吉田書簡」，是在印有紅色線條的中國式信紙上用毛筆所書寫的，收信人為當時中華民國總統府秘書長張群，信末有吉田茂親筆署名，底稿乃用日文書寫，由日本外務省譯成中文，在與口頭傳言「已和池田首相及有關閣僚商量過」的同時，遞達張群收受，而以中文為正文，它的內容是這樣的：

「岳軍先生惠鑒：日前曾奉一函，諒蒙過目，茲啓者，三月四日尊函附寄會談記錄以及「中共對策要綱案」（全文另載），均已展閱，除第三次會談敝人談話中印度係印尼之誤，即乞惠正外，概似無誤，特泐數行。（以下為問候語）

吉田茂　敬啓　四月四日」

在這一件新「吉田書簡」中，其內容具有最重大意義之處，就是「中共對策要綱案」，然則這樣的要綱案在過去竟連它的存在都秘而未宣，如今才得判明是在吉田和蔣總統的會談中經過以下的過程達成協議。

吉田和　蔣總統的會談，是于一九六四年二月二十四日在台北總統府，二十五、六兩日在台灣中部日月潭涵碧樓進行，除譯員外，參加者有日方隨吉田茂同行的前任眾議員北澤真吉和華方總統府秘書長張群。

在第三次會談之際，　蔣總統舉出：「共同反共」、「支持反攻大陸」等三項結論，吉田表明：「完全同意」。當天晚間，在日本駐華大使木村四郎七的官邸舉行酒會時，由北澤真吉和張群在別墅協商，並經吉田同意製成條文。翌晨，張群將此文件面報　蔣總統，經修正兩處，張群復與即將首途歸國的吉田在旅社會晤，雙方確認達成協議。

協議之後的「中共對策要綱案」，是用日文及中文各書寫一份為正文，其內容一如另載的全文，其要點乃為：一、解放大陸民眾。二、中日合作使大陸民眾離棄共黨政權，並誘導其驅逐共產主義。三、以客觀之判斷，反攻大陸確能成功時，日本予以精神上、道義上之支持。四、反對兩個中國。五、對大陸貿易以民間貿易為限，日本政府慎免給予大陸以經濟援助等五項。

在五項之中，特加重視的是一至三項，列有「解放大陸民眾」、「驅逐共產主義」、「支持反攻大陸」等語句，乃為在美國和中華民國所締結的「中美共同防禦條約」中所避而未用的詞彙，日本雖則不以武力援助，但等於是和中華民國之間成立了以「中華人民共和國」為「假想敵」的協定。

可是，再說當時的池田內閣方在推進對大陸積極政策，以致中日關係極其惡化。事因在上年（一九六三年）有倉敷螺縈公司對大陸輸出纖維尼龍工廠日本政府准予輸出入銀行資金融資問題，接著又發生周鴻慶事件，中華民國乃召回其駐日大使張厲生，兩國瀕臨斷交的危機；然而由於吉田之訪華，事態旋即好轉。

直到現在為止，在日本的定論是說：「吉田書簡」乃是在吉田訪台之後於五月七日寄給張群的。關於這一封書簡現在也已經獲得全文，但其內容則為「經再度和池田首相會談結果，池田首相的意向為：一、向中共輸出機械設備之金融關係，在純粹民間立場辦理一事，當循尊意加以研究。二、日本政府總之在今年（一九六四）內當不考慮大日本紡織公司通過日本輸出入銀行對中共輸出化纖機械設備兩點，並提到敝人（吉田）在今後當為達成貴方之要求而努力：即請迅速採取包括派遣大使在內所有日華兩國關係正常化之一切措施。」這一書簡也是用中文書寫，經吉田茂親筆署名。

按此一書簡，是由於在吉田返國之後，日本方面又提起大日本紡織公司對大陸輸出纖維尼龍工廠設備的話頭，當時通產大臣福田一對新聞記者宣稱可予核准，以致中華民國提出「有悖約定」的抗議，乃為了向之解釋而發出的一封信。

它的內容，只限於事務手續，是一個很單純的信件。而日本政府則將在中日關係上具有決定性意義的四月四日書簡，秘而不宣，而以五月七日的書簡，讓國民知道那就是「吉田書簡」。

因為在當時的池田內閣，對基於周恩來「政治三原則」、「貿易三原則」的「LT貿易」給予瞭解，以促進半官半民方式的對大陸貿易。是則可以推論：如果將吉田和蔣總統會談的真實內容公開，則會受到來自大陸方面的強烈排拒，大有使大陸貿易中斷之虞，為此乃將剛好在相同時期發出的實際內容空泛的書簡浮現出來，而一意隱藏起五項「中共對策要綱案」。

由於五月七日的「吉田書簡」，使在其後對大陸貿易一度發生沈滯。因此，急於要和大陸交流的日本部份國會議員乃高喊「吉田書簡無效，應予廢棄」等論調。及至一九七二年和大陸「國交正常化」之際，對於它的處理，還在有所議論。

對於這個問題，　蔣總統於一九六八年六月在台北接見日本記者時，曾經表明「吉田書簡」具有正式外交文書的立場如次：

「日本親共份子，動輒主張承認共匪，主張共匪進入聯合國，並主長廢棄吉田書簡。此種幻覺，事實上決非如此簡單。」

「吉田書簡與中日和約，有其互相關聯的關係，我和吉田先生當時互相諒解—吉田書簡，實乃為中日和約之補充文件，蓋此乃當年吉田先生代表日本政府與我所領導的中華民國政府訂立中日和約之後，彼此感覺不足，故有此一書簡之發生。今日如欲廢棄吉田書簡，即無異是等於廢棄中日和約。」

假定「吉田書簡」只是一如過去之所傳說，僅為有關纖維尼龍工廠的「事務手續」（五月七日書簡）問題，則說不上是中日和約的補充文件。因為對於這一點懷有疑問而經追究結果，乃獲得了兩件「吉田書簡」和「中共對策要綱案」以及吉田與　蔣總統三度會談記錄的全文。

在中華民國方面，對於這一件新「吉田書簡」，不僅是它的內容，並且連它的存在也都沒有公開。於是，乃造成以五月七日書簡為定論的情況。從這裡可以觀察得到，這封書簡本來是有「密約」的性質；加上中華民國蓋為考慮免致傷害日華之間重要聯繫關係的吉田茂的立場，所以未予公開。

再者，在日本方面對於當時吉田茂是否能代表日本政府頗有議論；但在中華民國的資料中，則依據以下的理由，以吉田乃為「受池田首相之託的日本政府代表」。

吉田茂在和　蔣總統第一次會談之際，表示：「首途訪華的前一天，池田首相以官邸耳目眾多，故親來大磯（吉田寓所），晤談約三小時之久。請為冰釋『蔣總統的誤解』，『池田首相誠心表示今後應如何去做尚請　蔣總統指示』，『池田首相亦曾談及可對中華民國提出優於對大陸之條件』，從這些發言中，正足顯示吉田是啣有日本政府的密意。

當　蔣總統在第三次談話中向吉田提示為「中共對策要綱案」初案的三項會談結論時，吉田表示：「日本首相即使更迭必仍當執行此結論所述之方針、政策，本人願作此保証。」

這件新「吉田書簡」，雖然是採私函的方式，但乃是和口頭說明「已得池田首相等有關閣僚的了解」所同時轉達。（摘錄中央社十七日專電）

我曾問繼張厲生而任駐日大使之魏道明何以當時中國政府未將此文件公佈。據謂日本政府以吉田書簡明揭反共要旨，深恐一旦公佈時引起日本國內左派份子起鬨，更怕因此得罪中共，故始終反對公佈之。日本方面認為吉田茂之來華雖為池田勇首相所派，但僅為「致送池田首相關於周鴻慶事件等的親筆謝罪函」，並未負有其他任務。其書簡只能視為私人間來往信件，對日本政府並無拘束力。觀吉田復函係致總統府秘書長張群，而非致中國外交部，則知此並非兩國間正式文書（恐吉田早已蓄意埋下伏筆）。當日本又欲將一隻大船售予中共並由日本政府准予輸出入銀行融資，魏道明即往晤日本首相佐籐，不從吉田書簡效力問題立言，因為雙方各執一詞，不會談出結果，所以僅特別指出吉田書簡是一高度政治文件（highly political document），因有此文件，中日關係始由低潮恢復正常。佐籐當為首肯，但佐籐對細節問題，並不十分了解，所以魏又往晤其外務省次官黃田，雙方同意以後有關此類文件，逐一解決。終魏道明駐日大使之任，日本並無以整套工廠或船隻售予中共之事。

一九六五年中國外交部長沈昌煥隨嚴副總統訪日，離日前，曾與日方發表聯合公報。沈昌煥不主張在公報中提到吉田書簡事。我（編者）問魏道明究竟沈昌煥是如何想法？他說：因為不是由其經手促成的吧！但魏道明則認為有提及之必要，經其電報返國，向最高當局陳明得失，終於插入此句。在簽字時，日方人員表示此為魏道明之功（credit）。

三一一　佐藤祕密與中共接洽

前據張伯瑾言：日本前首相佐藤三次應退休而未退休，恐係戀棧之故。今日閱佐藤致周恩來親筆密函三通（一通未送達，事實上為二通），始知其一再拖延而不退休者，實由其內心渴望在下台之前，能與中共正式建交。中共亦曾指派數人組織「香港小組」專與佐藤代表商談此事及其他種種協定細節。佐藤代表往還香港，幾度磋商，頗費周折，幾已全部達成協議，僅待周恩來之覆信。一日正在開會期間，忽傳佐藤已經下台，故終佐藤之任，未償其親往北平之願，正式建交祇有待於下任了。今日公佈此項接洽經過，以及佐藤親筆密函者，仍欲在日本國民面前與田中爭此一功罷了。國人多以為倘使佐藤仍繼續在位，必定不會與中共建交，誤矣。

三二　中日斷航、復航

一九七四年四月二十日，中日兩國民航關係中斷，其原因是日本中共簽訂航空協定之後，日本大平外相發表談話，否定中華民國的國旗。於是外交部發表聲明，即日停止中日間飛航，並禁止日本航機飛越我國管轄之飛航情報區及航空識別區。此一舉措，殊出日本意料之外，因為他們認為中華民國決不致為此而斷航。據空軍界統計分析，由台北飛東京及大阪，每一空里的獲利率為美金一角，高出美國的國內航線每空里三分五厘；比大西洋航線每空里三分，要高出七分，自然要被認為是黃金路線了。自中日斷航後，日本航空公司不但失掉了這條黃金路線，而且不能飛航台灣的飛航情報圈，更增加了其他航線的成本，遂使日航於一九七四年虧損了二百七十億日元。乃對其政府頻施壓力，務使中日間恢復飛航。另一方面中華航空公司損失雖不及日航之多，然為數亦鉅，且日本觀光客之來台者幾減少一半，對於台灣社會經濟亦相當不利。雙方航空公司都希望迅速恢復飛航，然如何轉圜確為一大問題。中華民國政府堅持非先消除造成斷航的因素，亦即前外相大平的談話非作修正解釋不可。最初日本方面表示你們對於日本太陽旗也盡情侮辱好了，此間並無反應。數月以前，我聽說日本政府擬用在議會答復詢問的方式，解釋國旗問題之誤會（實際不是誤會），中間沉寂者久之。忽於一九七五年七月一日，日本外相宮澤在日本參議院以答復詢問的方式，說明日本對中華民國國旗的立場。

根據七月九日日本產經新聞所載七月一日宮澤外相在參議院外務委員會之答復如左：

「正如秦野委員所已指摘那樣，那些國家（按指上文）世界上很多國家承認在台灣的政府為『中華民國政府』（原文有引號），將青天白日旗當作國旗承認這個事實，包括日本在內的任何人都不得有所否認的。」此與中央社日本分社將「如秦野委員所已指摘那樣」刪去，又將「事實」截下，加「對於這個」另為一句的含糊與語氣不符。又宮澤只說：「相互不失之禮貌」，與沈外長所說之「互尊」亦不相符。

據外交部人員言，日本外相在參議院作如上答復之前，曾與其駐中共大使通知中共外交部謂日本將與台北復航，不待中共表示意見，即自動宣佈東京與台北間復航。而在中華民國方面，菲律賓、泰國既均已斷絕外交關係，而此二國飛機仍照常來回飛航台北，則日本又何嘗不可。夜長夢多，恐難免橫生枝節。此乃沉寂多月之後，而兩國忽然宣佈復航的經過，所以日本報紙謂台灣採取「低姿勢」了。

宮澤意思是世界上很多國家承認在台灣的政府為中華民國政府，當然也承認青天白日旗為其國旗了，這是任何日本人所不能否認的。言外之意是日本不承認在台灣的政府為中華民國政府，當然也不能承認青天白日旗為國旗。中央社日本分社打回來的電報，使讀者發生一種誤解，以為日本承認青天白日旗為國旗了，其實根本不是那回事。

宮澤又將「誤解」的責任，推給我方，即維持去年四月二十日大平的談話。七月十日宮澤在東京外人記者俱樂部的演講答問中說得更為明白，茲錄七月十一日世界日報之記載如左：

「日本之立場沒有變化；我們與台灣斷絕關係，不將台灣當作政府或國家認識。他們認為是國旗者，在我們不是『國旗』。（與台灣之非政府層面之交流）是一九七二年日中（共）共同聲明之範圍內可以遂行的。」

宮澤在外人記者俱樂部的答問，此間報紙根本未載，大概不會為此而再斷航了。

或謂大平在北京之談話為青天白日旗不是國旗，今宮澤謂承認中華民國者視青天白日旗為國旗，言外之意，像日本不承認中華民國者自不視青天白日旗為國旗。言外之意不明白講出來，已經算是改變了，真是這樣麼？（按日本航空公司因中日斷航所受損失頗大，但他們負擔得起，而華航雖為數較少（每月約虧損一百餘萬美金，中日斷航一年四個月華航虧損一千五百萬美金。），已不勝負荷。）

三一三　陳誠、宋子文是與喪失大陸有關的兩個人物

何應欽語編者，大陸失陷，有二人不能不負重大責任，一為陳誠，一為宋子文。

陳誠以中央「無此預算」為辭，電覆東北行營主任熊式輝，不准收編偽軍，使其全部為共軍所用，乃以槍頭轉向國軍，東北之失陷，此為最大原因。又陳誠於共軍正在囂張之際，侈言整編軍隊，致令國軍人人自危，全無鬥志，甚至互相傳言「有敵有我，無敵無我。」此為大陸失陷之另一重大原因。陳誠又主張解散游擊隊並揚言：「讓他們去當共產黨好了。」此輩於抗日期間出生入死，牽制敵軍，厥功甚偉。本可用以打擊共軍者，乃又坐視其大部份投入共軍，此為不明大體之甚也。

至於宋子文，在行政院院長任內，虛耗我國外匯達十餘億美金之多，以致日後雖效秦庭之哭，即四億美金而不可得，因而士氣低落，上下悲觀，大陸失陷，宋子文亦應負極大責任。編者認為尚有一點為何所未言者，即宋子文阻止美國白銀貸款事（見第一輯，第三七〇條），倘使數十億白銀貸款成功，則我國建設必可突飛猛進而趨於現代化了。宋子文誤國之罪，實無可逭。

何所言皆為事實，無人能予以否認。有人勸他寫出一些有關大陸失陷的史實。他說：「

倘使我寫這樣一本書，必定舉出陳誠與宋子文二人應負重大責任，我能這樣坦白的寫嗎？」

編者認為陳誠在台灣是有其功績的。台灣的面積約當於內地一省的行政督察專區。他有魄力、有決斷，而又得蔣之信任，可以相當放手做去，台灣之有今日基礎，其功究不可沒。可惜在大陸任參謀總長期間，他太過「急功近利」，如不准收編偽軍、整編國軍、以及解散游擊隊，都是國內已經太平或接近太平的做法，未免太過急功了。然尚可諉諸中央決策，他負責執行罷了。民國三十六年八月政府任命參謀總長陳誠兼東北行營主任。他到瀋陽，一口氣撤換了五、六個戰地司令。臨陣換將，兵家所忌。從此，軍心渙散，戰事一蹶不振，都與此有關，此為陳誠急功之最著者。所謂「近利」，並非指其貪財好貨而言，他是相當清廉的。望治心切，求功過急，時勢變化，竟非他的判斷所及，乃造成「國人皆曰可殺」之悲劇。編者對其「急功近利」四字評語，即與陳誠接近的人，亦認為公允之論。

三一四　大陸最後一瞥

黃宇人黃埔四期生，曾任青年團中央常務幹事、國民黨中央常務委員，又任立法委員。近著「我的小故事」，共兩册，第二册封面附「國民黨失去中國大陸原因拾遺」的小標題，講到民國三十八年喪失中國大陸有關數事，茲錄之如左：

千萬沒有料到蔣校長宣佈引退後，即在其故鄉—溪口設立總裁辦公處，形成政府之外一個太上政府，繼續發號施令：：：調派軍隊，並將海空軍基地及中央銀行的黃金、白銀和外匯儲備，一概移往台灣。（九一頁）

以後據說，蔣校長當時政略和戰略是「利用共軍來消滅桂系，同時將大陸上那種經濟崩潰重擔抛給中共，他則以台灣為基地，固守上海及其他兩個沿海據點，再以胡宗南部退踞西康（恐係四川之誤），等候第三次世界大戰降臨，重溫接收的舊夢。」他以為這是一個萬全之策。因此，共軍進犯上海時，他親臨指揮防守戰，可惜仍是失敗。在桂系方面，他們逼迫蔣校長下野談和，也祇是幻想蔣下台後，他們可與中共劃江而治，白崇禧雖然在漢口說了一句名言—備戰言和，顯然亦未作扼守長江的準備，至於和談失敗後如何繼續與中共作戰，更不必多說了。（一〇〇頁）

他（何應欽）說狄港方面已有一部份共軍渡過長江。我問人數多少？他說約七百人。並透露：當局曾密令湯恩伯將所部調往上海，使南京成為空城，好讓共產黨過江來打垮李宗仁，因而無兵可調，無法守江。我說：「難道你對付這七百人的力量都沒有了嗎？」他表示已有命令下去，希望能調集尚可勉強調集的部隊，予以殲滅。（一〇〇頁）

我到廣州後第二天上午，去看何應欽，探詢政府有何堅守華南的計劃。據他透露，以軍力論，要想在地圖上，擺出一個防守華南的陣勢，已經很難；再加上軍隊不受指揮，例如，劉汝明部，國防部曾令其向浙贛路以南撤退，他卻向東撤退到福建，這分明是有人要他這樣做，好讓共產黨向南來消滅兩廣的勢力。因此種種，他自認已無能為力，決心辭去行政院長，並說了許多牢騷話。他說：「依照憲法規定，行政院長是國家行政首長，實際上，我祇是一個工具，蔣先生利用我做工具來保護他的荷包，李先生利用我做工具去掏蔣先生的荷包。桂系平素罵蔣先生干預行政院的事，他們又何嘗不干預行政院的事？他們不但干預行政院的大事，甚至連中央銀行的小職員和粵漢鐵路的一個小局長，他們都要。我對於這個有名無實的院長已經厭透了。無論如何，都不願再幹。」（一〇七—一〇八頁）

青年團與CC（掌握國民黨組織方面實權人物）同為蔣麾下的兩個組織，但彼此明爭暗鬥，勢不兩立。從中央到地方、從機關到學校，莫不有這樣兩個組織，也莫不互相火拼。（軍統與中統亦復如此）口頭高喊統一團結，實際則自造分裂，終於自食其果。大陸失守之後，各方人物（包括國民黨、青年黨、民社黨及其他方面）流亡香港，乃群謀組織所謂第三勢力。黃宇人身預其事，言之歷歷如繪，可謂形形色色，醜態百出。以上兩事，或有關蔣部下內鬨的情況，或有關當時政治人物的醜陋形象，不難看出國事為什麼會敗壞到那種地步。

三一五　龍雲反對一面倒向蘇俄

龍雲為雲南土著、因緣時會，得以主政一方。且蓄意投共，共軍佔據大陸，龍雲自然到了北京。其時，龍雲有至友某君本已離開大陸，居住香港，忽懷重金，走北京，親自呈獻，以圖一官半職。龍雲見之，驚而問曰：「你為什麼來到此地，我是為報蔣仇，你為什麼？趕快離開。」龍雲在北京曾公開反對毛澤東之一面倒向蘇俄政策。其時，一面倒向蘇俄呼聲，風起雲湧，而龍雲在那種環境中，竟敢堅持一己主張，果所聞不虛，亦難能可貴了。

三一六　中國外交官卸職後多在國外開餐館

自中共佔據大陸後，歐洲國家幾皆陸續與中華民國斷絕外交關係。我有友人曾服務外交界，在民國四十年以後遊歷歐洲，見其舊日同僚多在駐在國開設餐館，問其經過，則言駐在國政府在與中華民國斷絕外交時，多表示此舉情非得已，心中非常抱歉，如對君等個人有可效勞之處，無不盡力而為。此輩外交官中遂有不少人向駐在地政府申請貸款，開設餐館。中國外交官太太本來多善烹飪，至是，則在餐館主廚云。

三一七　戴高樂與中共建交

聞法國與中共建交之前夕（一九六四年一月），戴高樂曾召見中華民國駐法大使陳雄飛，告訴他：「我們等待你們，已經太久了。而你們所謂反攻，仍遙遙無期，我現在為法國的利益，不得不與中共建交，心中感覺非常抱歉。」其先，戴高樂亦曾派部長級人物秘密來見蔣，代表戴高樂對蔣反共之堅決，表示敬佩之意，并謂戴本人亦係反共之一人，惟為法國利益計，除承認中共外，究竟有無其他善策。

三一八　自由聯盟與自由黨

據賴景瑚言：當三十八年大陸淪陷，景瑚曾邀集當時在美之曾琦、于斌等數十人籌組民主自由聯盟。于斌表示他是教會中人，不便公開參加，但願予以支持。開會時以曾琦不能說英文，乃公推景瑚為主席。

賴又言：蔣廷黻時為中國駐聯合國首席代表，亦擬組自由黨。並曾約景瑚面談。蔣表示印度國大黨，係以甘地為領袖，而實際事務則由尼赫魯主持，自由黨亦可仿照此項辦法。其意以胡適為名義上領袖，而以尼赫魯自居。並言美國國務院亦表示贊成，後來第七艦隊派駐台灣海峽，此事乃寢。惟此種暗流仍時起時伏。胡適自認個性不適宜搞政治，對於組黨從未熱心，此亦為自由黨未曾組成之原因。

三一九　選舉是花錢的事

民主政治脫離不了選舉，而選舉則是一宗費錢的事。美國的選舉情形，我在所著「政治思想的問題與趨勢」一書中曾有詳細的記載。台灣號稱地方自治之區，各級議會議員與縣、市長均由人民直接投票選舉。當年高玉樹競選市長就有化去二千餘萬台幣之說，猶可謂玉樹以個人而與國民黨所支持的人競爭，不免要多花些錢。林挺生、張建邦第二次競選台北市議會議員，林挺生花了一千萬，張建邦花了八百萬始得以高票當選，其他議員至少亦需三百萬元。所以政黨提名時往往注意被提名人是否富有。林挺生、張建邦之一再被國民黨提名，當然為了他們是花得起大錢的。普通議員雖花了三幾百萬，但是他們介紹一筆台北市工程建築，以五厘回扣計算，為數就已可觀了。每年台北市建設工程約在三十億之譜，計算一下，就可得其大略了。

三二〇　孫立人的冤屈

民國三十八中國大陸面臨全部失陷邊緣，麥克阿瑟特約孫立人往見，告訴他：大陸快將失陷，國民政府勢必垮臺，美國對他已不存多大希望，但美國不能讓此不沉航空母艦落入共黨之手，所以有意要請孫將軍負起保衛臺灣的責任，而由美國全力支持，要錢給錢，要鎗給鎗。蔣如願意，可以避難的身份來台居住。孫立人答覆，他忠於蔣總統，不能臨難背棄。他將請示於他，在他指導之下挑起保台的重擔。他在赴東京之前，以及返台之後，均將一切情形告訴當時居住台灣的陳誠並請其轉陳蔣總統。

以如此忠貞不貳之人，僅以其不是黃埔出身，且與陳誠、杜聿明意見不合，更重要的是：美國人既對孫立人頗有好感，則不去之必難安枕，而竟落得「隨時察考，以觀後效」的下場，從此失去自由。

至於說郭廷亮是共諜，孫立人也認為是冤枉的。

（按：當時孫立人任陸軍總司令兼台灣防衛總司令，實可控制台灣整個局勢。）

當時美國總統艾森豪也曾想利用李宗仁來統治台灣，而為李所拒。

三二一　公務員懲戒委員會與司法院

司法院長田炯錦一次對張鏡影說：「公務員懲戒委員會之議決最好事先與我洽商。」鏡影答覆：「議決之後自當送司法院。」蓋公務員懲戒委員會隸屬司法院而職權則係獨立行使的。於是外間傳說現正醞釀修改公務員懲戒委員會組織法云。

三二二　及時退休

張伯謹曾任我駐日本大使館公使，一次對編者言：張群在日本與大平正芳晤談，表示其本人在國內曾經擔任過什麼職務、什麼職務。大平說：「倘使我們政府亦用這樣老人，則日本早已亡國了。」

又言日本首相佐滕三次退休而未退休，最後一次田中擺出陣勢，大有逼宮之意，佐滕不得已始實行退休，可見一個人有了權，總是不肯自動放棄的。佐滕一再拖延退休時間，徒為田中製造機會，其心目中繼承人福田則反遭受不利影響了。

三二三　陳誠大罵CC

陳誠大罵CC，其中一段過節或為外人所不知。緣民國三十九年三月陳誠繼閻錫山而任行政院長，其時陳立夫尚在國內，曾代陳誠分批邀宴立法委員，最後並與陳誠合宴全體立法委員，希望迅即同意任命案。陳誠在席間發言，略言以往CC是指陳氏兄弟而言，今後是新CC，為我陳誠與陳立夫之代名詞，可見二人之間尚無隔閡。迄同年五月三十一日立法委員張慶楨等一百三十一人在院會中臨時提議，為達成戡亂任務，使政府得迅赴事機起見，擬於本院休會期間行政院對於須經立法程序之事項，得為權宜之處理，但須於本院開會時提請追認案。表決時在場委員二百八十八人，贊成保留舉手委員一百六十四人，議決本案保留。陳誠聞訊，認係CC派之委員從中作梗，乃破口大罵之（據聞陳誠罵CC不止一次），陳立夫避走台中。許紹棣為立法委員，與陳誠及陳立夫雙方關係甚密，乃訪陳誠，指出立夫曾三次訪你，藉以解釋，均拒不見，一次電話，亦不接聽，故意予其難堪，亦未免過甚。陳誠答：「我根本不知道立夫曾來過，也不知道他打過電話來。」紹棣即說：「這恐怕是你的副官以為你們二人既已不歡，直接代你拒絕了。」陳誠接納諫言，即請紹棣代表赴台中力挽立夫返台北，當設宴謝罪。但立夫回顧環境，實不宜再留國內，故請求出國，蔣亦即批准。

三二四　蔣不見陳立夫

陳立夫來台後奉命出國，臨行，赴官邸辭行，蔣不見，由蔣夫人下樓接談。蔣夫人告立夫：「現在什麼都在辭修手裡。」

三二五　陳立夫未列入改造委員

陳立夫言：政府遷台，黨部改造，陳立夫、果夫二人並不在改造委員之列，乃出於立夫之請求。並建議以改造黨的責任交付蔣經國。此為立夫於民國六十四年在中央全會臨時會議之報告，諒不虛。但立夫由台出國，求蔣一見而不可得，又為何故。至於立夫對蔣言，大陸失敗，總應有人負責，大陸失敗，是黨的失敗，黨的失敗，應由辦黨的人負責，所以應由果夫與我二人負其全責。這是蔣所以未把他們兄弟兩列名改造委員之原因。恐怕這還是表面原因吧！據立夫自述：「在改造方案實行時，我未登記班隊，總裁未將我加入中央評議委員，惟仍將先兄列入，不及一年先兄逝世，總裁寄我黨證，並將我補先兄缺。」

三二六　陳立夫亦「多有未便發表者」

陳立夫於六十六年發表「參加抗戰準備工作之回憶」一文，曾寄余（編者）一份。余當即去信勸其陸續發表其能回憶，並值得回憶的事，以為治史者之參考。立夫覆信略謂「弟之回憶固多，多有未便發表者。」立夫擔任中央黨政工作多年，且參預密笏，故在紐約曾對賴景瑚言：「知某（蔣）者莫若我。」若能一一筆之於書，俟若干年後，予以發表，縱或偏於一方面的見聞，仍必可提供許多歷史上有價值的資料。

陳立夫在傳記文學雜誌舉行陳果夫座談會上根本否認陳氏兄弟有小組織之說。事後，一位CC很重要份子勸立夫說：「我們小組織的正式名稱雖不叫做CC，但有小組織則為事實，將來校稿時，應將此段刪去，以取信於人。」立夫不從。

三二七　陳立夫否認有小組織的原因

民國六十八年六月十六日編者參與一個家庭宴會。席間陳立夫表示總裁屢次昭告黨內不得有小組織。倘我（陳自稱）在傳記文學座談會上承認曾有小組織，當然要經過蔣之授意或批准，則不啻證明總裁之不誠。

三二八　嚴家淦識時務

嚴家淦畢業於上海聖約翰大學後，投入孔士洋行做事。為兜售兵器，往見軍政部兵工署長陳儀，大獲賞識。及陳儀任福建省政府主席，前後派嚴家淦為福建省建設廳長、財政廳長、福建省銀行董事長、總經理、福建省糧食管理處長、戰時生產局採辦處長等職，信任之專，倚畀之殷，可以想見。其所以能得陳儀如此重用者，徐學禹之挽推，亦不無關係。陳儀調任台灣行政長官，又派嚴家淦為台灣省交通處長。魏道明接任主席，又升調嚴家淦為財政廳長。從此一帆風順，而經濟部長，而財政部長，而台灣省政府主席。當時中央決定台灣省政府疏散台中郊區，其辦公處所、職員宿舍，均須從頭興建，工程浩大。其間有人檢舉貪污竟高達二千餘萬元之鉅，而嚴家淦未受牽連，甚至監督不周的責任亦無人提及，可謂幸運之至。繼而改任行政院長，而副總統、而總統，更是登峰造極。嚴家淦來台以後，即借住台灣銀行職員宿舍，迄任總統，亦未另遷。總統府任事人員以嚴原居房屋不但警衛人員無迴旋餘地，偶或外賓來見亦不體面，請其另覓官舍，嚴家淦總是答道：「我已習慣住此，我已習慣住此。」但對其親近友人則說：「我這總統能做多久，尚不知道，何必搬來搬去！」

嚴家淦頗聰明，善伺人意。既任行政院院長，即向蔣推薦以蔣經國升任國防部副部長，嗣又薦升為國防部部長。迨余井塘堅辭行政院副院長，嚴家淦又力保以蔣經國繼之。民國六十一年第一屆國民大會第五次會議蔣提名嚴家淦為副總統候選人。既就任副總統，嚴家淦辭去了行政院長，而向蔣推舉蔣經國繼任。

民國六十七年第一屆國民大會第六次會議開會之前，蔣經國走訪陳立夫徵詢對於總統人選之意見。陳立夫答道：「維持嚴家淦的總統，你自己任副總統兼行政院院長，實際操握大權，是為上策；你自己任總統，而另選行政院長，是爲中策。」經國唯唯而退。過了幾天，蔣經國再訪陳立夫，表示為統帥權關係不能不自任總統。先，蔣經國曾派中央黨部秘書長張寶樹往謁嚴家淦，表示主席之意下屆總統仍由我公擔任，嚴當然謙辭。越數日，張寶樹又奉命往謁嚴家淦，開頭就說：「我公既謙辭下屆總統，則請薦賢以自代。」於是嚴家淦寫信給國民黨中央委員會，其大意是今日國家需要堅強領導中心，以蔣經國同志為總統候選人最為適當，情辭懇切。至是，蔣特別栽培提攜嚴家淦的德意，可謂完全得到報答了。

蔣經國自任行政院長以來，台灣各種建設突飛猛進，世人稱為奇蹟。其間，國際與國內狂風暴雨接二連三向台灣襲來，而蔣經國因應有方，均得安然渡過，確屬難得。

三二九　閻錫山好議論史事

民國三十八年政府遷穗，六月選閻錫山為行政院院長。翌年三月，閻錫山辭去行政院院長，仍定居台北。喬家才以鄉晚輩常往謁見，閻錫山好與之議論史事。一日，閻錫山問喬家才：「昏君與奸臣對于禍國、誤國所負責任孰重？」喬默然，不知其意何指。閻錫山說：「沒有昏君，就不會有奸臣。凡禍國、誤國，都是昏君之罪，不能諉過他人。」閻錫山又問：「在中國歷史上，最大的罪人是誰？」喬正思索間，閻錫山以斷然的語氣答說：「是禹。」喬愕然，心想禹是治水有功之人，何得為罪人？更何況為最大的罪人？閻錫山復自加解釋說：「堯舜以『天下為公』乃傳賢而不傳子，到了禹做皇帝便不傳賢而傳子，私之一念作祟耳。罪莫大於以國家為私產，所以禹是千古罪人。」

三三〇　自由中國雜誌經費

雷震告景琊：「自由中國」雜誌經費，係由美國支持，美國新聞處每月購三千份，則一切費用有所出了。

三三一　胡適任職美國大學圖書館

景琊言：胡適辭駐美大使後，在美時係任John Hopkins大學圖書館之Curator，即管理員或幹事之意，圖書館員還談不上，因為現在美國之Librarian係由圖書館學系出身始能擔任。不過他同時並兼任該校東方圖書館主持人，為期兩年。

三三二　費正清對台灣之意見

民國四十六年費正清對來訪之陳啓天、蔣勻田二氏聲稱擬將台灣變爲美國第五十一州，並徵詢陳、蔣之意見，經陳氏面予駁斥。陳有親筆函在何浩若處，並稱隨時可出而作證。（見何浩若：「我對美國姑息份子費正清等的批評」，此為對於立法院外交委員會在五十七年一月十三日之專題報告。）

三三三　胡適毀黨救國論

大約在胡適返台任中央研究院院長之前，國內某報曾著論批評胡適。正值紐約華美協進社開會歡迎楊政寧、李政道、吳健雄、胡適、胡健中諸人，而主席何浩若又特別指出台灣報紙正批評胡適。輪到胡適登台講演的時候，因曾聽到某報批評他的文章，心情激動，兩頰發紅，特別指出大陸失守，國民黨要負完全責任，其他青年黨、民社黨簡直是尾巴，更不足論。他也罵共產黨，時人稱為「毀黨救國論」。說畢下台，心情立刻回復平靜，即向人表示，不久就要去台灣。胡適平常待人接物，和靄可親，但一談到政治，則往往心情激動。大陸失守之後，更屬如此。他返國就任中央研究院院長，在就職那一天，蔣總統為表示對他特別敬重，親往道賀，並即席致詞，首先謂中央研究院能有胡院長領導，非常慶幸，繼謂當其在福建帶兵的時候，聽說胡先生主張打倒孔家店，頗為驚異。後來讀了胡先生所著的書，並且與他接談多次，覺得并非如此……胡適致答詞，亦首先表示今日就職，總統親臨致詞，覺得非常榮幸。但總統先生，你錯了，我從未主張打到孔家店，不過反對孔子主張的權威主義與神秘主義……次日各報均未登載二人講辭，但中央研究院尚存當時錄音帶，惜已不准外人錄聽了。（編者按：梁啓超於民國十一年三月四日在北京大學講「評胡適中國哲學史大綱」，其中第六段曾有這樣幾句話：「我還記得『胡適文存』裡頭有一篇說什麼『專打孔家店』的話」，可見胡適「打到孔家店」的話並非完全揑造了。吳虞曾提出「打到孔家店」，胡適並曾為吳虞文集作序，但他在序裡說吳所打的是「掛著孔子招牌的店」，可見外間所傳胡適打倒孔家店的話，亦并非完全空穴來風了。）但胡適有一個長處，在外國人面前，不批評或罵本國政府。偶有政府要員下野之後，對外國人大發牢騷，胡適便會對他們說：「你們要批評政府，罵政府，應當回到國內去批評、去罵。」吳國楨出國之後，曾在他面前大罵最高當局，胡適對他說：「你太幼稚了。」（You are a baby !）他對最高當局說話，也往往相當直率，這是他人所不及的。聞蔣廷黻在清華大學執教的時候，曾寫文章，指孫先生的三民主義簡直是東拼西湊而成，完全像廣東餐店雜碎（賴景瑚曾見過這篇文章）。不久，他到南京做官，就照樣讀總理遺囑了。但這並不能抹殺他在聯合國的貢獻。

三三四　嚴家淦塞翁失馬

蕭錚言，當王雲五新膺財政部長，政務次長已定徐柏園。嚴家淦特自台灣趕來南京，託人介紹王雲五，意欲活動為常務次長。雲五既見嚴家淦，乃轉詢徐柏園之意見。徐言：「他怎麼行？」，王乃擱置不再提。倘嚴家淦果如所願，任財政部常務次長，則以後在台灣政治舞台上便無機緣扮演一個角色了。他在台灣扶搖直上，確實起自財政廳長。豈人之窮通得失，果有命耶？

三三五　賴景瑚批評尼克森

賴景瑚為中國時報撰寫專欄有年，每一文出，輒為讀者所稱賞。自尼克森第二次連任總統，景瑚於專欄中常指出其某些措施之不當。中央文化工作委員會以景瑚批評美國總統，恐有傷盟邦友誼，商請安全會議秘書長黃少谷出面處理。黃少谷乃電話中國時報董事長余紀忠轉達中央文工會意旨。景瑚聞之，憤言，尼克森非中國總統，中國非美國之附庸，我之批評尼克森尚不及美國報章、雜誌千分之一。吾將繼續寫吾之專欄，不稍改。余紀忠亦去函景瑚請其繼續寫稿，決不易一字。景瑚自民國五十七年至六十二年七月，為中國時報寫國際專欄，凡一百四十餘篇，陸續彙齊印行專集，今已印行第四集了。凡研究國際與外交問題的人，無不隨時檢閱參考。

三三六　中華民國退出聯合國之經緯

中華民國政府對於中共進入聯合國問題，堅持漢賊不兩立之態度。而美國頗有意維持兩個中國，國務院曾派高級人員前來台灣，商談此事，不得要領，已為文記之。迨中華民國退出聯合國的那年，在大會期間中國初猶堅持一個中國，即中華民國之立場。分派代表四處活動，迨見情勢不佳，決無單獨維持中華民國席位之可能，政府乃訓令駐聯合國代表可以接受兩個中國之方案。但許多國家認為出爾反爾，叫他們自己打耳光，決不肯來。此為魏道明所言，王澂大使亦在座，諒非虛語。季辛吉臨聯合國投票前夕，忽飛北平，更對中華民國不利。季辛吉抵北平，周恩來初尚不與之正式商談，且看聯合國投票結果，以決定其態度。

三三七　蘇俄情報準確

一九七六年六月二十四日余遇見潘朝英。他剛從美國回來，我問他有何特別消息。他因述一事，頗值注意。他現在正翻譯一本反毛澤東思想的著作，因而認識一個俄國人。這俄國人於本年六月十二日告訴他：「毛澤東必將於近數日內宣佈不再會晤外國賓客。」潘又問：「毛澤東究能再活多久？」俄國人說：「三個月到六個月。」關於毛澤東不再會晤外國賓客，果然六月十二日之後數日由中共中央正式宣佈。毛澤東又於本年內死亡，則俄國人的情報不可謂不準確了。（編者按毛澤東果於九月九日零時十分，在北平死亡，離那俄國人所說三個月僅差三天，可見中共高級幹部甚至醫生中隱藏俄國情報員了。）

三三八　王寵惠談做官要訣

梁大鵬在台任政治大學教授，以與王寵惠同鄉，常往謁見，久之無話不談。一次大鵬問王寵惠做官有何要訣。王答：必須無個人意見，無個人政策。查王寵惠自民元南京臨時政府，而北京政府，而南京國民政府，均官運亨通，飛黃騰達，不問政局如何變動，均能側身其間，任重要職務。任司法院院長後，凡遇當局有重大措施，均由其與王世杰二人以專家身份代為解說，故時人稱二人為官方專家。

三三九　俄使勸中華民國採獨立政策

國民黨第十一屆三中全會，胡健中口頭提議：美國既可玩「中國牌」，則我們何嘗不可玩「俄國牌」？當時蔣經國以主席身份發言：「我很驚訝在今日尚有人主張聯俄。」這不啻以中華民國底牌宣告世界。俄國當然知道，泰國有一家公司，其副總經理與中華民國頗有關係。俄國駐泰大使曾設法見到此副總經理，勸中華民國採取獨立政策，其意何指，語焉不詳。據曾經看到此份由泰國寄來報告的人說，其所謂的獨立政策，並非「台獨」之意。或者其用意是，既不聯俄，則亦不必與美國太過接近，在美俄之間採取獨立路線。倘果屬此意，則直欲中華民國走進一條死胡同而已。

三四〇　取消俄在聯合國之表決權

蔣勻田言：當Steueson任美國駐聯合國代表時，勻田曾晤談，當時史氏表示蘇俄已積欠聯合國經費甚鉅，彼將提案請按照聯合國憲章，取消俄之表決權，勻田曾寫信張群告以此事，並言中國可對此案加以聯署，或單獨提一相同之案亦可，張覆信謂可加考慮。惟沈昌煥出席聯合國會議時，並未有此提案，亦未要求對美案聯署，大概已不再反俄了。

三四一　坐牢亦得升官

任西萍曾參加軍統局，故對此中人員多有往來。據任言，張學良移居台北，政府派兩名人員住於其家。謂為隨從可，謂為監視亦無不可。張學良不論什麼地方，這兩名人員必追隨於后。張學良活動的天地，亦即為此兩名人員活動的天地。如果說張學良似在坐牢，則這兩名人員亦等於坐牢。有時張學良覺得無聊，亦叫這兩名人員陪伴他與趙四小姐搓小麻將。這兩名人員為現役軍人，依年資循例升級，如劉乙光陪伴張學良數十年，由少校步步晉升到少將。每升一級，便互相戲謔謂「我們坐牢也升官了！」。

近數十年來，張學良百無聊賴，喜讀歷史書籍，自以為對明史頗有研究。曾有意在台大講授明史，未獲准。蔣宋美齡常帶禮物數件探視張學良。（按張學良遷居台灣後，其能自由往來的人物，有莫德惠、張群、王新衡，後獲准加何世禮，以及教會牧師等數人而已。其伴隨人員謂坐牢，蓋指此。）

三四二　蔣總統因心臟病逝世

蔣先生於民國六十四年四月五日晚十一時五十分逝世於台北。雖已臥病二年有餘，惟聞最近期間，情況尚稱良好，當日面囑其子經國二三事，並無異狀。且曾自美國聘請心臟科最有名專家（余南賡）來台代為檢查，停留數日，逐日診斷，斷其心臟並無特別異狀，儘可放心。詎甫於該醫生飛離台北不到數小時，即告不治逝世。以往亦曾發生心臟嚴重病症，均獲救治，獨此次突然病發逝世，多不明其故。據國內心臟專家謂此乃年老，隨時可能發生變化。

三四三　蔣總統遺囑問題

關於蔣先生遺囑問題，其中有云：「余自束髮以來，即追隨　總理革命，無時不以耶穌

基督與　總理信徒自居。」按束髮為成童之年（見禮記）。而蔣先生於廿二歲加入同盟會，四十四歲領受基督教洗禮。（按周聯華牧師追思禮拜稱蔣氏係民國十九年受洗。陳布雷編「蔣介石先生年表」載蔣於紀元前四年加入同盟會。）加入同盟會後，謂其為總理忠實信徒，固當之而無愧。民國十四、五年間，國民黨若非其多方維護，恐早已面目全非。八年抗日戰爭，如未得其領導，亦恐難以支持。東征、北伐為其一生事業最初與最大成就。既受基督教洗禮之後，確能每日查經、禱告、每禮拜日赴教堂禮拜，不失為虔誠之基督徒。至於遺囑日期，則恐不無疑問。據蔣氏醫療小組撰述之醫療報告稱：「民國六十四年四月五日晚，蔣公突發心動停止，急救無效而告崩殂。」（載中國時報十月二十九日）遺囑書於三月二十九日，其時「蔣公心臟功能，除間有心室期外收縮外，尚無其他變化。」何必驟立遺囑？即蔣有先立遺囑之意亦當有其親筆簽名。四院院長是於蔣逝世後，分別以電話召其赴官邸，簽名於遺囑之上。究竟實情如何，恐怕祇有蔣夫人、蔣經國、秦孝儀知道了。

三四四　福特改派副總統來華弔喪

蔣逝世消息，傳至美國。美總統福特先派其農業部部長Earl L. Butz為來華參加國葬大典之團長。農業部並宣佈Butz先在東京停留一、二日，商談農産品銷售問題，再來台北，除參加國葬大典外，並擬與我國有關部門商談商業問題。報紙轉載，舉國憤慨。首有台灣大學學生電話美大使館，謂倘Butz來華，當擲以雞蛋，繼有美國協防台灣司令部官員以及美國駐華僑民，均向其大使建言，謂美政府此種行動，殊非敦睦邦交之道。最後，也是有決定性影響的，美國參議員高華德發表談話，稱福特指派Butz為赴華弔喪團長，實為對一位舊日盟友的卑劣舉措（Shabby treatment of a formerally），於是福特乃改派副總統洛克斐勒。

三四五　魏德邁推崇蔣氏

蔣逝世後，曾任蔣委員長參謀長的魏德邁將軍，呼籲美國人民，特別是寫歷史的人，永遠不要忘記蔣總統在二次大戰期間嚴詞拒絕日本停火建議，而堅定與美國站在一起，抗戰到底，減少美國人民巨大的損失。茲錄其談話於后：「珍珠港事件發生後，日本當局因為在太平洋處處受敵，為了抽回陷在中國戰場上的一百廿萬精銳部隊以對付太平洋上的美軍，曾向蔣總統秘密建議，希望在中國戰場上謀求停火協定。他指出，日本軍事當局當時向蔣總統所提停火建議，條件是非常有利的，但是他選擇與美國站在一起，他曾經告訴過我，傳統上美國是中國的友人。」

這位中國戰區盟軍統帥部參謀長兼美軍總司令說：「蔣總統嚴詞拒絕日本軍事當局建議

後，並向他保證，中國決定永遠與美國站在一起，並要他把這項決定報告華府美國當局。」魏德邁說：「就因為　蔣總統這一重大決定，使太平洋上麥克阿瑟將軍及尼米茲將軍的部隊，減少了日本的壓力和巨大的生命損失。」

他說：「如果當時中國戰場上　蔣總統接受停火，日本軍事當局將立即調回陷在中國戰場上的一百二十萬部隊轉向太平洋，對付當時麥克阿瑟及尼米茲將軍所統率的美國軍隊，將構成立即的威脅。」（載六十四年四月十六日台灣新生報。）

魏德邁此段談話，並未明言日本停火之具體辦法。而當時日本駐偽政府公使土田豐則明白向我（編者）說：「桂先生，請放心，滿洲不成問題。」意即東北可以交還。其經過，我曾另記之，不贅。

三四六　輔仁大學授魏德邁榮譽博士學位之波折

一九七六年輔仁大學校長于斌以魏德邁在中國抗日期間貢獻甚多，擬授予榮譽博士學位，以表示中國人未曾忘其功績。事為某國立大學所聞，爭欲由其出面授予，使魏德邁頗覺為難。乃詢問潘朝英究以接受何校為宜，以潘為代輔仁大學接洽之人。潘表示他個人毫無意見，請你自己決定罷。魏德邁以輔仁大學接洽在先，故仍選擇輔仁大學。按照慣例，這筆路費係由政府機關付出，而駐美大使沈劍虹代其訂購機票分為三段行程，而坐三個不同國籍的飛機，一為日本日航飛機，而獨無中國的華航飛機。潘朝英認為似此安排，殊屬不妥，而魏德邁亦以其本人係參加中國抗日之人，豈有捨中國飛機而坐日本飛機之理，更不願為此事而聽由中國人當「皮球」踢，乃藉口其夫人有病，不能親來參加此項盛典，而由外交部次長錢復代其宣讀講詞。

三四七　宋美齡要脫黨

民國六十七年十二月十六日美國正式宣佈承認中共，而與中華民國的關係則建立在非官方基礎上，宋美齡深為不滿。乃致電蔣經國，大意是倘使你父親尚在，決不會接受這種屈辱的方案。我今決辭去所任一切職務如中華婦女反共聯合會主席、中國國民黨中央評議委員，並脫離國民黨黨籍。蔣經國接讀這個電報，乃派魏景蒙專程赴美向其解釋一切。有人說，美國的方案固使國人憤慨，但這並不是第一次，美國在雅爾達密約中就曾出賣過中國。

三四八　土地改革所以能在台灣實行之原因

蕭錚今年春（民國六十四年）赴菲出席有關土地問題會議，一個菲律賓人說：今日台灣實行土地改革，頗為成功，因為大陸人來到台灣，已經沒有了田地，所以會通過耕者有其田法案，也能強迫予以執行。倘使仍在大陸，恐怕情形就不同了。以一個外國人，而能有如此見解，頗為不易。

三四九　美政府撤銷承認中華民國

從國際法觀點而言，撤銷承認（Withdrawal of Recognition）與斷交（Severance of Diplomatic Relations）並不完全相同。撤銷承認當然斷交，而斷交不必一定為撤銷承認。斷交可以隨時復交，撤銷承認除非該國政治狀況完全改觀，則很難恢復承認。今美政府所行者為撤銷承認中華民國。近若干年來，美國官方人士無論文字或口頭均不用中華民國四字，而用台灣或台灣人民以代之，可見其用意之所在。一九七八年十二月十五日美政府正式作此宣佈，僅於宣佈前七小時通知，並且是在一個深夜裡，由其大使安克志面告蔣總統，而未經事先咨商，尤屬輕蔑之至。卡特所宣稱之外交目標，言猶在耳，而竟自行背離。國人聆聽之下，群情憤激，又何足怪。故於美國國務院Deputy Secretary克里斯多福代表團所乘飛機在台北軍用機場降落時，場外已集合萬餘青年學生高舉國旗，高唱愛國歌曲，悲憤之情非筆墨所能形容。當此萬餘青年學生一見美代表團所乘汽車魚貫而出，更高喊口號，表示抗議，一時番茄與雞蛋齊飛。更有學生在美代表所乘每輛汽車前面臥倒於地，以阻其行，人潮洶湧，使美代表所乘汽車，彼此隔離，不能相顧。在如此眾多人數之中，難免一二偏激之徒，他們手持木棍或鐵棍打壞車門車窗，致把美大使安克志眼鏡打壞，克里斯多福面部亦稍受微傷，軍警阻止無效。其中一輛美代表所乘汽車衝破群眾包圍，直駛陽明山中山樓，時值深夜亦無專人招待，只好枯坐直到天明。然後分途向美軍協防台灣司令部集合。克里斯多福便在該處打電報報告其總統卡特說：「我們受到攻打」（We are attacked），而安克志亦向同僚說：「我幾乎被打死」（I almost got killed）。隨來美記者更加意渲染，發回新聞電報，形容為義和團再現。卡特接到克里斯多福電報，以及閱讀新聞報導，立即指示克里斯多福可考慮撤回代表團。當時美軍協防司令林德 Rear admirel James B. Linder，Commander of the U.S. Taiwan Defense Command將軍尚識大體，認為代表團千里迢迢而來，而因受少數中國人過份示威而撤退，將有不良後果，乃建議克里斯多福晉見蔣總統再說。翌晨蔣總統接見美方代表，對他們提出安全保證後，中美雙方代表始由外交部易地到圓山飯店展開談判。

美方代表當然以克里斯多福為團長，中國代表團則以新任外交部長蔣彥士為團長，蔣彥士首先代表政府對示威行動僅深表歉意（regret）而不正式道歉（apology）。雙方爭論最激烈之點為雙方將來之關係。中國方面堅持雙方必須建立政府與政府間之關係，而美方代表團則表示其政府已決定為非官方關係。中國代表團詢問中美尚存有五十餘種條約，即中美共同防禦條約有效期亦尚有一年，倘無政府與政府間之關係，將來究有何種民間機構能作有效執行？美代表亦無以難之。中國代表又提出十幾個具體問題，指明美國所定辦法無論就法律與事實均互相矛盾，美方代表亦不能答。參謀總長宋長志更就中華民國與中共兵力作了詳細比較，斷言中華民國非有更多、更精良武器不足以自衛。中國代表團所持理由，美國代表不但聞所未聞，甚至想亦未曾想過。但美方代表以為那就是美國已定政策，不必多說。

中美雙方在台北結束談判後，蔣彥士對友人說：「我先就讀於美國教會所辦之金陵大學，繼赴美留學，返國後，服務於農復會，四十餘年以來，所接觸的美國人士多為教育界與學術界方面人物。今日與美國官方人士談判，始真正看到美頤指氣使的口氣。」另一中國代表錢復亦表示實具同感。蔣、錢二人均曾留學美國多年，而今竟有此種體認，孰令致之？

猶憶自第二次世界大戰後，美國對世界許多國家予以軍、經援助，其財力、物資，人力幾乎難以數計，甚至還犧牲了多少萬美國人寶貴生命，而結果，卻到處被人指著高喊：「滾回去！滾回去！」以善始而以惡終。其所以致此之由，實在值得美國人深切反省。

（據編者所聞，外交部次長楊西崑以總統特別代表身份在美辦交涉，美政府百般威脅，謂倘不接受其所定辦法，則將通知所有銀行停付一切貸款，並命令在台之美僑撤回一切資金。美國國務院堅持必須先同意彼此非官方機關名稱，方能談其他問題。卡特又通告所有製造武器廠商不得將任何武器，甚至零星配件售予中華民國。種種威脅、壓迫，無所不用其極，尤其對於兩國間維持非官方關係一點，絲毫不肯放鬆。而時間對於中華民國又為不利，到了三月一日以前，倘使雙方猶不能獲得協議，則中美間一切關係勢將斷絕，中華民國在美所有資產，亦恐將為中共所接收。）

據合眾國際社二月十五日電中有如下記載：在某一階段，美國談判小組已表示，如果沒有進展，美國將於二月十日撤回其在台北的大使館人員，也將要求中華民國在同一天撤回其在此間的大使館人員。

美國談判小組又說，美國政府不延長與中華民國的一些行政協定，除非中華民國同意建立非官方的關係，支持中華民國的人士形容這一警告即是「一項最後通牒」。

由於美國副國務卿克里斯多福上週在國會兩次個別聽證會中警告說：如果這一會談不能在三月一日前迅速完成，美國與台灣的關係即將「中斷」，這種私下的壓力的暗潮始表面化。

三五〇　美國對友邦兩大法寶

一位美裔華人，在美國政壇頗活躍，曾親眼看到國務院一個指令，要各地美使館做兩件事：第一、與當地反對黨派設法多行接觸，予以鼓勵，甚或予以資助。第二、儘量收集當地政府不尊重人權的資料。美國中央情報局更以此為其工作重點，其人員都具有使館館員身份。所以凡有美使館駐在的國家，其政治情況多不穩定。孰為因，孰為果，抑互為因果，很難一概而論。但有一點則可確定，即美國的真正友邦日益減少，縱使表面上不能不說一些友善的話，那也看在美國金錢的份上，或在軍事上有所依賴，其真誠與之合作者，往往為美國所棄之如敝屣，遠如越南，近之如伊朗莫不如此。難怪有人說：不可做美國的友邦，因隨時有被出賣的危險；只可做美國的敵人，則美國將尊之為上賓。所以友之者日少，而敵之者日多。

三五一　卡特對台灣的殺手鐧

日本外相園田直訪問美國，見卡特，談話間園田直指出美國與台灣的關係倘惡化，則台灣恐走聯蘇俄的一途。卡特說：「倘我得到台灣聯俄的情報，則我即派第七艦隊幫助中共接收台灣！」此消息係從日本傳來，諒非虛語。

三五二　中、美關係新方向

自卡特宣佈與中共關係正常化，而撤銷承認中華民國後，其間談判經過，多有為外間所不知者。關於在台北談判期間，美方代表堅持以後與台灣的關係必須建立在非官方基礎上，以致毫無結論，前曾言之，茲不贅。蔣經國原擬派錢復率團赴華盛頓繼續談判，但美方以錢復在台北談判期間態度堅定，口才便捷，恐將難有結果，乃藉口中美既已斷交，則錢復以官方代表身份來美，殊難接待，拒絕簽證。實際上，兩國交戰尚且接待敵方代表討論停戰條件，或參加和平會議，何況中美兩方僅僅斷絕外交關係？亦可見其全係託詞，更可見其胸懷之不廣。其時，外交部政務次長楊西崑先奉派在華盛頓辦理結束館務事宜，乃改派其任談判代表。首先，楊西崑認為美方是善意的，除了非官方關係一點外，其他均維持正常關係，所以我方亦應以善意迎之，開誠與之商討。未幾，外交部北美司司長奉派赴美，傳達政府意旨，可以接受美國方案。因為中美貿易總額於一九七八年計為七十三億美元，美國幾佔我國貿易三分之一，並為我國百分之四十的出口提供市場，兩國貿易且有繼續增長的趨勢。美國往往因政治原因而對貿易加以限制，以為制裁。事勢苟演變至此，則我經濟將受莫大打擊，甚至難以自存。所以只好委曲求全，以接受美國方案。楊西崑聽完此番解釋後尚表示不能讓美方知道我方底牌，仍應保守祕密，細心與之琢磨。其間楊西崑尚專程赴紐約向外交耆宿顧維鈞請教。顧維鈞表示日後中美關係，不問國會意旨如何，而直接交涉的機構仍是國務院，若過份堅持我方立場與之對抗，則會造成日後雙方關係惡化，必將有更多的困難。自此以後，楊西崑對記者談話，口口聲聲遵守政府政策以與美方折衝，其用意在此。

於此，有一事應予補述者，當中美談判移至華盛頓後，有許多留美愛國人士以美係民主國家，其政府政策往往以民意為從違，所以主張由一些對國際以及美國情勢熟悉人士組團分赴美國各地演講，喚起美國人民注意，不要為少數政客所矇蔽。曾託人探詢政府意旨，蔣經國表示已作此種安排。但至談判結束為止，並未見任何有關此方面有計劃而且是團體性的行動。完全以希望寄託在美國國會的善意，實在是值得惋惜的一件事。

另有一事不能不提者，美政府之與中共關係正常化，早已到了呼之欲出的時候，但外交部以及國際關係研究所負責人均認為美國與中共關係正常化不致在最近期間實現，高枕無憂，未作任何未雨綢繆之計。甚至有留美學人，在美大學執教，深感美國與中共關係即將急劇變化，心所惦危，特專程返國，希望促起政府注意，在國際關係研究所的座談會上，他曾大聲疾呼，指出美國與中共關係正常化，已經箭在弦上，不可不早為之計。但國際關係研究所主任蔡維屏（曾任外交部次長），根本不信此說，雙方爭得面紅耳赤。僅隔數日，卡特已作正式宣佈了。蔡維屏旋奉派為北美事務協調委員會駐美代表。

美國參議院與眾議院分別通過的「台灣關係法案」已較卡特送交國會的「綜合法案」內容改善了很多。但許多中美人士仍認為，假如中華民國與支持中華民國的美國人士更能堅定自己立場，則法案內容應該可以更好。譬如三月二日出版的有關美國國會動態Congressional Quarterly曾有一篇評論中美關係的文章，作者Olan Berlow訪問了美國國內全國性保守派組織，如美國保守派聯盟、保守派政策制訂會、自由中國委員會、傳統基金會等等的領導人，他們一致認為：台灣太早接受美國政府所決定既成事實，以及台灣太早放棄「抵抗」，使得該法案在國會辯論，為台灣利益進行的一切活動不夠堅強。他們更認為倘使台灣更能夠堅強一點，起而予以反擊，則未來中美關係可以爭取到政府與政府間關係，甚至維護中美共同防禦條約，並非絕對不可能。其他雜誌如三月份National Journal有一篇文章亦持相同看法。

「台灣關係法案」最值得注意的，仍是美政府應提供台灣足夠防禦性武器與技術。但是上述提供必須在「美國總統與國會依據他們對台灣防禦需要的判斷，遵照法定程序來決定其種類與數量。」這些都將涉及主觀的認定與解釋。防禦性武器的定義是什麼？自衛能力指的又是什麼？在在可以引起辯論。換言之，這一條件彈性過大，則承諾反會減少。這還是就美國真有誠意供應中華民國防禦性武器而言。事實上，美國極有可能以其過時或報廢不用的武器銷售中華民國，且須經過國務院中好幾個單位逐一審核，倘其中一個反對，則無法進行。所以我們不可為此而存有過份天真的想法。抑有進者，「台灣關係法案」第二條第七款竟有「維護與提高台灣人民人權是美國的目標」字句。此類文字本非國務院原案之所有。不問參議院外委會事後聲明如何，將來恐仍難免為干涉中華民國內政之藉口，或甚為培養台獨分子及破壞我國內部團結隱憂之所在，尤不可不慎防之。

綜觀台灣關係法案，係以美國國內法，承認台灣的地位與保障台灣的安全，甚至規定台灣對內應如何做，無異以台灣為美國的殖民地或屬地。事勢演變到此，任何中華民國人民豈能不為之痛心？即以保障台灣的安全而言，自越戰以後美國絕不會再為亞洲（或日本除外）問題而出兵，則所謂對台灣安全「嚴重關切」，亦不過是空洞承諾。關於此點，美國人知道，中共亦知道。（當華盛頓地方法院審理高華德等二十幾位國會議員所提控案時，法官問被告代表司法部長：「如何防衛台灣？」答：「表關切。」全場大笑。）所以日後演變如何，要看自己能否團結、自強，自助天助，此語不虛。

楊西崑自美歸來，曾應各中央民意機關邀往出席報告，對於陸以正為何被迫離美及錢復為何未能率團赴美談判兩事，或則根本不提，或者語焉不詳，點到即止。關於錢復何以未能率團赴美談判，已言之，茲不贅。陸以正任中華民國駐紐約新聞處主任達十五年之久，雖自視甚高，為華僑所不滿，但對美國新聞界聯繫工作，相當成功，而他本人更時常應邀前往各地演講，或應邀在報紙撰稿，冀圖增進中美友誼。自卡特宣佈與中共關係正常化後，陸以正又曾經應紐約每日新聞與其他報館之邀請撰稿，以爭取美國人民對中華民國的各種支持，並批評美國政策。國務院乃通知中華民國大使館負責人，表示不願陸以正繼續留在美國，希望他一星期內離去。

此事發生後，參議員柯林斯曾寫信質問國務卿范錫。范錫在給柯林斯參議員的親筆簽名函中說：美國政府不能「容忍」台灣的官員在美國本土要美國老百姓寫信反對美國總統的既定政策，也不能「容忍」這樣的官員以講演或寫文章來影響美國人民。

有人一定會問：如果美國政府不能容忍別國的官員在美國為他自己國家的利益公開奔走辯護，則我們是否亦當容忍美國（或其他國家）的外交官在其駐在國境內從事對其駐在國利益有害的舉動，甚至與其反對黨派聯繫，唯恐其不亂呢？我們是否能容忍美國（或其他國家）外交官在其本國官方人士來訪時，特意安排與駐在國反對黨派人士會面呢？倘使別國駐華盛頓的使館人員常與美國黑人派或民權派領袖接觸，則美國又會如何呢？

三五四　卡特與鄧小平談移民自由

美國總統卡特與鄧小平談中國人民應有移居國外的自由，其經過編者早有所聞，今華盛頓電訊適有詳細報導，特錄之於後：

卡特政府被中共揚言要送三千萬或五千萬移民到美國來嚇壞了。這是卡特政府與中共簽訂貿易協定時，給予最惠國待遇，而不認真追究移民自由的原因。

美國政府有關人士透露，今年一、二月間，中共「副總理」鄧小平訪問美國，在華府與卡特總統會談時，談到雙方未來簽訂貿易協定及互給最惠國待遇的問題，當時卡特總統曾明白告訴鄧小平，依美國貿易法的規定「賈克遜——范尼克修正案」，美國要給任何國家以貿易最惠國待遇時，對方必須有向外移民自由的政策才行。

這位有關人士說，當中共的翻譯把這個意思譯給鄧小平聽了以後，鄧板起臉孔，要譯員問卡特總統，美國要多少移民，三千萬人還是五千萬人？

據說，卡特總統聽了以後，苦笑一陣，看看他週圍的助理人員，結果沒有人發一言，卡特總統便轉了話題。

從此美國與中共在談判貿易協訂時，再也不談移民問題，並決定在這項貿易協定提付國會審議時，將要求國會，免依「賈克遜——范尼克修正案」的規定，追究中共是否有向外移民自由的問題。

三五五　李宗仁由美抵北京

李宗仁由美抵北京，毛澤東召見於游泳池旁，身穿泳裝，劈頭就說：「你已加入匪幫了！台灣至今仍稱我們為匪幫啊！」後來，中共藉口他曾與在美的兒子在瑞士開餐館的舅爺通信，難免有通敵嫌疑而批判之，甚至傳說他是被人下慢性毒藥而死。但據李本人赴醫院檢查，則謂其所患為大腸癌，與其前妻郭德潔所患相同，究其死因為何，則已無法證實了。

三五六　黃紹竑向毛澤東建議，先攻打台灣，後經營西南

黃紹竑曾在抗戰期間任浙江省政府主席多年，阮毅成任其民政廳長。民國三十八年黃紹竑附共。又赴港做統戰工作。阮毅成在台聞之，曾報告陳誠，欲往港一見黃紹竑，以探究竟，允之。黃紹竑見阮毅成，首先指出，民國三十八年，黃曾向毛澤東建議，先以全力攻打台灣，後經營西南。果毛採納其議，其時台灣內部尚未十分穩定，則情勢變化如何，就很難逆

料了。

黃紹竑自附共後，居住北京。一日上午，紅衛兵到黃宅「造反」，正好黃到醫院看病去了，紅衛兵等候很久，不見黃的蹤跡，他們就悻悻而去，剛走到門口，適遇黃從醫院回來，乃挾黃呼嘯轉回屋內，毫無例外的抄家、罰跪、抽打等等，接著兩次衝擊，黃忍受不了，遂自殺身死。

三五七　鄧小平對陳香梅之談話

一九八三年陳香梅偕兩位美國國會議員訪問北平，見到鄧小平。鄧小平與三人談話畢，獨留陳香梅再談兩個多小時。其要點有五：(1)蔣經國已患不治之病（指糖尿病）恐不久於人世，而余（鄧自稱）亦年逾七十，兩人何不在有生之年把中國統一起來；(2)希望陳香梅做此橋樑；(3)共產主義不適宜於中國人民，將修正之；（此話講得不如此直率，但意思確係如此。）(4)中共與美國關係的障礙仍是台灣問題；(5)余在位一日，中共與蘇俄的關係不會大幅度改善。

上述談話內容得自王鐵漢。中日戰爭結束後，王鐵漢率部駐京滬一帶，而陳納德家亦住上海，兩人頗有往還，而與陳香梅尤熟。此次陳香梅來台北，王鐵漢特走訪之，問其與鄧小平談話經過，陳香梅乃舉以相告。

以下各人履歷僅以與其所言之事有關者爲限：

長　江，原為大公報記者，西安事變後曾親赴西安、陝北所採訪。

朱其華，北伐時，在總政治部工作，南昌暴動，隨共軍流竄到廣東，共軍潰散後，來上海。

陳公博，中共發起人之一，北伐前後，曾任政府要職。

蕭自誠，政校畢業，曾任侍從室秘書。

羅敦偉，從事新聞事業，在三十八年最高會議討論中共所提和談協定時曾列席會議，擔任記錄，起草文件。

蔣匀田，民社黨重要幹部。

吳忠信，同盟會會員，為蔣之親信。北伐初期，擔任蔣與李宗仁之聯繫，抗戰時期任蒙藏委員會委員長。

陳肇英，曾任虎門要塞司令。

蕭毅肅，曾任中國陸軍參謀長。

鄧公玄，曾任孫科秘書，立法委員。

饒大衛，其父曾任中國之傳教士，現任耶魯大學教授。

徐魁榮，軍人，曾參加徐蚌會戰。

謝瀛洲，曾任國民黨廣州市黨部青年部長，司蒂派之首領，國民政府司法行政部次長，廣東高等法院院長，最高法院院長。

顧祝同，軍長，戰區司令長官，陸軍總司令，參謀總長。

龔　浩，唐生智部師長，陸軍大學教育長，胡宗南高等顧問。

何應欽，黃埔軍校總教官，第一師師長，軍政部部長，抗戰時期陸軍總司令。

張慕賢，曾任黃維軍團部所屬之團長，東吳大學軍事總教官。

劉士毅，曾任師長，軍長，國防部次長，總統府參軍長，在廣西工作多年。

張志韓，曾任立法委員，何應欽顧問，掌理機要。

程天放，曾任江西、安徽等省教育廳長，駐德大使，教育部長，考試院副院長。

劉漢珍，貴州人，黃埔生，曾任團長。

錢大鈞，曾任黃埔軍校教官、師長，委員長侍從室主任。

洪陸東，曾任國民黨中央黨部組織幹事，司法行政部次長。

胡競先，黃埔四期生，曾任騎兵旅長，西北騎兵學校校長。

徐恩曾，曾任中統局主任。

尹述賢，曾任職國民黨中央黨部，立法委員，在香港與張國燾頗有往來。

端木愷，孫科長行政院，端木任其秘書長。

胡宗南，黃埔一期生，曾任師長、軍長、集團軍司令、西安行營主任。

鄧家彥，曾任中山先生秘書。

王　之，清華生，西點軍校畢業，曾任駐日麥克阿瑟總部聯絡官。

黃季陸，曾任國民黨廣州市黨部委員兼宣傳部長。

李濟琛，北伐時，曾任廣東留守，嗣任廣州政治分會主席，廣東省政府主席。

吳稚暉，國民黨元老，曾歷任中央監察委員。

李宗仁，北伐時任第七軍軍長，抗戰時任戰區司令長官，最後任副總統。

蕭佛成，國民黨元老，歷屆中央監察委員。

胡　軌，曾任胡宗南部政治工作。

李肖庭，國民黨老同志，北方人，與樊鍾秀、楊虎城等人均甚熟稔。

匡正宇，曾在國軍中任政治工作，江西省黨部委員。

陳邁子，曾任總統府秘書。

周雍能，曾任國民黨總部幹事，廣東軍事委員會秘書，北伐時任總司令部秘書，江西、安徽等省財政廳長，上海市政府秘書長，立法委員。

梁寒操，曾任孫科秘書，孫科長立法院時任其秘書長，國民黨中宣部長等職。

莫德惠，東北人，與東北關係甚深，曾辦中俄交涉事宜。

左舜生，少年中國學會會員，青年黨發起人。

魏道明，曾任司法行政部次長，行政院秘書長，駐美大使，台灣省政府主席，駐日大使，外交部長。

吳英荃，曾任國防部處長，來台後，任法商學院教席。

習文德，留學法國，歷任國民黨湖北省黨部委員多年，湖北省議會副議長，立法委員。

徐文明，江西人，而與桂系關係極深。

王鐵漢，九一八瀋陽事變，任東北軍所屬團長，入關後，歷任第四十九軍軍長，由第三戰區指揮，勝利後任遼寧省政府主席，兼瀋陽防守區司令。

林文魁，曾任職空軍。

何相宸，曾任海軍陸戰隊第一旅旅長。

吳聲鎬，曾任白崇禧參謀。

陳劍如，隨孫科，任秘書。

楊興勤，歷任國民黨江蘇省黨部委員。

王雲五，商務印書館總經理，抗戰時，任參政員，政治協商會議時，任社會賢達代表。
陳啓天，青年黨領袖，政治協商會議青年黨代表。
張維翰，雲南人，歷任雲南省地方政務，現任監察委員。
董文琦，東北人，接收東北時，任瀋陽市長，遷台後，任行政院政務委員。
葛武棨，黃埔生，任軍隊政訓工作。
諾　蘭，美國參議員。
楊幼炯，曾任立法委員。
張九如，曾任國共直接談判之秘書。
胡健中，任中央日報社長，與陳果夫、立夫甚接近。
王世憲，民社黨在台之主席團主席，現任立法委員。
李雅仙，任立法委員，與李宗仁甚接近。
周蜀雲，現任大法官。
顧錫九，負責西安委員長行營主任顧祝同之警衛工作。
楊　蔚，陝北視察團團員兼參謀。
吳協唐，黃埔軍校四期生。

徐志道，曾任別働隊司令。

雷嘯岑，曾任江西省政府秘書，國民政府秘書，均為李烈鈞所推薦。

沈　怡，上海市工務局局長，廣州第四軍區總司令部工程顧問。

程滄波，曾任中央日報社長，國民黨中宣部副部長、立法委員。

關德懋，留德，親身參與德國軍事顧問在華工作。

關　棠，楊永泰之親信。

李大超，廣東人，與孫科、吳鐵城皆有往來。

于國勳，黃埔生，力行社發起人之一。

王新衡，曾幹情報工作，後任立法委員。

姚　琮，曾任首都警察廳長，委員長辦公室主任。

張忠紱，歷任北京大學教授，軍事委員會參事，參政會參政，聯合國中國代表團專門委員等職。

胡鈍俞，現任立法委員。

鄧文儀，曾任總司令部調查科科長、秘書，又任政工工作多年，最後任內政部次長。

毛以亨，曾隨馮玉祥赴俄，後任監察委員。

胡秋原，曾留俄，參加閩變，後任立法委員。

萬建蕃，任湯恩伯軍參謀長，日本投降，任南京警備司令。

劉朮南，國立中山大學教授，其時校長為鄒魯。

附件：

「對中國大陸幾個問題的看法」載東方雜誌—六十三年六月一日

一九七三年中美大陸問題研究會專題報告

今日研究中國大陸問題之書籍、文章，汗牛充棟，莫衷一是。而同感困難者，厥為其真實情況，不易為外界所明瞭。其有關檔案，猶未公開，固不必說。即所發表之文件，亦屬一鱗半爪，難以得其究竟。前去大陸者，人數不多，行動遭受限制。且走馬看花，更無法窺其全貌。茲姑舉三事，試將各方意見，一一列舉，或可加深吾人之了解。

首先，讓我們談談紅衛兵事件。這是中共的一件大事。其影響波及於中共的政治、軍事、經濟各方面，既深且遠，至今猶未完全結束。但世人對於毛澤東為何採取這樣手段，不惜砸爛中共的整個黨政機構，不惜破壞生產，停閉學校，把整個社會，弄得天翻地覆，這是為什麼？最簡單的答覆，是毛澤東要奪權、要清算鬥爭，當然，清算鬥爭，是中共慣用的方法。毛澤東為要奪權，不能不清算，「鬥垮」、「鬥臭」那些他所認為反對他的人，無足為奇。但是當林彪部隊已經進入北平，毛澤東把那些他視為反對他的黨政大員們或幽禁，或遊街，無所不用其極，予奪由我，顧盼自雄，重新掌握了中共中央黨、政、軍大權，又何必再嗾使那些青年學生，繼續四出串聯，使得中共上下黨政機構，遭受破壞，工作陷於停頓呢？有人會說中共做事，素來講求澈底。為了澈底，不得不把上下黨政機構通統的、澈底的砸爛，然後再重新的一層一層建立起來。不如此，便不能脫胎換骨，面目一新。

事實上，果真澈底了麼？在文革時期，各省、市、區革命委員會號稱軍、幹、群三結合，但軍人任革命委員會主任者佔大多數，實際權力多操於軍人手上。軍人代表取得主宰革命委員會的地位，幹部代表與群眾代表，都唯軍人代表之命是從。現在高喊「重建黨權」，困難重重，猶未實現。其在已恢復黨委會的地區，又時常與革命委員會，互爭領導權，吵鬧不休。可見文化革命，把原有各種機關砸爛，另組革命委員會並未澈底，徒滋紛擾而已。

然則毛澤東為什麼要這樣做呢？為目的不擇手段？在林彪部隊進入北平，毛澤東重登寶座之後，目的早已達到了。他這樣做，徒然使中共本身，以及中國大陸老百姓，遭受無可估計的損害。毛澤東為什麼要這樣做，這是研究中國大陸問題的人都會問的一個問題。

在許多中共權要中，曾經有一個人，對這個問題，作了最有權威性的答覆，他說：

「要說框框，毛澤東思想就是一個最大的框框。……我們不必搞個人迷信，這個沒有必要。……有些人嘛，就是權大得很。……就不講道理，除非你完全照他的思想辦就行。不照他的思想辦，即就是黑幫，有人躲在背後，叫娃娃們出來寫大字報，這是什麼品質？」

他愈說愈憤慨：「『打倒大軍閥朱德』，幹了幾十年，這不是給我們黨臉上抹黑？一揪就是祖宗三代。人家會說，你們共產黨人，怎麼連八十一歲的老人都容不下。『打倒大土匪賀龍』，……賀龍是政治局委員、元帥，現在要砸爛狗頭，人家會罵共產黨人過河拆橋。」

究竟有多少老幹部被糟塌了，我們只有從他這次講演中得到一個概略。他說：「成千成萬的老幹部被糟塌了，光工作組就有四十萬，搞得好苦！搞得人心惶惶，人人自危。奪權，奪權，我這個權交給赫魯曉夫式的人物。」

最後，他也透露了紅衛兵武鬥的方式。他說：「一戴高帽，二彎腰，三下跪，四掛黑牌。」當然這不包括幽禁，砸爛腦殼，還要把他的腦殼斫下來。

說以上話的人究竟是誰呢?他曾任中共三野司令員，後來做到外交部長、副總理、政治局委員，為中共奮鬥了四十餘年的陳毅。他說這些話的時候，頭上仍然頂著以上的名義。以他的在中共的歷史與地位，所言當屬可信。在中共黨內，與他有同感的人，諒不在少數。陳毅逝世，毛澤東親往弔唁，可見對陳毅這種批評，無異默認，至少不表示反對。後來毛澤東下令解散紅衛兵組織，強迫他們下鄉勞改，甚至捉拿、監禁，不啻公開承認，從前利用紅衛兵，是一種絕大錯誤。

其次中共清算鬥爭，非常殘酷，當為中共上下所深知。中共內部流行一句話說：「毛澤東好整人。」雖追隨毛澤東數十年，為他出生入死的統兵大員，只要與他見解稍有不合，便被他整得非常之慘。他人暫且不談，即以彭德懷、林彪二人而言，他們都是帶兵起家的。最初各人所帶不過數十人、數百人，逐漸擴展到數十萬人，都是一手訓練而成的隊伍。共產黨雖不講私人關係，但是共同利害還是講的。彭德懷、林彪二人被整肅後，牽連而及者不知幾許人。難道這些首腦以及所有有被牽連可能的人，個個都願意引頸待戮，而不想有所佈置或反抗嗎？當然，軍隊零星叛變是有的，但是大規模叛亂似未有所聞。其原因何在，實值得研究大陸問題的人加以討論。

一說糧食被控制，他們不能一日沒有吃的，豈敢亂動？但是一旦造反之後，難道不能就地取糧嗎？中國歷史上軍隊就地取糧之例，不勝枚舉，難道中共軍人會不知道嗎？

一說軍械被控制，此說更難成立，辛亥年，各省革命軍，首先就搶軍械庫。

一說他們為顧全黨，顧全大局，而寧願自己犧牲。但毛澤東本人就屢次宣稱，倘使他的意見不被採納，便要上山打游擊。最顯者一個例子就是毛澤東說：「中國人民解放軍要跟彭德懷走，我就得打游擊。」毛澤東尚可不顧全黨，不顧全大局，而非要以他的意見加諸全黨不可，否則便去打游擊，難道其他的人還會有所顧慮嗎？

一說空軍係掌握在毛澤東手裡，完全聽命於他。軍隊稍有異動，毛澤東即可派飛機轟炸而予以制伏。空軍當然有威脅作用。但謂其為不敢異動之主要原因，恐不盡然。最近美國飛機猛炸北越共軍、北越本土、胡志明小徑，奏效不大，中共軍人豈不知之？當年共軍與國軍對抗之時，國軍飛機亦曾予以轟炸，可以說他們是在轟炸中長大的。況且他們不造反則已，要造反，便如毛澤東所說上山打游擊，是不會十分害怕飛機轟炸的。

一說毛澤東有裝備精良，訓練有素的警衛部隊，由毛澤東直接指揮。倘任何部隊稍有異動，毛澤東便可派其警衛部隊削平之。據聞此種部隊名中央警衛團，人數不超過一萬人。倘果如所傳之多而精良，則毛澤東不必利用林彪部隊進入北平了。林彪必索取重大代價，毛澤東非不知之。知之而故為之，必有不得已之苦衷。

一說毛澤東特務控制嚴密。其特務幾無孔不入，亦無時不在左右，使人人互相監視，互相猜忌。而且今日情報工具精良，傳遞迅速，真有嚇阻作用。

一說中共士兵待遇相當好（比較的），相當安定，習慣於此，已有多年，不願再過顛沛流離的游擊生活。縱使受到牽連，遲疑復遲疑，考慮再考慮，則邏者已至，只好俯首就擒了。

以最後兩說，比較可信。

再其次，我想談一談一個老問題，那就是　中山先生容共政策的問題。儘管是老問題，但仍有各個不同的看法。我願首先聲明，我是一個最早，而且最堅決反對容共政策的一個人。以我的地位來談這個問題，或者不致為人所誤解。當年　孫中山先生聯俄容共，是有其歷史背景的。今天，時間不容我在這方面，作更深入的討論。有人認為今日中共得以佔據大陸，容共政策是要負其全責的，我不同意這種看法。我們要知道當年中國各大都會，都有租界的存在，為中國政府管轄權所不及。共產黨便利用租界作各種滲透、宣傳，及顛覆的工作。中國當年是民智未開，交通阻塞，人民生活疾苦，崇山峻嶺動輒綿延數省，而各地軍閥割據，只求自保實力。於是共黨得以嘯聚游民，盤踞一方。甲省剿之，則奔往乙省。乙省剿之，則奔往丙省。井崗山地界江西、湖南兩省，毛澤東、朱德盤踞其間，逐漸發展，遂有今日。縱無容共一幕，我相信毛澤東、朱德、張國燾、徐向前、陳毅、賀龍諸人，仍會乘機崛起，霸佔一方的。中國歷史上不乏先例，足為佐證。毛澤東、張國燾諸人之為共黨，是在國民黨容共之前，他們都是中共第一次代表大會代表，其時國民黨尚未採取容共政策。朱德、周恩來、陳毅，以及許多中共著名人物，已經在歐洲加入共黨。國民黨駐歐各地黨部，且與之作生死鬥爭。

當然，國民黨容共之初，共產黨得其掩護，蔓延滋長，一日千里。但同時，因有容共之舉，國民黨內部便發生了反共運動，「西山會議」其最著者。「西山會議」在各地所設黨部，幾日夜與共產黨以及左派份子短兵相接，使國民黨員與社會人士，更了解共產黨與共產主義之性質。民國十六年（一九二七），國民黨全部清除共黨之後，壁壘愈益分明，再不能假國民黨名義，作共產黨活動了。國民政府不但不容許共黨份子，在其管轄地區活動，並且對其武裝份子力圖消滅。江西五次圍剿，即使其不能不突圍西奔，輾轉萬里，始達陝北。據一般估計，僅剩五千餘人。以當時國軍質量而言，五千飢疲之眾，當不堪一擊。

政府明令張學良以西北剿匪副總司令兼代總司令名義，駐節西安督剿，初與共軍交綏，即損失兩師之多。張學良雖以「少帥」著名，但實際缺乏作戰經驗。「九一八」事起，張學良以不抵抗而喪失東北四省，對其剿共能力，人多懷疑。共黨更以「補充不繼」一類話，從中挑撥，遂有西安事變。

抗戰軍興，共軍發展迅速。日本投降，共軍進入東北。以蘇俄之助，遂在東北立定腳跟。當時偽滿軍隊約三十萬左右，均裝備精良，其戰鬥力且與日本關東軍相等。偽滿地方團隊，亦為數不少。均請求政府收編，反遭拒絕，致絕大多數被中共以最優厚待遇所招去，自此戰力愈益強大。而政府所派接收人員多數之言行，又引起人民反感，大失民心。戰略錯誤，調度失當，乃為共軍所乘。共軍挾其戰勝餘威，進入關內，而有徐蚌會戰，國軍又損失數十萬之眾。從此精銳喪失殆盡，而後方部隊又全無鬥志，遂不旋踵，整個大陸陷於共軍之手。

這是中國大陸變色之經過，難道　孫中山先生要負這個責任麼?容共政策在國民黨清共之後，已經告一段落。　孫中山先生不容共，共產黨仍有其生存與發展之客觀環境，前已闡述，茲不復贅。我在所著『中國國民黨與中國共產黨』（桂崇基原著、沈世平譯，中華書局印行，第八章——第一三五頁）一書已有說明：「由於政治、軍事之敗壞，民心士氣之逐漸轉變，經濟、財政之瀕臨崩潰，以及美國對華政策等等因素，政府地位日漸惡化，軍事更已喪失主動形勢」，這就是中國大陸為共黨佔據之概括原因。

今日，世界上任何國家，都有共產黨活動。若干亞洲、中南美洲、非洲國家，甚至有共產黨叛亂，其中絕大多數國家，並未實行容共政策，更無　孫中山先生其人。可見共產黨之興起，以及其武裝暴動，都為各國客觀環境所造成，中國亦不能例外。有其客觀環境，縱無容共政策，亦必有共產黨之活動與共產黨之暴動。無其客觀環境，縱有容共政策，共產黨亦必不能稱兵作亂，顛覆政府。

在英、美、法等國家，共產黨可以公開活動，可以印行報紙書刊，而其政府則安如磐石。另外有些國家，嚴禁共產黨活動，甚至予以監禁、處死等罪刑，而共產黨反非常囂張，甚至武裝叛亂。這是什麼原因呢？各國客觀環境不同耳。此為研究共產黨問題者，所不可不知的。

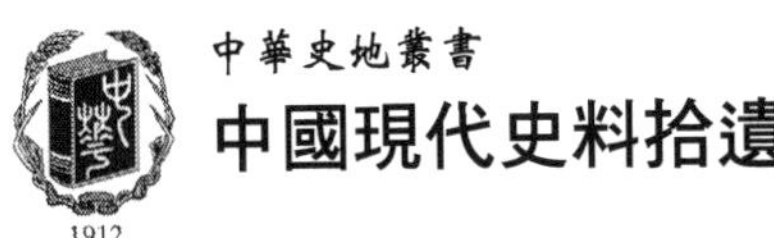

中華史地叢書
中國現代史料拾遺

作　　者／桂崇基　著
主　　編／劉郁君
美術編輯／中華書局編輯部

出 版 者／中華書局
發 行 人／張敏君
行銷經理／王新君
地　　址／11494 臺北市內湖區舊宗路二段181巷8號5樓
客服專線／02-8797-8396　　傳　真／02-8797-8909
網　　址／www.chunghwabook.com.tw
匯款帳號／兆豐國際商業銀行　東內湖分行
067-09-036932　中華書局股份有限公司

法律顧問／安侯法律事務所
印刷公司／維中科技有限公司
出版日期／2015年07月再版
版本備註／據1989年12月初版復刻重製
定　　價／NTD 1,552

國家圖書館出版品預行編目（CIP）資料

中國現代史料拾遺 / 桂崇基著. -- 再版. -- 臺北市 : 中華書局, 2015.07印刷
冊 ; 公分. -- (中華史地叢書)
ISBN 978-957-43-2444-6(精裝)

1.近代史 2.清史 3.中華民國史 4.史料

627.6　　104006807

NO.G0034Q
ISBN 978-957-43-2444-6（精裝）